河北勘察设计70年

河北勘察设计70年

河北省工程勘察设计咨询协会　主编

天津大学出版社
TIANJIN UNIVERSITY PRESS

图书在版编目(CIP)数据

河北勘察设计70年 / 河北省工程勘察设计咨询协会主编. — 天津：天津大学出版社，2019.12
ISBN 978-7-5618-6594-1

Ⅰ.①河… Ⅱ.①河… Ⅲ.①建筑业－经济发展－成就－河北 Ⅳ.①F426.9

中国版本图书馆CIP数据核字(2019)第280936号

Hebei Kancha Sheji 70 Nian

策划编辑 郭 颖 韩振平
责任编辑 郭 颖
装帧设计 谷英卉

出版发行 天津大学出版社
地 址 天津市卫津路92号天津大学内(邮编：300072)
电 话 发行部：022-27403647
网 址 www.tjupress.com.cn
印 刷 北京华联印刷有限公司
经 销 全国各地新华书店
开 本 210mm×297mm
印 张 28
字 数 739千
版 次 2019年12月第1版
印 次 2019年12月第1次
定 价 280.00元

《河北勘察设计70年》编写委员会

主　　　任： 梁金国

副　主　任： 王增文　孙兆杰　郭卫兵　刁朝位

委　　　员： 齐建伟　郝卫东　岳　欣　韩立君　何勇海　苏幼坡　李德春
梁　冰　邵卫东　张国龙　倪　明　王　磊　张建梅　卫　丽

主　　　编： 郭卫兵

编写组成员： 胡振环　杨式纯　商卫东　秦禄盛　石晓娜　张　雷　王心宇
黄晓巍　宋明明　李　彤　迟　曼　李　华　李立婵　郝云霞
关彤军　赵彦辉　闫　涛　金凤温　李静宜　韩月荣　耿运生
孔凡平　王云鸿　王远继　樊亚敏　段　庆　苑　敏　刘　欣
刘　炜　王晓民　刘阳阳　赵连江　王建生　程国强　杨义臣
陈国浩　常　玺　马秀芝　张树锋　蔡文章　徐晓匡　李　颖
王　利　姚桂芬　郭建东　李冬梅　杨　峥　刘　洁　张显涛
辛　颖　李树伟

主编单位

河北省工程勘察设计咨询协会

参编单位

河北建筑设计研究院有限责任公司
北方工程设计研究院有限公司
河北建设勘察研究院有限公司
中土大地国际建筑设计有限公司
河北北方绿野建筑设计有限公司
河北九易庄宸科技股份有限公司
河北大成建筑设计咨询有限公司
河北省交通规划设计院
中国电建集团河北省电力勘测设计研究院有限公司
河北省水利水电第二勘测设计研究院

中煤邯郸设计工程有限责任公司
中钢石家庄工程设计研究院有限公司
河北电信设计咨询有限公司
中国石油工程建设有限公司华北分公司
福斯特惠勒（河北）工程设计有限公司
石家庄市政设计研究院有限责任公司

目录

概述

70年风雨同舟，70年沧桑巨变。壮丽发展的我国建设事业与祖国共命运、同发展，取得了惊人的成就。从1949年10月1日新中国成立，至2019年10月1日庆祝新中国成立70周年，我国的建设事业从最初的贫穷落后、百废待兴，到今天的繁荣昌盛、日新月异，其间走过的道路艰苦而漫长。从新中国成立之初的经济恢复期到制定五年计划开展大规模经济建设；从全民“大跃进”、渡过“困难时期”到“文化大革命”的结束；从十一届三中全会刮起改革开放的春风，社会主义计划经济向社会主义市场经济转变，到今天我们已进入中国特色社会主义新时代，我国的建设事业就像一条历史的长河，充满了艰难曲折、跌宕起伏，但又波澜壮阔、奔流不息……

新中国成立70周年来，河北省勘察设计行业从无到有、由弱到强，逐步走向繁荣；勘察设计管理工作，从粗到精、由收到放，逐步走向完善；河北省勘察设计队伍从少到多、由小到大，逐步发展壮大。改革开放以来，我省的勘察设计队伍得到快速发展，已经成为推动经济社会发展的一支高水平技术力量。党的十八大后，高质量发展成为行业发展的主旋律，勘察设计行业各项经济技术指标明显提升。新中国成立70年来的发展历程，按时间顺序分为初步发展阶段（1949—1978年）、发展壮大阶段（1978—2012年）、高质量发展阶段（2012—2019年）三个阶段。

一、初步发展阶段（1949—1978年）

新中国成立至改革开放前（1949—1978年），这30年，伴随着社会主义建设的前进步伐，河北省勘察设计行业发生了巨大变化，经历了创建队伍、建章立制、经受考验、总结提高的过程。20世纪60年代初全省有省、市属勘察设计单位16家，基本为1952年后设立的事业单位。1978年，全省勘察设计单位发展到42家，共有职工4 599人，其中技术人员2 268人。在前进的道路上，工程勘察设计队伍经受了考验和锻炼，虽历经曲折坎坷，但也取得了巨大成就。

（一）筹建队伍，艰辛创业

1949年之前，河北省没有国营的专门设计机构，有的只是私营工商业营造厂商及个体设计事务所，管理及经营作风存在问题，从业人员少，技术薄弱，不能适应新中国大量建设任务对勘察设计人才的需要。政府积极协调和招聘人才，组织属于人民自己的设计队伍，河北省最早的勘察设计单位是1949年为建设华北军区烈士陵园而组建的石家庄市城建局设计室。1949年，由留日归来的建筑师邬天柱规划设计了位于石家庄的华北军区烈士陵园，经我国著名建筑专家梁思成、张开济等同志审定后，于1950年3月动工，1954年8月1日建成并对外开放。该陵园是我国早期建设的规模较大、建筑艺术品位较高的著名烈士陵园之一。

此外，河北省较早成立的工程设计单位有1950年成立的邯郸市建工局勘察建筑设计室。为了加强当时河北省省会保定的建设，1952年11月在河北省省会保定河北农业大学院内成立了河北省建工局设计处，即河北省建筑设计院的前身；同年成立了保定市建工局设计室，即保定市建筑设计院的前身；还成立了张家口市人民建筑公司设计科，即张家口市建筑设计院的前身。

为了迅速扩充河北省的工程设计实力，河北省政府不仅从邯郸、张家口抽调地方技术人员充实河北省建工局设计处，同时河北省政府派人前往建筑业发展相对蓬勃的上海招聘设计人员，支援河北省的勘察设计工作。不久，先后有多名富有经验的上海设计人员应聘支援河北建设事业，如建筑师洪鑫发、结构工程师施钧梁、预算工程师洪长源等，都成为河北省建工局设计处的中坚力量和专业领军人物。这一时期在河北省省会保定设计的较大的公建项目有保定河北剧场和保定河北礼堂等。同期还招聘了其他上海技术人员充实我省建筑施工及科研单位的技术力量。

1953年热河省建筑设计室成立，即承德市建筑设计院的前身；同年唐山市规划建筑设计院和河北省建工局测量队成立，即河北省建设勘察研究院的前身。1954年河北省交通工程大队勘测设计队成立，即河北省交通规划设计院的前身。1956年北京煤矿设计院开滦分院成立，即石家庄煤矿设计研究院的前身。1958年权力下放政策提出后，中央决定从直属设计院下放部分技术人员到省，协助组建中小型火力发电和送变电工程设计队伍，北京电力设计院80余名技术人员到天津，与河北省工业厅部分人员成立河北省电力设计院。河北省电力设计院成立后，驻地经历了先天津，后保定，再正定，最后定址石家庄的历史变迁。

1954年，由于全国高校经过了院系调整，专业已趋向全面和成熟，随后每年都有一些大学生、中专生被分配到我省各主要设计院，进一步充实了河北的设计力量，设计院规模因而也在逐年扩大。到1960年，全省大部分城市都有了自己的设计力量，并建立了省属煤炭、化工、水利、机械等专业设计院。

20世纪七八十年代，一些部属设计院陆续迁来我省，定址石家庄，其中有1973年迁址石家庄市、1975年成立的五机部六院，即今天的北方工程设计研究院有限公司，其前身是1952年成立的国家二机部所属兵工局第一研究所；核工业第四研究设计院于1958年1月在北京成立，1970年迁址湖南省衡阳市，1984年迁址河北省石家庄市。

1952年11月，国家计划委员会成立。1953年，国家开始执行第一个五年计划，并着手苏联援建的156项工程项目的建设。为适应经济建设的需要，1954年11月国家建设委员会成立。国家建设委员会下设设计局，对工程设计行业实施管理。河北省的设计管理工作，开始由河北省计划委员会负责。1953—1958年，工程建设项目由河北省计划委员会审批。1958年11月，河北成立省基本建设委员会，下设设计处，设计处于1959年起负责省属工程建设项目的初步设计审批和勘察设计管理方面的建章立制。

在基建规模不断扩大的同时，工程勘察伴随着工程建设得到快速发展。20世纪60年代初，勘察工程技术人员通过工程地质工作实践，积累了大量资料和实际经验，使工程地质方面的各个学科进入独立发展阶段，各建设部门相继制定了自己的勘察规范，尤其以冶金行业的规程、标准发展较快。其间，随着岩土测试技术提高，定量评价有所发展，突破了早期的工程地质勘察手段主要是钻探，钻探深度一般在30米以内，所出具的勘察报告文字部分相对简单的落后局面。

新中国成立后，河北省省会经历了多次变迁，先后经历了由保定（1949—1958年）—天津（1958—1966年）—保定（1966—1968年）—石家庄（1968年至今）的变化过程。1958年，国务院决定将天津市划归河北省管辖，并确定为河北省省会，省属行政单位陆续迁往天津。河北省建工局设计院作为省直属单位也从1958年下半年开始迁往天津，当时承担的设计任务多是河北省省会迁津所需的一些工程，如河北省医院、河北省会议楼等一批大型公共建筑和居住建筑以及惠阳机械厂等军工建筑。该院同期设计的天津河北礼堂项目，代表了我省20世纪50年代末期建筑设计的最高水平。

三年困难时期，压缩编制，设计队伍精简下放，1961年8月至1964年8月河北省建工厅决定将河北省建工厅设计院与省综合勘察设计院、省建筑科学研究所合并，简称“两院一所”。1964年8月，随着形势好转，“两院一所”再度分开。

1965年3月16日，中央召开了全国设计工作会议，会议上，河北省建工厅设计院以文字材料向全国介绍了“三线”工程建设设计经验。此时，河北省建筑设计行业也开始忙碌了起来，但仅仅经过了一年多稳定的日子，“文化大革命”突如其来。

（二）“文革”创伤，拨乱反正

1966年初，刚刚渡过“三年困难时期”的各行各业，正待休养生息、调整整顿，却因一场突如其来的“文革”陷入混乱。我省勘察设计行业也未能幸免。以河北省建工厅设计院为例，院领导被批斗靠边站，担任技术领导职务的总工、专业带头人也被定为“反动学术权威”批判批斗，专业技术日渐荒疏。除极少数人在现场进行“靠山”的军工项目外，全院生产停顿。1968年冬，“省革委会”调设计院全员到唐山参加“省学习班”学习，随后又参加芦台五七干校，边劳动边学习，之后又将“学员”调往沧县一些公社和大队“插队落户”，经受锻炼，总计三年之久。当时，省里已将设计院单位撤销，所谓“插队落户”只是安置人员的权宜之计。1970年后期，省里决定在主管建设口业务的“建工总队”下设“设计队”。从1970年底开始，分批从沧县农村抽调部分“插队”设计人员回省，组成了“河北省建工总队设计队”，机关设在元氏县西关。设计单位重建机构，恢复设计生产条件，并开始承担部分设计任务。

1972年6月，河北省基建局建筑工程总队设计队更名为河北省建筑设计院，直属省建工局领导。1974年5月，河北省建筑设计院从元氏城关搬到石家庄市。1972年2月，在石家庄地区正定县城第一中学校址，重新组建河北省电力勘测设计院，直属河北省电力工业局。1975年5月，河北省电力勘测设计院由正定县迁入石家庄市。河北省各设计院恢复重建后，建立健全了组织机构，恢复了院长和科室主任职务。

1976年10月，粉碎"四人帮"，举国欢庆。"文革"结束后，在党的领导下，河北省各工程勘察设计单位，对"文化大革命"中的冤假错案进行了复查、纠正和彻底平反，落实了多项知识分子政策，先后恢复了院总工程师、主任工程师职务。

在交通设计方面，新中国成立之初，河北境内的主要公路只有65条，总里程7 984千米，约占当时全国公路总里程的6.7%。1978年底，河北省公路通车里程达到40 260千米，河北省拥有沥青（渣油）路面总里程已居全国前列。在电力设计方面，新中国成立时，装机10.24万千瓦，全社会用电量2.54亿千瓦时。截至1978年，河北省设计完成了京津唐110千伏电网与张家口联网，建成了石家庄和邯郸两个区域性35千伏电网。

煤炭是中国经济发展的主力能源。1977年，我国煤炭产量达到5.5亿吨，与1949年的3 000万吨相比，增加了17倍多。其中煤炭勘察设计的作用功不可没。

20世纪70年代中期，河北省完成了一批援外建筑项目设计：1973年，完成了阿拉伯也门共和国荷台达轧花榨油厂工程设计；1976年，承担了卢旺达水泥厂工程及援助索马里、巴洛温农场工程；1977年，承担了埃塞俄比亚阿巴门奇轧花厂工程设计。这些援外项目，子项多，工艺流程较复杂，任务完成时间要求急。河北省高度重视，设计院领导亲自带领"三结合"现场设计小组，与农工、工艺人员密切配合，主动完善资料，昼夜奋战，圆满完成了设计任务，受到了受援国的欢迎和称赞。这些援外政治任务的完成，提高了我省勘察设计水平，收到了很好的效果。

唐山大地震灾后重建是我省勘察设计历史上一件大事。1976年7月28日，唐山大地震发生后不久，遵照党中央关于重建新唐山的指示，河北省建委责成河北省建筑设计院负责牵头组织全省各地、市共14个设计单位承担援唐设计任务，指定专人与唐山和各地、市设计单位保持联系，帮助落实任务。河北省建委多次组织设计单位骨干力量深入唐山，急唐山人民之所急。在规划多变、设计条件不成熟等困难情况下，援建人员与建设单位一起在现场制定设计方案，征求唐山市规划设计指挥部的意见后，回院搞初步设计；初步设计完成后，及时送交建设单位报请主管部门审查同意，集中力量突击完成施工图；而后再到唐山进行图纸会审，深入实际，切实解决问题，圆满地完成了援唐设计牵头任务。

在河北省建委的统一领导下，《抗震设计资料汇编》一书编辑出版，有力地支援了抗震加固设计工作的开展。另外，河北省建委组织以河北省建筑设计院为主、省有关单位参加的科研队伍，按照国家建委下达的科研规划，完成了"唐山地区多层砖房震害调查总结"项目。邬天柱总建筑师还参加了由国家组织的唐山受害调查，与国家地震局工程力学研究所杨玉成合写《多层砖房的震害统计》，并编入《唐山大地震震害》。

1985年1月，河北省建筑设计院李拱辰设计完成的"唐山抗震纪念碑"方案，在全国征集的141个方案评选中获优秀方案二等奖，并确定为实施方案。1986年，唐山抗震纪念碑建成，该工程荣获建设部优秀设计三等奖，中国建筑学会（1949—2009年）建筑创作大奖，并入选第二批中国20世纪建筑遗产名录。

（三）贯彻建筑方针，端正设计思想

新中国成立30年来，全国勘察设计工作取得了较大成就，同时也受到了政治、经济等因素的较大影响，既是经济相对落后的现实反映，也折射出建筑设计受意识形态影响的属性。在全国大形势影响下，河北省建委认真贯彻党的建筑方针，河北的勘察设计行业经历了活跃的建筑思潮引发的建筑批判等重要历史阶段，走过了一段不平凡的历程，具有强烈的时代特征。

1.贯彻建筑方针

建筑方针是指导国家城乡建设的重要方向和目标的方针政策，是我国不同时期政治、经济、文化发展状况在建设中的体现，具有十分重要的历史意义和社会意义。近70年来，随着我国经济不断发展壮大，思想、文化不断解放，科学技术不断进步，不同时期人们对建筑方针展开过讨论和修订，使其重要思想得到了继承和发展，体

现着实事求是、与时俱进的时代特征，对新中国成立以来的城乡建设起到了十分积极的作用。

1952年7月，在全国第一次建筑工程会议上，党和政府提出了“适用、经济、在可能条件下注意美观”的建筑方针，这一方针理性地呼应了新中国成立初期国家百废待兴的历史背景和格局，为我国城乡建设提供了理论和精神指引。1956年，国务院下发的《关于加强设计工作的决定》中明确指出“民用建筑设计，必须全面掌握适用、经济、在可能条件下注意美观的原则”。对此，当时负责经济建设的国务院副总理李富春作了明确说明：“所谓适用就是要合乎我们的生活水平和生活习惯，并便于利用，所谓经济就是要节约，要在保证建筑质量的基础上力求降低造价。在这样一个适用与经济原则下的在可能条件下的美观就是整洁、朴素，而不是铺张浪费。”同年，时任建筑工程部部长刘秀峰在《创造中国的社会主义的建筑新风格》理论文章中对此方针作了阐述，说明“适用、经济、美观是有机的、辩证统一而又主次分明的”，要在“适用、经济的前提下，尽可能做到美观”。

1978年党的十一届三中全会以后，我国进入改革开放时期，经济得到迅速发展的同时，建筑界通过对外交流等方式获得了更多的世界建筑发展的信息，各种风格、主义、流派的建筑思潮开始涌入，建筑界的思想日益活跃，人们开始更多地关注建筑艺术及美的问题，对建设指导方针也进行过讨论。人们普遍认为由于经济条件向好和对建筑艺术的追求，应将原方针中对“在可能条件下注意美观”的表述去掉“在可能条件下”，即为“适用、经济、美观”。这一修改虽然没有正式定论，但也获得了较普遍的认可。

随着我国经济的快速发展，人们对建筑工程质量越来越重视，1986年国家提出新的建筑方针是“安全、适用、经济、美观”，将工程质量的“安全”放在了首位。

河北省始终在国家建筑方针的指导下开展工作，在艰苦条件下，遵循建筑方针，根据本省经济条件和地域实际，坚持以人民为中心的思想，艰苦奋斗，勤俭建设，产生了不少顺应时代要求的建筑作品。

2.活跃的建筑思潮及引发的批判浪潮

1955年3月28日，《人民日报》发表社论《厉行节约，反对建筑中的浪费现象》。该社论指出，新中国成立几年来，建筑事业空前繁荣，巨大的规模应服从国家建设的要求，不能离开国家的经济利益和人民的实际需求。该社论从“适用、经济、在可能条件下注意美观”的建筑方针出发，指出当前建筑中主要错误倾向是不重视建筑经济的原则，即由此引发的各种浪费现象，诸如多建大建问题、高标准建设问题以及追求形式主义和复古主义思想问题等，新中国成立初期在薄弱的国民经济条件下的反浪费运动是引发建筑批判浪潮的重要原因之一。

新中国初期的恢复时期（1949—1952年），由于国力有限，建筑活动的一般特点是规模小、进展快、造型简洁。一批在国外受到现代主义建筑教育的建筑师投身国家建设，因此有些建筑反映出了现代建筑思想，但很快知识界的思想改造运动扩大到建筑界，使国内的建筑创作思想逐渐同西方现代建筑思潮隔绝。尽管时间短，但这个时期的建筑活动显示出很大的活力，虽然当时全国注册登记的建筑师不到百人，但他们各自发挥自己的创作思想，注重功能，让建筑形象具有现代主义建筑特征，并呈现出多样化的趋势，其作品代表了西方现代主义建筑思想在中国的成功实践。这一时期的作品有同济大学的文远楼、北京儿童医院、广州文化公园建筑群等。在之后的批判浪潮中，这些建筑被当作崇洋媚外的典型加以批判，因而中国建筑在现代主义进程中受到阻碍。

第一个五年计划时期的建设规模空前巨大，民用建筑设计水平和建设水平有很大提高，设计开始注意功能和经济的关系，并在建筑形式上进行新的探索。当时大批苏联专家来到中国，在建筑方面开展了学习苏联的运动，在学习苏联经验的过程中虽取得了一定成绩，但同时也出现了形式主义的倾向。新中国成立初期，中国建筑师满怀民族自豪感从不同途径探索了具有民族和地方特色的建筑创作之路，其中以大屋顶为主要特征的民族形式建筑引发了一场被称为“复古主义”的浪潮。

梁思成先生1954年发表了《中国建筑的特征》一文，从中国传统建筑研究出发，指出了中国建筑的九大特征，并提出了中国建筑的“文法论”和“可译论”，指出“若想用我们自己建筑上的优良传统来建造适合于今天我们新中国的建筑，我们就必须首先熟悉自己建筑上的‘文法’和‘词汇’，否则我们是不可能写出一篇中国‘文章’的”。同期，北京市在规划中的形式演示（1954年的想象中的高楼和街景图）中也突出了中国“复古主义”建筑形象，因而影响一些中国建筑师在1953—1954年设计出了一批“大屋顶”建筑。梁思成因而受到批判。此次事件立时影响到河北，河北省建筑设计院设计的保定河北农大实验楼，因为采用了带有复古色彩的“大屋顶”设计，而遭到批判。

由此可以看出，新中国成立初期有着活跃的建筑思潮，除了向苏联学习之外，既有对现代主义建筑的追求，也有对民族形式的探索，人们对建筑评论也显示出较开放的态度。因为受到经济上的限制和意识形态上的批判，这一时期的建筑作品真实地反映了当时的政治、经济等方面对建筑界的影响。

习近平总书记指出，我们党领导人民进行社会主义建设，有改革开放前和改革开放后两个时期，这是两个相互联系又有重大区别的时期，但本质上都是我们党领导人民进行社会主义建设的实践探索。1949年后的30年里，虽然历经千辛万苦、艰难曲折，但我们依然取得了旧中国没有取得过的进步，这些独创性的成果和巨大成就，为新的历史时期开创有中国特色的社会主义提供了重要基础和宝贵经验。我国的勘察设计行业将迎着改革开放的春风踏上新的征程。

二、发展壮大阶段（1978—2012年）

改革开放后至党的十八大召开（1978—2012年），全国勘察设计行业趋向繁荣，技术队伍逐步发展壮大。河北省勘察设计单位的数量由1978年的42家迅速发展到2012年的610家，其中工程勘察甲级单位48家，工程设计甲级单位120家；2012年末从业人员合计49 876人，其中技术人员合计34 856人，而高级职称9 477人，年末注册执业人次合计7 840人；完成工程勘察合同额23.22亿元，完成工程设计合同额合计62.58亿元，累计拥有专利496项、专有技术465项；设计完成建筑面积1.09亿平方米；完成设计项目投资额1 657.64亿元。2012年当年，勘察设计营业收入合计280.12亿元，利润总额14.96亿元。

1978年12月，中共中央召开了具有历史意义的十一届三中全会，确定了“解放思想、开动脑筋、实事求是、团结一致向前看”的指导方针，全面纠正左倾错误，拨乱反正，作出了把工作重心转移到社会主义经济建设上来的战略决策，进入了改革开放的重要历史时期。1979年，中共中央、国务院作出了工程勘察设计单位“要逐步实现企业化”的决定，并在18家勘察设计单位实行企业化取费试点，在全国众多事业单位中，勘察设计行业率先由国家财政拨款改为自主经营、自负盈亏，拉开了改革的序幕，完成了从图板到电脑制图的第一次设计革命，推行了院长负责制、改企建制、工程总承包等改革，工程勘察设计行业伴随中国经济发展步入了快车道。

（一）改革开放，稳步发展

从1979年到1989年的十年是勘察设计行业深化改革、实行企业化管理、实现自负盈亏的十年。1984年9月15日，国家计划委员会向国务院提出了《关于工程设计改革的几点意见》，国务院于1984年11月10日以国发〔1984〕157号文颁发这个文件，作为国家对设计改革的指导性文件。设计单位实行了以“企业化试点”“技术经济责任制”“院长负责制”为主要内容的重大改革。尤其是科研、技术、管理等各方面的全面进步，使勘察设计行业初步形成了传统的计划管理和技术管理两大管理体系，加之全面质量管理的推行，管理水平也有了较大提高。这十年也是河北省勘察设计单位技术发展较快、人员增加较多、安定兴旺的发展时期。河北省勘察设计行业创作出了一批高质量、有社会影响力的勘察设计作品，如唐山陶瓷展销陈列馆、唐山抗震纪念碑、河北省体育馆、石家庄火车站、石家庄电信枢纽大楼、河北省图书馆、河北省文物商店等。

1.开展企业化试点

1980年7月，根据省计委、建委、财政局冀基设〔1980〕117号及（80）冀财事字第124号文件通知，国家对建筑设计单位开展企业化管理试点，实行勘察设计取费制度和工程承揽合同制。河北省基本建设委员会确定第一批勘察设计单位企业化取费试点，在河北省建筑设计院、河北省电力勘测设计院两个设计院和8个条件较好的地、市设计单位中试行。1980年下半年，各试点单位开始实行勘察设计取费制度，核减事业费，工程承揽签订设计合同。到1982年，上级取消财政事业费拨款，试点单位开始向自收自支、自主经营、自负盈亏的企业化管理过渡。为了适应这种改革，各单位实行定额管理和单项工程作业计划，执行与产值、产量、质量、设计周期挂钩的奖励制度，在一定程度上起到了促进生产、克服平均主义、体现按劳分配的作用，收到较好效果。

2.实行技术经济责任制和院长负责制

1984年9月18日，国务院下发《国务院关于改革建筑业和基本建设管理体制若干问题的暂行规定》，提出了：

全面推行建设项目投资包干责任制、大力推行工程招标承包制、建立工程承包公司专门组织工业交通等生产性项目的建设、勘察设计要全面推行技术经济承包责任制、推行住宅商品化、改革工程质量监督办法等十六条规定，明确提出了由发包单位择优选定勘察设计单位、建筑安装企业；勘察设计要向企业化、社会化方向发展，全面推行技术经济承包责任制；勘察设计单位承担任务一律要签订承包合同，按照国家规定的收费标准，收取勘察设计费，实行企业化经营，独立核算，自负盈亏；勘察设计单位内部可按项目或专业实行承包，设计人员的奖金要与贡献大小挂钩；勘察设计单位要优先保证完成重点项目的勘察设计任务；勘察设计单位要打破部门、地区界限，开展设计投标竞争。

按照国家上级主管部门的要求，1984年下半年，我省在设计单位试行了“技术经济责任制”，在保证国家指令性计划完成的前提下，对产值、产量、质量、周期、成本、科技任务等指标进行考核。从1984年到1989年，设计单位对组织机构和设计生产组织形式不断进行探索，领导干部向年轻化、知识化方向转变，设计管理工作更加精干高效、运转顺畅；生产组织形式由最初的小的综合承包组逐渐向大的综合设计所发展。这样的发展有利于在较大范围内调动人员的积极性，突击完成更大的生产任务；有利于充分发挥技术骨干的作用，促进质量和技术水平的提高。

1988年，行业内开始实行“院长负责制”，有利于院长行使更大的职权，对全院的生产经营全面负责，党委保证监督，职工民主管理。这些改革，扩大了单位自主权，进一步打破了“单位吃国家大锅饭，职工吃单位大锅饭”的局面，使单位和职工工作情况与经济效益直接挂钩，广大设计人员的工作积极性、创造性渐渐得到发挥。

3.全面推行TQC质量管理

1987年3月，在河北省建委的领导下，在全省开始引进TQC全面质量管理模式，并成立相应管理机构，组织设计单位人员培训，认真学习TQC理论，积极开展群众性的QC小组活动，加强对设计全过程控制记录，提高产品质量和效率。1989年9月，河北省勘察设计系统TQC工作考核验收委员会对河北省建筑设计院TQC管理进行了达标验收，宣布河北省建筑设计院TQC按期达标。通过3年多的努力，TQC质量管理全面推动了设计院的质量管理及技术进步。

4.试行工程总承包

20世纪80年代中期以来，国务院及国家建设行政主管部门提出在工程建设领域积极推行工程总承包。1984年11月，国家计委、建设部联合发出关于印发《工程承包公司暂行办法》的通知（计设〔1984〕2301号）；1987年4月，国家计委、财政部、中国人民建设银行、国家物资局发出了《关于设计单位进行工程建设总承包试点有关问题的通知》（计设〔1987〕619号），成立了12家试点单位；1992年11月，建设部颁发了《设计单位进行工程总承包资格管理有关规定》（建设〔1992〕805号）；1999年8月，建设部印发了《关于大型设计单位创建国际型工程公司的指导意见》（建设〔1999〕218号）。但由于对国际上通行的“以设计为主体的工程总承包”的建设模式缺乏统一认识，我国的绝大多数工程勘察设计单位多年来一直延续单一的勘察设计功能，而且建设单位对工程总承包缺乏理解和其他一些原因，“工程总承包”建设管理模式在我国的推行进展缓慢。

5.繁荣建筑创作

经济的发展推动了建筑设计创作的繁荣，1987年7月10日，河北省建委以冀建设〔1987〕287号文印发了《河北省关于繁荣建筑创作的若干意见》，文件指出：建筑创作要坚持正确的指导思想，认真执行勤俭建国、艰苦奋斗、增产节约的方针；建筑创作要遵循“适用、经济、美观”的原则；建筑创作要坚持“洋为中用”“古为今用”的方针。该文件还提出了“人—建筑—环境”是一个复杂的系统工程，要创造优美的空间环境，与后来1999年7月国际建协第20届世界建筑师大会上通过的《北京宪章》的论点相一致。这时的河北建筑设计创作，呈现出多元化的发展方向。

（二）深化改革，开拓前进

进入20世纪90年代之后的10年时间里，尤其是在邓小平南方讲话和党的十四大精神鼓舞下，全国经济建设速度大大加快。河北省勘察设计行业重点工作是加强技术质量管理，全面强化素质，实施ISO9000质量认证；提高智能化水平，推行计算机绘图，提高科技含量，面向国内外两个市场，使技术管理和绘图技术都上了一个新台阶。

1.创建分院，培养人才

随着20世纪90年代初期国家分批设立沿海经济特

区，沿海开放地区经济迅速发展，河北省许多勘察设计单位在立足本省建筑设计市场的前提下，抢抓机遇，开拓市场，纷纷在上海、珠海、北海、海口、深圳设立分院或成立分支机构。其中办得较好的分院是河北省建筑设计研究院创建的上海分院。该上海分院创建于1993年，自1998至2001年连续4年在上海市勘察设计质量、科学管理、生产经营、精神文明、优良服务等实绩综合考评中取得优异成绩，位列外省市驻沪勘察设计单位前茅。河北省建筑设计研究院上海分院通过承接上海复兴（无锡）大厦、上海黄浦投资大厦、上海医科大学中山医院门诊中心、上海黄浦雅苑等一大批技术难度大、功能复杂的设计任务，不仅创造了良好的经济效益和社会效益，而且使设计人员开阔了眼界，提高了技术水平，培养和锻炼了一批技术骨干人才，也促使河北省建设行业勘察设计水平迈上了一个新台阶。

2.推动CAD计算机辅助设计应用

1989年9月建设部印发《工程设计计算机软件管理暂行办法》《工程设计计算机软件开发导则》，1990年1月建设部印发《工程设计计算机软件转让暂行办法》。1992年，河北省在全省推广应用CAD计算机辅助设计技术，河北省建委设计处组织各设计单位人员赴北京各大设计软件开发公司进行学习。1991年12月，河北省建筑设计研究院的建筑企业成本核算管理软件获建设部全国施工管理优秀应用软件二等奖。1993年4月，河北省电力勘测设计院的钢筋混凝土排架结构布置与设计软件包、混凝土框架配筋CAD软件、发电厂变电所接入系统可靠性分析、皮带运输机计算机辅助设计软件包，核工业部第四设计研究院的工民建电气工程CAD集成软件，秦皇岛黑色冶金矿山设计研究院的建设项目经济评价应用软件获建设部全国第三届工程设计计算机优秀软件三等奖。20世纪90年代中期，计算机应用技术的迅速发展有力地推动了勘察设计行业技术革新的进程，建设部向勘察设计单位提出了到2000年甩掉图板的要求，这是勘察设计单位的一次史无前例的技术手段革命。

1996年，全省进行工程勘察设计单位计算机应用达标验收，规定了基本达标标准、验评办法、验收程序、验收时间。1996年底，全省使用CAD进行工程计算的单位达90%，CAD出图率40%左右。1997年4月，在“河北省CAD应用工程示范企业”投标中，河北省建筑设计研究院中标，成为我省CAD应用工程示范企业试点单位，并于1999年5月通过了河北省科委组织的“河北省CAD应用工程示范企业”验收，1999年12月又被国家科技部评为首批“全国CAD应用工程示范企业”，企业内CAD普及率达100%。由于我省CAD技术应用发展较快，因而大大提高了工作效率，极大地推进了生产的发展，也促进了技术水平的提高，经济效益和社会效益显著。

3.实施ISO9000质量管理体系贯标认证

ISO9000质量管理体系标准是国际标准化组织制定的。我国于20世纪80年代末期引进并在各个行业推广ISO9000贯标认证工作。我省勘察设计行业基本上与之同步。1995年河北省建委组织专人向北京认证中心进行学习，并制定了工作计划，从1997年开始大力推行ISO9000贯标工作。1997年5月，建委分两期组织100余名专业组长以上干部进行培训，50名内审员全部考试合格，成为贯标认证和保证质量的中坚力量，为ISO9000质量标准认证工作的顺利开展奠定了基础。

通过工程招投标、资质申报、重点项目市场准入等多方面对ISO9000认证的鼓励，推动了ISO9000认证工作在河北省勘察设计行业的快速普及。通过认证的企事业单位或主动或被动地建立健全质量管理体系，对标国际上最先进的管理理念和方法，客观上推动了向现代管理制度的转型，为保证和提高产品和服务的质量打下了基础。此举也促进了河北省整个勘察设计行业的进步，使之一直保持在全国的前列。

4.推行工程建设监理制度

1988年，我国开始试行建设监理制度。1992年，建设监理工作由试点逐步转向全面推行。许多有条件的工程勘察设计单位，抓住机遇，发挥自身优势，努力开拓建设监理业务，作为延伸自己业务范围的一个方面。

5.岩土工程成为工程勘察提升的亮点

20世纪90年代后，新型、特殊工程逐渐增多，对工程地质勘察提出了新的要求，需要引入科学的新理论、新方法、新技术。继工程地质勘察后，以工程地质、水文地质、岩土力学、土力学等为理论基础，涉及岩土和土的利用、改良、灾害防治和环境保护的分支学科——岩土工程一步步发展起来。随着多数从事工程地质勘察企业在岩土工程方面的专业提升，勘察报告除常规的地层及状态描述外，增加了对各类地基土的评价、各类基础形式的推荐、地基变形的估算等，还有多种解决方案及设计，从碎石桩复合地基、水泥土桩复合地基、强夯、真空预压，到各类型混凝土灌注桩等，呈现出以解决岩土工程问题为重心的导向。

（三）革故鼎新，改企建制

进入21世纪，随着经济全球化、我国加入世界贸易组织及市场经济的迅速发展，我国勘察设计行业开始与国际接轨，越来越多的境外机构在中国设立设计机构，国内建筑设计市场面临更大的机遇和挑战。在日益国际化的竞争中，我国勘察设计企业进一步改企建制，一批民营设计机构、中外合资设计机构应运而生。河北省勘察设计行业在我省建设发展的机遇期，抓住机会迅速发展壮大，取得了长足的发展，为我省建设事业作出了巨大贡献。

1.改企建制工作，紧锣密鼓

自1999年12月18日国务院办公厅国颁发〔1999〕101号《关于勘察设计单位体制改革若干意见》以后，工程勘察设计行业改制进程逐步加快。

为推动全省工程勘察设计单位改制工作，2000年9月，河北省政府印发冀政办函〔2000〕27号《河北省工程勘察设计单位体制改革实施方案》，全面推行“改企建制”工作，河北省建筑设计研究院等18家设计单位被省政府列为改制单位。

2001年8月，上级批复同意河北省建设勘察研究院由事业单位改制为由自然人出资发起设立的有限责任公司，独立经营，自负盈亏。2002年，河北省建设勘察研究院完成国有资产产权转让并予注销，改名为河北建设勘察研究院有限责任公司。

2003年9月，河北省建设厅在秦皇岛专门召开全省勘察设计改制工作会议，明确要求河北省甲级勘察设计单位限期完成企业改制工作，改制形势紧迫，任务异常艰巨。

2004年8月，河北省国资委冀国资字〔2004〕361号文件，批复同意河北省建筑设计研究院筹备改制设立河北建筑设计研究院有限责任公司。2006年9月，河北省建筑设计研究院更名为河北建筑设计研究院有限责任公司。在之后的时间里，我省多家勘察设计企业完成改制，进一步优化了人才成长环境，增强了企业参与市场竞争的活力，加快了企业建立现代管理制度的进程。

2.民营设计院的兴起

2000年前后，在竞争浪潮中诞生的河北省民营设计院，在短短的几年实践中形成自身特色，发展迅猛。1999年1月，河北北方绿野建筑设计有限公司成立；2002年9月，河北庄宸土木工程设计咨询有限公司成立；2005年，河北九易营造设计有限公司成立；2008年，庄宸土木公司和九易营造公司合并为河北九易庄宸工程设计有限公司；2002年11月，河北拓朴建筑设计有限公司成立；2004年4月，河北大成建筑设计咨询有限公司成立。尽管民营设计院在整个行业中属于新生力量，但是它们凭借灵活的经营体制和管理机制、富有生气的创新团队，在行业中异军突起，成为河北省勘察设计行业的新生力量。

3.圆满完成汶川大地震震后援建工作

2008年5月12日，四川省汶川地区发生8.0级大地震，近7万人遇难。根据国务院“一省帮一重灾县”的原则，平武县被确定为河北省灾后重建对口支援的重灾县。在河北省政府、建设厅的领导下，我省勘察设计企业派出精干队伍，深入震灾现场，了解灾情。在时间紧、任务重、环境危险的情况下，河北省勘察设计人员发挥连续奋战的精神，30天完成了数千间援建板房的建设，按照八级抗震标准，高质量、高标准设计完成了河北省援建四川平武地震灾区的“平武县人民医院”“平通镇卫生院”“响岩小学”和“南坝中学”等180余项工程，圆满完成了平武县灾后重建工作。

4.城中村改造工作，如火如荼

2007年12月10日，经省委常委会、省政府常务会研究同意，省政府出台《关于加快推进城镇化进程的若干意见》（冀政〔2007〕138号），着力提升城市建设品位，对城市重要地段进行集中成片的开发建设。2018年1月，石家庄市政府出台《关于进一步加快城中村改造的实施意见》（石政发〔2008〕5号），规定了城中村改造的程序、规划方案、土地利用、拆迁安置、优惠政策等核心内容。

2008年，城中村改造如火如荼地开展起来，掀开了我省城市化的新篇章。大量的城中村改造任务，也给各勘察设计单位带来了大量的设计任务。自2008年至2010年，勘察设计产值逐年增长，各勘察设计单位锐意进取、攻坚克难，加快了新型城镇化的建设速度，开创了河北省城镇面貌迅速提升事业的新局面。

据统计，2008—2010年，河北省完成城市基础设施投资7 131亿元，城镇化率提高5%，吸纳人口300多万，累计拆迁面积2亿平方米，新增城市道路2 500多千米，新增供热面积1.4亿平方米。从宏观角度看，城中村改造实质包括“城市环境质量明显改善，城市承载能力显著提高，城市居住条件大为改观，城市魅力初步显现，城市管理水平大幅提升”等五个方面内容；而从微观来看，则包含了空气质量、水环境质量、废物处理、园林绿化、道路交通、供水排水、供热供气、旧住宅区改善、城市特色塑造等多方面的内容，每一项都关乎民生质量的改善。

改革开放30多年，是我国工程勘察设计行业发展最快、最辉煌的时期，在一系列重要思想的指引下，不断改革、不断创新、不断发展，广大勘察设计人员在转变思想观念和创新设计理念方面发生了深刻变化，为我国社会主义建设进入新时期做好了准备。

三、高质量发展阶段（2012—2019年）

党的十八大至新中国成立70周年（2012—2019年）。党的十八大召开以来，勘察设计行业发生了很大变化，在资质管理、招投标规范管理、市场监管、工程监理制度、建设单位行为监管等方面都有了更明确、更规范化的发展。勘察设计作为建设领域的灵魂和龙头，在推动节能减排、保护生态环境等方面发挥了更加重要的作用。

河北省勘察设计行业转型升级，积极探索高质量发展的新思路、新途径，在技术队伍继续壮大的同时，设计水平不断提高，优秀成果大量涌现，科技水平不断提高。勘察设计实现了由二维到三维的第二次设计革命，并向着大数据、智能化、绿色低碳方向发展，走向有中国特色社会主义高质量发展、中华民族实现伟大复兴的新时代。

（一）党的十八大，进入高质量发展阶段

2012年11月党的十八大对勘察设计行业发展提出新要求，将生态文明建设纳入“五位一体”中国特色社会主义总体布局，同时提出建设“美丽中国”总体部署。

贯彻全面深化改革总目标。2013年11月，十八届三中全会明确了全面深化改革总目标，改革进入波澜壮阔新征程。河北省勘察设计企业牢牢抓住“疏解北京非首都功能”“环首都绿色经济圈”“京津冀协同发展”“千年大计雄安新区”“一带一路”“2022年北京冬奥会”等战略发展契机，主动出击，扩大市场，奋力拼搏，在设计创优、科技创新、企业文化建设等方面都取得了长足发展，经济效益和社会效益明显提高。

2014年7月1日，住建部发布《关于推进建筑业发展和改革的若干意见》，从顶层设计角度开启了行业系统性改革的新阶段。这次改革，被业内人士称为建筑业的“第三次改革浪潮”。

2015年中央城市工作会议召开，会议从国家层面为今后一段时期的城市建设工作制定了规划蓝图，城市发展模式迎来转折点。为此，住建部以供给侧结构性改革为主线，深入推进“放管服”改革，密集出台各项政策，全面促进建筑行业转型升级。

2017年2月，国务院印发《关于促进建筑业持续健康发展的意见》，从深化建筑业简政放权改革、完善工程建设组织模式、加强工程质量安全管理、优化建筑市场环境、提高从业人员素质、推进建筑产业现代化和加快建筑业企业“走出去”7个方面提出了20条措施，并为建筑业树立了打造“中国建造”品牌的目标，拉开了国家建筑业改革的序幕，对建筑业发展提出了更高的要求，对更好地服务新型城镇化建设寄予了更高的期待。该意见以转变建筑业发展方式、推进建筑产业现代化、促进建筑业健康协调可持续发展为目标，指明了建筑行业的发展方向，并促进发布了其他各项政策，有效推进建筑行业进一步的转型升级和改革。

1.京津冀协同发展是国家战略

2014年3月，京津冀协同发展上升为国家战略。习近平总书记高瞻远瞩、审时度势地擘画京津冀发展蓝图：“北京、天津、河北人口加起来有1亿多，土地面积有21.6万平方千米，京津冀地缘相接、人缘相亲，地域一体、文化一脉，历史渊源深厚、交往半径相宜，完全能够相互融合、协同发展。”

京津冀协同发展，核心是京津冀三地作为一个整体协同发展，要以疏解北京非首都功能、解决北京“大城市病”为基本出发点，调整优化城市布局和空间结构，构建现代化交通网络系统，扩大环境容量生态空间。京津冀地区同属京畿重地，战略地位十分重要。实现京津冀协同发展、创新驱动，推进区域发展体制机制创新，是面向未来打造新型首都经济圈、实现国家发展战略的需要。京津冀空间协同发展，城镇化健康发展，对于全国城镇群地区可持续发展具有重要示范意义，也为河北省带来了重大发展战略机遇。

2.BIM技术快速发展

自2011年BIM发展纲要被写入我国“十一五”发展纲

要起，建筑业内上至政府，下至企业与个人，都对其非常重视，很多企业已经开始应用，并且取得了很好的效果。随着北京、上海、广州等一线城市陆续颁布地方级的BIM政策与标准，BIM技术已经呈现井喷式发展，BIM技术拥有很好的发展前景。BIM人才的培养已经成为国家信息技术产业、建筑产业发展的强有力支撑和重要条件，能够给各产业带来更大的社会效益、经济效益和环境效益。“十三五”规划已经提出实施“互联网+”行动计划，未来建筑业信息化高速发展是必然趋势，社会需求也越来越广泛，加上BIM技术在建筑业应用的先进性和方便性，其应用效果具有直观可视、数据精准、方便快捷、共享良好等优点，是建筑设计的第二次技术革命。

我省勘察设计行业自2010年开始BIM应用，先后完成了河北省《建筑信息模型应用统一标准》《建筑信息模型设计应用标准》《建筑信息模型施工应用标准》的编制，为BIM在我省勘察设计行业的应用提供了技术保证。针对BIM应用中的问题，我省开展了“建筑信息模型在结构设计中的应用”“建筑信息模型在住宅设计中的应用”以及工程项目的专项应用研究，多家相关企业每年按计划培养BIM人才，推动了BIM技术在企业的应用。到目前，我省的BIM技术在设计、施工、全过程咨询及EPC均有应用。

3.“适用、经济、绿色、美观”的建筑方针

2015年12月20日召开的中央城市工作会议指出，我国城市发展已经进入新的发展时期，改革开放以来，我国经历了世界历史上规模最大、速度最快的城镇化进程，城市发展波澜壮阔，取得了举世瞩目的成就。会议强调，当前和今后一个时期，我国城市工作的指导思想应贯彻创新、协调、绿色、开放、共享的发展观念，走出一条中国特色城市发展道路。2016年2月6日，国务院发布了《中共中央国务院关于进一步加强城市规划建设管理工作的若干意见》，明确提出了“适用、经济、绿色、美观”的建筑方针，用于指导城市发展方式和城市特色风貌，努力打造和谐宜居、富有活力、各具特色的现代化城市，让人民生活得更加美好。

从20世纪50年代初至2016年，时代背景发生了翻天覆地的变化，建筑方针必然具有鲜明的时代性，“绿色”是这个时代最重要的要求，“适用”“经济”把握了建筑的本质，“美观”把握了建筑作为文化载体的精神属性。新时期建筑方针为我们指明了未来一段时间内在建筑发展上前进的方向，同时也赋予了建筑行业更多的责任和更多的发展空间，建筑界应抓住这次机遇，担起这份责任，建设属于这个时代面向未来的中国城乡。

4.绿色发展理念，开启城市建设新篇章

2010年12月16日，我省编制印刷了《河北省绿色建筑评价标准》，为我省开展一、二星级绿色建筑评价标识工作提供了标准依据，推动了全省绿色建筑评价标识工作的开展。2011年，河北省住房和城乡建设厅印发了《河北省十佳绿色建筑评选办法》《河北省十佳绿色建筑小区评选办法》。2012年1月，评选出保定市“电谷锦江国际酒店”等10个项目为河北省2011年“十佳绿色建筑”；评选出秦皇岛市“在水一方住宅小区A区”等10个小区为河北省2011年“十佳绿色建筑小区”。2013年4月28日，河北省人民政府办公厅印发了《转发省发展改革委、省住房城乡建设厅〈关于开展绿色建筑行动创建建筑节能省实施意见〉的通知》，推动全省城乡建设走绿色化、循环化、低碳化道路。

2017年4月12日，河北省建设厅印发了《河北省住房和城乡建设厅关于印发〈河北省建筑节能与绿色建筑发展“十三五”规划〉的通知》（冀建科〔2017〕12号）。“十二五”期间，全省累计获得绿色建筑评价标识188个，绿色建筑面积累计1 917.67万平方米，位居全国前列；2015年，新建建筑中绿色建筑占比达到26.7%。

2013年10月17日，秦皇岛“在水一方”一期4栋被动式超低能耗住宅楼建成并通过德国能源署质量认证，这是我国最早的被动式超低能耗建筑。2015年3月，在河北省涿州市松林店工业园区内，河北新华幕墙有限公司办公楼竣工，这是一座被动式办公建筑，也是中奥（奥地利）被动房合作的成功范例。

2015年4月，河北省建筑科技研发中心项目建成交付使用，这是中国首例采用德国被动房标准设计的公共建筑，为三星级绿色建筑项目，被德国能源署与中国住建部共同认证为“被动式低能耗建筑项目”。

5.全力推动装配式建筑发展

国家为了加快推动装配式建筑发展，于2016年2月6日发布了《中共中央国务院关于进一步加强城市规划建设管理工作的若干意见》，提出“力争用10年左右时间，使装配式建筑占新建建筑的比例达到30%”的具体目标。2016年9月，国务院发布了《关于大力发展装配式建筑的指导意见）（国办发〔2016〕71号），进一步明确了装配式建筑发展的具体任务，推动装配式建筑进入了新的发展时期。

2017年1月13日，河北省人民政府办公厅发布了《关于大力发展装配式建筑的实施意见》，力争用10年左右的时间，使全省装配式建筑占新建建筑面积的比例达到30%以上，确定了张家口、石家庄、唐山、保定、邯郸、沧州和环京津县（市、区）率先发展，其他市、县加快发展的大格局，全力推动了全省装配式建筑发展迈向新阶段。

（二）党的十九大，开启全面建设社会主义现代化国家新征程

2017年10月党的十九大确立了习近平新时代中国特色社会主义思想，吹响了决胜全面建成小康社会、迈向社会主义现代化国家新征程的嘹亮号角。

从党的十九大到2020年是全面建成小康社会决胜期。从党的十九大到二十大是“两个一百年”奋斗目标的历史交汇期。河北勘察设计行业认真贯彻落实十九大精神，既要贯彻新发展理念，深化供给侧结构性改革，建设创新型企业，全面建成小康社会，又要贯彻区域协调发展战略，推进绿色发展，开启全面建设社会主义现代化国家新征程。

1.绿色建筑发展，助力高质量发展

2018年11月23日，河北省第十三届人民代表大会常务委员会第七次会议通过了《河北省促进绿色建筑发展条例》，并于2019年1月1日起施行。《河北省促进绿色建筑发展条例》的颁布实施，对贯彻生态文明和绿色发展理念，促进建筑业转型升级和高质量发展，提高城镇化水平，实现节能环保以及人与自然和谐共生具有重要意义。

2018年9月16日，河北省住房和城乡建设厅发布公告，《被动式超低能耗建筑评价标准》（DB13（J）/T 8323—2019）和《被动式超低能耗建筑节能检测标准》（DB13（J）/T 8324—2019）已被批准为河北省工程建设标准，自2019年10月1日起实施。被动式超低能耗建筑相关标准的出台，为推动被动式超低能耗建筑发展提供了建设依据。

2019年10月9日至11日，在河北高碑店举行了第23届国际被动房大会，大会主题是“被动房遍及全球”。国际被动房大会是全球参与范围最广泛、最具权威、最具公信力和影响力的国际绿色建筑发展大会，这也是国际被动房大会首次进入亚洲，走进中国。这次大会是推动中国建筑节能产业迈向高质量发展的契机，是世界各国共享发展机遇、互利共赢的重要平台。

2.培育装配式建筑产业基地，项目建设初具规模

2017年12月1日，河北省住房和城乡建设厅转发《住房和城乡建设部办公厅关于认定第一批装配式建筑示范城市和产业基地的函》（冀建科〔2017〕32号）的通知，将我省石家庄市、唐山市、邯郸市认定为第一批国家装配式建筑示范城市，将大元建业集团股份有限公司、河北合创建筑节能科技有限责任公司、河北建设集团股份有限公司、河北建筑设计研究院有限责任公司、河北省建筑科学研究院、河北新大地机电制造有限公司、河北雪龙机械制造有限公司、惠达卫浴股份有限公司、金环建设集团邯郸有限公司、秦皇岛阿尔法工业园开发有限公司、任丘市永基建筑安装工程有限公司、唐山冀东发展集成房屋有限公司、远建工业化住宅集成科技有限公司、中国二十二冶集团有限公司等14家企业认定为第一批国家装配式建筑产业基地。

2019年8月29日，河北省装配式建筑现场观摩会在石家庄召开。截至目前，河北省已培育3个国家装配式建筑示范城市、14个国家装配式建筑产业基地、19个省级装配式建筑产业基地，发展装配式建筑的政策机制、标准体系、产业基础初步形成，项目建设初具规模。

3.雄安新区带来新的发展机遇

2017年4月1日，中共中央、国务院决定设立雄安新区。设立河北雄安新区，具有重大历史意义，是一项重大的历史性战略选择，是党中央深入推进京津冀协同发展、有序疏解北京非首都功能作出的一项重大决策部署。雄安新区是继深圳经济特区、上海浦东新区之后又一具有全国意义的新区，是千年大计、国家大事，必须坚持“世界眼光、国际标准、中国特色、高点定位”理念，走出一条用新发展理念建设现代化城市的新路径，将雄安新区建设成为绿色生态宜居新城区、创新驱动引领区、协调发展示范区、开放发展先行区。

2019年1月2日，经党中央、国务院同意，国务院正式对外发布《河北雄安新区总体规划（2018—2035年）》的批复。批复指出，总体规划牢牢把握北京非首都功能疏解集中承载地这个初心，坚持世界眼光、国际标准、中国特色、高点定位，坚持生态优先、绿色发展，坚持以人民

为中心、注重保障和改善民生，高起点规划、高标准建设雄安新区，创造“雄安质量”、建设“廉洁雄安”、打造推动高质量发展的全国样板，建设现代化经济体系的新引擎。

雄安新区的建设对于河北省建筑勘察设计行业是很好的机遇，但挑战也非常大。在京津冀协同发展领导小组统筹指导下，在省委、省政府以及河北省住房和城乡建设厅的正确领导下，河北省勘察设计单位凭借各自的区位优势和技术实力，要迎难而上，拼搏奉献，服从和服务于总体规划的筹谋擘划，力争把雄安新区建设得更加美好。

4.工业交通，成就显著

新中国成立以来，伴随着我省工业经济的快速发展，我省水利、交通、电力、煤炭、冶金、石油化工等行业工程建设发生了翻天覆地的变化，从无到有、由小变大、由弱变强，谱写了我省经济发展的新篇章。

在水利建设方面，经过70年的历史性过渡和转变，截至2019年，全省已累计治理河段7万多千米，修建5级及以上堤防9 600多千米，修建大中小水库1 000多座，灌溉面积7 000多万亩。全省现有19座大型水库、45座中型水库、1 002座小型水库，总库容119亿立方米 。南水北调中线一期干线工程2014年底全线通水，年分配河北水量30.4亿立方米；引黄入冀补淀工程2017年建成通水，形成6.2亿立方米的年引黄河水能力。

在交通方面，到2018年底河北省仅高速公路总里程就达到7 279千米，位居全国第二位，普通干线公路建成639千米，农村公路建成7 005千米。

在电厂建设方面，截至2019年，全省装机100万千瓦及以上发电厂近20个，1 000兆瓦等级的曹妃甸电厂二期投入运营。电网建设中，新建扩建了石北、黄骅、承德站长等500千伏变电站及输电线路，实现了与周边省份的500千伏联网，南北部各自形成单形500千伏输电网；完成的1 000千伏变电站、雄安—石家庄1 000千伏交流特高压输变电工程的建设，更是使我省的电网电压等级居于世界前列。

煤炭工业1978年进入了转型发展时期，煤炭体制从计划经济体制过渡到市场经济体制。从2001年至2012年，我国煤炭工业进入重化工时期，并步入超常发展阶段，11年间煤炭产量增加1.87倍，产量年均增加2.25亿吨。2013年，我国煤炭产量达到39.74亿吨的峰值后持续减少。2013年后，我国煤炭工业进入煤炭利用清洁化的结构优化期，去产能，调结构，煤炭产量和消费量稳中有降。

化学工业在新中国成立后得到了迅猛发展。1949年，我省化学工业产值103万元，仅占全省工业总产值的0.18%。历经几十年的迅速发展，到2018年，全省拥有化工企业1 976家，固定资产4 861.1亿元，主营业务收入4 818.02亿元。中国化工500强有41家企业位于河北，其数量在全国各省中排名第三位，仅次于山东省和江苏省，正式跨入全国石化大省行列。

5.抓住机遇迎接挑战，充分发挥行业协会的作用

河北省工程勘察设计咨询协会自成立以来始终积极发挥桥梁纽带作用，全力促进行业发展，推动了工程勘察设计行业又好又快发展。①组织宣贯交流，提升勘察设计行业技术水平，如《施工图审查要点》宣贯会，让审图人员与被审人员在标准和执行层面上统一技术要求等。②加强横向联合，促进行业多元化发展，如协会组织成立了“河北省钢结构设计与产业化分会”和“河北省BIM技术工作委员会”等专业技术委员会。③组织编辑出版《河北省施工图审查要点》《施工图常见问题分析》等技术书籍，为组织发展提供技术支持。④开展创先推优，发挥人才激励机制，鼓励企业科技进步。⑤积极搭建平台，促进对外交流，为企业“走出去”了解国际、开阔视野，提高技术水平和能力，发挥了行业协会示范和引领作用。

自党的十八大召开以来，我省勘察设计行业凝心聚力，攻坚克难，砥砺奋进，创新发展，历经艰辛与辉煌，取得了非凡的成就。到2018年，全省拥有勘察设计企业714家，其中工程勘察甲级单位53家，工程设计甲级单位171家；年末从业人员合计186 568人，其中技术人员合计64 171人，而高级职称12 229人，年末注册执业人次合计15 120人；新签工程勘察合同额34.72亿元，新签工程设计合同额合计166.76亿元，累计拥有专利2 166项、专有技术724项；工程设计新签合同额对应建筑面积2 168.36亿平方米，对应投资额6 693.17亿元；当年勘察设计营业收入合计958.93亿元，利润总额21.37亿元。

70年来，河北省勘察设计行业取得了非凡的历史性成就，极大地改善了人居环境，发展壮大了河北城乡。

70年不畏艰辛，精心耕耘，书写发展故事；70年开拓创新，追求卓越，缔造城市辉煌；70年继往开来，不负使命，再续复兴梦想。

一代代勘察设计人披星戴月、风雨兼程，用青春和热血肩负起建设美丽中国的光荣使命，他们迎难而上，创新发展，用无私奉献的胸怀和与时俱进的锐气，在城市发展的历史长河中留下一串串厚重的足迹，他们用矢志不渝的信念和勇气，践行着属于中国建设者的光荣与梦想。

2019年，中华人民共和国成立70周年，河北勘察设计又站在了一个崭新的起点。感谢这美好的时代，京津冀协同发展的大潮奔涌而来，千年大计河北雄安新区的发展充满期待，十九大的东风吹遍神州大地，河北勘察设计将迎来更大、更开放的发展空间。让我们紧密团结在以习近平总书记为核心的党中央周围，抢抓机遇，创新发展，为建设经济强省、美丽河北而团结奋进，再谱新篇。

河北勘察设计70年

综合篇

行业管理　与时俱进

工程勘察是工程建设的先导，工程设计是工程建设的灵魂。勘察设计是工程建设的重要环节，勘察设计的好坏不仅影响建设工程的投资效益和质量安全，其技术水平和指导思想对城乡建设的发展也会产生重大影响。早在1984年全国人大第六届第二次会议的政府工作报告中，就提出了“设计是整个工程的灵魂”，对工程勘察设计工作的地位与作用进行了精辟的概括。

自新中国成立以来，我国工程勘察设计已走过了波澜壮阔的70年，发生了深刻变化，取得了巨大成就。其主要经历了三个阶段：第一阶段从新中国成立初期至改革开放伊始（1949—1978年），是“学习起步、砥砺前进”阶段；第二阶段从改革开放至党的十八大召开（1978—2012年），是“改革开放、全面发展”阶段；第三阶段从党的十八大至今（2012年至今），是“进入新时代、高质量发展”阶段。

一、管理机构及职能

勘察设计行业管理体制是随着建设规模的增大而加强的。中华人民共和国成立时，百废待兴，勘察设计人才匮乏。70年来，伴随着河北省勘察设计行业从小到大、由弱到强的发展，勘察设计行业管理机构也发生了巨大的变化，其职能从计划经济体制的行政管理，发展到建立社会主义市场经济体制、建立现代企业制度、优化建筑市场环境、完善行业法律法规，再到党的十八大后深化勘察设计行业“放管服”改革，加快产业转型升级，促进行业持续健康发展等。国家、省各级管理机构的职能不断完善，管理水平不断提升，进一步夯实了新时代勘察设计行业创新发展的基础。

（一）新中国成立初期至改革开放伊始

新中国成立后经过初期三年的国民经济恢复，河北省各地的城乡建设开始大规模快速发展，急需勘察设计、工程标准等提供技术支撑。从1952年起，河北省相继成立了河北省人民政府建工局设计处、张家口市人民建筑公司设计科、热河省建筑设计室、河北省交通大队勘察设计队等十多家设计单位。在计划经济体制下，由主管部门对勘察设计单位进行统一的行政管理，勘察设计单位承接主管部门分配的生产任务。

1954年，国家建委在苏联专家帮助下，制定了设计阶段的划分，即初步设计、技术设计、施工图共三个阶段。主管部门接到批准的设计任务书以后，由主管部门审查初步设计、技术设计，筹建处（或建设指挥部）审定施工图。综合审查工作由河北省计划委员会负责。

1958年12月成立河北省基本建设委员会，负责组建基本建设系统领导班子和职工队伍，组织实施国家基本建设计划，抓好国家大中型重点项目建设，负责大中型项目的设计审查批报工作等。河北省基本建设委员会内设设计处，负责初设审查、组织实施、行业法规建设等。

1961年12月，由于缩小基建规模，河北省基本建设委员会机构撤销，保留设计、施工两处，改为设计施工处，合并到河北省计划委员会。1964年11月，河北省计划委员会设计施工处划归河北省经济委员会，改称基建办公室。1967年1月，生产建设工作由河北省生产指挥部接管。

1973年6月，随着建设规模的扩大，中共河北省委、河北省革命委员会又增设河北省基本建设委员会，内设办公室和政工、计划、施工、设计、材料设备5个组，负责大中型和其他重点项目的初步设计的审查、报批、建筑科研等工作。

从新中国成立初期至改革开放伊始，河北省完成了一系列重点工程，如塘沽新港、河北省医院、邯邢钢铁基地、八三工程、唐山地震恢复重建等，设计处在各项工程中，都承担了组织、协调、审批等日常工作。

（二）改革开放至党的十八大召开

党的十一届三中全会召开以后，全国经济建设迅速发展，河北省建设规模越来越大，对勘察设计的需求越来越多，工作标准也越来越高。1983年5月，河北省基本建设委员会撤销，原内部机构设计处、施工处、重点办合并到河北省计划委员会，调整为设计处和施工处两个处，设计处负责全省项目审查和行业管理工作。河北省基本建设委员会其他处室与河北省建工局、环保局、测绘局等5个单位有关政府职能机构合并，成立河北省城乡建设环境保护厅，并在当年9月增设设计处，负责建筑行业内设计管理工作和抗震人防工作。

1985年3月，河北省计划委员会的设计处、施工处合并到河北省城乡建设环境保护厅，两个处合并，负责全省工程项目初设审查和行业管理工作。1986年9月，河北省城乡建设环境保护厅撤销，恢复河北省建设委员会。1991年设计处职能调整，工程项目初设审查的职能划归河北省建委基建处。1993年成立河北省工程咨询院，负责工程项目初设审查工作，从此工程项目初设审查工作由政府委托咨询院办理，咨询院职能性质为事业性质企业经营。1997年工程项目初设审查工作划归河北省计划委员会咨询院，河北省建委咨询院协助计委咨询院工作。

1995年省直机构改革时决定保留河北省建设委员会，建委的设计处包括抗震、人防职能，主要负责行业管理及政府建筑工程项目的实施工作，其中1997年10月建委设计处还分离出独立的抗震人防办。2000年河北省建设委员会更名为河北省建设厅，设计处改为勘察设计与标准定额处（内设河北省抗震与地下空间管理办公室），新增职责有：标准定额管理，建设工程抗震设防管理工作，施工图审查工作，指导城市地下空间的开发利用。2004年勘察设计与标准定额处改为建筑市场监督与管理处，新增工作职责有工程质量、安全的监督与管理。

在2008年国家实行大部制的背景下，2009年3月河北省建设厅改为河北省住房和城乡建设厅，建筑市场监督与管理处扩编为勘察设计与工程质量安全监督处，新增工作职责有：拟订勘察设计行业发展规划、产业政策和规章制度并监督执行；拟订工程建设地方标准，拟订公共服务设施建设标准并监督执行；拟订建筑工程质量、建筑安全生产的政策和规章制度并监督执行。

（三）党的十八大以来

2012年11月召开的党的十八大，提出了实现工业化、信息化、城镇化、农业现代化的“新四化”建设任务，明确了“把推动发展的立足点转到提高质量和效益上来”等一系列工作要求。在国家转变发展方式、调整经济结构、企业转型升级、走“质量效益型”发展之路的形势下，河北省住房和城乡建设厅对勘察设计行业的指导和管理职能调整为：加强质量管理，创新工作理念和方法，进一步提升勘察设计质量水平，更好地服务于国家经济建设、城乡建设和工程建设。

2015年3月勘察设计与工程质量安全监督处的名称改为工程质量安全监管处，新增职责有：组织实施工程建设实施阶段的国家标准及全国统一的行业标准；指导建设工程消防设计审查工作；负责县城及城市规划建设用地范围内的房屋建筑和市政基础设施工程施工扬尘治理工作。

党的十九大以来，河北省住房和城乡建设厅积极推进“放管服”改革工作，全力打造服务型政府，简政放权、放管结合、优化服务，不断完善市场机制，提高了政府监管的有效性。70年来，政府各级主管部门在每一个时期都能对勘察设计行业进行有效管理和出台相应的指导性文件，措施得当，推进有力，充分发挥了政府管理职能，促进了勘察设计行业的发展。

二、重要政策法规

勘察设计行业是紧紧依靠国家计划（改革开放后变化为紧紧依靠市场发展）和自身积累而实现发展壮大的行业，因此依法依规从业是勘察设计行业最根本的行为规范。新中国成立70年来，我国勘察设计从小到大、从弱到强的过程，也是河北省建设、交通、水利等有关行政主管部门，制定和完善重要政策、行政法规、地方性法规、专项条例和规章制度，促进勘察设计行业的发展实现有法可依的过程。

（一）勘察设计行业的核心政策法规

1979年4月13日，中共中央、国务院发布中发〔1979〕33号《转发国家建委党组〈关于改进当前基本建设工作的若干意见〉》。

1984年11月10日，国务院国发〔1984〕157号文件批转了国家计委《关于工程设计改革的几点意见》，对推动工程勘察设计改革起到了关键性的作用。

1987年7月10日，河北省建委发布冀建设〔1987〕287号《印发〈河北省关于繁荣建筑创作的若干意见〉等五个文件的通知》。

1997年11月1日，第八届全国人民代表大会常务委员会第28次会议通过《中华人民共和国建筑法》（已两次修正：2011年4月22日和2019年4月23日）。

1999年8月30日，第九届全国人民代表大会常务委员会第11次会议通过《中华人民共和国招标投标法》（已修正：2017年12月27日）。

1999年12月18日，国务院办公厅发布国办发〔1999〕101号《国务院办公厅转发建设部等部门〈关于工程勘察设计单位体制改革若干意见的通知〉》。

2000年1月30日，国务院令第279号《建设工程质量管理条例》（已两次修改：2017年10月7日和2019年4月23日）发布。

2000年9月25日，国务院令第293号《建设工程勘察设计管理条例》（已两次修改：2015年6月12日和2017年10月7日）发布。

2000年10月24日，国务院办公厅发布国办发〔2000〕71号《国务院办公厅转发建设部等部门关于中央所属工程勘察设计单位体制改革实施方案的通知》。

2003年11月24日，国务院令第393号《建设工程安全生产管理条例》发布。

2004年5月28日，河北省第十届人民代表大会常务委员会第九次会议第22号公告公布《河北省建筑条例》（已修改：2019年7月25日）。

2017年2月21日，国务院办公厅国办发〔2017〕19号《关于促进建筑业持续健康发展的意见》发布。

2019年5月30日，河北省第十三届人民代表大会常务委员会第十次会议通过《关于加强建筑市场监督管理的决定》。

（二）勘察设计市场管理的政策法规

1983年7月12日，国家计委、财政部、劳动人事部计〔1983〕1022号《关于勘察设计单位试行技术经济责任制的通知》发布。这个文件是勘察设计单位由事业体制向企业体制过渡的转折点，是勘察设计行业由计划经济过渡到市场经济的分界线。

1986年12月13日，国家计委、财政部、劳动人事部计设〔1986〕2562号《关于勘察设计单位实行技术经济责任制若干问题的补充通知》发布。

1993年9月10日，建设部建设第678号《建设部关于进一步开放和完善工程勘察设计市场的通知》发布。

1994年1月27日，河北省建委冀建设〔1994〕36号《河北省工程勘察设计市场管理暂行办法》发布。

1994年6月28日，河北省第八届人民代表大会常务委员会第八次会议通过《河北省建筑市场管理条例》。

1994年9月29日，国务院国函〔1994〕100号《国务院关于工程勘察设计单位改建为企业问题的批复》发布。

1999年1月21日，建设部令第65号《建设工程勘察设计市场管理规定》发布。

2000年8月20日，河北省人民政府办公厅发布冀政办函〔2000〕27号《河北省人民政府办公厅关于印发〈河北省工程勘察设计单位体制改革实施方案〉的通知》。

2001年5月16日，建设部、财政部、劳动和社会保障部、国土资源部发布建设〔2001〕102号《关于工程勘察设计单位体制改革中有关问题的通知》。

2003年3月7日，河北省建设厅发布冀建质〔2003〕90号《关于印发2003年工程质量安全勘察设计与标准定额工作要点的通知》。

2003年8月26日，河北省建设厅发布冀建质〔2003〕412号《关于加快推进工程勘察设计单位体制改革的通知》。

2007年3月29日，河北省建设厅发布冀建法〔2007〕129号《关于印发〈河北省进冀建设工程勘察设计企业管理办法〉的通知》。

（三）勘察设计资质管理的政策法规

1997年12月23日，建设部令第60号《建设工程勘察和设计单位资质管理规定》发布。

2001年1月20日，建设部发布建设〔2001〕22号《关于颁发工程勘察资质分级标准和工程设计资质分级标准的通知》。

2001年1月22日，建设部发布建设〔2001〕18号《建设部关于工程勘察、工程设计单位资质换证工作有关问题的通知》。

2001年7月25日，建设部令第93号《建设工程勘察设计企业资质管理规定》发布。

2001年8月22日，建设部发布建设〔2001〕178号《关于印发〈工程勘察、工程设计资质分级标准补充规定〉的通知》。

2001年8月22日，建设部发布建设〔2001〕179号《建设部关于工程勘察、工程设计资质换证工作的补充通知》。

2003年3月26日，河北省建设厅发布冀建市〔2003〕134号《河北省建筑业企业资质等四项行政审批、核准的管理办法》。

2003年11月19日，建设部发布建市函〔2003〕257号《关于受理工程勘察、设计企业资质申请等有关问题的通知》。

2007年3月29日，建设部发布建市〔2007〕86号《工程设计资质标准》。

2007年6月26日，建设部令第160号《建设工程勘察设计资质管理规定》发布。

2007年8月21日，建设部发布建市〔2007〕202号《建设工程勘察设计资质管理规定实施意见》。

2013年6月7日，住房和城乡建设部发布建市〔2013〕86号《住房城乡建设部关于印发〈工程勘察资质标准实施办法〉的通知》。

（四）勘察设计招标投标、注册管理的政策法规

1994年9月21日，建设部、人事部发布建设〔1994〕第598号《关于建立注册建筑师制度及有关工作的通知》。

1995年3月28日，河北省人民政府令第129号《河北省建设工程招标投标管理规定》发布。

1995年9月23日，国务院令第184号《中华人民共和国注册建筑师条例》发布。

2000年10月18日，建设部令第82号《建筑工程设计招标投标管理办法》发布。

2001年1月4日，人事部、建设部发布人发〔2001〕5号《关于发布〈勘察设计注册工程师制度总体框架及实施规划〉及〈全国勘察设计注册工程师管理委员会组成人员名单〉的通知》。

2001年9月17日，建设部发布建设市函〔2001〕27号《关于印发〈勘察设计行业建立有关专业注册工程师执业制度筹备工作程序的规定〉的通知》。

2003年6月30日，国家发改委等八部委令第4号《工程建设项目勘察设计招标投标办法》发布。

2005年2月4日，建设部令第137号《勘察设计注册工程师管理规定》发布。

2005年3月7日，人事部办公厅发布国人厅发〔2005〕20号《关于工程勘察设计行业部分专业注册工程师考试有关问题的通知》。

2005年11月4日，建设部发布公告第374号《关于建筑师执业资格注册管理有关事项的公告》。

2011年11月30日，国务院第183次常务会议通过《中华人民共和国招标投标法实施条例》（已三次修改：2017年3月1日、2018年3月19日和2019年3月2日）。

2016年9月13日，住房和城乡建设部令第32号《住房城乡建设部关于修改〈勘察设计注册工程师管理规定〉等11个部门规章的决定》发布。

2017年9月4日，国家发改委等八部委发布发改法规〔2017〕1606号《关于印发〈标准设备采购招标文件〉等五个标准招标文件的通知》。

（五）勘察设计施工图审查的政策法规

2000年2月17日，建设部发布建设〔2000〕41号《建筑工程施工图设计文件审查暂行办法》。

2000年5月25日，建设部发布建设技〔2000〕21号《关于印发〈建筑工程施工图设计文件审查有关问题的指导意见〉的通知》。

2000年8月14日，建设部勘察设计司发布〔2000〕建设技字第39号《关于施工图设计审查机构申报工作的通知》。

2002年7月5日，河北省建设厅发布冀建设〔2002〕194号《河北省市政公用工程施工图设计文件审查暂行办法》。

2004年12月17日，河北省建设厅发布冀建法〔2004〕562号《河北省房屋建筑和市政基础设施工程施工图设计文件审查管理实施办法》。

2006年1月4日，河北省建设厅发布冀建法〔2006〕004号《河北省建设工程勘察设计和施工图审查不良行为记录管理办法》。

2006年1月12日，河北省建设厅发布冀建法〔2006〕014号《河北省建设工程勘察设计企业和施工图审查机构监督检查管理办法》。

2013年4月27日，住房和城乡建设部令13号《房屋建筑和市政基础设施工程施工图设计文件审查管理办法》发布。

（六）勘察设计其他管理类政策法规

1987年4月20日，国家计委、财政部、中国人民建设银行、国家物资局发布计设〔1987〕619号《关于设计单位进行工程建设总承包试点有关问题的通知》。

1995年4月24日，人事部、财政部发布人计发〔1995〕51号《关于有条件的事业单位实行工资总额同经济效益指标挂钩暂行办法的通知》。

1997年8月29日，建设部发布建设〔1997〕220号《关于工程勘察设计单位实行工资总额同经济效益挂钩有关问题的通知》。

1999年7月11日，建设部发布建设〔1999〕176号《关于加强勘察设计质量工作的通知》。

1999年10月19日，建设部发布建设〔1999〕254号《关于工程设计与工程监理有关问题的通知》。

2000年1月30日，国务院令第279号《建设工程质量管理条例》（已两次修改：2017年10月7日和2019年4月23日）发布。

2000年3月1日，建设部发布建设〔2000〕50号《建设部等关于印发〈建设工程勘察设计合同管理办法〉〈建设工程勘察合同〉和〈建设工程设计合同〉文本的通知》。

2000年12月13日，建设部发布建设〔2000〕285号《关于印发〈建筑工程设计事务所管理办法〉的通知》。

2001年5月25日，建设部发布建设〔2001〕105号《关于进一步加强勘察设计质量管理的紧急通知》。

2001年6月8日，建设部发布建设计函〔2001〕13号《关于立即纠正注册建筑师、注册结构工程师注册证书和执业专用章管理中违规行为的通知》。

2001年11月5日，建设部令第107号《建筑工程施工发包与承包计价管理办法》发布。

2002年1月7日，国家发展计划委员会、建设部发布计价格〔2002〕10号《工程勘察设计收费管理规定》。

2002年3月2日，建设部办公厅发布建办监〔2002〕21号《关于在工程建设勘察设计、施工、监理中推行廉政责任书的通知》。

2003年2月13日，建设部发布建市〔2003〕30号《关于培育发展工程总承包和工程项目管理企业的指导意见》。

2003年4月21日，建设部发布建质〔2003〕84号《关于颁发〈建筑工程设计文件编制深度规定〉（2003年版）的通知》。

2003年7月18日，建设部发布建质〔2003〕144号《关于颁布〈建筑工程勘察文件编制深度规定〉（试行）的通知》。

2004年9月13日，省总工会、省发改委、省国资委、省中小企业局发布冀工发〔2004〕28号《关于公司制企业坚持和完善职工董事、职工监事制度的指导意见》。

2005年2月2日，河北省建设厅发布冀建市〔2005〕57号《关于实施〈河北省建筑工程施工许可管理办法〉有关问题的通知》。

2005年7月20日，建设部发布建标〔2005〕124号《“采用不符合工程建设强制性标准的新技术、新工艺、新材料核准”行政许可实施细则》。

2016年9月12日，住房和城乡建设部、国家工商行政管理总局发布建市〔2016〕199号《关于印发建设工程勘察合同示范文本的通知》。

三、行业监督管理

工程勘察设计活动是基本建设程序的重要内容，在工程建设中具有决定性作用，是现代服务业的重要组成部分和经济社会发展的先导支柱产业。工程勘察设计水平的高低，直接影响着工程建设项目的质量、安全和功能，关系到投资效益和人民生命财产安全。工程勘察设计行业对引领建设事业发展以及促进经济社会的进步，发挥着十分重要的作用。

新中国成立70年来，河北省住房和城乡建设系统对建设工程勘察设计的监督管理总体上分两个大的阶段：自新中国成立初期到改革开放伊始属于行政管理；改革开放以后属于行业监督管理。

（一）新中国成立初期至改革开放伊始（1949—1978年）

从新中国成立初期到改革开放伊始，河北省对勘察设计行业的管理，属于行政管理。勘察设计单位由行政部门批准设立，是行政部门所属的事业单位。单位内部的党、政、工、青、妇隶属行政主管部门。单位的生产任务及财务支出统一由所属主管部门管理。由于新中国成立初期国家发展对工程建设需求很大，勘察设计单位历经创建队伍、建章立制等过程。这一时期的行政管理和建筑风格受苏联影响颇深，如行政管理采用行政命令下的计划调拨。但在建筑风格方面相对活跃，从对“大屋顶”等造型的推崇，到注重功能、简化装饰、强调中国民族元素，再到后来提倡“适用、经济、美观”的建筑方针，都体现出了建筑师对中国传统文化的传承与尊重。

新中国成立初期到20世纪60年代初期，驻河北省的部属设计单位有铁道部第三设计院、建工部天津工业建筑设计院、化工部化工设计院、天津大学建筑设计院等4个单位。河北省属的勘察设计单位有河北省建工局设计院、河北省建工局综合勘察院、河北省电力设计院、河北省煤管局唐山煤矿设计院、河北省化工局设计研究院、河北省轻工业局设计公司、河北省机械局设计室、河北省水利设计院、河北省航务设计处、河北省盐务局设计室等10家单位；市属单位有唐山、石家庄、邯郸、张家口、承德、保定6个市属单位，当时，天津市隶属河北，天津市的设计单位有天津市建筑设计院、天津市属轻工局设计公司、天津市化工局设计处等3个单位；与工程设计有关的学术组织有河北省建筑学会、河北省土木工程学会等。

1956年1月，《人民日报》发表了题为《加快设计进度，提早供给图纸》的社论，提出“成立专业设计机构，是培养和壮大设计力量，提高技术水平和效率的基本措施”，将设计摆在突出位置。随后，工程勘察设计机构开始改组。1958年12月，成立河北省基本建设委员会（后撤销），内设设计处，主要任务是贯彻国家设计政策、制订地方法规、大中型工程项目的初步设计审查。1958年起各地设计院开展技术革命与技术革新运动，掀起由民用转工业、由土建转工艺的热潮。1973年河北省基本建设委员会再次成立，内设设计处，主要任务是工程项目的初步设计审查、组织标准设计。1973年，《建筑制图标准》等5项国家设计标准规范颁布，工程设计有据可依。1976年7月28日唐山地震以后，在恢复重建过程中，设计处组织了唐山恢复重建的设计会战。

（二）改革开放至十八大召开（1978—2012年）

改革开放带来了勘察设计行业的快速发展。为了有效监管和规范勘察设计行业，引导行业健康发展，各级政府建设及相关行政管理部门坚持与时俱进，不断健全监管机制和完善法律法规，从勘察设计行业发展方式、管理的体制机制改革、市场体系建设、监管制度、技术标准、政策引导、人才培养、技术水平提高等各个方面全面加强行业监督管理和服务，作了大量工作，对提高行业的监督管理水平发挥了重要作用。

1.1978—1989年，重点是落实以“发证制度”为形式的行业管理和推行技术经济责任制

改革开放后，河北省对勘察设计单位开始实行行业发证管理。1979年8月1日，国家基本建设委员会设计局发文征求对《全国勘察设计单位进行登记和颁发证书暂行办法》的意见，并发出通知——〔1979〕建设字21号。通知中说：“为了贯彻调整、改革、整顿、提高的方针，进一步加强对勘察设计工作的管理，保证勘察设计工作的质量，使勘察设计工作更好地为现代化建设服务，我委决定于1979年、1980年两年内，对全国从事基本建设的所有勘察设计单位进行登记。经审查登记后，由主管部门颁发勘察设计证书。”该办法明确8条规定，并附有勘察设计单位登记表。从此，勘察设计单位进入全国统一的行业管理轨道。对勘察设计实施行业管理，对现有勘察设计单位实行发证制度，给勘察设计行业的繁荣和发展创造了良好的条件。

这个阶段勘察设计行业的一项重大改革是推行技术经济责任制。1983年7月12日，国家计委、财政部、劳动人事部以计〔1983〕1022号文件发布了《关于勘察设计单位试行技术经济责任制的通知》。这个文件是勘察设计单位由事业体制向企业体制过渡的转折点，是勘察设计行业由计划经济过渡到市场经济的分界线，非常重要。为此，1983年11月24日，河北省计委、财政厅、劳动人事厅、建设厅以冀计〔1983〕366号文转发了《关于勘察设计单位试行技术经济责任制的通知》。针对如何规范改革开放以后的勘察设计市场行为，1983年8月8日，国务院发布了《建设工程勘察设计合同条例》。它的重要意义在于规范了勘察设计工作的市场行为，明确了委托方、承包方的经济法律责任和义务，是新中国成立以来第一个规范勘察设计市场行为的文件。

1984年9月18日，国务院颁发了《关于改革建筑业和基本建设管理体制若干问题的暂行规定》，提出了16条重要改革举措，其中第5条要求勘察设计要向企业化、社会化方向发展，全面推行技术经济承包责任制，实行企业化经营，独立核算，自负盈亏。这份文件是国家对设计改革的指导性文件。1984年11月10日，国务院下发了国发〔1984〕157号文件《关于工程设计改革的几点意见》，逐步实行建设项目法人责任制、招投标制、建设监理制和合同管理制，把市场竞争机制引入投资领域。这是一份具有纲领性意义的改革文件。

针对河北省在执行技术经济责任制期间出现的问题，结合1986年12月13日国家计委、财政部、劳动人事部计设〔1986〕2562号《关于勘察设计单位试行技术经济责任制的若干问题的补充通知》的要求，河北省计委等主管部门联合下发了《河北省勘察设计单位试行技术经济责任制实施细则》。

2.1990—1999年，重点是企业化改革和强化素质管理

20世纪90年代勘察设计行业实行企业化改革——变革了勘察设计单位性质，实现了由事业体制向企业体制转型进而建立现代企业制度的重大转变。特别是“工效挂钩”在全国推行，成为勘察设计发展史上的里程碑。全面实行企业化改革——勘察设计企业在企业化改革的浪潮中，不断完善体制机制，以市场主体地位参加招投标竞争；实行社会化改革——由行政隶属管理转变为自主经营、自负盈亏、自我发展的体制；实行产权多元化改革——变革了企业产权结构，向建立现代企业制度迈出了重要一步；实行向咨询和总承包两头延伸的改革——变革了企业发展方式，勘察设计服务逐步实现向建设工程全过程服务的重大变革；实行信息化改革——将现代信息技术与先进的管理理念相融合，建立计算机集成化系统，甩掉了图板，向数字化、多媒体、集成化、网络化、智能化、绿色化方向发展，使勘察设计生产力大解放、大提高。

20世纪90年代勘察设计行业管理的重点是强化素质管理，提高智能化水平，提高科技含量，面向国内外两个市场。在市场管理方面，伴随着市场经济的发展壮大，管理不规范的现象时有发生。1994年1月27日，河北省建委以冀建设〔1994〕36号文印发《河北省工程勘察设计市场管理暂行办法》，进一步明确了资质管理、收费管理、质量监督及招投标等法则。为完善市场经济机制，加快勘察设计单位企业化步伐，1994年9月29日，国务院还以国函〔1994〕100号文印发了《关于工程勘察设计单位改建为企业问题的批复》。为适应国家加入世界贸易组织的形势要求，实现勘察设计与国际接轨，国家相关部委还重点抓了人才队伍的素质管理。1994年9月21日，建设部、人事部以建设〔1994〕第598号文发布《关于建立注册建筑师制度及有关工作的通知》，这个文件的要点是组成全国注册建筑师管理委员会和特许建筑师资格。1995年9月23日国务院令第184号发布《中华人民共和国注册建筑师条例》，该条例明确了考试、注册、执业等37条责任与义务，在勘察设计行业内部实行双重管理，单位资质和个人资质相结合，不但提高了行业素质，还为进入国际市场创造了条件。

3.2000—2012年，重点是引导企业科学发展和民营企业建设

2000年后，为了引导勘察设计企业深化改革、科学发展，企业市场准入标准及管理办法得到全面实施，这是勘察设计行业调整结构、转变经济增长方式、提高市场竞争力的有力手段，同时也是推进勘察设计企业市场化进程，尽快建立统一、开放、竞争有序的建筑市场的必然要求。2007年3月29日，建设部颁布《工程设计资质标准》（建市86号文件）。2007年6月26日，建设部颁布《建设工程勘察设计资质管理规定》（建设部令第160号），规定从事建设工程勘察、工程设计活动的企业，应当按照其拥有的注册资本、专业技术人员、技术设备和勘察设计业绩等条件进行资质申请，经审查合格，取得建设工程勘察、工程设计资质证书后，方可在资质许可的范围内从事建设工程勘察、工程设计活动。围绕上述指导思想，河北省以建设部86号文件和第160号令为依据，贯彻落实工程设计企业资质标准和管理办法，尤其重点抓好综合资质的管理。在设计资质标准中设置综合资质是我国设计市场准入暨设计资质管理的一项重大改革探索，它为推进信誉好、实力强的大型勘察设计企业向相近行业拓展，促进企业优化业务结构、组织结构和人才结构，提高企业技术研发和创新能力发挥了重要的引领和指导作用。

从2000年开始，历经5年时间通过股份合作制、转让、买断等方式，河北省有几十家勘察设计院改制为民营企业，占勘察设计单位总数的90%。河北省建设厅冀建质〔2003〕412号《关于加快推进工程勘察设计单位体制改革的通知》的下发，对全省完善改制企业体制机制和产权制度改革起到了指导作用。勘察设计行业逐步发展成为国有、民营、私有多种所有制形式并存，大中小微相结合的比较合理的产业布局。这次改制成为勘察设计发展史上的里程碑。

（三）党的十八大以来（2012年至今）

2012年党的十八大以后，随着我国城镇化率的提升、基础设施的完善和“一带一路”倡议的推进，我国勘察设计市场空间不断扩大。此外，随着国家和社会对建筑质量、节能环保的重视，勘察设计行业逐步转型和升级，促进了装配式建筑、BIM技术和绿色建筑等建筑理念和相关技术在我国的普及，工程总承包、全过程工程咨询等业态和商业模式也受到各级政府的鼓励和支持。随着河北省勘察设计行业监管体制、主要制度和措施等更趋完善，“放管服”改革不断深化，勘察设计行业正抓住机遇，继往开来，在新时代迈出新步伐。这个时期勘察设计行业的监管工作有两个亮点。

1.创建勘察设计品牌文化，升级发展模式

2017年2月21日，国务院办公厅（国办发〔2017〕19号）《关于促进建筑业持续健康发展的意见》提出，勘察设计应体现地域特征、民族特点与时代风貌，对勘察设计水平提升提出了更高的要求。我国城市发展已经进入全新时代，新型城镇化发展更加强调“产城人文”的有机结合，产城融合和共生，不仅将创新全产业链联动的盈利模式，更为工程勘察设计企业跳出行业，面向城市空间中人类生产生活方式转变提供专业服务开创了全新的商业生态空间。这就要求建筑师要尊重自然、认识历史、理解城市、把握新型材料和结构及技术特点，满足生活需要，利用更加积极有效的手段推进城市建筑的更新和发展；加快由中国制造向中国创造转变，由中国速度向中国质量转变，由中国产品向中国品牌转变；创建勘察设计品牌文化，升级发展模式，推动勘察设计企业理念、目标、制度、经营全方位适应高质量发展要求。

2.招投标领域率先推进“放管服”改革，拓展资源整合

在跨区域、跨行业融合发展趋势下，招投标领域率先推进“放管服”改革，国家发改委联合工业和信息化部、住房和城乡建设部、交通运输部、水利部、商务部、国家新闻出版广电总局、国家铁路局、中国民用航空局等八部委，系统完善标准文件编制规则，提高招标文件编制质量，促进招标投标活动的公开、公平和公正，营造良好市场竞争环境，于2017年9月4日颁布发改法规〔2017〕1606号《关于印发〈标准设备采购招标文件〉等五个标准招标文件的通知》，共同构建形成了覆盖主要采购对象、多种合同类型、不同项目规模的标准文件体系，使行业主管部门和招标人两个行为主体能够更好地把握产业变革机遇，抓创新驱动，充分发挥历史技术积累与经验优势，拓展资源整合，增强核心竞争力。随着“一带一路”倡议的发展，一定会有越来越多的有利于勘察设计行业创新发展的重要政策、行政法规、地方性法规、专项条例和规章制度出台。

四、市场准入和施工图审查

工程建设活动是社会经济发展的重大活动，与人民的生命财产安全和社会的文明进步息息相关。工程建设不仅规模大，复杂程度也很高，任何一项工程都需要许多单位和人员共同完成。改革开放以来，国家不断加强对工程建设的全过程管理，尤其对处于工程建设重要阶段的市场准入和施工图审查实行严格的监督管理。

（一）工程建设市场准入制度

国家对于工程勘察设计行业实行企业资质和从业人员资格两个方面的市场准入制度。工程建设市场准入制度是国家为了加强对工程建设活动的监督管理，维护公共利益和工程建设市场秩序，保证建设工程质量安全，促进建筑业健康发展而制定的一系列法律法规、政策规定的总称。工程建设市场相关企业必须符合《中华人民共和国建筑法》等相关政策规定要求，并取得相应的企业资质证书（准入许可），才能进入工程建设市场领域从事生产经营活动。工程建设领域企业资质管理是一项重要的市场准入制度，是政府调控建筑市场和引导行业发展的重要手段。

1.企业资质管理是市场准入的根本

国家对企业资质的管理，目前在工程设计领域执行以下规定：2007年3月29日，建设部发布了《工程设计资质标准》（建市〔2007〕86号），将工程设计资质分为工程设计综合资质、工程设计行业资质、工程设计专业资质和工程设计专项资质四个类别等。

2007年6月26日，建设部颁布《建设工程勘察设计资质管理规定》（建设部令第160号），规定从事建设工程勘察、工程设计活动的企业，应当按照其拥有的注册资本、专业技术人员、技术设备和勘察设计业绩等条件进行资质申请，经审查合格，取得建设工程勘察、工程设计资质证书后，方可在资质许可的范围内从事建设工程勘察、工程设计活动。

2.从业人员执业标准是市场准入的关键

根据人事部、建设部颁布的《勘察设计注册工程师制度总体框架及实施规划》(人发〔2001〕5号)和《中华人民共和国注册建筑师条例》《勘察设计注册工程师管理规定》等法规的规定，国家对勘察设计服务行业从业人员实行注册执业制度。各专业从业人员将通过国家组织的考试取得执业资格，并在各地设计主管部门注册，按执业范围开展工作，接受定期培训教育，以保持其执业技术水平和能力。

3.工程勘察设计资质审批的程序和权限划分

2000年9月25日颁布实施的《建设工程勘察设计管理条例》(国务院令第293号)规定："国务院建设行政主管部门对全国的建设工程勘察、设计活动实施统一监督管理，国务院铁路、交通、水利等有关部门按照国务院规定的职责分工，负责对全国的有关专业建设工程勘察、设计活动的监督管理。"根据该条例的规定，建设部于2001年7月25日颁布实施了《建设工程勘察设计企业资质管理规定》(建设部令93号)，对工程勘察、设计资质审查的程序和权限划分作出了规定，即工程勘察、设计资质审查分为审核、初审、审批3个程序；并对企业申请工程勘察甲级资质，建筑工程设计甲级资质及其他工程设计甲、乙级资质，企业申请工程勘察乙级、工程勘察劳务资质、建设工程设计乙级资质及其他建设工程勘察、设计丙级以下资质(包括丙级)等作出了规定。

(二)施工图审查制度

施工图审查是施工图设计文件审查的简称，是指建设主管部门认定的施工图审查机构按照有关法律、法规，对施工图涉及公共利益、公众安全和工程建设强制性标准的内容进行的审查。1998年国家开始建设工程项目施工图设计文件审查试点工作，2000年1月30日国务院令第279号《建设工程质量管理条例》文件正式确立施工图审查制度。2000年2月17日，建设部建设〔2000〕41号《建筑工程施工图设计文件审查暂行办法》规定：国务院建设行政主管部门负责全国的施工图审查管理工作。省、自治区、直辖市人民政府建设行政主管部门负责组织本行政区域内的施工图审查工作的具体实施和监督管理工作。在2004年前施工图审查是行政审批，从2004年开始由行政审批改为自律管理。国家实施施工图设计文件(含勘察文件，以下简称施工图)审查制度后，施工图未经审查合格的，不得使用。

随着勘察设计行业体制的改变，各类形式的设计工作室、公司、事务所的出现，一方面丰富了建筑工程设计市场，另一方面也带来了设计市场的混乱。由于设计市场的竞争机制，设计单位常常受建设单位的制约，违心地服从建设单位不合理的设计要求，违反有关规范和强制性标准，为建设单位搞施工图设计。甚至设计单位人员东拼西凑，用挂靠有资质设计单位的办法出图，所设计的施工图存在较多问题，很难指导施工，有些项目只能是边施工边变更。有些工程发现质量问题时，往往已经开始施工或者是工程项目已经交付使用，因此对施工图设计文件进行审查，既是对设计单位设计成果的质量控制，也是对各方参与建设活动的不规范行为的监管，而且图纸审查是在施工图设计文件完成之后，交付施工之前进行的，基本上可以杜绝设计质量隐患的存在，有效避免各类损失，保证建设工程的质量。

体制改革　创新发展

工程勘察设计行业是我国事业单位体制改革起步最早的行业。从1979年开始，行业的体制改革与创新发展和国家同步，在实践探索中逐步闯出一条适合自身发展的前进道路，40年来基本达到了国家对行业发展的要求，业绩辉煌，影响深远！回顾行业改革创新的历程，一切成绩主要取决于三个方面：一是改革发展方向明确，依靠体制机制改革，经营模式创新，使勘察设计单位以企业身份进入市场，成为市场主体，以竞争求发展；二是政府主管部门在每一个关键时期都能出台指导性文件，措施得当，推进有力；三是广大企业和工程技术人员积极响应，勇于探索，富有创造力。

新中国成立后至改革开放伊始，河北省勘察设计单位属事业单位，生产任务由国家统一分配，所需费用全部由国家统一支出。1979年4月13日，中共中央、国务院中发〔1979〕33号文批转的国家建委党组《关于改进当前基本建设工作的若干意见》明确指出："勘察设计单位现在绝大部分是由事业费开支，要逐步实行企业化，收取设计费。"该文件首次以中共中央、国务院文件的形式明确了勘察设计改革的方向。

1984年9月18日，国务院颁发了《关于改革建筑业和基本建设管理体制若干问题的暂行规定》，提出了16项重要改革举措，包括全面推进基本建设项目投资包干责任制；大力推行工程招标承包制；勘察设计要向企业化、社会化方向发展，全面推行技术经济承包责任制；改革建设资金的管理办法；推行住宅商品化等。这标志着我国勘察设计行业体制改革的全面启动。这个文件在6个方面对勘察设计行业的发展影响深远：一是实行投资包干制，并规定实行投资包干的项目，都要在协议或合同中明确"包""保"双方的责任；二是鼓励竞争，防止垄断，大力推行工程招标承包制，改革单纯用行政手段分配建设任务的老办法，实行招标投标，由发包单位择优选定勘察设计单位、建筑安装企业；三是建立具有法人地位、独立经营、自负盈亏的工程承包公司，实行从生产准备直到竣工投产全过程的总承包或部分承包；四是勘察设计单位承担任务一律要签订承包合同，按照国家规定的收费标准，收取勘察设计费，实行企业化经营，独立核算，自负盈亏，全面推行技术经济承包责任制，勘察设计单位要打破部门、地区界限，开展设计投标竞争；五是房子被定义为商品，中国房地产市场开始起步发展，城镇居民对住房这一生产、生活基本要素的需求量迅速增加，勘察设计行业的市场规模不断扩大；六是改革工程质量监督办法，建立有权威的工程质量监督机构，根据有关法规和技术标准对工程质量进行监督检查。

1984年11月10日，国务院发布国发〔1984〕157号文件《关于工程设计改革的几点意见》，逐步实行建设项目法人责任制、招投标制、建设监理制和合同管理制，把市场竞争机制引入投资领域。随后，国家计委等单位又相继颁发了一系列的规定和办法。体制机制的改革，极大地解放了生产力，勘察设计行业发展迅猛，全面开启了我国工程建设领域改革发展的新篇章。

河北省的工程勘察设计行业体制改革先后经历了事业单位实行企业化管理阶段（1979—1994年），事业单位改为企业、建立现代企业制度阶段（1994—2012年），向高质量发展转型阶段（2012—2019年）共三个发展阶段，逐步建立了适应社会主义市场经济发展需要的勘察设计行业体制机制，走上了体制改革、创新发展之路，取得了巨大成绩。

一、事业单位实行企业化管理阶段（1979—1994年）

改革开放后，我国从20世纪80年代初开始进行工程建设体制改革，然而在一系列建设环节中，唯有勘察设计单位在当时还不是企业，而是事业单位，存在勘察设计单位与项目法人的关系不清、责任不明。在国家项目建设中，过去勘察设计单位的工作是对国家负责，到20世纪80年代后是项目法人对国家负责。因而勘察设计单位只有通过改企建制，才能更好地进入建筑市场，对业主负责。河北省勘察设计行业在体制改革初期，遵守行业发展规律，特别是市场规律，严格执行国家、河北省的相关政策法规，按照企业化取费试点、全面推行技术经济责任制、推行技术经济承包责任制共三个阶段循序渐进稳步推动改革，从而提高了改革的效率，降低了改革的成本。

（一）企业化取费试点（1979—1982年）

以中共中央、国务院作出工程勘察设计单位“要逐步实现企业化”的决定和国家建委等主管部门决定在部分勘察设计单位试行由拨付事业费改为收取勘察设计费为标志，勘察设计单位拉开了改革的序幕。

1.实行企业化取费试点

1979年4月13日，中共中央、国务院中发〔1979〕33号文批转的国家建委党组《关于改进当前基本建设工作的若干意见》指出：“勘察设计单位现在绝大部分是由事业费开支，要逐步实行企业化，收取设计费。”这标志着中央对工程设计单位作出了“要逐步实现企业化”的决定。

1979年6月8日，国家计委、国家基本建设委、财政部〔1979〕建发设字315号、〔1979〕财基字200号《关于勘察设计单位实行企业化取费试点的通知》，明确在4个部，8个省、自治区、直辖市的18个勘察设计单位进行企业化取费试点，第一次用经济方法管理勘察设计工作。

1980年下半年，根据全国勘察设计单位企业化试点工作会议要求，河北省基本建设委员会确定第一批勘察设计单位企业化收费试点为河北省建筑设计研究院、河北省电力设计院和8个条件较好的地、市设计单位。依据省基本建设委员会、省计委、省财政局《河北省勘察设计单位实行企业化收费试点的试行办法》和省基本建设委员会、省财政局《勘察和电力工程设计收费标准》，试点单位试行面向社会的勘察设计收费。

1981年2月，河北省基本建设委员会转发国家基本建设委员会《工程勘察取费标准》，勘察设计单位改变计划经济模式，逐步实行以面向社会提供有偿服务为主要内容的“企业化经营”，逐步改变了工程勘察设计单位30年来靠政府按人头拨付事业费，由政府下达设计任务，按上级安排办事的局面。

改变纯事业性质为事业单位实行企业化管理，取消事业费拨款，勘察设计单位实行合同取费制，这是勘察设计单位成立以来最为深刻的一次变革，锻炼提高了进入市场、参与竞争、适应市场经济体制的能力。

实行企业化取费试点，调动了试点单位和广大勘察设计人员的积极性：试点单位努力扩大业务范围，积极承揽任务，由生产执行性管理向经营决策性管理转变；转换内部运行机制，设置经营职能部门；改革财务会计制度，开展成本分析和财务会计核算；注重技术进步，把推动技术进步和提高设计水平作为关键环节来抓；建立质量保证体系，确保和提高工程勘察设计质量；开始运用奖励机制，调动工程勘察设计人员的积极性，设计效率大大提高，完成任务量成倍增长，为由事业单位向科技型企业转变奠定了坚实基础，为经济发展作出了巨大贡献，为工程勘察设计单位带来了新的生机与活力。

2.配套政策

（1）取费标准

1979年的收费标准是在国家计委、国家建委、财政部《关于勘察设计单位实行企业化取费试点的通知》中规定的，是按当时事业单位财务科目和支出水平确定的低收费标准，其中规定：“民用建筑项目应控制在概算投资额的百分之一点五以内，采用标准设计的取费率应低于百分之零点五”，“勘察按单项工程量采取定额取费的办法”。1980年12月11日，国家基本建设委员会颁发了《工程勘察取费标准》（试行本）。

（2）盈余分成

1979年，实行企业化取费试点时，国家对工程勘察设计单位的盈余分配问题作出了相应的政策规定。当时规定，试点单位盈余的40%上交主管部门，60%单位留用。

（3）税收政策

1979年，工程勘察设计单位实行企业化取费试点，只规定盈余的40%上交主管部门，没有要求纳税。

（二）全面推行技术经济责任制（1983—1991年）

以国家计委、财政部、劳动人事部计设〔1983〕1022号文《关于勘察设计单位试行技术经济责任制的通知》和1984年国务院批转国家计委《关于工程设计改革的几点意见》为标志，河北省勘察设计行业开始实行技术经济责任制。

1.推行技术经济责任制

1983年，河北省勘察设计在全行业启动了技术经济责任制的改革。根据计设〔1983〕1022号文等文件规定，实行技术经济责任制的勘察设计单位为事业单位性质，仍按事业单位的财务制度和职工劳保福利待遇实行。同年8月，国务院发布《建设工程勘察设计合同条例》，明确委托方、承包方的经济法律责任和义务。工程勘察设计单位全面实行技术经济责任制，使全行业充满了生机与活力，推动了工程勘察设计全行业的企业化管理改革，促进了勘察设计事业的发展。

1984年4月，国家计委颁发《工程设计收费标准》，并修订《工程勘察取费标准》；6月，依据河北省计委《河北省改革民用建筑设计管理工作暂行办法》，省内普遍建立技术经济责任制和审核体系；8月，河北省城乡建设环境保护厅批复原则同意河北省建筑设计研究院《关于勘察设计实行技术经济承包责任制的改革意见》；9月，河北省城乡建设环境保护厅印发《关于贯彻〈勘察设计单位改革要点〉的意见》，要求全省建筑、市政勘察设计单位实行技术经济承包责任制，有条件地逐步向企业化、社会化发展。

1984年9月，《国务院关于改革建筑业和基本建设管理体制若干问题的暂行规定》提出“勘察设计要向企业化、社会化方向发展，全面推行技术经济承包责任制”等改革措施。这份文件是国家对设计改革的指导性文件。

1984年11月，国务院下发了国发〔1984〕157号文件《关于工程设计改革的几点意见》，逐步实行建设项目法人责任制、招投标制、建设监理制和合同管理制，把市场竞争机制引入投资领域。这是一份具有纲领性意义的改革文件。

1985年，按照国家计委规定，勘察设计单位试行技术经济责任制后才允许收取勘察、设计费，并严格执行《工程勘察取费标准》《工程设计收费标准》。

1986年，河北省持证勘察设计单位均建立技术经济承包责任制，独立经营，自负盈亏，实行收费制。

1988年，试行院长负责制，改进内部分配办法。同年5月依据国家计委、财政部、劳动人事部规定，调整实行技术经济责任制勘察设计单位的盈余分成比例。1990年，根据建设部、财政部规定，对勘察设计单位的盈余分成比例再次调整：盈余部分的15%缴纳所得税，其余部分的15%缴纳能源交通重点建设基金，10%缴纳国家预算调节基金；交纳上述税金和基金后，盈余部分不再上缴主管部门，全部留给勘察设计单位。集体所有制勘察设计单位内部分配也按上述比例执行。

2.试行总承包业务

按照1987年4月20日国家计委等四部委《关于设计单位进行工程建设总承包试点有关问题的通知》要求，试行设计单位对可行性研究、勘察设计、设备采购、施工管理、试车考核（或交付使用）全过程实行工程建设总承包试点，试点单位仍为事业单位，实行企业经营。同年7月，河北省建委批复同意河北省商业建筑设计所进行工程建设总承包试点。

3.配套政策

（1）取费标准

1984年颁布了第一版全国统一的《工程设计收费标准》。在工程设计收费方法上，对不同工程项目规定了不同的收费方式。

由于在收费标准的执行过程中，市场不规范，业主不成熟，工程勘察设计力量供过于求，出现了不少问题：有的发包方任意压价或无故拖欠勘察设计费；有的招标人以工程勘察设计费的高低作为评标的标准；工程勘察设计单位为了生存竞相压价，实际上远没有收到按标准规定应收的勘察设计费。1985年，国家计委发出了《关于加强工程勘察设计收费管理工作的通知》，针对随意提高或修改收费标准、擅自收取勘察设计费、收受“回扣”、套取现金进行私分等问题，作出了有关规定。1986年，国家计委颁发的《关于加强工程设计招标投标工作的通知》，强调不能将设计费作为评标的依据。

（2）盈余分成及分配

1983年，试行技术经济责任制时规定的盈余分成比例没有变化，但对使用作出了规定：“发给职工的奖金，最多不得超过本单位职工两个月标准工资。”1984年9月18日，国务院国发〔1984〕3号《国务院关于改革建筑业和基本建设管理体制若干问题的暂行规定》进一步规定：“设计人员的奖金要与贡献大小挂钩，上不封顶，下不保底。”这一规定实际上是突破了奖金不得超过“两个月标准工资”的限制，但需按规定缴纳奖金税。1986年，在《关于勘察设计单位实行技术经济责任制若干问题的补充通知》中，调整了盈余分成比例，规定盈余的15%交纳能源、交通、重点建设基金；10%上交主管部门；75%留给工程勘察设计单位，用于建立发展基金（50%）、后备基金（5%）、福利基金（15%）和奖励基金（30%）。

（3）税收政策

1983年试行技术经济责任制时，文件规定交纳工商税和能源交通重点建设基金，暂免征所得税。1989年，建设部、财政部发出了《关于对勘察设计单位恢复征收国营企业所得税的通知》，决定从1989年起至1991年三年内，对勘察设计所得及其他营业所得盈余，暂按15%税率征收国有企业所得税。对年人均盈余不足1 200元的勘察设计单位，经核准，可在1991年前免征所得税。

（三）推行技术经济承包责任制　（1992—1994年）

以邓小平南方谈话以后国务院颁布《全国所有制工业企业转换经营机制条例》为标志，勘察设计单位模仿工业企业改革的路子，结合自身的特点推行技术经济承包责任制，中央有关部委和大多数省级政府对国有勘察设计单位出台了一系列文件予以明确。其主要内容如下。

①落实和扩大自主权，由事业性质逐步转化为企业性质，鼓励还处于全额预算的单位向差额和自收自支的企业化管理过渡。

②推行以遵循“定死基数，确保上交，超过自留，欠收自补”为原则的多种形式的承包经营责任制。

③普遍采用“四保三包一挂”的指标进行承包考核。“四保”即保质量、保技术、保进度、保国有资产保值增值，“三包”即包总收入、包利润、包上交，“一挂”即“保”“包”指标与工资总额挂钩。

④税收政策，按照国家税务局规定，勘察设计单位的勘察设计所得及其他所得，在1993年底以前按15%的税率征收国营企业所得税；人均不足1 200元的，1993年底以前继续给予免征国营企业所得税的照顾。

承包责任制的推行是经营方式的改革，调动了勘察设计单位的主动性和积极性，促进了单位经济效益的提高，增强了单位的发展后劲。这个时期河北省勘察设计单位进一步面向市场，不少单位非勘察设计收入已超过30%，提高了企业自身的抗风险能力。

这个阶段国家继续推进工程建设总承包业务：1993年建设部规定，设计单位必须提出申请并经主管部门审查批准取得“工程总承包资格证书”后，方可承担批准范围内的总承包任务；同年，河北省建委印发《河北省设计单位进行工程建设总承包暂行办法》，办法中明确了总承包单位资质条件、承包内容、权益和奖惩等；1994年3月，河北省建委给邯郸市陶瓷设计院等4家单位颁发工程建设工程总承包资格证书。

二、事业单位改为企业，建立现代企业制度阶段（1994—2012年）

根据体制改革的推进程度，这个阶段可以再分为“事改企”和建立现代企业制度两个阶段。河北省勘察设计行业在顺利完成“事改企”的基础上，逐步建立现代企业制度。

（一）事业单位改制为科技型企业（1994—2000年）

以1994年9月29日国务院国函〔1994〕100号文《国务院关于工程勘察设计单位改建为企业问题的批复》为标志，河北省勘察设计行业全面启动了“事改企”改革。

这次改革突出五大要点：一是实行事业单位企业化管理的工程勘察设计单位，从1994年起可以逐步改建为企业；二是“事改企”的根本目的是解放和发展生产力，提高基本建设和企业技术改造的综合效益，实现设计技术市场化，设计成果商品化，设计管理行业化；三是普遍开展“转机制、练内功、抓管理、上水平”活动，为加快“事改企”和建立现代企业制度打基础，同时选择了30个单位进行现代企业制度试点；四是转变在计划经济、事业体制中形成的旧观念，树立自主自立、自我约束、自我发展的经营思想，逐步建立适应市场经济的经营机制，实行政企分开，加快内部机制改革，推进技术进步，完善“工效挂钩”，健全项目管理体系，培育企业文化，政府加紧立法，完善市场机制，建立开放、平等、竞争的设计技术市场和成果市场；五是勘察设计单位改企后，为技术型、服务型企业，属第三产业，并由事业财务制度全部改为执行企业财务制度。

1.积极办好试点

1995年2月，建设部转发国务院《关于勘察设计单位改建为企业问题的批复》，明确勘察设计单位由事业体制改为企业体制并建立现代企业制度是勘察设计单位改革的目标，重在调整产权关系和转换经营机制。同年5月，建设部发出了《关于确定30个大型勘察设计单位作为现代企业制度试点单位的通知》；8月，又印发了《关于勘察设计单位建立现代企业制度试点工作有关问题的通知》，这两个文件启动了以政府管理职能与资产所有者职能分开、财产组织形式改革、建立企业制度、完善内部管理体系等为主要内容的建立现代企业制度试点改革以及在勘察设计单位实行工资总额与经济效益挂钩考核办法。

1995年，河北省开始改制试点准备工作，同年河北省建委确定省电力勘察设计院、省建筑设计研究院等15家单位为全省勘察设计企业化试点单位，开展“事改企”试点工作。

1996年4月，河北省建委转发建设部《工程勘察设计单位建立现代企业制度试点指导意见》，明确“改企建制”试点的目的、原则、内容和转变政府职能、抓好试点配套改革的政策措施。

1998年5月，河北大地岩土工程有限公司在河北省建筑设计研究院举行成立揭牌仪式。同年7月，河北省建委批复同意秦皇岛市秦星建筑设计事务所作为股份制改革试点，更名为秦皇岛市秦星建筑设计有限公司；12月，批复同意河北昆仑住宅设计研究院按照股份制改造要求改制为有限责任公司；1999年11月，批复同意省工程标准设计研究院改制为河北渤海工程设计有限责任公司。

1999年12月，国务院办公厅转发建设部等部门《关于工程勘察设计单位体制改革的若干意见》，试点勘察设计单位由现行的事业单位改为科技型企业，成为适应市场经济要求的法人实体和市场主体，并逐步建立现代企业制度，同时进行行政管理体制改革。

2.配套政策

（1）取费标准

随着建设工程勘察设计活动市场化程度的提高和投资主体多元化，在实践中协商定价的行为不断出现，政府定价的作用越来越小。1999年，国务院办公厅在《关于工程勘察设计单位体制改革若干意见》中提出的三项扶持政策之一是调整、提高勘察设计收费标准，明确规定“国家将对勘察设计收费进行改革，由政府定价改为政府指导价”。

（2）实行工效挂钩

1995年4月24日，人事部、财政部下发人计发〔1995〕51号《关于有条件的事业单位实行工资总额同经济效益指标挂钩暂行办法的通知》，提出了实行工效挂钩的要求。1997年8月29日，建设部发出的建设〔1997〕220号《关于工程勘察设计单位实行工资总额同经济效益挂钩有关问题的通知》指出，符合条件的勘察设计单位都应当实行工效挂钩，改变了干多干少一个样的“大锅饭”做法，对工效挂钩的基本原则、工效挂钩的范围及条件、工资总额基数的范围及核定等作出了明确规定，使勘察设计单位的工资总额和职工的个人收入随本单位创造的经济效益和社会效益的增长逐步提高，加快了工程勘察设计单位体制改革的步伐。

（3）税收政策

1995年，财政部、国家税务总局明确，改为勘察设计企业的单位不能实行与科研单位一致的税收政策，应按规定征收所得税。技术转让、技术咨询、技术服务、技术培训（简称“四技”）的所得，年净收入在30万元以下的暂免征企业所得税。

（二）确定市场主体地位，建立现代企业制度（2000—2012年）

2000年9月30日，河北省政府办公厅印发《河北省工程勘察设计单位体制改革实施方案》，河北省勘察设计单位实现了政企分离，转为自主经营、自负盈亏、自我发展的自律体制，使勘察设计单位真正具有独立法人资格和市场主体地位，标志着河北省勘察设计行业开始逐步建立现代企业制度。

2000年10月24日，国务院办公厅国办发〔2000〕71号《转发建设部等部门关于中央所属工程勘察设计单位体制改革实施方案的通知》。该文件明确指出：工程勘察设计单位由事业单位改制为科技型企业后，具备条件的，可以依照《中华人民共和国公司法》改制为有限责任公司或股份有限公司。勘察设计单位要参照国际通行的工程公司、工程咨询设计公司、岩土工程公司和设计事务所等模式改造成为适应社会主义市场经济要求的法人实体和市场主体。

河北省的国有大型工程勘察设计单位一般先完成由事业单位向企业的转变，再进行建立现代企业制度改革。中小型工程勘察设计单位的改企建制则一步到位，国有资产退出，参照国际通行的工程公司、工程咨询设计公司、岩土工程公司和设计事务所等模式，改为企业法人。所有工程勘察设计单位与主管部门脱钩，解除上下级行政隶属关系，自主选择管理体制改革与资产重组方式。省直工程勘察设计单位体制改革工作，按隶属关系由其主管部门协调所属工程勘察设计单位制订改制方案，经河北省建设厅及省直有关部门审查后报省政府批准实施。各市工程勘察设计单位的改革，由各市结合当地情况制订具体方案实施。

1.建立现代企业制度的改革以建立企业法人治理结构为重点

河北省勘察设计单位的改制工作从各单位建立企业法人治理结构开启，全员选出由股东会、董事会和经理层组成的企业决策和经营管理组织体系。股东会是最高权力机构，董事会是经营决策机构，总经理全面负责公司的生产经营活动。股东会和董事会之间是信托关系，董事会和总经理之间是委托授权关系，企业还应设立监事会等。在企业内部建立科学的领导体制和依法管理制度，调节所有者、经营者和职工之间的关系，形成激励和约束相结合的经营机制。改制工作在全员参与、全员监督下得以顺利推进。

由于河北省勘察设计行业是典型的人力资本型、技术密集型行业，因此这一阶段很多勘察设计单位都一步到位改制为职工持股的民营企业。国务院国办发〔1999〕101号文还明确了勘察设计单位逐步建立现代企业制度的中长期发展目标，鼓励改制单位要抓住机遇，发挥自身技术优势，拓宽建筑领域市场业务范围，积极开展工程总承包、工程监理、技术咨询等活动，加快自身实力的壮大。

2.河北省部分勘察设计改制单位及民营企业

2001年8月，河北省建设厅批复同意河北省建设勘察研究院由事业单位改制为由自然人出资发起设立的有限责任公司，独立经营，自负盈亏。2002年3月，河北省建设勘察研究院完成国有资产产权转让并予注销，改名为河北建设勘察研究院有限责任公司。

2003年7月，河北省交通规划设计院与河北省交通科研所合并重组为河北省交通勘察设计研究院。

2004年8月，河北省国资委冀国资字〔2004〕361号文件，批复同意河北省建筑设计研究院筹备改制设立河北建筑设计研究院有限责任公司。2006年9月，经河北省工商局注册登记批准，河北省建筑设计研究院更名为河北建筑设计研究院有限责任公司。

在民营勘察设计企业方面，建设部于2000年颁布《建筑工程设计事务所管理办法》，规范了设计事务所的申请及审批程序、任务承接与监督管理；同时鼓励发展民营设计机构，适当放宽民营企业设立的审批条件，允许其一年内完善；积极发展个人领衔的专业化设计事务所，鼓励人才合理流动，促进与国际接轨。1999年1月，河北北方绿野建筑设计有限公司成立；2002年9月，河北庄宸土木工程设计咨询有限公司成立；2002年11月，河北拓朴建筑设计有限公司成立；2004年4月，河北大成建筑设计咨询有限公司成立；2005年9月，河北九易营造设计有限公司成立。民营设计院以其灵活的经营体制、健全的管理机制和富有生气的创新团队在行业中异军突起，成为河北省建筑设计行业的重要力量。

3.配套政策

（1）取费标准

2002年1月7日，国家计委和建设部批准颁发了新的计价格〔2002〕10号《工程勘察设计收费管理规定》《工程勘察收费标准》《工程设计收费标准》，对收费标准进行了重大的调整。调整后，大多数勘察收费采取实物定额计费，设计收费比原标准提高56%。

（2）税收政策

2000年，国家出台规定，改为企业的勘察设计单位，自2000年1月1日后注销“事业单位法人证书”或事业单位编制，至2004年12月31日止，五年内减半征收企业所得税。2011年，国家颁布了《营业税改征增值税试点方案》和《关于上海市开展交通运输业和部分服务业营业税改征增值税试点的通知》两个文件，正式开启了我国现代服务业税制改革的转型工作。这次改革的目的在于消除营业税重复征收的弊端，使得现行的营业税征收体制更趋合理。这次税制改革主要针对的是现代服务等第三产业类企业。勘察设计单位归入本次营改增试点范围。营改增后，勘察设计单位由原来营业税纳税人转变为增值税纳税人。应税服务年销售额500万元以上为一般纳税人，按照当期应税服务销售额6%的增值税率计算增值税销项税额；应税服务年销售额500万元以下为小规模纳税人，按照当期应税服务销售额3%的征收率计算交纳增值税。

4.建立现代企业制度过程中取得的阶段性成效

这一阶段的成效主要有三个方面：一是企业发展的自主权相对增大，业务发展的积极性比较高，业务范围进一步拓宽，企业总体经济效益得到快速增长；二是在员工激励方面成效较为明显，特别是对骨干层面；三是企业打破原有单位的管理模式，员工分配、考核等管理制度的灵活性较高，利于真正构建科学化企业管理体系，可以根据企业发展需要通过政策倾斜进一步调动员工的积极性。

三、向高质量发展转型阶段（2012—2019年）

党的十八大以来，以习近平同志为核心的党中央明确了“适用、经济、绿色、美观”的新时期建筑方针，随着“一带一路”倡议的提出，供给侧结构性改革的推行，中国特色社会主义进入新时代，我国工程勘察设计行业迎来新的发展机遇。政府职能转变和社会管理职能加强，尤其是“放管服”改革的深化，为勘察设计行业改革创造了良好的政策环境和市场环境。河北省勘察设计行业坚持创新、协调、绿色、开放、共享的发展理念，牢固树立以人民为中心的发展思想，积极拓展业务范围、转变经营模式，坚定信心，审时度势，沉着应对，做好自己，做强自己，向高质量发展转型升级。

（一）鼓励和促进行业发展的有关政策

2012年以来，国家、河北省建设主管部门对勘察设计行业提出了一系列的产业政策，鼓励和支持行业发展，现仅列出国务院1个、住房和城乡建设部2个、河北省住房和城乡建设厅3个。

1.国务院

2017年2月24日，国务院办公厅发布国办发〔2017〕19号《关于促进建筑业持续健康发展的意见》，从深化建筑业简政放权改革等7大方面，提出了优化资质资格管理、培育全过程工程咨询等20项具体措施。这是时隔33年后，国家再次为建筑业改革发展出台顶层设计，也为勘察设计行业改革指明了发展方向。

2.住房和城乡建设部

2014年7月1日，以建市〔2014〕92号印发《关于推进建筑业发展和改革的若干意见》，重点内容是：简政放权，开放市场，坚持放管并重，消除市场壁垒，构建统一开放、竞争有序、诚信守法、监管有力的全国建筑市场体系；创新和改进政府对建筑市场、质量安全的监督管理机制，加强事中事后监管，强化市场和现场联动，落实各方主体责任，确保工程质量安全；转变建筑业发展方式，推进建筑产业现代化，促进建筑业健康协调可持续发展。

2016年5月20日，以建市〔2016〕93号文件印发了《关于进一步推进工程总承包发展的若干意见》，推出深化建设项目组织实施方式的20条改革政策。工程总承包是国际通行的建设项目组织实施方式，也是勘察设计创新升级的一个重要方式。该文件的颁布，对推动勘察设计行业转型升级的意义重大：一是有利于降低工程投资风险，二是有利于提高工程建设质量和效益，三是有利于推动行业转型升级，四是有利于提升国际竞争力。

3.河北省住房和城乡建设厅

为大力支持勘察设计行业发展，2012年以来，先后出台20余个相关文件，仅2019年上半年就下发3个文件：①2019年3月14日下发冀建节科〔2019〕3号《关于印发〈2019年全省建筑节能与科技工作要点和装配式建筑工作要点〉的通知》，要求全力推进绿色建筑高质量发展；②2019年3月19日下发冀建质安〔2019〕7号《关于印发〈推动工程监理企业转型升级创新发展的指导意见〉的通知》，进一步完善工程监理制度，推动我省工程监理企业转型升级、创新发展；③2019年4月23日，下发冀建建市〔2019〕4号《转发〈住房和城乡建设部办公厅关于支持民营建筑企业发展的通知〉的通知》，鼓励民营建筑企业转型升级、参与市场竞争。

在税收政策优惠方面，根据《住房和城乡建设部办公厅关于做好建筑业营改增建设工程计价依据的调整准备工作的通知》要求，河北省工程勘察设计单位营业税改增值税工作自2016年开始，河北省建设工程计价标准工程造价计价方法自2016年5月1日起调整为增值税计税方法。

（二）河北省勘察设计行业的创新发展

转变生产方式与经营模式，实现企业功能多样化，是新时代勘察设计服务向工程建设全过程服务延伸的重大变革。河北省勘察设计行业充分发挥技术密集、人才集中的先天优势和整体效能，拓宽服务领域，在做好勘察设计本职工作的前提下，使服务领域向工程总承包、岩土工程、工程咨询与监理、技术开发和技术服务等方向扩展；同时与科研单位、高等院校和生产企业开展横向联合，开发生产和应用新技术产品，开办多种经营实体，从事经营活动，走“产、学、研”相结合的发展道路。服务不但面向工程建设全过程，而且还面向全社会，面向国际市场，这项改革还为勘察设计企业“走出去”参与“一带一路”建设奠定了坚实基础。

1.科技进步和研究开发

2012年以来，随着经济的快速发展，河北省勘察设计行业技术水平快速提高，各勘察设计企业以市场为导向，不断强化创新和研发，与河北工业大学、石家庄铁道大学等高等院校和中国地质科学院水文地质环境地质研究所、河北省水利科学研究院等科研单位合作，技术创新取得了许多突破性的成果，使企业的自主创新能力逐渐成为企业核心竞争力和业务增长点。至2018年，全省勘察设计行业累计拥有专利3 166项，累计拥有专有技术724项，2018年全省获国家级、省部级奖744项，参加编制国家、行业、地方技术标准342项。

2.工业工程设计企业的改革

以北方工程设计研究院有限公司为代表的工业工程设计企业，积极研究国家产业政策导向和市场需求变化，积极推进自身的业务结构调整与转型，拓宽服务领域，提升服务层次，打造业务特色。

（1）向设计、采购、施工深度融合的方向转型升级

企业以设计和研发为基础，积极向国内外具有市场增长潜力、产业发展方向明确的业务领域进行拓展，扩展发展空间。企业积极整合国内和国际两种资源、两个市场，通过要素整合、专业配合、标准推进，联合国内施工队伍、设备生产商、实验调试、工程监理、运行维护等单位，打造“中国设计”联合舰队，“造船出海”，以自身专利及专有技术为优势，逐步形成工程项目全生命周期的一体化服务体系，向工程咨询和工程总承包两头延伸，提升全过程工程咨询和工程总承包的综合实力。

（2）加大技术创新投入，着力提升技术水平

企业加强设计理念创新，积极做好新技术研发和应用工作，大力推动精心设计与精细设计，及时跟踪三维协同设计、BIM、云计算、物联网等新兴信息技术发展态势，提高信息化手段与技术创新的融合度，构建基于核心技术和服务能力的竞争优势。具体表现：一是加大有效投入力度，特别是原创技术的研发投入，加强与国内外科研机构、高等院校的合作，全面打造紧密型产学研一体化体系，加大人才引进和培养的力度，设置专门研发中心，培育具有自主产权的核心技术；二是加大技术产业化支持力度，通过理念引导、实验带动、项目推广、标准固化，逐步形成新的产业，为经济发展提供新动力，使企业真正成为创新的主体。

3.建筑设计企业的创新发展

以河北建筑设计研究院有限责任公司为代表的建筑设计企业，完善以市场经济为基础，以企业法人制度为主体，以有限责任制度为核心，以产权清晰、权责明确、政企分开、管理科学为条件的新型现代企业制度，切实转变发展方式，高质量持续发展。

（1）实行建筑师负责制

建筑设计企业的创新发展以建筑师负责制为重点。以建筑师负责制的形式打造先进的设计团队，建筑师在团队中履行主导、协调、监督的责任，协调参与项目建设的各方主体及工程承包交钥匙的全过程咨询服务，以确保项目建设目标的全面实现并承担相应的法律责任，推动建筑师在全生命周期中充分发挥作用。

建筑设计企业按照专业发展要求，规范化地抓好建筑师的继续教育和职能培训，提升建筑师的综合协调和项目管理水平，以适应新时代高质量发展的要求。通过建筑师负责制培育出一批著名建筑师，带领“中国建筑”走向世界。

（2）积极探索建立创新人才机制

创新发展，人才是关键。建筑设计企业作为技术型、人才型、智力型企业，技术创新型人才是企业生存和持续发展的根本动力。建筑设计企业最宝贵的生产要素是高素质、高质量的人才队伍。建筑设计各企业正加快行业领军人物培养，推动行业拔尖专家选拔工作，积极搭建高层次学术和技术交流活动平台，推动企业多层次人才梯队建设。

4.勘察设计企业在探索中前进

以河北建设勘察设计院有限公司为代表的勘察企业进一步完善岩土工程体制改革，注重岩土勘察与岩土设计的高度融合，向环境岩土工程延伸。

（1）不断推进和完善“大岩土”工程体制

“大岩土”工程主要包括岩土工程勘察、岩土工程设计、岩土工程施工、岩土工程监测，其核心内涵就是要求充分发挥彼此的关联性，使工程勘察服务于工程建设全过程，以达到治理岩土的目的。其核心价值就在于将岩土工程勘察与岩土工程设计置于一个完整的过程中，由岩土工程师统一完成整个过程的核心技术工作，既充分发挥了岩土工程师的作用，又达到了正确选择基础方案的目的。

（2）开展项目投资，扩大业务范围

部分拥有专利技术、专有技术等技术研发实力的企业，充分利用融投资体制改革的优惠政策，利用自己的专业技术优势，联合金融渠道，开展项目投资，扩大业务范

围，有效提高了企业运行质量和社会知名度，加快了生产要素的合理流动和优化配置，适应了新时代高质量发展的要求。

5.民营勘察设计企业加快发展

河北省各民营勘察设计企业，继续完善中小企业体制机制和产权制度改革，通过专业和运营结构的调整，进行合作、合并或联营，建立新型的咨询、设计公司或事务所，适时进行股权重组或转让，调整和改革股权结构，对有贡献的高端人才实行股权激励制度，加快人才资源向人才资本转化；对家族式的私人企业也向股权多元化方向发展，以利于保护人才，使企业发展得以持续。

（1）创新有活力，发展有特色

各民营勘察设计企业结合自身实际，更加关注向专业化、精细化、特色化方向发展，积极打造差异化竞争发展能力。通过跨行业的专业融合、专业配合和技术创新，准确把握新型城镇化、信息化、智能化、被动房、节能环保、绿色低碳等带来的发展机遇，向具有较强专业技术优势的专业公司发展，在产业链上积极向前端的规划和全过程的咨询延伸。

（2）鼓励创作设计精品

民营勘察设计企业多数是建筑设计企业。党的十八大以来，各民营建筑设计企业在建筑设计领域积极探索与追求，参加了河北省“美丽乡村、特色小镇、智慧城市、综合管廊、海绵城市”等重点项目建设。在建筑创作方面坚持设计原创性，立足地域、资源和环境特质，因地制宜开展建筑设计工作，悉心创作、塑造精品，打造经典之作。

（三）向高质量发展转型的亮点

1.实现混合所有制创新

2013年12月25日，经河北省住房和城乡建设厅牵线，省内7家综合实力较强的建设企业——河北建工集团有限公司、河北建筑设计研究院有限责任公司、河北建设勘察研究院有限公司、邢台亚泰重工机械有限公司、石家庄常宏建筑装饰工程有限公司、河北冀京建筑业服务中心、河北省建筑科学研究院，自主联合结成战略联盟，组建了河北省建设领域第一家大型企业集团——河北省嘉联实业集团有限公司。该公司为混合所有制企业。发起设立集团的7家企业，企业类型涵盖国有、民营、合资，均为我省建设领域领军企业。其共有中高级专业技术人员3 000余人，国家级勘察大师1人，省级勘察、工程和建筑大师5人，享受国务院政府特殊津贴的专家11人，建有1个博士后流动站和1个国家级重点实验室，人才和技术优势十分明显。2012年，7家企业总产值达269.5亿元，上交税收6.68亿元。该集团公司的组建属于强强联合，实现了优势互补。集团成立后，积极整合优势资源，按照经营范围覆盖建筑产品生产全过程的思路，重点提升集团融资能力、科技和管理创新能力，努力开拓各创始公司之外新的发展业态，实现全方位技术集成和转化，共同实现转型升级和跨越发展。河北省两家重要勘察设计企业——河北建筑设计研究院有限责任公司和河北建设勘察研究院有限公司加盟该集团公司，有效提高了企业运行质量，促进了在建筑产品生产全过程中各生产要素的合理流动和优化配置，适应了新时代高质量发展的要求。

2.推进“走出去”，在国际市场做优做强

北方工程设计研究院有限公司自2011年5月获得“对外承包工程资质”后，于2013年5月正式进入中国对外援助成套项目工程勘察骨干企业目录，已在“一带一路”沿线国家承接多个勘察设计项目，内容涵盖军工生产及民用建筑等领域，仅2012年后就在8个国家完成近百项援外或外经贸项目。

河北省电力勘测设计研究院大力拓展海外业务，海外项目遍及五大洲，2019年正加紧进行孟加拉国输变电工程、刚果（布）国家电网总体规划及设计工作、肯尼亚城市电网改造工程、印度尼西亚燃煤发电工程、尼日利亚燃机勘测设计，还在泰国、柬埔寨、苏丹、哈萨克斯坦、印度、蒙古、希腊、安哥拉、巴基斯坦、摩洛哥等国家有多个境外工程。

河北建设勘察研究院有限公司大力开拓“一带一路”国外建设市场，延伸覆盖到10多个国家，先后在印度尼西亚、巴基斯坦等国家设立分公司或子公司，自2014年以来共计签订国外合同166项，合同额19.4亿元，累计完成国外产值17.5亿元，收入12.2亿元。

创建协会　引领服务

河北省工程勘察设计咨询协会成立以来，坚持中国共产党的领导，走具有中国特色的社会主义道路，发挥“行业服务、行业协调、行业自律、行业代表”的基本职能，坚持服务创新，坚持科学发展，为河北省工程勘察设计行业改革和进步作出了重要贡献。

一、协会创建与发展

（一）协会的创建

随着市场经济的不断发展，我省勘察设计单位脱离计划经济体制下对行政部门的依赖，成为各自独立的市场主体。创建行业协会是工程勘察设计行业发展的需要，是工程勘察设计改革的需要，是加强行业管理的需要，也是广大工程勘察设计单位的愿望和迫切要求。为了加强全行业的联合与协作，加强行业监督和服务，1992年12月，经河北省民政厅批准成立了河北省工程勘察设计协会。协会是具有社会团体法人资格的勘察设计咨询行业的地方性社会团体，是由各工程勘察设计、相关技术经济管理咨询服务单位，各市和各部门工程勘察设计咨询协会、主要负责人以及相关注册、科技、管理专业人士自愿组成的非营利性社会组织。

河北省工程勘察设计咨询协会成立以来，以邓小平理论和“三个代表”重要思想为指导，全面落实科学发展观，深入贯彻习近平新时代中国特色社会主义思想，认真执行党和国家有关勘察设计的路线方针政策，遵循提供服务、反映诉求、规范行为，为经济社会发展服务的工作方针，围绕提高工程经济、质量、安全综合效益，配合政府部门制定法规政策及行业发展规划，开展技术交流、行业咨询活动。协会不断促进工程勘察设计单位自主创新与技术进步，实施行业自我管理，维护行业、会员的合法权益，在政府和会员之间发挥桥梁纽带作用，推动工程勘察设计及相关咨询行业又好又快发展，促进勘察设计行业的高质量发展。

协会的成立，标志着河北省勘察设计企业有了自己的行业组织，勘察设计行业进入一个新的发展阶段。协会成为联系政府与勘察设计单位及广大勘察设计者的桥梁与纽带。

（二）协会的发展

1992年12月，河北省工程勘察设计协会在石家庄召开第一届第一次会员代表大会，会议通过了协会章程，并选举郭世昌为协会理事长，吴儒生、邓泽洪为协会副理长，王学林为协会秘书长。省政府有关领导、中国勘察设计协会负责人出席会议。

1995年3月，河北省工程勘察设计协会在保定召开第二届第一次会员代表大会，会议选举产生协会第二届理事会，王学林任协会理事长，张敬堂任协会秘书长。

1996年4月，河北省工程勘察设计协会在石家庄召开第二届第二次会员代表大会，会议总结了协会成立以来，围绕勘察设计行业的发展所做的工作，并通过了《河北省工程勘察设计协会章程》修订案。

1999年3月29日，河北省工程勘察设计协会在石家庄召开第三届第一次会员代表大会，选举产生第三届理事会，梁军任协会理事长，郭凤辉任协会秘书长。

2002年1月28日，经河北省民政厅批准，“河北省工程勘察设计协会”名称变更为“河北省工程勘察设计咨询协会”。

2004年4月27日，河北省工程勘察设计咨询协会在石家庄市召开第四届第一次会员代表大会，选举产生第四届理事会，张森林任协会理事长，刘宝才任协会秘书长。为规范协会管理工作，会议通过了《理事会和常务理事会议事规则》《分支机构管理规定》《会员管理办法》《协会财务管理办法》《协会财务管理若干规定》《协会印章使用管理办法》《协会职工休假管理办法》《会员自律公约》等11个规范性文件，标志协会从此走向规范化管理。

2007年11月，河北省工程勘察设计咨询协会在石家庄召开第五届第一次会员代表大会，选举产生第五届理事会，刘宝才任协会理事长，张建梅任协会秘书长。会议通过了关于设立监事会的议案，建立了监事会制度，提名姚家新为监事会主席。

2012年3月，河北省工程勘察设计咨询协会在石家庄召开第六届第一次会员代表大会，选举产生第六届理事会，刘宝才任协会理事长，张建梅任协会秘书长。

2014年10月，河北省工程勘察设计咨询协会在石家庄召开第六届第二次理事扩大会，根据中央相关文件要求，重新改选协会的理事长，会议选举梁金国任协会理事长。

2016年5月，河北省工程勘察设计咨询协会在石家庄召开第七届第一次会员代表大会，选举产生第七届理事会，梁金国任协会理事长，王增文任常务副会长兼秘书长。

2010年3月23日，经河北省工业经济联合会机关委员会批准成立临时党支部。2017年9月28日，经中共河北省社会组织委员会批准成立临时党支部。2018年5月，与河北省建设勘察研究院有限公司成立联合党支部。党支部成立以来，积极开展协会各项党建工作，发挥引领、保证、先锋作用，促进了协会健康发展。

河北省工程勘察设计咨询协会经过近30年的发展创新，截至2018年，共有会员单位785家，其中甲级单位312家，乙级单位347家，丙级单位126家，审图机构33家，覆盖全省勘察设计行业专业技术人员64 171人。协会秘书处现有专职人员8人，设有技术质量部、事业发展部、综合信息部、计划财务部4个职能部门，下设内设工作机构21个，其中专业工作委员会20个，市级工作委员会11个，形成了横向协同、纵向贯通的管理体系。

二、引领企业 服务行业

近年来，河北省工程勘察设计咨询协会适应形势发展，不断创新工作思路，全力营造科技创新、学术交流氛围，积极推动行业文化建设，提升行业发展活力，促进了行业高质量发展。

（一）服务行业

1.开展行业统计调研，提供有效信息支撑

为及时掌握行业的动态，针对行业发展需要，协会开展全省勘察设计和施工图审查行业数据统计工作，通过统计和分析，为河北省开展勘察设计行业相关工作提供详细有效的基础数据。

随着行业的改革与发展，协会围绕不同阶段出现的新形势、新问题，进行专题研讨，先后完成勘察设计行业人才队伍状况调查、勘察设计行业信息技术创新应用、河北省工程总承包及全过程工程咨询业务情况、施工图审查机构现状调查等多项调研课题，对企业面临的问题提出对策和建议，通过反映诉求、建言献策为政府决策提供重要参考，促进行业发展。

2.组织技术管理交流，促进行业质量提升

为推动河北省勘察设计行业的发展，提升行业技术水平，搭建行业交流平台，协会围绕勘察设计行业体制改革、行业管理、信息技术、规范标准等方面，先后组织勘察设计技术人员举办多期施工图审查要点、常见问题分析与解决措施、建筑设计防火规范、抗震规范、勘察技能技术、BIM技术应用研讨、建筑设计专题讲座及论坛等专业技术宣贯和交流活动，对提高勘察设计质量和技术人员水平、提升行业整体素质起到了促进作用。

组织行业管理人员举办行业高质量发展经验交流会、女企业家座谈会、河北省勘察设计大师座谈会、施工图审查机构座谈会等企业管理、转型升级等行业发展经验交流活动，鼓励全省勘察设计企业加快转型升级，产业结构调整与市场开拓进度，推动河北省勘察设计行业整体水平的高质量发展。

3.提供专业技术支持，提升行业技术水平

依据国家和河北省现行标准规范及相关政策，协会组织行业专家先后编制及修订了《超限高层建筑工程认定规定》《超限高层建筑工程抗震设防专项审查规定》《河北省勘察设计与施工图审查常见问题分析和解决措施》《河北省房屋建筑和市政基础设施工程施工图设计文件审查要点》《河北省中小学校舍建筑工程施工图设计和审查要点》《河北省房屋建筑和市政基础设施岩土工程勘察、岩土工程设计文件审查要点》等技术指导丛书，总结近年来施工图审查、勘察设计中出现的常见问题，并提出解决对策，对工程勘察设计及施工图审查人员解决实际问题具有很强的实用价值和指导作用，促进了行业整体技术水平的提升，为行业发展提供了技术支持。

协会先后创办《河北建设科技与勘察设计》《河北勘察设计》综合性科技季刊，组织出版《河北省抗震图

集》《河北省优秀勘察设计图集》《勘察设计企业管理创新、科技创新论文集》等代表成果图书，对推广先进的设计理念，广泛交流勘察设计行业新材料、新技术、新工艺，发挥了良好的信息传递和宣传作用。

4.提升行业文化内涵，增强行业发展活力

2018年协会编辑出版了《河北省勘察设计大师系列丛书》，丛书共分四卷：《勘察卷》《建筑卷》《结构卷》《交通、水利、煤炭、设备卷》。该丛书的编辑出版在全国各省份中尚属首次，充分展现了河北省当前的工程勘察设计水平和精神面貌，展示了河北省工程勘察设计大师的风采，宣传了河北省工程勘察设计大师的业绩，为推动河北省工程勘察设计技术的进步和发展，促进全国工程勘察设计同行了解河北，起到了积极作用。

协会组织了“首届河北省勘察设计行业建筑与艺术大赛”，汇集了全省258幅摄影、书法及绘画等作品，并举办优秀艺术作品及优秀工程展。新中国成立70周年之际，组织开展“庆祖国七十周年，展巾帼设计风采”活动，开展女企业家经验交流、巾帼设计师展示及团队旗袍展示活动。通过各类文化交流活动，丰富和提升企业文化内涵和品质，发挥文化引领企业品牌作用，提高行业凝聚力和向心力。

5.发挥人才激励机制，推动行业高质量发展

为推动行业高层次人才梯队建设，协会先后组织了“优秀院长”“省优秀论文”“优秀女企业家”“优秀青年设计师”“最美巾帼设计师”“省优秀行业成果”等系列协会荣誉和项目成果的推选工作。

2017年协会成立专家委员会，集中了行业顶尖的专业翘楚，勘察设计大师均为专家委员会成员，他们在评优评先、技术交流、专家咨询、标准编制等多方面发挥了积极作用。

协会积极为企业搭建平台，支持企业持续实施“走出去”战略，组织“日中减隔震技术研讨会”，支持企业组织“河北省建筑师考察团”赴美国考察、聘请国外著名建筑师专题讲座等活动，并就人员交流、技术交流、人才培养等事宜签署了战略合作协议。

6.加强行业横向联合，促进行业跨界发展

为加强同业协会间的横向联合和相互协作，有效利用行业资源，促进企业转变发展方式，积极推进工程建设企业的市场化进程，协会申请加入了中国施工企业管理协会，为会员单位在企业管理、技术创新、行业发展方面提供了更广阔的发展交流平台。2018年，与河北省建筑业协会联合成立了“河北省钢结构设计与产业化分会”和“河北省BIM技术工作委员会”，实现了会员之间强强联合，开启的设计施工一体化发展模式在全国尚属首创。

协会积极响应国家京津冀一体化战略号召，从2017年起连续三年与北京、天津勘察设计协会轮流主办了“京津冀勘察设计行业BIM技术深入应用与发展论坛”，共同促进行业发展。

协会与山东、湖南、黑龙江、辽宁、内蒙古等多省、自治区同业协会就促进行业发展、拓展工作思路等进行广泛交流和考察学习，以实现更好地为行业服务。

（二）自律管理

以协会章程规范行业行为，在1992年协会成立时，就将协会的宗旨、组织原则、会员的权利和义务以及协会自律、行业自律、会员单位自律等，在章程中做了具体规定。

以行业公约探索约束机制，协会先后制订了《河北省工程勘察设计咨询协会行业公约》《河北省勘察设计企业自律公约》《河北省工程勘察设计行业职业道德准则》，在工程勘察设计行业建立自我管理、自我约束、互相监督、共同发展的自律机制，提升全行业的整体素质和道德风尚。

以诚信评价建设信用体系，协会印发了《河北省工程勘察设计单位和施工图审查机构信用评价管理暂行办法》，先后推荐多家勘察设计企业获得“河北省诚信企业”“全国建筑设计行业诚信单位”，树立行业诚信典型。

（三）社会责任

协会在不断发展、服务行业的同时，积极参与社会公益活动，在国家重大突发公共事件中，敢于担当社会责任。2008年四川汶川大地震发生时，协会积极参与援助灾后重建工作，组织勘察设计行业召开灾后重建座谈会，印发了《河北省勘察设计咨询行业爱心重建工作倡议书》，制定对口援建工作方案，全面展开各项对口援建工作，完成灾区过渡安置房的设计和现场技术服务任务。

协会自成立起，一直积极投入公益活动，为困难群众奉献爱心，为慈善事业贡献一份力量。2014年，参加了行唐县寺头村改善饮水环境工程捐款活动，为贫困地区改善生存状况尽绵薄之力；2018年、2019年，积极响应国家精准扶贫工作，参与河北省革命老区阜平夏庄乡夏庄村的脱贫攻坚工作，先后为贫困群众无偿捐助5万棒黑木耳菌棒及630套厨具等急需生活物资。

（四）自身建设

协会不断加强自身建设，建立健全了协会管理工作的运行机制，促进协会工作逐步走向制度化、规范化管理的轨道，努力为会员单位服务，更好地发挥职能作用。

1.加强协会内部管理

协会建立了内部机构设置及岗位职责制度，设立综合信息部、事业发展部、技术质量部、计划财务部四个职能部门，并对秘书处工作人员实行年度述职评议工作，规范协会内部机构设置及工作职能，实现了标准化管理。

2.加强内设机构建设

自协会成立起，先后设立了电力、交通、岩土与勘察、结构、建筑、钢结构设计与产业化、减隔震技术、BIM技术、风景园林、消防、市政技术11个专业工作委员会，在各地市设立了11个市级工作委员会，形成了横向协同、纵向贯通的管理体系。

3.发挥副会长作用

协会大部分副会长单位充分发挥各自的专业优势和企业作用，设立了专业工作委员会，扩大了协会的服务半径。每个副会长每年还主动承担1~2项协会的重点工作，为协会的发展发挥了积极作用。

4.社团评估促自身建设

经河北省民政厅评估，协会于2010年荣获4A级河北省社会组织称号，2012年荣获河北省社会组织诚信建设先进单位称号，2014年荣获5A级社会团体组织称号。协会把社团评估作为检验自身建设的一次机会，积极参加省民政厅的评估活动，对协会内部管理、业务建设、工作绩效等方面进行梳理，对发现的问题及时制定措施，不断加强协会自身建设。

成就篇

精品项目

1958年 保定河北农大实验楼（保定）

1958年 保定交际处（保定）

1960年 天津大礼堂（原河北大礼堂）（天津）

1961年 天津河北省医院（天津）

1973年 石家庄河北省医院（石家庄）

1975年 也门共和国荷台达轧花榨油厂（也门共和国荷台达市）

1976年 石家庄市邮件转运站（石家庄）

1978年 石家庄西柏坡纪念馆（石家庄）

1979年 河北省图书馆（石家庄）

1981年 唐山陶瓷展销陈列馆（唐山）

1981年 河北省中医院（石家庄）

1983年 石家庄陆军指挥学院礼堂（石家庄）

1985年 石家庄解放纪念碑（石家庄）

1984年 河北体育馆（石家庄）

1984年 唐山第一人民医院（唐山）

1986年 石家庄铁路客站（石家庄）

1985年 石家庄环宇公司彩电组装车间（石家庄）

1986年 唐山抗震纪念碑（唐山）

1985年 河北省民俗博物馆（原河北省文物商店）（石家庄）

1988年 石家庄长途电讯枢纽大楼（石家庄）

1990年亚太大酒店（石家庄）

1990年 河北省委办公楼（石家庄）

1990年 石家庄青少年宫（石家庄）

1991年 河北华联商场（石家庄）

1991年 石家庄劝业场（石家庄）

1992年 河北省电力专科学校（石家庄）

1992年 河北省社会科学院（石家庄）

1992年 石家庄站前综合楼（石家庄）

1993年 河北会堂（石家庄）

1993年 柏林大厦（石家庄）

1993年 河北省气象局（石家庄）

1993年 邢台体育馆（邢台）

1994年 石家庄裕彤体育场（石家庄）

1994年 石家庄世贸广场大酒店（石家庄）

1995年 石家庄正定机场候机楼（石家庄）

1995年 中国交通银行河北省分行（石家庄）

1996年 河北宾馆（石家庄）

1997年 潘家峪惨案纪念馆（唐山）

1998年 河北省科技馆（石家庄）

1998年 阳光大厦（石家庄）

1999年 河北艺术中心（石家庄）

2000年 康泰广场（石家庄）

2001年 石家庄市人民会堂（石家庄）

2001年 石家庄日报社（石家庄）

2002年 石家庄人民广场（石家庄）

2002年 河北农业大学新校区（保定）

2004年 秦皇岛市重点业余体校综合训练馆工程（秦皇岛）

2004年 西柏坡纪念馆改扩建工程（石家庄）

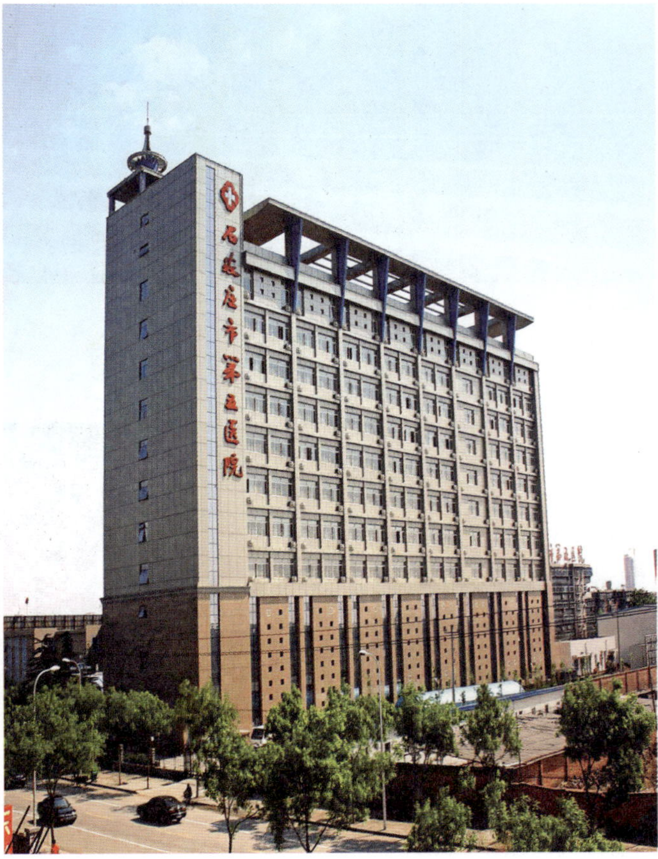

2005年 石家庄市第五医院（传染病医院）病房楼（石家庄）

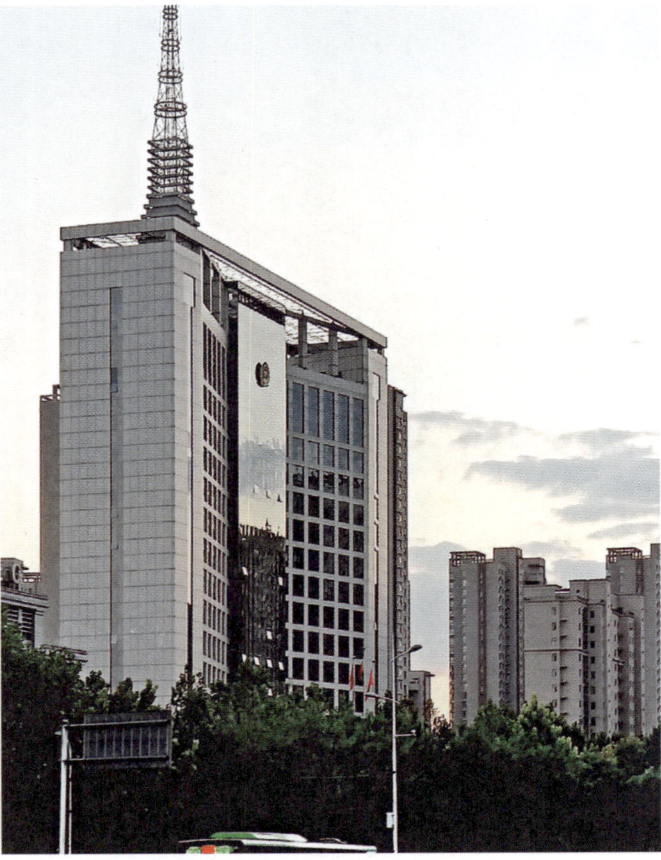

2005年 石家庄市公安局指挥调度中心（石家庄）

2006年 石家庄广播电视局采编播综合业务大楼（石家庄）

2006年 石家庄市第四医院（妇产医院）门诊综合楼（石家庄）

2006年 中国磁州窑博物馆（邯郸）

2006年 中华商务广场（石家庄）

2007年 河北联通办公楼（石家庄）

2008年 方北购物广场（石家庄）

2008年 秦皇岛档案馆（秦皇岛）

2008年 河北建设服务中心（石家庄）

2008年 石家庄科技研发中心（石家庄）

2009年 保定国家高新技术产业开发区发展有限公司大学科技园研发中心（保定）

2009年 丽景溪城住宅小区（保定）

2009年 正定小商品城三期（石家庄）

2010年 国家陆地搜寻与救护基地（石家庄）

2010年 邯郸市中心医院（邯郸）

2010年 石家庄美术馆（石家庄）

2011年 北戴河东山宾馆楼（秦皇岛）

2010年 中国人民抗日军政大学陈列馆（邢台）

2010年 河北省第一届园林博览会主展馆（石家庄）

2011年 保定市儿童医院（保定）

2010年 泥河湾博物馆（张家口）

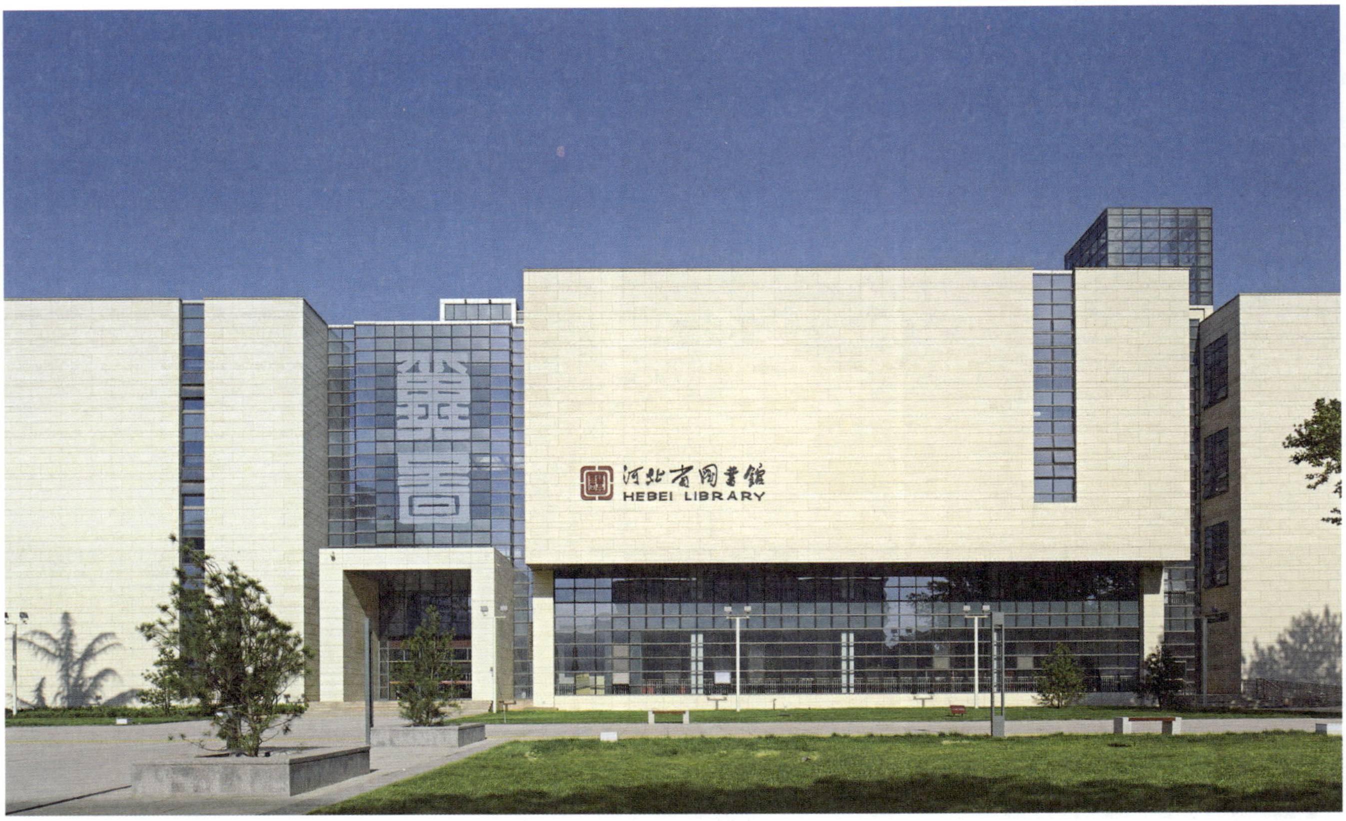

2011年 河北省图书馆改扩建工程（石家庄）

2011年 辛集国际皮革城二期（辛集）

2011年 锦霖大厦（江泉大厦）（邯郸）

2011年 石家庄万达广场商业综合体（石家庄）

2011年 中加低碳节能技术交流中心（石家庄）

2011年 唐山市路北区扶轮小学（唐山）

2012年 保利花园（石家庄）

2012年 河北省中医院综合病房楼（石家庄）

2012年 河北省政府项目（石家庄）

2012年 河北医科大学精神卫生研究所（石家庄）

2012年 石家庄聚和远见（石家庄）

2012年西美五洲酒店（石家庄）

2012年 中商大厦（石家庄）

2012年 河北博物院（石家庄）

2012年 博深工具股份有限公司科研办公楼（石家庄）

2012年 河北师范大学新校区博物馆（石家庄）

2012年 河北师范大学新校区图书馆（石家庄）

2012年 新源国际财富中心（石家庄）

2013年 河北开元环球中心（石家庄）

2013年 女人世界（石家庄）

2013年 上城汤廷（秦皇岛）

2013年 邯郸市新世纪商业广场北扩工程（阳光大厦）（邯郸）

2013年 新源燕府居住小区（石家庄）

2013年 河北化工医药职业技术学院实训中心（石家庄）

2013年 石家庄正定国际机场T2航站楼（石家庄）

2013年 天山海世界（石家庄）

2014年 紫晶悦城展示中心（石家庄）

2014年 河北建筑设计研究院办公楼改建工程（石家庄）

2014年 汇金金融机具产业园（石家庄）

2014年 香江国际城项目（石家庄）

2014年 石家庄长安生物科技研发中心（石家庄）

2014年 石家庄上山间别墅区二期项目（石家庄）

2014年 河北省眼科医院（邢台）

2014年 金蔚华府住宅小区（张家口）

2015年 保定未来像素（保定）

2015年 河北北国奥特莱斯商城（石家庄）

2015年 河北地理信息基地（石家庄）

2015年 河北建投（固安）农业科技产业园项目国际会议会展中心（廊坊）

2015年 红星美凯龙项目（石家庄）

2015年 石家庄新源蜂巢（石家庄）

2015年 中国南车石家庄基地综合办公楼（石家庄）

2015年 北国商城扩建工程（石家庄）

2015年 东创商务广场（石家庄）

2015年 河北生殖妇产医院（石家庄）

2015年 康泰国际（保定）

2015年 正定新区石家庄政务办公大楼（石家庄）

2015年 河北省纪委、石家庄市纪委廉政教育基地（石家庄）

2016年 唐山荣盛未来城（唐山）

2016年 想象国际（石家庄）

2016年 定州中山博物馆（定州）

2016年 石家庄大剧院（石家庄）

2016年 五方中心（石家庄）

2017年 安国数字中药都（保定安国）

2017年 宝能中心（石家庄）

2017年 邯郸科技中心（邯郸）

2017年 磁县二中（邯郸磁县）

2017年 河北医科大学图书实验综合楼（石家庄）

2018年 东湖商业中心（保定）

2018年 河北宾馆集团安悦酒店项目（石家庄）

2018年 怀特文化中心（石家庄）

2018年 科瀛智创谷（石家庄）

2018年 石家庄鸿升商务广场（石家庄）

2018年 石家庄植物园花卉展览（石家庄）

2018年 天山九峰（石家庄）

2018年 未来时间（石家庄）

2018年 中共石家庄市委党校迁建暨高等级公共人防工程（石家庄）

2018年 鹿泉智慧城市中心(石家庄)

2018年 定州开元寺大街景观设计(定州)

2018年 国际旅游港和自由贸易港起步区一期工程建筑设施修理工程(秦皇岛)

2018年 石家庄华润万象城(石家庄)

2018年 天山·国宾壹号(石家庄)

2018年 中冶德贤公馆（石家庄）

2019年 铭智广场（定州）

2019年 “新河之窗”城市综合馆（邢台新河）

2019年 荣盛华府（石家庄）

2019年 石家庄市第十五中学新校区（石家庄）

2019年 邢台园博园太行文明馆（邢台）

1986年 本钢南芬铁矿边坡稳定性工程勘察

1988年 冀中能源东庞矿主、副井井塔及行政办公设施

1988年 阿尔善油田100万吨产能建设工程

1988年 首钢矿山公司水厂铁矿新水尾矿坝稳定性分析

1996年 京秦高速公路陡河大桥

1998年 京张高速公路官厅水库特大桥

1998年 京张高速公路鸡鸣驿互通立交

1998年 京张高速公路周家沟大桥

1999年 石家庄市引水入市改善环境（民心河）工程

2000年 神华集团补连塔矿井

2000年 桃林口水库枢纽工程

2001年 唐山市体育场（体育中心）岩溶塌陷地质灾害治理工程

2002年 张家口市主城区污水处理工程勘察

2002年 中国先进研究堆（CARR）工程

2003年 衡水—德州高速公路衡水至冀鲁界段

2003年 滦河迁安城区段生态防洪工程

2003年 邯峰发电厂一期工程

2003年 秦山三期（重水堆）核电工程勘察

2004年 津汕（威乌）公路冀津界至冀鲁界段高速公路

2004年 石家庄铁四局改造项目北国——开元广场岩土工程勘察

2006年 神华集团神东公司上湾矿井

2007年 西气东输输气管道工程

2008年 国产实业高边坡防护与滑坡治理工程现场查勘

2008年 南水北调中线京石段应急供水工程（石家庄至北拒马河段）漕河渡槽

2008年 南水北调中线京石段应急供水工程滹沱河倒虹吸工程

2008年 河北国华定州发电厂一期工程

2008年 衡水发电厂二期扩建工程

2008年 南水北调中线京石段应急供水工程（石家庄至北拒马河段）

2008年 河北开元环球中心岩土工程勘察

2009年 唐钢清洁工厂技术集成与自主创新工程

2009年 SHEREIK水电工程勘察项目

2009年 广西信发铝电有限公司靖西厂址岩土工程勘察与治理

2010年 中化一岩华气安塞液化天然气项目边坡支护及场地处理工程

2010年 海正药业

2010年 遵化市北方矿业有限公司温家庄铁矿竖井工程

2010年 大型铁矿山露天井下协同开采及风险防控关键技术与应用

2010年 张涿高速公路张家口段胡家沟二号桥

2011年 江苏华电句容电厂2×1 000兆瓦“上大压小”新建工程桩基施工

2012年 西藏江达县玉龙铜矿水源地供水水文地质勘探

2013年 承德市太平庄污水处理厂二期工程

2013年 上海浦东国家现代农业示范区曹路设施菜田循环农业示范基地

2013年 福建联德企业年产20万吨镍铁项目一期RKEF镍渣粒化处理工程

2013年 广元（顺德）500千伏变电站

2013年 华能南京金陵燃机电厂

2013年 徐州新华宏钢铁工业有限公司1 280立方米高炉工程

2014年 晋城华港燃气有限公司沁水煤层气液化调峰储备中心工程

2014年 国电建投内蒙古能源有限公司布连电厂一期工程

2014年 南水北调中线一期工程总干渠邯邢段

2015年 华能上安电厂三期工程

2015年 山东东岳能源交口肥美铝业有限公司1#赤泥堆场勘察与加固治理工程

2015年 世行贷款邢台市利用工业余热集中供热工程

2016年 正定古城墙景观工程

2016年 浙江舟山液化天然气（LNG）接收及加注站项目一期工程LNG储罐设施岩土工程勘察试桩与桩基工程

2017年 三林塘港河道整治工程

2017年 FAST工程馈源舱屏蔽项目

2017年 华北油田苏桥储气库群

2017年 引黄入冀补淀工程河北段

2017年 聊城信源集团有限公司铝合金圆锭车间铸造机组勘察、基坑设计及油缸护筒安装综合项目

2017年 齐鲁安替制药有限公司无菌车间扩建项目(一期)

2018年 沧州市港城开发区污水处理厂升级改造工程EPC总承包项目

2018年 巴基斯坦卡西姆港2×660兆瓦燃煤电站项目

2019年 邢汾高速南水北调大桥

荣获国家、建设部奖项优秀勘察设计项目

序号	单位名称	奖项名称	获奖项目名称	获奖等级	获奖时间	颁发部门
1	河北建设勘察研究院有限公司	国家优秀勘察设计奖	唐山市供水水文地质勘察	金质奖	1987	国家计划委员会
2	河北建设勘察研究院有限公司	国家优秀勘察设计奖	张家口腰站堡水源地供水水文地质勘察	金质奖	1994	建设部
3	中国化学工程第一岩土工程有限公司	国家优秀勘察奖	乌鲁木齐石油化工厂米泉水源地凿井工程	金质奖	1987	国家计划委员会
4	河北建筑设计研究院有限责任公司	首届国家级标准设计奖	《88J7》通用图集	金奖	1991	建设部
5	河北建筑设计研究院有限责任公司	全国第一届优秀工程建筑标准设计奖	88J《建筑构造通用图集》	金奖	1992	建设部
6	河北省交通规划设计院	全国第十届优秀工程设计奖	京沈高速公路宝坻段	金质奖	2002	建设部
7	秦皇岛市玻璃工业设计研究院	国家优秀勘察设计奖	辽东玻璃厂技改工程	金质奖	1996	建设部
8	秦皇岛市玻璃工业设计研究院	国家优秀勘察设计奖	沈阳星光九改浮工程	金质奖	1998	建设部
9	秦皇岛市玻璃工业设计研究院	全国第十一届优秀工程设计奖	华润日熔化700吨级优质浮法玻璃生产线	金质奖	2004	建设部
10	石家庄地区交通勘察设计处、沧州地区交通管理处设计室	国家优秀勘察设计奖	京福公路沧州至吴桥德州界段汽车专用二级公路	金质奖	1989	建设部
11	中国电建集团河北省电力勘测设计研究院有限公司	国家优秀勘察设计奖	大地(勘测)MIS软件	金质奖	1998	建设部
12	中国电建集团河北省电力勘测设计研究院有限公司	国家优秀勘察设计奖	工厂设计系统(AutoPDSVerl.0)	金质奖	1998	建设部
13	北方工程设计研究院有限公司	全国第十一届优秀工程设计奖	三〇工程建设项目设计	金质奖	2004	建设部
14	中国石油工程建设有限公司华北分公司	全国第五届优秀工程设计奖	阿尔善油田100万吨/年地面建设工程	金质奖	1992	建设部
15	中国石油工程建设有限公司华北分公司	2008年全国优秀工程勘察设计奖	西气东输管道工程岩土工程勘察项目	金质奖	2009	住房和城乡建设部
16	中国石油天然气管道工程有限公司	2006年全国优秀工程勘察设计奖	兰州—成都—重庆输油管道工程	金质奖	2006	建设部
17	中国石油天然气管道工程有限公司	2008年度全国优秀工程勘察设计奖	西气东输管道工程	金质奖	2009	建设部
18	中勘冶金勘察设计研究院有限责任公司	国家优秀勘察奖	宝钢总厂A阶段工程地质勘察	金质奖	1987	国家计划委员会
19	中勘冶金勘察设计研究院有限责任公司	国家优秀勘察奖	本钢南芬铁矿边坡稳定性工程勘察	金质奖	1989	建设部
20	中勘冶金勘察设计研究院有限责任公司	国家优秀勘察奖	河北省迁安县西里铺水源地供水水文地质勘察	金质奖	1991	建设部
21	中煤邯郸设计工程有限责任公司	1999年全国第五届工程设计优秀软件	中煤邯郸设计工程有限责任公司	金奖	1999	建设部
22	中煤邯郸设计工程有限责任公司	2006年全国优秀工程勘察设计奖	神华集团神东公司上湾矿井	金质奖	2006	建设部
23	中煤邯郸设计工程有限责任公司	全国第九届优秀工程设计奖	补连塔矿井	金质奖	2000	建设部
24	北方工程设计研究院有限公司	全国第十届优秀工程设计奖	〇五二工程八四七厂工程	银质奖	2002	建设部
25	北方工程设计研究院有限公司	2006年全国优秀工程勘察设计奖	五〇二工程建设项目	银质奖	2006	建设部
26	邯郸钢铁集团有限责任公司设计院	全国第十届优秀工程设计奖	邯郸钢铁集团有限责任公司薄板坯连铸连轧工程	银质奖	2002	建设部
27	河北建设勘察研究院有限公司	国家优秀勘察设计奖	唐山古冶区海子沿水源地供水水文地质勘察	银质奖	1998	建设部
28	河北建设勘察研究院有限公司	全国第十一届优秀工程勘察奖	河北省滦南县供水工程姜泡水源地勘探阶段水资源论证	银质奖	2004	建设部
29	河北建设勘察研究院有限公司	全国第十一届优秀工程勘察奖	唐山市体育场(体育中心)岩溶塌陷地质灾害治理工程	银质奖	2004	建设部

续表

序号	单位名称	奖项名称	获奖项目名称	获奖等级	获奖时间	颁发部门
30	河北建设勘察研究院有限公司	2006年全国优秀工程勘察设计奖	石家庄铁四局改造项目北国—开元广场岩土工程勘察	银质奖	2006	建设部
31		2008年全国优秀工程勘察设计奖	广西信发铝电有限公司靖西厂址岩土工程勘察与治理工程	银质奖	2008	住房和城乡建设部
32		第十四届全国优秀工程勘察设计奖	城市岩土工程信息系统	银质奖	2015	住房和城乡建设部
33		第十四届全国优秀工程勘察设计奖	广西信发铝电有限公司年产160万吨氧化铝赤泥堆场岩土工程勘察	银质奖	2015	住房和城乡建设部
34	河北省交通规划设计院	国家优秀勘察设计奖	京深高速公路石家庄—保定段(半幅)	银质奖	1991	建设部
35		国家优秀勘察设计奖	北京至承德公路古北口至承德半壁山旅游公路	银质奖	1994	建设部
36	河北省水利水电勘测设计研究院	全国第十届优秀工程设计奖	桃林口水库枢纽工程	银质奖	2002	建设部
37	中核第四研究设计工程有限公司	全国优秀工程设计奖	七四五矿铀水冶厂技改	银质奖	2001	建设部
38		全国优秀工程设计奖	七三七原址浸出采铀工程	银质奖	2002	建设部
39		全国第十届优秀工程设计奖	七一五矿退役设施治理工程	银质奖	2002	建设部
40		全国第十届优秀工程设计奖	新疆737原址浸出采油工程	银质奖	2002	建设部
41	华北制药厂设计室上海医药设计院	国家优秀勘察设计奖	华北制药厂青霉素G钠盐工程设计	银质奖	1989	建设部
42	华北制药集团规划设计院有限公司	全国第十一届优秀工程设计奖	内蒙古金河金霉素工程	银质奖	2004	建设部
43	中国电建集团河北省电力勘测设计研究院有限公司	国家优秀勘察设计奖	邢台电厂三期(2×200兆瓦)扩建工程设计	银质奖	1987	国家计划委员会
44		国家优秀勘察设计奖	港沧衡线路工程(220千伏)	银质奖	1989	建设部
45		国家优秀勘察设计奖	华能上安电厂河北省井陉县西庙水源地供水水文地质勘探工程	银质奖	1996	建设部
46		国家优秀勘察设计奖	西柏坡电厂一期工程2×300兆瓦	银质奖	1996	建设部
47		全国第十届优秀工程设计奖	500千伏蔺河(邯西)变电所一期工程	银质奖	2002	建设部
48		全国第十届优秀工程设计奖	邯西—石南500千伏送电线路工程	银质奖	2002	建设部
49		全国第八届优秀工程勘察奖	河北省邯郸市邯峰电厂(2×660千伏)王凤水源地供水水文地质勘探	银质奖	2002	建设部
50		全国第十届优秀工程设计奖	上安电厂二期(2×300千伏)工程	银质奖	2002	建设部
51		2006年全国优秀工程勘察设计奖	河北国华定州发电厂一期工程	银质奖	2006	建设部
52		第十四届全国优秀工程勘察设计奖	华能上安电厂三期工程	银质奖	2015	住房和城乡建设部
53	中国化学工程第一岩土工程有限公司	国家优秀勘察奖	齐鲁石化总公司烯烃氯碱厂工程地质勘察	银质奖	1989	建设部
54	中国石油工程建设有限公司华北分公司	全国第七届国家优秀设计奖	鄯善油田50×10^4吨/年产能建设工程	银质奖	1996	建设部
55		全国第八届优秀工程设计奖	鄯善油田气举采油地面建设工程	银质奖	1999	建设部
56		全国第六届优秀工程勘察奖	吐哈油田台北凹陷1:5 000地形图测量项目	银质奖	1999	建设部
57		2008年全国优秀工程勘察设计奖	西气东输管道工程测量项目	银质奖	2009	住房和城乡建设部
58	中国石油天然气管道工程有限公司	2008年全国优秀工程勘察设计奖	忠县一武汉输气管道工程	银质奖	2009	建设部
59		第十四届全国优秀工程勘察设计奖	西部原油成品油管道工程	银质奖	2017	建设部

续表

序号	单位名称	奖项名称	获奖项目名称	获奖等级	获奖时间	颁发部门
60	中勘冶金勘察设计研究院有限责任公司	国家优秀勘察奖	包头钢铁公司尾矿场渗漏水对环境影响的现状评价工程	银质奖	1987	国家计划委员会
61		国家优秀勘察奖	天津钢厂第二炼钢厂主厂房技术改造工程地质勘察工程	银质奖	1987	国家计划委员会
62		国家优秀勘察奖	湖南涟源衣岭—老塘环境条件恶化原因分析与论证	银质奖	1991	建设部
63		国家优秀勘察奖	天津无缝钢管总厂主厂房岩土工程勘察	银质奖	1993	建设部
64		国家优秀勘察奖	太钢1 549毫米热连轧带钢厂施工图设计阶段岩土工程勘察	银质奖	1996	建设部
65		全国第六届优秀勘察奖	天津直接还原铁厂岩土工程勘察	银质奖	1999	建设部
66		全国第七届优秀勘察奖	包钢白云鄂博铁矿主矿深部开采边坡稳定性勘察研究	银质奖	2000	建设部
67		全国第九届优秀工程勘察奖	首钢矿山公司水厂铁矿新水尾矿坝稳定性分析	银质奖	2004	建设部
68		2006年全国优秀工程勘察奖	浅埋老采空区上建设2×2 500吨/天水泥生产线采空区评价与治理	银质奖	2008	建设部
69		2008年全国优秀工程勘察设计奖	首钢迁钢2 160毫米热轧项目主厂厂房及附属设施岩土工程勘察、设计及施工工程项目	银质奖	2009	住房和城乡建设部
70	中煤邯郸设计工程有限责任公司	1993年国家优秀标准设计	中煤邯郸设计工程有限责任公司	银奖	1993	建设部
71		全国第十届优秀工程设计奖	中国煤炭进出口公司天津分公司天津港煤码头移动式湿法筛分系统	银质奖	2002	建设部
72	北方工程设计研究院有限公司	国家优秀设计奖	北京民用射击场	铜质奖	1992	建设部
73		国家优秀工程设计奖	107厂搬迁工程设计	铜质奖	2000	建设部
74		2008年全国优秀工程勘察设计奖	021工程建设项目	铜质奖	2008	住房和城乡建设部
75	河北华热工程设计有限公司	2006年全国优秀工程勘察设计奖	承德市双滦区集中供热工程	铜质奖	2008	住房和城乡建设部
76	河北建设勘察研究院有限公司	国家优秀勘察设计奖	邯峰电厂施工降水	铜质奖	1998	建设部
77	河北建筑设计研究院有限责任公司	全国第十届优秀工程设计奖	河北艺术中心	铜质奖	2002	建设部
78		全国第五届优秀工程建设标准设计奖	电力控制(98D7)	铜奖	2000	建设部
79		全国第五届优秀工程建设标准设计奖	楼梯(98J8)	铜奖	2000	建设部
80	河北省水利水电勘测设计研究院	国家优秀勘察设计奖	桃林口工程坝基建基面地质勘察	铜质奖	1998	建设部
81	河北中核岩土工程有限责任公司	全国第十一届优秀工程勘察奖	秦山三期（重水堆）核电站工程勘察	铜质奖	2004	建设部
82	核工业第四研究设计院	全国第十届优秀工程设计奖	山东鲁抗头孢菌素C发酵、过滤提炼工程	铜质奖	2002	建设部
83	秦皇岛市玻璃工业设计研究院	国家优秀勘察设计奖	太原平板玻璃厂浮法玻璃生产线工程	铜质奖	1996	建设部
84		国家优秀勘察设计奖	江阴京澄高级装饰玻璃技改工程	铜质奖	1998	建设部
85	石家庄市建筑设计院	国家优秀勘察设计奖	石家庄联盟小区小康住宅实验楼	铜质奖	1996	建设部
86	唐山钢铁集团有限责任公司设计研究院	全国第十届优秀工程设计奖	唐山钢铁集团有限责任公司烧结厂技术改造工程	铜质奖	2002	建设部
87	唐山钢铁集团有限责任公司设计研究院	国家优秀勘察设计奖	唐山第二炼钢厂3、4号弧形方坯速铸车间工程设计	铜质奖	1994	建设部

续表

序号	单位名称	奖项名称	获奖项目名称	获奖等级	获奖时间	颁发部门
88	唐山市热力工程设计院	全国第九届优秀工程设计奖	唐山市中心区西部供热工程	铜质奖	2000	建设部
89	中国电建集团河北省电力勘测设计研究院有限公司	国家优秀勘察设计奖	计算机辅助汽车水管道设计软件包	铜质奖	1991	建设部
90		国家优秀勘察设计奖	沙岭子电厂水源地供水水文地质勘察	铜质奖	1994	建设部
91		国家优秀勘察设计奖	电厂工程水文气象CAD系统	铜质奖	1998	建设部
92		国家优秀勘察设计奖	西柏坡电厂岩土工程勘测	铜质奖	1998	建设部
93		全国第十一届优秀工程设计奖	保定热电厂技改工程	铜质奖	2004	建设部
94		2006年全国优秀工程勘察设计奖	衡水发电厂二期扩建（供热机组）工程	铜质奖	2006	住房和城乡建设部
95		2008年全国优秀工程勘察设计奖	神木电厂-忻州-石家庄北Ⅰ、Ⅱ回500千伏输变电工程	铜质奖	2008	住房和城乡建设部
96	中国化学工程第一岩土工程有限公司	全国优秀工程勘察奖	渭河化肥厂工程地质详细勘察	铜质奖	1999	建设部
97	中国石油工程建设有限公司华北分公司	全国第三届国家优秀标准设计奖	SYJT2000 钢制拱顶储罐系列	铜质奖	1996	建设部
98		全国第九届优秀工程设计奖	丘陵油田产能地面建设工程	铜质奖	2000	建设部
99	中国石油天然气管道工程有限公司	2008年全国优秀工程勘察设计奖	冀宁管道工程	铜质奖	2009	建设部
100	中勘冶金勘察设计研究院有限责任公司	国家优秀勘察奖	西石门铁矿马河治理工程—工程地质勘察	铜质奖	1989	建设部
101		国家优秀勘察奖	山东泗水首钢戈山石灰石矿1∶500,1∶1000航测	铜质奖	1996	建设部
102		全国第七届优秀勘察奖	新疆库车县东河塘水源地供水水文地质勘探工程项目	铜质奖	2000	建设部
103		全国第七届优秀勘察奖	准格尔黑岱沟露天煤矿边坡及排土场岩土工程勘察	铜质奖	2000	建设部
104		全国第九届优秀工程勘察奖	保定市地下管网普查及建立信息管理系统	铜质奖	2004	建设部
105		全国第九届优秀工程勘察奖	北京首钢铁矿沙场采区露采边坡稳定性评价及综合治理	铜质奖	2004	建设部
106	中煤邯郸设计工程有限责任公司	全国第十届优秀工程设计奖	兖州矿业集团东滩煤矿井下水处理系统及水利用工程	铜质奖	2002	建设部
107	中冶沈勘秦皇岛工程设计研究总院有限公司	全国第九届优秀工程设计奖	山东新城金矿改扩建工程	铜质奖	2000	建设部
108	河北建筑设计研究院有限责任公司	全国优秀建筑设计奖	唐山陶瓷展销陈列馆	一等奖	1984	城乡建设环境保护部
109	中煤邯郸设计工程有限责任公司	1990年全国工程设计计算机优秀软件	井底车场运输模拟及绘图	一等奖	1990	建设部
110	石家庄市建筑设计院	部级优秀勘察设计	石家庄联盟小区小康住宅试验楼	一等奖	1995	建设部
111	河北建设勘察研究院有限公司	部级优秀勘察设计	唐山市中心区工程地质编图及工程地质数据库系统	二等奖	1993	建设部
112		部级优秀勘察设计	张家口市宣化区样台水源地水文地质勘察	二等奖	1995	建设部
113	河北建筑设计研究院有限责任公司	部级优秀勘察设计	石家庄影乐宫	二等奖	1995	建设部
114		部级优秀勘察设计	河北艺术中心	二等奖	2002	建设部
115	唐山市规划建筑设计研究院	部级优秀勘察设计	唐山市51号小区幼儿园	二等奖	1995	建设部

续表

序号	单位名称	奖项名称	获奖项目名称	获奖等级	获奖时间	颁发部门
116	中冶沈勘秦皇岛工程设计研究总院有限公司	工程设计计算机优秀软件	微机CAD电气工程设计通用软件包	二等奖	1990	建设部
117	河北城乡规划设计院秦皇岛市规划设计院	部级优秀勘察设计	秦皇岛市城市分区规划	三等奖	1998	建设部
118	河北建设勘察研究院有限公司	部级优秀勘察设计	唐山市两行大厦岩土工程勘察及治理	三等奖	1998	建设部
119	河北建筑设计研究院有限责任公司	部级优秀勘察设计	唐山抗震纪念建筑	三等奖	1989	建设部
120		部级优秀勘察设计	河北会堂	三等奖	1998	建设部
121		部级优秀勘察设计	上海大学新校区特种实验中心	三等奖	2002	建设部
122		2005年部级优秀工程勘察设计奖	上海陆家嘴国际华城	三等奖	2006	建设部
123		2005年部级优秀工程勘察设计奖	石家庄市人民广场	三等奖	2006	建设部
124		部级优秀勘察设计	西柏坡纪念馆改扩建	三等奖	2006	建设部
125	河北理工学院建筑设计研究院	部级优秀勘察设计	“九五”住宅设计方案竞赛DN097号	三等奖	1998	建设部
126	唐山市规划建筑设计研究院	“迈向21世纪的中国住宅”设计方案竞赛	“迈向21世纪的中国住宅”设计方案竞赛村镇部分冀—11—60	三等奖	1998	建设部
127		“迈向21世纪的中国住宅”设计方案竞赛	“迈向21世纪的中国住宅”设计方案竞赛村镇部分冀9—5—8	三等奖	1998	建设部
128	中国电建集团河北省电力勘测设计研究院有限公司	部级优秀勘察设计	发电厂变电所接入系统可靠性分析	三等奖	1993	建设部
129		部级优秀勘察设计	钢筋混凝土框排架结构布置与设计软件包	三等奖	1993	建设部
130		部级优秀勘察设计	皮带运输机计算机辅助设计软件包	三等奖	1993	建设部
131	中冶沈勘秦皇岛工程设计研究总院有限公司	工程设计计算机优秀软件	微机CAD总图运输设计应用软件包	三等奖	1990	建设部
132	河北城乡规划设计院秦皇岛市规划设计院	部级优秀勘察设计	秦皇岛市城市分区规划	三等奖	1998	建设部
133	保定市规划设计研究院	2005年部级优秀工程勘察设计奖	保定市环古城河道景观规划	规划设计三等奖	2005	建设部
134	承德市规划设计研究院	2005年部级优秀工程勘察设计奖	承德市历史文化名城保护规划	规划设计三等奖	2005	建设部
135	中国石油工程建设有限公司华北分公司	国家基本建设委员会20世纪70年代国家优秀设计奖	任丘油田南部油气集输及任一站工程设计	优秀设计奖	1981	国家基本建设委员会

荣获中国勘察设计协会奖项优秀勘察设计项目

序号	单位名称	奖项名称	获奖项目名称	获奖等级	获奖时间	颁发部门
1	河北建设勘察研究院有限公司	2013年全国优秀勘察设计行业奖	新疆农六师铝业有限公司岩土工程综合项目	勘察一等奖	2013	中国勘察设计协会
2		2015年全国优秀勘察设计行业奖	邯郸金世纪新城岩土工程勘察、基坑支护、地下水控制及监测工程	勘察一等奖	2015	中国勘察设计协会
3		2017年全国优秀勘察设计行业奖	山东东岳能源交口肥美铝业有限公司1#赤泥堆场勘察与加固治理工程	勘察一等奖	2017	中国勘察设计协会

续表

序号	单位名称	奖项名称	获奖项目名称	获奖等级	获奖时间	颁发部门
4	河北建设勘察研究院有限公司	2009年全国优秀勘察设计行业奖	石家庄市工程勘察地理信息系统	软件二等奖	2009	中国勘察设计协会
5		2013年全国优秀勘察设计行业奖	遵化市北方矿业有限公司温家庄铁矿竖井工程	勘察二等奖	2013	中国勘察设计协会
6		2015年全国优秀勘察设计行业奖	河北开元环球中心岩土工程勘察	勘察二等奖	2013	中国勘察设计协会
7		2017年全国优秀勘察设计行业奖	中海油粤东LNG项目接收站储罐区岩土工程勘察	勘察二等奖	2017	中国勘察设计协会
8	河北建筑设计研究院有限责任公司	全国建筑设计行业国庆60周年建筑设计	西柏坡纪念馆改扩建工程	大奖	2009	中国勘察设计协会
9		2013年全国优秀勘察设计行业奖	河北省图书馆改扩建工程	建筑一等奖	2013	中国勘察设计协会
10		2013年全国优秀勘察设计行业奖	河北博物馆	建筑一等奖	2013	中国勘察设计协会
11		2017年全国优秀勘察设计行业奖	中山博物馆	建筑一等奖	2017	中国勘察设计协会
12		2019年全国优秀勘察设计行业奖	石家庄中冶德贤公馆A区	住宅一等奖	2019	中国勘察设计协会
13		2009年全国优秀勘察设计行业奖	河北建设服务中心	建筑二等奖	2010	中国勘察设计协会
14		2013年全国优秀勘察设计行业奖	泥河湾博物馆	建筑二等奖	2013	中国勘察设计协会
15		2015年全国优秀勘察设计行业奖	河北建筑设计研究院办公楼改建工程	建筑二等奖	2015	中国勘察设计协会
16		2019年全国优秀勘察设计行业奖	石家庄大剧院	建筑二等奖	2019	中国勘察设计协会
17		2009年全国优秀勘察设计行业奖	中国磁州窑博物馆	建筑三等奖	2010	中国勘察设计协会
18		2019年全国优秀勘察设计行业奖	邯郸市科技中心	建筑三等奖	2019	2019中国勘察设计协会
19	河北九易庄宸科技股份有限公司	2017年全国优秀勘察设计行业奖	（科技企业孵化器）石家庄长安生物科技研发中心	建筑三等奖	2017	中国勘察设计协会
20	河北省交通规划设计院	2017年全国优秀勘察设计行业奖	唐山至曹妃甸高速公路	勘察一等奖	2017	中国勘察设计协会
21		2017年全国优秀勘察设计行业奖	张石高速公路涞源至石家庄段	勘察二等奖	2017	中国勘察设计协会
22	河北省水利水电第二勘测设计研究院	2017年全国优秀勘察设计行业奖	水闸智能三维建模系统V1.0	软件三等奖	2017	中国勘察设计协会
23	河北省水利水电勘测设计研究院	2011年全国优秀勘察设计行业奖	水利水电工程测量内外业一体化系统	软件二等奖	2011	中国勘察设计协会
24		2011年全国优秀勘察设计行业奖	南水北调中线工程京石段垂直位移监测	勘察三等奖	2011	中国勘察设计协会
25		2017年全国优秀勘察设计行业奖	黄壁庄水库除险加固工程地质勘察	勘察二等奖	2017	中国勘察设计协会
26		2017年全国优秀勘察设计行业奖	岗南水库除险加固工程地质勘察	勘察三等奖	2017	中国勘察设计协会
27	河北北方绿野建筑设计有限公司	2013年全国优秀勘察设计行业奖	河北师范大学新校区公共教学楼	建筑三等奖	2013	中国勘察设计协会
28		2017年全国优秀勘察设计行业奖	河北师范大学新校区图书馆	建筑三等奖	2017	中国勘察设计协会

续表

序号	单位名称	奖项名称	获奖项目名称	获奖等级	获奖时间	颁发部门
29	华北有色工程勘察院有限公司	2017年全国优秀勘察设计行业奖	河北钢铁集团矿业有限公司田兴铁矿、大贾庄铁矿水文地质、工程地质补充勘探	勘察二等奖	2017	中国勘察设计协会
30		2017年全国优秀勘察设计行业奖	江西铜业股份有限公司城门山铜矿综合配套设施帷幕注浆工程	勘察三等奖	2017	中国勘察设计协会
31		2017年全国优秀勘察设计行业奖	河北省武安市北洺河铁矿水文地质补充勘探	勘察三等奖	2017	中国勘察设计协会
32	中冶地勘岩土工程有限责任公司	2017年全国优秀勘察设计行业奖	唐山市凤城国贸北区基坑工程	勘察三等奖	2017	中国勘察设计协会
33	保定市建筑设计院有限公司	全国优秀勘察设计行业奖	华电二校区学生食堂（人防工程）	人防三等奖	2010	中国勘察设计协会
34		2017年全国优秀勘察设计行业奖	河北大学图书馆	华彩奖三等	2017	中国勘察设计协会民营设计企业分会
35		2017年全国优秀勘察设计行业奖	保定市第一中学教学楼	华彩奖三等	2017	中国勘察设计协会民营设计企业分会
36	保定维民建筑设计院有限责任公司	2013年全国保障性住房优秀设计专项奖	保定市兴华苑廉租住房小区	三等奖	2013	中国勘察设计协会

荣获其他工业、部委奖项优秀勘察设计项目

序号	单位名称	奖项名称	获奖项目名称	获奖等级	获奖批文时间	颁发部门
1	北方工程设计研究院有限公司	部级优秀工程设计奖	北京射击场	一等奖	1991	中国兵器工业总公司
2		部级优秀工程设计奖	华工图书馆	一等奖	1991	中国兵器工业总公司
3		部级优秀工程设计奖	ZF变速箱技术改造工程设计	一等奖	1995	中国兵器工业总公司
4		部级优秀工程设计奖	导弹国防科技重点实验室	一等奖	1995	中国兵器工业总公司
5		部级优秀工程设计奖	多层厂房楼盖抗微振设计规范 GB 50190—1993	一等奖	1996	机械工业部
6		部级优秀工程设计奖	河北省国税局办公与培训中心（阳光大厦）	一等奖	1998	中国兵器工业总公司
7		部级优秀工程设计奖	上海正润欧洲花园工程设计	一等奖	2000	中国兵器工业集团公司
8		部级优秀工程设计奖	洛阳国税大厦项目设计	一等奖	2000	中国兵器工业建设协会
9		部级优秀工程设计奖	石家庄市广安大厦项目设计	一等奖	2000	中国兵器工业建设协会
10		部级优秀工程设计奖	石家庄市康泰广场	一等奖	2004	中国兵器工业建设协会
11		部级优秀工程设计奖	石家庄世贸广场皇冠五星级酒店	一等奖	2006	中国兵器工业建设协会
12		部级优秀工程设计奖	吉林东光集团有限公司201号建筑物（集团总部办公楼、科研楼）	一等奖	2013	中国兵器工业建设协会
13		部级优秀工程设计奖	华工教学楼	二等奖	1991	中国兵器工业总公司
14		部级优秀工程设计奖	华能宾馆	二等奖	1991	中国兵器工业总公司
15		部级优秀工程设计奖	石家庄亚太大酒店	二等奖	1994	中国兵器工业总公司
16		部级优秀工程设计奖	高层码头中转库	二等奖	1995	中国兵器工业总公司
17		部级优秀工程设计奖	南京理工大学中心实验室	二等奖	1995	中国兵器工业总公司
18		部级优秀工程设计奖	高功率半导体激光国防科技重点实验室	二等奖	1998	中国兵器工业总公司
19		部级优秀工程设计奖	成都泥石流动力学模拟实验室土建非标设计	三等奖	1991	中国兵器工业总公司
20		部级优秀工程设计奖	广东浮法玻璃厂土建工程	三等奖	1991	中国兵器工业总公司
21		部级优秀工程设计奖	石家庄北方供销大厦	三等奖	1991	中国兵器工业总公司
22		部级优秀工程设计奖	沧州5 000吨酒厂	三等奖	1994	中国兵器工业总公司

续表

序号	单位名称	奖项名称	获奖项目名称	获奖等级	获奖批文时间	颁发部门
23	河北电信设计咨询有限公司	部级优秀工程设计奖	河北省IP城域网三期扩容工程设计	二等奖	2006	信息产业部
24		部级优秀工程设计奖	河北省内高速环网工程设计	三等奖	2005	信息产业部
25		部级优秀工程设计奖	2003年唐山本地网宽带传输一期工程	三等奖	2006	信息产业部
26		部级优秀工程设计奖	河北省2003年省内智能网扩容工程设计	三等奖	2007	信息产业部
27		部级优秀工程设计奖	2005年中国网通河北省燕赵新天地平台扩建工程	三等奖	2008	信息产业部
28	河北建筑设计研究院有限责任公司	中国建筑学会建筑创作	唐山抗震纪念碑	大奖	2009	中国建筑学会
29		入选第二批中国20世纪建筑	唐山大地震纪念碑	遗产名录	2017	中国文物学会 中国建筑学会
30	河北省交通规划设计院	公路交通优秀设计奖	承德至张家口高速公路承德段	一等奖	2016	中国公路勘察设计协会
31		公路交通优秀设计奖	京港澳高速公路涿州（京冀界）至石家庄段改扩建项目工程勘察设计JSSJ-1合同段	一等奖	2016	中国公路勘察设计协会
32		公路交通优秀勘察奖	张承高速公路崇礼至张承界段	一等奖	2016	中国公路勘察设计协会
33		公路交通优秀设计奖	京港澳高速公路石家庄至磁县（冀豫界）段改扩建工程SASJ-2合同段	一等奖	2018	中国公路勘察设计协会
34		公路交通优秀设计奖	京港澳高速公路涿州（京冀界）至石家庄段改扩建项目工程勘察设计JSSJ-1合同段	一等奖	2018	中国公路勘察设计协会
35	河北中核岩土工程有限责任公司	部级优秀勘察	二七二第一尾矿池拦水坝地段尾矿堆积坝工程地质勘查	一等奖	1987	核工业部
36		部级优秀勘察	五二四厂金工车间施工设计阶段工程地质补充勘察	一等奖	1987	核工业部
37		部级优秀工程勘察	河北电力局生产调度楼场地工程地质勘查	一等奖	1994	中国核工业总公司
38		部级优秀工程勘察	秦皇岛山海关区土地利用现状调查项目	一等奖	1994	中国核工业总公司
39		部级优秀工程勘察	石家庄市地表水厂西三庄净水厂强夯工程	一等奖	1997	中国核工业总公司
40		部级优秀工程勘察	廊坊电力公司生产营业调度大楼	一等奖	1998	中国核工业总公司
41		部级优秀工程勘察	邢台电力调度楼素混凝土桩复合地基工程	一等奖	2000	中国核工业集团公司
42		部级优秀工程勘察	连云港核电厂淡水工程地形测量	一等奖	2002	中国核工业集团公司
43		部级优秀工程勘察	中国先进研究堆堆址岩土工程详勘	一等奖	2002	中国核工业集团公司
44		部级优秀工程勘察	秦山三期（重水堆）核电站工程勘察	一等奖	2003	中国核工业集团公司
45		部级优秀工程勘察	石家庄天蕴大厦素混凝土桩复合地基施工工程	一等奖	2006	中国核工业勘察设计协会
46		部级优秀工程勘察设计	连云港核电站安全厂用水取排水工程地质勘察	一等奖	2007	中国核工业勘察设计协会
47		部级优秀工程咨询成果奖	辽宁红沿河核电厂厂区岩土工程勘察	一等奖	2007	中国核工业勘察设计协会
48		部级优秀工程咨询成果奖	芜湖核电站岩土工程勘察	一等奖	2008	中国核工业勘察设计协会
49		部级优秀工程勘察	河北卓达18#地住宅金座复合地基处理	一等奖	2009	中国核工业勘察设计协会

续表

序号	单位名称	奖项名称	获奖项目名称	获奖等级	获奖批文时间	颁发部门
50	河北中核岩土工程有限责任公司	部级优秀工程勘察	山西西山综合利用电厂岩土工程勘察	一等奖	2009	中国核工业勘察设计协会
51		部级优秀工程勘察	海工建造基地项目一期地基强夯处理工程	一等奖	2011	中国核工业勘察设计协会
52		部级优秀工程勘察	湖南桃花江核电厂可行性研究阶段岩土工程勘察和环境水文地质调查	一等奖	2011	中国核工业勘察设计协会
53		部级优秀工程咨询成果奖	国电江西上饶核电项目初步可行性研究阶段岩土工程勘察	一等奖	2013	中国核工业勘察设计协会
54		部级优秀工程勘察	连云港核电厂工程地质勘察	一等奖	2013	中国核工业勘察设计协会
55		部级优秀工程咨询奖	巴基斯坦卡拉奇K2/K3核电项目可行性研究阶段岩土工程勘察	一等奖	2014	中国核工业勘察设计协会
56		部级优秀工程勘察	新大马庄园建设项目岩土工程勘察	一等奖	2014	中国核工业勘察设计协会
57		部级优秀工程勘察	槐底村旧村改造A地块150米项目岩土工程勘察	一等奖	2014	中国核工业勘察设计协会
58		部级优秀工程咨询奖	河北海兴核电厂岩土工程勘察	一等奖	2015	中国核工业勘察设计协会
59		部级优秀工程勘察	024工程办公楼工程地质勘查	二等奖	1989	中国核工业总公司
60		部级优秀工程勘察	河北省军区驻石家庄市单位权属界线测量	二等奖	1990	中国核工业总公司
61		部级优秀工程勘察	石家庄市二环路石正路立交桥及道路挡墙、铁路桥、跨渠桥工程地质勘察	二等奖	1998	中国核工业总公司
62		部级优秀工程勘察	石家庄市国际商贸中心主楼无砂混凝土复合地基	三等奖	1997	中国核工业总公司
63		中核集团公司科学技术奖	核电厂水文地质调查与评价技术规范	三等奖	2017	中国核工业集团公司
64	中钢石家庄工程设计研究院有限公司	部级优秀工程设计奖	迁安市神龙峡铁矿边坡预加固及堵水工程	一等奖	2010	中国有色金属建设协会
65		部级优秀工程设计奖	北海诚德镍业有限公司新材料生产项目	一等奖	2015	中国有色金属建设协会
66		部级优秀工程设计奖	江苏省镔鑫钢铁集团有限公司265平方米烧结余热利用一期工程	一等奖	2017	中国有色金属建设协会
67		部级优秀工程设计奖	中钢集团山东矿业有限公司苍山铁矿200万吨/年采选工程	一等奖	2014	中国有色金属建设协会
68	中国兵器工业北方勘察设计研究院有限公司	部级优秀工程设计奖	工厂竣工现状总图汇编与实测规程	一等奖	1996	中国兵器工业总公司
69		部级优秀工程设计奖	河北金厂峪矿业有限责任公司申家峪尾矿库工程勘察及现有坝体稳定性分析	一等奖	2013	中国兵器工业建设协会
70		部级优秀工程设计奖	兵器204研究所高能研发区工程建设场区工程地质勘察	一等奖	2016	中国兵器工业建设协会
71		部级优秀工程设计奖	华融金融中心基坑支护设计	一等奖	2016	中国兵器工业建设协会
72		部优秀勘察工程	北京京城大厦工程地质勘察	一等奖	1986	兵器部
73		部级优秀工程设计奖	上安电厂厂区详勘	一等奖	1990	中国兵器工业总公司
74		部级优秀工程设计奖	国营845厂现状测量	一等奖	1995	中国兵器工业总公司
75		部级优秀工程设计奖	国营一零七厂竣工报告	一等奖	2000	中国兵器工业总公司
76		部级优秀工程设计奖	秦皇岛市邮政大楼基坑工程	一等奖	2001	中国兵器工业建设协会
77		部级优秀工程设计奖	石港高速公路石衡界至沧州市段（沧州分段）	一等奖	2003	中国兵器工业建设协会
78		部级优秀工程设计奖	厦门明发商业广场基坑支护	一等奖	2005	中国兵器工业建设协会

续表

序号	单位名称	奖项名称	获奖项目名称	获奖等级	获奖批文时间	颁发部门
79	中国兵器工业北方勘察设计研究院有限公司	部级优秀工程设计奖	山西柴油机厂综合测量	一等奖	2005	中国兵器工业建设协会
80		部级优秀工程设计奖	新建北京至石家庄铁路客运专线（河北段）建设项目地质灾害危险性评估	一等奖	2008	中国兵器工业建设协会
81		部级优秀工程设计奖	重庆长安汽车集团综合测量	一等奖	2008	中国兵器工业建设协会
82		部优秀勘察工程	石家庄市高柱小区工程地质勘察	二等奖	1986	兵器部
83		部优秀勘察工程	太原兰村水源勘探凿井工程	二等奖	1986	兵器部
84		部优秀勘察工程	732厂现状图测量	二等奖	1986	兵器部
85		部优秀勘察工程	323厂水源勘测与成井施工	二等奖	1986	兵器部
86		部级优秀工程设计奖	上安电厂铁塔锚桩设计与施工	二等奖	1990	中国兵器工业总公司
87		部级优秀工程设计奖	石家庄市5502工程详勘	二等奖	1990	中国兵器工业总公司
88		部级优秀工程设计奖	石家庄至上安电厂微波塔通讯测量	二等奖	1990	中国兵器工业总公司
89		部级优秀工程设计奖	河北吉藁联合化纤浆厂蒸煮打浆及新漂选工段地基加固工程	二等奖	1992	中国兵器工业总公司
90		部级优秀工程设计奖	人行广宗支行营业楼地基加固	二等奖	1995	中国兵器工业总公司
91		部级优秀工程设计奖	威海康鸿实业公司写字楼地基处理	二等奖	1995	中国兵器工业总公司
92		部级优秀工程设计奖	阳泉矿务局二矿高层住宅楼场地岩土工程咨询与勘察	二等奖	1995	中国兵器工业总公司
93		部级优秀工程设计奖	石家庄市交通监控中心基坑土钉支护	二等奖	2000	中国兵器工业总公司
94		部级优秀工程设计奖	石家庄市地籍测量试点工程	三等奖	1990	中国兵器工业总公司
95		部级优秀工程设计奖	河北省气象局雷达业务楼工程地质详勘	三等奖	1992	中国兵器工业总公司
96		部级优秀工程设计奖	滦平电厂供水水文地质勘察施工	三等奖	1995	中国兵器工业总公司
97	中国电建集团河北省电力勘测设计研究院有限公司	2008年电力行业优秀工程设计奖	华能上安电厂三期工程	一等奖	2009	中国电力规划设计协会
98		2010年电力行业优秀工程设计奖	国华定州二期工程2×660兆瓦工程	一等奖	2011	中国电力规划设计协会
99		2010年电力行业优秀工程勘测奖	宁东—山东±660千伏直流送电线路测量工程	一等奖	2011	中国电力规划设计协会
100		2010年电力行业优秀工程设计奖	向家坝—上海±800千伏特高压直流输电示范工程线路工程	一等奖	2011	中国电力规划设计协会
101		2010年电力行业优秀工程勘测奖	向家坝—上海±800千伏特高压直流输电示范工程线路工程勘察	一等奖	2011	中国电力规划设计协会
102		2011年电力行业优秀工程设计奖	宁东—山东±660千伏直流输电线路工程	一等奖	2012	中国电力规划设计协会
103		2010年电力行业优秀工程勘测奖	向家坝—上海±800千伏特高压直流线路工程（水文气象）	一等奖	2013	中国电力规划设计协会
104		2013年电力行业优秀工程设计奖	锦屏—苏南±800千伏特高压直流输电工程线路及接地极线路工程	一等奖	2014	中国电力规划设计协会
105		2013年电力行业优秀工程设计奖	国电建投内蒙古能源有限公司布连电厂一期工程	一等奖	2014	中国电力规划设计协会
106		2014年工国工程建设项目优秀设计成果奖	国电建投内蒙古能源有限公司布连电厂一期工程	一等奖	2014	中国施工企业管理协会
107		2014年电力行业优秀工程设计奖	哈密南—郑州±800千伏特高压直流输电线路工程	一等奖	2015	中国电力规划设计协会
108		2014年电力行业优秀工程设计奖	溪洛渡左岸—浙江金华±800千伏特高压直流输电线路工程	一等奖	2015	中国电力规划设计协会

续表

序号	单位名称	奖项名称	获奖项目名称	获奖等级	获奖批文时间	颁发部门
109	中国电建集团河北省电力勘测设计研究院有限公司	2016年电力行业优秀工程设计奖	锡盟—山东1 000千伏特高压交流输变电工程（变电工程）	一等奖	2017	中国电力规划设计协会
110		2016年电力行业优秀工程设计奖	锡盟—山东1 000千伏特高压交流输变电工程（线路工程）	一等奖	2017	中国电力规划设计协会
111		2016年电力行业优秀工程设计奖	永定河220千伏变电站新建工程	一等奖	2017	中国电力规划设计协会
112		2017年电力行业优秀工程设计奖	酒泉—湖南±800千伏特高压直流输变电线路工程	一等奖	2018	中国电力规划设计协会
113		2017年电力行业优秀工程设计奖	蒙西—天津南1 000千伏特高压交流输变电工程变电工程	一等奖	2018	中国电力规划设计协会
114	中国化学工程第一岩土工程有限公司	2017年电力行业优秀工程勘测奖	山西晋北—江苏南京±800千伏特高压直流输电线路工程	一等奖	2018	中国电力规划设计协会
115		2017年电力行业优秀工程设计奖	神华国华宁东发电厂2×660兆瓦扩建工程	一等奖	2018	中国电力规划设计协会
116		2017年电力行业优秀工程勘测奖	锡盟—山东1 000千伏特高压交流输变电工程工程测量	一等奖	2018	中国电力规划设计协会
117		2017年电力行业优秀工程勘测奖	锡盟—山东1 000千伏特高压交流输变电工程水文气象	一等奖	2018	中国电力规划设计协会
118		2017年电力行业优秀工程勘测奖	锡盟—山东1 000千伏特高压交流输变电工程岩土工程勘察	一等奖	2018	中国电力规划设计协会
119		2017年电力行业优秀工程设计奖	许营—常山Ⅱ县π入留存、韩通变220千伏线路	一等奖	2018	中国电力规划设计协会
120		2018年电力行业优秀工程设计奖	巴基斯坦卡西姆港2×660兆瓦燃煤电站工程	一等奖	2019	中国电力规划设计协会
121		2018年电力行业优秀工程设计奖	国电康保五福堂（四期）风电场300兆瓦工程	一等奖	2019	中国电力规划设计协会
122		优质工程一等奖	齐鲁石化总公司烯烃氯碱厂工程地质勘察	一等奖	1988	化学工业部
123		优秀工程勘察一等奖	河北省矾山磷矿工程地质勘察	一等奖	1995	化学工业部
124		化学工业优秀工程勘察奖	青岛华(齐)润有限公司黄岛油库工程地质勘察	一等奖	1999	中国化工勘察设计协会
125		化工行业优秀工程勘察奖	天津碱厂搬迁改造工程甲醇、合成氨实验桩检测	一等奖	2008	中国石油和化工勘察设计协会
126		化工行业优秀工程勘察奖	云南泸西大为95万吨/年焦化项目甲醇街区岩土工程详细勘察	一等奖	2011	中国石油和化工勘察设计协会
127		化工行业优秀工程勘察奖	福建大剧院岩土工程勘察项目	一等奖	2010	中国石油和化工勘察设计协会
128		优秀工程勘察二等奖	山东齐鲁乙烯稷下高层住宅楼工程地质详勘	二等奖	1991	化学工业部
129		优秀工程勘察奖	渭河化肥厂工程地质详细勘察	二等奖	1997	化学工业部
130		优质工程三等奖	天津化工厂1万吨/年蛋氨酸装置详勘	三等奖	1995	化学工业部
131	中国石油工程建设有限公司华北分公司	1990年优秀工程设计奖	阿尔善油田100万吨/年地面建设工程	一等奖	1991	中国石油天然气总公司
132		1994年部级优秀工程勘察设计奖	吐哈油田台北凹陷1∶5 000地形图测量	一等奖	1998	中国石油天然气总公司
133		2011年石油工程优秀工程设计奖	陕京二线京58地下储气库群	一等奖	2011	中国石油工程建设协会
134		2013年石油优秀工程设计奖	兰州国家石油储备基地工程	一等奖	2013	中国石油工程建设协会
135		2017年石油工程优秀设计奖	晋城华港燃气有限公司沁水煤层气液化调峰储备中心	一等奖	2017	中国石油工程建设协会

续表

序号	单位名称	奖项名称	获奖项目名称	获奖等级	获奖批文时间	颁发部门
136	中国石油工程建设有限公司华北分公司	2017年石油工程优秀设计奖	舟山国家石油储备基地扩建项目	一等奖	2017	中国石油工程建设协会
137		1985年石油工业部全优工程	华北油田向北京供气工程	全优工程	1987	石油工业部
138		1985年石油工业部全优工程	华北油田留58断块产能建设工程	全优工程	1987	石油工业部
139		1986年石油工业部全优工程	华北油田岔北联产能建设工程	全优工程	1987	石油工业部
140		1987年石油工业部优秀勘察奖	永清—北京输气管道工程测量	优秀勘察奖	1987	石油工业部
141		1984年石油工业部优秀设计奖	南马庄油田地面建设工程	优秀设计奖	1984	石油工业部
142		1984年石油工业部优秀设计奖	任一联合站及南部输油系统工程设计	优秀设计奖	1984	石油工业部
143		1985年石油工业部优秀设计奖	王一联合站水力活塞泵站	优秀设计奖	1985	石油工业部
144		1987年石油工业部优秀设计奖	唐官屯—任丘220千伏线路升压改造设计	优秀设计奖	1987	石油工业部
145		1987年石油工业部优秀设计奖	任北伴生气处理站设计	优秀设计奖	1987	石油工业部
146		1987年石油工业部优秀设计奖	留58潜山多级分离密闭集输工程设计	优秀设计奖	1987	石油工业部
147	中国石油天然气管道工程有限公司	2008年石油工程优秀工程勘察奖	惠宁线黄河穿越管道整治工程岩土工程勘察	一等奖	2008	中国石油工程建设协会
148		2008年石油工程优秀工程设计奖	西气东输冀宁管道工程	一等奖	2008	中国石油工程建设协会
149		2008年石油工程优秀工程设计奖	忠县—武汉管道工程	一等奖	2008	中国石油工程建设协会
150		2009年石油工程优秀工程勘察奖	西部原油成品油管道工程兰州原油末站岩土工程勘察	一等奖	2009	中国石油工程建设协会
151		2009年石油工程优秀工程设计奖	陕京二线板808、828地下储气库工程	一等奖	2009	中国石油工程建设协会
152		2009年石油工程优秀工程勘察奖	陕京二线输气管道工程岩土工程勘察	一等奖	2009	中国石油工程建设协会
153		2009年石油工程优秀工程设计奖	西部原油成品油管道工程	一等奖	2009	中国石油工程建设协会
154		2009年石油工程优秀工程设计奖	舟山国家石油储备基地工程	一等奖	2009	中国石油工程建设协会
155		2010年石油工程优秀勘察、设计计算机软件奖	GIS辅助线路设计平台	一等奖	2010	中国石油工程建设协会
156		2010年石油工程优秀工程勘奖	广东LNG站线项目输气干线工程岩土工程勘察	一等奖	2010	中国石油工程建设协会
157		2011年石油工程优秀勘察奖	哈萨克斯坦—中国天然气管道工程测量	一等奖	2011	中国石油工程建设协会
158		2011年石油工程优秀设计奖	苏丹富拉油田原油外输管道工程	一等奖	2011	中国石油工程建设协会
159		2013年石油工程优秀设计奖	哈中原油管道二期工程一阶段（肯基亚克—库姆科尔）项目	一等奖	2013	中国石油工程建设协会
160		2013年石油工程优秀勘察奖	兰州—郑州—长沙成品油管道工程岩土工程勘察	一等奖	2013	中国石油工程建设协会
161		2013年石油工程优秀设计奖	中国—中亚天然气管道工程	一等奖	2013	中国石油工程建设协会

续表

序号	单位名称	奖项名称	获奖项目名称	获奖等级	获奖批文时间	颁发部门
162	中国石油天然气管道工程有限公司	全国工程建设项目优秀设计成果奖	中亚—中国天然气管道工程	一等奖	2014	中国施工企业管理协会
163		2014年石油工程优秀设计奖	兰州—郑州—长沙成品油管道工程	一等奖	2014	中国石油工程建设协会
164		2016年石油优秀工程设计奖	大港油田板南储气库工程	一等奖	2016	中国石油工程建设协会
165		2016年石油工程优秀设计奖	兰州—成都原油管道工程	一等奖	2016	中国石油工程建设协会
166		2016年石油优秀工程设计奖	丽水36-1气田陆上终端处理厂	一等奖	2016	中国石油工程建设协会
167		2016年石油工程优秀勘察奖	西气东输二线管道工程勘察	一等奖	2016	中国石油工程建设协会
168		2016年石油工程优秀设计奖	中缅天然气管道工程（缅甸段）	一等奖	2016	中国石油工程建设协会
169		全国工程建设项目优秀设计成果奖	中缅天然气管道工程（缅甸段）	一等奖	2017	中国施工企业管理协会
170		2017年石油工程优秀设计奖	哈尔滨—沈阳输气管道工程（长春—沈阳段）	一等奖	2017	中国石油工程建设协会
171		2017年石油工程优秀设计奖	坦桑尼亚天然气管道工程	一等奖	2017	中国石油工程建设协会
172		2017年石油优秀工程设计奖	坦桑尼亚天然气管道工程-海底管道工程	一等奖	2017	中国石油工程建设协会
173		2017年石油优秀工程设计奖	天津港—华北石化原油管道工程	一等奖	2017	中国石油工程建设协会
174		2017年石油工程优秀设计奖	中国—中亚天然气管道C线工程	一等奖	2017	中国石油工程建设协会
175		2017年石油工程优秀勘察奖	中缅天然气管道工程（缅甸段）岩土工程勘察	一等奖	2017	中国石油工程建设协会
176		工程建设项目优秀设计成果奖	西气东输二线干线管道工程	一等奖	2018	中国施工企业管理协会
177		2018年石油工程优秀软件奖	管道线路三维数字化协同设计系统	一等奖	2018	中国石油工程建设协会
178		2018年石油工程优秀设计奖	西气东输二线轮吐支干线增输工程	一等奖	2018	中国石油工程建设协会
179		2018年石油工程优秀设计奖	西气东输三线西段（霍尔果斯—中卫）工程	一等奖	2018	中国石油工程建设协会
180		2012年全国人居经典方案竞赛	廊坊基地老区改造工程	大奖	2012	中国建筑学会
181		詹天佑奖	中国—中亚天然气管道工程	詹天佑奖	2018	中国土木工程学会
182	中冶沈勘秦皇岛工程设计研究总院有限公司	优秀工程设计	唐山钢铁公司棒磨山铁矿	一等奖	1991	冶金工业部
183		优秀工程设计	秦皇岛港务局涉外综合业务楼	一等奖	1997	冶金工业部
184		全国冶金行业优秀工程勘察设计奖	山东省新城金矿改扩建	一等奖	1999	中国冶金建设协会
185		全国冶金行业优秀工程勘察设计奖	唐钢滦县司家营铁矿一期采选工程	一等奖	2010	中国冶金建设协会
186		全国冶金行业优秀工程勘察设计奖	包钢（集团）公司白云鄂博铁矿西矿采矿工程	一等奖	2012	中国冶金建设协会
187		全国冶金行业优秀工程勘察设计奖	张家口市桥西区集中供热工程（一期）	一等奖	2012	中国冶金建设协会
188		全国冶金行业优秀工程勘察设计奖	李楼铁矿和吴集铁矿（北段）联合建设工程采矿工程	一等奖	2013	中国冶金建设协会

续表

序号	单位名称	奖项名称	获奖项目名称	获奖等级	获奖批文时间	颁发部门
189		全国冶金行业优秀工程勘察设计奖	安徽金日盛矿业有限责任公司周油坊铁矿选矿工程	一等奖	2015	中国冶金建设协会
190		全国冶金行业优秀工程勘察设计奖	林西县恒泰热力有限责任公司林西镇集中供热工程	一等奖	2016	中国冶金建设协会
191		全国冶金行业优秀工程勘察设计奖	北海诚德不锈钢有限公司年产120万吨不锈钢冷轧项目	一等奖	2018	中国冶金建设协会
192		优秀工程设计	唐钢石人沟铁矿汽车一胶带排岩	二等奖	1989	冶金工业部
193		工程设计计算机优秀软件	微机CAD电气工程设计通用软件包	二等奖	1990	国家工程设计计算机软件评审委员会
194		优秀工程设计	秦皇岛电力公司徐庄110千伏区域变电站	二等奖	1991	冶金工业部
195		工程设计	首钢矿山公司水厂铁矿新水村尾矿库加高	二等奖	1993	冶金工业部
196	中冶沈勘秦皇岛工程设计研究总院有限公司	工程设计	首钢水厂选矿厂挖潜改造	二等奖	1997	冶金工业部
197		优秀工程设计	天津大港石油管理局职工活动中心	二等奖	1997	冶金工业部
198		工程设计计算机软件	总图高阶段设计CAD软件包	二等奖	1997	冶金工业部
199		工程设计计算机优秀软件	微机CAD总图运输设计应用软件包	三等奖	1990	国家工程设计计算机软件评审委员会
200		优秀工程设计	秦皇岛港南山头灯塔重建	三等奖	1992	冶金工业部
201		优秀工程设计	山西省盂县水泥厂扩建	三等奖	1992	冶金工业部
202		优秀工程设计	唐山碱厂巍山石矿	三等奖	1992	冶金工业部
203		优秀工程设计	首钢大石河铁矿孟家冲尾矿库加高	三等奖	1993	冶金工业部
204		工程设计计算机软件	JJRJ新财税制度下建设项目经济评价系统	三等奖	1997	冶金工业部
205		优秀工程设计计算机软件	概预算汇总数据计算机管理系统	三等奖	1997	冶金工业部
206	河北省水利水电勘测设计研究院	优秀工程设计	桃林口水库枢纽工程	金质奖	2002	水利部
207		全国优秀水利水电工程勘测设计奖	南水北调中线京石段应急供水工程（石家庄至北拒马河段设计）	金质奖	2015	中国水利水电勘测设计协会
208		国家医药局优秀设计	祁连山制药厂土霉素工程	三等奖	1998	国家医药局
209	中核第四研究设计工程有限公司	优秀工程设计奖	中美核安保示范中心建设项目	一等奖	2018	核工业勘察设计协会
210		国家医药优秀设计	山东鲁抗医药企业公司污水综合处理	二等奖	2017	中国核工业集团公司

荣获河北省一等奖项优秀勘察设计项目

序号	单位名称	奖项名称	获奖项目名称	获奖等级	获奖批文时间	颁发部门
1		1988年河北省优秀工程设计奖	唐山抗震纪念碑	一等奖	1988	河北省建设委员会
2		1988年河北省优秀工程设计奖	河北省图书馆	一等奖	1988	河北省建设委员会
3	河北建筑设计研究院有限责任公司	1988年河北省优秀工程设计奖	河北省文物商店	一等奖	1988	河北省建设委员会
4		1988年河北省优秀工程设计奖	石家庄火车站	一等奖	1988	河北省建设委员会
5		1990年河北省优秀工程勘察设计奖	石家庄长途电信枢纽5502工程	一等奖	1990	河北省建设委员会
6		1990年河北省优秀工程勘察设计奖	河北省儿童医院	一等奖	1990	河北省建设委员会

续表

序号	单位名称	奖项名称	获奖项目名称	获奖等级	获奖批文时间	颁发部门
7	河北建筑设计研究院有限责任公司	"八五"新住宅设计方案	大进深住宅方案	一等	1990	河北省建设委员会
8		1992年河北省优秀工程勘察设计奖	石家庄劝业场宾馆商场	一等奖	1992	河北省建设委员会
9		1992年河北省优秀工程勘察设计奖	石家庄市青少年宫科技教育活动楼	一等奖	1992	河北省建设委员会
10		1993年河北省优秀工程设计奖	河北省气象局雷达业务楼	一等奖	1993	河北省建设委员会
11		1994年河北省优秀工程勘察设计奖	石家庄市电影公司影都	一等奖	1994	河北省建设委员会
12		1996年河北省优秀工程勘察设计奖	正定民用机场候机楼	一等奖	1996	河北省建设委员会
13		1996年河北省优秀工程勘察设计奖	河北会堂	一等奖	1996	河北省建设委员会
14		1996年河北省优秀工程勘察设计奖	北海火车站站房综合楼	一等奖	1996	河北省建设委员会
15		1998年河北省优秀工程勘察设计奖	河北省委办公楼	一等奖	1998	河北省建设委员会
16		1998年河北省优秀工程勘察设计奖	河北省建筑设计研究院科研生产作业楼	一等奖	1998	河北省建设委员会
17		1998年河北省优秀工程优秀勘察	河北省送变电工程公司高层住宅楼岩土工程勘察	一等奖	1998	河北省建设委员会
18		1998年河北省优秀工程优秀标准	现浇钢筋混凝土住宅楼梯	一等奖	1998	河北省建设委员会
19		1999年河北省优秀工程设计奖	河北省医科大学第二医院病房楼	一等奖	1999	河北省建设委员会
20		1999年河北省优秀工程设计奖	98D7电力控制标准设计	一等奖	1999	河北省建设委员会
21		1999年河北省优秀工程设计奖	98J8楼梯标准设计	一等奖	1999	河北省建设委员会
22		2000年河北省建设工程勘察设计奖	上海大学新校区特种实验中心	一等奖	2001	河北省建设厅
23		2001年河北省工程勘察设计奖	河北艺术中心	一等奖	2002	河北省工程勘察设计咨询协会
24		2002年河北省工程勘察设计奖	石家庄市人民广场	一等奖	2003	河北省工程勘察设计咨询协会
25		2004年河北省工程勘察设计奖	西柏坡纪念馆改扩建工程	一等奖	2005	河北省工程勘察设计咨询协会
26		2005年河北省工程勘察设计奖	唐山市中心广场	一等奖	2006	河北省工程勘察设计咨询协会
27		2005年河北省工程勘察设计奖	石家庄市第一医院门诊楼	一等奖	2006	河北省工程勘察设计咨询协会
28		2005年河北省工程勘察设计奖	上海市陆家嘴国际华城住宅小区	一等奖	2006	河北省工程勘察设计咨询协会
29		2006年河北省工程勘察设计奖	复旦大学医学院科研综合楼	一等奖	2007	河北省工程勘察设计咨询协会
30		2006年河北省工程勘察设计奖	承德医学院附属医院综合病房楼	一等奖	2007	河北省工程勘察设计咨询协会
31		2007年河北省优秀工程勘察设计奖	河北联通石家庄通信综合枢纽楼	一等奖	2008	河北省建设厅
32		2007年河北省优秀工程勘察设计奖	中国磁州窑博物馆	一等奖	2008	河北省建设厅
33		2007年河北省优秀工程勘察设计奖	中华商务广场	一等奖	2008	河北省建设厅

续表

序号	单位名称	奖项名称	获奖项目名称	获奖等级	获奖批文时间	颁发部门
34	河北建筑设计研究院有限责任公司	2008年河北省优秀工程勘察设计奖	石家庄机场改扩建工程航站楼	一等奖	2009	河北省建设厅
35		2008年河北省优秀工程勘察设计奖	城市经典三期(夏宫)	一等奖	2009	河北省建设厅
36		2008年河北省优秀工程勘察设计奖	燕赵信息大厦	一等奖	2009	河北省建设厅
37		2008年河北省优秀工程勘察设计奖	农业科技研发中心	一等奖	2009	河北省建设厅
38		2008年河北省优秀工程勘察设计奖	河北省疾病预防控制中心实验楼工程	一等奖	2009	河北省建设厅
39		2008年河北省优秀工程勘察设计奖	河北建设服务中心	一等奖	2009	河北省建设厅
40		2009年河北省优秀工程勘察设计奖	石家庄陆军指挥学院综合实验楼	一等奖	2010	河北省住房和城乡建设厅
41		2009年河北省优秀工程勘察设计奖	上海鹏欣国际家纺中心	一等奖	2010	河北省住房和城乡建设厅
42		2010年河北省优秀工程勘察设计奖	河北金牛能源股份有限公司生产调度中心会议楼	一等奖	2011	河北省住房和城乡建设厅
43		2010年河北省优秀工程勘察设计奖	河北省横山生态旅游开发项目	一等奖	2011	河北省住房和城乡建设厅
44		2010年河北省优秀工程勘察设计奖	四川省平武县人民医院重建工程	一等奖	2011	河北省住房和城乡建设厅
45		2011年河北省优秀工程勘察设计奖	河北冀中能源股份有限公司生产调度中心	一等奖	2012	河北省住房和城乡建设厅
46		2011年河北省优秀工程勘察设计奖	秦皇岛市档案馆工程	一等奖	2012	河北省住房和城乡建设厅
47		2011年河北省优秀工程勘察设计奖	河北省图书馆改扩建	一等奖	2012	河北省住房和城乡建设厅
48		2011年河北省优秀工程勘察设计奖	中国移动通信集团河北有限公司开发区通信枢纽工程	一等奖	2012	河北省住房和城乡建设厅
49		2012年河北省优秀工程勘察设计奖	石家庄裕华万达广场商业综合体	一等奖	2013	河北省住房和城乡建设厅
50		2012年河北省优秀工程勘察设计奖	泥河湾博物馆	一等奖	2013	河北省住房和城乡建设厅
51		2012年河北省优秀工程勘察设计奖	河北博物馆	一等奖	2013	河北省住房和城乡建设厅
52		2013年河北省优秀工程勘察设计奖	河北中烟工业公司四中心建设项目	一等奖	2014	河北省住房和城乡建设厅
53		2013年河北省优秀工程勘察设计奖	冉庄地道战博物馆	一等奖	2014	河北省住房和城乡建设厅
54		2015年河北省优秀工程勘察设计奖	邢台市眼科医院迁建项目	一等奖	2015	河北省住房和城乡建设厅
55		2015年河北省优秀工程勘察设计奖	河北建筑设计研究院办公楼改建工程	一等奖	2015	河北省住房和城乡建设厅
56		2016年河北省优秀工程勘察设计行业奖	石家庄万达广场E1区酒店、5A写字楼	一等奖	2016	河北省工程勘察设计咨询协会
57		2016年河北省优秀工程勘察设计行业奖	华商时代商业广场南块酒店（大华虹桥假日酒店）	一等奖	2016	河北省工程勘察设计咨询协会
58		2016年河北省优秀工程勘察设计行业奖	石家庄市第五十四中学礼堂、文体馆	一等奖	2016	河北省工程勘察设计咨询协会
59		2016年河北省优秀工程勘察设计行业奖	河北航空城基地航空大厦	一等奖	2016	河北省工程勘察设计咨询协会

续表

序号	单位名称	奖项名称	获奖项目名称	获奖等级	获奖批文时间	颁发部门
60	河北建筑设计研究院有限责任公司	2016年河北省优秀工程勘察设计行业奖	国际城四期	一等奖	2016	河北省工程勘察设计咨询协会
61		2016年河北省优秀工程勘察设计行业奖	《HRB500钢筋应用技术规程》	一等奖	2016	河北省工程勘察设计咨询协会
62		2016年河北省优秀工程勘察设计行业奖	河北省石家庄至冀晋界公路省界主线收费站收费棚	一等奖	2016	河北省工程勘察设计咨询协会
63		2016年河北省优秀工程勘察设计行业奖	石家庄万达广场商业综合体	一等奖	2016	河北省工程勘察设计咨询协会
64		2017年河北省优秀工程勘察设计奖	中共秦皇岛市委党校迁建工程教学办公楼	一等奖	2017	河北省住房和城乡建设厅
65		2017年河北省优秀工程勘察设计奖	石家庄市第五十四中学礼堂、文体馆	一等奖	2017	河北省住房和城乡建设厅
66		2017年河北省优秀工程勘察设计奖	津湾广场7、8号楼工程（汤臣津湾一品）	一等奖	2017	河北省住房和城乡建设厅
67		2018年河北省优秀工程勘察设计行业奖	石家庄大剧院	一等奖	2018	河北省工程勘察设计咨询协会
68		2018年河北省优秀工程勘察设计行业奖	定州文博园商业	一等奖	2018	河北省工程勘察设计咨询协会
69		2018年河北省优秀工程勘察设计行业奖	邯郸市科技中心	一等奖	2018	河北省工程勘察设计咨询协会
70		2018年河北省优秀工程勘察设计行业奖	天山海世界改扩建工程	一等奖	2018	河北省工程勘察设计咨询协会
71		2018年河北省优秀工程勘察设计行业奖	《CRB600H高强钢筋应用技术规程》	一等奖	2018	河北省工程勘察设计咨询协会
72		2018年河北省优秀工程勘察设计行业奖	中山博物馆及贡院广场等景观设计	一等奖	2018	河北省工程勘察设计咨询协会
73		2019年河北省工程勘察设计项目成果	河北医科大学图书实验综合楼勘察	一等	2019	河北省工程勘察设计咨询协会
74		2019年河北省工程勘察设计项目成果	霞光大剧院（演艺中心）	一等	2019	河北省工程勘察设计咨询协会
75		2019年河北省工程勘察设计项目成果	石家庄华强广场	一等	2019	河北省工程勘察设计咨询协会
76		2019年河北省工程勘察设计项目成果	石家庄中冶德贤公馆A区	一等	2019	河北省工程勘察设计咨询协会
77		2019年河北省工程勘察设计项目成果	荣盛•华府（棉三）一期（高层区）	一等	2019	河北省工程勘察设计咨询协会
78		2019年河北省工程勘察设计项目成果	开元寺大街景观设计	一等	2019	河北省工程勘察设计咨询协会
79		2019年河北省工程勘察设计项目成果	《装配式混凝土剪力墙结构住宅表示方法及示例》等系列标准设计图集	一等	2019	河北省工程勘察设计咨询协会
80	河北建设勘察研究院有限公司	1999年河北省优秀勘察工程	河北唐山市西郊韩城水源地供水水文地质勘探	一等奖	1999	河北省建设委员会
81		2002年河北省工程勘察设计“四优”	唐山市体育场区岩溶塌陷地质灾害(补充)勘察	一等奖	2003	河北省工程勘察设计咨询协会
82		2003年河北省工程勘察设计“四优”	唐山市体育场岩溶塌陷地质灾害治理工程	一等奖	2004	河北省工程勘察设计咨询协会
83		2003年河北省工程勘察设计“四优”	河北省滦南县供水工程姜泡水源地水资源论证	一等奖	2004	河北省工程勘察设计咨询协会
84		2006年河北省工程勘察设计“四优”	河北省玉田县城供水工程勘探阶段水资源论证	一等奖	2007	河北省工程勘察设计咨询协会
85		2006年河北省工程勘察设计“四优”	石家庄铁四局改造项目北国—开元广场岩土工程勘察	一等奖	2007	河北省工程勘察设计咨询协会

续表

序号	单位名称	奖项名称	获奖项目名称	获奖等级	获奖批文时间	颁发部门
86	河北建设勘察研究院有限公司	2007年河北省优秀工程勘察设计奖	遵化市白方寺铁矿竖井工程	一等奖	2008	河北省建设厅
87		2007年河北省优秀工程勘察设计奖	张家口市高新区中心写字楼岩土工程勘察	一等奖	2008	河北省建设厅
88		2007年河北省优秀工程勘察设计奖	青银高速公路济南黄河大桥A合同段桩基工程	一等奖	2008	河北省建设厅
89		2008年河北省优秀工程勘察设计奖	广西信发铝电有限公司靖西厂址岩土工程勘察与治理工程	一等奖	2009	河北省建设厅
90		2009年河北省优秀工程勘察设计奖	遵化市北方矿业公司天和铁矿选矿竖井工程	一等奖	2010	河北省住房和城乡建设厅
91		2009年河北省优秀工程勘察设计奖	广西信发铝电有限公司年产160万吨氧化铝赤泥堆场岩土工程勘察	一等奖	2010	河北省住房和城乡建设厅
92		2010年河北省优秀工程勘察设计奖	唐山市曹妃甸工业区供水工程蓄水池地基处理工程	一等奖	2011	河北省住房和城乡建设厅
93		2010年河北省优秀工程勘察设计奖	城市岩土工程信息系统	一等奖	2011	河北省住房和城乡建设厅
94		2011年河北省优秀工程勘察设计奖	遵化市北方矿业有限公司温家庄铁矿竖井工程	一等奖	2012	河北省住房和城乡建设厅
95		2011年河北省优秀工程勘察设计奖	中海油东营港散杂货堆场地基加固工程	一等奖	2012	河北省住房和城乡建设厅
96		2012年河北省优秀工程勘察设计奖	江苏LNG项目接收站T-1202储罐桩基工程	一等奖	2013	河北省住房和城乡建设厅
97		2012年河北省优秀工程勘察设计奖	新疆农六师铝电有限公司岩土工程综合项目	一等奖	2013	河北省住房和城乡建设厅
98		2013年河北省优秀工程勘察设计奖	河北开元环球中心岩土工程勘察	一等奖	2014	河北省住房和城乡建设厅
99		2013年河北省优秀工程勘察设计奖	中海油粤东LNG项目接收站储罐区岩土工程勘察	一等奖	2014	河北省住房和城乡建设厅
100		2015年河北省优秀工程勘察设计奖	邯郸金世纪新城岩土工程勘察、基坑支护、地下水控制及监测工程	一等奖	2015	河北省住房和城乡建设厅
101		2015年河北省优秀工程勘察设计奖	石家庄市城市轨道交通1、3号线一期工程新百广场、人民广场站、西三教站试桩	一等奖	2015	河北省住房和城乡建设厅
102		2016年河北省优秀工程勘察设计行业奖	江苏华电句容电厂2×1 000兆瓦“上大压小”新建工程桩基施工	一等奖	2016	河北省工程勘察设计咨询协会
103		2018年河北省优秀工程勘察设计行业奖	江苏泰兴新浦化学40万立方米轻烃仓储项目场平、降水、换填、试验桩及工程桩施工	一等奖	2018	河北省工程勘察设计咨询协会
104		2018年河北省优秀工程勘察设计行业奖	石家庄市城市轨道交通3号线一期工程市庄站工程桩试桩工程	一等奖	2018	河北省工程勘察设计咨询协会
105		2019年河北省工程勘察设计项目成果	伊朗南方铝业30万吨/年电解铝厂项目全场地基处理与铸造井设计施工工程	一等	2019	河北省工程勘察设计咨询协会
106		2019年河北省工程勘察设计项目成果	浙江舟山液化天然气（LNG）接收及加注站项目一期工程LNG储罐设施岩土工程勘察与桩基工程	一等	2019	河北省工程勘察设计咨询协会
107		2019年河北省工程勘察设计项目成果	东方希望晋中铝业有限公司原料边坡地质灾害勘察项目	一等	2019	河北省工程勘察设计咨询协会
108		2019年河北省工程勘察设计项目成果	沾化氧化铝二期吹填区域软基处理工程（C区）	一等	2019	河北省工程勘察设计咨询协会
109		2019年河北省工程勘察设计项目成果	城市岩溶勘察信息系统	一等	2019	河北省工程勘察设计咨询协会

续表

序号	单位名称	奖项名称	获奖项目名称	获奖等级	获奖批文时间	颁发部门
110	河北建设勘察研究院有限公司	1992年河北省工程勘察设计优秀软件	唐山市工程地质数据库系统	一等奖	1992	河北省建设委员会
111		1992年河北省优秀工程勘察设计奖	唐山市中心区工程地质编图及工程地质数据库系统	一等奖	1992	河北省建设委员会
112		1992年河北省优秀工程勘察设计奖	张家口市腰站堡新水源地供水文地质勘察工程	一等奖	1992	河北省建设委员会
113		1994年河北省优秀工程勘察设计奖	张家口市宣化区样台水源地供水水文地质勘察	一等奖	1994	河北省建设委员会
114		1998年河北省优秀工程优秀勘察	石家庄广安城工程地质勘察	一等奖	1998	河北省建设委员会
115		1998年河北省优秀工程优秀勘察	石家庄第二长途电信枢纽楼岩土岩土工程勘察	一等奖	1998	河北省建设委员会
116		1998年河北省优秀工程优秀勘察	唐山市古冶区海子沿水源地供水水文地质勘察	一等奖	1998	河北省建设委员会
117		1998年河北省优秀工程优秀勘察	唐山两行大厦岩土工程勘察及治理	一等奖	1998	河北省建设委员会
118		2000年河北省建设工程勘察设计奖	唐山市信息港基坑降水工程	一等奖	2001	河北省建设厅
119		2000年河北省建设工程勘察设计奖	河北科技会堂、科技馆岩工程勘察	一等奖	2001	河北省建设厅
120		2001年河北省工程勘察设计“四优”	深圳市御庭园钻孔扩底灌注桩工程	一等奖	2002	河北省工程勘察设计咨询协会
121		2016年河北省优秀工程勘察设计行业奖	中海石油中捷石化安全环保与清洁燃料项目地基处理III标段、桩基工程II标段工程	一等奖	2016	河北省工程勘察设计咨询协会
122		2016年河北省优秀工程勘察设计行业奖	石家庄城市轨道交通工程1号线一期涉及四处下穿、上跨石太、京广和石德铁路第三方监测项目	一等奖	2016	河北省工程勘察设计咨询协会
123		2016年河北省优秀工程勘察设计行业奖	天津南疆储运基地油库项目	一等奖	2016	河北省工程勘察设计咨询协会
124		2017年河北省优秀工程勘察设计奖	中电四会2×400兆瓦级燃气热电冷联产项目桩基及溶洞处理3#、4#标段工程	一等奖	2017	河北省住房和城乡建设厅
125		2017年河北省优秀工程勘察设计奖	山东东岳能源交口肥美铝业有限公司1#赤泥堆场勘察与加固治理工程	一等奖	2017	河北省住房和城乡建设厅
126	河北省水利水电勘测设计研究院	1996年河北省优秀工程勘察设计奖	温泉堡碾压混凝土拱坝	一等奖	1996	河北省建设委员会
127		1996年河北省优秀工程勘察设计奖	桃林口水库工程坝基建基面勘察	一等奖	1996	河北省建设委员会
128		2000年河北省建设工程勘察设计奖	桃林口水库大坝监测一等控制网测量	一等奖	2001	河北省建设厅
129		2001年河北省工程勘察设计“四优”	桃林口水电站工程	一等奖	2002	河北省工程勘察设计咨询协会
130		2007年河北省优秀工程勘察设计奖	岗南水库大坝及枢纽建筑物变形监测	一等奖	2008	河北省建设厅
131		2008年河北省优秀工程勘察设计奖	黄壁庄水库除险加固工程地质勘察	一等奖	2009	河北省建设厅
132		2009年河北省优秀工程勘察设计奖	水利水电工程测量内外业一体化系统(工测之星Estar2008)	一等奖	2010	河北省住房和城乡建设厅
133		2009年河北省优秀工程勘察设计奖	王快水库除险加固工程设计	一等奖	2010	河北省住房和城乡建设厅
134		2009年河北省优秀工程勘察设计奖	黄壁庄水库除险加固工程设计及大坝变形监测	一等奖	2010	河北省住房和城乡建设厅

续表

序号	单位名称	奖项名称	获奖项目名称	获奖等级	获奖批文时间	颁发部门
135	河北省水利水电勘测设计研究院	2010年河北省优秀工程勘察设计奖	岗南水库除险加固工程设计	一等奖	2011	河北省住房和城乡建设厅
136		2011年河北省优秀工程勘察设计奖	南水北调中线京石段应急供水工程(石家庄至北拒马河段)漕河渡槽	一等奖	2012	河北省住房和城乡建设厅
137		2011年河北省优秀工程勘察设计奖	南水北调中线京石段应急供水工程滹沱河倒虹吸工程	一等奖	2012	河北省住房和城乡建设厅
138		2012年河北省优秀工程勘察设计奖	南水北调中线京石段应急供水工程(石家庄至北拒马河段)瀑河渠道倒虹吸工程设计	一等奖	2013	河北省住房和城乡建设厅
139		2012年河北省优秀工程勘察设计奖	南水北调中线京石段应急供水工程(石家庄至北拒马河段)放水河渡槽工程设计	一等奖	2013	河北省住房和城乡建设厅
140		2013年河北省优秀工程勘察设计奖	南水北调中线京石段应急供水工程(石家庄至北拒马河段)南拒马河渠道倒虹吸工程设计	一等奖	2014	河北省住房和城乡建设厅
141		2015年河北省优秀工程勘察设计奖	南水北调中线京石段应急供水工程(石家庄至北拒马河段)磁河渠道倒虹吸工程设计	一等奖	2015	河北省住房和城乡建设厅
142		2016年河北省优秀工程勘察设计行业奖	南水北调中线京石段应急供水工程(石家庄至北拒马河段)漕河渡槽工程地质勘察	一等奖	2016	河北省工程勘察设计咨询协会
143		2016年河北省优秀工程勘察设计行业奖	南水北调中线京石段应急供水工程釜山隧洞工程地质勘察	一等奖	2016	河北省工程勘察设计咨询协会
144		2016年河北省优秀工程勘察设计行业奖	承德市2014年山洪灾害分析评价(测绘)	一等奖	2016	河北省工程勘察设计咨询协会
145		2016年河北省优秀工程勘察设计行业奖	南水北调中线京石段应急供水工程(石家庄至北拒马河段)渠道工程	一等奖	2016	河北省工程勘察设计咨询协会
146		2016年河北省优秀工程勘察设计行业奖	乌兹别克斯坦共和国农业灌溉 AMU ZANG Ⅰ泵站改造项目	一等奖	2016	河北省工程勘察设计咨询协会
147		2016年河北省优秀工程勘察设计行业奖	南水北调中线石津渠暗渠工程	一等奖	2016	河北省工程勘察设计咨询协会
148		2018年河北省优秀工程勘察设计行业奖	南水北调中线京石段应急供水工程(石家庄至北拒马河段)七里庄沟倒虹吸工程地质勘察	一等奖	2018	河北省工程勘察设计咨询协会
149		2018年河北省优秀工程勘察设计行业奖	南水北调中线京石段应急供水工程(石家庄至北拒马河段)水北沟渡槽工程地质勘察	一等奖	2018	河北省工程勘察设计咨询协会
150		2018年河北省优秀工程勘察设计行业奖	河北省岗南水库地形测绘及库容曲线修测	一等奖	2018	河北省工程勘察设计咨询协会
151		2018年河北省优秀工程勘察设计行业奖	南水北调中线沛河渡槽工程	一等奖	2018	河北省工程勘察设计咨询协会
152		2018年河北省优秀工程勘察设计行业奖	南水北调中线槐河(一)渠道倒虹吸工程	一等奖	2018	河北省工程勘察设计咨询协会
153		2019年河北省工程勘察设计项目成果	南水北调中线京石段应急供水工程(石家庄至北拒马河段)雾山(一)隧洞工程地质勘察	一等	2019	河北省工程勘察设计咨询协会
154		2019年河北省工程勘察设计项目成果	河北省西大洋水库等四座大型水库淤积测量及库容曲线修测	一等	2019	河北省工程勘察设计咨询协会
155		1998年河北省优秀工程设计奖	突尼斯麦崩水渠	一等奖	1988	河北省建设委员会
156		1992年河北省优秀工程勘察设计奖	滦河大黑汀水库枢纽工程	一等奖	1992	河北省建设委员会
157		1993年河北省优秀工程勘察设计奖	引青济秦西线工程	一等奖	1993	河北省建设委员会

续表

序号	单位名称	奖项名称	获奖项目名称	获奖等级	获奖批文时间	颁发部门
158	河北省水利水电勘测设计研究院	2017年河北省优秀工程勘察设计奖	乌兹别克斯坦共和国农业灌溉AMU ZANG Ⅰ泵站改造项目	一等奖	2017	河北省住房和城乡建设厅
159		1993年河北省优秀工程勘察设计奖	西柏坡电厂引水口工程	一等奖	1993	河北省建设委员会
160	河北省交通规划设计院	1992年河北省优秀工程勘察设计奖	北京—承德公路古北口至	一等奖	1992	河北省建设委员会
161		1994年河北省优秀工程勘察设计奖	平青大公路滦县圆环式立交桥	一等奖	1994	河北省建设委员会
162		1998年河北省优秀工程勘察设计奖	石太高速公路河北省境内申后至高家庄段	一等奖	1998	河北省建设委员会
163		1999年河北省优秀工程设计奖	邢台至和顺公路西红梁隧道(邢和隧道)	一等奖	1999	河北省建设委员会
164		2000年河北省建设工程勘察设计奖	石黄公路石家庄至辛集市段高速公路	一等奖	2001	河北省建设厅
165		2001年河北省工程勘察设计"四优"	北京—沈阳公路宝坻(津冀省界)至山海关段高速公路	一等奖	2002	河北省工程勘察设计咨询协会
166		2005年河北省工程勘察设计"四优"	北京至沈阳公路宝坻(津冀界)至山海关段高速公路津冀界至冯家沟段两阶段施工图设计工程地质勘察	一等奖	2006	河北省工程勘察设计咨询协会
167		2005年河北省工程勘察设计"四优"	津唐高速公路津冀界至双庙段	一等奖	2006	河北省工程勘察设计咨询协会
168		2006年河北省工程勘察设计"四优"	丹东至拉萨国道主干线河北怀来(冀京界)至宣化高速公路	一等奖	2007	河北省工程勘察设计咨询协会
169		2007年河北省优秀工程勘察设计奖	衡水—德州高速公路衡水至冀鲁界段	一等奖	2008	河北省建设厅
170		2008年河北省优秀工程勘察设计奖	邯郸—长治公路更乐至冀晋段高速公路	一等奖	2009	河北省建设厅
171		2009年河北省优秀工程勘察设计奖	京承公路冀京界至承德市段公路	一等奖	2010	河北省住房和城乡建设厅
172		2009年河北省优秀工程勘察设计奖	张石高速公路涞水至石家庄段	一等奖	2010	河北省住房和城乡建设厅
173		2010年河北省优秀工程勘察设计奖	唐山至曹妃甸高速公路	一等奖	2011	河北省住房和城乡建设厅
174		2010年河北省优秀工程勘察设计奖	沿海公路秦皇岛至冀津界段高速公路	一等奖	2011	河北省住房和城乡建设厅
175		2011年河北省优秀工程勘察设计奖	大广公路固安(京冀界)至深州段高速公路	一等奖	2012	河北省住房和城乡建设厅
176		2011年河北省优秀工程勘察设计奖	大庆至广州高速公路固安(京冀界)至大名(冀豫界)段设计	一等奖	2012	河北省住房和城乡建设厅
177		2011年河北省优秀工程勘察设计奖	青(岛)红(其拉甫)公路鲁冀界至邯郸段高速公路	一等奖	2012	河北省住房和城乡建设厅
178		2013年河北省优秀工程勘察设计奖	张石高速公路涞源至涞水段工程勘察	一等奖	2014	河北省住房和城乡建设厅
179		2013年河北省优秀工程勘察设计奖	张石高速公路石家庄段	一等奖	2014	河北省住房和城乡建设厅
180		2015年河北省优秀工程勘察设计奖	青兰高速南水北调大桥	一等奖	2015	河北省住房和城乡建设厅
181		2015年河北省优秀工程勘察设计奖	沿海高速公路沧州歧口至海丰段	一等奖	2015	河北省住房和城乡建设厅
182		2016年河北省优秀工程勘察设计行业奖	邢汾高速公路邢台至冀晋界段(XFSJ-1)	一等奖	2016	河北省工程勘察设计咨询协会
183		2016年河北省优秀工程勘察设计行业奖	廊坊至涿州高速公路涿州至旧州段涿州至固安分段	一等奖	2016	河北省工程勘察设计咨询协会

续表

序号	单位名称	奖项名称	获奖项目名称	获奖等级	获奖批文时间	颁发部门
184	河北省交通规划设计院	2018年河北省优秀工程勘察设计行业奖	河北省茅荆坝（蒙冀界）至承德公路（CCSJ-1合同段）	一等奖	2018	河北省工程勘察设计咨询协会
185		2018年河北省优秀工程勘察设计行业奖	张承高速公路张家口至崇礼段K44+275等段路面病害治理工程	一等奖	2018	河北省工程勘察设计咨询协会
186		2018年河北省优秀工程勘察设计行业奖	邢(台)衡(水)高速公路邢台段起点(邢汾高速)至南汪店(赵辛线)段	一等奖	2018	河北省工程勘察设计咨询协会
187		2017年河北省优秀工程勘察设计奖	承德至张家口高速公路承德段CZSJ-3合同段	一等奖	2017	河北省住房和城乡建设厅
188		2017年河北省优秀工程勘察设计奖	京港澳高速公路石家庄至磁县（冀豫界）段改扩建工程SASJ-2合同段	一等奖	2017	河北省住房和城乡建设厅
189		2017年河北省优秀工程勘察设计奖	承德至张家口高速公路承德段千松坝特长隧道	一等奖	2017	河北省住房和城乡建设厅
190		1992年河北省工程勘察设计优秀软件	中小桥微型计算机辅助设计软件	一等奖	1992	河北省建设委员会
191	中国电建集团河北省电力勘测设计研究院有限公司	1991年河北省优秀工程勘察设计奖	定州220千伏变电所工程	一等奖	1991	河北省建设委员会
192		1992年河北省优秀工程勘察设计奖	邢台电厂四期扩建工程	一等奖	1992	河北省建设委员会
193		1992年河北省优秀工程勘察设计奖	220千伏邢东南—南宫线路工程	一等奖	1992	河北省建设委员会
194		1993年河北省优秀工程勘察设计奖	定州—河间220千伏线路	一等奖	1993	河北省建设委员会
195		1993年河北省优秀工程勘察设计奖	邢台电厂五期扩建工程	一等奖	1993	河北省建设委员会
196		1994年河北省优秀工程勘察设计奖	220千伏西柏坡—定州送电线路工程	一等奖	1994	河北省建设委员会
197		1994年河北省优秀工程勘察设计奖	黄骅220千伏变电站一期工程	一等奖	1994	河北省建设委员会
198		1998年河北省优秀工程勘察设计奖	衡水电厂工程地质勘察	一等奖	1998	河北省建设委员会
199		2000年河北省建设工程勘察设计奖	邯郸热电厂改造工程	一等奖	2001	河北省建设厅
200		2001年河北省工程勘察设计“四优”	韩通(石东)220千伏变电所一期工程	一等奖	2002	河北省工程勘察设计咨询协会
201		2002年河北省工程勘察设计“四优”	西柏坡发电厂二期工程2×300兆瓦	一等奖	2003	河北省工程勘察设计咨询协会
202		2002年河北省工程勘察设计“四优”	平山220千伏变电所一期工程	一等奖	2003	河北省工程勘察设计咨询协会
203		2003年河北省工程勘察设计“四优”	无极(侯坊)220千伏变电站	一等奖	2004	河北省工程勘察设计咨询协会
204		2004年河北省工程勘察设计“四优”	石家庄热电厂技改工程（2×200兆瓦）	一等奖	2005	河北省工程勘察设计咨询协会
205		2004年河北省工程勘察设计“四优”	青县220千伏变电所一期工程	一等奖	2005	河北省工程勘察设计咨询协会
206		2005年河北省工程勘察设计“四优”	220千伏安各庄—南化输电线路工程	一等奖	2006	河北省工程勘察设计咨询协会
207		2005年河北省工程勘察设计“四优”	淑阳220千伏变电所一期工程	一等奖	2006	河北省工程勘察设计咨询协会
208		2006年河北省工程勘察设计“四优”	河北灵达垃圾转化热电站一期工程	一等奖	2007	河北省工程勘察设计咨询协会
209		2008年河北省优秀工程勘察设计奖	富村110千伏变电站工程	一等奖	2009	河北省建设厅

续表

序号	单位名称	奖项名称	获奖项目名称	获奖等级	获奖批文时间	颁发部门
210	中国电建集团河北省电力勘测设计研究院有限公司	2008年河北省优秀工程勘察设计奖	国能威县生物发电工程	一等奖	2009	河北省建设厅
211		2010年河北省优秀工程勘察设计奖	大名220千伏变电站工程	一等奖	2011	河北省住房和城乡建设厅
212		2011年河北省优秀工程勘察设计奖	220千伏蔺河—永年线路破口进铁西工程	一等奖	2012	河北省住房和城乡建设厅
213		2012年河北省优秀工程勘察设计奖	苏正220千伏变电站工程	一等奖	2013	河北省住房和城乡建设厅
214		2013年河北省优秀工程勘察设计奖	沧州东工业区220千伏变电站	一等奖	2014	河北省住房和城乡建设厅
215		2013年河北省优秀工程勘察设计奖	220千伏石家庄东南—石牵双回线路工程	一等奖	2014	河北省住房和城乡建设厅
216		2015年河北省优秀工程勘察设计奖	桥西220千伏变电站新建工程	一等奖	2015	河北省住房和城乡建设厅
217		2015年河北省优秀工程勘察设计奖	河北建投沙河电厂2×600兆瓦空冷机组工程	一等奖	2015	河北省住房和城乡建设厅
218		2015年河北省优秀工程勘察设计奖	国家风电研究检测中心建设工程	一等奖	2015	河北省住房和城乡建设厅
219		2017年河北省优秀工程勘察设计奖	贺营—薛吴220千瓦线路工程	一等奖	2017	河北省住房和城乡建设厅
220		2019年河北省工程勘察设计项目成果	锡盟—泰州±800千伏特高压直流输电线路工程线路测量	一等	2019	河北省工程勘察设计咨询协会
221		2019年河北省工程勘察设计项目成果	西柏坡500千伏变电站新建工程岩土工程勘察	一等	2019	河北省工程勘察设计咨询协会
222	邯郸钢铁集团设计院有限公司	2001年河北省工程勘察设计“四优”	邯钢薄板坯连铸连轧工程	一等奖	2002	河北省工程勘察设计咨询协会
223		2003年河北省工程勘察设计“四优”	邯钢1 260立方米高炉易地大修工程	一等奖	2004	河北省工程勘察设计咨询协会
224		2004年河北省工程勘察设计“四优”	邯钢热轧薄板酸洗镀锌工程酸洗车间	一等奖	2005	河北省工程勘察设计咨询协会
225		2006年河北省工程勘察设计“四优”	邯钢冷轧板卷连续热镀锌工程	一等奖	2007	河北省工程勘察设计咨询协会
226		2007年河北省优秀工程勘察设计奖	邯钢3500毫米中板工程	一等奖	2008	河北省建设厅
227		2009年河北省优秀工程勘察设计奖	邯钢中板厂常化热处理线工程	一等奖	2010	河北省住房和城乡建设厅
228		2011年河北省优秀工程勘察设计奖	邯钢矿业分公司2×600吨/天活性石灰窑工程	一等奖	2012	河北省住房和城乡建设厅
229		2012年河北省优秀工程勘察设计奖	邯钢中板厂常化热处理线二期工程	一等奖	2013	河北省住房和城乡建设厅
230		2013年河北省优秀工程勘察设计奖	邯钢老区焦化厂备煤改造工程	一等奖	2014	河北省住房和城乡建设厅
231		2015年河北省优秀工程勘察设计奖	邯钢铁前物流优化与环保治理工程	一等奖	2015	河北省住房和城乡建设厅
232		1996年河北省优秀工程勘察设计奖	邯钢3 000毫米四辊中板轧机工程	一等奖	1996	河北省建设委员会
233		1998年河北省优秀工程勘察设计奖	邯钢620立方米高炉扩容改造工程	一等奖	1998	河北省建设委员会
234		1998年河北省优秀工程勘察设计奖	邯钢四轧厂30万吨全连轧棒材工程	一等奖	1998	河北省建设委员会
235		1999年河北省优秀工程设计奖	邯钢2×120吨转炉炼钢工程	一等奖	1999	河北省建设委员会

续表

序号	单位名称	奖项名称	获奖项目名称	获奖等级	获奖批文时间	颁发部门
236	邯郸钢铁集团设计院有限公司	2000年河北省建设工程勘察设计奖	邯钢400平方米烧结机工程	一等奖	2001	河北省建设厅
237		1992年河北省优秀工程勘察设计奖	邯钢炼钢分厂矩形坯连铸机工程	一等奖	1992	河北省建设委员会
238	中土大地国际建筑设计有限公司	2008年河北省优秀工程勘察设计奖	邯邢矿山局北洺河铁矿河道治理工程	一等奖	2009	河北省建设厅
239		2009年河北省优秀工程勘察设计奖	裕园广场	一等奖	2010	河北省住房和城乡建设厅
240		2012年河北省优秀工程勘察设计奖	长螺旋钻孔泵压混凝土桩复合地基技术规程	一等奖	2013	河北省住房和城乡建设厅
241		2013年河北省优秀工程勘察设计奖	沧州市许官屯城中村改造工程勘察	一等奖	2014	河北省住房和城乡建设厅
242		2013年河北省优秀工程勘察设计奖	河北开元环球中心	一等奖	2014	河北省住房和城乡建设厅
243		2015年河北省优秀工程勘察设计奖	中银广场	一等奖	2015	河北省住房和城乡建设厅
244		2017年河北省优秀工程勘察设计奖	河北地理信息基地	一等奖	2017	河北省住房和城乡建设厅
245		2018年河北省优秀工程勘察设计行业奖	河北北国奥特莱斯商城	一等奖	2018	河北省工程勘察设计咨询协会
246		2018年河北省优秀工程勘察设计行业奖	和华家园保障性住房住宅小区	一等奖	2018	河北省工程勘察设计咨询协会
247		2018年河北省优秀工程勘察设计行业奖	河北省中医院综合病房楼	一等奖	2018	河北省工程勘察设计咨询协会
248		2018年河北省优秀工程勘察设计行业奖	保定未来像素	一等奖	2018	河北省工程勘察设计咨询协会
249		2019年河北省工程勘察设计项目成果	荣鼎天下	一等	2019	河北省工程勘察设计咨询协会
250		2019年河北省工程勘察设计项目成果	河北北国奥特莱斯商城（北国水世界）	一等	2019	河北省工程勘察设计咨询协会
251		2019年河北省工程勘察设计项目成果	未来时间	一等	2019	河北省工程勘察设计咨询协会
252		2019年河北省工程勘察设计项目成果	沧州市港城开发区污水处理厂升级改造工程EPC总承包项目	一等	2019	河北省工程勘察设计咨询协会
253	北方工程设计研究院有限公司	2000年河北省建设工程勘察设计奖	98系列建筑标准设计图集98S3热水工程	一等奖	2001	河北省建设厅
254		2009年河北省优秀工程勘察设计奖	河北大学科技教育园区综合教学楼	一等奖	2010	河北省住房和城乡建设厅
255		2010年河北省优秀工程勘察设计奖	石家庄市第五医院病房楼	一等奖	2011	河北省住房和城乡建设厅
256		2010年河北省优秀工程勘察设计奖	华北电力大学科技学院教十一楼	一等奖	2011	河北省住房和城乡建设厅
257		2010年河北省优秀工程勘察设计奖	四川省平武县响岩小学	一等奖	2011	河北省住房和城乡建设厅
258		2010年河北省优秀工程勘察设计奖	四川省平武县南坝中学	一等奖	2011	河北省住房和城乡建设厅
259		2011年河北省优秀工程勘察设计奖	河北省质量技术监督局1号建筑物（河北省质量检验检测大楼）	一等奖	2012	河北省住房和城乡建设厅
260		2015年河北省优秀工程勘察设计奖	复合保温钢筋焊接网架混凝土剪力墙构造（CL建筑体系）	一等奖	2015	河北省住房和城乡建设厅
261		2017年河北省优秀工程勘察设计奖	中国环境管理干部学院新校区设计	一等奖	2017	河北省住房和城乡建设厅
262		2017年河北省优秀工程勘察设计奖	邯郸文化艺术中心项目智能化专项设计	一等奖	2017	河北省住房和城乡建设厅

续表

序号	单位名称	奖项名称	获奖项目名称	获奖等级	获奖批文时间	颁发部门
263	北方工程设计研究院有限公司	2017年河北省优秀工程勘察设计奖	EPS模块现浇混凝土剪力墙建筑构造	一等奖	2017	河北省住房和城乡建设厅
264		2018年河北省优秀工程勘察设计行业奖	河北省群众工作中心工程项目	一等奖	2018	河北省工程勘察设计咨询协会
265		2018年河北省优秀工程勘察设计行业奖	河北建筑工程学院新校区教学实验楼	一等奖	2018	河北省工程勘察设计咨询协会
266		2019年河北省工程勘察设计项目成果	保定电力职业技术学院南校区教学综合体	一等	2019	河北省工程勘察设计咨询协会
267	华北有色工程勘察院有限公司	2004年河北省工程勘察设计“四优”	山西晋北铝厂原平水源地供水水文地质勘探	一等奖	2005	河北省工程勘察设计咨询协会
268		2006年河北省工程勘察设计“四优”	邯郸钢铁集团有限公司中关铁矿帷幕注浆试验设计与施工	一等奖	2007	河北省工程勘察设计咨询协会
269		2010年河北省优秀工程勘察设计奖	山东省昌邑市郑家坡铁矿水文地质勘察	一等奖	2011	河北省住房和城乡建设厅
270		2010年河北省优秀工程勘察设计奖	Shereik水电工程勘察项目	一等奖	2011	河北省住房和城乡建设厅
271		2012年河北省优秀工程勘察设计奖	安徽省霍邱县李楼铁矿水文地质勘探	一等奖	2013	河北省住房和城乡建设厅
272		2012年河北省优秀工程勘察设计奖	苏丹北科尔多凡州Um Badir土石坝工程	一等奖	2013	河北省住房和城乡建设厅
273		2013年河北省优秀工程勘察设计奖	西藏玉龙铜矿水源地（二期）供水水文地质勘探	一等奖	2014	河北省住房和城乡建设厅
274		2015年河北省优秀工程勘察设计奖	江西铜业股份有限公司城门山铜矿综合配套设施帷幕注浆工程	一等奖	2015	河北省住房和城乡建设厅
275		2015年河北省优秀工程勘察设计奖	河北省武安市北洺河铁矿水文地质补充勘探	一等奖	2015	河北省住房和城乡建设厅
276		2017年河北省优秀工程勘察设计奖	河北钢铁集团矿业有限公司田兴铁矿、大贾庄铁矿 水文地质、工程地质补充勘探	一等奖	2017	河北省住房和城乡建设厅
277		2018年河北省优秀工程勘察设计行业奖	西藏墨竹工卡县甲玛铜多金属矿区水文地质工程地质环境地质勘探	一等奖	2018	河北省工程勘察设计咨询协会
278		2018年河北省优秀工程勘察设计行业奖	矿山帷幕注浆规范	一等奖	2018	河北省工程勘察设计咨询协会
279		2019年河北省工程勘察设计项目成果	彝良驰宏矿业有限公司毛坪铅锌矿南部帷幕注浆试验工程	一等	2019	河北省工程勘察设计咨询协会
280	中国石油工程建设有限公司华北分公司	2018年河北省优秀工程勘察设计行业奖	旗台石化产品储罐区工程（一期）项目	一等奖	2018	河北省工程勘察设计咨询协会
281		2004年河北省工程勘察设计“四优”	宝力格油田25×10^4吨/年产能地面建设	一等奖	2005	河北省工程勘察设计咨询协会
282		2005年河北省工程勘察设计“四优”	桑南油气田地面建设工程	一等奖	2006	河北省工程勘察设计咨询协会
283		2006年河北省工程勘察设计“四优”	西气东输管道工程（第七、八设计标段）	一等奖	2007	河北省工程勘察设计咨询协会
284		2007年河北省优秀工程勘察设计奖	陕京二线输气管道工程河北—北京段	一等奖	2008	河北省建设厅
285		2008年河北省优秀工程勘察设计奖	苏里格气田苏25区块产能地面建设工程	一等奖	2009	河北省建设厅
286		2009年河北省优秀工程勘察设计奖	陕京二线京唐秦输气管道工程采育通州段	一等奖	2010	河北省住房和城乡建设厅
287		2010年河北省优秀工程勘察设计奖	冀东油田原油商业储备库工程	一等奖	2011	河北省住房和城乡建设厅

续表

序号	单位名称	奖项名称	获奖项目名称	获奖等级	获奖批文时间	颁发部门
288	中国石油工程建设有限公司华北分公司	2011年河北省优秀工程勘察设计奖	中国石油内蒙古销售分公司鄂尔多斯东胜油库迁建工程	一等奖	2012	河北省住房和城乡建设厅
289		2011年河北省优秀工程勘察设计奖	留北潜山地热综合利用及提高采收率先导试验工程	一等奖	2012	河北省住房和城乡建设厅
290		2012年河北省优秀工程勘察设计奖	鲁克沁深层稠油30万吨产能地面建设工程	一等奖	2013	河北省住房和城乡建设厅
291		2013年河北省优秀工程勘察设计奖	石空—兰州原油管道工程	一等奖	2014	河北省住房和城乡建设厅
292		2015年河北省优秀工程勘察设计奖	阿尔油田产能地面建设	一等奖	2015	河北省住房和城乡建设厅
293	河北北方绿野建筑设计有限公司	2011年河北省优秀工程勘察设计奖	河北师范大学新校区公共教学楼	一等奖	2012	河北省住房和城乡建设厅
294		2015年河北省优秀工程勘察设计奖	河北师范大学新校区图书馆	一等奖	2015	河北省住房和城乡建设厅
295		2016年河北省优秀工程勘察设计行业奖	河北师范大学新校区博物馆	一等奖	2016	河北省工程勘察设计咨询协会
296		2016年河北省优秀工程勘察设计行业奖	上城•汤廷	一等奖	2016	河北省工程勘察设计咨询协会
297		2018年河北省优秀工程勘察设计行业奖	河北医科大学图书实验综合楼	一等奖	2018	河北省工程勘察设计咨询协会
298		2018年河北省优秀工程勘察设计行业奖	河北师范大学新校区艺术中心	一等奖	2018	河北省工程勘察设计咨询协会
299		2019年河北省工程勘察设计项目成果	乐宸商务展览中心	一等	2019	河北省工程勘察设计咨询协会
300		2019年河北省工程勘察设计项目成果	横山项目——西山林语（北区）	一等	2019	河北省工程勘察设计咨询协会
301		2017年河北省优秀工程勘察设计奖	河北化工医药职业技术学院综合实训中心	一等奖	2017	河北省住房和城乡建设厅
302		2017年河北省优秀工程勘察设计奖	河北师范大学新校区体育学院	一等奖	2017	河北省住房和城乡建设厅
303	唐钢国际工程技术股份有限公司	1991年河北省优秀工程勘察设计奖	唐山钢铁公司第二炼钢厂3#、4#连铸机工程	一等奖	1991	河北省建设委员会
304		1993年河北省优秀工程勘察设计奖	15 000立方米/小时制氧机工程	一等奖	1993	河北省建设委员会
305		1994年河北省优秀工程勘察设计奖	唐钢炼钢厂全连铸工程	一等奖	1994	河北省建设委员会
306		1999年河北省优秀工程设计奖	唐钢2 560立方米高炉高风温热风炉，粒化渣系统工程	一等奖	1999	河北省建设委员会
307		2000年河北省建设工程勘察设计奖	唐钢一炼钢厂易地大修工程	一等奖	2001	河北省建设厅
308		2003年河北省工程勘察设计“四优”	唐钢超薄带钢生产线技术改造工程	一等奖	2004	河北省工程勘察设计咨询协会
309		2005年河北省工程勘察设计“四优”	唐钢二炼铁厂1#高炉大修工程	一等奖	2006	河北省工程勘察设计咨询协会
310		2008年河北省优秀工程勘察设计奖	唐钢炼铁北区3#高炉大修工程	一等奖	2009	河北省建设厅
311		2010年河北省优秀工程勘察设计奖	唐钢清洁工厂技术集成与自主创新工程	一等奖	2011	河北省住房和城乡建设厅
312		2013年河北省优秀工程勘察设计奖	唐山中厚板材有限公司大型型钢线工程	一等奖	2014	河北省住房和城乡建设厅
313	河北华热工程设计有限公司	2010年河北省优秀工程勘察设计奖	南市区集中供热蒸汽管网工程	一等奖	2011	河北省住房和城乡建设厅

续表

序号	单位名称	奖项名称	获奖项目名称	获奖等级	获奖批文时间	颁发部门
314	河北华热工程设计有限公司	2011年河北省优秀工程勘察设计奖	张家口市桥东区集中供热工程	一等奖	2012	河北省住房和城乡建设厅
315		2018年河北省优秀工程勘察设计行业奖	阳城县城镇集中供热工程	一等奖	2018	河北省工程勘察设计咨询协会
316		2019年河北省工程勘察设计项目成果	上板城热电厂配套管网工程	一等	2019	河北省工程勘察设计咨询协会
317		2019年河北省工程勘察设计项目成果	国电库尔勒2×350兆瓦热电联产工程配套供热管网工程	一等	2019	河北省工程勘察设计咨询协会
318		2019年河北省工程勘察设计项目成果	鹿泉区寺家庄镇供热煤改电项目	一等	2019	河北省工程勘察设计咨询协会
319		2019年河北省工程勘察设计项目成果	华润电力（霍山）有限公司30吨燃气锅炉+园区热网南线工程	一等	2019	河北省工程勘察设计咨询协会
320		2019年河北省工程勘察设计项目成果	石家庄正定新区起步区集中供热管网工程	一等	2019	河北省工程勘察设计咨询协会
321		2017年河北省优秀工程勘察设计奖	世行贷款邢台市利用工业余热集中供热工程	一等奖	2017	河北省住房和城乡建设厅
322	石家庄市建筑设计院	1993年河北优秀城市规划设计、工程设计奖	石家庄市联盟住宅小区规划设计	一等奖	1993	河北省建设委员会
323		1993年河北优秀城市规划设计、工程设计奖	一梯六户蝶形点式住宅A-3	一等奖	1993	河北省建设委员会
324		1993年河北优秀城市规划设计、工程设计奖	小康试验住宅B-13、B-14	一等奖	1993	河北省建设委员会
325		1994年河北省优秀工程设计奖	石家庄解放纪念碑	一等奖	1988	河北省建设委员会
326		1996年河北省优秀工程勘察设计奖	日本国鸟取县燕赵园	一等奖	1996	河北省建设委员会
327		1998年河北省优秀工程勘察设计奖	石家庄市政府办公楼	一等奖	1998	河北省建设委员会
328		2002年河北省工程勘察设计“四优”	天府花园酒店及新华书店发行中心（大厦）	一等奖	2003	河北省工程勘察设计咨询协会
329		2004年河北省工程勘察设计“四优”	马本斋纪念馆	一等奖	2005	河北省工程勘察设计咨询协会
330		2009年河北省优秀工程勘察设计奖	石家庄广播电视局采编播综合业务大楼	一等奖	2010	河北省住房和城乡建设厅
331	石家庄市政设计研究院有限责任公司	2001年河北省工程勘察设计“四优”	石家庄市引水入市改善环境工程(民心河)	一等奖	2002	河北省工程勘察设计协咨询会
332		2010年河北省优秀工程勘察设计奖	中华大街北延跨太平河桥梁工程	一等奖	2011	河北省住房和城乡建设厅
333		2016年河北省优秀工程勘察设计行业奖	榆次区中都北路北延工程	一等奖	2016	河北省工程勘察设计咨询协会
334		2018年河北省优秀工程勘察设计行业奖	南二环西延道路工程	一等奖	2018	河北省工程勘察设计咨询协会
335		2019年河北省工程勘察设计项目成果	南二环东延道路工程	一等	2019	河北省工程勘察设计咨询协会
336		2019年河北省工程勘察设计项目成果	谈固大街穿石德铁路雨水泵站迁改工程	一等	2019	河北省工程勘察设计咨询协会
337		2019年河北省工程勘察设计项目成果	阳泉市漾泉大道二期道路建设工程	一等	2019	河北省工程勘察设计咨询协会
338		2019年河北省工程勘察设计项目成果	不均匀分散负荷末端压降计算软件	一等	2019	河北省工程勘察设计咨询协会
339		2017年河北省优秀工程勘察设计奖	建华东路泵站工程	一等奖	2017	河北省住房和城乡建设厅

续表

序号	单位名称	奖项名称	获奖项目名称	获奖等级	获奖批文时间	颁发部门
340	河北九易庄宸科技股份有限公司	2009年河北省优秀工程勘察设计奖	都市温泉花园(一期)	一等奖	2010	河北省住房和城乡建设厅
341		2012年河北省优秀工程勘察设计奖	北戴河东山宾馆健身中心	一等奖	2013	河北省住房和城乡建设厅
342		2015年河北省优秀工程勘察设计奖	石家庄市高开区想象国际北区	一等奖	2015	河北省住房和城乡建设厅
343		2018年河北省优秀工程勘察设计行业奖	河北汇金金融机具产业园	一等奖	2018	河北省工程勘察设计咨询协会
344		2018年河北省优秀工程勘察设计行业奖	湖畔郦舍丹瑰苑A、B区(荣盛•未来城)	一等奖	2018	河北省工程勘察设计咨询协会
345		2017年河北省优秀工程勘察设计奖	(科技企业孵化器)石家庄长安生物科技研发中心	一等奖	2017	河北省住房和城乡建设厅
346		2017年河北省优秀工程勘察设计奖	河北建投(固安)农业科技产业园项目国际会议会展中心	一等奖	2017	河北省住房和城乡建设厅
347	河北省水利水电第二勘测设计研究院	1996年河北省优秀工程勘察设计奖	易县五一渠第五级水电站	一等奖	1996	河北省建设委员会
348		1998年河北省优秀工程勘察设计奖	大浪淀水库叶三拨枢纽	一等奖	1998	河北省建设委员会
349		2002年河北省工程勘察设计“四优”	石家庄市引岗黄水库水供水二期工程	一等奖	2003	河北省工程勘察设计咨询协会
350		2006年河北省工程勘察设计“四优”	遵化市黎河第三级水电站	一等奖	2007	河北省工程勘察设计咨询协会
351		2016年河北省优秀工程勘察设计行业奖	水闸智能三维建模系统	一等奖	2016	河北省工程勘察设计咨询协会
352		2018年河北省优秀工程勘察设计行业奖	南水北调中线一期工程总干渠邯郸市至邯郸县段工程地质勘察	一等奖	2018	河北省工程勘察设计咨询协会
353		2018年河北省优秀工程勘察设计行业奖	南水北调中线干线工程总干渠滏阳河渡槽	一等奖	2018	河北省工程勘察设计咨询协会
354		2017年河北省优秀工程勘察设计奖	河北省南水北调配套工程邢清干渠工程	一等奖	2017	河北省住房和城乡建设厅
355	石家庄电业设计研究院有限公司	1994年河北省优秀工程勘察设计奖	华药110千伏变电站	一等奖	1994	河北省建设委员会
356		1998年河北省优秀工程勘察设计奖	石家庄化纤厂110千伏变电站工程	一等奖	1998	河北省建设委员会
357		2000年度河北省建设工程勘察设计奖	赵县王西章110千伏变电站工程	一等奖	2001	河北省建设厅
358		2007年度河北省优秀工程勘察设计奖	晋州南220千伏变电站新建工程	一等奖	2008	河北省建设厅
359		2010年河北省优秀工程勘察设计奖	110千伏辛集耿虔输电线路新建工程	一等奖	2011	河北省住房和城乡建设厅
360		2011年河北省优秀工程勘察设计奖	110千伏矿区贾庄变电站新建工程	一等奖	2012	河北省住房和城乡建设厅
361		2013年河北省优秀工程勘察设计奖	東北220千伏变电站新建工程	一等奖	2014	河北省住房和城乡建设厅
362		2017年河北省优秀工程勘察设计奖	装备(元北)220千伏变电站新建工程	一等奖	2017	河北省住房和城乡建设厅
363	河北大成建筑设计咨询有限公司	2015年河北省优秀工程勘察设计奖	强肝胶囊生产基地综合楼	一等奖	2015	河北省住房和城乡建设厅
364		2016年河北省优秀工程勘察设计行业奖	奥北公元(回迁区)A、D区住宅	一等奖	2016	河北省工程勘察设计咨询协会
365		2018年河北省优秀工程勘察设计行业奖	五方中心	一等奖	2018	河北省工程勘察设计咨询协会

续表

序号	单位名称	奖项名称	获奖项目名称	获奖等级	获奖批文时间	颁发部门
366	河北大成建筑设计咨询有限公司	2019年河北省工程勘察设计项目成果	海纳尚峯	一等	2019	河北省工程勘察设计咨询协会
367		2019年河北省工程勘察设计项目成果	祥云•凤凰福邸	一等	2019	河北省工程勘察设计咨询协会
368		2019年河北省工程勘察设计项目成果	河北省首届园林博览会——定州展园工程	一等	2019	河北省工程勘察设计咨询协会
369		2017年河北省优秀工程勘察设计奖	河北数字印刷产业园（石家庄基地）	一等奖	2017	河北省住房和城乡建设厅
370	秦皇岛市建筑设计院	1993年河北省优秀工程设计奖	北戴河金山宾馆	一等奖	1988	河北省建设委员会
371		“八五”新住宅设计方案	错层采光、大进深住宅	一等	1990	河北省建设委员会
372		1998年河北省优秀工程勘察设计奖	京秦高速公路南戴河专家办事处8号楼	一等奖	1998	河北省建设委员会
373		2007年河北省优秀工程勘察设计奖	山海关古御新苑小区	一等奖	2008	河北省建设厅
374		2007年河北省优秀工程勘察设计奖	秦皇岛市重点业余体校综合训练馆	一等奖	2008	河北省建设厅
375		2010年河北省优秀工程勘察设计奖	秦皇岛柳江盆地地学博物馆	一等奖	2011	河北省住房和城乡建设厅
376		2019年河北省工程勘察设计项目成果	国际旅游港和自由贸易港起步区一期工程建筑设施修理工程——临海路与老港路交叉口三角带区域维修（老船坞区域设施维修）建筑物外观及改造工程	一等	2019	河北省工程勘察设计咨询协会
377	河北电信设计咨询有限公司	2009年河北省优秀工程勘察设计奖	河北省数字同步网设计扩容工程一阶段设计	一等奖	2010	河北省住房和城乡建设厅
378		2011年河北省优秀工程勘察设计奖	中国联通河北2009年WCDMA网室内覆盖工程	一等奖	2012	河北省住房和城乡建设厅
379		2013年河北省优秀工程勘察设计奖	2011年中国联通河北WCDMA主体网络新建工程	一等奖	2014	河北省住房和城乡建设厅
380		2015年河北省优秀工程勘察设计奖	2012年中国联通河北WCDMA无线网络扩容工程	一等奖	2015	河北省住房和城乡建设厅
381		2016年河北省优秀工程勘察设计行业奖	2014年中国联通河北LTE FDD试验网（第二阶段）无线主体工程	一等奖	2016	河北省工程勘察设计咨询协会
382		2018年河北省优秀工程勘察设计行业奖	2015年中国联通河北LTE FDD无线网第二期工程设计	一等奖	2018	河北省工程勘察设计咨询协会
383	唐山市规划建筑设计研究院	1991年河北省优秀工程勘察设计奖	唐山市多功能体育馆	一等奖	1991	河北省建设委员会
384		“安康杯”住宅设计方案	现代安居	一等奖	1994	河北省建设委员会
385		“迈向21世纪的中国住宅”设计方案竞赛	文明农居B类	一等奖	1998	河北省建设委员会
386		1998年河北省优秀工程勘察设计奖	潘家峪惨案纪念馆	一等奖	1998	河北省建设委员会
387		1999年河北省优秀工程设计奖	98J3(四)墙身——加气混凝土砌块墙	一等奖	1999	河北省建设委员会
388		2015年河北省优秀工程勘察设计奖	唐山市路北区扶轮小学	一等奖	2015	河北省住房和城乡建设厅
389	中国石油管道局工程有限公司	2016年河北省优秀工程勘察设计行业奖	乍得Ronier-Kome原油管道工程	一等奖	2016	河北省工程勘察设计咨询协会
390		2016年河北省优秀工程勘察设计行业奖	上海支干线增输工程抚州分输压气站工程	一等奖	2016	河北省工程勘察设计咨询协会

续表

序号	单位名称	奖项名称	获奖项目名称	获奖等级	获奖批文时间	颁发部门
391	中国石油管道局工程有限公司	2016年河北省优秀工程勘察设计行业奖	安哥拉罗安达渔港油库工程	一等奖	2016	河北省工程勘察设计咨询协会
392		2019年河北省工程勘察设计项目成果	西气东输三线天然气管道东段干线（吉安—福州）工程	一等	2019	河北省工程勘察设计咨询协会
393		2017年河北省优秀工程勘察设计奖	中国—中亚天然气管道C线工程项目	一等奖	2017	河北省住房和城乡建设厅
394	中国兵器工业北方勘察设计研究院有限公司	2016年河北省优秀工程勘察设计行业奖	禹洲•中央海岸	一等奖	2016	河北省工程勘察设计咨询协会
395		2019年河北省工程勘察设计项目成果	阳光城翡丽湾（03地块、04地块）	一等	2019	河北省工程勘察设计咨询协会
396		2006年河北省工程勘察设计“四优”	地基沉降计算软件	一等奖	2007	河北省工程勘察设计咨询协会
397		2011年河北省优秀工程勘察设计奖	石家庄东方银座广场（原润德天成广场）	一等奖	2012	河北省住房和城乡建设厅
398		2017年河北省优秀工程勘察设计奖	布吉街道龙岗大道、西环路南片区雨污分流管网工程	一等奖	2017	河北省住房和城乡建设厅
399	中国移动通信集团设计院有限公司河北分公司	2009年河北省优秀工程勘察设计奖	中国移动扩大的TD-SCDMA规模网络技术应用试验网秦皇岛试验网项目一阶段设计	一等奖	2010	河北省住房和城乡建设厅
400		2010年河北省优秀工程勘察设计奖	河北移动GSM十四期第一阶段扩容工程一阶段设计	一等奖	2011	河北省住房和城乡建设厅
401		2010年河北省优秀工程勘察设计奖	奥运WLAN目标核心网建设工程一阶段设计	一等奖	2011	河北省住房和城乡建设厅
402		2011年河北省优秀工程勘察设计奖	河北移动GSM十四期第二阶段扩容工程一阶段设计	一等奖	2012	河北省住房和城乡建设厅
403		2012年河北省优秀工程勘察设计奖	中国移动3G（TD-SCDMA）网络三期湖北工程	一等奖	2013	河北省住房和城乡建设厅
404	沧州双盛公路工程咨询有限公司	1997年河北省优秀工程设计奖	京福公路东光至冀鲁交界段汽车专用公路	一等奖	1988	河北省建设委员会
405		1996年河北省优秀工程勘察设计奖	山广公路庆云大桥	一等奖	1996	河北省建设委员会
406		2003年河北省工程勘察设计“四优”	京沪高速公路泊海连接线	一等奖	2004	河北省工程勘察设计咨询协会
407		2012年河北省优秀工程勘察设计奖	沧州市西三环连接线二号桥	一等奖	2013	河北省住房和城乡建设厅
408		2013年河北省优秀工程勘察设计奖	G307渤海新区黄骅市绕城工程	一等奖	2014	河北省住房和城乡建设厅
409	邯郸慧龙电力设计研究有限公司	2008年河北省优秀工程勘察设计奖	玉林220千伏变电工程	一等奖	2009	河北省建设厅
410		2010年河北省优秀工程勘察设计奖	柏林220千伏变电工程	一等奖	2011	河北省住房和城乡建设厅
411		2013年河北省优秀工程勘察设计奖	110千伏玉林至涉更四回线路	一等奖	2014	河北省住房和城乡建设厅
412		2015年河北省优秀工程勘察工程设计奖	夏庄220千伏站改造工程	一等奖	2015	河北省住房和城乡建设厅
413		2018年河北省优秀工程勘察设计行业奖	大寨—军师堡T接南中堡变110千伏线路工程	一等奖	2018	河北省工程勘察设计咨询协会
414	邯郸市亚太建筑设计研究有限公司	1992年河北省优秀工程勘察设计奖	邯郸市国棉三厂文体中心	一等奖	1992	河北省建设委员会
415		1993年河北省优秀工程勘察设计奖	邯郸市日月城大市场	一等奖	1993	河北省建设委员会

续表

序号	单位名称	奖项名称	获奖项目名称	获奖等级	获奖批文时间	颁发部门
416	邯郸市亚太建筑设计研究有限公司	2016年河北省优秀工程勘察设计行业奖	锦霖大厦（江泉大厦）	一等奖	2016	河北省工程勘察设计咨询协会
417		2019年河北省工程勘察设计项目成果	邯郸市新世纪商业广场北扩工程	一等	2019	河北省工程勘察设计咨询协会
418	河北拓朴建筑设计有限公司	2010年河北省优秀工程勘察设计奖	正定国际小商品市场商户配套住宅项目(华府名邸)住宅楼	一等奖	2011	河北省住房和城乡建设厅
419		2012年河北省优秀工程勘察设计奖	正定国际小商品城三期工程	一等奖	2013	河北省住房和城乡建设厅
420		2018年河北省优秀工程勘察设计行业奖	辛集国际皮革城二期	一等奖	2018	河北省工程勘察设计咨询协会
421		2019年河北省工程勘察设计项目成果	东创商务广场	一等	2019	河北省工程勘察设计咨询协会
422	沧州市盛通市政工程设计有限公司	2013年河北省优秀工程勘察设计奖	沧州市广州路道路工程	一等奖	2014	河北省住房和城乡建设厅
423		2009年河北省优秀工程勘察设计奖	沧州市解放西路道路工程	一等奖	2010	河北省住房和城乡建设厅
424		2010年河北省优秀工程勘察设计奖	沧州市御河西路(现路名上海路)道路工程	一等奖	2011	河北省住房和城乡建设厅
425		2011年河北省优秀工程勘察设计奖	沧州市吉林大道道路工程	一等奖	2012	河北省住房和城乡建设厅
426	河北能源工程设计有限公司	2009年河北省优秀工程勘察设计奖	荣钢220千伏变电站工程	一等奖	2010	河北省住房和城乡建设厅
427		2010年河北省优秀工程勘察设计奖	蔚县风电场升压站—涞源110千伏变电站线路工程	一等奖	2011	河北省住房和城乡建设厅
428		2012年河北省优秀工程勘察设计奖	青海省玉树州水光互补微网发电示范工程	一等奖	2013	河北省住房和城乡建设厅
429		2016年河北省优秀工程勘察设计行业奖	临西县朗源一期30兆瓦地面光伏电站项目	一等奖	2016	河北省工程勘察设计咨询协会
430	新地能源工程技术有限公司	2015年河北省优秀工程勘察设计奖	长沙市天然气利用工程储配站	一等奖	2015	河北省住房和城乡建设厅
431		2015年河北省优秀工程勘察设计奖	河南京宝新奥新能源有限公司焦炉煤气制液化天然气项目	一等奖	2015	河北省住房和城乡建设厅
432		2017年河北省优秀工程勘察设计奖	海南中油深南LNG储备库及配套码头项目	一等奖	2017	河北省住房和城乡建设厅
433	邢台电力勘测设计院有限责任公司	2009年河北省优秀工程勘察设计奖	110千伏新城—下关站双回/4回路送电线路工程	一等奖	2010	河北省住房和城乡建设厅
434		2011年河北省优秀工程勘察设计奖	110千伏天河站—邢钢III#站双回/四回线路工程	一等奖	2012	河北省住房和城乡建设厅
435		2012年河北省优秀工程勘察设计奖	110千伏贾庄站至白寨站双回T接线路工程	一等奖	2013	河北省住房和城乡建设厅
436		2013年河北省优秀工程勘察设计奖	金水110千伏变电站新建工程	一等奖	2014	河北省住房和城乡建设厅
437	中勘冶金勘察设计研究院有限责任公司	1999年河北省优秀勘察工程	包钢白云鄂博铁矿主矿深部开采边坡稳定性勘察研究	一等奖	1999	河北省建设委员会
438		2002年河北省工程勘察设计“四优”	北京首钢铁矿沙厂采区露采边坡稳定性评价及综合治理	一等奖	2003	河北省工程勘察设计咨询协会
439		2019年河北省工程勘察设计项目成果	中金蒙矿乌山铜钼矿东区尾矿库防渗工程	一等	2019	河北省工程勘察设计咨询协会
440	河北省城乡规划设计研究院	2002年河北省工程勘察设计“四优”	张家口市腰站堡水源给水工程	一等奖	2003	河北省工程勘察设计咨询协会
441		2012年河北省优秀工程勘察设计奖	中卫县集污及污水处理工程施工图设计（中卫市第一污水处理厂）	一等奖	2013	河北省住房和城乡建设厅

续表

序号	单位名称	奖项名称	获奖项目名称	获奖等级	获奖批文时间	颁发部门
442	河北省城乡规划设计研究院	2012年河北省优秀工程勘察设计奖	2011年西安世界园艺博览会室外展园河北园设计	一等奖	2013	河北省住房和城乡建设厅
443	保定市建筑设计院有限公司	2013年河北省优秀工程勘察设计奖	保定国家高新技术产业开发区发展有限公司大学科技园研发中心	一等奖	2014	河北省住房和城乡建设厅
444	保定市建筑设计院有限公司	2019年河北省工程勘察设计项目成果	保定市儿童医院整体迁建项目	一等	2019	河北省工程勘察设计咨询协会
445	保定市建筑设计院有限公司	2017年河北省优秀工程勘察设计奖	世茂国际	一等奖	2017	河北省住房和城乡建设厅
446	秦皇岛耀华玻璃总厂设计所	1990年河北省优秀工程勘察设计奖	秦皇岛耀华玻璃厂浮法生产线工程	一等奖	1990	河北省建设委员会
447	秦皇岛耀华玻璃总厂设计所	1992年河北省优秀工程勘察设计奖	国家建材局秦皇岛浮法玻璃	一等奖	1992	河北省建设委员会
448	秦皇岛耀华玻璃总厂设计所	1992年河北省优秀工程勘察设计奖	业性试验基地	一等奖	1992	河北省建设委员会
449	中铁建安工程设计院有限公司	2016年河北省优秀工程勘察设计行业奖	基础教学楼	一等奖	2016	河北省工程勘察设计咨询协会
450	中铁建安工程设计院有限公司	2018年河北省优秀工程勘察设计行业奖	菏泽市丹阳路上跨铁路立交桥工程	一等奖	2018	河北省工程勘察设计咨询协会
451	中铁建安工程设计院有限公司	2019年河北省工程勘察设计项目成果	凤凰山古城里栈道玻璃悬索桥	一等	2019	河北省工程勘察设计咨询协会
452	邯郸市规划设计院	1995年河北省优秀工程设计奖	邯郸市人民路立交桥	一等奖	1988	河北省建设委员会
453	邯郸市规划设计院	1998年河北省优秀工程勘察设计奖	邯郸市东污水处理厂至电厂中水管线工程	一等奖	1998	河北省建设委员会
454	邯郸市规划设计院	2000年河北省建设工程勘察设计奖	邯郸市环城路二期南环路工程	一等奖	2001	河北省建设厅
455	河北省建筑材料工业设计研究院	1998年河北省优秀工程勘察设计奖	邢台矿务局章村水泥厂二期工程(扩建)	一等奖	1998	河北省建设委员会
456	河北省建筑材料工业设计研究院	2011年河北省优秀工程勘察设计奖	大同冀东水泥有限责任公司2×4 500吨/日熟料新型干法水泥生产线技改工程	一等奖	2012	河北省住房和城乡建设厅
457	河北省建筑材料工业设计研究院	2015年河北省优秀工程勘察设计奖	冀东水泥璧山有限责任公司4 500吨/日新型干法水泥生产线项目	一等奖	2015	河北省住房和城乡建设厅
458	华北制药集团规划设计院有限公司	1998年河北省优秀工程勘察设计奖	华北制药厂循环水二期节水工程	一等奖	1998	河北省建设委员会
459	华北制药集团规划设计院有限公司	2000年河北省建设工程勘察设计奖	年产1 500吨青霉素生产线工程	一等奖	2001	河北省建设厅
460	华北制药集团规划设计院有限公司	2006年河北省工程勘察设计“四优”	华北制药青霉素钠盐注射粉GMP改造工程	一等奖	2007	河北省工程勘察设计咨询协会
461	张家口翰得交通公路勘察设计有限责任公司	1998年河北省优秀工程勘察设计奖	国道110线郭磊庄至老爷庙段二级公路	一等奖	1998	河北省建设委员会
462	张家口翰得交通公路勘察设计有限责任公司	2007年河北省优秀工程勘察设计奖	国道109线太平堡至岔道段二级公路改建工程	一等奖	2008	河北省建设厅
463	张家口翰得交通公路勘察设计有限责任公司	2011年河北省优秀工程勘察设计奖	省道南赤线南山窑至兴仁堡段二级路改建工程一阶段施工图设计	一等奖	2012	河北省住房和城乡建设厅
464	唐山市交通勘察设计院有限公司	1996年河北省优秀工程勘察设计奖	205线滦县滦河南大桥维修加固工程	一等奖	1996	河北省建设委员会
465	唐山市交通勘察设计院有限公司	2012年河北省优秀工程勘察设计奖	京建线洒河大桥改建工程	一等奖	2013	河北省住房和城乡建设厅
466	唐山市交通勘察设计院有限公司	2009年河北省优秀工程勘察设计奖	南湖生态城环湖景观公路新建工程	一等奖	2010	河北省住房和城乡建设厅

续表

序号	单位名称	奖项名称	获奖项目名称	获奖等级	获奖批文时间	颁发部门
467	张家口先行电力设计有限公司	2010年河北省优秀工程勘察设计奖	宣钢3#变电站110千伏电缆线路工程	一等奖	2011	河北省住房和城乡建设厅
468	张家口先行电力设计有限公司	2011年河北省优秀工程勘察设计奖	国华河北尚义七甲山风电场（200兆瓦）工程	一等奖	2012	河北省住房和城乡建设厅
469	张家口先行电力设计有限公司	2012年河北省优秀工程勘察设计奖	河北尚义龙源风电场（150兆瓦）工程	一等奖	2013	河北省住房和城乡建设厅
470	河北省冶金设计研究院	1994年河北省优秀工程勘察设计奖	承德地区钢铁水泥总厂179立方米高炉工程	一等奖	1994	河北省建设委员会
471	河北省冶金设计研究院	1998年河北省优秀工程勘察设计奖	邢台钢铁有限公司炼钢挖潜改造工程	一等奖	1998	河北省建设委员会
472	河北省冶金设计研究院	1999年河北省优秀工程设计奖	秦皇岛低松弛预应力钢绞线车间工程	一等奖	1999	河北省建设委员会
473	中煤邯郸设计工程有限责任公司	2010年河北省优秀工程勘察设计奖	华晋焦煤有限责任公司沙曲矿瓦斯发电站	一等奖	2011	河北省住房和城乡建设厅
474	中煤邯郸设计工程有限责任公司	2015年河北省优秀工程勘察设计奖	邯郸市新时代广场基坑围护、止水帷幕工程	一等奖	2015	河北省住房和城乡建设厅
475	保定吉达电力设计有限公司	2007年河北省优秀工程勘察设计奖	曲阳羊村110千伏变电站	一等奖	2008	河北省建设厅
476	保定吉达电力设计有限公司	2015年河北省优秀工程勘察设计奖	涞水—六顺110千伏线路工程	一等奖	2015	河北省住房和城乡建设厅
477	核工业第四研究设计院	1992年河北省工程勘察设计优秀软件	工民建电气工程CAD集成软件	一等奖	1992	河北省建设委员会
478	核工业第四研究设计院	2003年河北省工程勘察设计“四优”	石家庄西郊供热站一期工程	一等奖	2004	河北省工程勘察设计咨询协会
479	河北省石油化工规划设计院	1991年河北省优秀工程勘察设计奖	秦皇岛磷铵厂长输管道工	一等奖	1991	河北省建设委员会
480	河北省石油化工规划设计院	1998年河北省优秀工程勘察设计奖	河北省藁城市化肥厂改产尿素（60千吨/年）工程	一等奖	1998	河北省建设委员会
481	中钢石家庄工程设计研究院有限公司	2016年河北省优秀工程勘察设计行业奖	福建联德企业年产20万吨镍铁项目一期RKEF镍渣粒化处理工程	一等奖	2016	河北省工程勘察设计咨询协会
482	中钢石家庄工程设计研究院有限公司	2017年河北省优秀工程勘察设计奖	徐州新华宏钢铁工业有限公司1 280立方米高炉工程	一等奖	2017	河北省住房和城乡建设厅
483	中冶地勘岩土工程有限责任公司	2016年河北省优秀工程勘察设计行业奖	唐山市凤城国贸北区基坑工程	一等奖	2016	河北省工程勘察设计咨询协会
484	中冶地勘岩土工程有限责任公司	2018年河北省优秀工程勘察设计行业奖	长春地铁1号线一期岩土工程详细勘察	一等奖	2018	河北省工程勘察设计咨询协会
485	中冶京诚（秦皇岛）工程技术有限公司	2001年河北省工程勘察设计“四优”	唐山钢铁集团有限责任公司第一炼钢厂（主厂区）易地大修岩土工程勘察报告	一等奖	2002	河北省工程勘察设计咨询协会
486	中冶京诚（秦皇岛）工程技术有限公司	2012年河北省优秀工程勘察设计奖	包钢（集团）公司白云鄂博铁矿西矿采矿工程	一等奖	2013	河北省住房和城乡建设厅
487	衡水电力设计有限公司	2006年河北省工程勘察设计“四优”	邱庄110千伏变电站工程	一等奖	2007	河北省工程勘察设计咨询协会
488	衡水电力设计有限公司	2016年河北省优秀工程勘察设计行业奖	崔池—唐奉110千伏线路工程	一等奖	2016	河北省工程勘察设计咨询协会
489	承德交通勘察设计院有限公司	1999年河北省优秀工程设计奖	承围二级公路高寺台至围场镇段新改建工程	一等奖	1999	河北省建设委员会
490	承德交通勘察设计院有限公司	2011年河北省优秀工程勘察设计奖	省道平青乐线冀蒙界（北五十家子）至平泉县城段	一等奖	2012	河北省住房和城乡建设厅
491	河北汇智电力工程设计有限公司	2013年河北省优秀工程勘察设计奖	黄骅旧城110千伏输电线路工程	一等奖	2014	河北省住房和城乡建设厅

续表

序号	单位名称	奖项名称	获奖项目名称	获奖等级	获奖批文时间	颁发部门
492	河北汇智电力工程设计有限公司	2017年河北省优秀工程勘察设计奖	220千伏翟固变电站新建工程	一等奖	2017	河北省住房和城乡建设厅
493	煤炭工业石家庄设计研究院	2009年河北省优秀工程勘察设计奖	内蒙古汇能煤电集团羊市塔煤炭有限责任公司一矿	一等奖	2010	河北省住房和城乡建设厅
494		2010年河北省优秀工程勘察设计奖	冀中能源峰峰集团有限公司大淑村矿井	一等奖	2011	河北省住房和城乡建设厅
495	华北石油第一机械厂设计研究院	2000年河北省建设工程勘察设计奖	渤海能克钻杆有限公司钻杆生产线	一等奖	2001	河北省建设厅
496		2003年河北省工程勘察设计"四优"	大口径直缝埋弧焊管生产线	一等奖	2004	河北省工程勘察设计咨询协会
497	唐山电力勘察设计院有限公司	2016年河北省优秀工程勘察设计行业奖	唐山马庄220千伏变电站工程	一等奖	2016	河北省工程勘察设计咨询协会
498		2018年河北省优秀工程勘察设计行业奖	岳野山—步步川110千伏线路工程	一等奖	2018	河北省工程勘察设计咨询协会
499	唐山市热力工程设计院	1999年河北省优秀工程设计奖	唐山市中心区西部供热工程	一等奖	1999	河北省建设委员会
500		2016年河北省优秀工程勘察设计行业奖	西郊热电厂三期供热工程迎宾大道主干线	一等奖	2016	河北省工程勘察设计咨询协会
501	石家庄市勘察测绘设计研究院	2001年河北省工程勘察设计"四优"	石家庄市国税局办公楼岩土工程勘察	一等奖	2002	河北省工程勘察设计咨询协会
502		2010年河北省优秀工程勘察设计奖	石家庄滹沱新区起步区工程地质勘察（总体规划勘察阶段）	一等奖	2011	河北省住房和城乡建设厅
503	石家庄地区交通勘察设计处	1996年河北省优秀工程设计奖	京福公路沧州至东光段汽车专用公路	一等奖	1988	河北省建设委员会
504		1992年河北省优秀工程勘察设计奖	德市半壁山旅游公路	一等奖	1992	河北省建设委员会
505	保定市城乡建筑设计研究院	2018年河北省优秀工程勘察行业奖	曲阳三馆两中心	一等奖	2018	河北省工程勘察设计咨询协会
506	沧州中兴电力设计有限责任公司	2012年河北省优秀工程勘察设计奖	达力普110千伏线路工程	一等奖	2013	河北省住房和城乡建设厅
507	承德水文地质工程地质勘察院	2019年河北省工程勘察设计项目成果	新建承德民用机场勘察项目	一等	2019	河北省工程勘察设计咨询协会
508	承德天汇电力设计有限公司	2008年河北省优秀工程勘察设计奖	木兰至山湾子110千伏送电线路工程	一等奖	2009	河北省建设厅
509	邯郸市华威公路设计咨询有限公司	2013年河北省优秀工程勘察设计奖	青兰高速公路人民路互通至广府古城公路工程	一等奖	2014	河北省住房和城乡建设厅
510	邯郸市建伟城市设计有限公司	2005年河北省工程勘察设计"四优"	邯郸市中华大街道路改造工程	一等奖	2006	河北省工程勘察设计咨询协会
511	邯郸市水利水电勘测设计研究院	2018年河北省优秀工程勘察设计行业奖	河北省邯郸市东武仕水电站增效扩容改造工程	一等奖	2018	河北省工程勘察设计咨询协会
512	河北博科工程咨询有限公司	2019年河北省工程勘察设计项目成果	经编厂宿舍改造二期1#人防工程	一等	2019	河北省工程勘察设计咨询协会
513	河北沧州同兴电力有限公司	2018年河北省优秀工程勘察设计行业奖	吴桥管庄（宋门）110千伏变电站新建工程	一等奖	2018	河北省工程勘察设计咨询协会
514	河北地矿四水水文工程地质勘察有限公司	2005年河北省工程勘察设计"四优"	唐山市工人医院岩溶塌陷地质灾害补充勘察报告	一等奖	2006	河北省工程勘察设计咨询协会
515	河北工学院土建设计室	1992年河北省优秀工程勘察设计奖	河北大学图书馆	一等奖	1992	河北省建设委员会
516	河北华油钢管设计研究院有限公司	2012年河北省优秀工程勘察设计奖	大口径厚壁高强度直缝埋弧焊钢管生产线项目	一等奖	2013	河北省住房和城乡建设厅

续表

序号	单位名称	奖项名称	获奖项目名称	获奖等级	获奖批文时间	颁发部门
517	河北惠宁建筑标准设计有限公司	2019年河北省工程勘察设计项目成果	天洲国际商务中心	一等	2019	河北省工程勘察设计咨询协会
518	河北建研建筑设计有限公司	2010年河北省优秀工程勘察设计奖	山海关关城及东罗城6千米城墙修复工程综合检测、稳定性分析评估	一等奖	2011	河北省住房和城乡建设厅
519	河北金润热力燃气工程设计有限公司	2019年河北省工程勘察设计项目成果	张家口市集热降霾（供热管网）工程	一等	2019	河北省工程勘察设计咨询协会
520	河北理工学院建筑设计研究院	2006年河北省工程勘察设计“四优”	河北理工学院图书馆	一等奖	2007	河北省工程勘察设计咨询协会
521	河北人防工程设计研究院有限公司	2019年河北省工程勘察设计项目成果	河北省省直人防工程	一等	2019	河北省工程勘察设计咨询协会
522	河北省纺织建筑设计院	1998年河北省优秀工程勘察设计奖	保定化纤厂7 500吨/年粘胶长丝技改工程	一等奖	1998	河北省建设委员会
523	河北省商业建筑设计院	1990年河北省优秀工程勘察设计奖	唐山滦县山洞冷库	一等奖	1990	河北省建设委员会
524	河北省水文工程地质勘察院	2013年河北省优秀工程勘察设计奖	四川省地震灾区都江堰市虹口乡红色村塔子坪上方滑坡应急勘察	一等奖	2014	河北省住房和城乡建设厅
525	河北水文工程地质勘察院	2018年河北省优秀工程勘察设计行业奖	石家庄新客站下城市轨道交通预留3号车站（地铁）岩土工程勘察	一等奖	2018	河北省工程勘察设计咨询协会
526	河北天俱时医药化工工程设计有限公司	2018年河北省优秀工程勘察设计行业奖	齐鲁安替制药有限公司无菌车间扩建项目（一期）项目	一等奖	2018	河北省工程勘察设计咨询协会
527	河北拓为工程设计有限公司	2019年河北省工程勘察设计项目成果	河北拓为工程设计有限公司综合管理系统	一等	2019	河北省工程勘察设计咨询协会
528	河北中核岩土工程有限责任公司	2019年河北省工程勘察设计项目成果	山东海阳核电厂一期工程岩土工程勘察	一等	2019	河北省工程勘察设计咨询协会
529	衡水龙翔公路工程勘察设计咨询有限公司	2009年河北省优秀工程勘察设计奖	衡德高速公路景州连接线改建工程	一等奖	2010	河北省住房和城乡建设厅
530	华北石油管理局勘察设计院	1992年河北省工程勘察设计优秀软件	油、气、水处理工艺设计绘图软件	一等奖	1992	河北省建设委员会
531	廊坊市城市建设勘察院	1998年河北省优秀工程优秀勘察	廊坊市工商银行金融大厦岩土工程勘察	一等奖	1998	河北省建设委员会
532	廊坊市冠华电力设计有限公司	2009年河北省优秀工程勘察设计奖	唐头(琉璃庄)110千伏变电站工程	一等奖	2010	河北省住房和城乡建设厅
533	廊坊市华晟建筑设计有限公司	2007年度河北省优秀工程勘察设计奖	廊坊市文化艺术中心文博馆	一等奖	2008	河北省建设厅
534	秦皇岛市房产建筑设计院	“八五”新住宅设计方案	空间弹性化住宅	一等	1990	河北省建设委员会
535	秦皇岛市土地规划管理局测绘队	1992年河北省优秀工程勘察设计奖	秦皇岛市北戴河区地籍测量	一等奖	1992	河北省建设委员会
536	秦皇岛市燕盛岩土工程有限公司	2006年河北省工程勘察设计“四优”	秦皇岛市嘉远大厦基坑工程	一等奖	2007	河北省工程勘察设计咨询协会
537	秦皇岛冶金设计研究院	2000年河北省建设工程勘察设计奖	唐钢石人沟铁矿西大峪尾矿坝中后期稳定性分析岩土工程	一等奖	2001	河北省建设厅
538	清华大学土木建筑设计研究院	1993年河北优秀城市规划设计、工程设计奖	节地节能住宅C-5	一等奖	1993	河北省建设委员会
539	石家庄地区建筑设计院	1991年河北省优秀工程设计奖	石家庄第三十中学	一等奖	1988	河北省建设委员会
540	石家庄地区交通勘察设计处 河北省交通规划设计院	1990年河北省优秀工程勘察设计	京深线石家庄至保定段高速公路（半幅）	一等奖	1990	河北省建设委员会

续表

序号	单位名称	奖项名称	获奖项目名称	获奖等级	获奖批文时间	颁发部门
541	石家庄市规划设计院	1993年河北省优秀工程勘察设计奖	石家庄市平面控制网改造工程	一等奖	1993	河北省建设委员会
542	唐山开滦勘察设计有限公司	2019年河北省工程勘察设计项目成果	河北省安全生产应急救援指挥中心	一等	2019	河北省工程勘察设计咨询协会
543	唐山市水利规划设计院	1994年河北省优秀工程勘察设计奖	唐山市陡河市区段综合治理一期工程	一等奖	1994	河北省建设委员会
544	唐山市园林绿化设计所	2000年河北省建设工程勘察设计奖	唐山市南部采煤塌陷区东部园林景观设计	一等奖	2001	河北省建设厅
545	邢台宏泰设计有限公司	2007年河北省优秀工程勘察设计奖	“大型锻钢辊加热及热处理生产线”工程	一等奖	2008	河北省建设厅
546	邢台华腾公路设计咨询有限公司	2010年河北省优秀工程勘察设计奖	国道106线邢台市段旧西半幅大修工程	一等奖	2011	河北省住房和城乡建设厅
547	邢台市建筑设计研究院有限公司	2016年河北省优秀工程勘察设计行业奖	中国人民抗日军政大学陈列馆	一等奖	2016	河北省工程勘察设计咨询协会
548	宣化新龙工程勘察设计有限责任公司	2004年河北省工程勘察设计“四优”	宣钢15 000立方米/小时制氧工程	一等奖	2005	河北省工程勘察设计咨询协会
549	张家口市建筑设计院	1998年河北省优秀工程优秀标准	混凝土阳台	一等奖	1998	河北省建设委员会
550	张家口市金石岩土工程技术有限公司	2019年河北省工程勘察设计项目成果	晟佳•滨河公馆住宅小区	一等	2019	河北省工程勘察设计咨询协会
551	唐山市水利规划设计研究院	2010年河北省优秀工程勘察设计奖	曹妃甸工业区供水工程	一等奖	2011	河北省住房和城乡建设厅
552	中交远洲交通科技集团有限公司	2019年河北省工程勘察设计项目成果	花海大道造林绿化项目	一等	2019	河北省工程勘察设计咨询协会
553	中铁城际规划建设有限公司	2018年河北省优秀工程勘察设计行业奖	临汾开发区鼓楼北大街（坂下口至高河桥段）道路工程	一等奖	2018	河北省工程勘察设计咨询协会

杰出人物

大师

【周亮臣】

1929年11月生，1955年毕业于东北地质学院水文地质工程地质专业，教授级高级工程师，特许注册土木工程师（岩土），1993年获得国务院政府特殊津贴，1990年获全国工程勘察设计大师称号，原就职于中国石油天然气管道工程有限公司，完成项目多项获国家优秀工程勘察奖及省部、总公司科技进步奖。周亮臣主持完成的“柴达木盆地花土沟盐渍土地区工程地质勘察”项目获国家级优秀工程勘察银质奖；主编的石油工业部标准《输油气管道工程地质勘察规范》获中国石油天然气总公司科技进步二等奖；主持完成的“盐渍土的工程特性及其对建筑物的危害和处理对策”科研项目，获国家科技进步三等奖；发表《盐渍土地基》等40多篇论文。1985年荣获河北省劳动模范称号，1987年出席中共第十三次全国代表大会，1988年获中央国家机关优秀共产党员称号，1989年获全国能源工业劳动模范称号。

【袁世春】

1930年生，四川南充人，1961年毕业于北京矿业学院矿山企业建筑专业，1962年到煤炭工业部重庆煤矿设计研究院工作，1975年底调至中煤邯郸设计工程有限责任公司（原名为煤炭工业部邯邢煤矿设计研究院）工作，1990年被授予全国工程勘察设计大师称号，1991年获得国务院政府特殊津贴，1995年退休。袁世春同志自参加工作以来，主持和参加了多项煤炭行业重大工程设计工作。作为项目负责人，其主持设计的东庞矿井于1987年获得原煤炭工业部优秀设计二等奖，1988年获得国家优质工程银奖。东庞矿井为当时国内设计水平高、生产效益好的样板矿井。袁世春同志技术水平高，热爱煤炭事业，工作兢兢业业，认真负责，在职期间主持了多个矿井的工程设计工作，如东庞矿井、云驾岭矿井、东欢坨矿井等，设计水平和工程建设质量均达到国内先进水平。

【张遵葆】

1935年8月—2007年8月，教授级高级工程师，全国工程勘察设计大师。1959年毕业于北京地质学院水文地质工程地质系，后被分配到河北建设勘察研究院有限公司，1979年至1985年任副院长，1986年至1997年任院长，1997年任顾问。在其担任院长期间，一贯坚持科技兴院方针，使我省勘察设计行业在技术水平、设备能力、队伍规模等方面都成了国内很有影响的专业队伍。从事勘察行业技术工作和担任领导职务期间，张遵葆在技术上精益求精，先后获国家优秀勘察金质奖2次、银质奖1次、铜质奖1次，获建设部科技进步三等奖1次。张遵葆主持编写了多部论文、著作。他于1986年被建设部授予先进科技工作者，1989年被评为河北省优秀知识分子，1990年被建设部评为劳动模范，1991年荣获国务院政府特殊津贴，1993年被评为国家级科技成果鉴定评审专家，1994年被评为全国工程勘察设计大师，1995年被评为河北省省管优秀专家，1997年被省建委评为全省建设系统优秀科技工作者。

【孙亨元】

1932年9月生，江苏江阴人，大学毕业，研究员级高级工程师，全国工程勘察设计大师，机电部北方设计研究院（今北方工程设计研究院有限公司）副总工程师。孙亨元1958年毕业于苏联莫斯科钢铁学院铸造专业，曾在内蒙古第一机械制造厂、541总厂、华普机械厂任工程师、研究所长、总工程师等职。他的主要业绩：主持中国第一条现代化铸钢高压造型生产线设计与建造；提出并组织实施混线生产风冷发动机铸铁件；主持引进奔驰重型载重汽车项目的工程设计。其著有《意大利铸造技术》《西德、日本高压造型技术在铸钢中的应用》等书；还撰有《关于铸钢白点问题的探讨》《铸钢白点及钢中氧量的控制》等论文。

【李国新】

1931年—2008年10月，1952年毕业于长春土木建筑高级职业学校，1953年于沈阳设计干校高级工程地质班进修。李国新曾任冶金部勘察研究总院总工程师，教授级高级工程师，享受国务院政府特殊津贴专家，全国工程勘察设计大师。20世纪50至60年代，李国新在太钢、包钢建设初期，提出了对不同的土层进行以载荷试验为主的原位测试，为国家节约了大量资金，积累了宝贵的岩土工程经验。20世纪70年代末80年代初，他在粉土、砂土液化理论和液化判定方法方面进行了大量研究，提出了科学的计算方法，有较高的使用价值。20世纪90年代，在太钢扩建工程的勘察中，他提出采用深层降水载荷试验等多种测试手段挖掘地基土承载潜力，节约资金6 000余万元。后来，李国新在民用高层建筑岩土工程勘察中多次提出通过详细的原位测试手段，挖掘地基土承载潜力，使多栋高层建筑地基由桩基变为天然地基，为业主节约了大量投资。李国新所主持的工程获得多项国家奖和部级奖，在全国性刊物上发表论文30余篇。

【李九鸣】

1943年生，1967年7月毕业于北京钢铁学院采矿系，教授级高级工程师，享受国务院政府特殊津贴专家，全国工程勘察设计大师。李九鸣曾任中勘公司前身冶金部勘察研究总院院长，全国注册土木工程师（岩土）管理委员会委员、中国地质学会工程地质专业委员会副主任委员、中国勘察设计协会工程勘察与岩土分会副会长、中国地质灾害研究会滑坡与崩塌专业委员会副主任委员、全国优秀工程勘察评选组专家评委、中国冶金建设协会副理事长、中国冶金建设协会勘察委员会主任委员、《勘察科学技术》主编等职。自20世纪70年代以来，他主持了30余项大型边坡勘察与治理工程，获得多项国家金奖、银奖及冶金部科技进步奖。李九鸣在国内外学术会议和全国性刊物上先后发表论文30余篇，先后参与编译或编著了《岩石边坡工程》《冶金百科全书》《岩土工程勘察设计手册》《岩土工程治理手册》《岩土工程试验监测手册》等专业技术书籍，其中参编的《露天矿边坡工程地质勘察规范》填补了国内空白。

【梁金国】

1956年12月生，教授级高级工程师，国家注册土木工程师，全国工程勘察设计大师，享受国务院政府特殊津贴。1980年，梁金国毕业于长春地质学院，1984年毕业于同济大学岩土工程研修班，曾任河北省建设勘察研究院总工程师、总经理等职，获河北省有突出贡献的中青年科技管理专家，河北省巨人计划首批领军人才等称号，2009年被授予河北省工程勘察大师称号，2011年被评为全国工程勘察设计大师。梁金国担任过河北工业大学、河北大学、河北工程大学、河北科技大学、长春工程学院等学校的兼职教授和硕士生导师；曾担任《河北勘察》主编、中国工程勘察学术委员会主任，现任河北省岩石力学与工程学会副理事长、河北省土木建筑学会副理事长、河北省工程勘察设计咨询协会会长。其主持项目6项荣获国家级优秀工程银奖，多项河北省科技进步奖、省级优秀工程奖，取得3项国家发明专利，1项全国发明金奖。其先后在国内刊物上发表科技论文30多篇，主编了多项岩土工程方面技术规程，出版多篇论文著作。

【史航】

1958年9月生，山东菏泽人，1985年1月毕业于管道职工学院管道线路工程专业，2004年取得天津大学材料工程专业工程硕士学位，教授级高级工程师，2007年获批享受国务院政府特殊津贴，2011年被评为全国工程勘察设计大师。史航原为中国石油天然气管道工程有限公司线路专业总工程师，从事管道线路选线、穿跨越设计，先后参加了200余项工程的设计工作，担任线路专业总工程师完成了西气东输二线及三线、中缅油气管道、中亚D线等国家重点工程项目，所主持的项目多次获得全国和中石油集团公司优秀工程设计奖。其主持了并行敷设管道研究、基于应变的设计方法研究等科研项目，编制了我国首个并行管道设计规范；参与修编了国家标准《输油管道工程设计规范》《输气管道工程设计规范》等。史航先后获得国家西气东输工程建设先进个人、中国石油集团公司高级技术专家、河北省首届职工十大道德模范等多项荣誉，2015年当选全国劳动模范。

【张文伟】

1969年5月生，1991年7月毕业于中国石油大学机械系石油矿场机械专业，2006年7月取得中国石油大学石油与天然气工程专业硕士学位，教授级高级工程师。张文伟现任中国石油天然气管道工程有限公司副总经理兼任总工程师，从事油气储运设计工作，先后参加了100余项工程的设计工作，主要参与了西一线、西二线、中亚管道、中俄东线等国家重点项目，分别担任技术经理、项目总工。她组织建立了公司技术标准体系和知识管理系统，组织开展科研技术攻关170多项，先后获得国家级优秀工程设计奖3项，省部级优秀工程设计奖7项，省部级科技进步及技术发明奖3项。作为主要编制人，张文伟参与了《输油管道设计规范》《油气管道抗震设计规范》等10多项国家标准的修、制定工作；在国内核心期刊及国际会议上发表论文30余篇。张文伟曾获得全国“三八”红旗手称号；2011年被评为国家能源局国产化突出贡献者；2016年获批享受国务院政府特殊津贴；2016年获得全国工程勘察设计大师称号。

【冯冠学】

1962年7月生，1982年8月参加工作，山西矿业学院采矿专业毕业，研究生学历，硕士学位，教授级高级工程师，历任中煤邯郸设计工程有限责任公司执行董事（法定代表人）、总经理、党委副书记。冯冠学主持完成了多项煤炭重大工程的设计、咨询工作，共获得部级以上优秀工程设计、咨询成果奖十余项。“补连塔矿井”“上湾矿井”获国家优秀工程设计金奖，“东庞矿井”获国家银质奖，“九龙口矿井”获国家优秀工程设计铜奖，“国家大型煤炭基地建设规划”获全国优秀工程咨询成果一等奖。冯冠学于2006年获河北省煤炭工业优秀工作者称号，2009年荣获河北省勘察设计行业具有行业影响力人物奖，2010、2012、2013年被评为河北省优秀（创业）企业家， 2013年被评为中国勘察设计行业优秀企业家（院长），2011年获河北省工程勘察设计大师称号，2018年获全国工程勘察设计大师称号。

【顾辉】

1951年10月生，正高级工程师，1976年毕业于华北水利水电学院农田水利专业，中共党员，历任河北省水利水电勘测设计研究院总工程师、院长、博士后科研工作站管理委员会主任、专家委员会主任，天津市人大代表，天津大学、三峡大学、华北水利水电学院兼职教授和博士研究生导师，国家重点水利工程桃林口水库建设指挥部副主任。顾辉主持、组织完成了大中型水利工程勘察设计与建设项目30余项，获国家及省部级科技进步奖、优秀工程勘察设计奖20余项，发表学术论文143篇，出版著作15部，曾获河北省记功嘉奖，优秀共产党员、优秀党务工作者、先进工作者；曾获河北省水利学术带头人、中国科学技术期刊编辑银牛奖、南水北调工程规划先进个人、全国水利行业优秀院长、水利部优秀中青年技术人员、河北省省管优秀专家、有突出贡献的中青年专家、优秀专业技术人才，天津市劳动模范、五一劳动奖章，河北省首批工程勘察大师等荣誉，享受国务院政府特殊津贴。

【聂庆科】

1965年12月生，教授级高级工程师，注册土木工程师（岩土）、一级建造师、项目管理师，现任河北建设勘察研究院有限公司总工程师，河北省岩土工程技术研究中心主任，河北建设勘察研究院有限公司博士后工作站站长。聂庆秋曾连续两年获河北省优秀青年称号，曾获省二等功，后获得河北省有突出贡献的中青年专家、河北省工程勘察大师等称号，并享受国务院政府特殊津贴，还是美国田纳西大学高级访问学者，石家庄市市管拔尖人才，河北省杰出专业技术人才。他完成的工程勘察项目先后获5项全国优秀勘察设计银奖，多项工程获河北省优秀工程勘察奖、省级科技进步奖及行业科技进步奖（近5年获省科技进步一等奖3项），获得国家发明专利21项，发表学术论文100余篇，出版专著4部，主编和参编了多项国家标准、行业标准和地方标准。

【杨书涛】

1959年2月生，教授级高级工程师，国家注册土木工程师（岩土），中国工程建设高级职业经理人，现任中勘冶金勘察设计研究院有限责任公司顾问、总工程师，中国科技核心期刊《勘察科学技术》主编。1980年7月，杨书涛毕业于长春冶金地质学校水文地质与工程地质专业，1980—1982年在东北工学院学习日语，1985年在同济大学岩土工程系研修，1990—1993年在河北农业大学水利工程专业读研究生并获工学硕士学位。2009年，杨书涛被河北省住房和城乡建设厅、河北省人力资源和社会保障厅授予河北省工程勘察大师称号。他主编国家技术标准规范4部，参编国家和行业技术标准和规程规范16部，在国内刊物上发表科技论文6篇，参编出版手册1部；主持完成的大型课题研究和工程项目荣获国家级优秀工程勘察设计银奖4项、铜奖1项；荣获省部级行业一、二等奖30多次，获得国家发明专利3项、实用新型专利10项，部级工法2项。

【王长科】

1964年10月生，正高级工程师，毕业于华北水利水电学院，工学硕士，国家注册土木工程师，河北省工程勘察大师，现任中国兵器北方工程设计研究院有限公司职工董事，中国兵器工业北方勘察设计研究院有限公司总经理，河北省地下空间工程技术研究中心主任，全国注册岩土工程师执业资格考试专家组副组长，中国勘察设计协会工程勘察与岩土分会副会长，河北省土木建筑学会地基基础学术委员会副主任等职务，还在石家庄铁道大学、河北大学、河北农业大学、河北地质大学等兼职教授。王长科先后发表论文117篇，出版著作11本，编制国家技术标准2项、省级技术标准3项，立项完成科技成果省级鉴定7项，拥有国家发明专利1项、实用新型专利3项，获得省部级科技进步、优秀工程勘察设计奖项31项，出版《工程建设中的土力学及岩土工程问题——王长科论文选集》；还在嫦娥三号登月研究中，成功研制出第一代低重力模拟月壤，为飞船成功登月作出了贡献。

【李宏义】

1963年4月生，研究员级高级工程师，毕业于河北地质学院，现任北方工程设计研究院有限公司副总经理，中国兵器工业北方勘察设计研究院有限公司党委书记，河北省工程勘察大师，国家注册土木工程师（岩土），国家注册监理工程师，中国建筑学会工程勘察分会第七届理事会理事，中国地质学会第七至十届工程地质专业委员会委员，河北省土木学会地基基础学术委员会副主任委员，河北省科技成果鉴定专家，河北省地震安全评定委员会委员，《岩土工程技术》杂志编委，《中国勘察与岩土工程》杂志主编等。李宏义主持负责大中型项目几百项，获省部级优秀工程奖14项，省部级科技进步奖4项，担任《工程地质手册》编委并参加编写工作；参加了由中国工程勘察设计协会组织的《岩土工程系列手册》的编写，发表论文30余篇，出版专著8部，为推动行业进步作出了突出贡献。

【张振拴】

1951年4月生，正高级工程师，毕业于河北地质学院水工系水文地质与工程地质专业，正高级工程师，注册土木工程师（岩土），河北省工程勘察大师；现任河北省建筑科学研究院有限公司总工程师，中国建筑学会地基基础分会理事，中国土木工程学会桩基学术委员会、工程质量分会理事，河北省土木建筑学会常务理事等，还是石家庄铁道大学、燕山大学、河北工业大学等7所大学兼职教授及硕士研究生导师。张振拴曾出版著作《建筑物检测分析与加固处理》《建筑地基基础实践与研究》《岩土工程技术及进展》等10余本，发表学术论著70余篇。近年来，他主持完成20余项科研课题，获河北省科技进步二等奖1项和三等奖5项，河北省建设厅科技进步一等奖15项，河北省优秀工程勘察设计一等奖1项和二等奖1项。其主编和参编完成国家和地方标准《钢筋混凝土筒仓施工与质量验收规范》等6项标准，主编河北省《建筑基坑工程技术规程》等地方标准20余项。

【宋泽华】

正高级工程师，现任唐山市规划建筑设计研究院副院长、党委副书记、勘察总工程师，注册土木工程师（岩土），河北地质大学客座教授，华北理工大学硕士研究生导师，河北省工程勘察大师。宋泽华毕业于河北地质学院水工系，2009年获得矿业工程硕士学位，曾获市建委3等功，优秀党务工作者，国家优质工程奖突出贡献者，完成项目获国家优秀勘察设计银奖1项，省部级优秀勘察设计奖12项，发明专利1项，软件著作权1项，参加编制国家标准1项、行业标准1项、地方标准7项，发表论文16篇；任《河北勘察》《粉煤灰综合利用》《河北建筑技术与科技》杂志编辑委员，国家深基础学术委员会桩基础分会委员，河北省土木建筑工程学会、地基基础委员会常委等。宋泽华曾参与唐山震后恢复建设，潘家峪及井陉等革命教育基地建设，唐山南湖采空区等岩溶、建筑地基处理，四川平武县救灾援建，新疆且末西藏阿里日土县等对口援建，河北省第一个海绵城市、综合管廊建设，矿山环境恢复与地质灾害治理等项目。

【李拱辰】

1936年9月生，教授级高级建筑师，国家一级注册建筑师，享受国务院政府特殊津贴专家，2011年获河北省首批建筑大师称号。李拱辰1959年毕业于天津大学建筑系，现任河北建筑设计研究院有限责任公司资深总建筑师。其代表作品唐山抗震纪念碑，于2017年入选第二批中国20世纪建筑遗产名录；石家庄铁路客站（老火车站）被列为石家庄第一批历史建筑。他的设计作品遍及全省，他主持设计或指导完成的设计项目总计逾百项。其中，河北艺术中心、泥河湾博物馆、西柏坡纪念馆、河北建设服务中心等作品屡屡获得国家、建筑行业优秀设计奖较高等级奖项。其主持设计的1999年昆明世博会河北展园获得大奖，被省委、省政府授予一等功奖励。多年来，李拱辰曾担任石家庄市城乡规划建设专家咨询委员会委员，为省会建设尽心尽责，严把质量关。曾长期任住建部注册建筑师考试专家组组长，在全国二级注册建筑师考试内容、题型设计、适考情况等方面做了许多基础性研究工作。

【郭卫兵】

1967年12月生，中共党员，河北石家庄人，1989年毕业于天津大学建筑系，大学学历，工程硕士学位，现任河北建筑设计研究院有限责任公司党委书记、董事长、总建筑师。郭卫兵先后荣获河北省建设系统劳动模范、第七届河北青年科技奖、河北省建筑行业新中国成立60周年最具影响力人物、河北省有突出贡献中青年专家、河北省建筑大师、当代中国百名建筑师、河北省劳动模范等荣誉和奖项；任中国建筑学会理事，河北省土木建筑学会建筑师分会理事长，国家行业优秀设计评选专家，国家注册建筑师委员会委员。他主持设计的项目有20余项荣获河北省优秀设计一等奖，其中9项荣获全国优秀工程设计行业奖。其代表作品有河北省博物院、磁州窑博物馆、定州中山博物馆、石家庄大剧院等。郭卫兵有强烈的社会责任感，先后策划了“建筑的力量”“文化遗产与建筑创新”“人民的建筑”“媒体的力量·让建筑更美好”等大型论坛。

【孙兆杰】

1962年7月生，正高级工程师，毕业于合肥工业大学，现任中国兵器北方工程设计研究院有限公司总经理、党委副书记、首席总建筑师，河北省首批建筑大师，河北省劳动模范，河北省"五一"劳动奖章获得者，天津大学等6所大学研究生导师、客座教授，国家注册建筑师考试命题组专家，《工业建筑》等编委，中国勘察设计协会理事会理事、科技创新工作委员会副主任、建筑设计分会常务理事，中国建筑学会理事、资深会员，APEC注册建筑师，河北省勘察设计咨询协会副会长，河北省木土建筑学会副会长。孙兆杰曾主持大量国防科技系统、国家和省部级重点工程设计工作，主持完成了河北省政府、河北省委党校、石家庄市委党校、河北大学、河北科技大学等几十余项大型项目，发表论文17篇，出版《大学校园规划设计》等专著4部，主编建筑标准2项，荣获国家级优秀设计银奖1项，省部级以上奖14项，在产业园区规划、工业与科研建筑、大学校园规划等方面形成了完整的理论和技术体系。

【谷岩】

1966年生，正高级工程师，毕业于同济大学，河北省建筑大师，中国APEC建筑师，现为中土国际科技集团有限公司学术带头人，中土大地国际建筑设计有限公司首席总建筑师，中国建筑学会资深会员，河北省工程勘察设计咨询协会建筑工作委员会副主任，住建部绿色建筑评价标识专家，担任《河北勘察设计》杂志副主编，在河北工业大学、天津大学、石家庄铁道大学等多所院校担任特聘教授或校外导师。谷岩主持设计了多项重要民用和工业建筑项目，代表作品有国家重点工程三〇工程建设项目、中国兵器工业信息化产业基地、中国兵器北京光电信息技术产业园、791厂移地建设工程等大型工业项目，迄今已获得国家、部、省级奖18项，其中三〇工程建设项目获国家优秀工程设计金奖。他曾参与多部国家规范、省级标准编制工作，出版过大量建筑专业论著、论文，擅长绘画，参加数次全国建筑师书画作品展，出版多部画册及书刊。

【孔令涛】

1969年4月生，正高级工程师，1991年毕业于哈尔滨建筑工程学院建筑系建筑学专业，国家一级注册建筑师，现任河北九易庄宸科技股份有限公司总建筑师。孔令涛曾先后荣获河北省建设系统先进工作者、河北省建筑大师、石家庄市有突出贡献的中青年专家等荣誉称号。其社会任职有：中国建筑学会资深会员，河北省土木建筑学会常务理事，河北省土木建筑学会建筑师分会副理事长，河北工业大学客座教授，河北工程大学、石家庄铁道大学、河北建筑工程学院硕士研究生校外导师。其主持工程及荣誉主持设计的项目先后有20余项获得全国优秀工程勘察设计行业奖及河北省优秀工程勘察设计奖。

【孙贺臣】

正高级工程师，1965年毕业于天津大学土木工程系工民建专业，就职于北方工程设计研究院有限公司（原五机部五院），国家一级注册结构师，河北省工程设计大师，河北省离退休干部先进个人。孙贺臣曾任北方工程设计研究院有限公司分院院长、总院副总工程师、河北贺宸工程设计咨询事务所所长，河北省工程设计抗震审查委员会和超限高层建筑工程抗震专项审查委员会委员，河北省勘察设计咨询协会、石家庄市勘察设计咨询协会副会长。其主持国内外工业、民用建筑大中型项目300余项，其中多项主持的工程获得国家级、省部级优秀工程设计一、二等奖，代表项目有弹道国防科技实验室、296厂轮式步兵战车厂、乌干达某外贸项目、石家庄亚太大酒店、石家庄市日报社、上海兵工大厦等。在科研业务及咨询方面，他曾参加国家和省级、兵器集团等工程设计、方案论证、超限高层建筑抗震设计设防审查约300项，省级标准图、设计规程、标准的立项审查定稿约100项。

【杨健】

1954年10月生，1978年毕业于华东理工学院无机非金属材料专业，教授级高级工程师，享受国务院政府特殊津贴专家，国家注册化学工程师，国家注册咨询工程师，河北省工程设计大师；曾任秦皇岛玻璃工业研究设计院院长；主持过通辽国家联合引进项目、国内第一条九机改浮法玻璃生产线工程、国内首条华尔润700吨级浮法玻璃生产线工程、国内首条1 000吨级浮法玻璃生产线工程等。其多项技术达到国际先进水平，为行业节能减排作出了杰出贡献。其项目曾获得国家科技进步二等奖1项，国家设计金奖3项，省部级科技进步一等奖1项，省部级其他奖励10余项。

【习朝位】

1983毕业于河北工业大学，现任河北建筑设计研究院有限责任公司副院长、总工程师，首批河北省工程设计大师，中国勘察设计协会减隔震专业委员会专家，河北省工程勘察设计咨询协会监事会主席，河北省工程建设标准化协会会长，河北省绿色建材装备协会会长，河北省土木建筑学会秘书长，结构工程学术委员会会长。习朝位曾指导审定复杂高层建筑100余项，荣获国家及省部级优秀工程勘察设计奖18项；主持或主研科研课题17项，多项荣获河北省科技进步奖；获国家专利5项，软件著作权2项；编制国家、地方标准等60余项，审查地方标准100余项；发表论文15篇，主编出版图书《高层建筑抗震设计研究工程实例》。其代表项目有西柏坡纪念馆改扩建、正定国际机场航站楼、河北省博物馆扩建、河北省图书馆扩建、河北省建设服务中心、石家庄万达广场、石家庄华润万象城等。其个人曾获当代中国杰出工程师、全国勘察设计行业科技创新带头人、中国工程建设标准化年度人物、建设部劳动模范等荣誉称号。

【高文皂】

1946年4月生，正高级工程师，1970 年毕业于清华大学土木建筑系暖通专业。毕业后，高文皂一直从事现场土建施工及结构设计工作，现就职于河北拓朴建筑设计有限公司，多年的结构设计实践经验，使其成为结构专业学术带头人和设计大师。他主导落实了全过程质量管理，创建并完善了技术和质量管理体系，规范了设计项目运行流程。他对重大复杂项目严格把关，对年轻设计师言传身教。他组织恢复了河北省土木建筑学会建筑结构学术委员会并连任三届主任委员（现任名誉会长），他曾任首届河北省土木建筑学会工程抗震学术委员会秘书长（现任副主任）、首届河北省超限高层工程抗震设防审查专家委员会副主任（现任委员）。由于多年的工作业绩，获石家庄市专业技术拔尖人才称号、河北省勘察设计行业终身成就奖、河北省首批工程设计大师称号。

【张洪波】

1955年7月生，河北省工程设计大师，工学博士，研究员级高级工程师，国家一级注册结构工程师，毕业于天津大学，1972年参加工作，曾任北方设计研究院第二设计研究所副院长、副总经理、党委书记、监事会主席、中国兵工学会建设分会副会长、石家庄工程勘察设计咨询业协会会长，现任中国兵器工业集团江南工业集团外部董事、河北省超限高层抗震审查委员会主任委员，天津大学、河北工业大学、河北科技大学、石家庄铁道大学硕士研究生导师，河北省科学技术工作者协会分会副主任，北方防务智库专家。张洪波曾主持工程项目200余项，代表作品有石家庄日报社、广安大厦、世贸广场和财富大厦等，其中多项成果填补了国内外技术空白；荣获国家及省部级优秀设计奖20余项，主持研发的节能抗震技术体系获中国市场协会金桥奖，并在15个省市发布标准，应用面积达2亿平方米以上。他曾带队参加5·12汶川地震后100多栋建筑评估、结构安全处理工作，并组织力量参加抗震援建。

【荣峰】

1964年5月生，研究员级高级工程师，工学博士，担任中核第四研究设计工程有限公司副总经理兼总工程师；担任中国先进研究堆（CARR）工程等多项国家重点核工程总设计师，突破核工程设计、复杂地基条件下结构地震反应分析、楼层反应谱计算等多项技术难题，工程设计达到国际先进水平；担任石家庄军创国际等多项民用工程设计技术负责人，主持制定总体技术方案和结构设计方案。他的社会任职有河北省工程设计大师，国防科工委“511人才工程”及中核集团“111人才工程”学术技术带头人，中核集团突出贡献中青年专家，享受国务院政府特殊津贴专家。其主持、参加工程设计与科研项目115项，其中获得部级优秀工程设计、咨询奖12项、发表学术论文51篇（EI收录12篇），获得专利3项。

【吴瑞祥】

1966年9月生，正高级工程师，1988年7月毕业于同济大学道路交通工程系公路与城市道路专业，同期分配到河北省交通规划设计院工作，历任省设计院第一测设队副队长、队长、总工师、办公室主任、院管理者代表，现任河北省高速公路涞曲筹建处主要负责人。参加工作30多年来，吴瑞祥一直从事公路交通相关工作，主持或参与完成科研课题12项，其中1项荣获省科技进步二等奖，2项荣获中国公路学会科学技术三等奖，其他获得省交通厅一等奖2项、二等奖3项；取得发明专利2项、实用新型专利5项。其中，京沪、石太、京沈高速公路被中国公路勘察设计协会评为新中国成立60周年公路交通勘察设计经典工程。2011年，吴瑞祥荣获河北省首批工程设计大师、交通部中国公路百名优秀工程师，被评为河北省“三三三人才工程”第二层次人选；2015年，荣获河北省五一劳动奖章。

【王振宗】

1965年4月生，正高级工程师，毕业于南京理工大学，获双学士学位，国家一级注册结构工程师，河北省工程设计大师，现任中国兵器北方工程设计研究院有限公司总经理助理，中国钢结构协会房屋建筑钢结构分会理事，中国勘察设计协会结构分会常务副理事，中国建筑学会结构分会理事，《钢结构》杂志理事，河北勘察设计协会减震消能分会副会长，河北省土木协会常务理事，曾获河北省第六届五四青年奖章等。王振宗曾完成大中型工程设计项目120多项，可行性研究、初步设计等前期项目 80 多项，主持完成的北京八达岭温泉度假村、深圳嘉宾广场（爵士大厦）、北京车道沟十号名邸、南京北方信息基地项目、发改委综合服务楼、河北省群众工作中心等获得省部级优秀设计奖，并发表多篇论文。他致力于研究和总结复杂高层结构设计，尤其是复杂转换结构、钢结构、大空间构件等设计和各类桩基设计，主持编审了结构专业系列培训教材和《工程师职业素养》。

【丛军】

正高级工程师，1985年7月毕业于沈阳建筑工程学院，工学学士，国家注册电气工程师，河北省工程设计大师，就职于河北建筑设计研究院有限责任公司，任电气专业总工，兼任河北省土建学会建筑电气学术委员会主任委员、河北省土木建筑电气技术情报网理事长、河北省电工技术学会常务理事、中国照明学会理事、全国建筑电气情报交流网常务理事、中国建筑学会电气分会常务理事。2008年，丛军负责组建了公司智能化设计研究所、机电设计研究所。其设计项目有河北艺术中心、西柏坡纪念馆改扩建工程、唐山市中心广场、石家庄万达广场商业综合体、河北省医科大学综合楼、桥东税务分局办公楼等，并分获国家、部、省建设工程勘察设计奖。他负责编制了华北五省市05系列工程建设标准《电力控制》《10 kV配变电所微机综合保护系统》，华北六省市12系列工程建设标准设计《电力控制》分册，《光电缆工程设计施工及验收规范》《河北省城市架空线入地改造实施导则》等规程。

【孙景亮】

1956年2月生，正高级工程师，1978年毕业于华北水利水电学院农田水利工程专业，国家注册土木工程师、咨询工程师（投资），中共党员，2007年获三峡大学水利工程专业工程硕士学位。参加工作40余年来，孙景亮一直从事水利水电工程规划、勘测、设计和企业生产经营管理，历任河北省水利水电勘测设计研究院规划处副主任、科技副县长（宽城县）、副院长、院长，获河北省工程设计大师，省委、省政府管理优秀专家，天津市五一劳动奖章，全国水利系统劳动模范等荣誉称号。孙景亮主持完成了河北省位山引黄入冀、南水北调东线、中线引江及省内配套、双峰寺水库工程等多项省部级重点工程项目，获全国优秀水利水电工程勘测设计金质奖1项、银质奖2项、铜质奖1项，获省部级科技进步二等奖2项、三等奖2项，出版《孙景亮水利文集》等专著3部。

【齐建伟】

1965年6月生，河北省工程设计大师，博士，正高级工程师，一级注册结构工程师，毕业于哈尔滨建筑工程学院工业与民用建筑工程专业，2006年获得天津大学结构工程专业博士学位，现任中土国际科技集团有限公司、中土大地国际建筑设计有限公司董事长，兼任河北省土木建筑学会副会长、河北省建筑业协会副会长、河北省工程勘察设计咨询协会副会长、河北省企业信用促进会副会长、河北省建设人才与教育协会注册结构工程师分会会长等职务。齐建伟致力于行业领域技术创新、新技术和新工艺研发与应用推广，在CL体系研发、超高层建筑结构设计关键技术、消能减震技术的研发应用等方面成果显著，荣获河北省科技进步一等奖1项、三等奖3项、省建设行业科技进步奖5项，河北省优秀勘察设计奖20余项。其代表作品有：河北工业大学、河北大学、河北农业大学、东华理工大学、河北政法学院等教育建筑和河北开元环球中心、河北省图书馆阅览楼加固改造等。

【李德春】

1962年9月生，教授级高级工程师，毕业于山东矿业学院采矿工程专业，现任中煤邯郸设计工程有限责任公司总经理，主持完成冀中能源峰峰集团梧桐庄矿井、冀中能源东庞矿井高产高效技术改造、开滦集团东欢坨矿井、山西省朔州市东坡煤矿改扩建、内蒙古鄂尔多斯市葫芦素矿井等设计项目；主持《冀中煤炭基地规划 》《河北省煤炭工业“十一五”发展规划》等多部总体规划的编制工作；主持冀中能源峰峰集团九龙矿产业升级改造——磁西一号矿井、山西省怀仁县柴沟矿井、内蒙古鄂尔多斯市酸刺沟矿井的重大技术决策。李德春曾荣获国家能源科技进步奖1项，国家优秀工程设计奖1项，省部级优秀工程设计奖3项，省（部）级优秀工程咨询奖10项，现为河北煤矿安全监察局安全技术专家、中国国际工程咨询公司专家、《煤炭工程》杂志专家委员会委员、河北省煤炭学会矿建专业委员会副主任，获河北省煤炭工业优秀科技工作者、河北省工程设计大师称号。

【武洪琳】

1961年6月生，研究员级高级工程师，毕业于机械部济南锻造锻压机械研究所，享受国务院政府特殊津贴，河北省工程设计大师，中国兵器科技带头人，现任中国兵器北方工程设计研究院有限公司总工程师，中国兵工学会先进制造技术委员会委员，全国锻压标准化委员会委员，《现代兵器》杂志编委会委员。武洪琳于1982年获太原重型机械学院工学学士学位，1988年获山东工业大学工学硕士学位，获得部级科技进步奖1项、国家级优秀工程勘察设计奖1项、国家级优秀工程咨询奖4项、部级优秀工程设计奖2项，在全国性刊物上发表论文9篇，在国际学术会议上发表论文1篇。多年来，他一直从事兵器工业及机械行业的工程咨询、工程设计、科研工作，在先进制造技术、数字化工程、智能制造等领域具有较高造诣，主持完成了数字化车间工艺设计，对数字化车间的布局与组成、各系统的关键技术、系统间的接口技术等进行了梳理与研究；主持完成了某装甲车辆物流系统分析。

【赵明发】

正高级工程师， 1986年大学毕业，现就职于河北建筑设计研究院有限责任公司，担任院给水排水专业总工程师、消防设计所所长、市政设计研究所所长等职务。他主持或参与完成项目有：河北医科大学第二附属医院病房楼、西柏坡纪念馆改扩建工程、石家庄正定国际机场航站楼扩建工程、河北省博物馆扩建工程、河北省图书馆扩建工程、河北省建设服务中心、石家庄市行政服务中心、石家庄华强广场、石家庄万达广场、石家庄华润万象城等，多项工程获国家、建设部和省级优秀设计奖。他参与编制多项省工程建设标准图集、国家及行业标准，任河北省土建学会建筑给排水学术委员会理事长、中国土木建筑学会给水排水学术委员会委员、中国土木工程学会水工业分会建筑给水排水委员会委员、中国建筑学会建筑给水排水研究分会理事，《给水排水动态》编委，《河北建设科技与勘察设计》编委。赵明发于2010年被评为全国建筑给水排水专业100名精英，2014年被授予河北省工程设计大师称号。

【赵彦东】

1954年12月生，汉族，大学本科学历，正高级工程师，国家注册咨询（投资）工程师，国家注册土木（道路）工程师，河北省工程设计大师，2004 年获河北省有突出贡献的中青年专家，2005 年获全国交通系统先进工作者，2006 年获河北省劳动模范，2014 年获河北省省管优秀专家。赵彦东曾任河北省交通规划设计院副院长，河北通达工程监理咨询有限公司董事长，河北交通职业技术学院客座教授，河北工业大学硕士研究生导师，长安大学硕士研究生导师，河北交通系统技术职称评定专家，工程项目审核评审专家，科研项目评奖专家和建设项目评标专家。

【郭书普】

1973年12月生，正高级工程师，1996年毕业于华北水利水电学院工业与民用建筑专业，国家一级注册结构师，1996年至2001年任河北省建筑设计研究院工程师，现任河北九易庄宸科技股份有限公司天津分公司总经理,荣获河北省工程设计大师荣誉称号。其主持设计项目多项获得全国优秀工程勘察设计行业奖及天津市优秀工程勘察设计奖。其代表作品有南开大学MBA大厦、天津大学冯骥才文学研究院、南开大学化学实习中心、泰安道五号院、天津市于家堡03-16地块、天津市于家堡03-08地块、东莞松山湖凯悦酒店、南开大学学生活动中心等文化及办公类项目。东莞松山湖科技园区图书馆、天津市三十一中学及中营模范小学工程等多项项目获全国优秀勘察设计一、二等奖和天津市市级优秀勘察设计一等奖。郭书普撰写并发表了《东莞某钢砼组合结构图书馆结构设计》《天津某工程结构设计探讨》《泰安道五号院超限设计》《楼梯在地震中反应》《地下室空间分析探讨》《楼梯的抗震分析》等多篇学术论文。

【韩立君】

1963年2月生，正高级工程师，注册土木工程师（岩土），一级建造师，省政府特殊津贴专家，河北省工程勘察设计大师。1986年，韩立君毕业于桂林冶金地质学院工程地质专业，1988年由中国有色金属工业总公司长沙勘察院调入河北建设勘察研究院有限公司，历任主管技术副院长、总经理，2003年任董事长至今，并担任中国勘察设计协会工程勘察与岩土分会常务理事、河北省建筑业协会副会长、河北省勘察设计协会工程勘察与岩土分会理事长等职务。其多项科技成果成功应用于工程实践，解决了工程中遇到的技术难题，取得了显著的经济效益。韩立君不仅在专业技术领域成绩显著，并且是勘察设计行业一名优秀的现代管理企业家。在他的带领下，河北建勘坚持以科技为先导，充分利用自有核心技术和综合竞争优势，积极开拓市场，完成了一系列有影响的重点、难点项目和国家、省、行业重大项目，经营收入连续多年保持在全国勘察设计前一百名之列，并初步形成了具有自身特色的岩土工程技术体系。

【王哲英】

1983年毕业于西安建筑科技大学（原西安冶金建筑学院）建工系工民建专业，教授级高级工程师，现任中勘冶金勘察设计研究院有限责任公司监事会主席、总工程师；在国内刊物上发表科技论文20余篇，主编2项国家技术标准，参编国家技术标准和地方技术标准各1项；2项工程获国家级优秀工程勘察银奖，8项工程获省部级优秀工程勘察一等奖，15项工程获省部级优秀工程勘察二等奖；在本专业领域拥有国家发明专利4件，实用新型专利7件，部级工法3项。1993年，王哲英被评为保定市青年科技先锋，2008年被聘为保定市科协界专家献策服务团成员，2011年被中国冶金建设协会授予全国冶金建设行业高级技术专家，2013年被聘为《勘察科学技术》期刊编委委员，从2013年开始先后被天津大学建工学院和河北大学聘为兼职教授和硕士研究生导师，2017年被河北省住房和城乡建设厅、河北省人力资源和社会保障厅授予河北省工程勘察设计大师称号。

【岳欣】

1967年4月生，河南开封人，河北省建筑设计大师，1989毕业于合肥工业大学建筑学，2005年获天津大学MBA工商管理专业硕士学位，正高级工程师，现任河北大成建筑设计咨询有限公司总经理、总建筑师，国家一级注册建筑师、中国APEC建筑师、国际注册高级绿色建筑工程师。岳欣先后完成近200项大中型建筑工程可行性研究报告、方案设计、初步设计、施工图设计，在大型城市公共建筑、居住、教育以及产业园等方面形成自己的特色。他主持项目获得国家或部、省、市优秀设计奖30余项，曾发表《建筑设计风格流变与表现技法研析》等多部专业学术著作，发表论文10余篇，参编《绿色建筑设计标准》等工程建设标准6项。同时，岳欣还担任大学特聘教授、市政府防灾专家，参加邢台2016年重大洪涝灾害的灾后设计工作。

【郝卫东】

1968年9月生，正高级工程师，1990年毕业于华中科技大学建筑系，1990年至2002年历任河北省建筑设计研究院建筑师、主任建筑师、副总建筑师；现任河北北方绿野建筑设计有限公司董事长兼总建筑师。个人曾获河北省工程勘察设计大师、中国建筑师学会中国青年建筑师、中国当代青年建筑师、中国建筑学会资深会员、中国APEC建筑师、中国勘察设计协会优秀企业家、河北省勘察设计行业现代管理企业家、河北省建设行业优秀企业家等荣誉称号；兼任河北勘察设计咨询协会副会长、河北土木建筑学会副理事长、河北土木建筑学会建筑分会副理事长、石家庄勘察设计咨询协会副会长、石家庄勘察设计咨询协会建筑分会主任、河北省注册建筑师管理委员会委员，兼任华中科技大学、河北建筑工程学院等多所高校客座教授、研究生导师或校外导师；主持完成多项大型项目，40余项目荣获省部级以上奖项。

【曹胜昔】

1970年11月生，正高级工程师，天津大学硕士学位，现任中国兵器北方工程设计研究院有限公司副总经理。个人获河北省工程勘察设计大师、河北省政府特殊津贴专家等荣誉称号，为国家一级注册建筑师、中国建筑学会资深会员，荣获中国建筑学会第九届青年建筑师奖；石家庄市长安区第十五、十六届人大代表，兼任石家庄市工程勘察设计咨询业协会副会长、中国机械工业勘察设计协会理事、河北省风景园林协会常务理事等职务；担任天津大学、河北工业大学、河北建筑工程学院及石家庄铁道大学硕士研究生导师；主持项目获省部级以上奖励 20 项，发表论文 13篇，主持和参加编写行业标准、学术著作及图集15 部，授权国家专利5项，主持及参加省部级科研课题3项，2项荣获河北省建设行业科学技术进步一等奖，还曾获中国机械工业科学技术三等奖、河北省科学技术三等奖。曹胜昔先后主持多项国家、省市级重点工程；在保温一体化、装配式建筑、钢结构建筑、绿色超高层建筑领域，技术创新成果显著。

【郝贵强】

1972年10月生，河北省工程勘察设计大师，天津大学工学博士，正高级工程师，一级注册结构工程师，全国超限高层建筑工程抗震设防审查专家、河北省政府特殊津贴专家；现任中土国际科技集团副总经理、中土大地国际建筑设计有限公司总经理；荣获全国工程勘察设计行业施工图设计审查先进个人，全国工程勘察设计行业“十二五”期间实施信息化建设先进个人，河北省科技工作者等荣誉称号。郝贵强在超高、超限和复杂结构设计领域、抗震和减隔震领域、新技术和新材料应用领域都取得突出成绩，参与编制国家、行业及地方标准20余项，出版专著3部，拥有专利7件；荣获河北省科技进步一等奖1项、三等奖3项，河北省建设行业科技进步奖7项，省部级勘察设计奖26项；兼任河北省钢结构设计与产业化分会理事长、河北省建筑信息模型协会副理事长、中国勘察设计协会钢—混凝土结构设计分会委员等职务，担任河北工业大学、石家庄铁道大学、燕山大学、华北理工大学等多所高校硕士研究生导师。

【朱冀军】

1968年7月生，正高级工程师，河北省工程勘察设计大师，1991年7月毕业于河北工学院公路与城市道路工程专业，现任河北省交通规划设计院副院长；主持了20余条、近3000千米高等级公路勘察设计和施工后期服务工作，获省部级优秀勘察设计奖、优秀工程咨询奖10余项；主持完成1部交通运输部颁行业规范、4部河北省地方标准编制工作；取得国家专利3项、国家实用专利7项；获省（部）、厅（局）级科技进步奖9项；主持的沥青项目研究成果应用范围覆盖省内高速公路通车总里程的80%以上，每年至少节省养护费用2.98亿元；主研的钢桥技术研究等多项成果在河北省大规模应用，取得了显著的经济和社会效益。

【马洪】

正高级工程师，1984年毕业于河北矿业学院工业与民用专业，现就职于河北建筑设计研究院有限责任公司，任专业总工程师，国家一级注册结构工程师，河北省工程勘察设计协会结构工作委员会副主任委员，河北省土木建筑学会结构工程学术委员会常务理事，河北省工程建设标准化协会理事；完成石家庄正定机场候机楼改扩建项目、中华商务广场双塔高位连体复杂高层、金正威尼斯（海悦天地）商业综合体项目、河北建设服务中心等设计工程以及多项大型公建、复杂高层、高层钢结构等超限建筑结构方案定案和审查工作；参与大底盘多塔连体复杂结构、整体装配式建筑技术、HRB400级和HRB500级高强钢筋工程应用等多项科研和技术创新，参编国家装配式建筑技术标准和河北省地方标准图集；荣获多项省、部级勘察设计奖。个人获省直经济技术创新能手、中国建筑学会当代中国杰出工程师、河北省工程勘察设计大师称号。

【张骐】

1966年生，正高级工程师，国家注册公用设备（暖通空调）工程师，1988年毕业于河北建筑工程学院，清华大学动力工程领域专业研究生，现任河北华热工程设计有限公司董事长兼总经理，河北省工程勘察设计咨询协会常务理事，河北省城镇供热协会副理事长、副秘书长、专家委员会主任，河北省燃气协会副秘书长，《河北燃气与供热》杂志副主编，中国电机工程学会热电专业委员会供热装备工作委员会副主任委员，中国建筑节能协会特聘专家，河北工程勘察设计行业优秀企业家（院长），河北省工程勘察设计大师。马骐参加《城镇供热直埋热水管道技术规程》（CJJ/T 81—2013）等多项国家标准、规范的编制，发表多篇论文，获得多个国家专利证书；主持的承德市双滦区集中供热工程设计获得国家优秀工程设计铜奖，南市区集中供热蒸汽管网工程设计、张家口市桥东区集中供热工程设计、世行贷款邢台市余热利用集中供热项目等多个项目获得省级勘察设计一等奖、河北省咨询成果一等奖等多个奖项。

【宫海军】
1965年11月生，正高级工程师，毕业于华南理工大学，现任中国兵器北方工程设计研究院有限公司结构研究中心主任，国家一级注册结构工程师，河北省工程勘察设计大师，主持完成100余项大中型建筑工程设计项目；发表《振动响应测试技术方法研究及应用》《振动响应测试技术方法研究及应用》等11篇论文；参编国家标准《建筑工程容许振动标准》《建筑振动荷载标准》和行业标准《聚苯模块保温墙体应用技术规程》，主编河北省地方标准《钢结构住宅技术规程》《钢结构围护体系技术规程》和CL建筑体系、EPS模块体系、ZJN、HFS复合保温系统等规范标准共35本和行业书籍《钢结构建筑标准体系汇编》等著作共8部；完成《钢结构技术调研及关键技术研究》《钢结构建筑标准体系汇编》等科研课题；拥有发明专利1项，实用新型专利7项；获省部级优秀勘察设计奖9项，省建设行业科技进步一等奖1项，省科技进步三等奖1项，机械工业科技进步三等奖1项。

【折书群】
1967年生，教授级高级工程师，1989年毕业于中国地质大学（武汉）地球化学专业，现任华北有色工程勘察院有限公司副总工程师，2010年获中国有色金属建设协会授予的全国有色金属行业勘察大师荣誉称号，2019年成为国务院政府特殊津贴专家。折书群先后主持了刚果金Sicomines铜钴矿、河北省田兴大贾庄铁矿、云南省毛坪铅锌矿等30多项大型水文地质工程地质勘探项目，其中11项大型水文地质工程地质勘探项目获得省部级优秀工程勘察设计一等奖，5项大型水文地质工程地质勘探项目获得省部级科学技术二等奖；在国家学术期刊上累计发表论文27篇。作为主要起草人，折书群参与制定国家标准《有色金属矿山水文地质勘探规范》（GB 51060—2014）并得到广泛应用；作为主讲老师主讲中国有色金属协会组织的全国矿区水文地质工程地质勘探技术培训20多期。

【刘文东】
教授级高级工程师，现任中国化学工程第一岩土工程有限公司总工程师；1983年参加工作，从事岩土工程勘察、设计及岩土工程治理工作，在岩土工程领域有着较深厚的专业知识和丰富的实践经验；主持或参与的工程获国家优秀勘察银奖1项、铜奖1项，省部级优秀勘察一等奖3项、二等奖10项、三等奖7项。作为公司技术带头人，他带领公司在岩土工程技术创新方面有所突破，其主持的技术创新课题取得了多项专利技术；主编和参编了《真空预压加固软土地基施工技术规程》等多项规程规范。2011年，刘文东获中国石油和化工勘察设计协会颁发的中国石油和化工勘察设计行业科技创新突出贡献奖，2011年被中国石油和化学工业联合会及中国石油和化工勘察设计协会授予石油和化工行业勘察设计大师荣誉称号，2015年起享受国务院政府特殊津贴。

【郭书太】
1966年12月生，教授级高级工程师，1990年6月于中国地质大学（北京）地质力学专业硕士研究生毕业，1990年7月参加工作，具有国家注册土木工程师、一级建造师等执业资格，现任中国石油天然气管道工程有限公司勘察专业总工程师，完成忠县—武汉输气管道工程、国家石油储备地下水封洞库工程等30余项大型重点项目的勘察设计工作。他所主持的项目，先后获得国家级优秀工程勘察金、银、铜奖各1项，国家级优秀咨询奖1项，省部级优秀勘察奖18项。郭书太主编了国家标准《油气田及管道岩土工程勘察规范》，作为主要编写人或参编了8项行业标准，审查十余项国家或行业标准，在地下水封洞库建设中，利用地质学方面的专业优势，提出并设立了地下储油岩洞关键技术研究项目；在国家重点专业刊物上公开发表论文30余篇。他先后荣获石油和化工行业勘察设计大师、石油工程建设行业首届勘察设计大师、中石油优秀勘察师等称号。

【郭慧军】

1972年10月生，河北省定兴县人，教授级高级工程师，1993年7月毕业于中国石油大学（华东）石油加工专业，现任中国石油工程建设有限公司华北分公司总经理，2011年5月被评为中国石油天然气行业工程设计大师。从事石油天然气工程设计、项目管理工作26年来，郭慧军在特大型原油储备库精细设计、储气库安全高效建设、天然气液化工厂提质增效、长输油气管道工艺优化等领域造诣深厚，代表项目有舟山国家石油储备基地、兰州国家石油储备基地、苏桥储气库群、晋城华港燃气有限公司沁水煤层气液化调峰储备中心、苏里格25区块地面建设、陕京二线管道河北段等；主编多项油气田地面建设、液化石油气国家标准及行业标准，获得国家级、省部级奖项25项，拥有天然气处理、大型储罐、防腐技术等方面多项国家专利。

【邱世平】

1957年生，注册公用设备工程师（动力），注册咨询师（投资），1982年毕业于南京工学院动力工程系电厂热能动力设备专业，被中国电力规划设计协会授予电力勘测设计大师称号，正高级工程师，现任河北省电力勘测设计研究院副院长、总工程师。他长期担任河北省电力勘测设计院总工程师，期间参加了国内600兆瓦 等级大型无烟煤锅炉的选型及应用研究工作，依托邯峰电厂引进美国大型无烟煤锅炉“W”火焰燃烧技术，使我国在无烟煤燃烧技术方面达到了世界先进水平。其获奖情况：河北国华定州发电厂一期工程（2×600兆瓦）获2006 年全国优秀工程设计银奖；华能上海燃机电厂3×400兆瓦发电工程获2009 年河北省优秀工程勘察设计二等奖。

【周卫】

1957年生，一级注册结构师，2015年获得国务院政府特殊津贴，电力勘测设计行业设计大师，正高级工程师，毕业于同济大学，研究生学历，博士学位，担任中国土木工程学会桥梁及结构工程分会高耸结构委员会副主任委员，中国电机工程学会输电专业委员会副主任委员等，现任河北省电力勘测设计研究院院长。周卫发表多篇关于输电线路结构理论研究论文，参编国家标准《高耸结构设计规范》，作为主审审核了《国家电网公司输变电工程通用设计·输电线路快速抢修杆塔基础分册》和《国家电网公司输变电工程典型设计·500千伏输电线路分册》设计规范，对地下电缆、紧凑型输电、直流和交流输电、特高压输电，尤其对输电塔线体系动力研究技术方面有较深研究，组织开发的输电线路铁塔绘图软件，钻、挖孔灌注桩软件，钢管杆优化设计软件填补了行业空白；组织开发的电网数字化规划设计系统开创性地将GIS技术应用于电网规划设计，经济效益和社会效益显著，系统荣获行业优秀软件一等奖和河北省科技进步奖。

【王景廷】

1960年生，注册土木工程师（岩土），被中国电力规划设计协会授予电力勘测设计大师称号，正高级工程师，1982年毕业于华北水电学院，现任河北省电力勘测设计研究院副院长、书记，同时担任河北省地质学会环境地质学会委员、河北省地基基础学术委员会委员、河北省土木建筑学会地基基础委员会委员等多项社会职务。他对电力工程岩土工程勘察方案的制定、实施、岩土工程评价和地基处理方案的优化，大型水源地勘察方案的制定、实施及水资源评价等方面有较深研究，尤其对大型工程复杂条件下地基处理方面造诣深厚；长年从事工程地质与水文地质勘察设计与理论研究，发表过多篇关于工程地质与水文地质勘察理论研究的科技论文，作为主要编写人编写电力行业标准1项、省部级标准4项。他主持编制的《火力发电厂振冲法地基处理技术规范》获部级科技进步二等奖，邢台电厂供水水源地开采性群井抽水试验获河北省建委二等奖。他通过不断地创新探索，将先进的地基处理技术应用于电力工程勘察设计，收到了良好的经济效益和社会效益。

【李智】

1971年生，注册公用设备师（动力），1993年毕业于华北电力学院，电力勘测大师，正高级工程师，现任中国电建集团河北省电力勘测设计研究院有限公司副院长、总工程师，从事发电厂工艺设计与理论研究，在发电厂机务设计方面有着深厚的理论知识和丰富的实际设计经验。他对火力发电、燃气发电、垃圾及生物质发电、光热发电、风力发电等技术有较深研究，对大容量火力发电技术节能降耗研究方面造诣深厚。他参与的华能上安电厂三期工程是国内第一台600兆瓦级超临界空冷机组，侧煤仓布置研究达到了国内领先水平，在全国电力设计领域开创了上安模式，在火电厂布置理论研究方面打开了新局面。他参与编制《烟气脱硫工艺设计规范》等4项国家标准、规程。他撰写的多篇关于大型火力发电厂能效利用、燃气蒸汽联合循环、电厂主要材料选择等方面的英文论文被国外期刊采用，其中4篇论文入选EI检索。他策划组织并完成了多项科研项目的研究工作，获得了十余项专利授权。

【支全】

1959年3月生，正高级工程师，注册咨询工程师，全国有色金属行业工程勘察设计大师，全国有色金属建设行业专家，毕业于河北矿冶学院，曾担任中钢石家庄工程设计研究院有限公司院长、党委书记，曾担任石家庄市裕华区第四届人大代表。1984年参加工作以来，支全完成了多项采矿、选矿、烧结的设计工作，并担任项目经理，2005年作为主要发明人发明了“一种电镀废水处理方法”并被授予国家发明专利；2008年被河北省冶金学会授予河北省冶金优秀发明者荣誉称号；2010年主持设计的迁安市神龙峡铁矿边坡预加固及堵水工程荣获部级优秀设计一等奖，同年其技术还被授予国家实用新型专利；2014年完成的项目中钢集团山东矿业公司苍山铁矿“无废排放、绿色矿山”建设的研究荣获河北省冶金科学技术一等奖；多项设计成果达到国际、国内先进水平。

【陈战强】

1965年2月生，正高级工程师，注册采矿工程师资格，全国有色金属行业工程勘察设计大师，毕业于唐山工程技术学院，现就职于中钢石家庄工程设计研究院有限公司，担任院长、党委书记，2008 年荣获中国企业联合会、中国企业家协会颁发高级职业经理资格证书，2014年被国土资源部聘为国家级矿产督察员。 自1985年参加工作以来，陈战强完成了多项采矿工程设计工作，并担任项目经理，其中2004年设计的河北恒利集团矿业有限公司选矿工程项目荣获河北省优秀工程勘察设计二等奖；2008年主持完成的山东苍山铁矿采选工程项目荣获河北省冶金科学技术一等奖、部级优秀设计一等奖；由其本人研发的实用新型专利“一种露天矿山边坡堵水及预加固装置”技术应用于迁安市神龙峡铁矿边坡预加固及堵水工程，该项目还荣获中国有色金属建设协会部级优秀工程设计一等奖，多项成果荣获国家和省级奖励。

【王远继】

1966年9月生，正高级工程师，注册冶金工程师，全国有色金属行业工程勘察设计大师，毕业于北京科技大学，现就职于中钢石家庄工程设计研究院有限公司，担任副院长、工会主席；2004年荣获河北省发展改革委员会评标专家资格，2008年获中国企业联合会、中国企业家协会颁发高级职业经理资格证书，同年荣获河北省人民政府河北省冶金行业劳动模范称号。自参加工作以来，王远继一直从事冶金方面的设计与管理工作，完成了多项施工图设计，并担任项目经理，其中多项工程设计荣获省部级奖、省冶金科学技术奖，2012年编写的《钢铁企业氧气站设计与设备操作》在冶金工业出版社出版，并荣获2013年河北省科学技术一等奖。

【李蕴镭】

1963年4月生，教授级高级工程师，毕业于长春地质学院（现为吉林大学）水文地质与工程地质系工程地质专业，现就职于华北有色工程勘察院有限公司，2016年被中国有色金属建设协会授予全国有色金属行业勘察大师荣誉称号。李蕴镭一直从事岩土工程勘察、岩土工程设计、岩土工程施工及地质灾害评估治理工作，先后参与或主持数百项工民建、铁路、公路、水利及矿山等领域的工程项目勘察与科研，涉及软土、湿陷性黄土、红土、冻土等，取得了优异的成绩；主持完成的河北省滦南县马城铁矿水文地质工程地质勘探、西藏玉龙铜矿玉龙沟尾矿库水文地质工程地质勘察、石家庄正定新区村民安置区三里屯社区岩土工程勘察等项目获得省部级优秀工程勘察一等奖；撰写和发表多篇优秀论文。他还参加了国家标准《有色金属矿山水文地质勘探规范》的制定工作，参编了河北省地方标准《建筑基桩施工技术规程》（DB13（J）/T 245—2017）及行业标准《线状建设工程地质灾害危险性评估技术要求》的制定工作。

【赵在立】

1965年10月生，研究员级高级工程师，1987年毕业于华东地质学院，现任河北中核岩土工程有限责任公司董事长、党委书记。赵在立建立并完善适应现代企业发展的激励机制和分配机制，确定企业在经营、科技、人才等方面的发展战略，使公司成为我国核电站前期建设勘察、基础施工知名企业，产值由4 000万元增至近2亿元，最高时达2.6亿元。2013年，赵在立荣获全国勘察设计行业优秀企业家（院长）称号，同年被授予中国核工业工程勘察大师称号，同时为河北省核事故应急管理专家，并荣获中国核工业勘察设计行业新中国成立70周年优秀企业家（院长）荣誉称号。

【秦敏】

1968年5月生，研究员级高级工程师，1989年毕业于华东地质学院，国家注册岩土工程师、国家一级注册建造师、国家注册咨询工程师，中国核工业工程勘察大师，现任河北中核岩土工程有限责任公司副总经理，中国勘察设计协会评优专家、河北省土木建筑学会地基基础学术委员会委员、河北省核事故应急管理专家、《岩土工程技术》编委。秦敏在岩土工程勘察、设计、地质灾害危险性评估、软基处理、基坑支护、边坡治理等领域具有系统的理论知识，被评为第六届全国优秀建造师，主持和参与的项目十多项获省、部级以上优秀工程奖。其作为项目负责人之一的秦山三期（重水堆）核电站勘察项目荣获国家优秀勘察铜奖，秦山三期（重水堆）核电站场地工程特征研究获教育部科技进步二等奖。他主编国家标准《铀矿冶建设岩土工程勘察规范》，主要起草《核电厂水文地质调查与评价技术规范》，参编河北省标准《建筑基坑工程技术规程》，审核完成国标《核电厂岩土工程勘察规范》。

津贴专家

【李长宝】

1933年生，教授级高级工程师，1954年毕业于东北大学（原东北工学院）采矿系，享受国务院政府特殊津贴，1995年退休，曾任冶金工业部秦皇岛冶金设计研究院院长、总工程师，兼任中国金属学会理事、露天采矿学术委员会副主任、河北省金属学会理事、采矿学术委员会主任，退休后至2012年由原单位返聘任总工，中冶京诚（秦皇岛）工程技术有限公司副总。李长宝曾领导和参加数十项大型铁矿采选工程的设计，多次参加冶金、有色、化工、煤炭等矿山项目设计审查；参加冶金部重大项目技术和设备引进的对外谈判。1978年，他参加冶金部组织的赴加、美、澳、墨四国主要矿山、工程公司、矿山设备公司的考察，并编写报告，对我国矿山建设有重要指导作用。李长宝发表《国外深露天矿开拓运输》等数十篇论文，翻译《深露天矿》等三本俄文专业书籍，参加多项设计手册的编写，与中国矿业大学合编《露天采矿手册》并任副主编，担任国家级刊物《国外金属矿山》编委、顾问。

【于行海】

1941年生，教授级高级工程师，1966年毕业于西南交通大学（原唐山铁道学院）铁道工程系水文地质及工程地质专业，1968—1980年在成都铁路局勘察设计院工作，1980—1994年在冶金工业部勘察研究总院工作，1992年任院总工程师；1992年享受政府特殊津贴；1994—2001年在中冶集团秦皇岛冶金设计研究总院任副总工程师至退休。他的主要业绩：成昆铁路铁西车站大型滑坡抢险工程通过对滑坡剧烈滑动后“超稳”分析，为开挖便线尽快通车提供论据；西石门铁矿马河治理工程地质勘察获国家优秀勘察铜奖；准格尔黑岱沟露天煤矿边坡及排土场岩土工程勘察获国家优秀勘察铜奖；首钢矿山公司水厂铁矿新水尾矿坝稳定性分析获国家优秀勘察银奖；起草国家标准《冶金工业建设岩土工程勘察规范》、地方标准《建筑基坑工程技术规程》；主要发表论文《根据滑坡位移量反算其力学参数》《层状非均质岩体露采边坡破坏模式分析和计算参数的选择》等。

【奚绍伟】

1933年7月生，总设计师，教授级高级工程师，1951年在上海吴淞煤气厂参加工作，1958年于华东化工学院毕业，被分配至包头钢铁设计研究院工作，1988年调入中冶东方工程技术有限公司秦皇岛研究设计院，1995年退休，参加并主持过编制包钢、酒钢、韶钢、新疆钢厂等大中型钢铁厂的燃气、燃油工作的初步设计、可行性研究以及施工图设计。他的主要业绩：作为工艺负责人于1982年参加包头糖厂改扩建工程，荣获冶金部和内蒙古的省部级优秀设计奖；1987年参加秦皇岛市民用煤气工程初步设计及组织全厂施工图，投产后效果良好；1990年作为总设计师参加北京炼焦化学厂日增供城市煤气60万立方米/天工程设计，荣获内蒙古自治区级优秀工程设计二等奖；1992年荣获国务院政府特殊津贴。

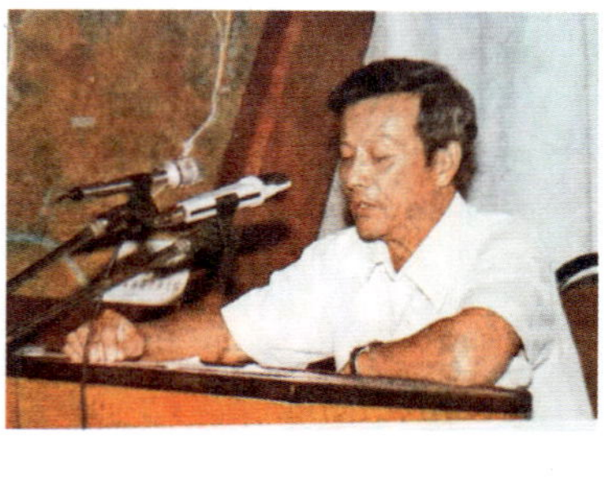

【杨公岑】

1938年生，1959年毕业于昆明工学院，后被分配到黑龙江工学院，1962年调入包头钢铁设计院，1988年调入中冶东方工程技术有限公司秦皇岛研究设计院，曾任总设计师室主任、教授级高级工程师、金属学会河北省理事，享受国务院政府特殊津贴，1998年退休，返聘至2009年。他的主要业绩：曾参与几十项高炉工程设计；在全国推广设计院研发的布袋除尘器及球式热风炉等先进技术；主持参与了设计院自主开发的高炉无料钟模型试验，在包钢高炉上成功使用并获国家专利。任总设计师期间，杨公岑主持完成了几十项国内外工程设计，获奖项目有：包钢、鞍钢高炉大修改造工程，分获国家级银、铜质奖（个人一等奖），2项冶金部优秀设计奖（个人二等奖），2项内蒙古自治区优秀设计奖（个人一等奖）。他在《轧钢》《冶金能源》《炼铁技术通讯》及《包头钢铁学院学报》等国家级刊物上发表论文十余篇，出版《大型高炉译文集》《无料钟高炉译文集》共计10万余字。

【张有震】

1936年11月24日生，副总工程师，教授级高级工程师，1961年上海交通大学，1962年进入包头钢铁设计研究院参加工作，1988年调入中冶东方工程技术有限公司秦皇岛研究设计院，1997年退休，返聘至2012年12月。张有震先后主持过国内大中小钢厂（车间）的设计及改造工作，主要有广东韶关钢厂的设计及改造，内蒙古包钢炼钢厂50吨转炉的设计，宝钢炼钢厂的技术引进工作，唐钢二炼钢30吨转炉的扩容改造，天津荣程钢厂100吨转炉炼钢厂的设计，江苏华西村不锈钢炼钢厂的设计，江苏丹阳220吨超大型电炉炼钢厂的设计及建设工作等，参加了多项冶金工业部主持的，各大设计院联合参与的对国内各钢铁厂调研工作并提出建议与报告，1993年荣获国务院政府特殊津贴。

【张浩】

1930年9月13日生，副总工程师，教授级高级工程师，1952年毕业于清华大学机械系，1952年进入鞍钢设计处参加工作，1956年调入北京黑色冶金设计总院，1957年调入包头钢铁设计研究院，1988年调入中冶东方工程技术有限公司秦皇岛研究设计院，1995年退休，返聘至2015年。参加工作60余年来，张浩一直从事轧钢工作相关研究，先后完成30余套轧钢设计建设工作，主要组织设计、消化移植国外先进轧钢工艺及设备项目有：包头950/850轧机，包头ϕ400毫米无缝轧机，莱钢连续式H型钢轧机，酒钢高速线材轧机，本钢100万吨/ 年特殊钢连轧机，唐山700毫米窄带连轧机，广西北海、西南不锈1 450~1 700毫米宽带不锈钢冷热连轧机，秦皇岛、四川、广西森吉米尔不锈钢及精密合金冷轧机，广西不锈钢连续轧钢—退火—酸洗作业线，上海ϕ630ERW石油焊管机组等。1985年，张浩受聘为中国金属学会轧钢理事会首届理事，1991年享受国务院颁发第一批政府特殊津贴，2001年荣获内蒙古自治区第一批工程设计大师。

【张正新】

1936年9月生，教授级高级工程师，1957年7月毕业于西安冶金建筑学院（现西安建筑科技大学），1957年8月进入冶金部鞍山冶金矿山设计研究院工作，1978年调入秦皇岛冶金设计研究院工作，1996年9月退休，主要业绩有：包钢白云鄂博矿仓设计，比原设计1 000万元投资节省了400万元；包钢100立方米卧式空压机厂房，控制了设备基础振幅，成功阻止了厂房共振；太钢峨口选矿厂主厂房门前三条进厂公路大滑坡，选矿厂无法投产，设计采用止滑桩成功解决了山体大滑坡，选矿厂得以即时投产；秦皇岛“引青济秦”连结井工程，经重新设计解决了原设计工程量大、工期长难题，“引青济秦”5#隧洞关键工程地质复杂，将原衬砌方案改为钢管外填充混凝土的组合结构，既减少了工程量，又保证了施工安全，受到市政府表彰，被评为先进个人。

【朱德欣】

1936年8月生，教授级高级工程师，1957年7月毕业于上海同济大学，后就职于鞍山矿山设计院，1977年至1996年于秦皇岛冶金矿山设计院工作，1993年享受国务院政府特殊津贴。朱德欣长年从事冶金厂矿总图运输设计和管理工作，完成工程设计本钢南芬铁矿十年过渡措施，采用准轨铁路之字线克服了上盘岩石剥离欠债问题，使用期限长达13年，共完成运输量6 000万吨；太钢峨口铁矿总图运输设计，针对绿泥云母片岩路基，采用了大油量、深贯入沥青路面结构，使用10多年仍处于完好状态。他负责组织和审核多项工程设计，如唐钢棒磨山铁矿、首钢水厂铁矿和浩良河大理岩矿等总图运输设计以及包钢白云铁矿深部开拓、江西德兴铜矿引进设计等；撰写技术论文10余篇；参与《厂矿道路设计规范》露天矿山道路部分的修订，《露天采矿手册》汽车运输章的编写。

【卢双宝】

1957年9月生，教授级高级工程师，享受国务院政府特殊津贴专家，毕业于河北水利专科学校（农田水利专业），现任河北省水利水电第二勘测设计研究院副总工程师，负责指导了河北省子牙河和漳卫河等流域防洪规划、河北省城市水资源规划、河北省水利发展“十一五”“十二五”规划、河北省滦河流域国土江河综合整治试点实施方案等多项国家级、省级综合规划，荣获国家及河北省重要奖项。他主持项目有：河北省宏观经济水规划群决策支持系统研究、河北省水中长期供求计划、河北省水资源可持续利用战略研究、河北省南水北调受水区水供求态势研究、南水北调规模与河北经济发展协调关系研究、河北省南水北调供水区当地水与外来水联合调度研究、南水北调水价与水资源管理机制研究等。其中河北省宏观经济水规划群决策支持系统研究获河北省科技进步一等奖及省长特别奖，河北省南水北调受水区水供求态势研究和河北省严重缺水系统识别及应对方略研究获河北省科技进步二等奖。

【母焕胜】

河北省交通规划设计院交通工程专业正高级工程师、国家科技奖励评审专家、交通部公路工程施工评标专家库专家、河北建筑工程学院硕士研究生导师，享受国务院政府特殊津贴，2015年获全国先进工作者荣誉称号。母焕胜主持了京沈、京石、京沪、石太、京承旅游路、大广等20多条段高速公路的勘察设计工作，参与审查过多条高速公路初步设计及施工图设计文件。他负责研究的3项科研课题，其中2项获省科技进步二、三等奖；2008年，被河北省政府授予河北省有突出贡献的中青年科学、技术、管理专家；2010年，被河北省总工会授予河北省五一劳动奖章。

【刘桂霞】

1965年2月生，正高级工程师，1988年7月毕业于同济大学结构工程系桥梁工程专业，国家注册土木工程师（道路工程），现任河北省交通规划设计院副院长，河北锐驰交通工程咨询有限公司董事长。她主持了30多条高速公路和国道主干线的勘察设计工作及施工期服务，主持的京沈、京张、沿海、唐曹、京港澳石安段扩建工程等项目获得河北省优秀勘察设计一等奖9项、二等奖2项、三等奖3项，取得科研成果9项、实用新型专利7项，获省部级科技进步奖5项（省部级一等奖1项、二等奖3项、三等奖1项）。由她主持的土工格栅加筋土结构关键技术研究与应用课题，实现了土工格栅加筋土轻质填料在挡土墙中的应用，并提出了加筋土结构稳定性和变形控制技术，科研成果应用于邢临高速和保沧高速，节约了占地和投资，实现了较好的社会效益、经济效益。刘桂霞被授予全国交通运输行业文明职工标兵、全国交通运输系统劳动模范、河北省突出贡献中青年科学技术管理专家等荣誉称号，享受国务院政府特殊津贴专家。

【朱坤锋】

1973年11月生，1996年7月毕业于抚顺石油学院石油天然气储运工程专业，2005年取得石油大学（北京）石油与天然气工程专业硕士学位，教授级高级工程师，现任中国石油天然气管道工程有限公司输油工艺总工程师，完成100余项工程的设计工作，主要参与了兰成渝输油管道、西部原油成品油管道、中缅油气管道（境外段、境内段）、中俄原油管道二期等国家重点工程项目的设计和咨询工作。其主持的项目多次获得全国和中石油集团公司优秀工程设计奖，主持完成多项局级、省部级科研项目，主编了《输油管道工程设计规范》和《石油天然气管道工程建设项目设计文件编制标准》2项国家标准，参编了9项中石油集团公司企业标准；参加中石油集团公司《石油和化工工程设计工作手册》编制工作，撰写并发表技术论文20余篇；获中石油集团公司高级技术专家、中石油集团公司优秀共产党员、全国石油和化工优秀科技工作者等荣誉称号，2019年荣获国务院政府特殊津贴。

【何勇海】

1971年12月生，河北省交通规划设计院院长，获西安公路学院工学学士学位，同济大学工程硕士研究生，正高级工程师，交通部勘察设计评标专家，兼任交通运输部公路设施使用状态检测与养护保障核心技术协同创新平台秘书长，河北省工程勘察设计咨询协会交通分会会长等职务。何勇海曾获河北省五一劳动奖章、河北省政府特殊津贴专家、中国公路百名优秀设计师、河北省勘察设计行业优秀青年设计师等荣誉称号，参与交通运输部《交通运输部关于推进京津冀交通一体化政策协调创新的指导意见》编制工作，主导完成的《高速公路智能管理与服务系统技术规范》《高速公路视频监控联网技术要求及测试规范》被列入京津冀三地协同标准体系；编制完成了《雄安新区综合交通运输规划建设研究方案》；主导建成“交通运输部公路建设与养护技术、材料及装备交通运输行业研发中心”“公路设施使用状况监测和养护保障核心技术协同创新平台”“博士后科研工作站”等科研平台。

【刘利平】

正高级工程师，现任河北建设勘察研究院有限公司副总经理，国家注册一级建造师、安全工程师，1993年毕业于长春地质学院，2011年取得吉林大学工程硕士学位，2012年荣获石家庄市有突出贡献的中青年专家称号，2013年荣获河北省“三三三人才工程”第三层次人选，2014年受聘为河北省土木建筑协会学术委员会委员，2015年荣获河北省“三三三人才工程”第二层次人选，2017年被评为河北省政府特殊津贴专家。自参加工作以来，刘利平先后获得国家发明专利7项，河北省科技进步一等奖1项、三等奖1项，河北省优秀工程一等奖2项、二等奖3项、三等奖2项，其他科技进步或优秀工程奖十余项；参编河北省工程建设标准2项，在国家核心期刊上发表9篇技术论文。

荣获“大师”称号杰出人物

序号	姓名	荣誉称号	所在单位	授予时间	授予部门
1	周亮臣	全国工程勘察设计大师	中国石油天然气管道工程有限公司	1990	建设部
2	袁世春	全国工程勘察设计大师	中煤邯郸设计工程有限责任公司	1990	建设部
3	张遵葆	全国工程勘察设计大师	河北建设勘察研究院有限公司	1994	建设部
4	曲慎扬	全国工程勘察设计大师	中国石油天然气管道工程有限公司	1994	建设部
5	刘兴辰	全国工程勘察设计大师	中国化学工程第一岩土工程有限公司	1994	建设部
6	孙亨元	全国工程勘察设计大师	北方工程设计研究院有限公司	1994	建设部
7	李国新	全国工程勘察设计大师	中勘冶金勘察设计研究院有限责任公司	1994	建设部
8	李九鸣	全国工程勘察设计大师	中勘冶金勘察设计研究院有限责任公司	2004	建设部
9	梁金国	全国工程勘察设计大师	河北建设勘察研究院有限公司	2011	住房和城乡建设部
10	史航	全国工程勘察设计大师	中国石油天然气管道工程有限公司	2011	住房和城乡建设部
11	张文伟	全国工程勘察设计大师	中国石油天然气管道工程有限公司	2016	住房和城乡建设部
12	冯冠学	全国工程勘察设计大师	中煤邯郸设计工程有限责任公司	2016	住房和城乡建设部
13	顾辉	河北省工程勘察大师	河北水利水电勘测设计院	2009	河北省住房和城乡建设厅 河北省人力资源和社会保障厅
14	聂庆科	河北省工程勘察大师	河北建设勘察研究院有限公司	2009	河北省住房和城乡建设厅 河北省人力资源和社会保障厅
15	杨书涛	河北省工程勘察大师	中勘冶金勘察设计研究院有限责任公司	2009	河北省住房和城乡建设厅 河北省人力资源和社会保障厅
16	王长科	河北省工程勘察大师	中国兵器工业北方勘察设计研究院有限公司	2009	河北省住房和城乡建设厅 河北省人力资源和社会保障厅
17	李宏义	河北省工程设计大师	中国兵器工业北方勘察设计研究院有限公司	2009	河北省住房和城乡建设厅 河北省人力资源和社会保障厅
18	张振拴	河北省工程勘察大师	河北省建筑科学研究院有限公司	2009	河北省住房和城乡建设厅 河北省人力资源和社会保障厅
19	王健	河北省工程勘察大师	中冶沈勘秦皇岛工程技术公司	2009	河北省住房和城乡建设厅 河北省人力资源和社会保障厅
20	王云平	河北省工程勘察大师	河北省交通规划设计院	2009	河北省住房和城乡建设厅 河北省人力资源和社会保障厅
21	宋泽华	河北省工程勘察大师	唐山规划建筑设计院	2009	河北省住房和城乡建设厅 河北省人力资源和社会保障厅
22	李拱辰	河北省建筑大师	河北建筑设计研究院有限责任公司	2011	河北省住房和城乡建设厅 河北省人力资源和社会保障厅
23	郭卫兵	河北省建筑大师	河北建筑设计研究院有限责任公司	2011	河北省住房和城乡建设厅 河北省人力资源和社会保障厅
24	孙兆杰	河北省建筑大师	北方工程设计研究院有限公司	2011	河北省住房和城乡建设厅 河北省人力资源和社会保障厅
25	谷岩	河北省建筑大师	中土大地国际建筑设计有限公司	2011	河北省住房和城乡建设厅 河北省人力资源和社会保障厅
26	孔令涛	河北省建筑大师	河北九易庄宸工程设计有限公司	2011	河北省住房和城乡建设厅 河北省人力资源和社会保障厅
27	孙贺臣	河北省工程设计大师	北方工程设计研究院有限公司	2011	河北省住房和城乡建设厅 河北省人力资源和社会保障厅
28	杨健	河北省工程设计大师	秦皇岛玻璃工业研究设计院	2011	河北省住房和城乡建设厅 河北省人力资源和社会保障厅
29	张洪波	河北省工程设计大师	北方工程设计研究院有限公司	2011	河北省住房和城乡建设厅 河北省人力资源和社会保障厅
30	高文皂	河北省工程设计大师	石家庄市建筑设计院	2011	河北省住房和城乡建设厅 河北省人力资源和社会保障厅
31	刁朝位	河北省工程设计大师	河北建筑设计研究院有限责任公司	2011	河北省住房和城乡建设厅 河北省人力资源和社会保障厅

续表

序号	姓名	荣誉称号	所在单位	授予时间	授予部门
32	赵立敏	河北省工程设计大师	河北省水利水电第二勘测设计研究院	2011	河北省住房和城乡建设厅 河北省人力资源和社会保障厅
33	何书会	河北省工程设计大师	河北省水利水电第二勘测设计研究院	2011	河北省住房和城乡建设厅 河北省人力资源和社会保障厅
34	荣峰	河北省工程设计大师	中核第四研究设计工程有限公司	2011	河北省住房和城乡建设厅 河北省人力资源和社会保障厅
35	吴瑞祥	河北省工程设计大师	河北省交通规划设计院	2011	河北省住房和城乡建设厅 河北省人力资源和社会保障厅
36	王振宗	河北省工程设计大师	北方工程设计研究院有限公司	2014	河北省住房和城乡建设厅 河北省人力资源和社会保障厅
37	丛军	河北省工程设计大师	河北建筑设计研究院有限责任公司	2014	河北省住房和城乡建设厅 河北省人力资源和社会保障厅
38	乔裕民	河北省工程设计大师	河北省水利水电第二勘测设计研究院	2014	河北省住房和城乡建设厅 河北省人力资源和社会保障厅
39	孙景亮	河北省工程设计大师	河北省水利水电勘测设计研究院	2014	河北省住房和城乡建设厅 河北省人力资源和社会保障厅
40	齐建伟	河北省工程设计大师	中土大地国际建筑设计有限公司	2014	河北省住房和城乡建设厅 河北省人力资源和社会保障厅
41	李德春	河北省工程设计大师	中煤邯郸设计工程有限责任公司	2014	河北省住房和城乡建设厅 河北省人力资源和社会保障厅
42	武洪琳	河北省工程设计大师	北方工程设计研究院有限公司	2014	河北省住房和城乡建设厅 河北省人力资源和社会保障厅
43	赵明发	河北省工程设计大师	河北建筑设计研究院有限责任公司	2014	河北省住房和城乡建设厅 河北省人力资源和社会保障厅
44	赵彦东	河北省工程设计大师	河北省交通规划设计院	2014	河北省住房和城乡建设厅 河北省人力资源和社会保障厅
45	郭书普	河北省工程设计大师	河北九易庄宸工程设计有限公司	2014	河北省住房和城乡建设厅 河北省人力资源和社会保障厅
46	韩立君	河北省工程勘察设计大师	河北建设勘察研究院有限公司	2018	河北省住房和城乡建设厅 河北省人力资源和社会保障厅
47	王哲英	河北省工程勘察设计大师	中勘冶金勘察设计研究院有限责任公司	2018	河北省住房和城乡建设厅 河北省人力资源和社会保障厅
48	岳欣	河北省工程勘察设计大师	河北大成建筑设计咨询有限公司	2018	河北省住房和城乡建设厅 河北省人力资源和社会保障厅
49	郝卫东	河北省工程勘察设计大师	河北北方绿野建筑设计有限公司	2018	河北省住房和城乡建设厅 河北省人力资源和社会保障厅
50	曹胜昔	河北省工程勘察设计大师	北方工程设计研究院有限公司	2018	河北省住房和城乡建设厅 河北省人力资源和社会保障厅
51	郝贵强	河北省工程勘察设计大师	中土大地国际建筑设计有限公司	2018	河北省住房和城乡建设厅 河北省人力资源和社会保障厅
52	朱冀军	河北省工程勘察设计大师	河北省交通规划设计院	2018	河北省住房和城乡建设厅 河北省人力资源和社会保障厅
53	马洪	河北省工程勘察设计大师	河北建筑设计研究院有限责任公司	2018	河北省住房和城乡建设厅 河北省人力资源和社会保障厅
54	张骐	河北省工程勘察设计大师	河北华热工程设计有限公司	2018	河北省住房和城乡建设厅 河北省人力资源和社会保障厅
55	宫海军	河北省工程勘察设计大师	北方工程设计研究院有限公司	2018	河北省住房和城乡建设厅 河北省人力资源和社会保障厅
56	折书群	全国有色金属行业工程勘察设计大师	华北有色工程勘察院有限公司	2010	中国有色金属建设协会
57	刘文东	石油和化工行业勘察设计大师	中国化学工程第一岩土工程有限公司	2011	中国石油和化工勘察设计协会、 中国石油和化学工业联合会

续表

序号	姓名	荣誉称号	所在单位	授予时间	授予部门
58	郭书太	石油和化工行业勘察设计大师、石油工程建设行业勘察设计大师	中国石油天然气管道工程有限公司	2011	中国石油和化工勘察设计协会、中国石油和化学工业联合会
59	郭慧军	中国石油天然气行业工程设计大师	中国石油工程建设有限公司华北分公司	2011	中国石油工程建设协会
60	邱世平	电力勘测设计大师	中国电建集团河北省电力勘测设计研究院有限公司	2011	中国电力规划设计协会
61	周卫	电力勘测设计大师	中国电建集团河北省电力勘测设计研究院有限公司	2012	中国电力规划设计协会
62	王景廷	电力勘测设计大师	中国电建集团河北省电力勘测设计研究院有限公司	2014	中国电力规划设计协会
63	李智	电力勘测设计大师	中国电建集团河北省电力勘测设计研究院有限公司	2016	中国电力规划设计协会
64	支全	全国有色金属行业工程勘察设计大师	中钢石家庄工程设计研究院有限公司	2012	中国有色金属建设协会
65	陈战强	全国有色金属行业工程勘察设计大师	中钢石家庄工程设计研究院有限公司	2014	中国有色金属建设协会
66	王远继	全国有色金属行业工程勘察设计大师	中钢石家庄工程设计研究院有限公司	2016	中国有色金属建设协会
67	李蕴镭	全国有色金属行业工程勘察设计大师	华北有色工程勘察院有限公司	2016	中国有色金属建设协会
68	赵在立	中国核工业工程勘察大师	河北中核岩土工程有限责任公司	2013	中国核工业勘察设计协会
69	秦敏	中国核工业工程勘察大师	河北中核岩土工程有限责任公司	2015	中国核工业勘察设计协会

享受高级以上政府津贴专家

编号	姓名	专家类别	所在单位	授予时间
1	李拱辰	国务院政府特殊津贴专家	河北建筑设计研究院有限责任公司	1991
2	袁世春	国务院政府特殊津贴专家	中煤邯郸设计工程有限责任公司	1991
3	周炳良	国务院政府特殊津贴专家	北方工程设计研究院有限公司	1992
4	江发荣	国务院政府特殊津贴专家	中国化学工程第一岩土工程有限公司	1992
5	李长宝	国务院政府特殊津贴专家	中冶沈勘秦皇岛工程设计研究总院有限公司	1992
6	于行海	国务院政府特殊津贴专家	中冶沈勘秦皇岛工程设计研究总院有限公司	1992
7	屈正方	国务院政府特殊津贴专家	中国电建集团河北省电力勘测设计研究院有限公司	1993
8	孙大卫	国务院政府特殊津贴专家	中国电建集团河北省电力勘测设计研究院有限公司	1993
9	张芳艺	国务院政府特殊津贴专家	中国电建集团河北省电力勘测设计研究院有限公司	1993
10	茅玉泉	国务院政府特殊津贴专家	北方工程设计研究院有限公司	1993
11	韩尚隆	国务院政府特殊津贴专家	中冶沈勘秦皇岛工程设计研究总院有限公司	1993
12	刘宝麒	国务院政府特殊津贴专家	中冶沈勘秦皇岛工程设计研究总院有限公司	1993
13	刘绍桀	国务院政府特殊津贴专家	中冶沈勘秦皇岛工程设计研究总院有限公司	1993
14	奚绍伟	国务院政府特殊津贴专家	中冶沈勘秦皇岛工程设计研究总院有限公司	1993
15	杨公岑	国务院政府特殊津贴专家	中冶沈勘秦皇岛工程设计研究总院有限公司	1993
16	张浩	国务院政府特殊津贴专家	中冶沈勘秦皇岛工程设计研究总院有限公司	1993
17	张有震	国务院政府特殊津贴专家	中冶沈勘秦皇岛工程设计研究总院有限公司	1993
18	张正新	国务院政府特殊津贴专家	中冶沈勘秦皇岛工程设计研究总院有限公司	1993
19	赵立志	国务院政府特殊津贴专家	中冶沈勘秦皇岛工程设计研究总院有限公司	1993
20	朱德欣	国务院政府特殊津贴专家	中冶沈勘秦皇岛工程设计研究总院有限公司	1993
21	聂海年	国务院政府特殊津贴专家	河北建筑设计研究院有限责任公司	1993
22	崔道汝	国务院政府特殊津贴专家	河北建筑设计研究院有限责任公司	1993
23	冀政廉	国务院政府特殊津贴专家	中国化学工程第一岩土工程有限公司	1996

续表

编号	姓名	专家类别	所在单位	授予时间
24	钱福生	国务院政府特殊津贴专家	北方工程设计研究院有限公司	1999
25	田宝发	国务院政府特殊津贴专家	沧州市建筑设计研究院有限公司	2004
26	冯冠学	国务院政府特殊津贴专家	中煤邯郸设计工程有限责任公司	2004
27	卢双宝	国务院政府特殊津贴专家	河北省水利水电勘测设计研究院	2005
28	梁金国	国务院政府特殊津贴专家	河北建设勘察研究院有限公司	2008
29	折书群	国务院政府特殊津贴专家	华北有色工程勘察院有限公司	2010
30	聂庆科	国务院政府特殊津贴专家	河北建设勘察研究院有限公司	2010
31	周卫	国务院政府特殊津贴专家	中国电建集团河北省电力勘测设计研究院有限公司	2015
32	毋焕胜	国务院政府特殊津贴专家	河北省交通规划设计院	2015
33	刘文东	国务院政府特殊津贴专家	中国化学工程第一岩土工程有限公司	2015
34	刘桂霞	国务院政府特殊津贴专家	河北省交通规划设计院	2016
35	魏志谦	国务院政府特殊津贴专家	北方工程设计研究院有限公司	2016
36	韩立君	国务院政府特殊津贴专家	河北建设勘察研究院有限公司	2018
37	武洪琳	国务院政府特殊津贴专家	北方工程设计研究院有限公司	2018
38	朱坤锋	国务院政府特殊津贴专家	中国石油天然气管道工程有限公司	2019
39	何勇海	河北省政府特殊津贴专家	河北省交通规划设计院	2015
40	刘利平	河北省政府特殊津贴专家	河北建设勘察研究院有限公司	2015
41	朱冀军	河北省政府特殊津贴专家	河北省交通规划设计院	2017
42	郝贵强	河北省政府特殊津贴专家	中土大地国际建筑设计有限公司	2017
43	曹胜昔	河北省政府特殊津贴专家	北方工程设计研究院有限公司	2018

优秀专业技术人才（一）

序号	姓名	专业	单位	荣誉称号	授予时间	授予部门
1	贾向新	勘察	河北建设勘察研究院有限公司	河北省勘察设计行业优秀青年设计师	2014	河北省工程勘察设计咨询协会
2	陆威	勘察	河北省电力勘测设计研究院	河北省勘察设计行业优秀青年设计师	2014	河北省工程勘察设计咨询协会
3	徐俊科	勘察	中国石油天然气管道工程有限公司	河北省勘察设计行业优秀青年设计师	2014	河北省工程勘察设计咨询协会
4	韩贵雷	勘察	华北有色工程勘察院有限公司	河北省勘察设计行业优秀青年设计师	2014	河北省工程勘察设计咨询协会
5	王伟	勘察	河北建设勘察研究院有限公司	河北省勘察设计行业优秀青年设计师	2014	河北省工程勘察设计咨询协会
6	李森林	勘察	中勘冶金勘察设计研究院有限责任公司	河北省勘察设计行业优秀青年设计师	2014	河北省工程勘察设计咨询协会
7	孟玉山	勘察	张家口市金石岩土工程技术有限公司	河北省勘察设计行业优秀青年设计师	2014	河北省工程勘察设计咨询协会
8	孙会哲	勘察	中国兵器工业北方勘察设计研究院有限公司	河北省勘察设计行业优秀青年设计师	2014	河北省工程勘察设计咨询协会
9	付素娟	勘察	河北建研建筑设计有限公司	河北省勘察设计行业优秀青年设计师	2014	河北省工程勘察设计咨询协会
10	王立华	勘察	中土大地国际建筑设计有限公司	河北省勘察设计行业优秀青年设计师	2014	河北省工程勘察设计咨询协会
11	高江平	勘察	中土大地国际建筑设计有限公司	河北省勘察设计行业优秀青年设计师	2014	河北省工程勘察设计咨询协会
12	张海江	勘察	中勘冶金勘察设计研究院有限责任公司	河北省勘察设计行业优秀青年设计师	2014	河北省工程勘察设计咨询协会
13	郝贵强	建筑	中土大地国际建筑设计有限公司	河北省勘察设计行业优秀青年设计师	2014	河北省工程勘察设计咨询协会

续表

序号	姓名	专业	单位	荣誉称号	授予时间	授予部门
14	高春荣	建筑	唐山市规划建筑设计研究院	河北省勘察设计行业优秀青年设计师	2014	河北省工程勘察设计咨询协会
15	张玉洁	建筑	北方工程设计研究院有限公司	河北省勘察设计行业优秀青年设计师	2014	河北省工程勘察设计咨询协会
16	张朝辉	建筑	河北建筑设计研究院有限责任公司	河北省勘察设计行业优秀青年设计师	2014	河北省工程勘察设计咨询协会
17	胡玉强	建筑	河北北方绿野建筑设计有限公司	河北省勘察设计行业优秀青年设计师	2014	河北省工程勘察设计咨询协会
18	刘勤	建筑	北方工程设计研究院有限公司	河北省勘察设计行业优秀青年设计师	2014	河北省工程勘察设计咨询协会
19	潘书通	建筑	河北九易庄宸科技股份有限公司	河北省勘察设计行业优秀青年设计师	2014	河北省工程勘察设计咨询协会
20	栗秋娟	建筑	河北惠宁建筑标准设计有限公司	河北省勘察设计行业优秀青年设计师	2014	河北省工程勘察设计咨询协会
21	王德庆	建筑	河北九易庄宸科技股份有限公司	河北省勘察设计行业优秀青年设计师	2014	河北省工程勘察设计咨询协会
22	高腾野	建筑	中土大地国际建筑设计有限公司	河北省勘察设计行业优秀青年设计师	2014	河北省工程勘察设计咨询协会
23	张颖	建筑	秦皇岛市建筑设计院	河北省勘察设计行业优秀青年设计师	2014	河北省工程勘察设计咨询协会
24	李志铮	建筑	唐山市规划建筑设计研究院	河北省勘察设计行业优秀青年设计师	2014	河北省工程勘察设计咨询协会
25	曹明振	建筑	北方工程设计研究院有限公司	河北省勘察设计行业优秀青年设计师	2014	河北省工程勘察设计咨询协会
26	戚广辉	市政	唐山市煤气工程设计研究院	河北省勘察设计行业优秀青年设计师	2014	河北省工程勘察设计咨询协会
27	崔宇平	建筑	河北九易庄宸科技股份有限公司	河北省勘察设计行业优秀青年设计师	2014	河北省工程勘察设计咨询协会
28	王毅	市政	唐山市热力工程设计院	河北省勘察设计行业优秀青年设计师	2014	河北省工程勘察设计咨询协会
29	周宏伟	建筑	秦皇岛市建筑设计院	河北省勘察设计行业优秀青年设计师	2014	河北省工程勘察设计咨询协会
30	刘旭辉	建筑	河北惠宁建筑标准设计有限公司	河北省勘察设计行业优秀青年设计师	2014	河北省工程勘察设计咨询协会
31	高　岭	交通	河北省交通规划设计院	河北省勘察设计行业优秀青年设计师	2014	河北省工程勘察设计咨询协会
32	王丽霞	交通	沧州双盛公路工程咨询有限公司	河北省勘察设计行业优秀青年设计师	2014	河北省工程勘察设计咨询协会
33	余志峰	石油	中国石油天然气管道工程有限公司	河北省勘察设计行业优秀青年设计师	2014	河北省工程勘察设计咨询协会
34	何勇海	交通	河北省交通规划设计院	河北省勘察设计行业优秀青年设计师	2014	河北省工程勘察设计咨询协会
35	王子鹏	交通	河北省交通规划设计院	河北省勘察设计行业优秀青年设计师	2014	河北省工程勘察设计咨询协会
36	孙馨	园林	唐山园林规划设计研究院	河北省勘察设计行业优秀青年设计师	2014	河北省工程勘察设计咨询协会
37	赵林	交通	唐山市交通勘察设计院有限公司	河北省勘察设计行业优秀青年设计师	2014	河北省工程勘察设计咨询协会
38	金凤温	交通	河北锐驰交通工程咨询有限公司	河北省勘察设计行业优秀青年设计师	2014	河北省工程勘察设计咨询协会
39	马文华	交通	承德交通勘察设计院有限公司	河北省勘察设计行业优秀青年设计师	2014	河北省工程勘察设计咨询协会

续表

序号	姓名	专业	单位	荣誉称号	授予时间	授予部门
40	李明富	电力	河北汇智电力工程设计有限公司	河北省勘察设计行业优秀青年设计师	2014	河北省工程勘察设计咨询协会
41	赵海	交通	唐山交通勘察设计院有限公司	河北省勘察设计行业优秀青年设计师	2014	河北省工程勘察设计咨询协会
42	卫中宽	煤炭	中煤邯郸设计工程有限责任公司	河北省勘察设计行业优秀青年设计师	2014	河北省工程勘察设计咨询协会
43	王绍宇	化工	中核第四研究设计工程有限公司	河北省勘察设计行业优秀青年设计师	2014	河北省工程勘察设计咨询协会
44	马茂军	交通	唐山交通勘察设计院有限公司	河北省勘察设计行业优秀青年设计师	2014	河北省工程勘察设计咨询协会
45	王辉	电力	河北省电力勘测设计研究院	河北省勘察设计行业优秀青年设计师	2014	河北省工程勘察设计咨询协会
46	董洪旺	冶金	唐山钢铁国际工程技术有限公司	河北省勘察设计行业优秀青年设计师	2014	河北省工程勘察设计咨询协会
47	李书群	水利	河北省水利水电第二勘测设计研究院	河北省勘察设计行业优秀青年设计师	2014	河北省工程勘察设计咨询协会
48	杨俊辉	煤炭	中煤邯郸设计工程有限责任公司	河北省勘察设计行业优秀青年设计师	2014	河北省工程勘察设计咨询协会
49	董晓青	电力	河北能源工程设计有限公司	河北省勘察设计行业优秀青年设计师	2014	河北省工程勘察设计咨询协会
50	邢琳	电力	河北汇智电力工程设计有限公司	河北省勘察设计行业优秀青年设计师	2014	河北省工程勘察设计咨询协会
51	花旭东	建筑	河北九易庄宸科技股份有限公司	河北省勘察设计行业优秀青年设计师	2018	河北省工程勘察设计咨询协会
52	高明磊	建筑	北方工程设计研究院有限公司	河北省勘察设计行业优秀青年设计师	2018	河北省工程勘察设计咨询协会
53	李岱峰	建筑	中土大地国际建筑设计有限公司	河北省勘察设计行业优秀青年设计师	2018	河北省工程勘察设计咨询协会
54	赵红波	建筑	河北惠宁建筑标准设计有限公司	河北省勘察设计行业优秀青年设计师	2018	河北省工程勘察设计咨询协会
55	杨艳荣	建筑	承德市建筑设计研究院有限公司	河北省勘察设计行业优秀青年设计师	2018	河北省工程勘察设计咨询协会
56	李玉军	建筑	河北拓朴建筑设计有限公司	河北省勘察设计行业优秀青年设计师	2018	河北省工程勘察设计咨询协会
57	何朝霞	建筑	中核第四研究设计工程有限公司	河北省勘察设计行业优秀青年设计师	2018	河北省工程勘察设计咨询协会
58	齐晓	建筑	河北大成建筑设计咨询有限公司	河北省勘察设计行业优秀青年设计师	2018	河北省工程勘察设计咨询协会
59	张震	建筑	河北建筑设计研究院有限责任公司	河北省勘察设计行业优秀青年设计师	2018	河北省工程勘察设计咨询协会
60	张学玲	结构	中土大地国际建筑设计有限公司	河北省勘察设计行业优秀青年设计师	2018	河北省工程勘察设计咨询协会
61	李勇	结构	河北北方绿野建筑设计有限公司	河北省勘察设计行业优秀青年设计师	2018	河北省工程勘察设计咨询协会
62	马玉光	结构	河北北方绿野建筑设计有限公司	河北省勘察设计行业优秀青年设计师	2018	河北省工程勘察设计咨询协会
63	马中成	结构	中煤邯郸设计工程有限责任公司	河北省勘察设计行业优秀青年设计师	2018	河北省工程勘察设计咨询协会
64	王东兴	结构	河北惠宁建筑标准设计有限公司	河北省勘察设计行业优秀青年设计师	2018	河北省工程勘察设计咨询协会
65	高海潮	结构	河北建筑设计研究院有限责任公司	河北省勘察设计行业优秀青年设计师	2018	河北省工程勘察设计咨询协会

续表

序号	姓名	专业	单位	荣誉称号	授予时间	授予部门
66	薛荣刚	结构	北方工程设计研究院有限公司	河北省勘察设计行业优秀青年设计师	2018	河北省工程勘察设计咨询协会
67	杨海朋	岩土工程	河北建设勘察研究院有限公司	河北省勘察设计行业优秀青年设计师	2018	河北省工程勘察设计咨询协会
68	胡艳东	岩土工程	唐山中冶地岩土工程有限公司	河北省勘察设计行业优秀青年设计师	2018	河北省工程勘察设计咨询协会
69	王德亮	岩土工程	河北建设勘察研究院有限公司	河北省勘察设计行业优秀青年设计师	2018	河北省工程勘察设计咨询协会
70	马晓宁	岩土工程	张家口市京北岩土工程有限公司	河北省勘察设计行业优秀青年设计师	2018	河北省工程勘察设计咨询协会
71	裴志广	岩土工程	中国兵器工业北方勘察设计研究院有限公司	河北省勘察设计行业优秀青年设计师	2018	河北省工程勘察设计咨询协会
72	尹士海	给水排水	唐钢国际工程技术股份有限公司	河北省勘察设计行业优秀青年设计师	2018	河北省工程勘察设计咨询协会
73	臧军贺	电气	中钢石家庄工程设计研究院有限公司	河北省勘察设计行业优秀青年设计师	2018	河北省工程勘察设计咨询协会
74	齐红伟	电气	保定市城乡建筑设计研究院	河北省勘察设计行业优秀青年设计师	2018	河北省工程勘察设计咨询协会
75	谷亚军	热力	河北华热工程设计有限公司	河北省勘察设计行业优秀青年设计师	2018	河北省工程勘察设计咨询协会
76	闫　涛	交通	河北省交通规划设计院	河北省勘察设计行业优秀青年设计师	2018	河北省工程勘察设计咨询协会
77	李春杰	交通工程	河北省交通规划设计院	河北省勘察设计行业优秀青年设计师	2018	河北省工程勘察设计咨询协会
78	赵　峰	交通工程	中交远洲交通科技集团有限公司	河北省勘察设计行业优秀青年设计师	2018	河北省工程勘察设计咨询协会
79	靳翠红	水利水电	河北省水利水电第二勘测设计研究院	河北省勘察设计行业优秀青年设计师	2018	河北省工程勘察设计咨询协会
80	李向科	化工工程	河北天俱时医药化工工程设计有限公司	河北省勘察设计行业优秀青年设计师	2018	河北省工程勘察设计咨询协会
81	丁之洁	化工	天俱时工程科技集团有限公司	河北省勘察设计行业最美巾帼设计师	2019	河北省工程勘察设计咨询协会
82	闫　涛	交通	河北省交通规划设计院	河北省勘察设计行业最美巾帼设计师	2019	河北省工程勘察设计咨询协会
83	张雪梅	建筑	河北建筑设计研究院有限责任公司	河北省勘察设计行业最美巾帼设计师	2019	河北省工程勘察设计咨询协会
84	高明磊	建筑	北方工程设计研究院有限公司	河北省勘察设计行业最美巾帼设计师	2019	河北省工程勘察设计咨询协会
85	王红菊	水利	河北省水利水电勘测设计研究院	河北省勘察设计行业最美巾帼设计师	2019	河北省工程勘察设计咨询协会
86	吴立春	建筑	承德市建筑设计研究院有限公司	河北省勘察设计行业最美巾帼设计师	2019	河北省工程勘察设计咨询协会
87	杨昌绣	勘察	中国兵器工业北方勘察设计研究院有限公司	河北省勘察设计行业最美巾帼设计师	2019	河北省工程勘察设计咨询协会
88	张海英	建筑	河北北方绿野建筑设计有限公司	河北省勘察设计行业最美巾帼设计师	2019	河北省工程勘察设计咨询协会
89	李欣	建筑	河北拓朴建筑设计有限公司	河北省勘察设计行业最美巾帼设计师	2019	河北省工程勘察设计咨询协会
90	周宏伟	建筑	秦皇岛市建筑设计院	河北省勘察设计行业最美巾帼设计师	2019	河北省工程勘察设计咨询协会

优秀专业技术人才（二）

编号	姓名	荣誉称号	所在单位	授予时间
1	蔡殿忠	河北省“三三三人才工程”第三层次人选	沧州双盛公路工程咨询有限公司	2003
2	刘彦顺	河北省“三三三人才工程”第三层次人选	沧州双盛公路工程咨询有限公司	2003
3	李靖	河北省“三三三人才工程”第三层次人选	衡水龙翔公路工程勘察设计咨询有限公司	2005
4	王丽霞	河北省“三三三人才工程”第三层次人选	沧州双盛公路工程咨询有限公司	2006
5	胡建敏	河北省“三三三人才工程”第三层次人选	河北建设勘察研究院有限公司	2007
6	梁书奇	河北省“三三三人才工程”第三层次人选	河北建设勘察研究院有限公司	2009
7	吴立春	河北省“三三三人才工程”第二层次人选	河北建设勘察研究院有限公司	2011
8	商卫东	河北省“三三三人才工程”第三层次人选	河北建设勘察研究院有限公司	2011
9	王国辉	河北省“三三三人才工程”第二层次人选	河北建设勘察研究院有限公司	2013
10	王英辉	河北省“三三三人才工程”第三层次人选	河北建设勘察研究院有限公司	2013
11	王子鹏	河北省“三三三人才工程”第二层次人选	河北省交通规划设计院	2013
12	朱冀军	河北省“三三三人才工程”第二层次人选	河北省交通规划设计院	2013
13	宋立军	河北省“三三三人才工程”第三层次人选	北方工程设计研究院有限公司	2013
14	郜鹏	河北省“三三三人才工程”第三层次人选	北方工程设计研究院有限公司	2013
15	周志刚	河北省“三三三人才工程”第三层次人选	中国兵器工业北方勘察设计研究院有限公司	2014
16	贾向新	河北省“三三三人才工程”第三层次人选	河北建设勘察研究院有限公司	2014
17	曹胜昔	河北省“三三三人才工程”第二层次人才	北方工程设计研究院有限公司	2014
18	郝贵强	河北省“三三三人才工程”第二层次人选	中土大地国际建筑设计有限公司	2014
19	刘利平	河北省“三三三人才工程”第二层次人选	河北建设勘察研究院有限公司	2015
20	武文娟	河北省“三三三人才工程”第三层次人选	中国兵器工业北方勘察设计研究院有限公司	2015
21	李友东	河北省“三三三人才工程”第三层次人选	河北建设勘察研究院有限公司	2015
22	刘晶晶	河北省“三三三人才工程”第三层次人选	河北建设勘察研究院有限公司	2015
23	宋志永	河北省“三三三人才工程”第二层次人选	北方工程设计研究院有限公司	2015
24	裴志广	河北省“三三三人才工程”第三层次人选	中国兵器工业北方勘察设计研究院有限公司	2016
25	杨海朋	河北省“三三三人才工程”第二层次人选	河北建设勘察研究院有限公司	2017
26	王厚星	河北省“三三三人才工程”第三层次人选	河北建设勘察研究院有限公司	2017
27	于巍	河北省“三三三人才工程”第二层次人选	北方工程设计研究院有限公司	2017
28	高明磊	河北省“三三三人才工程”第二层次人选	北方工程设计研究院有限公司	2017
29	王伟	河北省“三三三人才工程”第二层次人选	河北建设勘察研究院有限公司	2018
30	刘岩	河北省“三三三人才工程”第三层次人选	中国兵器工业北方勘察设计研究院有限公司	2018
31	陆峰	河北省“三三三人才工程”第三层次人选	保定市建筑设计院有限公司	2018
32	滕云	河北省“三三三人才工程”第三层次人选	保定市建筑设计院有限公司	2018
33	王德亮	河北省“三三三人才工程”第三层次人选	河北建设勘察研究院有限公司	2018
34	张阁超	河北省“三三三人才工程”第三层次人选	保定市建筑设计院有限公司	2018
35	花旭东	河北省“三三三人才工程”第三层次人选	河北九易庄宸科技股份有限公司	2018
36	骆兵	河北省“三三三人才工程”第三层次人选	河北九易庄宸科技股份有限公司	2018
37	高腾野	河北省“三三三人才工程”第二层次人选	中土大地国际建筑设计有限公司	2018
38	汪伟	河北省“三三三人才工程”第三层次人选	中土大地国际建筑设计有限公司	2018

自主创新

随着我省经济的快速发展，工程勘察设计技术创新取得了突破性的成果，从大规模经济建设到各个阶段工程建设的发展，使我省勘察设计水平快速提高，自主创新能力不断增强，企业自主创新能力逐渐成为核心竞争力和业务增长点，涌现出一大批具有自主知识产权的新技术、新科技成果。

据统计，2000年全省勘察设计行业累计拥有专利92项、专有技术153项。发展到2018年，全省累计拥有专利3 166项、专有技术724项。2005—2018年，全省累计获国家级、省部级奖8 562项，其中国家级730项；参加编制国家、行业、地方技术标准3 004项，其中国家级671项；参加编制国家、行业、地方标准设计511册，其中国家级89册。

党的十八大召开后，河北省以企业为主体、以市场为导向、产学研用相结合的技术创新体系得到完善，科技创新能力和科技成果转化率不断提高。2018年，全省科技活动费用支出总额 118 566.69万元，科技成果转让收入总额272 289.51万元。

科学技术进步奖获奖项目（国家级）

序号	单位名称	奖项名称	获奖项目名称	获奖等级	获奖批文时间	颁发部门
1	中勘冶金勘察设计研究院有限责任公司	国家科学技术进步奖	大型铁矿山露天井下协同开采及风险防控关键技术与应用	二等奖	2014年	国务院
2	中国石油工程建设有限公司华北分公司	国家科学技术进步奖	金属管道塑料外防腐护层（黄、绿夹克）三条生产线（Φ529、Φ219、Φ115）研建及系统产品	三等奖	1985年	国家科学技术委员会
3	中国石油工程建设有限公司华北分公司	国家科学技术进步奖	水力活塞泵抽油技术	三等奖	1985年	国家科学技术委员会
4	中钢石家庄工程设计研究院有限公司	国家科学技术进步奖	交直流双机驱动中心型无套连轧技术	三等奖	1988年	国家科学技术委员会
5	中国石油工程建设有限公司华北分公司	国家科学技术进步奖	天然气润滑轴承透平膨胀机	三等奖	1992年	国家科学技术委员会
6	华北有色工程勘察院有限公司	国家科学技术进步奖	中国北方岩溶地下水资源及大水矿区岩溶水的预测、利用与管理的研究	三等奖	1992年	国家科学技术委员会
7	河北省水利水电勘测设计研究院	国家科学技术进步奖	温泉堡水库碾压混凝土拱坝试验研究	三等奖	1997年	国家科学技术委员会

科学技术进步奖获奖项目（省级）

序号	单位名称	奖项名称	获奖项目名称	获奖等级	获奖批文时间	颁发部门
1	河北建设勘察研究院有限公司	河北省科学技术进步奖	地下空间开挖的关键技术与应用	一等奖	2014年	河北省人民政府
2		河北省科学技术进步奖	超大直径工程井钻井法成井关键技术与应用	一等奖	2016年	河北省人民政府
3		河北省科学技术进步奖	腐蚀环境下混凝土的耐久性寿命预测及抗腐蚀材料研究	一等奖	2018年	河北省人民政府
4		河北省科学技术进步奖	平面控制网设计和平差的电算程序	三等奖	1984年	河北省科学技术委员会
5		河北省科学技术进步奖	水电效应法无损检测桩基的应用研究	三等奖	1991年	河北省科学技术委员会

续表

序号	单位名称	奖项名称	获奖项目名称	获奖等级	获奖批文时间	颁发部门
7	河北建设勘察研究院有限公司	河北省科学技术进步奖	硫铁矿渣混凝土桩应用技术研究证书	三等奖	1996年	河北省科学技术委员会
8		河北省科学技术进步奖	大直径嵌岩钻孔扩底桩装置及施工工艺的研究证书	三等奖	2000年	河北省科学技术委员会
9		河北省科学技术进步奖	后压浆旋挖钻孔灌注桩技术研究	三等奖	2006年	河北省人民政府
10		河北省科学技术进步奖	机械钻孔竖井施工工艺研究	三等奖	2006年	河北省人民政府
11		河北省科学技术进步奖	深基坑双排桩支护结构设计理论与应用研究	三等奖	2009年	河北省人民政府
12		河北省科学技术进步奖	湿陷性黄土地区夯扩挤密桩设计与施工关键技术研究	三等奖	2009年	河北省人民政府
13		河北省科学技术进步奖	新近沉积软土地基处理成套技术研究	三等奖	2010年	河北省人民政府
14		河北省科学技术进步奖	吹填土地基处理技术及工程应用	三等奖	2013年	河北省人民政府
15		河北省科学技术进步奖	SPT-1500型拖车式水井钻机研制	三等奖	2016年	河北省人民政府
16		河北省科学技术进步奖	桩端封闭式和开放式后注浆技术改善基桩承载特性的研究	三等奖	2016年	河北省人民政府
17		河北省科学技术进步奖	素混凝土刚性桩复合地基核心技术研究与工程应用	三等奖	2018年	河北省人民政府
18	中冶沈勘秦皇岛工程设计研究总院有限公司、中国兵器工业北方勘察设计研究院有限公司	河北省科学技术进步奖	尾矿库安全分析与灾变防控关键技术研究及应用	一等奖	2018年	河北省人民政府
19	中冶沈勘秦皇岛工程设计研究总院有限公司	内蒙古自治区科学技术进步奖	白云鄂博铁矿地质数据库与采剥计划信息系统	三等奖	2005年	内蒙古自治区人民政府
20	中土大地国际建筑设计有限公司	河北省科学技术进步奖	高性能屈曲约束支撑减震关键技术及应用	一等奖	2019年	河北省人民政府
21		河北省科学技术进步奖	轻钢骨混凝土剪力墙结构性能的研究	三等奖	2005年	河北省人民政府
22		河北省科学技术进步奖	夯实水泥土桩复合地基的试验研究及其数值模拟	三等奖	2006年	河北省人民政府
23		河北省科学技术进步奖	复合地基可靠性设计理论与应用研究	三等奖	2007年	河北省人民政府
24		河北省科学技术进步奖	桩筏基础优化设计试验研究与工程应用	三等奖	2012年	河北省人民政府
25		河北省科学技术进步奖	工程抗震防灾关键技术应用研究	三等奖	2018年	河北省人民政府
26	河北建筑设计研究院有限责任公司	河北省科学技术进步奖	唐山陶瓷陈列馆建筑设计	二等奖	1987年	河北省科学技术委员会
27		河北省科学技术进步奖	砖混建筑套建高层技术	二等奖	1998年	河北省人民政府
28		河北省科学技术进步奖	HRB500钢筋在工程中的应用研究	二等奖	2010年	河北省人民政府
29		河北省科学技术进步奖	大底盘双塔楼、连体和带转换层的高层建筑抗震研究	三等奖	2008年	河北省人民政府
30		河北省科学技术进步奖	四新四节一环保	三等奖	2009年	河北省人民政府
31	河北建设集团有限公司	河北省科学技术进步奖	大跨度变截面空间钢拱支承的整体结构技术研究	二等奖	2007年	河北省人民政府

续表

序号	单位名称	奖项名称	获奖项目名称	获奖等级	获奖批文时间	颁发部门
32	河北省建筑科学研究院有限公司	河北省科学技术进步奖	高地震烈度区预应力混凝土管桩（PHC）抗震风险评定的关键技术研究	二等奖	2013年	河北省人民政府
33		河北省科学技术进步奖	被动式低能耗建筑关键技术研究	二等奖	2017年	河北省人民政府
34		河北省科学技术进步奖	复合地基优化成套技术试验研究及工程应用	二等奖	2017年	河北省人民政府
35		河北省科学技术进步奖	古建筑整体移位关键技术研究	二等奖	2018年	河北省人民政府
36		河北省科学技术进步奖	外旋管护壁内螺旋成桩技术	三等奖	2000年	河北省人民政府
37		河北省科学技术进步奖	低掺量、无氯、低碱、高性能混凝土防冻泵送剂	三等奖	2000年	河北省人民政府
38		河北省科学技术进步奖	扩底墩坑式托换技术研究	三等奖	2003年	河北省人民政府
39		河北省科学技术进步奖	水泥土桩规程编制	三等奖	2005年	河北省人民政府
40		河北省科学技术进步奖	夯实水泥土桩复合地基沉降计算方法实验研究	三等奖	2005年	河北省人民政府
41		河北省科学技术进步奖	地基基础工程设计CAD研究与开发	三等奖	2005年	河北省人民政府
42		河北省科学技术进步奖	夯实水泥土桩复合地基可靠度分析	三等奖	2006年	河北省人民政府
43		河北省科学技术进步奖	高层建筑复合地基基础共同作用原位测试研究	三等奖	2007年	河北省人民政府
44		河北省科学技术进步奖	复合地基可靠性设计理论与应用研究	三等奖	2007年	河北省人民政府
45		河北省科学技术进步奖	刚性桩预压浆技术试验研究	三等奖	2007年	河北省人民政府
46		河北省科学技术进步奖	高强混凝土强度无损检测试验研究	三等奖	2007年	河北省人民政府
47		河北省科学技术进步奖	玄武岩纤维布加固混凝土结构的应用技术的研究	三等奖	2009年	河北省人民政府
48		河北省科学技术进步奖	桩筏基础变刚度优化分析方法及其共同作用研究（二完）	三等奖	2009年	河北省人民政府
49		河北省科学技术进步奖	多功能成桩机试验研究（二完）	三等奖	2009年	河北省人民政府
50		河北省科学技术进步奖	建（构）筑物整体移位技术研究	三等奖	2009年	河北省人民政府
51		河北省科学技术进步奖	夯实水泥土桩复合地基理论与优化设计的研究	三等奖	2010年	河北省人民政府
52		河北省科学技术进步奖	复合地基在地震作用下受力特性研究与应用	三等奖	2011年	河北省人民政府
53		河北省科学技术进步奖	既有建筑地基基础安全性检测与评定技术	三等奖	2011年	河北省人民政府
54		河北省科学技术进步奖	碳纤维和钢板加固损伤混凝土框架结构抗震性能试验研究	三等奖	2011年	河北省人民政府
55		河北省科学技术进步奖	古建筑无损检测技术的试验研究	三等奖	2011年	河北省人民政府
56		河北省科学技术进步奖	复合地基动承载力的计算方法和组合桩复合地基动力特性研究（二完）	三等奖	2011年	河北省人民政府
57		河北省科学技术进步奖	桩筏基础优化设计试验研究与工程应用	三等奖	2012年	河北省人民政府

续表

序号	单位名称	奖项名称	获奖项目名称	获奖等级	获奖批文时间	颁发部门
58	河北省建筑科学研究院有限公司	河北省科学技术进步奖	河北省既有建筑节能改造技术研究	三等奖	2012年	河北省人民政府
59		河北省科学技术进步奖	古建筑墙砖回弹检测技术应用研究	三等奖	2013年	河北省人民政府
60		河北省科学技术进步奖	内嵌碳纤维板加固混凝土梁抗弯性能试验研究	三等奖	2013年	河北省人民政府
61		河北省科学技术进步奖	既有建筑隔震加固技术应用与研究	三等奖	2013年	河北省人民政府
62		河北省科学技术进步奖	碳纤维电热线采暖系统在民用建筑中应用研究	三等奖	2014年	河北省人民政府
63		河北省科学技术进步奖	既有建筑物改造加固关键技术研究	三等奖	2016年	河北省人民政府
64		河北省科学技术进步奖	既有建筑物加层后的整体性能对比研究	三等奖	2016年	河北省人民政府
65		河北省科学技术进步奖	刚柔性组合桩复合地基破坏机理及动力特性研究	三等奖	2018年	河北省人民政府
66		河北省科学技术进步奖	跨季节蓄热太阳能—土壤符合热泵系统应用研究	三等奖	2019年	河北省人民政府
67	中国石油天然气管道工程有限公司	河北省科学技术进步奖	中缅油气管道防灾减灾设计及安全施工技术	二等奖	2018年	河北省人民政府
68		河北省科学技术进步奖	油气管道复杂地质定向钻穿越技术研究与应用	三等奖	2016年	河北省人民政府
69		河北省科学技术进步奖	油气管道工艺控制及功能安全技术应用研究	三等奖	2017年	河北省人民政府
70	中国石油工程建设有限公司华北分公司	河北省科学技术进步奖	KHF-160型可换孔板阀	三等奖	1983年	河北省科学技术委员会
71		河北省科学技术进步奖	原油破乳剂AE8031	三等奖	1986年	河北省科学技术委员会
72		河北省科学技术进步奖	河间东营组原油化学防蜡降粘试验的研究	三等奖	1986年	河北省科学技术委员会
73		河北省科学技术进步奖	油气集输工艺模拟试验装置	三等奖	1986年	河北省科学技术委员会
74		河北省科学技术进步奖	用振动挤密碎石桩处理9度地震区可液化轻亚黏土地基的研究	三等奖	1987年	河北省科学技术委员会
75		河北省科学技术进步奖	原油集输不加热输送技术推广	三等奖	1993年	河北省科学技术委员会
76		河北省科学技术进步奖	建筑灭火器配置速算盘	三等奖	1994年	河北省科学技术委员会
77		河北省科学技术进步奖	HRV降粘剂的研制与推广应用	三等奖	1994年	河北省科学技术委员会
78		河北省科学技术进步奖	KS-1缓蚀剂的研制与应用	三等奖	1995年	河北省科学技术委员会
79		河北省科学技术进步奖	QLS精细过滤装置研制与应用	三等奖	1995年	河北省科学技术委员会
80		河北省科学技术进步奖	HYF-1油管粉末涂料研究	三等奖	1997年	河北省科学技术委员会
81		河北省科学技术进步奖	磁处理原油脱水技术研究	三等奖	2000年	河北省科学技术委员会
82	华北有色工程勘察院有限公司	河北省科学技术进步奖	大水型矿山水的安全生态地表零排放三位一体协同技术	二等奖	2019年	河北省科学技术厅
83		河北省科学技术进步奖	河北省武安县地下水资源研究	三等奖	1989年	河北省科学技术委员会

续表

序号	单位名称	奖项名称	获奖项目名称	获奖等级	获奖批文时间	颁发部门
84	北方工程设计研究院有限公司	河北省科学技术进步奖	石家庄市区大气污染（TSP、SO_2）来源及结构分析研究	三等奖	1998年	河北省科学技术委员会
85		河北省科学技术进步奖	新型多用途微波屏蔽暗室	三等奖	2013年	河北省人民政府
86		河北省科学技术进步奖	聚苯（EPS）模块保温与结构一体化关键技术研究	三等奖	2018年	河北省人民政府
87	河北省水利水电勘测设计研究院	河北省科学技术进步奖	河北省东武仕水库汛限水位设计与运用研究	三等奖	2005年	河北省科学技术厅
88		河北省科学技术进步奖	北方寒冷地区RCC筑坝创新技术应用研究	三等奖	2005年	河北省科学技术厅
89		河北省科学技术进步奖	南水北调中线倒虹吸薄壁结构混凝土防裂缝综合技术研究	三等奖	2007年	河北省科学技术厅
90		河北省科学技术进步奖	河北水院工程测量数据采集及处理软件集成系统研究	三等奖	2009年	河北省人民政府
91		河北省科学技术进步奖	河北省河流环境综合整治关键技术研究	三等奖	2010年	河北省人民政府
92		河北省科学技术进步奖	基于生态水文理念水资源高效可持续利用研究	三等奖	2017年	河北省人民政府
93	河北省水利水电第二勘测设计研究院	河北省科学技术进步奖	白洋淀湿地生态补水与水资源配置系统研究	三等奖	2005年	河北省科学技术厅
94	中交远洲交通科技有限公司	河北省科学技术进步奖	Road-TICS公路交通信息采集管理系统	三等奖	2007年	河北省科学技术厅
95	沧州水利勘测设计院	河北省科学技术进步奖	GPRS长距离管道输水实时监测系统研究	三等奖	2007年	河北省科学技术厅
96	沧州交通勘测设计院	河北省科学技术进步奖	高等级公路边坡防护及优化技术研究	三等奖	2008年	河北省人民政府
97	中国电建集团河北省电力勘测设计研究院有限公司	河北省科学技术进步奖	河北南部电网规划设计数字化系统应用研究	三等奖	2010年	河北省人民政府
98	石家庄市政设计研究院有限责任公司	河北省科学技术进步奖	沥青路面压实理论与精细化过程控制技术	三等奖	2013年	河北省人民政府
99	河北北方绿野建筑设计有限公司	河北省科学技术进步奖	后注浆灌注桩单桩承载力试验研究	三等奖	2017年	河北省人民政府
100	中国兵器工业北方勘察设计研究院有限公司	山西省科学技术进步奖	激发极化法找水的推广和应用	一等奖	1991年	山西省科委
101	河北中核岩土工程有限责任公司	湖北省科学技术进步奖	核电工程岩体力学特性评价方法及爆破施工安全监控关键技术	一等奖	2007年	湖北省人民政府

科学技术进步奖获奖项目（部委及行业协会）

序号	单位名称	奖项名称	获奖项目名称	获奖等级	获奖批文时间	颁发部门
1	中国石油天然气管道工程有限公司	中石油集团公司科学技术进步奖	中缅天然气管道设计施工及重大安全关键技术研究与应用	特等奖	2016年	中石油集团公司
2		中国石油和化工自动化行业科学技术奖	长输管道压缩机动力驱动系统的优化与应用	一等奖	2009年	中国石油和化工自动化应用协会
3		中国石油和化学工业联合会科技进步奖	成品油管道批输计划及优化运行技术	一等奖	2012年	中国石油和化学工业联合会
4		中石油集团公司科学技术进步奖	油气管道复杂地质定向钻穿越技术攻关	一等奖	2014年	中石油集团公司
5		中国施工企业管理协会科学技术奖科技创新先进成果	中缅管道9度及以上级强震区和活动断裂带地段管道设计技术研究	一等奖	2014年	中国施工企业管理协会

续表

序号	单位名称	奖项名称	获奖项目名称	获奖等级	获奖批文时间	颁发部门
6	中国石油天然气管道工程有限公司	科技创新优秀项目	复杂荷载工况下大型管道悬索跨越工程设计技术研究	一等奖	2014年	中石油集团公司
7		石油工程建设科技进步奖	天然气管道并行输送安全设计技术研究	一等奖	2016年	石油工程建设协会
8		石油工程建设科技进步奖	峡谷河流管道跨越工程安全设计关键技术研究	一等奖	2016年	石油工程建设协会
9		中国石油和化学工业协会科技进步奖	陕京二线板808、828地下储气库工程设计	二等奖	2008年	中国石油和化学工业协会
10		中国石油和化工自动化应用协会科技进步奖	长输管道应变设计技术及应用研究	二等奖	2011年	中国石油和化工自动化应用协会
11		中石油集团公司科技进步奖	天然气管网工艺系统分析优化及特殊地段管道关键技术研究	二等奖	2012年	中石油集团公司
12		中国石油和化工自动化行业科技进步奖	中缅海底管道敷设方式及关键施工技术研究	二等奖	2013年	中国石油和化工自动化应用协会
13		科技创新优秀项目	天然气管网工艺系统分析优化及特殊地段管道关键技术研究	二等奖	2014年	中石油集团公司
14		中国石油和化工自动化应用协会石油和化工自动化行业科学技术奖	严酷环境油气管道跨越工程关键技术研究	二等奖	2014年	中国石油和化工自动化应用协会
15		中国石油和化工自动化行业科技进步奖	大开孔率热挤压三通设计方法研究及应用	二等奖	2016年	中国石油和化工自动化应用协会
16		中石油集团公司科学技术进步奖	大输量油气管道工艺控制安全技术应用	二等奖	2016年	中石油集团公司
17		科技进步奖	油气管道工艺控制及功能安全技术应用研究	二等奖	2017年	中国石油工程建设协会
18		科技进步奖	成品油管网工艺系统设计研究	二等奖	2017年	中国石油工程建设协会
19		中石油集团公司科技进步奖	大型储罐结构设计技术及优化研究	二等奖	2017年	中石油集团公司
20		石油工程建设科技进步奖	浅滩海大口径海底管道关键技术研究	二等奖	2017年	中国石油工程建设协会
21		中国石油和化学工业协会科技进步奖	基于应变的危岩防治及其管道力学分析	三等奖	2008年	中国石油和化学工业协会
22		中国石油和化学工业协会科技进步奖	长输管道地质灾害典型防治方案优化设计研究	三等奖	2008年	中国石油和化学工业协会
23		中国石油和化学工业协会科技进步奖	大港油田埕海一区产能建设工程设计	三等奖	2008年	中国石油和化学工业协会
24		中国石油和化学工业联合会科技进步奖	高压输电线路对管道电磁影响的防护	三等奖	2010年	中国石油和化学工业联合会
25		中国石油天然气中石油集团公司科学技术进步奖	管道工程安全评价、协同设计及GIS辅助线路设计平台建立	三等奖	2012年	中石油集团公司
26		中国地理信息科技进步奖	GIS辅助线路设计平台	三等奖	2013年	中国地理信息产业协会
27		中国石油和化工自动化行业科技进步奖	0.8设计系数天然气管道设计与施工关键技术	三等奖	2016年	中国石油和化工自动化应用协会
28		中国石油和化工自动化行业科技进步奖	油气管道线路三维数字化协同设计技术研究	三等奖	2016年	中国石油和化工自动化应用协会
29		中石油集团公司科技进步奖	浅近海海底管道建设关键技术研究与应用	三等奖	2018年	中石油集团公司

续表

序号	单位名称	奖项名称	获奖项目名称	获奖等级	获奖批文时间	颁发部门
30	中国石油工程建设有限公司华北分公司	科技进步奖	华北油田任一站轻油回收装置	一等奖	1982年	石油工业部
31		石油工业部优秀科技成果奖	任丘油田南部油气集输及任一站工程设计	一等奖	1982年	石油工业部
32		中国人民解放军总后勤部科学技术进步奖	H87耐温防腐涂料研究	一等奖	1990年	中国人民解放军总后勤部
33		科学技术奖科技创新成果	潜山地热综合利用技术研究	一等奖	2013年	中国施工企业管理协会
34		石油部科技成果奖	硅太阳能供电装置	二等奖	1982年	石油工业部
35		石油工业部优秀科技成果奖	任一站计算机控制系统	二等奖	1984年	石油工业部
36		石油工业部优秀科技成果奖	苏桥文安地区潜山地质结构及油藏特征	二等奖	1984年	石油工业部
37		石油工业部优秀科技成果奖	任丘油田碳酸盐储层特征及孔洞、缝分布规律的研究	二等奖	1984年	石油工业部
38	中国兵器工业北方勘察设计研究院有限公司	科技进步奖	条形装药开口爆炸破坏分区研究	一等奖	1987年	国家计委
39		科技进步奖	石家庄市地管测量三种方法研究项目	一等奖	1989年	国家土地局
40		科技进步奖	条形装药开口爆炸坑与爆堆的研究	二等奖	1987年	国家计委
41		科技进步奖	遥感技术在水文地质及工程地质中的应用和开发	三等奖	1987年	国家机械委
42		科技进步奖	标准化取土器研制	三等奖	1999年	兵器部
43	北方工程设计研究院有限公司	兵器工业部科技进步奖	铁屑内电解法处理综合电镀废水	一等奖	1993年	兵器工业部
44		河北省国防科技成果奖	PBS生物菌剂在农业生产上的应用	一等奖	2000年	河北省国防工办
45		国防科学技术奖	反辐射武器系统半物理仿真与测试平台	一等奖	2006年	国防科工委
47		兵器工业部科技进步奖	工业工程工厂设施设计	二等奖	1996年	兵器工业部
48		航空工业总公司科技进步奖	工业与民用配电设计手册	二等奖	1998年	航空工业总公司
49		兵器工业部科技进步奖	光合细菌菌体蛋白综合利用	三等奖	1993年	兵器工业部
50		兵器工业部科技进步奖	电镀废水中贵重金属电解回收技术及设备研制	三等奖	1993年	兵器工业部
51		兵器工业部科技进步奖	A356铝合金热处理设备与工艺	三等奖	1993年	兵器工业部
52		兵器工业部科技进步奖	兵器工业环境监测分析方法	三等奖	1994年	兵器工业部
53		兵器工业部科技进步奖	中华人民共和国国家标准（多层厂房楼盖抗微振设计规范）	二等奖	1995年	机械工业部
54		兵器工业部科技进步奖	小型电站锅炉微机控制系统	三等奖	1995年	兵器工业部
55		兵器工业部科技进步奖	亚铁盐及其助剂在碱性条件下处理电镀废水	三等奖	1995年	兵器工业部
56		兵器工业部科技进步奖	弹药装药废水排放标准	三等奖	1995年	兵器工业部
57		兵器工业部科技进步奖	水质TNT、黑索今、DNT的测定气相色谱法	三等奖	1995年	兵器工业部
58		兵器工业集团公司科学技术进步奖	坦克装甲车辆电磁兼容实验室	三等奖	2007年	兵器工业集团公司
59		国防邮电产业职工优秀技术创新成果奖	FAST工程馈源舱屏蔽项目	三等奖	2017年	中国国防邮电职工技术协会

续表

序号	单位名称	奖项名称	获奖项目名称	获奖等级	获奖批文时间	颁发部门
61	中勘冶金勘察设计研究院有限公司	冶金矿山科学技术奖	大型深凹露天矿岩体边坡稳定性与治理技术研究及应用	一等奖	2013年	中国钢铁工业协会、中国金属学会
62		冶金矿山科学技术奖	富水深厚砂砾（卵）石地层露天矿固坡止水关键技术研究及应用	一等奖	2019年	中国冶金矿山企业协会
63		环保科技进步奖	包钢尾矿场渗漏水对环境影响评价与研究	三等奖	1992年	国家环境保护局
64		环保科技进步奖	莱钢地区地下水污染机理与环境影响预测方法的研究	三等奖	1992年	国家环境保护局
65		冶金矿山科学技术奖	微细粒铁矿全寿命废石筑尾矿（库）坝关键技术研究与应用	三等奖	2015年	中国钢铁工业协会、中国金属学会
66	承德龙兴矿业工程设计有限责任公司	中国黄金协会科学技术奖	微细难离析尾矿筑坝与排放技术的研究与应用	一等奖	2014年	中国黄金协会
67	中国电建集团河北省电力勘测设计研究院有限公司	中国电力建设科学技术进步奖	锅炉主要辅机单列配置应用研究	一等奖	2014年	中国电力建设企业协会
68		中国电力建设科学技术进步奖	预应力管桩在高烈度地震区火力发电厂中的应用研究	一等奖	2014年	中国电力建设企业协会
69		中国施工企业管理协会科学技术奖科技创新成果	锅炉主要辅机单列配置应用研究	一等奖	2014年	中国施工企业管理协会
70		中国电力建设科学技术进步奖	沿海地区输电线路桩基础耐蚀性能及防护措施研究	一等奖	2015年	中国电力建设企业协会
71		中国电力建设科学技术进步奖	新一代智能变电站集成创新设计技术研究与应用	一等奖	2015年	中国电力建设企业协会
72		中国施工企业管理协会科学技术奖科技创新成果	沿海地区输电线路桩基础耐蚀性能及防护措施研究	一等奖	2015年	中国施工企业管理协会
73		中国电力建设科学技术进步奖	燃煤机组粉尘超低排放技术研究	一等奖	2016年	中国电力建设企业协会
74		中国电力工程科学技术进步奖	海上风电成本模型与送电系统典型设计关键技术研究及应用	一等奖	2017年	中国电力规划设计协会
75		中国电力工程科学技术进步奖	SSD变电架构智能设计软件	一等奖	2017年	中国电力建设企业协会
76		中国施工企业管理协会科学技术奖科技创新成果	预应力管桩在高烈度地震区火力发电厂中的应用研究	一等奖	2017年	中国施工企业管理协会
77		中国电力建设科学技术进步奖	余热回收高温工业热泵在热电厂的研究与应用	二等奖	2014年	中国电力建设企业协会
78		中国电力建设科学技术进步奖	空冷气象分析计算软件的研究与应用	二等奖	2014年	中国电力建设企业协会
79		中国施工企业管理协会科学技术奖技术创新成果	600MW火电机组侧煤仓布置	二等奖	2011年	中国施工企业管理协会
80		中国施工企业管理协会科学技术奖技术创新成果	海上风机及测风塔桩基础受力研究与应用	二等奖	2012年	中国施工企业管理协会
81		中国电力建设科学技术进步奖	电力工程边坡设计手册	二等奖	2013年	中国电力建设企业协会
82		中国电力建设科学技术进步奖	海水循环冷却设施系列配置及防腐研究	二等奖	2013年	中国电力建设企业协会
83		中国电力建设科学技术进步奖	山地风电场差异化布机的研究与应用	二等奖	2013年	中国电力建设企业协会

续表

序号	单位名称	奖项名称	获奖项目名称	获奖等级	获奖批文时间	颁发部门
84	中国电建集团河北省电力勘测设计研究院有限公司	中国电力建设科学技术进步奖	纤维喷射混凝土单层衬砌在电力电缆隧道中的应用研究	二等奖	2016年	中国电力建设企业协会
85		中国电力工程科学技术进步奖	沿海地区输电线路桩基础耐蚀性能及防护措施研究	二等奖	2017年	中国电力规划设计协会
86		中国电力工程科学技术进步奖	提高海水输送系统输水能力研究	二等奖	2017年	中国电力建设企业协会
87		中国施工企业管理协会科学技术奖科技创新成果	SSD变电架构智能设计软件	二等奖	2017年	中国施工企业管理协会
88		中国电力建设科学技术进步奖	微电网条件下的海水淡化系统解决方案研究	二等奖	2018年	中国电力建设企业协会
89		中国电力建设科学技术进步奖	超大型冷却塔结构三维分析与设计软件	二等奖	2018年	中国电力建设企业协会
90		中国电力建设科学技术进步奖	火力发电厂直接空冷系统技术优化应用及严寒地区防冻特性研究	三等奖	2011年	中国电机工程学会
91		中国电力建设科学技术进步奖	基于ANSYS二次开发的输电塔静动力分析软件	三等奖	2013年	中国电力建设企业协会
92		中国电力建设科学技术进步奖	660MW超超临界新型汽轮发电机基础优化设计研究	三等奖	2013年	中国电力建设企业协会
93		中国电力建设科学技术进步奖	山区风电场接地系统的研究与应用	三等奖	2013年	中国电力建设企业协会
94		中国电力建设科学技术进步奖	山地景区风电场集电线路优化方案研究及应用	三等奖	2013年	中国电力建设企业协会
95		中国电力建设科学技术进步奖	明挖电缆隧道设计技术研究与应用	三等奖	2014年	中国电力建设企业协会
96		中国电力建设科学技术进步奖	电缆隧道结构设计软件研究与应用	三等奖	2014年	中国电力建设企业协会
97		中国电力建设科学技术进步奖	紧凑型空压机房余热排放与回收利用系统设计研究	三等奖	2014年	中国电力建设企业协会
98		中国电力建设科学技术进步奖	采用辅机单列配置的660MW超超临界机组主厂房优化设计研究	三等奖	2014年	中国电力建设企业协会
99		中国电力建设科学技术进步奖	智能变电站整体设计方案应用研究	三等奖	2014年	中国电力建设企业协会
100		中国电力建设科学技术进步奖	线路测量内外业一体化处理系统的研究	三等奖	2014年	中国电力建设企业协会
101		中国电力建设科学技术进步奖	大型电源基地风火协调运行及打捆送出关键技术研究与应用	三等奖	2014年	中国电力建设企业协会
102		中国电力建设科学技术进步奖	海上风机桩基础设计系统开发	三等奖	2015年	中国电力建设企业协会
103		中国电力建设科学技术进步奖	大型燃机紧凑型主厂房多维立体布置技术研究	三等奖	2015年	中国电力建设企业协会
104		中国电力建设科学技术进步奖	发电工程数字化系统设计软件	三等奖	2015年	中国电力建设企业协会
105		中国电力建设科学技术进步奖	西屋机型汽轮发电机组弹簧基础隔振技术应用研究	三等奖	2015年	中国电力建设企业协会
106		中国电力建设科学技术进步奖	风电场分布式接入电网的研究与应用	三等奖	2015年	中国电力建设企业协会
107		中国电力建设科学技术进步奖	风光互补优化配比研究及计算程序	三等奖	2015年	中国电力建设企业协会
108		中国电力建设科学技术进步奖	220kV户内变电站GIS设备基础可调控埋件	三等奖	2015年	中国电力建设企业协会
109		中国电力建设科学技术进步奖	全户内变电站主变压器室通风散热与降噪研究	三等奖	2015年	中国电力建设企业协会

续表

序号	单位名称	奖项名称	获奖项目名称	获奖等级	获奖批文时间	颁发部门
110	中国电建集团河北省电力勘测设计研究院有限公司	中国电力建设科学技术进步奖	粘滞性阻尼器在变电站构架中的应用研究	三等奖	2016年	中国电力建设企业协会
111		中国电力建设科学技术进步奖	大型燃机电厂降噪控制应用研究	三等奖	2016年	中国电力建设企业协会
112		中国电力建设科学技术进步奖	便携式静力触探自动拧锚机在工程中应用	三等奖	2016年	中国电力建设企业协会
113		中国电力建设科学技术进步奖	新型光伏支架技术研究	三等奖	2016年	中国电力建设企业协会
114		中国电力工程科学技术进步奖	利用热泵系统回收热电厂余热的关键技术研究与应用	三等奖	2017年	中国电力规划设计协会
115		中国电力工程科学技术进步奖	纤维喷射混凝土单层衬砌在电力电缆隧道中的应用研究	三等奖	2017年	中国电力规划设计协会
116		中国电力工程科学技术进步奖	河北省南部地区设计洪水数值模拟研究	三等奖	2017年	中国电力规划设计协会
117		中国电力建设科学技术进步奖	电缆载流量理论计算与工程实际差异性分析	三等奖	2018年	中国电力建设企业协会
118		中国电力工程科学技术进步奖	SSD变电架构智能设计软件	三等奖	2018年	中国电力规划设计协会
119		中国电力工程科学技术进步奖	超大型冷却塔结构三维分析与设计软件	三等奖	2018年	中国电力规划设计协会
120		中国电力工程科学技术进步奖	多源测绘数据处理软件	三等奖	2018年	中国电力规划设计协会
121	华北有色工程勘察院有限公司	科技进步奖	江西城门山铜矿帷幕堵水改性湖泥注浆技术研究	一等奖	2016年	中国有色金属工业协会
122		科技进步奖	蒙古国图木尔廷——敖包锌矿南部水源地找水方法研究	二等奖	2007年	中国有色金属工业协会
123		科技进步奖	河北省邯邢铁矿田岩溶充水铁矿床开采与地下水环境保护研究	二等奖	2008年	中国有色金属工业协会
124		科技进步奖	河北省沙河市中关铁矿帷幕注浆试验研究	二等奖	2008年	中国有色金属工业协会
125		科技进步奖	刚果（金）Sicomines铜钴矿水文地质工程地质研究	二等奖	2011年	中国有色金属工业协会
126		科技进步奖	中关铁矿帷幕注浆技术研究	二等奖	2012年	中国有色金属工业协会
127		科技进步奖	蒙古高原干旱地区找水关键技术研究	二等奖	2013年	中国有色金属工业协会
128		科技进步奖	有色金属矿山水文地质勘探与防治水规范的研究	二等奖	2017年	中国有色金属工业协会
129		科技进步奖	山西晋北铝厂原平水源地供水水文地质勘查技术研究	三等奖	2007年	中国有色金属工业协会
130		科技进步奖	西藏玉龙铜矿水源地地下水资源评价	三等奖	2009年	中国有色金属工业协会
131		科技进步奖	安徽省霍邱县李楼铁矿水文地质研究	三等奖	2010年	中国有色金属工业协会
132		科技进步奖	厚松散层下变质型金属矿山充水机理及防治对策综合研究与应用	三等奖	2018年	中国有色金属工业协会
133	中国石油工程建设有限公司华北分公司	石油工业部科学技术进步奖	轻油回收工艺流程计算机模拟系统	二等奖	1986年	石油工业部
134		石油工业部科学技术进步奖	HKF-1型管道防腐环氧粉末涂料	二等奖	1988年	石油工业部科技领导小组
135		石油工程建设科学技术进步奖	成品油库自动化、信息化、标准化技术	二等奖	2016年	中国石油工程建设协会

续表

序号	单位名称	奖项名称	获奖项目名称	获奖等级	获奖批文时间	颁发部门
136	中国石油工程建设有限公司华北分公司	石油工程建设科技进步奖	超深层稠油天然气吞吐集输工艺研究	二等奖	2017年	中国石油工程建设协会
137		电力工业优秀科技成果奖	35千伏导线柱型同轴架空电缆载波通讯系统	三等奖	1982年	水利电力部
138		石油工业部科学技术进步奖	原油伴生气组分分析方法（冷凝取样、色谱分析法）	三等奖	1986年	石油工业部
139		中国石油天然气总公司科学技术进步奖	“油气田液化石油气”国标	三等奖	1990年	中国石油天然气总公司
140		中国石油天然气总公司科学技术进步奖	埋地钢管环氧粉末内防腐中试生产线	三等奖	1991年	中国石油天然气总公司
141		中国石油天然气总公司科学技术进步奖	橇装式透平膨胀制冷轻烃回收装置	三等奖	1992年	中国石油天然气总公司
142		中国石油天然气总公司科学技术进步奖	原油集输不加热输送技术推广	三等奖	1993年	中国石油天然气总公司
143		中国石油天然气总公司科学技术进步奖	稠油小断块开采应用HRV系列降粘技术	三等奖	1997年	中国石油天然气总公司
144		中国石油天然气总公司科学技术进步奖	弱挥发性油田地面工程技术研究	三等奖	1999年	中国石油天然气集团公司
145		中国石油天然气总公司科学技术进步奖	长输管道及油田腐蚀与防护调查方法及数据库的建立	三等奖	1999年	中国石油天然气集团公司
146		石油和化工协会科技进步奖	油气藏改建地下储气库地面工程技术	三等奖	2014年	中国石油和化学工业联合会
147		石油工程建设科技进步奖	煤层气采出水处理技术研究	三等奖	2016年	中国石油工程建设协会
148		石油工程建设科技进步奖	低成本降低矿化度技术研究	三等奖	2017年	中国石油工程建设协会
149		石油工程建设科技进步奖	液体化工品储库安全环保技术研究	三等奖	2019年	中国石油工程建设协会
150	中冶沈勘秦皇岛工程设计研究总院有限公司	科技进步奖	机械化盘区上向分层充填采矿法试验研究	二等奖	1998年	冶金工业部
151		科技进步奖	超大规模金属矿井运输系统及其智能控制技术研究	二等奖	2016年	中国有色金属工业协会
152		科技进步奖	整铸岔心窄轨铁路道岔系列	三等奖	1997年	冶金工业部
153	河北中核岩土工程有限责任公司	科学技术奖	秦山三期（重水堆）核电站场地工程特征研究	二等奖	2007年	中华人民共和国教育部
154		科学技术奖	核电厂水文地质调查与评价技术规范	三等奖	2017年	中国核工业集团公司
155	河北省水利水电勘测设计研究院	测绘科技进步奖	水利水电工程测量内外业一体化系统	二等奖	2010年	中国测绘学会 国家测绘局
156		测绘科技进步奖	南水北调中线工程测量软件集成系统	二等奖	2012年	中国测绘协会
157		测绘科技进步奖	Tpop-lite三维激光扫描数据处理应用系统	二等奖	2013年	中国测绘协会 国家测绘地理信息局
158		测绘科技进步奖	关于面向南水北调的软基沉降监测技术与预测方法研究	二等奖	2017年	中国测绘信息学会
159		测绘科技进步奖	南水北调中线工程总干渠沉降监测分析预报系统	三等奖	2011年	中国测绘学会 国家测绘地理信息局
160	河北惠宁建筑标准设计有限公司 北方工程设计研究院有限公司	中国机械工业科学技术奖	复合聚苯阻燃保温板应用技术研究	三等奖	2018年	中国机械工业联合会、中国机械工程学会

续表

序号	单位名称	奖项名称	获奖项目名称	获奖等级	获奖批文时间	颁发部门
161	河北建设勘察研究院有限公司	科技进步奖	平面控制网设计和平差的电算程序	三等奖	1986年	城乡建设环境保护部
162		科技进步奖	城镇航空摄影技术研究	三等奖	1991年	建设部
163		科技进步奖	唐山市荆各庄地区地下水人工回灌试验研究奖状	三等奖	1994年	建设部
164		测绘科技进步奖	建筑物沉降监测信息系统	三等奖	2010年	中国测绘学会、国家测绘局
165		地理信息科技进步奖	城市岩土工程信息系统	三等奖	2011年	中国地理信息产业协会
166	中钢石家庄工程设计研究院有限公司	科学技术奖	高速公路服务区发展模式研究	三等奖	2017年	中国公路学会

创新成果（一）——国家发明专利

序号	专利权人	专利名称	专利编号	批准年份
1	河北省交通规划设计院	沥青混合料成型方法	ZL 2012 1 0254624.7	2014年
2		一种橡胶颗粒沥青路面除冰效果测试方法	ZL 2012 1 0250284.0	2014年
3		一种橡胶颗粒沥青路面除冰效果测试装置	ZL 2012 1 0250275.1	2014年
4		移动式沥青混合料成型机	ZL 2012 1 0254445.3	2014年
5		一种用于混凝土梁桥的铰缝钢筋连接件结构及布置方法	ZL 2016 1 0631167.7	2017年
6		一种沥青混合料梯形梁试件制作装置及制作方法	ZL 2016 1 0230346.X	2018年
7		一种沥青混合料梯形梁试件静压成型装置及制造方法	ZL 2016 1 0227951.1	2018年
8		一种嵌入式抗剪连接件及其成型方法	ZL 2016 1 0631479.8	2019年
9		一种SMA混合料的配比设计方法	ZL 2016 1 0421338.3	2019年
10		一种半刚性基层沥青路面相对强度评价方法及养护方法	ZL 2017 1 0348162.8	2019年
11		一种提高沥青混合料力学性能的矿料级配设计方法	ZL 2016 1 0634791.2	2019年
12	河北电信设计咨询有限公司	一种VNC图像传输数据处理方法	ZL 2012 1 0502111.3	2015年
13		物理小区标识分配方法	ZL 2014 1 0648217.3	2018年
14		相邻扇区数据协调发送方法	ZL 2015 1 0535188.4	2018年
15		物理小区标识分配方法	ZL 2015 1 0534962.X	2018年
16		FDD通信频谱分配方法	ZL 2015 1 0957085.7	2019年
17	河北华热工程设计有限公司	低温核反应堆以及基于低温核反应堆的车载动力系统	ZL 2014 1 0646252.1	2017年
18	河北建设勘察研究院有限公司	振动打桩锤沉拔钢护筒成桩方法	ZL 2005 1 0012856.1	2007年
19		后压浆旋挖钻孔灌注桩施工方法	ZL 2004 1 0064568.6	2007年
20		复合式堆载静载荷试验方法	ZL 2006 1 0012888.6	2008年
21		预排水动力固结加固软土地基的方法	ZL 2008 1 0055390.7	2009年
22		一种软弱地基的加固处理方法	ZL 2010 1 0539463.7	2012年
23		一种桩底岩溶无损探测方法	ZL 2010 1 0539461.8	2013年
24		大直径工程井壁后充填固井快速搅浆施工方法	ZL 2011 1 0181175.3	2013年
25		一种水下灌注高承台桩施工方法	ZL 2013 1 0178227.0	2014年
26		基于多终端土水特性曲线测试系统的测试方法	ZL 2011 1 0214446.0	2014年
27		一种区域非饱和土抗剪强度的快速测定方法	ZL 2011 1 0214469.1	2014年
28		一种利用全断面高配重钻头装置进行小直径深井施工方法	ZL 2013 1 0362469.5	2015年
29		一种灌注桩钢筋笼孔口连接施工方法	ZL 2014 1 0378895.2	2016年
30		一种赤泥堆场的加固方法	ZL 2015 1 0202907.0	2016年
31		一种在基岩破碎带中的大直径竖井孔内反循环成孔施工方法	ZL 2015 1 0203173.8	2017年
32		一种浅埋型岩溶地区岩溶地面塌陷的充填方法	ZL 2016 1 0354147.X	2019年

续表

序号	专利权人	专利名称	专利编号	批准年份
33	河北建设勘察研究院有限公司	一种赤泥和粉煤灰地质聚合物材料配方及其制备方法	ZL 2016 1 0312393.9	2019年
34		一种脱碱赤泥和粉煤灰地质聚合物材料配方及其制备方法	ZL 2016 1 0312394.3	2019年
35		一种利用赤泥和粉煤灰制备地质聚合物材料的方法	ZL 2016 1 0017921.8	2019年
36	唐山钢铁国际工程技术有限公司	一种钢渣气淬及余热回收利用的设备和方法	ZL 2012 1 0387654.5	2014年
37	唐山市规划建筑设计研究院	砌体结构整体性加固方法	ZL 2010 1 0565876.2	2014年
38		高楼快速载人逃生装置	ZL 2013 1 0132427.2	2018年
39	中钢石家庄工程设计研究院有限公司	一种电镀废水处理方法	ZL 1999 1 08260.5	1999年
40	中冶沈勘秦皇岛工程设计研究总院有限公司	薄带钢铸轧生产工艺	ZL 2005 1 0098811.0	2008年
41		利用焦炉煤气生产直接还原铁的方法及其设备	ZL 2005 1 0012823.7	2009年
42		一种含Ni不锈钢冶炼方法	ZL 2007 1 0094682.7	2010年
43		板式放矿崩落采矿法	ZL 2009 1 0301489.5	2012年
44		一种连铸机在线调厚辊式大压下液芯轧制方法	ZL 2010 1 0119734.3	2013年
45		一种脉冲轧制方法	ZL 2010 1 0288046.X	2013年
46		一种中厚板生产工艺	ZL 2011 1 0363953.0	2015年
47		一种堆焊复合制造工作辊的盖面堆焊材料及其制备方法	ZL 2013 1 0092528.1	2015年
48		一种铸轧一体化轧制速度控制方法	ZL 2013 1 0382192.2	2016年
49		一种蒸发器和高温熔渣干法余热回收系统	ZL 2013 1 0166754.X	2016年
50		冬季放矿筑坝方法	ZL 2015 1 0021881.X	2016年
51		尾矿坝竖向排渗井的施工方法	ZL 2015 1 0020867.8	2016年
52		提高尾矿库库容利用率的放矿方法	ZL 2015 1 0043055.5	2016年
53		采用含碳球团生产直接还原铁的方法	ZL 2013 1 0277648.9	2016年
54		多喷口式燃气烧嘴	ZL 2013 1 0382271.3	2016年
55		一种固液水力离心分离装置及酸洗废酸再利用系统	ZL 2015 1 0220433.2	2018年
56		不锈钢冷轧酸洗废水的处理装置和方法	ZL 2014 1 0224867.5	2018年
57		一种高炉渣干法粒化及热量回收系统和方法	ZL 2015 1 0742911.6	2019年
58		地下矿沉淀池、水仓的一体化施工及清理方法	ZL 2016 1 0092358.0	2019年
59		地下矿自下而上分区开采扩大产能的方法	ZL 2015 1 0742911.6	2019年
60	石家庄交通勘察设计院	一种抗裂型道路沥青及其制备方法	ZL 2014 1 0762528.2	2016年
61		一种路面破碎挖掘一体化液压铲斗	ZL 2015 1 0333383.9	2017年
62		一种防止在高速公路上追尾的前后车辆提示装置	ZL 2015 1 0177684.7	2017年
63		一种桥梁下垂加固装置及其施工方法	ZL 2016 1 0275591.2	2017年
64		一种混凝土浇筑振动设备	ZL 2016 1 0322485.5	2018年
65	中国化学工程第一岩土工程有限公司	一种干砂预密振动地基加固方法	ZL 2013 1 0308917.3	2015年
66		旋挖联合气动潜孔锤钻进成孔方法及设备	ZL 2013 1 0308867.9	2015年
67		一种检测预应力混凝土管桩水平应力的方法	ZL 2013 1 0326927.X	2015年
68		一种异型现浇混凝土桩的施工方法	ZL 2014 1 0586983.1	2016年
69	中国电建集团河北省电力勘测设计研究院有限公司	利用全数字化摄影测量技术进行输电线路勘测设计内外业一体化的方法	ZL 2007 1 0185387.2	2010年
70		发电厂设计中管道名称自动生成系统及方法	ZL 2009 1 0175317.8	2011年
71		配电装置安全净距离在三维空间内的实现方法	ZL 2010 1 0121429.8	2011年
72		通过阴影分析建立太阳能电站模型的方法	ZL 2011 1 0079203.0	2012年
73		发电厂热控电源柜接线图自动生成方法	ZL 2011 1 0324888.0	2012年
74		热控专业被控对象清册自动生成方法	ZL 2011 1 0123148.0	2013年
75		电缆桥架自动生成方法	ZL 2011 1 0409979.4	2013年
76		发电厂管道自动设计生成方法	ZL 2012 1 0064925.3	2013年

续表

序号	专利权人	专利名称	专利编号	批准年份
77	中国电建集团河北省电力勘测设计研究院有限公司	发电厂投标文件自动生成方法	ZL 2012 1 0064957.3	2014年
78		输电线路杆塔坐标的获得方法	ZL 2011 1 0377888.7	2014年
79		基于风冷干排渣技术的锅炉优化设计方法	ZL 2012 1 0062703.8	2014年
80		基于DCS的燃煤电厂一体化控制系统	ZL 2011 1 0431644.2	2014年
81		带抽力提升装置的冷却塔	ZL 2012 1 0527133.5	2014年
82		耐浓缩海水和脱硫烟气腐蚀的混凝土	ZL 2013 1 0278422.0	2014年
83		一种沥青路面施工机械用隔离剂	ZL 2012 1 0145641.7	2014年
84		真空能旋涡凝汽器	ZL 2012 1 0204583.0	2015年
85		一种基于声表面波技术的导线舞动在线监测系统	ZL 2013 1 0579719.0	2015年
86		隧道衬砌施工方法	ZL 2013 1 0663159.7	2015年
87		复合转动横担	ZL 2013 1 0336901.3	2015年
88		同步测量刚性联轴器轴向和径向位移的装置	ZL 2013 1 0166171.7	2015年
89		用于循环流化床锅炉的防堵破拱形原煤斗	ZL 2013 1 0489839.1	2016年
90		应用ANSYS软件进行输电铁塔结构分析的方法	ZL 2012 1 0532868.7	2016年
91		一种平衡烟风管道补偿器轴向力的风压装置	ZL 2013 1 0718234.5	2016年
92		一种锅炉给水泵倒暖系统	ZL 2014 1 0018963.4	2016年
93		一种基于有机朗肯循环的反渗透海水淡化装置	ZL 2015 1 0108122.7	2016年
94		钢管塔节点力学试验方法	ZL 2014 1 0084552.5	2016年
95		特高压变电站1000kV过程层网络结构	ZL 2015 1 0067920.X	2016年
96		空冷汽轮机高背压供热发电联产方法	ZL 2015 1 0045839.1	2016年
97		循环流化床锅炉连续补充床料装置	ZL 2013 1 0118791.3	2016年
98		设计火力发电厂电缆通道中电缆桥架的方法	ZL 2013 1 0129817.4	2016年
99		一种获得冷却塔气水比的方法	ZL 2013 1 0248224.X	2016年
100		电力设备基础两步式施工方法	ZL 2015 1 0146776.9	2016年
101		一种大体积混凝土建筑的施工方法	ZL 2014 1 0813111.4	2016年
102		位图格式软件序列号及其制作方法与应用方法	ZL 2014 1 0028985.9	2016年
103		火电厂输煤程控接线图智能生成方法	ZL 2014 1 0192036.4	2017年
104		一种建筑光伏系统中太阳能资源的计算方法	ZL 2014 1 0019272.6	2017年
105		用于火力发电厂原煤输送系统中的自动输煤装置	ZL 2013 1 0488919.5	2017年
106		基于二维非恒定流数值模型的电力工程选址方法	ZL 2014 1 0072203.1	2017年
107		一种单壳体双压凝汽器	ZL 2015 1 0067243.1	2017年
108		一种GIS出线套管吊装方法	ZL 2015 1 0132529.3	2017年
109		一种分配DCS所用I/O卡件的方法	ZL 2014 1 0290858.6	2017年
110		超长构架温度应力释放装置	ZL 2015 1 0133474.8	2017年
111		一种500kV HGIS配电装置布置结构	ZL 2015 1 0264984.9	2017年
112		多类型电源联合运行系统装机配比计算方法	ZL 2015 1 0466162.9	2017年
113		基于BP神经网络模型的CSP辐射与热能预测方法	ZL 2014 1 0180819.0	2017年
114		特高压变电站防火墙用砂岩吸声板及其制作方法	ZL 2014 1 0676598.6	2017年
115		低温余热驱动的热膜耦合海水淡化装置	ZL 2015 1 0689472.7	2017年
116		变电架构的设计方法	ZL 2015 1 0173880.7	2017年
117		一种变电站降阻接地装置施工方法	ZL 2015 1 0311629.2	2017年
118		一种喷雾干燥塔热风分配装置	ZL 2016 1 0050398.9	2017年
119		建筑方格网控制点测量平差后的改正方法	ZL 2015 1 0804771.0	2018年
120		定日镜场仪表控制系统	ZL 2014 1 0659384.8	2018年
121		电力电缆中间接头温度计算方法	ZL 2015 1 0603379.X	2018年
122		一种频率域航空电磁法2.5维带地形反演方法	ZL 2016 1 0495418.3	2018年

续表

序号	专利权人	专利名称	专利编号	批准年份
123	中国电建集团河北省电力勘测设计研究院有限公司	燃煤电厂烟气脱硫废水蒸发塔处理系统	ZL 2015 1 0643286.X	2018年
124		电厂设备元件KKs编码自动生成方法	ZL 2014 1 0175730.5	2018年
125		基于有限元分析的混凝土烟囱应力分析系统	ZL 2014 1 0094198.4	2018年
126		一种测量混凝土内部湿度的装置及方法	ZL 2016 1 0555797.0	2018年
127		基于联合侧煤仓方案的火力发电厂主厂房布置形式	ZL 2015 1 0722953.3	2018年
128		基于有机朗肯循环驱动反渗透膜法产水特性的计算方法	ZL 2015 1 0936828.2	2018年
129		一种湿法烟气脱硫废水蒸发处理控制方法	ZL 2016 1 0107233.0	2018年
130		一种动循环荷载挡土墙模型试验装置及试验方法	ZL 2016 1 0426543.9	2018年
131		一种垂直轴风机的重力式扩展基础的基础结构设计方法	ZL 2016 1 0503401.8	2018年
132		利用瑞雷面波波速确定地层力学参数的方法	ZL 2016 1 0044666.6	2018年
133		一种钢管“X”型交叉材连接节点结构	ZL 2015 1 0178690.4	2018年
134		一种高盐废水蒸发浓缩方法及装置	ZL 2016 1 0351716.5	2019年
135		一种冻土地区的变电站接地网及其设计方法	ZL 2017 1 0978454.X	2019年
136		一种空冷机组的尖峰冷却系统的优化方法	ZL 2017 1 1477024.6	2019年
137		一种接地电阻测试仪保护盒	ZL 2017 1 0443616.X	2019年
138	中国石油天然气管道工程有限公司	埋地管线地上压力分配器	ZL 2009 1 0259457.3	2012年
139		输油管道在线密度测量装置	ZL 2010 1 0220131.2	2013年
140		输油管道在线密度测量方法	ZL 2010 1 0227104.8	2013年
141		管道站场仪表设备接地装置	ZL 2010 1 0220146.9	2013年
142		管道站场仪表设备接地装置及其构建方法	ZL 2010 1 0227075.5	2013年
143		输油管道在线密度测量方法及装置	ZL 2010 1 0227108.6	2013年
144		储罐基础双层人工衬层防渗结构及其方法	ZL 2011 1 0163791.6	2014年
145		一种用于大跨度悬索管道桥的抗风方法	ZL 2015 1 0203241.0	2016年
146		水平定向钻穿越施工方法及其钻孔设备	ZL 2013 1 0217253.X	2016年
147		一种埋地管道温度测量装置	ZL 2014 1 0710619.1	2017年
148		一种埋地管道温度测量方法及装置	ZL 2014 1 0714333.0	2017年
149		在管道模型上设置金属丝模拟悬索管道桥抗风特性的方法	ZL 2015 1 0827811.3	2017年
150		一种水封洞库连接巷道与水幕巷道的注水导通装置及方法	ZL 2016 1 0087270.X	2017年
151		一种在风洞试验中模拟悬索管道桥抗风特性的方法	ZL 2015 1 0827974.1	2017年
152		一种便于气液固分离的冷凝液收集器	ZL 2015 1 0171221.X	2017年
153		一种油气管道穿越地震断层的设计方法	ZL 2015 1 0408967.8	2017年
154		一种绝热管道固定墩及其安装施工方法	ZL 2016 1 0214616.8	2018年
155		一种基于管道存在弹性敷设时轴向监测应力的预警方法	ZL 2016 1 0739179.1	2018年
156		用于高地震烈度高水压下的小断面盾构隧道的防水方法	ZL 2016 1 0959771.2	2018年
157		测定悬索管道桥在紊流风场中气动力相关性的试验装置	ZL 2016 1 1052895.9	2018年
158		一种输气管道计量调压装置及方法	ZL 2016 1 1155894.7	2018年
159		输气管道压力流量控制系统一体化整合橇装装置	ZL 2016 1 1154829.2	2018年
160		聚丙烯热熔胶、其制备方法及聚丙烯热收缩带的制备方法	ZL 2016 1 0726843.9	2018年
161		降低管道站场接地电阻及延长接地体寿命的装置及方法	ZL 2014 1 0692861.0	2018年
162		测定悬索管道桥静力三分力系数的试验装置	ZL 2016 1 1053724.8	2018年
163		一种成品油装车计量调节装置	ZL 2017 1 0104416.1	2018年
164		一种用于成品油装车的流量调节装置及流量调节方法	ZL 2017 1 0104751.1	2018年
165		一种水域电法勘察系统	ZL 2015 1 0701074.2	2018年
166		测定悬索管道桥在紊流风场中气动力相关性的试验方法	ZL 2016 1 1054550.7	2018年
167		输气管道压力流量控制系统一体化整合橇装方法	ZL 2016 1 1154833.9	2018年
168		一种基于管道轴向监测应力的预警方法	ZL 2016 1 0730740.X	2018年

续表

序号	专利权人	专利名称	专利编号	批准年份
169	中国电建集团河北省电力勘测设计研究院有限公司	一种盾构隧道柔性管片	ZL 2016 1 0955250.X	2018年
170		一种盾构隧道与竖井连接处的柔性接头	ZL 2016 1 0955693.9	2018年
171		一种高温高粘液体装车计量调节方法	ZL 2017 1 0197559.1	2018年
172	河北省水利水电勘测设计研究院	一种水库流域生态保护方法	ZL 2016 1 0704737.0	2018年
173		一种底泥污染物动态释放性分析方法	ZL 2018 1 0526396.1	2019年
174	北方工程设计研究院有限公司	一种处理电镀废水的方法和装置	ZL 1989 1 01580.9	1991年
175		钢筋混凝土构件中的钢筋搭接、锚固方法	ZL 2002 1 17581.0	2008年
176		可进行电磁兼容测试和天线测量的电磁测量综合暗室	ZL 2008 1 0080091.9	2012年
177		半湿法烟气脱硫装置及其烟气脱硫方法	ZL 2012 1 0153533.4	2014年
178		传爆管钻药专用防爆钻机	ZL 2013 1 0147249.0	2015年
179		旋流微电解废水处理机	ZL 2014 1 0408300.3	2015年
180		一种有机固体废弃物稳定化处理系统	ZL 2014 1 0272977.9	2016年
181		微电解反应装置及利用其对废水进行预处理的方法	ZL 2014 1 0408247.7	2016年
182		全组装式批量光缆过壁装置	ZL 2015 1 0071464.6	2017年
183		传动轴屏蔽过壁装置	ZL 2015 1 0426446.5	2017年
184		一种含氰含铬电镀废水的处理工艺	ZL 2016 1 0516273.0	2018年
185		一种新型复合墙边缘构件保温构造	ZL 2016 1 1003710.5	2018年
186		一种高性能双层柔性磁屏蔽门	ZL 2016 1 1016444.X	2018年
187		一种单元式六边形组合杆板建筑外表皮幕墙结构	ZL 2017 1 0188603.2	2018年
188		真空玻璃生产转运方法	ZL 2017 1 0374425.2	2019年
189	中勘冶金勘察设计研究院有限责任公司	抗浮锚桩施工方法	ZL 2013 1 0474953.7	2017年
190		静载试验锚桩连接结构	ZL 2013 1 0475720.9	2017年
191		可重复使用的复合材料土钉墙支护面板的施工方法	ZL 2014 1 0012037.6	2017年
192		具有自调节功能的埋地管线施工方法	ZL 2013 1 0651742.6	2017年
193		用于锚板基础的螺杆顶升纠倾加固方法	ZL 2015 1 0929799.7	2019年
194	中土大地国际建筑设计有限公司	角钢支撑加固装置及其安装方法	ZL 2016 1 0075250.0	2017年
195		大轴力屈曲约束支撑及连接节点装置及其安装方法	ZL 2016 1 0029315.8	2017年
196		一种双节点板夹持式防屈曲支撑栓焊混合连接节点	ZL 2015 1 0243044.1	2017年
197		焊接H型钢支撑加固装置及其安装方法	ZL 2016 1 0076199.5	2018年
198		组合钢管石膏式屈曲约束支撑	ZL 2016 1 0076460.1	2018年
199		既有建筑加固自承重保温一体化系统及施工方法	ZL 2016 1 1016660.4	2019年
200		一种用于防屈曲支撑的带滑移端板的连接节点板	ZL 2016 1 0333205.0	2019年
201		一种双芯板屈曲约束支撑及其制造方法	ZL 2016 1 0076125.1	2019年
202	中铁建安工程设计院有限公司	一种串珠式岩溶地区钻孔桩钻孔施工方法	ZL 2013 1 0468728.2	2015年
203		一种岩溶地区桥梁水中墩钻孔桩施工方法	ZL 2013 1 0468085.1	2015年
204	中国石油工程建设有限公司华北分公司	离心涡管气体分离器	CN1035626A	1988年
205		湍流膨胀机	CN87101903	1988年
206		一种适于油气输送变径管道使用的变径清管器及工艺方法	ZL 2014 1 0058583.3	2017年
207		整流式超音速旋流分离器	ZL 2016 1 0183340.1	2017年
208		一种金属材料防腐缓蚀剂及其制备方法	ZL 2014 1 0157680.8	2018年
209		一种处理煤层气采出水的设备及工艺	ZL 2014 1 0520640.5	2018年
210		一种天然气脱水用分子筛干燥剂的制备方法	ZL 2016 1 0214117.9	2019年
211		一种洞壁涌水集水器及应用	ZL 2016 1 1121668.7	2019年
212	中核第四研究设计工程有限公司	耙斗装岩转载机	ZL 1985 1 05945.7	1988年
213		一种混合澄清器	ZL 2008 1 0079026.4	2013年
214		可地浸砂岩型铀矿床生产规模确定方法	ZL 2013 1 0237786.4	2017年

续表

序号	专利权人	专利名称	专利编号	批准年份
215	中核第四研究设计工程有限公司	一种防止地浸方式铀矿开采中地下水位下降的方法	ZL 2015 1 0929534.7	2017年
216	福斯特惠勒（河北）工程设计有限公司	一种SSZ-24分子筛的制备方法	ZL 2018 1 0732252.1	2018年
217	河北北方绿野建筑设计有限公司	墙板的安装固定方法	ZL 2011 1 0052517.1	2011年
218	河北省建筑科学研究院有限公司	一种碳纤维电热板及其加工工艺	ZL 2010 1 0107568.5	2011年
219		石材粘接修补剂	ZL 2013 1 0374462.5	2014年
220		建筑物长行程无回降多点同步顶升方法	ZL 2012 1 0184152.2	2014年
221	河北省建筑科学研究院有限公司、大元建业集团股份有限公司	一种钢结构粘钢加固方法	ZL 2012 1 034123.X	2015年
222	河北省建筑科学研究院有限公司	建筑物顶升型钢混凝土支撑体系施工方法	ZL 2013 1 0230087.7	2016年
223		建筑物整体同步下降的施工方法	ZL 2015 1 1013773.4	2017年
224		适用于被动式低能耗建筑的外窗结构及其安装方法	ZL 2015 1 0584283.3	2017年
225		低层混凝土异形柱装配式结构	ZL 2015 1 0584359.2	2017年
226		建筑物顶升防倾覆施工方法	ZL 2016 1 1246108.4	2018年
227		一种建筑物平移装置及其施工方法	ZL 2016 1 1206916.8	2019年
228		基于整窗更换的建筑节能改造施工方法	ZL 2017 1 0497876.5	2019年
229		一种古建筑灰土取样器及取样方法	ZL 2018 1 0192475.3	2019年
230	中煤邯郸设计工程有限责任公司	块煤高落差防碎机	ZL 2015 1 0203904.9	2016年
231		自开式块煤输送螺旋溜槽	ZL 2015 1 0203904.9	2017年
232		栈桥支座	ZL 2016 1 0145543.1	2018年

创新成果（二）——计算机软件著作权

序号	著作权人	软件名称	登记号	批准年份
1	中国电建集团河北省电力勘测设计研究院有限公司	钢管杆优化设计软件	2010SR073433	2010年
2		空冷气象分析计算软件	2011SR030018	2011年
3		特高压线路塔基断面处理系统软件	2011SR067418	2011年
4		投标方案互动展示平台软件	2011SR067647	2011年
5		架空输电线路电气三维校验程序	2011SR074558	2011年
6		网上光荣榜软件	2012SR065585	2012年
7		海上风机桩基础设计软件	2012SR074676	2012年
8		海上风机桩基础模态分析软件	2012SR074898	2012年
9		特高压线路线路断面处理系统软件	2012SR074899	2012年
10		挤扩支盘灌注桩基础设计软件	2012SR094858	2012年
11		保温工程软件	2012SR104970	2012年
12		输电塔梁—杆单元模型静力和动力分析软件	2012SR105137	2012年
13		自助式电子书发行平台软件	2013SR015442	2013年
14		输煤程控智能自动接线软件	2013SR028885	2013年
15		电缆桥架检查和材料统计软件	2013SR077040	2013年
16		创意产品互动展示平台	2013SR081934	2013年
17		输电线路斜掏挖基础设计软件	2013SR081930	2013年
18		直接空冷优化计算软件	2013SR105422	2013年
19		勘测工程查询统计系统	2013SR111751	2013年
20		特高压线路塔位地质明细表生成软件	2013SR117162	2013年

续表

序号	著作权人	软件名称	登记号	批准年份
21	中国电建集团河北省电力勘测设计研究院有限公司	电缆隧道结构设计软件	2013SR157859	2013年
22		冲刷计算软件系统开发	2013SR157808	2013年
23		AutoCAD电力设计综自专业工具箱软件	2014SR033191	2014年
24		电力工程坐标转换软件	2014SR033192	2014年
25		网上多媒体演示系统软件	2014SR039130	2014年
26		企业网络展示互动平台	2014SR100334	2014年
27		高差及挂板倾角计算软件	2014SR139435	2014年
28		直流系统断路器级差配合软件	2014SR139437	2014年
29		导线拉力计算软件	2014SR190656	2014年
30		数字化设计模型数据提取转化软件	2015SR056176	2015年
31		风电场接入电网线路规划软件	2015SR188539	2015年
32		卷式膜海水淡化组件分析软件	2016SR013577	2016年
33		SSD变电架构设计软件	2016SR055111	2016年
34		辅助材智能选材软件	2016SR110762	2016年
35		测绘室工程管理系统	2016SR110759	2016年
36		超大型冷却塔结构三维分析与设计软件	2016SR111066	2016年
37		电源系统频率稳定分析软件	2016SR111056	2016年
38		电力工程气象信息系统	2016SR111664	2016年
39		多源测绘数据处理软件	2016SR113315	2016年
40		技经报告自动高效生成软件	2016SR181063	2016年
41		光伏板自动化布置软件	2016SR182920	2016年
42		卷式反渗透膜海水淡化经济性评价软件	2016SR247094	2016年
43		变电构架塔架柱建模软件	2017SR018482	2017年
44		热膜耦合海水淡化经济评价软件	2017SR020185	2017年
45		法兰计算软件	2017SR074843	2017年
46		离网型微电网优化配置软件	2017SR075446	2017年
47		海底电缆载流量计算软件	2017SR602850	2017年
48		数字水准测量平差处理程序	2018SR548662	2018年
49		导线舞动弧垂计算软件	2018SR548670	2018年
50		REVIT-PDMS协同平台	2018SR570623	2018年
51		基于EXCEL VBA的风资源分析软件	2018SR896172	2018年
52		烟囱塔身计算分析软件	2018SR896173	2018年
53		专利智能搜索软件	2018SR896174	2018年
54		光伏编号及敷设软件	2019SR0261166	2019年
55		企业一体化运营管理平台	2019SR0306527	2019年
56		知识管理系统软件	2019SR0306338	2019年
57		电厂系统设计数据二三维转换软件	2019SR0762649	2019年
58	中国石油天然气管道工程有限公司	应力分析（CaesarⅡ）与三维设计（PDS）数据集成系统	2004SR07392	2004年
59		成品油顺序输送运行模拟软件	2003SR9759	2003年
60		三维设计平面图自动标注系统（for pds）	2003SR11434	2003年
61		富气长距离管道输送工艺计算软件	2005SR16089	2005年
62		大型工程公司人工时管理系统	2005SR02219	2005年
63		油气混输管道工艺计算软件	2006SR16698	2006年
64		管道勘察设计地理信息管理系统	2007SR00655	2007年
65		Sunnyhope过程控制报表系统	2007SR06838	2007年
66		冷热油交替输送计算软件	2007SR11222	2007年

续表

序号	著作权人	软件名称	登记号	批准年份
67	中国石油天然气管道工程有限公司	地下油库洞室围岩可动块体分析程序	2008SR08278	2008年
68		SPS管道测量绘图软件	2008SR13681	2008年
69		双盘式浮顶结构分析计算软件	2008SR18698	2008年
70		新一代管道泄漏监测网络系统	2009SR06163	2009年
71		长输管道工艺站场设备材料自动统计程序	2009SR034391	2009年
72		GIS辅助线路设计平台	2010SR004776	2010年
73		中国石油天然气管道工程有限公司协同设计管理平台	2010SR068129	2010年
74		岩土工程勘察数据处理系统	2011SR055506	2011年
75		基于数据库的线路施工图软件	2012SR004581	2012年
76		调节阀计算及选型软件	2012SR073138	2012年
77		热油管道与其他油气管道并行的温度场计算软件	2012SR111014	2012年
78		悬索跨越健康监测系统	2013SR072586	2013年
79		油气管道常用计算工具箱软件	2014R11L012579	2014年
80		基于全生命周期的标准WBS辅助管理软件	2014R11L038426	2014年
81		设计项目进度控制与文件管理协同应用系统	2014R11L024706	2014年
82		Primavera6辅助管理软件	2014SR139943	2014年
83		中国石油天然气管道工程有限公司测量数字化软件(Smart Mapping)	2014SR178406	2014年
84		中国石油天然气管道工程有限公司工程地质勘察软件	2014SR175836	2014年
85		油气管道站场网络仿真软件	2015SR076979	2015年
86		中国石油天然气管道工程有限公司知识管理平台软件	2015SR286150	2015年
87		油气管道建设项目估算编制软件	2015SR177561	2015年
88		水平定向钻计算软件	2015SR217984	2015年
89		基于全生命周期的标准WBS辅助管理软件	2015SR218176	2015年
90		工程建设项目设计进度管理软件	2015SR224789	2015年
91		中国石油天然气管道工程有限公司设计项目管理与绩效考核分析软件	2015SR286155	2015年
92		储气库地下、地上一体化工艺模拟计算软件	2015SR222677	2015年
93		油气管道工程锚固法兰分析计算软件	2016SR081359	2016年
94		油气管道工程绝缘接头计算软件	2016SR081354	2016年
95		站内管道温度场分析计算软件	2016SR116017	2016年
96		中国石油天然气管道设计院3D PIPE软件	2016SR170280	2016年
97		管道可靠性分析设计与评价软件	2016SR261152	2016年
98		输气管道"J曲线"计算软件	2017SR548124	2017年
99		油气管道站场总图三维设计软件	2017SR016752	2017年
100		GQSB管道桥断面气动参数识别软件	2018SR534224	2018年
101		管道穿跨越数字化设计系统配置端	2018SR534847	2018年
102		油气管道保护层分析系统	2018SR019316	2018年
103		卫星通信链路计算软件	2018SR039273	2018年
104		物联网数据中心系统软件	2018SR521653	2018年
105		油气管道工程电力电缆精细化设计软件	2018SR039277	2018年
106		管道穿跨越数字化设计系统设计端	2018SR534852	2018年
107		输油(气)站场构筑物设计软件	2018SR560890	2018年
108		立式圆筒形钢制焊接油罐计算软件	2018SR740867	2018年
109		基于可靠性的天然气管道设计软件	2018SR740877	2018年
110		岩土工程参数化设计软件	2018SR853277	2018年
111		油气管道纵上屈曲分析计算设计软件	2018SR1067478	2018年
112		成品油管道顺序输送计划编制软件	2019SR0120353	2019年

续表

序号	著作权人	软件名称	登记号	批准年份
113	中国石油天然气管道工程有限公司	天然气管网气质分析软件	2019SR0120348	2019年
114		基础概率函数学习软件	2019SR0120344	2019年
115		长输管道概算自动套定额软件	2019SR0120345	2019年
116		小概率事件数据拟合软件	2019SR0120350	2019年
117		淡水水域多通道电法勘控系统数据采集软件	2019SR0120351	2019年
118	河北省水利水电勘测设计研究院	沙井子蓄滞洪区洪水调度管理信息系统 （简称：FDMIS） V1.0	2014SR176771	2014年
119		水利工程造价管理系统 （简称：SLZJ） V4.1	2014SR192957	2014年
120		频率分析辅助设计系统 （简称：频率分析） V3.1	2014SR192625	2014年
121		水质分析程序软件 V1.0	2014SR192633	2014年
122		动探及标贯试验数据处理系统 V1.0	2014SR192629	2014年
123		水利水电工程测量内外业一体化系统 （简称：工测之星ESTAR2008） V6.0	2014SR191729	2014年
124		河北省平原地区中小面积除涝水文计算软件	2015SR205816	2015年
125		山洪灾害调查评价测量内外业一体化数据处理系统	2017SR421736	2017年
126		土的定名程序软件	2018SR1032577	2018年
127	河北建筑设计研究有限责任公司	建筑与结构分析一体化信息模型系统V1.0	2017SR417464	2017年
128		BIM住宅设计系统V1.0	2019SR0679715	2019年
129	石家庄市政设计研究院有限责任公司	不均匀分散负荷末端压降计算软件V1.0	2017SR685378	2017年
130		排水泵站选型及工况分析软件V1.0	2019SR0043877	2019年
131		市政结构安全分析软件V1.0	2019SR0318518	2019年
132		城市道路路面结构设计软件V1.0	2019SR0044278	2019年
133		城际交通工程选线模拟分析软件V1.0	2019SR0044273	2019年
134		城市小区域交通流量模拟预测分析软件V1.0	2019SR0044381	2019年
135		埋地排水塑料管道工程结构设计计算软件V1.0	2019SR0044386	2019年
136		城市危旧桥梁监测分析软件V1.0	2019SR0044374	2019年
137		市政排水工程铸铁及钢闸门启闭力计算软件V1.0	2019SR0047027	2019年
138		海绵道路生物滞留设施种植土饱和时间及下渗量计算软件V1.0	2019SR0043223	2019年
139	河北电信设计咨询有限公司	营销成本管理系统V1.0	2012SR134531	2012年
140		劳动力调查移动采集系统V1.0	2012SR134554	2012年
141		销售管家3G版平台V1.0	2012SR115690	2012年
142		智能网资源管理系统V1.0	2012SR135684	2012年
143		综合资源服务管理系统V1.0	2012SR134518	2012年
144		综合绩效考核系统V1.0	2012SR134819	2012年
145		自助电子地图系统V1.0	2012SR135246	2012年
146		Excel矩阵表自动生成程序软件V1.0	2015SR180124	2015年
147		Excel预算表自动汇总程序软件V1.0	2015SR180070	2015年
148		工程项目管理系统V2.0	2015SR180058	2015年
149		设计抽检及考核平台V1.0	2015SR178627	2015年
150		微信宽带达人软件V1.0	2015SR180144	2015年
151		微信网格营销软件V1.0	2015SR180087	2015年
152		铁塔专业概预算生成工具软件V1.0	2016SR282269	2016年
153		证件图片提取改名工具软件V1.0	2016SR282224	2016年
154		Android手机基站信号测试软件V1.0	2016SR350695	2016年
155		Excel预算表编制程序软件V1.0	2017SR546248	2017年
156		投标信息管理系统V1.0	2017SR546261	2017年
157		LTE基站扇区PSS参数规划软件V1.0	2018SR936808	2018年
158		基站场景自动识别软件V1.0	2018SR934148	2018年
159		承揽未立项系统V2.0	2018SR963032	2018年

续表

序号	著作权人	软件名称	登记号	批准年份
160	河北电信设计咨询有限公司	外协项目管理系统V2.0	2018SR963025	2018年
161		合同管理系统V1.0	2018SR963985	2018年
162		通知公告发布管理软件V1.0	2018SR960062	2018年
163	中勘冶金勘察设计研究院有限责任公司	基坑支护软件V1.0	2014SR048039	2014年
164		地基测量分析软件V1.0	2014SR047921	2014年
165		边坡稳定性基础测量分析系统V1.0	2014SR048021	2014年
166		地理信息系统V1.0	2014SR047953	2014年
167		工程地质勘查软件V1.0	2014SR047957	2014年
168		数字城市测绘管理系统	2017SR237047	2017年
169		城市排水管网信息管理系统	2017SR256862	2017年
170		不动产登记信息管理系统	2017SR258453	2017年
171		刚性桩复合地基设计计算程序软件1.0	2017SR356457	2017年
172		强夯场地预估地面夯沉量计算软件	2019SR0699899	2019年
173	中土大地国际建筑设计有限公司	大地建设地质勘查工程测量控制平台V1.0	2018SR673876	2018年
174		大地建设给排水工程设计软件V1.0	2018SR673886	2018年
175		大地建设工程结构节点连接性能测试平台V1.0	2018SR673866	2018年
176		大地建设日照分析软件V1.0	2018SR674970	2018年
177		大地建设土木工程在线结构设计软件V1.0	2018SR673900	2018年
178		组合钢管混凝土约束单芯板式屈曲约束支撑设计软件V1.0	2018SR1077844	2018年
179		组合钢管混凝土约束十字板式屈曲约束支撑设计软件V1.0	2018SR1077731	2018年
180		组合钢管混凝土约束H型钢式屈曲约束支撑设计软件V1.0	2018SR1077849	2018年
181		屈曲约束支撑钢框架滑移式节点设计软件V1.0	2018SR1077291	2018年
182	中铁建安工程设计院有限公司	建筑设计图审管理系统V1.0	2018SR781990	2018年
183	中国石油工程建设有限公司华北分公司	EPMS企业项目管理系统V25.23	2016SR354515	2016年
184		托管架建模器V1.0.0	2018SR303373	2018年
185		AGA批量计算器软件V1.0.0	2018SR477790	2018年
186		DNV-OS-F101校核器V1.0.0	2018SR374786	2018年
187		OFFPIPE助手软件V1.0.0	2018SR494933	2018年
188		OFFPIPE波普分析器软件V1.0.0	2018SR477795	2018年
189		OFFPIPE图示软件V1.0.0	2018SR477474	2018年
190		近海高分辨率浅地层剖面数据处理系统V1.0.0	2018SR434174	2018年
191		Ramberg-Osgood转换器V1.0.0	2018SR374767	2018年
192		地震载荷分析器V1.0.0	2018SR374765	2018年
193		管道核重器软件V1.0.0	2018SR477493	2018年
194		管道热膨胀分析器软件V1.0.0	2018SR497484	2018年
195		海管垂直稳定性校核器软件V1.0.0	2018SR477802	2018年
196		双层弯管计算器V1.0.0	2018SR378549	2018年
197		水击压力计算器软件V1.0.0	2018SR477463	2018年
198		压杆稳定校核器软件V1.0.0	2018SR477485	2018年
199		CPECC华北分公司档案管理系统V1.0	2018SR1070738	2018年
200		原油集输系统效率计算软件1.0	2019SR0082514	2019年
201		集输系统结垢预测软件1.0	2019SR0079118	2019年
202		难动用区块开发地面配套工艺优化软件1.0	2019SR0081148	2019年
203	河北省水利水电第二勘测设计研究院	水闸智能三维建模系统 V1.0	2016SR069350	2016年
204		农田高效节水工程辅助设计软件V1.0	2016SR069356	2016年

续表

序号	著作权人	软件名称	登记号	批准年份
205	河北省水利水电第二勘测设计研究院	水利工程智能配筋系统V1.0	2016SR069359	2016年
206		水闸水力智能设计系统V1.0	2016SR069363	2016年
207		双主梁平面露顶钢闸门结构计算软件V1.0	2016SR069369	2016年
208		水利工程电气设备容量计算软件V1.0	2016SR069373	2016年
209		复合地基处理计算软件	2017SR322948	2017年
210		水工平面钢闸门参数化建模系统V1.0	2017SR616098	2017年
211		水利工程电气主接线辅助生产工具软件（MS版）V1.0	2017SR616092	2017年
212		水闸地基沉降计算软件V1.0	2017SR313787	2017年
213		水闸闸室稳定智能计算系统V1.0	2017SR313768	2017年
214		断水应急智能处理系统V1.0	2018SR608556	2018年
215		水工平面钢闸门参数化设计系统V1.0	2018SR617054	2018年
216		水闸闸室结构智能计算系统V1.0	2018SR610002	2018年
217	河北铭嘉工程设计有限公司	铭嘉住宅户型节能设计信息系统V1.0	2016SR118289	2016年
218		铭嘉暖通专业节能优化信息管理系统V1.0	2016SR118293	2016年
219		铭嘉基于项目管理的工日定额计算及分配系统V1.0	2016SR118841	2016年
220		铭嘉既有建筑加固设计信息管理系统V1.0	2016SR118845	2016年
221		铭嘉基于绿色建筑的指标测算系统V1.0	2016SR119272	2016年
222		铭嘉给排水专业设计信息管理系统V1.0	2016SR119277	2016年
223		铭嘉结构抗震设计信息管理系统V1.0	2016SR119283	2016年
224		铭嘉电气专业设计信息管理系统V1.0	2016SR126884	2016年
225		电梯机房通风设计计算信息管理系统V1.0	2018SR277288	2018年
226		风管阻力计算信息系统V1.0	2018SR329114	2018年
227		低压系统短路电流及断路器设计校验信息系统V1.0	2018SR329251	2018年
228		复合地基CFG桩设计与计算信息系统V1.0	2018SR329549	2018年
229		低压配电柜出线回路负荷设计与计算信息系统V1.0	2018SR328908	2018年
230		采暖水力平衡设计与计算信息系统V1.0	2018SR329552	2018年
231		连梁设计超限与计算信息系统V1.0	2018SR330157	2018年
232		加压送风设计与计算信息系统V1.0	2018SR330328	2018年
233		三维建筑信息模型应用系统V1.0	2018SR332494	2018年
234	中核第四研究设计工程有限公司	中国硬岩铀矿资源技术经济评价系统	2008SR04154	2008年
235		中国砂岩型铀矿资源技术经济评价系统软件V1.0	2013SR011127	2013年
236		常规开采矿山RDS系统	2017SR221519	2017年
237		地浸开采铀矿山资源储量动态评价系统	2017SR736107	2017年
238		区域铀矿资源技术经济评价系统	2017SR225613	2017年
239		区域矿山产能优化配置软件	2017SR172371	2017年
240		区域矿山开拓运输规划与优化软件V1.0	2017SR172385	2017年
241		硬岩铀矿山数字化应用系统V1.0	2017SR221492	2017年
242		核四院铀钍矿大气辐射环境影响评价软件	2018SR092571	2018年
243		核四院铀钍地表水辐射环境评价软件	2018SR093111	2018年
244		人力资源测评软件v1.0	2018SR769735	2018年
245		专利管理系统v1.0	2018SR769734	2018年
246	河北省建筑科学研究院有限公司	建筑物无回降7点同步顶升系统V1.0	2016SR360492	2016年
247		建设工程质量检测人员实践操作培训（主体结构）软件1.0	2016SR261257	2016年
248		古建筑整体移位实时监测系统	2017SR045946	2017年
249		村镇绿色建筑评价系统	2018SR054885	2018年
250		农村节能住宅计算软件	2018SR1031166	2018年

续表

序号	著作权人	软件名称	登记号	批准年份
251	河北省建筑科学研究院有限公司	城市BIM模型管理系统	2019SR0232645	2019年
252		城市防汛应急指挥系统V1.00	2019SR0227172	2019年
253		城市消防应急指挥系统	2019SR0237058	2019年
254		基于GIS的建筑档案信息分析与统计系统	2019SR0232654	2019年
255		施工现场数字化管理平台（简称：智慧眼）	2019SR0123801	2019年
256	中煤邯郸设计工程有限责任公司	选煤厂总承包工程造价信息系统V1.0	2016SR133607	2016年
257		采矿三维设计系统V1.0	2016SR133428	2016年
258		工程设计企业生产计划管理系统V1.0	2016SR136553	2016年
259		煤矿智能辅助设计系统集成平台V1.0	2016SR136533	2016年
260		设计工程企业知识管理系统	2016SR132890	2016年
261	河北建设勘察研究院有限公司	建筑物沉降物监测信息系统V1.0	2010SR017595	2010年
262		城市岩土工程信息系统V1.0	2010SR018810	2010年
263		深基坑监测信息处理系统V2.0	2011SR002190	2011年
264		深基坑双排桩支护结构设计软件V2.0	2011SR002177	2011年
265		深基坑支护结构与监测信息三维仿真系统V1.0	2011SR002189	2011年
266		大直径竖井井壁结构设计计算程序	2015SR052815	2015年
267		城市岩溶勘察信息系统	2015SR083937	2015年
268		抗硫酸盐腐蚀混凝土寿命预测软件	2016SR328658	2016年
269		适应不同地层的旋挖钻头设计制作数据库系统V1.0	2016SR073475	2016年
270		刚性桩复合地基设计计算应用程序	2017SR069958	2017年
271		穿越单个溶洞基桩竖向承载力计算程序软件	2017SR401102	2017年
272		基于极限平衡法的圆形浅基础竖向承载力计算程序软件	2017SR401113	2017年
273		湿法烟气脱硫效率预测软件	2018SR177747	2018年
274		河北建勘建筑室内给水系统辅助设计程序软件	2019SR0054847	2019年
275		嵌岩桩下伏溶洞顶板临界厚径比计算程序系统	2019SR0054510	2019年
276		地基均匀性评价程序系统	2019SR0245263	2019年
277		桩基础沉降计算软件	2019SR0608599	2019年
278		多桩型复合地基设计计算应用程序软件	2019SR0307558	2019年
279		建筑室内排水系统辅助设计程序软件	2019SR0608519	2019年
280		水平串联采暖系统设计程序软件	2019SR0608516	2019年
281		单桩竖向抗压承载性状分析软件	2019SR0827113	2019年
282		坐标转换及投影改正计算程序软件	2019SR0986621	2019年
283		隧道平面位移监测数据处理软件	2019SR0987006	2019年
284		农村土地确权卷内目录自动填报程序软件	2019SR0986841	2019年
285		岩溶区地面塌陷危险性评价软件	2019SR0842967	2019年
286	石家庄市政设计研究院有限责任公司	市政桥梁设计智能综合分析处理软件V1.0	2016SR081653	2016年
287		市政道路设计智能综合分析处理软件V1.0	2016SR081651	2016年
288		市政交通设计智能综合分析处理软件V1.0	2016SR081657	2016年
289		市政绿化设计智能综合分析处理软件V1.0	2016SR081660	2016年
290		市政水系设计智能综合分析处理软件V1.0	2016SR081091	2016年
291		市政照明设计智能综合分析处理软件V1.0	2016SR081662	2016年
292		不均匀分散负荷末端压降计算软件V1.0	2017SR685378	2017年
293		排水泵站选型及工况分析软件V1.0	2019SR0043877	2019年
294		市政结构安全分析软件V1.0	2019SR0318518	2019年
295		城市道路路面结构设计软件V1.0	2019SR0044278	2019年
296		城际交通工程选线模拟分析软件V1.0	2019SR0044273	2019年

续表

序号	著作权人	软件名称	登记号	批准年份
297	石家庄市政设计研究院有限责任公司	城市小区域交通流量模拟预测分析软件V1.0	2019SR0044381	2019年
298		埋地排水塑料管道工程结构设计计算软件V1.0	2019SR0044386	2019年
299		城市危旧桥梁监测分析软件V1.0	2019SR0044374	2019年
300		市政排水工程铸铁及钢闸门启闭力计算软件V1.0	2019SR0047027	2019年
301		海绵道路生物滞留设施种植土饱和时间及下渗量计算软件V1.0	2019SR0043223	2019年

参加编制国家规范、标准

序号	单位名称	规范标准名称	项目类别	主/参编情况	标准号
1	中国电建集团河北省电力勘测设计研究院有限公司	《海上风力发电场设计规范》	国家标准	主编	GB/T 51308—2019
2	中冶沈勘秦皇岛工程设计研究总院有限公司	《冶金露天矿准轨铁路设计规范》	国家标准	参编	GB 50512—2009
3		《金属非金属矿山采矿制图标准》	国家标准	参编	GB/T 50564—2010
4		《钢铁企业总图运输设计规范》	国家标准	参编	GB 50603—2010
5		《冶金矿山排土场设计规范》	国家标准	参编	GB 51119—2015
6		《矿山提升井塔设计规范》	国家标准	参编	GB 51184—2016
7		《冶金工业岩土勘察原位测试规范》	国家标准	参编	GB/T 50480—2008
8		《尾矿堆积坝排渗加固工程技术规范》	国家标准	参编	GB 5118—2015
9	中国石油天然气管道工程有限公司	《埋地钢质管道阴极保护技术规范》	国家标准	主编	GB/T 21448—2017
10		《油气田及管道岩土工程勘察规范》	国家标准	主编	GB 50568—2010
11		《油气管道工程建设项目设计文件编制标准》	国家标准	主编	GB/T 50644—2011
12		《油气输送管道穿越工程设计规范》	国家标准	主编	GB 50423—2013
13		《输油管道工程设计规范》	国家标准	主编	GB 50253—2014
14		《立式圆筒形钢制焊接油罐设计规范》	国家标准	主编	GB 50341—2014
15		《储罐区防火堤设计规范》	国家标准	主编	GB 50351—2014
16		《油气输送管道线路工程抗震技术规范》	国家标准	主编	GB 50470—2017
17		《钢质石油储罐防腐蚀工程技术规范》	国家标准	参编	GB/T 50393—2017
18		《钢质管道外腐蚀控制规范》	国家标准	参编	GB/T 21447—2018
19		《埋地钢质管道阴极保护技术规范》	国家标准	参编	GB/T 21448—2017
20		《油气输送管道跨越工程设计规范》	国家标准	参编	GB/T 50459—2017
21		《油气输送管道工程测量规范》	国家标准	参编	GB/T 50539—2017
22		《石油化工厂区管线综合技术规范》	国家标准	参编	GB 50542—2009
23		《石油天然气工业管道输送系统》	国家标准	参编	GB/T 24259—2009
24		《埋地钢质管道交流干扰防护技术标准》	国家标准	参编	GB/T 50698—2011
25		《油气田及管道工程仪表控制系统设计规范》	国家标准	参编	GB/T 50892—2013
26		《油气田及管道工程计算机控制系统设计规范》	国家标准	参编	GB/T 50823—2013
27		《石油库设计规范》	国家标准	参编	GB 50074—2014
28		《立式圆筒形钢制焊接储罐施工规范》	国家标准	参编	GB 50128—2014
29		《油气输送管道穿越工程施工规范》	国家标准	参编	GB 50424—2015
30		《石油天然气工程设计防火规范》	国家标准	参编	GB 50183—2015
31		《油气管道安全仪表系统功能安全　评估规范》	国家标准	参编	GB/T 32202—2015
32		《油气管道安全仪表系统功能安全　验收规范》	国家标准	参编	GB/T 32203—2015
33		《通信线路工程验收规范》	国家标准	参编	GB 51171—2016
34		《危险与可操作性分析（HAZOP分析）应用指南》	国家标准	参编	GB/T 35320—2017/IEC
35		《远程终端单元（RTU）技术规范》	国家标准	参编	GB/T 34039—2017
36	河北省水利水电勘测设计研究院	《渠道防渗工程技术规范》	国家标准	参编	GB T 50600—2010

续表

序号	单位名称	规范标准名称	项目类别	主/参编情况	标准号
37	北方工程设计研究院有限公司	《二硝基重氮酚工业水污染物排放标准》	国家标准	主编	GB 4278—84
38		《蒸汽供热系统凝结水回收及蒸汽疏水阀技术管理要求》	国家标准	主编	GB/T 12712—91
39		《兵器工业水污染物排放标准》	国家标准	主编	GB 14470.1~14470.3—93
40		《水质梯恩梯、黑索金、地恩梯的测定气象色谱法》	国家标准	主编	GB/T 13904—92
41		《电磁屏蔽室工程技术规范》	国家标准	主编	GB/T 50719—2011
42		《导电地面设计规程》	国家标准	主编	GB 50515—2010
43		《冲压车间环境保护导则》	国家标准	主编	GB/T 35084—2018
44		《建筑结构荷载规范》	国家标准	参编	GBJ 9—1987
45		《多层厂房楼盖抗微振设计规范》	国家标准	参编	GB 50190—1993
46		《工业与民用配电设计手册》(第三版)》	国家标准	参编	ISBN 7-5083-3034-X
47		《隔振设计规范》	国家标准	参编	GB 50463—2008
48		《电磁屏蔽材料术语》	国家标准	参编	GB/T 26667—2011
49		《电镀废水治理设计规范》	国家标准	参编	GB/T 50136—2011
50		《建筑工程容许振动标准》	国家标准	参编	GB 50868—2013
51		《工业建筑振动控制设计规范》	国家标准	参编	GB 50190—2020
52		《建筑振动荷载规范》	国家标准	参编	GB/T 51228—2017
53		《动力机器基础设计标准》	国家标准	参编	GB 50040—2019
54		《分布式冷热电联供系统技术条件》	国家标准	参编	GB/T 36160.1—2018
55	中勘冶金勘察设计研究院有限责任公司	《冶金工业建设岩土工程勘察规范》	国家标准	主编	GB 50749—2012
56		《冶金工业建设钻探技术规范》	国家标准	主编	GB 50734—2012
57		《非煤露天矿边坡工程技术规范》	国家标准	主编	GB 51016—2014
58		《冶金工业岩土勘察原位测试规范》	国家标准	参编	GB/T 50480—2008
59		《尾矿堆积坝岩土工程技术规范》	国家标准	参编	GB 50547—2010
60	华北有色工程勘察院有限公司	《有色金属矿山水文地质勘探规范》	国家标准	主编	GB 51060—2014
61		《矿区水文地质工程地质勘探规范》	国家标准	参编	GB 12719—1991
62		《非煤露天矿边坡工程技术规范》	国家标准	参编	GB 51016—2014
63		《工程岩体分级标准》	国家标准	参编	GB/T 50218—2014
64	中国石油工程建设有限公司华北分公司	《油气田地面工程建设项目设计文件编制标准》	国家标准	主编	GB/T 50691—2011
65		《液化石油气》	国家标准	参编	GB 11174—2011
66		《往复式内燃燃气电站系统通用技术条件》	国家标准	参编	GB/T 33349—2016
67	河北建筑设计研究院有限责任公司	《热轧带肋高强钢筋在混凝土结构中应用技术导则》	国家标准	参编	RISN-TG007—2009
68		《装配式混凝土建筑技术标准》	国家标准	参编	GB/T 51231—2016
69		《装配式玻纤增强无机材料复合保温墙体技术要求》	国家标准	参编	GB/T 36140—2018
70		《养老设施建筑设计规范》	国家标准	参编	GB 50867—2013
71		《建筑消能减震加固技术规程》	国家标准	参编	T/CECS 547—2018
72	中核第四研究设计工程有限公司	《核工业铀矿冶工程设计规范》	国家标准	主编	GB 50521—2009
73		《核工业铀尾矿库、尾渣库安全设计规范》	国家标准	主编	GB 50520—2009
74		《核电厂建设工程监理规范》	国家标准	主编	GB 50522—2009
75		《铀矿石和铀化合物贮存设施安全技术规范》	国家标准	主编	GB 50807—2013
76	河北建设勘察研究院有限公司	《吹填土地基处理技术规范》	国家标准	参编	GB/T 51064—2015
77	福斯特惠勒(河北)工程设计有限公司	《化学工业给水排水管道设计规范》	国家标准	参编	GB 50873—2013
78	河北省建筑科学研究院有限公司	《近零能耗建筑技术标准》	国家标准	主编	GB/T 51350—2019

参加编制行业规范、标准

序号	单位名称	规范标准名称	项目类别	主/参编情况	标准号
1	中国电建集团河北省电力勘测设计研究院有限公司	《太阳能热发电站工程可行性研究报告编制办法》	行业标准	主编	GD 005—2013
2		《风电场项目经济评价规范》	行业标准	主编	NB/T 31085—2016
3	中冶沈勘秦皇岛工程设计研究总院有限公司	《钢结构高强度螺栓连接技术规程》	行业标准	参编	JGJ 82—2011
4	中国石油天然气管道工程有限公司	《油气田及管道腐蚀与防护工程基本词汇》	行业标准	主编	SY/T 0030—2008
5		《地下水封洞库岩土工程勘察规范》	行业标准	主编	SY/T 0610—2008
6		《油气输送管道线路工程水工保护设计规范》	行业标准	主编	SY/T 6793—2018
7		《石油储罐附件 第1部分：呼吸阀》	行业标准	主编	SY/T 0511.1—2010
8		《石油储罐附件 第2部分：液压安全阀》	行业标准	主编	SY/T 0511.2—2010
9		《石油储罐附件 第3部分：自动通气阀》	行业标准	主编	SY/T 0511.3—2010
10		《石油储罐附件 第4部分：泡沫塑料一次密封装置》	行业标准	主编	SY/T 0511.4—2010
11		《石油储罐附件 第5部分：二次密封装置》	行业标准	主编	SY/T 0511.5—2010
12		《石油储罐附件 第6部分：浮顶排水管系统》	行业标准	主编	SY/T 0511.6—2010
13		《石油储罐附件 第7部分：重锤式刮蜡装置》	行业标准	主编	SY/T 0511.7—2010
14		《石油储罐附件 第8部分：钢制孔类附件》	行业标准	主编	SY/T 0511.8—2010
15		《石油储罐附件 第9部分：量油孔》	行业标准	主编	SY/T 0511.9—2010
16		《阴极保护管道的电绝缘规范》	行业标准	主编	SY/T 0086—2012
17		《管式加热炉规范》	行业标准	主编	SY/T 0538—2012
18		《输油（气）管道同沟敷设光缆（硅芯管）设计及施工规范》	行业标准	主编	SY/T 4108—2012
19		《油气田及管道工程测量质量评定 》	行业标准	主编	SY/T 6850—2012
20		《油气输送管道隧道设计规范 》	行业标准	主编	SY/T 6853—2012
21		《输气管道工程过滤分离设备设计规范 》	行业标准	主编	SY/T 6883—2012
22		《长输油气管道站场布置规范》	行业标准	主编	SH/T 3169—2012
23		《油气管道线路工程水工保护施工规范》	行业标准	主编	SY/T 4126—2013
24		《油气管道站场阴极保护技术规范》	行业标准	主编	SY/T 6964—2013
25		《输油气管道安全仪表系统设计规范》	行业标准	主编	SY/T 6966—2013
26		《油气管道工程数字化系统设计规范》	行业标准	主编	SY/T 6967—2013
27		《油气输送管道工程水平定向钻法穿越设计规范》	行业标准	主编	SY/T 6968—2013
28		《油气管道工程水域顶管法隧道穿越设计规范》	行业标准	主编	SY/T 7022—2014
29		《油气管道工程水域盾构法隧道穿越设计规范》	行业标准	主编	SY/T 7023—2014
30		《油气管道架空部分及其附属设施维护保养规程》	行业标准	主编	SY/T 6068—2014
31		《导热油加热炉规范》	行业标准	主编	SY/T 0524—2016
32		《优质钢制对焊管件规范》	行业标准	主编	SY/T 0609—2016
33		《石油天然气建设工程施工质量验收规范：油气管道地质灾害治理工程》	行业标准	主编	SY/T 4215—2016
34		《输油管道工程设计节能技术规范》	行业标准	主编	SY/T 6393—2016
35		《油气输送管道监控与数据采集（SCADA）系统安全防护规范》	行业标准	主编	SY/T 7037—2016
36		《油气输送管道工程地质灾害防治设计规范》	行业标准	主编	SY/T 7040—2016
37		《油气管道工程无人机航测规范》	行业标准	主编	SY/T 7344—2016
38		《油气输送管道工程悬索跨越设计规范》	行业标准	主编	SY/T 7345—2016
39		《油气架空管道防腐保温技术规范》	行业标准	主编	SY/T 7347—2016
40		《钢制对焊管件规范》	行业标准	主编	SY/T 0510—2017
41		《大型油罐地基基础检测规范》	行业标准	主编	SY/T 0329—2017
42		《石油天然气建设工程施工质量验收规范 第1部分：油气输送管道水平定向钻穿越工程》	行业标准	主编	SY/T 4216.1—2017

续表

序号	单位名称	规范标准名称	项目类别	主/参编情况	标准号
43	中国石油天然气管道工程有限公司	《石油天然气建设工程施工质量验收规范 第2部分 油气输送管道钻爆隧道工程》	行业标准	主编	SY/T 4216.2—2017
44		《油气输送管道并行敷设技术规范》	行业标准	主编	SY/T 7365—2017
45		《油气输送管道开挖穿越工程设计规范》	行业标准	主编	SY/T 7366—2017
46		《油气输送管道应变设计规范》	行业标准	主编	SY/T 7403—2018
47		《石油天然气建设工程施工质量验收规范 油气输送管道穿越工程 第3部分：水域隧道穿越工程》	行业标准	主编	SY/T 4216.3—2018
48		《石油天然气建设工程施工质量验收规范 油气输送管道穿越工程 第4部分：水域开挖穿越工程》	行业标准	主编	SY/T 4216.4—2018
49		《立式圆筒形钢制焊接油罐操作维护修理规程》	行业标准	参编	SY/T 5921—2011
50		《石油天然气工程制图标准》	行业标准	参编	SY/T 0003—2012
51		《石油工业用加热炉安全规程》	行业标准	参编	SY 0031—2012
52		《岩土工程勘察报告格式规范》	行业标准	参编	SY/T 0051—2012
53		《石油天然气建设工程基本术语》	行业标准	参编	SY/T 0439—2012
54		《光纤管道安全预警系统设计及施工规范》	行业标准	参编	SY/T 4121—2012
55		《油气管道穿越工程竖井设计规范》	行业标准	参编	SY/T 6884—2012
56		《油气田及管道工程雷电防护设计规范》	行业标准	参编	SY/T 6885—2012
57		《国家石油储备地下水封洞库工程项目初步设计编制规定（试行）》	行业标准	参编	NB/T 1002—2012
58		《国家石油储备基地地下水封洞库工程项目建设标准》	行业标准	参编	NB/T 1003—2012
59		《国家石油储备基地地下水封洞库工程设计概算编制办法概算》	行业标准	参编	NB/T 1004—2012
60		《石油化工总图运输术语》	行业标准	参编	SH/T 3172—2012
61		《强制电流深阳极地床技术规范》	行业标准	参编	SY/T 0096—2013
62		《石油天然气工程建设遥感技术规范》	行业标准	参编	SY/T 6965—2013
63		《石油天然气地面建设工程供暖通风与空气调节设计规范》	行业标准	参编	SY/T 7021—2014
64		《大型焊接低压储罐的设计与建造》	行业标准	参编	SY/T 0608—2014
65		《烟雾灭火系统技术规程》	行业标准	参编	CECS 169—2015
66		《油气田及管道专用道路设计规范》	行业标准	参编	SY/T 7038—2016
67		《油田地面工程设计节能技术规范》	行业标准	参编	SY/T 6420—2016
68		《石油天然气工程总图设计规范》	行业标准	参编	SY/T 0048—2016
69		《石油天然气工程建筑设计规范》	行业标准	参编	SY/T 0021—2016
70		《石油天然气工程地面三维激光扫描测量规范》	行业标准	参编	SY/T 7346—2016
71		《穿越管道防腐技术规范》	行业标准	参编	SY/T 7368—2017
72		《多年冻土区油气管道工程设计规范》	行业标准	参编	SY/T 7364—2017
73		《黄土原区管道线路设计规范》	行业标准	参编	SY/T 7363—2017
74		《石油天然气地面工程建设卫星定位测量技术规范》	行业标准	参编	SY/T 7367—2017
75		《输油管道工程项目建设标准》	行业标准	参编	建标 114—2009
76	河北省水利水电勘测设计研究院	《水利水电工程单元工程施工质量验收评定标准—《水利机械辅助设备系统安装工程》	行业标准	参编	SL 637—2012
77		水利水电工程测量范围》	行业标准	参编	SL 197—2013
78		《水利水电工程单元工程施工质量验收评定标准：土石方工程》	行业标准	参编	SL 631—2012
79		《水利水电工程单元工程施工质量验收评定标准：混凝土工程》	行业标准	参编	SL 632—2012
80		《灌溉排水工程初步设计报告编制规范》	行业标准	参编	SL 533—2011
81		《水利水电工程施工测量范围》	行业标准	参编	SL 52—2015

续表

序号	单位名称	规范标准名称	项目类别	主/参编情况	标准号
82	北方工程设计研究院有限公司	《钢质锻件热锻工艺燃料消耗定额计算方法》	行业标准	主编	JB/T 6053—2004
83		《黑火药生产防静电安全规程》	行业标准	参编	WJ 1695—1987
84		《锻造车间环保导则》	行业标准	参编	JB/T 6055—1992
85		《光合细菌菌剂》	行业标准	参编	NY 527—2002
86		《冲压车间环保导则》	行业标准	参编	JB/T 6056—2005
87		《聚苯模块保温墙体应用技术规程》	行业标准	参编	JGJ/T 420—2017
88	中勘冶金勘察设计研究院有限责任公司	《自由活塞薄壁取土器》	行业标准	主编	JG/T 550—2018
89		《固定活塞薄壁取土器》	行业标准	主编	JG/T 551—2018
90		《土工试验规程》	行业标准	参编	YS/T 5225—2016
91		《水质分析规程》	行业标准	参编	YS/T 5226—2016
92		《厚壁取土器》	行业标准	参编	JG/T 548—2018
93		《敞口薄壁取土器》	行业标准	参编	JG/T 549—2018
94		《水压固定活塞取土器》	行业标准	参编	JG/T 552—2018
95		《束节式取土器》	行业标准	参编	JG/T 553—2018
96		《三重管单动回转取土器》	行业标准	参编	JG/T 555—2018
97		《三重管双动回转取土器》	行业标准	参编	JG/T 556—2018
98		《内置环刀取土器》	行业标准	参编	JG/T 557—2018
99		《岩土工程勘察现场描述规程》	行业标准	参编	YS/T 5025—2018
100		《边坡工程勘察规范》	行业标准	参编	YS/T 5230—1996
101	中铁建安工程设计院有限公司	《景区人行玻璃悬索桥与玻璃栈道技术标准》	行业标准	参编	J 14293—2018
102	华北有色工程勘察院有限公司	《矿山帷幕注浆规范》	行业标准	主编	DZ/T 0285—2015
103		《土工试验规程》	行业标准	参编	YS/T 5225—2016
104		《水质分析规程》	行业标准	参编	YS/T 5226—2016
105	中核第四研究设计工程有限公司	《铀矿冶设施退役整治工程设计规定》	行业标准	主编	EJ 1107—2000
106		《铀矿冶辐射防护设计规定》	行业标准	主编	EJ 348—1988
107		《铀矿山水文地质分类规定》	行业标准	主编	EJ/T 1002—1996
108		《铀矿开采矿坑涌水量计算规定》	行业标准	主编	EJ/T 1009—1996
109		《铀矿冶工程设计规定》	行业标准	主编	EJ/T 1071—1998
110		《铀矿冶设施所造成的气态（载）放射性与有毒性源项的确定》	行业标准	主编	EJ/T 1090—1998
111		《铀矿冶设施选址规定》	行业标准	主编	EJ/T 1171—2004
112		《铀矿山生产探矿规程》	行业标准	主编	EJ/T 301—1987
113		《铀矿山补充地质勘探规程》	行业标准	主编	EJ/T 302—1987
114		《双侧卸式矿车技术条件》	行业标准	主编	EJ/T 358—1989
115		《铀矿石和铀化合物的安全运输规定》	行业标准	主编	EJ/T 526—1990
116		《铀矿山水文地质工程地质规程》	行业标准	主编	EJ/T 552—1991
117		《三碳酸铀酰铵产品综合能耗计算方法》	行业标准	主编	EJ/T 592—1991
118		《铀矿床工业指标制定原则和方法的规定》	行业标准	主编	EJ/T 593—1991
119		《铀矿石产品综合能耗计算方法》	行业标准	主编	EJ/T 739—1992
120		《铀矿山物理化学实验室设计规定》	行业标准	主编	EJ/T 740—1992
121		《铀矿山矿石放射性计量站设计规定》	行业标准	主编	EJ/T 741—1992
122		《铀水冶厂尾矿库安全设计规定》	行业标准	主编	EJ/T 794—1993
123		《铀矿山γ测量仪标定棚设计规定》	行业标准	主编	EJ/T 826—1994
124		《铀矿冶建设岩土工程勘察规范》	行业标准	主编	EJ/T 833—1994
125		《铀水冶厂生产过程检测控制设计规定》	行业标准	主编	EJ/T 982—1995
126		《原地爆破浸出采铀工艺设计规范》	行业标准	主编	EJ/T 20002—2011

续表

序号	单位名称	规范标准名称	项目类别	主/参编情况	标准号
127	中核第四研究设计工程有限公司	《铀矿冶企业总图运输设计要求》	行业标准	主编	EJ/T 20075—2014
128		《铀矿井三级矿量划分原则与计算方法规定》	行业标准	参编	EJ/T 1001—1996
129	中铁建安工程设计院有限公司	《无增容电供暖智能控制系统应用技术规程》	行业标准	参编	T/CECS 567—2018
130	河北建设勘察研究院有限公司	《建筑工程地质勘探与取样技术规程》	行业标准	参编	JGJ/T 87—2012
131		《既有建筑地基基础检测技术标准》	行业标准	参编	JGJ/T 422—2018
132	福斯特惠勒（河北）工程设计有限公司	《化工采暖通风与空气调节设计规范》	行业标准	参编	HG/T 20698—2009
133		《化工工艺设计施工图内容和深度统一规定》	行业标准	参编	HG/T 20519—2009
134	河北省建筑科学研究院有限公司	《既有建筑地基基础检测技术标准》	行业标准	主编	JGJ/T 422—2018
135		《建筑用碳纤维发热线》	行业标准	主编	JG/T 538—2018
136		《钻芯法检测混凝土强度技术规程》	行业标准	参编	JGJ/T 384—2016
137		《建筑工程施工现场标志设置技术规程》	行业标准	参编	JGJ 348—2014
138		《建筑施工扣件式钢管脚手架安全技术规范》	行业标准	参编	JGJ 130—2011
139	河北省交通规划设计院	《公路水文勘测设计规范》	行业标准	主编	JTG C30—2015
140		《公路涵洞设计细则》	行业标准	主编	JTG/T D65-04—2007
141		《公路护栏安全性能评价标准》	行业标准	主编	JTG B05-01—2013
142		《公路工程土工合成材料 排水材料 第一部分：复合排水网》	行业标准	主编	JT/T 1087.1—2016
143		《公路工程土工合成材料 机械损伤试验方法》	行业标准	主编	JT/T 974—2015

编制地方规范、标准

序号	单位名称	规范标准名称	项目类别	主/参编情况	标准号
1	中国电建集团河北省电力勘测设计研究院有限公司	《长螺旋钻孔泵压混凝土复合地基技术规程》	地方标准	主编	DB 13（J）/T 123—2011
2		《建筑地基基础检测技术规程》	地方标准	主编	DB 13（J）148—2012
3		《岩土工程勘察地层描述技术规程》	地方标准	主编	DB 13（J）T152—2013
4		《既有建筑地基基础检测技术规程》	地方标准	主编	DB 13（J）/T189—2015
5		《水泥土桩复合地基技术规程》	地方标准	主编	DB 13（J）/T39—2016
6		《预应力混凝土竹节桩技术规程》	地方标准	主编	DB 13（J）/T203—2016
7		《预应力混凝土管桩技术规程》	地方标准	主编	DB 13（J）/T 105—2017
8	保定市建筑设计院有限公司	《农村住宅建筑抗震设计规程》	地方标准	主编	DB 13（J）/T 197—2015
9		《CBR600H高强钢筋应用技术规程》	地方标准	参编	DB 13（J）/T 207—2016
10		《装配整体式混合框架结构技术规程》	地方标准	参编	DB 13（J）/T 184—2015
11	中钢石家庄工程设计研究院有限公司	《高速公路服务区设计规范》	地方标准	主编	DB 13/T 2669—2018
12	北方工程设计研究院有限公司	《CL结构体系技术规程》	地方标准	主编	BD 13（J）/T 26—2000
13		《CL结构构造图集》	地方标准	主编	DB JT02-54—2008
14		《发热电缆地面供暖技术规程》	地方标准	主编	BD 13（J）/T 26—2000
15		《钢塑共挤节能保温门窗图集》	地方标准	主编	DB J/T 02-63—2010
16		《电热地暖系统安全节能规范》	地方标准	主编	DB 13（J）/T 1460—2011
17		《复合保温钢筋焊接网架混凝土剪力墙（CL建筑体系）技术规程》	地方标准	主编	DB 13（J）/T 122—2011
18		《EPS模块工业建筑围护结构技术规程》	地方标准	主编	DB 13（J）/T 192—2015
19		《EPS模块现浇混凝土剪力墙保温系统技术规程》	地方标准	主编	DB 13（J）/T 191—2015
20		《EPS模块低层现浇混凝土复合墙技术规程》	地方标准	主编	DB 13（J）/T 190—2015
21		《ZJN复合保温板系统应用技术规程》	地方标准	主编	DB 13（J）/T 212—2016

续表

序号	单位名称	规范标准名称	项目类别	主/参编情况	标准号
22	北方工程设计研究院有限公司	《ZJN复合保温板系统建筑构造J16J159》	地方标准	主编	DB J/T 02-113—2016
23		《SK建筑复合保温板现浇混凝土保温系统应用技术规程》	地方标准	主编	DB 13(J)/T 206—2016
24		《SK建筑复合保温板现浇混凝土保温系统构造》	地方标准	主编	DB J/T 02-106—2016
25		《复合保温板建筑构造(HFS系统)》	地方标准	主编	DB J/T 02-128—2017
26		《工业建筑EPS模块围护结构建筑构造》	地方标准	主编	DB J/T 02-121—2017
27		《复合保温板应用技术规程(HFS系统)》	地方标准	主编	DB 13(J)/T 235—2017
28		《CL结构设计规程》	地方标准	参编	DB 13(J)/T 43—2003
29		《CL结构设计规程》	地方标准	参编	DB J 14-034—2005
30		《CL结构设计规程》	地方标准	参编	DB J 04-230—2005
31		《CL结构设计规程》	地方标准	参编	DB 13(J)/T 43—2006
32		《钢管混凝土结构技术规程》	地方标准	参编	DB 13(J)/T 84—2009
33		《基桩自平衡静载试验法检测技术规程》	地方标准	参编	DB 13(J)/T 136—2012
34		《建筑信息模型应用统一标准》	地方标准	参编	DB 13(J)/T 213—2016
35		《钢管混凝土组合结构体系施工规程》	地方标准	参编	DB 13(J)/T 232—2017
36	河北电信设计咨询有限公司	《i-hebei无线局域网建设与服务规范》	地方标准	主编	DB 13/T 2517—2017
37	河北惠宁建筑标准设计有限公司	《复合硅酸镁铝保温板外保温构造J14J140》	地方标准	主编	DB J/T 02-91—2014
38		《金属网岩棉板现浇混凝土复合保温系统构造J14J143》	地方标准	主编	DB J/T 02-94—2014
39		《楼梯12J8》	地方标准	参编	DB J/T 02-81—2013
40		《无障碍设施12J12》	地方标准	参编	DB J/T 02-81—2013
41	中土大地国际建筑设计有限公司	《轻钢骨混凝土结构体系技术规程》	地方标准	主编	DB 13(J)/T 33—2002
42		《钢管混凝土结构技术规程》	地方标准	主编	DB 13(J)/T 84—2009
43		《居住建筑节能检测技术标准》	地方标准	主编	DB 13(J)/T 106—2010
44		《长螺旋钻孔泵压混凝土桩复合地基技术规程》	地方标准	主编	DB 13(J)/T 123—2011
45		《供热计量技术规程》	地方标准	主编	DB 13(J)/T 128—2011
46		《基桩自平衡静载试验法检测技术规程》	地方标准	主编	DB 13(J)/T 136—2012
47		《建筑信息模型应用统一标准》	地方标准	主编	DB 13(J)/T 213—2016
48		《FS外模板现浇混凝土复合保温系统应用技术规程》	地方标准	主编	DB 13(J)/T 156—2016
49		《绿色建筑运行维护技术规程》	地方标准	主编	DB 13(J)/T 216—2016
50		《医院建筑能耗监管系统技术规程》	地方标准	主编	DB 13(J)/T 217—2017
51		《波纹钢综合管廊工程技术规程》	地方标准	主编	DB 13(J)/T 225—2017
52		《SD现浇混凝土内置保温体系应用技术规程》	地方标准	主编	DB 13(J)/T 247—2017
53		《FF复合保温模板应用技术规程》	地方标准	主编	DB 13(J)/T 251—2018
54		《太阳能热水系统检测与评定标准》	地方标准	主编	DB 13(J)/T 271—2018
55		《既有住宅加装电梯技术规程》	地方标准	主编	DB 13(J)/T 296—2019
56		《屈曲约束支撑结构技术标准》	地方标准	主编	DB 13(J)/T 306—2019
57		《装配式建筑评价标准》	地方标准	主编	DB 13(J)/T 8321—2019
58		《碳纤维发热线供暖技术规程》	地方标准	参编	DB 13(J)/T 103—2009
59		《预应力混凝土管桩基础技术规程》	地方标准	参编	DB 13(J)/T 105—2010
60		《城市地下综合管廊建设技术规程》	地方标准	参编	DB 13(J)/T 183—2015
61		《既有建筑地基基础检测技术规程》	地方标准	参编	DB 13(J)/T 189—2015
62		《混凝土异形柱结构技术规程》	地方标准	参编	JGJ 149—2017
63		《HRB500钢筋在桥梁在桥梁工程中应用技术标准》	地方标准	参编	DB 13/T 2858—2018

续表

序号	单位名称	规范标准名称	项目类别	主/参编情况	标准号
64	中土大地国际建筑设计有限公司	《智慧工地建设技术标准》	地方标准	参编	DB 13（J）/T 8312—2019
65		《城市综合管廊工程施工及质量验收规范》	地方标准	参编	DB 11/T 1630—2019
66	中铁建安工程设计院有限公司	《金属网岩棉板现浇混凝土复合保温系统应用技术规程》	地方标准	参编	J 13277—2015
67		《金属网岩棉板现浇混凝土复合保温系统构造》	地方标准	参编	DB JT 02-94—2014
68		《复合硅酸镁铝保温板外保温构造》	地方标准	参编	DB JT 02-91—2014
69	华北有色工程勘察院有限公司	《建筑基坑工程技术规程》	地方标准	参编	DB 13（J）133—2012
70		《建筑基桩施工技术规程》	地方标准	参编	DB 13（J）/T 245—2017
71	中国石油工程建设有限公司华北分公司	《盐渍土地区建筑规范》	地方标准	主编	SY/T 0317—2012
72		《钢制水罐内壁阴极保护技术规范》	地方标准	主编	SY/T 6536—2012
73		《原油屈服值测定　旋转粘度计法》	地方标准	主编	SY/T 7547—2014
74		《液化石油气残留物测定法》	地方标准	主编	SY/T 7509—2014
75		《导热油供热站设计规范》	地方标准	主编	SY/T 7405—2018
76		《河北省农村气代煤电代煤标准化手册　农村气代煤工程实施技术导则》	地方标准	主编	HBDM 01—2017
77		《钢质储罐液体涂料内防腐层技术标准》	地方标准	参编	SY/T 0319—2012
78		《直埋式钢质高温管道保温技术规范》	地方标准	参编	SY/T 0324—2014
79		《导热油加热炉系统规范》	地方标准	参编	SY/T 0524—2016
80		《油气管道工程无人机航测规范》	地方标准	参编	SY/T 7344—2016
81		《岩土工程勘察验槽规范》	地方标准	参编	SY/T 7401—2018
82	河北省水利水电第二勘测设计研究院	《水利水电工程液化地基处理技术规程》	地方标准	主编	DB 13/T 2699—2018
83		《长距离输水管道（涵洞）整体水压试验技术规程》	地方标准	主编	DB 13/T 2718—2018
84		《水利水电工程建筑信息模型应用标准》	地方标准	主编	DB 13/T 5003—2019
85	新中远工程设计有限公司	《刚性复合防水系统建筑构造》	地方标准	主编	DBJT 02-145—2018
86		《刚性复合防水系统应用技术规程》	地方标准	主编	DB 13（J）/T 259—2018
87	河北建筑设计研究院有限责任公司	《装配整体式混凝土剪力墙结构设计规程》	地方标准	主编	DB 13（J）/T 179—2015
88		《装配式混凝土剪力墙结构建筑与设备设计规程》	地方标准	主编	DB 13（J）/T 180—2015
89		《装配式混凝土构件制作与验收标准》	地方标准	主编	DB 13（J）/T 181—2015
90		《装配式混凝土剪力墙结构施工及质量验收规程》	地方标准	主编	DB 13（J）/T 182—2015
91		《建筑用钢型材标准》	地方标准	主编	DB 13（J）/T 277—2018
92		《建筑信息模型设计应用标准》	地方标准	主编	DB 13（J）/T 284—2018
93		《建筑信息模型施工应用标准》	地方标准	主编	DB 13（J）/T 285—2018
94		《HRB500钢筋应用技术规程》	地方标准	主编	DB 13（J）/T 188—2015
95		《CRB600H高强钢筋应用技术规程》	地方标准	主编	DB 13（J）/T 207—2016
96		《农村住宅建筑抗震设计规程》	地方标准	主编	DB 13（J）/T 197—2015
97		《分体式地埋管地源热泵系统工程技术标准》	地方标准	主编	DB 13（J）/T 8316—2019
98		《电动汽车充电站及充电桩建设技术标准》	地方标准	主编	DB 13（J）/T 269—2018
99		《供热计量技术规程》	地方标准	主编	DB 13（J）128—2011
100		《装配式混凝土剪力墙结构住宅表示方法及示例》	地方标准	主编	DBJT 02-122—2017（J17G209）
101		《剪力墙结构钢筋混凝土叠合板》	地方标准	主编	DBJT 02-122—2017（J17G210）
102		《预制混凝土剪力墙内墙板》	地方标准	主编	DBJT 02-122—2017（J17G211）
103		《预制混凝土剪力墙外墙板》	地方标准	主编	DBJT 02-122—2017（J17G212）

续表

序号	单位名称	规范标准名称	项目类别	主/参编情况	标准号
104	河北建筑设计研究院有限责任公司	《装配式混凝土剪力墙结构节点及连接构造》	地方标准	主编	DBJT 02-122—2017（J17G213）
105		《预制钢筋混凝土板式楼梯》	地方标准	主编	DBJT 02-122—2017（J17G214）
106		《预制钢筋混凝土阳台板、空调板及女儿墙》	地方标准	主编	DBJT 02-122—2017（J17G215）
107		《装配式建筑评价标准》	地方标准	参编	DB 13（J）/T 8321—2019
108	保定市建筑设计院有限公司	《户式三用一体机地源热泵系统应用技术指南》	地方标准	参编	统一书号：15112•23973
109	中冶地勘岩土工程有限责任公司	《建筑基桩施工技术规程》	地方标准	参编	DB13（J）/T 245—2017
110	河北九易庄宸科技股份有限公司	《高层民用建筑太阳能热水系统应用技术规程》	地方标准	主编	DB 13（J）158—2014
111		《HVIP真空绝热板建筑保温系统应用技术规程》	地方标准	主编	DB 13（J）/T 162—2014
112		《民用建筑太阳能供暖采暖工程技术规程》	地方标准	主编	DB 13/T 2386—2016
113		《剪力墙结构构造（多层、高层住宅）》	地方标准	主编	DBJT 02-80—2013
114		《HVIP真空绝热板建筑保温系统构造》	地方标准	主编	DBJT 02-87—2014
115		《WG建筑刚性防水与混凝土抗裂构造》	地方标准	主编	DBJT 02-95—2014
116		《建筑防水构造图集（OXD、LOCA、ZPV）》	地方标准	主编	DBJT 02-98—2015
117		《住宅分户式太阳能热水系统选用及安装》	地方标准	主编	DBJT 02-151—2018
118		《碳纤维电热板地板辐射供暖技术规程》	地方标准	参编	DB 13（J）/T 102—2009
119		《绿色建筑技术标准》	地方标准	参编	DB 13（J）/T 132—2012
120		《建筑节能门窗工程技术规范》	地方标准	参编	DB 13（J）114—2013
121		《保障性住房技术标准》	地方标准	参编	DB 13（J）/T 163—2014
122		《空气源热泵直热式辐射供暖技术规程》	地方标准	参编	DB 13（J）/T 168—2014
123		《金属网岩棉板现浇混凝土复合保温系统应用技术规程》	地方标准	参编	DB 13（J）/T 199—2015
124		《双面彩钢板复合风管技术规程》	地方标准	参编	DB 13（J）/T 172—2014
125		《雨水控制与利用工程技术规范》	地方标准	参编	DB 13（J）175—2015
126		《居住建筑节能设计标准（节能75%）》	地方标准	参编	DB 13（J）185—2015
127		《绿色建筑评价标准》	地方标准	参编	DB 13（J）/T 113—2015
128		《被动式低能耗居住建筑节能设计标准》	地方标准	参编	DB 13（J）/T 177—2015
129		《YL无机复合保温板现浇混凝土保温系统应用技术规程》	地方标准	参编	DB 13（J）/T 187—2015
130		《公共建筑节能设计标准》	地方标准	参编	DB 13（J）81—2016
131		《FR复合保温墙板应用技术规程》	地方标准	参编	DB 13（J）/T 221—2016
132		《绿色建筑运行维护技术规程》	地方标准	参编	DB 13（J）/T 216—2016
133		《绿色建筑设计标准》	地方标准	参编	DB 13（J）/T 231—2017
134		《被动式超低能耗居住建筑节能设计标准》	地方标准	参编	DB 13（J）/T 273—2018
135	河北建设勘察研究院有限公司	《河北省建筑地基承载力技术规程（试行）》	地方标准	主编	DB 13（J）/T 48—2005
136		《旋挖钻机施工技术规程》	地方标准	主编	DB 13（J）/T 139—2012
137		《湿陷性黄土地区夯扩挤密桩技术规程》	地方标准	主编	DB 13（J）/T 138—2012
138		《建筑基坑工程技术规程》	地方标准	主编	DB 13（J）133—2012
139		《建筑地基基础检测技术规程》	地方标准	主编	DB 13（J）148—2012
140		《石家庄市区工程地质地层层序划分标准》	地方标准	主编	DB 13（J）/T 160—2014
141		《水泥土桩复合地基技术规程》	地方标准	主编	DB 13（J）/T 39—2016
142		《建筑基桩施工技术规程》	地方标准	主编	DB 13（J）/T 245—2017

续表

序号	单位名称	规范标准名称	项目类别	主/参编情况	标准号
143	河北建设勘察研究院有限公司	《基桩内力测试技术规程》	地方标准	主编	DB 13（J）/T 301—2019
144		《岩土工程勘察地层描述技术规程》	地方标准	参编	DB 13（J）T 152—2013
145	河北北方绿野建筑设计有限公司	《低温热水地板辐射采暖工程技术规程》	地方标准	主编	DB 13/T（J）28—2004
146		《居住建筑节能设计标准》	地方标准	主编	DB 13（J）63—2007
147		《居住建筑节能设计标准》	地方标准	主编	DB 13（J）63—2011
148		《居住建筑节能构造》	地方标准	主编	DBJT 02-53—2008
149		《公共建筑节能构造》	地方标准	主编	DBJT 02-61—2009
150		《ST聚合物水泥防水涂料防水构造》	地方标准	主编	DBJT 02-82—2013
151		《玻镁复合保温砌块构造》	地方标准	主编	DBJT 02-62—2009
152		《ZL胶粉聚苯颗粒复合型保温体系构造》	地方标准	主编	DBJT 02-56—-2008
153		《特种胶复合饰面保温板建筑节点构造》	地方标准	主编	DBJT 02—69—2011
154		《轻型房屋钢结构设计规程》	地方标准	主编	DB 13（J）/T 34—2002
155		《CL结构设计规程》	地方标准	主编	DB 13（J） 43—2003
156		《CL结构体系技术规程》	地方标准	主编	DB J 14-034—2005
157		《CL结构体系技术规程》	地方标准	主编	DB J 04-230—2005
158		《村镇房屋抗震构造》	地方标准	主编	DB J/T 02-23—2005
159		《CL结构设计规程》	地方标准	主编	DB 13（J） 43—2006
160		《混凝土砖及砌体结构技术规范》	地方标准	主编	DB 13/T 1328—2010
161		《CDPA轻集料连锁砌块/复合保温连锁砌块构造》	地方标准	主编	DBJT 02-112—2016
162		《粉煤灰块体砌体结构技术规程》	地方标准	参编	DB 13（J） 41—2003
163		《CL结构工程施工质量验收规程》	地方标准	参编	DB 13（J） 44—2003
164		《混凝土多孔砖砌块结构技术规程》	地方标准	参编	DB 13（J）/T 46—2004
165		《CL结构体系技术规程》	地方标准	参编	DB 13（J）/T 26—2000
166	河北省建筑科学研究院有限公司	《静载试验组合拉锚内支撑技术规程》	地方标准	主编	DB 13（J）71—2007
167		《再生骨料混凝土技术规程》	地方标准	主编	DB 13（J）/T 76—2008
168		《夯实水泥土桩复合地基技术规程》	地方标准	主编	DB 13（J）14—1998
169		《预应力混凝土管桩基础技术规程》	地方标准	主编	DB 13（J）/T105—2010
170		《水泥土桩复合地基技术规程》	地方标准	主编	DB 13（J）39—2003
171		《居住建筑节能检测技术标准》	地方标准	主编	DB 13（J）106—2010
172		《纤维复合材加固砌体结构技术规程》	地方标准	主编	DB 13（J）/T 110—2010
173		《混凝土结构粘钢加固技术规程》	地方标准	主编	DB 13（J）T 75—2008
174		《施工升降机齿轮锥鼓形渐进式防坠安全器检验技术规程》	地方标准	主编	DB 13（J）/T 120—2011
175		《高强混凝土强度检测技术规程》	地方标准	主编	DB 13（J）/T 119—2011
176		《绿色建筑评价标准》	地方标准	主编	DB 13（J）/T 13—2010
177		《复合装饰板幕墙安装构造J12J127》	地方标准	主编	DBJT 02-71—2012
178		《建筑基坑工程技术规程》	地方标准	主编	DB 13（J）133—2012
179		《绿色建筑技术标准》	地方标准	主编	DB 13（J）/T 132—2012
180		《建筑物整体移位技术规程》	地方标准	主编	DB 13（J）/T 118—2011
181		《沿海地区造地土地整理工程施工质量检测技术标准》	地方标准	主编	DB 13（J）/T 134—2012
182		《碳纤维布加固低强度混凝土结构技术规程》	地方标准	主编	DB 13（J）T 151—2013
183		《建筑地基基础检测技术规程》	地方标准	主编	DB 13（J）148—2012
184		《建筑节能门窗工程技术规范》	地方标准	主编	DB 13（J）114—2013
185		《建设工程见证取样检测管理规程》	地方标准	主编	DB 13（J）169—2014
186		《建设工程建筑节能检测管理规程》	地方标准	主编	DB 13（J）170—2014
187		《建筑工程使用功能检测管理规程》	地方标准	主编	DB 13（J）171—2014

续表

序号	单位名称	规范标准名称	项目类别	主/参编情况	标准号
188	河北省建筑科学研究院有限公司	《碳纤维电热地面辐射供暖技术规程》	地方标准	主编	DB 13(J)153—2013
189		《建筑基坑支护施工图文件编制深度及制图标准》	地方标准	主编	DB 13(J)/T 165—2014
190		《城市地下综合管廊建设技术规程》	地方标准	主编	DB 13(J)/T 183—2015
191		《既有建筑地基基础检测技术规程》	地方标准	主编	DB 13(J)/T 189—2015
192		《机械连接先张法预应力混凝土竹节桩图集》	地方标准	主编	DBJT 02-102—2015
193		《绿色建筑评价标准》	地方标准	主编	DB 13(J)/T 113—2015
194		《预应力混凝土竹节桩技术规程》	地方标准	主编	DB 13(J)/T 203—2016
195		《水泥土桩复合地基技术规程》	地方标准	主编	DB 13(J)39—2016
196		《CIS复合保温板现浇混凝土保温系统应用技术规程》	地方标准	主编	DB 13(J)/T 205—2016
197		《CIS复合保温板现浇混凝土保温系统建筑构造》	地方标准	主编	DBJT 02-105—2016
198		《民用建筑节能检测技术标准》	地方标准	主编	DB 13(J)/T 215—2016
199		《公共建筑节能设计标准》	地方标准	主编	DB 13(J)81—2016
200		《人民防空工程防护质量检测技术规程》	地方标准	主编	DB 13(J)/T 223—2017
201		《村庄规划技术导则》	地方标准	主编	DB 13(J)/T 226—2017
202		《村镇应急避难场所规划标准》	地方标准	主编	DB 13(J)/T 227—2017
203		《村镇绿色建筑评价标准》	地方标准	主编	DB 13(J)/T 228—2017
204		《回弹法检测混凝土抗压强度技术规程》	地方标准	主编	DB 13(J)/T 240—2017
205		《被动式低能耗建筑施工及验收规程》	地方标准	主编	DB 13(J)/T 238—2017
206		《装配式低层钢结构住宅技术规程》	地方标准	主编	DB 13(J)T 239—2017
207		《HC-1高性能混凝土胶凝材料应用技术规程》	地方标准	主编	DB 13(J)/T 234—2017
208		《城市地下综合管廊建设技术规程》	地方标准	主编	DB 13(J)/T 183—2018
209		《被动式超低能耗公共建筑节能设计标准》	地方标准	主编	DB 13(J)/T 263—2018
210		《刚性芯夯实水泥土桩复合地基技术规程》	地方标准	主编	DB 13(J)/T 70—2018
211		《被动式超低能耗居住建筑节能设计标准》	地方标准	主编	DB 13(J)/T 273—2018
212		《嵌入式钢丝网架复合保温板应用技术规程》	地方标准	主编	DB 13(J)/T 281—2018
213		《嵌入式钢丝网架复合保温板建筑构造》	地方标准	主编	DBJT 02-156—2018
214		《民用建筑节能工程施工质量验收标准》	地方标准	主编	DB 13(J)/T 8311—2019
215	河北天艺建筑设计有限公司	《CL建筑体系技术规程》	地方标准	参编	DB 13 (J)/T 196—2015
216		《建筑信息模型应用统一标准》	地方标准	参编	DB 13 (J)/T 213—2016
217		《建筑信息模型设计应用标准》	地方标准	参编	DB 13 (J)/T 284—2018
218	河北省交通规划设计院	《公路桥涵多节三岔(DX)挤扩灌注桩技术规程》	地方标准	主编	DB 13/T 999—2008
219		《旋转压实剪切实验法(GTM)沥青混合料 设计与施工技术规范》	地方标准	主编	DB 13/T 978—2008
220		《温拌沥青混合料施工技术指南》	地方标准	主编	DB 13/T 1014—2009
221		《废轮胎橡胶沥青及混合料技术标准》	地方标准	主编	DB 13/T 1013—2009
222		《流态粉煤灰水泥混合料施工技术指南》	地方标准	主编	DB 13/T 1510—2012
223		《公路工程沥青混合料热物理参数测试规程》	地方标准	主编	DB 13/T 2021—2014
224		《公路沥青路面乳化沥青冷再生施工技术规范》	地方标准	主编	DB 13/T 2020—2014
225		《废轮胎橡胶颗粒自除冰路面技术指南》	地方标准	主编	DB 13/T 2193—2015
226		《桥涵混凝土腐蚀病害修复与防护工程技术规程》	地方标准	主编	DB 13/T 2194—2015
227		《高速公路人工发卡收费作业规范》	地方标准	主编	DB 13/T 2564—2017
228		《布敦岩改性沥青混合料应用技术指南》	地方标准	主编	DB 13/T 2511—2017
229		《铁尾矿用于公路基层施工技术规范》	地方标准	主编	DB 13/T 2512—2017

续表

序号	单位名称	规范标准名称	项目类别	主/参编情况	标准号
230	河北省交通规划设计院	《公路沥青路面泡沫沥青冷再生技术指南》	地方标准	主编	DB 13/T 2513—2017
231		《公路融雪剂》	地方标准	主编	DB 13/T 1411—2017
232		《公路波形钢腹板预应力混凝土组合梁桥设计与施工规范》	地方标准	主编	DB 13/T 2466—2017
233		《公路钢混凝土组合梁桥设计与施工规范》	地方标准	主编	DB 13/T 2686—2018
234		《相变自调温沥青路面施工技术规范》	地方标准	主编	DB 13/T 2717—2018
235		《稳定型废旧轮胎胶粉改性沥青技术要求》	地方标准	主编	DB 13/T 2780—2018
236		《公路高模量沥青施工技术指南》	地方标准	主编	DB 13/T 2023—2018
237		《注胶法处治板梁桥铰缝病害施工技术指南》	地方标准	主编	DB 13/T 2947—2019
238		《公路桥面铺装层维修设计与施工技术规范》	地方标准	主编	DB 13/T 2948—2019
239		《公路涵洞通道用复合钢波纹涵管 通用技术要求》	地方标准	参编	DB 13/T 2585—2017
240		《路面太阳辐射反射率测试规程》	地方标准	参编	DB 13/T 2542—2017
241	秦皇岛市建筑设计院	《烧结非粘土砖砌体结构技术规程》	地方标准	主编	DB 13（J）T47—2004
242	石家庄市政设计研究院有限责任公司	《城市地下综合管廊建设技术规程》	地方标准	参编	DB 13（J）T183—2015
243		《海绵城市建设工程技术规程》	地方标准	参编	DB 13（J）T210—2016
244		《海绵城市设施施工及工程质量验收规范》	地方标准	参编	DB 13（J）T211—2016
245		《城市地下综合管廊建设技术规程》	地方标准	参编	DB 13（J）T183—2018

编制标准图集

序号	单位名称	规范标准名称	项目类别	主/参编情况	标准号
1	北方工程设计研究院有限公司	《砖墙节点建筑构造》	全国通用图集	主编	J136
2		《电动防射线门》	全国通用图集	主编	J650（四）
3		《平开防射线门（铅板厚1~3mm）》	全国通用图集	主编	J650（一）
4		《平开防射线门（铅板厚4~8mm）》	全国通用图集	主编	J650（二）
5		《推拉防射线门》	全国通用图集	主编	J650（三）
6		《98系列采暖工程设计图集》	河北省标准图集	主编	DBJT 02-22—1998
7		《98系列热水工程设计图集》	河北省标准图集	主编	DBJT 02-22—1998
8		《98系列专用给水工程设计图集》	河北省标准图集	主编	DBJT 02-22—1998
9		《05系列安防工程设计图集》	河北省标准图集	主编	DBJT 03-22—2005
10		《05系列采暖工程设计图集》	河北省标准图集	主编	DBJT 03-22—2005
11		《05系列专用给水工程设计图集》	河北省标准图集	主编	DBJT 03-22—2005
12		《05系列综合布线工程设计图集》	河北省标准图集	主编	DBJT 03-22—2005
13	中土大地国际建筑设计有限公司	《FS外模板现浇混凝土复合保温系统构造》	河北省标准图集	主编	DBJT 02-85—2016，图集号J16J134
14		《SD现浇混凝土内置保温体系建筑构造》	河北省标准图集	参编	DBJT 02-135—2017，图集号J17J179
15		《FF复合保温模板建筑构造》	河北省标准图集	主编	DBJT 02-139—2018，图集号J18J182
16	保定市建筑设计院有限公司	《河北工程建设标准设计图集，MPC高效保温砂浆保温构造》	河北省标准图集	参编	统一编号DBJT 02-70—2011，图集号J11J126
17		《户式三用一体机地源热泵系统工程设计图集》	河北省标准图集	参编	ISBN：15112•23974

续表

序号	单位名称	规范标准名称	项目类别	主/参编情况	标准号
18	河北建筑设计研究院有限责任公司	《建筑构造通用图集•楼梯》	河北省标准图集	主编	88J7
19		《98系列建筑标准设计图集•楼梯》	河北省标准图集	主编	DBJT 02-22—1998(98J8)
20		《98系列建筑标准设计图集•电力控制》	河北省标准图集	主编	DBJT 02-22—1998(98D7)
21		《02系列结构标准设计图集•墙下条形基础》	河北省标准图集	主编	DBJT 02-34—2002(02G03)
22		《12系列结构标准设计图集•墙下条形基础》	河北省标准图集	主编	DBJT 02-80—2013(12G05)
23		《12系列结构标准设计图集•钢筋混凝土结构构造详图》	河北省标准图集	主编	DBJT 02-80—2013(12G03)
24	秦皇岛市建筑设计院	《烧结非黏土多孔砖夹心墙构造》	河北省标准图集	主编	J06J 106(DBJT02-46—2006)
25		《被动式低能耗居住建筑节能构造》	河北省标准图集	主编	DBJT 02-109—2016
26	石家庄市政设计研究院有限责任公司	《典型路面结构及道路工程细部构》	河北省标准图集	主编	DBJT 02-73—2012
27		《混凝土砌块排水检查井》	河北省标准图集	主编	DBJT 02-74—2012
28		《预制混凝土模块雨水口》	河北省标准图集	主编	DBJT 02-75—2012
29		《塑料排水管道基础与接口》	河北省标准图集	主编	DBJT 02-76—2012
30		《混凝土排水管道基础与接口》	河北省标准图集	主编	DBJT 02-77—2012
31		《海绵城市建设设施构造》	河北省标准图集	主编	DBJT 02-111—2016

社会荣誉

勘察设计企业荣获省级以上社会荣誉称号

序号	单位名称	荣誉称号	授予部门	授予时间
1	保定市建筑设计院有限公司	优秀勘察设计院	中国勘察设计协会	2006
2		全省建设系统抗震救灾先进集体	河北省建设厅	2008
3		河北省工程勘察设计行业优秀企业	河北省工程勘察设计咨询协会	2014
4		医疗建筑设计专业领先企业	中国勘察设计协会、民营设计企业分会	2018
5		项目管理专业领先企业	中国勘察设计协会、民营设计企业分会	2018
6	北方工程设计研究院有限公司	河北省模范职工之家	河北省总工会	2000
7		思想政治工作优秀企业	中共河北省国防科技工业委员会	2003
8		军工企业文化先进单位	中共河北省国防科技工业委员会	2007
9		女职工建功立业标兵岗	中华全国总工会	2009
10		创先争优先进党委	中共河北省国防科技工业委员会	2011
11		河北省工业和信息化工作先进集体	河北省工业和信息化厅、河北省人力资源和社会保障厅、河北省总工会	2012
12		河北省五一劳动奖状	河北省总工会	2012
13		当代中国建筑设计百家名院	中国建筑学会	2012
14		全国五一劳动奖状	中华全国总工会	2013
15		全国勘察设计行业创新型优秀企业	中国勘察设计协会	2013
16		河北省勘察设计行业优秀企业	河北省工程勘察设计咨询协会	2014
17		河北省文明单位	中共河北省委、河北省人民政府	2010—2016
18	承德市建筑设计研究院有限公司	河北省勘察设计行业优秀企业	河北省工程勘察设计咨询协会	2014
19	邯郸慧龙电力设计研究有限公司	河北省勘察设计行业优秀企业	河北省工程勘察设计咨询协会	2014
20	邯郸市水利水电勘测设计研究院	全国水利系统先进集体荣誉称号	中华人民共和国人力资源与社会保障部、中华人民共和国水利部	2015
21	河北北方绿野建筑设计有限公司	优秀勘察设计企业	中国勘察设计协会	2006
22		突出贡献单位	中国房地产及住宅研究会	2007
23		中国人居环境发展建设石家庄十佳勘察设计示范单位	建设部中国建筑文化中心	2007
24		河北省勘察设计行业技术创新品牌企业	河北省工程勘察设计咨询协会	2009
25		优秀勘察设计企业	中国勘察设计咨询协会民营分会	2010
26		全国勘察设计行业创优型企业	中国勘察设计协会	2013
27		河北省工程勘察设计行业优秀企业	河北省工程勘察设计咨询协会	2014
28		河北省科技型中小企业	河北省科学技术厅	2015
29		工程勘察设计行业“十二五”期间实施信息化建设先进单位	中国勘察设计协会	2016
30	河北电信设计咨询有限公司	文明单位	中共河北省委省直工委	2010
31		全国先进通信设计企业	中国通信企业协会	2016
32		河北省科技型中小企业	河北省科学技术厅	2017
33		全国先进通信设计企业	中国通信企业协会	2017

续表

序号	单位名称	荣誉称号	授予部门	授予时间
34	河北电信设计咨询有限公司	信用建设先锋企业（2016—2017年信息通信行业）	中国通信企业协会	2017
35		科技小巨人	河北省科学技术厅	2019
36		工程总承包专业领先企业	中国勘察设计协会民营设计企业分会	2017—2018
37		项目管理专业领先企业	中国勘察设计协会民营设计企业分会	2017—2019
38	河北华热工程设计有限公司	河北省勘察设计行业优秀企业	河北省工程勘察设计咨询协会	2014
39	河北建设勘察研究院有限公司	全国工程勘察先进单位	中华人民共和国建设部	1992
40		全国建设系统精神文明建设先进单位称号	中华人民共和国建设部	2001
41		全国五一劳动奖状	中华全国总工会	2003
42		“十五”全国建设科技进步先进集体	中华人民共和国建设部	2006
43		“十五”全国建筑业技术创新先进企业	中华人民共和国建设部	2006
44		河北省模范职工之家称号	河北省总工会	2008
45		第四届全国精神文明建设工作先进单位	中央精神文明建设指导委员会办公室	2009
46		河北省先进集体	河北省人民政府	2009
47		省直“安康杯”竞赛优秀单位	河北省直属机关工会工作委员会	2009
48		全国工程勘察设计行业国庆60周年“十佳民营勘察设计企业”	中国勘察设计协会	2009
49		河北省勘察设计行业技术创新品牌企业	河北省工程勘察设计咨询协会	2009
50		全国模范劳动关系和谐企业	中华人民共和国人力资源和社会保障部等单位	2011
51		省直文明单位	中共河北省委省直工委	2012
52		全国模范职工之家	中华全国总工会	2013
53		全国勘察设计行业创新型优秀企业	中国勘察设计协会	2013
54		创新型优秀企业	中国勘察设计协会	2013
55		省级文明单位	中共河北省委员会、河北省人民政府	1991、1993、1996—2001
56		省勘察设计先进单位	河北省建设委员会	1994—1996、1998—2000
57		全国“安康杯”竞赛优胜企业	中华全国总工会、国家安全生产监督管理总局	2004—2014
58		驻外优秀建筑业企业	河北省住房和城乡建设厅	2012、2013
59	河北建伟工程设计咨询有限公司	全国施工图审查工作先进单位	中国勘察设计协会	2016
60	河北建筑设计研究院有限责任公司	工程建设先进单位	河北省建设委员会	1996
61		“八五”期间河北省工程建设标准化先进单位	河北省建设委员会	1996
62		“八五”期间全国工程建筑管理先进单位	中华人民共和国建设部	1998
63		全国CAD应用工程示范企业	中华人民共和国科学技术部	1999
64		全省劳动模范先进集体、先进企事业单位	河北省人民政府	1999
65		优秀勘察设计院	中国勘察设计协会	2006
66		河北省勘察设计行业技术创新品牌企业	河北省工程勘察设计咨询协会	2009
67		当代中国建筑设计百家名院	中国建筑学会	2012
68		创新型优秀企业	中国勘察设计协会	2013
69		全国工程勘察设计先进企业	住房和城乡建设部	2013
70		全国勘察设计行业创新型优秀企业	中国勘察设计协会	2013
71		河北省勘察设计行业优秀企业	河北省工程勘察设计咨询协会	2014
72		“十二五”期间实施信息化建设先进单位	中国勘察设计协会	2016
73		精神文明建设省级文明单位	中共河北省委、河北省人民政府	1992—1998

续表

序号	单位名称	荣誉称号	授予部门	授予时间
74	河北建筑设计研究院有限责任公司	河北省勘察设计先进单位	河北省建设委员会	1992—1999
75		精神文明建设先进单位	河北省建设委员会	1994—1997
76		省直文明单位	河北省委省直机关工作委员会	2000—2017
77	河北九易庄宸科技股份有限公司	创优型企业	中国勘察设计协会	2013
78		河北省勘察设计行业优秀企业	河北省工程勘察设计咨询协会	2014
79	河北省电力勘测设计研究院	河北省勘察设计行业优秀企业	河北省工程勘察设计咨询协会	2014
80	河北省交通规划设计院	河北省勘察设计行业优秀企业	河北省工程勘察设计咨询协会	2014
81	河北省水利水电第二勘测设计研究院	南水北调设计工作先进单位	水利部	1990
82		河北省级模范职工之家	河北省总工会	1995
83		河北省诚信企业	河北省文明办	1996
84		省直“文明单位”	河北省直工委	2010
85		先进集体	中国水利水电勘测设计协会	2011
86		全国水利系统职工文化建设先进集体	中国农林水利工会全国委员会	2011
87		省直先进基层党组织	河北省直工委	2011
88		经济技术创新活动优秀组织奖	河北省直属机关工会工作委员会	2011
89		省直五一劳动奖状	河北省直属机关工会工作委员会	2012
90		创先争优先进党组织	河北省水利厅	2013
91		河北省勘察设计行业优秀企业	河北省工程勘察设计咨询协会	2014
92		省直“安康杯”竞赛活动中荣获“优生班组”称号	河北省直属机关工会工作委员会	2014
93		抗洪抢险先进集体	中共河北省委办公厅、河北省人民政府办公厅	2016
94		南水北调东中线一起工程建成通水先进集体	人力资源和有社会保障部、国务院南水北调办	2016
95		全国水利水电勘测设计行业AAA级信用企业	中国水利水电勘测设计协会	2016
96		全国水利系统先进单位	水利部	1989、2003
97		省级文明单位	河北省委、省政府	1992、1996—2010、2016
98		省勘察设计先进单位	河北省建设厅	1994—1999、2009
99		全国精神文明建设工作先进单位	中央精神文明建设指导委员会	1999—2014
100		省直“安康杯”竞赛优胜单位	河北省直属机关工会工作委员会	2010—2012
101		省直职工经济技术创新暨合理化建议活动优秀组织单位	河北省直属机关工会工作委员会	2012—2013
102	河北水文地质勘察院	河北省勘察设计行业优秀企业	河北省工程勘察设计咨询协会	2014
103	河北拓为工程设计有限公司	河北省勘察设计行业优秀企业	河北省工程勘察设计咨询协会	2014
104	河北新地能源工程技术有限公司	河北省勘察设计行业优秀企业	河北省工程勘察设计咨询协会	2014
105	河北新烨工程技术有限公司	河北省勘察设计行业优秀企业	河北省工程勘察设计咨询协会	2014
106	河北中核岩土工程有限责任公司	优秀勘察设计企业	中国勘察设计协会	2006
107		全国工程勘察与岩土行业国庆60周年十佳企业文化建设先进奖	中国勘察设计协会	2009
108		创新争优先进基层党支部	中共河北省国防科技工业委员会	2011
109		河北省模范职工之家	河北省总工会	2013
110		全国勘察设计行业创优型企业	中国勘察设计协会	2013
111		河北省国防科技工业文明单位	河北省国防科技工业局	2008—2009

续表

序号	单位名称	荣誉称号	授予部门	授予时间
112	华北石油勘察设计研究院	石油工业部先进科技集体	石油工业部	1985
113		河北省知识分子先进集体	中共河北省委员会、河北省人民政府	1989
114		省级文明单位	中共河北省委员会、河北省人民政府	1990、1996
115		河北省勘察设计先进单位	河北省建设委员会	1992、1998
116		全国测绘质量表彰单位	国家测绘局	1996—1998
117	华北有色工程勘察院有限公司	河北省勘察设计行业优秀企业	河北省工程勘察设计咨询协会	2014
118	华北制药集团规划设计院有限公司	河北省勘察设计行业优秀企业	河北省工程勘察设计咨询协会	2014
119	廊坊市雅泰建筑设计有限公司	河北省勘察设计行业优秀企业	河北省工程勘察设计咨询协会	2014
120	廊坊市中原建筑基础工程有限公司	河北省勘察设计行业优秀企业	河北省工程勘察设计咨询协会	2014
121	秦皇岛市建筑设计院	省勘察设计先进单位	河北省建设委员会	1999
122		省工程勘察设计行业先进单位	河北省建设委员会	2001
123		捐资助学先进单位	河北省政府	2004
124		省无障碍设施建设工作先进集体	河北省政府	2005
125		全省建设系统抗震救灾先进集体	河北省建设厅	2008
126		河北省工人先锋号	河北省总工会	2016
127	石家庄市政设计研究院有限责任公司	河北省勘察设计行业优秀企业	河北省工程勘察设计咨询协会	2014
128	斯特龙建筑装饰工程有限公司	河北省勘察设计行业优秀企业	河北省工程勘察设计咨询协会	2014
129	唐山交通勘察设计院有限公司	河北省勘察设计行业优秀企业	河北省工程勘察设计咨询协会	2014
130	河北铭嘉工程设计有限公司	河北省勘察设计行业优秀企业	河北省工程勘察设计咨询协会	2014
131		河北省科技小巨人企业	河北省科学技术厅	2017
132		河北省科技型中小企业	河北省科学技术厅	2019
133	唐山市规划建筑设计研究院	河北省勘察设计先进集体	河北省建设委员会	1992
134		河北省抗震防灾工作先进单位	河北省建设委员会	2000
135		全省建设系统抗震救灾先进集体	河北省建设厅	2008
136		支援平武县地震灾后恢复重建先进集体	中共河北省委、河北省人民政府	2011
137		河北省勘察设计行业优秀企业	河北省工程勘察设计咨询协会	2014
138		河北省勘察设计先进单位	河北省建设委员会	1995—1999
139	邢台勘察测绘院有限责任公司	河北省勘察设计行业优秀企业	河北省工程勘察设计咨询协会	2014
140	邢台市建筑设计研究院有限公司	河北省勘察设计行业优秀企业	河北省工程勘察设计咨询协会	2014
141	张家口翰得交通公路勘察设计有限责任公司	河北省勘察设计行业优秀企业	河北省工程勘察设计咨询协会	2014
142	中国电建集团河北省电力勘测设计研究院有限公司	全国模范职工之家	全国总工会	2005
143		河北省五一劳动奖状	河北省总工会	2006
144		河北省质量管理奖	河北省人民政府	2009
145		河北省政府质量奖	河北省人民政府	2013
146		全国五一劳动奖状	全国总工会	2016
147		全国“安康杯”竞赛优胜单位	全国总工会、国家安全生产监督管理总局	2017
148		河北省政府质量奖	河北省人民政府	2018

续表

序号	单位名称	荣誉称号	授予部门	授予时间
149	中国电建集团河北省电力勘测设计研究院有限公司	河北省文明单位	中共河北省委、河北省人民政府	1988—2018
150		河北省“安康杯”优胜单位	河北省总工会、安全生产监督管理局	2012—2015
151	中国石油天然气管道工程有限公司	创新型优秀企业	中国勘察设计协会	2013
152	中核第四研究设计工程有限公司	河北省勘察设计行业技术创新品牌企业	河北省工程勘察设计咨询协会	2009
153		河北省勘察设计行业优秀企业	河北省工程勘察设计咨询协会	2014
154		河北省五一劳动奖状	河北省总工会	2015
155	中佳勘察设计有限公司	河北省勘察设计行业优秀企业	河北省工程勘察设计咨询协会	2014
156	中交远洲交通科技集体有限公司	河北省勘察设计行业技术创新品牌企业	河北省工程勘察设计咨询协会	2009
157	中煤邯郸设计工程有限责任公司	河北省勘察设计行业优秀企业	河北省工程勘察设计咨询协会	2014
158		河北省勘察设计先进单位	河北省建设委员会	1993、1997—1999
159		全国CAD应用工程示范企业	国家科技部	1999
160		全国煤炭环境保护先进集体	中国煤炭建设协会	2004
161		“神华杯”第二届中央企业青年创新奖	中国企业联合会	2010
162		中国勘察设计行业“十二五”信息化建设先进单位	中国勘察设计协会	2016
163	中土大地国际建筑设计有限公司	驻外优秀建筑业企业	河北省住房和城乡建设厅	2013
164		河北省勘察设计行业优秀企业	河北省工程勘察设计咨询协会	2014
165		工程勘察设计行业“十二五”期间实施信息化建设先进单位	中国勘察设计协会	2016
166	中冶地建设集团（三河）建筑设计咨询有限公司	河北省勘察设计行业优秀企业	河北省工程勘察设计咨询协会	2014
167	中钢石家庄工程设计研究院有限公司	河北省勘察设计先进单位	河北省建设委员会	1999

个人荣获省级以上社会荣誉称号

序号	单位名称	姓名	荣誉称号	授予部门	授予时间
1	保定市城乡建筑设计院	薛坤	河北省勘察设计行业优秀企业家（院长）	河北省工程勘察设计咨询协会	2014
2	保定市建筑设计院有限公司	陆峰	河北省勘察设计行业优秀企业家（院长）	河北省工程勘察设计咨询协会	2014
3			河北省劳动模范	河北省总工会	2014
4	北方工程设计研究院有限公司	孙贺臣	河北省勘察设计行业具有行业影响力人物	河北省工程勘察设计咨询协会	2014
5			河北省勘察设计行业终身成就奖	河北省工程勘察设计咨询协会	2009
6		赵雄	河北省勘察设计行业终身成就奖	河北省工程勘察设计咨询协会	2009
7		孙兆杰	河北省勘察设计行业优秀企业家（院长）	河北省工程勘察设计咨询协会	2014
8	沧州双盛公路工程咨询有限公司	郑玉玺	河北省勘察设计行业终身成就奖	河北省工程勘察设计咨询协会	2009
9	承德华祥建筑设计有限公司	张建生	河北省勘察设计行业优秀企业家（院长）	河北省工程勘察设计咨询协会	2014
10	承德市建筑设计研究院有限公司	李丰燕	河北省勘察设计行业优秀企业家（院长）	河北省工程勘察设计咨询协会	2014
11	邯郸市恒达岩土工程有限责任公司	赵政	河北省勘察设计行业终身成就奖	河北省工程勘察设计咨询协会	2009
12	邯郸市华威公路设计咨询有限公司	史恒志	河北省勘察设计行业优秀企业家（院长）	河北省工程勘察设计咨询协会	2014
13		谢孟华	河北省劳动模范	河北省总工会	2019

续表

序号	单位名称	姓名	荣誉称号	授予部门	授予时间
14	河北北方绿野建筑设计有限公司	郝卫东	河北省勘察设计行业现代管理企业家	河北省工程勘察设计咨询协会	2009
15			全国勘察设计行业优秀企业家（院长）	中国勘察设计协会	2013
16			河北省勘察设计行业优秀企业家（院长）	河北省工程勘察设计咨询协会	2014
17		王永祯	河北省勘察设计行业终身成就奖	河北省工程勘察设计咨询协会	2009
18		范振起	河北省勘察设计行业终身成就奖	河北省工程勘察设计咨询协会	2009
19	中土大地国际建筑设计有限公司	郝贵强	全国超限高层建筑工程抗震设防审查专家	中华人民共和国住房和城乡建设部	2014
20			全国工程勘察设计行业施工图设计审查先进个人	中国勘察设计协会	2016
21			“十二五”信息化建设先进个人	中国勘察设计协会	2016
22			河北省优秀科技工作者	中共河北省委组织部、河北省科学技术厅、河北省人力资源和社会保障厅、河北省科学技术协会	2017
23		高腾野	河北省节约之星	河北省发展和改革委员会、中共河北省委宣传部	2015
24	河北建设勘察研究院有限公司	陈国华	全国工会系统“四五”普法先进个人	中华全国总工会	2005
25			河北省“巾帼建功”明星	河北省巾帼建功领导小组、省妇联	2007
26		张丽莉	河北省“巾帼建功”明星	河北省巾帼建功领导小组、省妇联	2005
27			三八红旗手	河北省建设厅	2007
28		王自强	全省建设科技工作先进个人	河北省建设厅	2006
29		席占军	河北省直优秀党务工作者	河北省直工委	2006
30			河北省五一劳动奖章	河北省总工会	2007
31		聂庆科	河北省有突出贡献中青年科学、技术、管理专家	河北省人民政府	2006
32			河北省有突出贡献中青年专家	河北省人力资源和社会保障厅	2006
33		李晨雁	三八红旗手	河北省建设厅直属机关妇女委员会	2007
34		李华伟	河北省有突出贡献专家、市有突出贡献中青年专家	河北省人力资源和社会保障厅	2008
35			河北省有突出贡献专家	河北省人事厅	2010
36		韩立君	河北省勘察设计行业现代管理企业家	河北省工程勘察设计咨询协会	2009
37			全国勘察设计行业优秀企业家（院长）	中国勘察设计协会	2013
38		梁金国	河北省勘察设计行业终身成就奖	河北省工程勘察设计咨询协会	2009
39			河北省勘察设计行业具有行业影响力人物	河北省工程勘察设计咨询协会	2009
40			河北省“巨人计划”创新创业团队领军人才	河北省委组织部	2012
41			河北省第七批省管优秀专家	河北省人力资源和社会保障厅	2014
42		陈洪志	河北省勘察设计行业终身成就奖	河北省工程勘察设计咨询协会	2009
43		黄福思	河北省勘察设计行业终身成就奖	河北省工程勘察设计咨询协会	2009
44	河北建太汇行土木工程有限公司	王玉行	河北省勘察设计行业优秀企业家（院长）	河北省工程勘察设计咨询协会	2014
45	河北建筑设计研究院有限责任公司	李拱辰	’99昆明世博会一等功	河北省人民政府	2002
46			河北省勘察设计行业终身成就奖	河北省工程勘察设计咨询协会	2009
47		郭卫兵	河北省勘察设计行业具有行业影响力人物	河北省工程勘察设计咨询协会	2009
48			当代中国百名建筑师	中国建筑学会	2013
49			河北省劳动模范	河北省人民政府	2014
50		习朝位	河北省勘察设计行业具有行业影响力人物	河北省工程勘察设计咨询协会	2009
51			河北省有突出贡献中青年专家	河北省人民政府	2010
52			全国住房城乡建设系统劳动模范	中华人民共和国人力资源和社会保障部、中华人民共和国住房和城乡建设部	2017

续表

序号	单位名称	姓名	荣誉称号	授予部门	授予时间
53	河北建筑设计研究院有限责任公司	王玉民	河北省勘察设计行业终身成就奖	河北省工程勘察设计咨询协会	2009
54		方国昌	河北省勘察设计行业终身成就奖	河北省工程勘察设计咨询协会	2009
		郜刚	全国勘察设计行业优秀企业家（院长）	中国勘察设计协会	2013
55		李兆生	河北省勘察设计行业优秀企业家（院长）	河北省工程勘察设计咨询协会	2014
56	河北九易庄宸科技股份有限公司	梁冰	河北省勘察设计行业现代管理企业家	河北省工程勘察设计咨询协会	2009
57			全国勘察设计行业优秀企业家（院长）	中国勘察设计协会	2013
58			河北省勘察设计行业优秀企业家（院长）	河北省工程勘察设计咨询协会	2014
59		刘晔	河北省勘察设计行业具有行业影响力人物	河北省工程勘察设计咨询协会	2009
60		潘书通	中国建筑给水排水“百名未来之星”	中国建筑学会建筑给水排水研究分会	2018
61	河北省交通规划设计院	王兵	河北省有突出贡献中青年专家	河北省人民政府	2008
62		母焕胜	河北省有突出贡献中青年专家、全国五一劳动奖章、全国先进工作者	河北省政府、中华全国总工会、中国共产党中央委员会、中华人民共和国国务院	2008
63			全国五一劳动奖章	全国总工会	2011
64			全国先进工作者	国务院	2015
65		焦永顺	河北省勘察设计行业现代管理企业家	河北省工程勘察设计咨询协会	2009
66			河北省勘察设计行业具有行业影响力人物	河北省工程勘察设计咨询协会	2009
67		刘新生	河北省勘察设计行业终身成就奖	河北省工程勘察设计咨询协会	2009
68		丁培建	河北省勘察设计行业终身成就奖	河北省工程勘察设计咨询协会	2009
69		刘桂君	交通运输部“十一五”期间交通运输行业“优秀科技人员”	交通运输部	2010
70			河北省有突出贡献的中青年科学、技术、管理专家	河北省人力资源和社会保障厅	2013
71		金凤温	交通运输行业优秀科技人员	河北省交通运输厅	2011
72		刘桂霞	河北省有突出贡献中青年专家	河北省政府	2013
73		赵彦东	河北省省管优秀专家	河北省人力资源和社会保障厅	2014
74		闫涛	第九届中国公路百名优秀工程师	中国公路学会	2017
75	河北省石油化工设计院有限公司	陈士刚	河北省勘察设计行业现代管理企业家	河北省工程勘察设计咨询协会	2009
76		李成科	河北省勘察设计行业终身成就奖	河北省工程勘察设计咨询协会	2009
77	河北省水利水电第二勘测设计研究院	乔裕民	河北省勘察设计行业优秀企业家（院长）	河北省工程勘察设计咨询协会	2014
78	河北省水利水电勘测设计研究院	孙景亮	河北省勘察设计行业优秀企业家（院长）	河北省工程勘察设计咨询协会	2014
79	河北水文地质勘察院	赵志超	河北省勘察设计行业优秀企业家（院长）	河北省工程勘察设计咨询协会	2014
80	河北拓为工程设计有限公司	康世俭	河北省勘察设计行业优秀企业家（院长）	河北省工程勘察设计咨询协会	2014
81	河北新烨工程技术有限公司	于立新	河北省勘察设计行业优秀企业家（院长）	河北省工程勘察设计咨询协会	2014
82	河北远东通信系统工程有限公司	涂天杰	全国勘察设计行业优秀企业家（院长）	中国勘察设计协会	2013
83	河北中核岩土工程有限责任公司	赵在立	全国勘察设计行业优秀企业家（院长）	中国勘察设计协会	2013
84	河北中佳勘察设计有限责任公司	孙明云	河北省勘察设计行业终身成就奖	河北省工程勘察设计咨询协会	2009
85	衡水龙翔公路工程勘察设计咨询有限公司	李靖	河北省农村公路建设先进个人、交通运输行业优秀科技人员、全国交通运输系统劳动模范	交通运输部	2006
86			河北省勘察设计行业优秀企业家（院长）	河北省工程勘察设计咨询协会	2014

续表

序号	单位名称	姓名	荣誉称号	授予部门	授予时间
87	华北有色工程勘察设计院有限公司	宋峰	河北省勘察设计行业现代管理企业家	河北省工程勘察设计咨询协会	2009
88	华北有色工程勘察设计院有限公司	宋峰	河北省勘察设计行业优秀企业家（院长）	河北省工程勘察设计咨询协会	2014
89	华北有色工程勘察设计院有限公司	于同超	河北省勘察设计行业终身成就奖	河北省工程勘察设计咨询协会	2009
90	廊坊市中原建筑基础工程有限公司	李俊魁	河北省勘察设计行业优秀企业家（院长）	河北省工程勘察设计咨询协会	2014
91	秦皇岛福电电力设计有限公司	古正准	河北省勘察设计行业优秀企业家（院长）	河北省工程勘察设计咨询协会	2014
92	秦皇岛广泽工程项目管理有限公司	席妙文	河北省勘察设计行业优秀企业家（院长）	河北省工程勘察设计咨询协会	2014
93	秦皇岛润恒公路工程咨询设计有限公司	孔繁春	河北省勘察设计行业优秀企业家（院长）	河北省工程勘察设计咨询协会	2014
94	秦皇岛市建筑设计院	徐建得	河北省勘察设计行业终身成就奖	河北省工程勘察设计咨询协会	2009
95	秦皇岛庄典装饰工程有限公司	郭志雨	河北省勘察设计行业优秀企业家（院长）	河北省工程勘察设计咨询协会	2014
96	石家庄市建筑设计院	高文皂	河北省勘察设计行业终身成就奖	河北省工程勘察设计咨询协会	2009
97	石家庄市政设计研究院有限责任公司	王亚军	河北省勘察设计行业现代管理企业家	河北省工程勘察设计咨询协会	2009
98	石家庄市政设计研究院有限责任公司	王亚军	河北省勘察设计行业优秀企业家（院长）	河北省工程勘察设计咨询协会	2014
99	石家庄市政设计研究院有限责任公司	段龙	河北省勘察设计行业终身成就奖	河北省工程勘察设计咨询协会	2009
100	斯特龙建筑装饰工程有限公司	范玉玲	河北省勘察设计行业优秀企业家（院长）	河北省工程勘察设计咨询协会	2014
101	唐山交通勘察设计院有限公司	赵拥辉	河北省勘察设计行业优秀企业家（院长）	河北省工程勘察设计咨询协会	2014
102	河北铭嘉工程设计有限公司	曹军	河北省勘察设计行业优秀企业家（院长）	河北省工程勘察设计咨询协会	2014
103	唐山市规划建筑设计研究院	王春燕	河北省勘察设计行业现代管理企业家	河北省工程勘察设计咨询协会	2009
104	唐山市规划建筑设计研究院	王春燕	河北省勘察设计行业优秀企业家（院长）	河北省工程勘察设计咨询协会	2014
105	唐山市规划建筑设计研究院	陈合文	河北省勘察设计行业终身成就奖	河北省工程勘察设计咨询协会	2009
106	唐山市交通勘察设计院有限公司	赵拥辉	河北省勘察设计行业具有行业影响力人物	河北省工程勘察设计咨询协会	2009
107	邢台勘察测绘院有限责任公司	吴明杰	河北省勘察设计行业优秀企业家（院长）	河北省工程勘察设计咨询协会	2014
108	邢台市建筑设计研究院有限公司	冯瑞华	河北省勘察设计行业优秀企业家（院长）	河北省工程勘察设计咨询协会	2014
109	张家口翰得交通公路勘察设计有限责任公司	程鹏	河北省勘察设计行业优秀企业家（院长）	河北省工程勘察设计咨询协会	2014
110	张家口市金石岩土工程技术有限公司	张延军	河北省勘察设计行业优秀企业家（院长）	河北省工程勘察设计咨询协会	2014
111	张家口市星球建筑设计有限公司	刘素梅	河北省勘察设计行业具有行业影响力人物	河北省工程勘察设计咨询协会	2009
112	中国电建集团河北省电力勘测设计研究院有限公司	周卫	河北省质量特别奖	河北省人民政府	2009
113	中国电建集团河北省电力勘测设计研究院有限公司	周卫	河北省勘察设计行业现代管理企业家奖	河北省工程勘察设计咨询协会	2009
114	中国电建集团河北省电力勘测设计研究院有限公司	周卫	全国电力行业优秀企业家	中国电力企业联合会	2009
115	中国电建集团河北省电力勘测设计研究院有限公司	周卫	河北省职工劳动模范	河北省人民政府	2009
116	中国电建集团河北省电力勘测设计研究院有限公司	周卫	河北省劳动模范	河北省人民政府	2011
117	中国电建集团河北省电力勘测设计研究院有限公司	周卫	河北省勘察设计行业优秀企业家（院长）	河北省工程勘察设计咨询协会	2014
118	中国电建集团河北省电力勘测设计研究院有限公司	邵卫东	全国电力行业质量管理小组活动卓越领导者	中国水利电力质量管理协会	2012
119	中国电建集团河北省电力勘测设计研究院有限公司	邵卫东	河北省政府质量奖（个人奖）	河北省人民政府	2017

续表

序号	单位名称	姓名	荣誉称号	授予部门	授予时间
120	中国石油天然气管道工程有限公司	金淑祥	全国优秀科技工作者、全国五一劳动奖章、能源部劳动模范	全国总工会、能源部	1998
121		张志宏	全国勘察设计行业优秀企业家（院长）	中国勘察设计协会	2013
122	中核第四研究设计工程有限公司	武亚锋	河北省勘察设计行业具有行业影响力人物	河北省工程勘察设计咨询协会	2009
123		李立津	河北省勘察设计行业终身成就奖	河北省工程勘察设计咨询协会	2009
124		石坚	河北省勘察设计行业终身成就奖	河北省工程勘察设计咨询协会	2009
125		吴忠俭	河北省勘察设计行业优秀企业家（院长）	河北省工程勘察设计咨询协会	2014
126		陈军利	河北省五一劳动奖章	河北省人民政府	2017
127	中佳勘察设计有限公司	张拥军	河北省勘察设计行业优秀企业家（院长）	河北省工程勘察设计咨询协会	2014
128	中煤邯郸设计工程有限责任公司	冯冠学	河北省勘察设计行业具有行业影响力人物	河北省工程勘察设计咨询协会	2009
129			河北省优秀创业企业家	河北省政府	2011—2014
130			河北省勘察设计行业优秀企业家（院长）	河北省工程勘察设计咨询协会	2014
131			河北省企业诚信建设优秀工作者	河北省文明办	2018
132		桂宁	河北省勘察设计先进工作者	河北省建设委员会	1997、1998
133		郭振瑞	河北省勘察设计先进工作者	河北省建设委员会	1999
134		孙建利	全国煤炭工业生产一线优秀青年科技工作者	中国煤炭学会	2011
135		唐迦音	河北省勘察设计行业终身成就奖	河北省工程勘察设计咨询协会	2009
136	中冶地建设集团（三河）建筑设计有限公司	李志忠	河北省勘察设计行业优秀企业家（院长）	河北省工程勘察设计咨询协会	2014
137	中冶京诚（秦皇岛）工程技术有限公司	赵广山	河北省勘察设计行业现代管理企业家	河北省工程勘察设计咨询协会	2009
138		李长宝	河北省勘察设计行业终身成就奖	河北省工程勘察设计咨询协会	2009
139	中冶沈勘秦皇岛工程设计研究总院有限公司	吴德宝	全国先进工作者	国务院	1956

河北勘察设计70年

地方篇

石家庄

石家庄地处河北省中南部，东与衡水市接壤，南与邢台市毗连，西与山西省为邻，北与保定市交界，位于首都北京西南方向，距离北京市主城区283千米。截至2017年，石家庄市实际总面积13 504平方千米（不包括河北省直管辛集市，其面积960平方千米），其中8个建置区面积2 220平方千米。

石家庄市是伴随着1903年京汉铁路在此设站，1907年正太铁路建成通车，两条铁路交会于石家庄后，商贾云集，人口迅速增多，而逐步发展为城市的。1925年，北洋政府执政令建石门市，但石家庄不具备设市条件，仍称镇；1939年10月，由日寇侵华期间"日伪"行政委员会批准设立石门市；1947年11月12日，中国解放军攻占了石门市，并于当年12月26日将石门市改为石家庄市。从这时起，石家庄市开辟了历史新篇章。

改革开放以来，随着市场经济的发展和勘察设计技术的进步，勘察设计经营范围不断扩大，逐步由行业内扩大到行业外，由省内到省外，由国内到国外，一个开放型的勘察设计行业逐渐形成。石家庄市勘察设计行业得到快速发展，行业数量和规模不断扩大，企业数量由新中国成立初期的4家发展至2018年的284家。

进入新时代，在习近平新时代中国特色社会主义思想引领下，石家庄市勘察设计行业深入践行新发展理念，各项工作取得显著成效，多项技术处于全国领先水平，行业影响力持续提升。

一、勘察设计现状

（一）新中国成立初期到1979年，勘察设计行业发展缓慢

新中国成立初期，由于几十年的战乱破坏，国民经济贫困，人民生存是主要问题，再加上受地域因素影响，石家庄地处京津周围，教育落后，人才严重匮乏，特别是建筑学人才奇缺，从而造成新中国成立初期勘察设计长期发展滞后。20世纪50年代，石家庄仅有4家勘察设计企业。

到改革开放初期，由行政部门批准成立的勘察设计单位达到22家。勘察设计行业从业人员也非常少，河北省建筑设计研究院20世纪70年代末仅有职工209人，河北省建设勘察研究院职工总人数也仅有230人。

（二）改革开放后，勘察设计行业快速发展

从1978年开始，时代的主旋律就是改革开放。改革开放，使国民经济实现了持续快速发展，取得了举世瞩目的巨大成就，这个时代也为工程勘察设计展现了广阔的市场舞台。改革开放，使石家庄工程勘察设计行业规模效益快速增长，截至2018年底，石家庄市勘察设计企业数量已发展到284家，其中甲级企业104家，乙级企业154家，丙级企业26家；以工程设计类资质为主的企业有257家，以工程勘察类资质为主的企业有27家，涉及17个行业25个门类；从业人员人数为3.036万人，其中注册执业人员6 358人；勘察设计行业年营业收入287.83亿元。

改革开放造就和培养了大批工程设计的优秀人才，经河北省委省政府批准，从2009年到2017年，河北省住房和城乡建设厅、河北省人力资源和社会保障厅联合组织评选出河北省工程勘察设计大师45名，其中就职于石家庄的就有35名。

沐浴改革开放的春风，石家庄市市区建成区面积由1978年的不足60平方千米发展到目前的2 200平方千米，城市建设取得了巨大成就，石家庄工程勘察设计行业广大工程技术人员不负国家和人民重托，辛勤耕耘，顽强拼搏，为国家经济建设发展奉献着自己的智慧和心血，为石家庄市的城市建设和国民经济作出了巨大贡献。

近年来，石家庄市培育出了一批在全国具有一定影响力的工程大师。目前，我市有国家级大师1人，先后荣获国家和省部级科技进步奖300余项。我市部分勘察设计单位荣获国家级综合勘察设计百强企业、当代建筑设计百家名院、全国勘察设计先进企业等荣誉称号，部分建筑设计单位荣获当代建筑设计百家名院、河北省工程勘

察设计行业优秀企业等荣誉称号。

（三）国内国际影响力持续提升

我市勘察设计企业积极参与全国重点项目，FAST工程馈源舱、2022年冬奥会景观提升等项目均被贴上“河北设计”标签，翠屏山迎宾馆先后接待习近平总书记、李克强总理等国家领导。

我市在产业园区和大学校园规划设计领域取得丰硕成果，设计完成西安兵器产业基地、中国先进研究堆工程、中美核安保示范中心等国家重点工程及中国矿业大学、北京航空航天大学、北京理工大学等全国重点高校相关工程。

我市勘察设计企业在开拓国际市场方面卓有成效，北方工程设计研究院有限公司深度参与“一带一路”建设，与缅甸、巴基斯坦等20余个国家开展业务往来，先后完成近300项援外或外经贸项目；河北建设勘察研究院有限公司紧跟“一带一路”沿线国家项目信息，已在11个国家注册设立公司。

（四）科技创新的支撑作用不断凸显

我市勘察设计企业瞄准建筑产业现代化、信息化、智能化发展方向，充分发挥龙头企业在科技创新中的引领作用，推动行业发展由要素驱动向创新驱动转变。在建筑信息模型（BIM）技术领域，大力探索实践应用，荣获首届WBIM国际数字化大奖，标志着BIM技术能力达到国内先进水平；在超高层建筑领域，主持设计的开元大厦（245米）、中商大厦（168米）等市区地标性建筑，助力打造“河北高度”；在减隔震技术领域，与国内科研院所合作研发屈曲约束支撑减震系列关键技术，完成首例减震技术的应用实施；在装配式建筑领域，拥有国家装配式建筑质量监督检验中心、国家装配式建筑产业基地；在被动式超低能耗与绿色建筑领域，与加拿大、德国开展合作，完成我国单体面积最大、跨度最大的木结构建筑。

我市勘察设计企业作为石家庄市及全省工程建设的先导，完成了石家庄市95%建设工程勘察设计和河北省70%以上重大工程勘察设计，特别在石家庄人均住房面积由6.7平方米增加到40平方米的人居环境改善的巨大成就中奉献了心血。改革开放以来，石家庄勘察设计行业伴随国家的发展而进步，行业科技创新能力不断提高，勘察设计能力和水平居于全国前列。

二、城市发展情况

（一）服务地方经济建设成效显著

我市勘察设计企业充分发挥在工程建设中的先导作用，为服务经济建设作出重要贡献，以高度的政治责任感，完成了老火车站片区建筑群、石家庄机场提升改造、石家庄新火车站等项目。作为“火车拉来的城市”，火车站对石家庄有着特殊的意义。石家庄火车站历经三次变迁：1905年，石家庄建站，位于现在的解放纪念碑东侧；1987年11月9日，位于中山路南侧的车站启用；2012年12月

石家庄城区鸟瞰图

石家庄老火车站

石家庄新火车站

21日，位于中华大街东侧的石家庄新火车站全面启用。

河北省人民政府办公楼、河北省委技术业务用房、河北省市委党校等政务建筑，有效改善了办公环境，助推政府工作效率和社会形象提升；石家庄解放纪念碑、河北省博物院、河北艺术中心等文化建筑，见证了省会改革开放的历史进程；北国商城、人民商场、万达广场等商业建筑，满足了人们多样化的消费需求。

围绕建设现代省会、经济强市的总目标，按照市政府加快构建“4+4”产业发展格局要求，我市勘察设计企业深度参与省会经济建设。北斗导航信息产业园、航天智造科技园、高新区生物医药产业园、国际生命科学创新园、科林高端智能电力装备制造基地等项目加紧实施，有力支撑了我市产业结构转型升级。

我市勘察设计企业积极参与雄安新区、正定新区建设，完成正定新区市委市政府办公楼、省二院正定新区医院、园博园主展馆等项目，助力打造省会建设新亮点。

（二）注重民生业务 提升市民幸福指数

紧扣人民群众日益增长的美好生活需要，河北省人民医院、河北医科大学第一医院、河北省儿童医院等大型医院，有效改善了市民就医环境；河北科技大学、河北师范大学、河北经贸大学等市区20余所高等院校，进一步提升了我市高等教育条件；河北省科技馆、河北省体育馆、石家庄大剧院、石家庄美术馆等标志性文体场馆，极大丰富了市民文化生活；桥西区老旧小区改造、正定新区回迁安置区、井陉棚改安置区等项目，进一步加进了民生福祉。

至今，我市勘察设计人员牢记“绿水青山就是金山银山”号召，深入践行新发展理念。民心河、民心广场、长安公园等园林工程有效提升了市区生态环境。曾

河北省艺术中心

北国商城建成于1996年，地处河北省省会石家庄市的CBD商业中心

河北省儿童医院

长安公园（始建于1955年5月，1958年8月1日正式开放，因当时地处解放路附近，取名“解放公园”；1960年市内划分区域时，因地处长安区，改名为“长安公园”，1968年长安区改名为“东方红区”，长安公园也随之改名为“东方红公园”。1980年，“东方红区”恢复“长安区”名称，东方红公园亦复名为“长安公园”）

经，滹沱河河道干涸断流，土地沙化，植被稀疏，生物种类锐减。自2007年整治工程启动以来，经过十几年的努力，母亲河终于实现了华丽转身——河道上的水面、湿地交相辉映，两岸花海一望无际。水上公园也从原先的大窑坑变为便民的美丽公园。西柏坡景观提升助推平山全域旅游示范区建设，与龙泉湖湿地、红崖谷景区、青龙湖景区、小清河流域治理等共同被打造成为西部红色文化与生态旅游产业带。

（三）发挥各自优势、为新时代城市建设作出贡献

目前，我市284家勘察设计企业在改革春风沐浴下奉献智慧。北方工程设计研究院有限公司和中核第四研究设计工程有限公司发挥部属企业优势，在军工、核工业领域居一流水平，代表项目有天眼工程、西安兵器产业基地、中美核安保示范中心等国家重点工程；河北建筑设计研究院有限责任公司、石家庄市建筑设计院成立时间最早，对当地文化最为了解，设计了石家庄解放纪念碑、河北省博物院、河北艺术中心等地标性建筑；中土大地国际建筑设计有限公司发挥技术优势，主持设计了开元环球中心、河北省中医院、河北省儿童医院、北国水世界、河北政法大学、河北中储石家庄物流中心、联邦东方明珠等；北方工程设计研究院有限公司、河北北方绿野建筑设计有限公司发挥大学文化优势，主导设计了河北师范大学新校区、河北科技大学新校区等；河北九易庄宸科技股份有限公司作为新三板上市公司，充分发挥资本优势，设计了天山世界之门、融创中心等极具影响力的项目；河北大成建筑设计咨询有限公司及河北拓朴建筑设计有限公司发挥住宅休闲领域优势，设计了阿尔卡迪亚、保利花园、华府名邸等住宅小区；河北建设勘察研究院有限公司、中国电力集团公司、中核第四研究设计工程有限公司等勘察设计企业均为我市的建设发展作出了奉献。

三、城市市政基础设施情况

70年变迁，石家庄的城市道路从最初的石板路和小土路，变成今天的“四横六纵”；外围公路从最初的418千米，“成长”为今天的18 112千米；铁路交通从最初的只有两条线，发展到今天的“纵横交错”；曾经严重缺水的石家庄通过，“南水北调”工程惠及家家户户。

70年来，石家庄市市政基础设施建设力度逐年加强，建设水平与日俱增，城市功能不断优化，让市民感受到了触手可及的变化。勘察设计企业在其中深度参与，并作出重要贡献。

（一）市政道路变化与发展

如今的中山路，西起鹿泉区上庄镇，东至太行大街，全长23千米。

和平路高架工程，西延至鹿泉区新泰大街，进一步拉近了中心城区与鹿泉区的距离。目前，和平路高架东延（建设大街—珠峰大街）工程已开始筹备，未来高架将直通藁城区。

石家庄二环路则发生了量与质的飞跃，主路双向6车道，辅路双向4车道，主路设计时速80千米，全长41.4千米；新建桥梁14座、人行天桥7座，改建立交桥3座，总投资30.5亿元。

石家庄三环路于2009年5月1日全线正式通车。三环路途径石家庄7区，全长74.9千米，按一级公路标准建设，主路双向6车道，设计时速80千米。三环路的建成，使城区面积由原来的100多平方千米扩展到300多平方千米，为城市发展奠定了良好的基础。

迈进21世纪，省会道路基础设施建设进入一个新的

槐安路高架

快速发展期，高架桥铺设，拓展了城市发展空间；“断头路”打通，丰富了城市毛细血管。槐安路快速路、新城大道、南二环东西延工程等一个个重点工程，为城市的发展注入了新的活力。

（二）城市交通便利——石家庄地铁

2017年6月26日，石家庄地铁正式载客试运营，标志着石家庄这座“火车拉来的城市”已进入立体化交通时代。在4年左右的时间里，勘察设计者和地铁建设者们艰苦奋斗、努力拼搏、忘我奉献，用汗水和热情为石家庄地铁贡献了自己的力量。石家庄地铁的建成，为省会城市提供了更加安全、环保、快捷、高效的出行方式。

（三）南水北调惠万家

南水北调中线沿京广线西侧布设，总干渠由高邑县北渎村进入石家庄市，经赞皇、元氏、鹿泉、新华区、正定，由新乐市北大岳村进入保定市境内。石家庄市内全长123千米，各类工程建筑146处。经石家庄市段的总干渠居高临下，控制面积6 718平方千米，覆盖石家庄市整个平原地区，供水目标包括市区、良村开发区、石化区、窦妪工业区和辛集、藁城、晋州、新乐、鹿泉5个县级市以及正定、无极、深泽、栾城、赵县、元氏、高邑、赞皇8个县城。一期工程完工后，石家庄市每年获分水量7.9亿立方米。

石家庄地铁站

南水北调中线京石段

四、村镇建设发展情况

近年来，石家庄市高度重视县城建设工作，将其作为稳增长、促发展的重要支撑，并作为推进城乡一体化的龙头引领。我市勘察设计企业积极配合，助力推进县城建设。

自2016年起，各县（市、区）共谋划实施重大工程项目1 065个，完成投资703.9亿元。

2019年，各县（市、区）共谋划基础设施和公共设施投资项目428个，年度计划投资165.6亿元。上半年，已开工项目286个，完成投资83.4亿元，全市县城建设工作进入快车道。

我市高标准建成了14条迎宾景观大道、28个出入口、28条标志性街道和126条城市景观道，70%以上的小街巷完成整治提升。

项目建设品质不断提升，依托当地文化特色打造地标性建筑，共建成56个精品建筑、20条特色风貌街区。

住房保障力度不断加强，已开工棚户区改造任务19 521套，启动改造城中村64个，建成并分配完成公租房4 093套。2019年以来，继续深入开展老旧小区改造工作。

供暖、供气、供水工作也取得了显著成效。县城集中供热和清洁能源供热率，实现了从2016年65%到2018年90%的快速提升；燃气普及率均达到96%以上；公共供水普及率均达到94%以上。

村镇建设发展典型案例如下。

（一）新区正定 ——古城古韵　自在正定

正定新区古城墙周边航拍图

2009年，河北省政府提出打造石家庄500万人口特大城市目标，作出北跨滹沱河建设正定新区重大战略决策，并于2011年5月破土动工。至今，国际会展中心、行政商务中心、河北省园博园、青少年活动中心、河北奥林匹克体育中心等大型、现代化的建筑相继落成或正在建设当中。建成通车的新城大道飞架滹沱河南北，成为新区与石家庄城区相连的快速通道。

2019年以来，正定县投资10亿元启动实施了河北大道穿越京广铁路工程、滹沱公路工程等7条道路的路网建设，共计26.02千米，全面优化路网体系。

（二）石家庄天长镇——中国历史文化名镇

长天镇宋古城

天长镇位于河北省石家庄市井陉县西部，距县城15千米，名起于汉代，唐设天长军，后晋改为天威军，自宋熙宁八年（1075年）至公元1958年，一直为历代井陉县治之所。全镇共辖49个行政村，总面积99.83平方千米，耕地面积40 800亩，其中水浇地21 838亩。该镇有丰富的矿产资源，高品位的石灰石储量就达2亿多吨；该镇有便利的交通条件，境内石太铁路、石太高速公路、307国道、石阳公路纵横交错，地理位置极为重要，商贾云集，资源丰富，素有“燕晋通衢”之称，2008年被评为中国历史文化名镇。该镇是集旅游与经济开发为一体的天然宝地。天长镇形如簸箕倚立，绵河潆于前，北岭居于后，依山傍水，山清水秀。近几年来，随着经济的发展，宋古城开发力度的加大，人民生活水平的不断提高，使这座古城不但美丽壮观，而且更加生机勃勃。

（三）石家庄市井陉县小梁江村——省级历史文化名村

井陉县小梁江村

小梁江村位于河北省石家庄市井陉县南障城镇，距井陉县32千米，从吕家村向西走061县道约2千米，在路边就能看见小梁江村的村牌。与大梁江在同一条沟里的小梁江也是梁氏兄弟的后裔。小梁江村不如大梁江村大，建筑格局基本相同。石头房屋，木质门窗，碧瓦青砖，斗拱飞檐，气势宏伟，属于典型的明清建筑群。虽然小梁江村的明清民居较少且没有形成规模，但石屋老院依然令人惊叹，迈进古老的村门楼让人有一步从现代走入历史的感觉。2018年12月，该村落被列入第五批中国传统村落名录。

五、主要成就

①荣获国家和省部级勘察设计类奖2 000余项，其中国家级奖项160余项，并荣获首届WBIM国际数字化大奖。

②目前拥有国家级大师1人，省级工程勘察设计大师35人。

③科技成果信息情况：各类专利1 000余项，专用技术181项；参加编制国家、行业、地方技术标准近1 000项，其中国家级166项；参加编制国家、行业、地方标准设计200余册，其中国家级26册。

承德

承德市地处河北省东北部，南邻京津、北接辽蒙，具有“一市连五省”的独特区位优势。

新中国成立后到改革开放之初，承德的各项建设得到迅速恢复和发展，先后新建、扩建了承德剧场、承德火车站、南营子大街等一批市政工程，市容市貌有了明显改观。

改革开放到现在，承德国民经济和城市规划、建设管理取得了飞速发展。今天的承德，面积3.95万平方千米，总人口353.18万。全市辖3个市辖区、1个县级市、4个县、3个自治县。

当前，承德正在以独有的区位优势、资源优势、生态优势、文化优势，进一步确立历史文化名城、山水园林城市、国际旅游城市和连接京、津、冀、辽、蒙区域中心城市的发展定位，中心城区规划控制面积达到1 250平方千米，建设用地面积扩大到120平方千米。

一、勘察设计队伍

截至2018年，承德市全市共有勘察设计单位61个，其中甲级资质企业8个，从业人员1 400余人；勘察人员250余人，设计人员近700人，施工人员200余人；专业技术人员1 103人，其中具有高级职称人员近300人，注册执业人员350余人。

二、城市发展情况

承德勘察设计行业为城市建设发展作出了突出贡献。

（一）行业贡献

1985年至1994年期间，承德拓宽了市区最古老的御路——西大街，在原址处以1∶3的比例放大复建了沿路上的三座牌楼。

广仁大街的二道牌楼

穿城而过的武烈河是承德市的母亲河。20世纪80年代，武烈河流域内的生态环境遭到了严重破坏，一遇大雨，极易引发洪水泛滥。

武烈河洪水肆虐，承德公路大桥的桥墩冲毁，桥面折断（承德市档案局供图）

承德市武烈河大桥，俗称“彩虹桥”

从1989年起，陆续完成河道清淤工程11.67万立方米，湿地防护工程4座，形成水面10万平方米，种植河道水生植物37.14万平方米，包括芦苇、香蒲、荷花、睡莲等，修复河道生态面积1.2万平方米。

在市区河道上修建了12道橡胶坝，形成了长12千米、宽200米，占地240万平方米的带状阶梯水面，最大蓄水量约300万立方米，成为独具特色的梯级橡胶坝群。

帝景苑大厦

开展滨河绿化、滨河美化、滨河两岸步行系统等一系列工程，提高了承德市主城区防汛和洪水调蓄能力，保障了城市防洪安全。

缓解城市供水紧张局面，促进地上水、地下水之间相互转换，为离宫湖每日补水达3万立方米，解决了避暑山庄湖区生态用水问题。

魁星楼景区鸟瞰武烈河夜景

2016年11月，承德被国家旅游局评为第二批国家全域旅游示范区，2017年10月入选国家森林城市。

（二）城市代表建筑

1.承德普宁机场

2013年11月10日，承德普宁机场建设工程正式全面开工建设。2017年5月31日，承德普宁机场正式通航。

承德普宁机场

2.承德南站

承德南站为京沈客专高铁新建中间站，站场规模为4台10线，2016年8月开工建设。2018年12月29日，承德南站正式开通运营。

京沈高铁承德南站

3.冰上运动中心

承德冰上运动中心于2016年开工建设，2019年投入使用，总建筑面积2.82万平方米，是国家级冰上运动训练基地及残疾人冰上运动训练中心，也将作为2022年冬奥会运动员训练场馆。

承德冰上运动中心

三、城市市政基础设施情况

近年来，随着勘察设计水平逐步提升，承德市市政基础建设也发生了巨大变化。

2007年，完成了横贯市中心的承钢铁路专用线的拆迁改建工程，后在原道路基础上修建了二仙居商业街和城市次干道。承德先后拓宽新建了广仁大街、都统署大街等一批主次干道；修通了沟通各个街区的广仁岭等一批隧道；建设了承德大桥、凤凰山大桥等多座桥梁。一系列城市道路设施的建设，使城市路网体系得到进一步疏通完善。

武烈河岸边湿地公园1

武烈河岸边湿地公园2

2019年5月，位于武烈河中游的双峰寺水库落闸蓄水。加上之前的滦河冯营子水源地建设，有效地保障了生产生活用水。

承德市双峰寺水库大坝

2018年，全市完成燃气改造工程，并取缔了所有燃煤取暖锅炉，实现大供热全面覆盖。

四、村镇建设发展情况

在推进村镇建设进程中，承德市县财政累计落实相关资金49.91亿元，引进52个战略投资主体，谋划实施项目284 个，总投资达525亿元。兴隆诗歌小镇、观星小镇，京北草原马术小镇、围场皇家猎苑小镇、七家温泉小镇等一批小镇已初具规模。

围场塞罕坝森林公园

五、主要成就

①拥有国家级获奖项目5项（其中全国优秀工程设计一等奖1项、全国人居经典建筑规划方案金奖2项），省部级以上勘察设计类获奖项目28项。

②拥有全省建设系统劳动模范1人，全省工程勘察设计行业先进个人1人，河北省十大青年设计师1人，承德市优秀城市规划设计师3人。

③参编规程1项，参编标准1项。

张家口

张家口市位于河北省西北部，地处京、冀、晋、蒙四省（市、区）交界处，是一座有着悠久历史、灿烂文化和独特风貌的北方名城。张家口在中国历史上具有重要的军事和商业地位。张家口市地势西北高、东南低，阴山山脉横贯中部，将张家口市划分为坝上、坝下两大部分。张家口市境内洋河、桑干河横贯东西，汇入官厅水库。

张家口市是河北省矿产资源较丰富的市之一。截至2012年末，张家口市已发现矿产97种。张家口市能源资源主要有煤炭、风能和太阳能。其中，煤炭总储量29.34亿吨。风资源储量约2 000万千瓦以上，太阳能资源十分丰富，地域日照时数2 756~3 062小时，年太阳总辐射为每平方米1 500~1 700千瓦时，属于太阳能辐射Ⅱ类区域。

2018年，张家口市勘察设计企业高水平完成了“10+7”规划体系编制和重点项目设计，76个场馆和相关配套基础设施项目开工了65个，云顶滑雪公园、“三场一村”、太子城冰雪小镇、张家口南综合枢纽、宁远机场和

1959年张家口全景

2013年张家口全景

新旧城市的对比

住宿保障等重点项目快速推进。

一、勘察设计现状

据1949年数据统计，张家口市有土木建筑企业18家，职员74人，工人36人，主要设备有电锯一台，电动机一台。月加工木材20 000才（300才=1立方米）。随着改革开放、经济的发展、勘察设计队伍的壮大，生产技术水平突飞猛进，截至2018年底张家口市有勘察设计单位31家、图纸审查机构3家，全市从事勘察设计人员1 700余人，勘察人员250余人，设计人员近700人，施工人员近200人；专业技术人员1 000余人，其中高级职称人员281人，注册执业人员273人；涉及风景园林、环境工程、市政、公路、电力、新能源、冶金、建筑、勘察等各个行业。其中，建筑、公路、环境、冶金、勘察等行业拥有甲级单位9家，勘察设计已经实现全部现代化办公，外业上不仅仅使用GPS，还有无人机等高科技产品。

二、城市发展情况

张家口地处京、冀、晋、蒙四省（市、区）交界处，有对外 贸易“旱码头”之誉。1979年起，改革开放之风逐步席卷了中华大地，但是因为张家口深处内陆和多山的地形特征以及政治方面的考虑，张家口并没有在改革开放初期享受到政策的红利。张家口的经济发展滞后，国民生活水平远远低于省平均水平，很多地方成为贫困地区。

直至1995年，张家口被批准为开放城市以来，塞外山城倏忽间发生了翻天覆地的变化。沧海桑田，日月如梭，张家口这座历史悠久的塞外山城，历经兴衰，在改革开放的大潮中迎来了灿烂的春光，城市建设随着经济的腾飞而日新月异；市容市貌合着改革的节拍而万象更新。

勘察设计行业作为行业先行者，为城市经济建设和社会发展贡献了重要力量。

（一）张家口机场

张家口机场位于城区东南9千米处，按民航4C级标

张家口新建机场

①张家口帆船酒店　②张家口博物馆　③张家口市民广场　④张家口国际会展中心　⑤新建大境门广场　⑥2016年大清河两岸风景

准建设，总建筑面积约12 000平方米，新征用地36.95公顷，概算投资约4.2亿元。

（二）“未来之城”规划

“未来之城”规划建设全面启动，洋河新区、奥体中心、张家口南综合枢纽等节点区域开发建设加快。新增绿地135万平方米，张家口市顺利通过国家园林城市复查，清水河水利风景区晋级国家水利风景区。

（三）张家口市产业集聚区

张家口市产业集聚区（张家口西山高新技术开发区、张家口西山经济开发区）于2007年开始规划，2008年启动建设。

三、城市市政基础设施情况

1949年张家口市道路51.3千米，其中高级道路7.3千米；道路面积35.42万平方米，其中高级路面6.35万平方米；防洪堤坝8.06千米，排水管道4.6千米，桥梁11座，公园3个（面积138万平方米，自来水年供水量66.6万吨）。截至2018年，张家口市城区实有铺装道路821.6千米；道路面积2 070.1万平方米，人均道路面积18.8平方米；城市供水管道总长1 185.7千米；全年供水总量6 500.9万立方米；中心城区天然气售气量5 344万立方米，液化石油气售气量1 014.8吨，燃气普及率99.6%；建成区绿化覆盖面积3 989.7公顷，建成区绿化覆盖率38.8%；人均公园绿地面积9.85平方米。近年来，张家口市勘察设计水平逐步提升，为市政基础建设作出了突出贡献。

（一）市政建设

张家口市主城区污水处理工程位于高新区姚家房镇，东西向长478米，南北向宽202米，规划一期占地面积约9.0公顷，设计处理污水规模为10万立方米/日。2002年12月22日，该工程提交初步勘察成果。2003年7月，该工程建筑总平面图已经确定，由张家口市鸿泽排水有限公司筹建，并由张家口市京北岩土工程有限公司进行勘察设计。该工程2006年获得中国建筑工程鲁班奖、国家优质工程银质奖。

智慧U谷招商中心

张家口冰雪装备图

张家口污水处理厂

（二）张家口市外环路的建设

张家口外环路简介：城市快速路分为东环线、西环线、南环线、北环线和张石高速公路张家口连接线5条路段，全长44千米，工程设计标准为半封闭全立交城市快速路，实现通车里程26.58千米。

（三）张家口的桥梁建设

张家口清水河最雄伟的通泰大桥，主跨径90米，双向

西环南口

西、北环交会

东外环快速路

西外环快速路西太平山隧道

通泰大桥

解放桥

商务桥

清河南桥

6车道，引桥为四方互通的立交网，整体构成一组庞大的“桥梁群”。该桥于2008年11月建成通车，全长150米，宽36~39米，其中主车道17米，双向4车道。

（四）集中热力的建设

2009年起张家口市中心城区、桥东区、桥西区集中供热工程正式开工建设。该工程全部建成并使用后，可取消供热区内458台锅炉，年节约燃煤22.7万吨，灰尘减少6.79万吨，二氧化硫排放量减少0.38吨，氮氧化物排放量减少1.4万吨。

桥西区恒峰热力有限公司

桥东区集中供热工程

四、张家口市区县的发展

随着京津冀协同发展战略和冬奥会筹办工作进入关键时期，张家口各区县借力北京、借势奥运，在产业培育、基础设施、生态环境、公共服务等方面得到更大提升。2018年5月，“张家口市崇礼区太子城冰雪小镇项目合作开发协议”成功签署，标志着作为2022年北京冬奥会配套项目的太子城冰雪小镇正式进入建设期。蔚县古城堡和开平碉楼等古建筑300多处，被誉为“河北省古建筑艺术博物馆”。赤城县以“山水园林式生态宜居县城”为定位推进城乡规划建设。尚义县积极打造河北美丽休闲乡村。涿鹿县有力推进城建项目，集中供热面积新增20万平方米，垃圾处理厂扩容改造、污水处理厂等项目相继建成。

太子城冰雪小镇

五、取得主要成就情况

张家口市拥有国家级工程勘察设计类获奖项目1项，省部级以上勘察设计类获奖项目40项。

截至2018年，张家口市累计拥有专利42项、专有技术36项，参加编制国家、行业、地方技术标准63项，其中参编国家级技术标准7项。

秦皇岛

秦皇岛市位于河北省东北部，南拥渤海，北靠燕山，公元前215年，秦始皇第四次东巡驻跸至此，派燕人卢生、方士韩终入海求仙，刻《碣石门辞》，秦皇岛因此而得名。碧海、金沙、蓝天、绿树、天然氧吧、避暑胜地、渤海明珠、渔米之乡，北京后花园，全国优秀旅游城市，中国唯一以皇帝名称命名的城市——这就是秦皇岛。

秦皇岛曾获中国最美海滨城市、全国十佳生态文明城市、中国北方最宜居城市、中国最佳休闲城市、中国最具爱心城市、中国最具幸福感城市等荣誉称号，2017年获全国文明城市称号，2018年获国家森林城市称号。

一、勘察设计队伍

（一）勘察设计机构

1.设计企业

新中国成立初期，秦皇岛没有一个独立的勘察设计单位，设计任务主要由秦皇岛市建筑公司（建工局）和港务局、耀华等各厂矿企业的工程技术人员完成。1960年，“秦皇岛市基本建设委员会”成立，随之组建了设计室，到1964年3月1日经秦皇岛市人民委员会批准成立秦皇岛市设计处（由设计室改成设计处），1984年经秦皇岛市人民政府批准“秦皇岛市设计处”改成“秦皇岛市建筑设计院”。秦皇岛市的勘察设计队伍从此有了较大的发展，1990年有建筑、市政、水利水电、电力建材、交通、人防等方面的勘察设计单位17家，包括秦皇岛市建筑设计院、秦皇岛市市政设计院、秦皇岛市建筑设计所、秦皇岛市水利勘察设计处、秦皇岛市交通设计所、秦皇岛市测绘队、秦皇岛市规划设计室、秦皇岛市房产建筑设计室、秦皇岛市经济技术开发区建筑工程设计事务所、山海关区建筑设计室、北戴河区建筑设计室、抚宁县建筑设计室、昌黎县建筑设计室、卢龙县建筑设计室、青龙县建筑设计室、耀华玻璃总厂设计所、玻璃纤维总厂设计所等。另外，部属的设计院和部属企业内的设计机构驻秦皇岛职工总数为1 700人，行业上属冶金、建筑等。截至2019年，秦皇岛拥有资质认定的设计单位总共39家，设计人员1 845人。

2.岩土勘察企业

1955年，测绘队成立，到1990年测绘队发展到27人。测绘队拥有较先进的测绘仪器，包括红外测距仪5台、精度较高的经纬仪12台、水准仪6台，已具有承担较大面积的复杂地形和地籍的测绘能力，精度可达到国家标准。

秦皇岛首支工程地质勘察和岩土工程检测队伍是1976年成立的，隶属于秦皇岛市建筑设计院。同时各部属单位也开始在秦皇岛开展相关业务，如中国冶金地质勘查总局一局五一五队、河北省地矿局秦皇岛矿产水文工程地质大队、中冶沈勘工程技术有限公司、秦皇岛华勘岩土工程勘察有限公司等。随着改革开放的进行及建筑行业的迅速发展，勘察企业也随之增加，技术也日臻先进。

秦皇岛市在20世纪50年代，多采用木制的“压力支撑架”来测试图纸的压力强度；60年代，在较大的工业与民用建筑上，多采用钎探方法进行基础勘探；70年代中期，大部分采用钻探的方法。截至2018年底，秦皇岛总共拥有具有资质的勘察单位9个。

3.企业改革

1983年后，秦皇岛市的勘察设计单位开始逐渐扩大，但都为国有或者事业性质，为了促进勘察设计企业的健康发展，20世纪末，国家开始推行勘察设计单位的体制改革。截至目前，秦皇岛市绝大多数原为国有或事业单位的勘察设计企业完成了体制改革，秦皇岛市建筑设计院和秦皇岛市市政建筑设计院已由事业单位改为企业，现在正在进行股份制改革。

截至2018年，秦皇岛拥有勘察人员近300人，设计人员1 800余人，施工人员645人；专业技术人员2 600余人，其中具有高级职称人员850人，注册执业人员803人。

（二）勘察设计理念及技术的发展

20世纪50年代，秦皇岛因城市发展的局限性和财力的限制，对一般民用建筑采用以实用为主的方案，故平面布置简单，立面造型单一，一层的砖木结构居多；在工业建筑上，为了节约“三材”，也在部分项目中推行了砖木结构。

到20世纪60至70年代，砖木结构、砖混结构、排架结构和钢筋混凝土的框架结构普遍采用。1976年唐山地震后，除对原有建筑物进行了抗震加固外，对新建房屋都提高了抗震设防的设计要求。

1978年，秦皇岛市开始按照“统一规划、统一设计、统一材料、统一施工、统一验收、统一分配”（简称“六统”）的模式建设居民住宅。在20世纪70至80年代，住宅大部分采用砖砌墙体、空心楼板；到90年代前后，大多采用钢筋混凝土现浇楼板，结构设计有了一定的改变。

随着秦皇岛城市建筑的发展，自1984年以来，较多的设计单位采用了高层框架、框剪结构，且砂浆、混凝土均为现场搅拌，20世纪90年代后期开始使用商品混凝土。进入21世纪后，国家开始推动建筑产业化发展，至2015年，秦皇岛市被确定为河北省住宅产业化示范城市，截至2018年底已建成装配式建筑31.54万平方米，目前正在建设的装配式建筑为47.04万平方米。秦皇岛市近期发展目标为：重点培育1~2个国家级装配式建筑产业示范基地，打造具有全国影响力的装配式产业联盟，在全省范围内率先争创建筑产业现代化装配式装修示范城市，力争在2020年建成国家级建筑产业现代化示范城市；同时，深入推进BIM技术在工程建设领域的应用。

2009年，国家住建部科技发展促进中心和德国能源署签订合作协议，启动“中国被动式低能耗建筑示范项目”。2011年，在国家住建部的支持帮助下，全国第一个被动房示范项目在秦皇岛市“在水一方”小区建成，并于2013年通过德国能源署验收，随后在全国范围内推广，探索出了一条传统建筑产业转型升级之路。目前，秦皇岛市已建成4个被动房项目，总建筑面积7.21万平方米，节能率可以达到92%以上，占全省被动房项目总面积50%以上，位居全国各城市之首，成为展示秦皇岛市绿色发展成果的亮丽名片。

二、城市发展情况

新中国成立前，秦皇岛人口不多，工业亦不发达，厂房、道路、住宅无规划，公用设施极差。1951年，海港区开始进行勘测设计并铺设污水排放管道。1952年，海港区境内修建新生路（后改称河北大街东段）。1956年，海港区发动3万多人次建造秦皇岛市人民公园。1957年，北戴河海滨自来水公司开始建设。此期间，城市建设和公用事业开始起步并逐步有所发展。

70年代，随着港口的发展，秦皇岛市政建设和公用事业得到恢复和发展。1975年，秦皇岛市公共汽车公司开业，市区有了公共汽车。

20世纪80年代，秦皇岛市政建设得到空前拓展，城市道路纵横交错，路面发展为水泥路面；桥梁发展为钢筋混凝土桥梁，特别是一批立体交叉桥的建成，为城市增添了新的色彩；同时，还修建了一批排污设施，使城市排污、泄洪、防洪能力大大增强。为了解决城市供水问题，秦皇岛市委、市政府于1989年决定修建“引青济秦”

海岸线处眺望市区

人民广场

秦皇岛火车站

的水利工程，此工程于1991年完成，保证了城市用水。此期间，秦皇岛市还设立了热力公司，发展了集中供热，并开始从国外引进设备，建设煤气工程。与此同时，秦皇岛市的园林绿化、城市环境卫生也得到发展。1990年，秦皇岛市被评为全国地级市“十佳卫生城市”。

进入20世纪90年代，秦皇岛城乡建设迅猛发展，旧城改造、基础设施新建和改建不断涌现，建筑技术日新月异，城乡容貌也朝着现代化、多样化的方向发展，城市区域也在不断扩大。

21世纪以来，秦皇岛商业地产迅速崛起，规模较大的住宅小区鳞次栉比，商业建筑不断涌现，为当地人民提供了购物休闲的好去处，更带动了当地的经济发展。

勘察设计企业积极参与，为城市建设作出贡献。

秦皇岛市人民广场及公园位于海港区的中心位置，与迎宾路相对，由建设大街、广场西路、康乐路、海阳路围合而成，总占地面积450亩。人民广场是秦皇岛市的标志性建筑。

秦皇岛火车站地下一层，地上二层，局部五层，有南、北两站房（秦皇岛火车站北广场建设工程于2017年启动），最高可容纳4 800人。秦皇岛火车站造型酷似方鼎，寓意着秦皇岛地区经济、社会鼎盛发展。

新中国成立后，秦皇岛市政府重视园林建设，先后修建了人民公园、东山公园、鸽子窝公园和碧螺塔4座较大型的公园。

新世纪公园

戴河生态园

2018年秦皇岛入选国家级森林城市名单。

森林体育公园：位于秦皇岛经济技术开发区，是以休闲、健身、奥运为主题的大型公园。公园内的标志性建筑雕塑“五环神韵”是秦皇岛市为2008年北京奥运会而建设的主题雕塑，并记录了秦皇岛市作为北京奥运会协办城市的历史。

戴河生态园：位于秦皇岛开发区西侧（秦皇岛开发区新区），2016年初开始建设，全长达到17千米，种植乔木1.4万棵，灌木5.2万棵。

2019年，海滨国家森林公园基本建成，面向大众开放。海滨国家森林公园规划面积11 800亩，目前建成并开放的面积为1 500亩，拥有森林、湖泊、湿地、栈桥等多种景观。公园分南北两部分，通过跨铁路人行通道连接，北园面积200亩，南园面积1 300亩。

三、城市市政基础设施情况

（一）近年市政公用设施水平

指标	单位	2009年	2010年	2011年	2012年
人口密度	人/平方千米	2 559	2 481	2 601	2 626
人均日生活用水量	升	139.61	138.45	176.08	191.40
用水普及率	%	100	100	100	100
燃气普及率	%	100	100	100	100
建成区供水管道密度	千米/平方千米	10.24	10.96	10.84	10.77
人均城市道路面积	平方米	15.32	19.44	19.49	19.66
建成区排水管道密度	千米/平方千米	12.97	14.67	14.86	14.55
污水处理率	%	89.2	92.1	92.53	92.54
人均公园绿地面积	平方米	13.87	19.9	19.80	20.22
建成区绿化覆盖率	%	45.6	49.97	49.34	49.10
建成区绿地率	%	38.71	46.97	46.53	46.32
生活垃圾无害化处理率	%	96.93	100	100	100

指标	单位	2013年	2014年	2015年	2016年	2017年
人口密度	人/平方千米	2 650	2 722	6 325	6 511	—
人均日生活用水量	升	187.24	101.27	123.52	163.64	143.25

续表

指标	单位	2013年	2014年	2015年	2016年	2017年
用水普及率	%	100	100	100	100	98.40
燃气普及率	%	100	100	88.56	93.6	93.53
建成区供水管道密度	千米/平方千米	10.49	8.85	8.05	10.79	9.07
人均城市道路面积	平方米	19.74	19.77	19.79	19.42	17.56
建成区排水管道密度	千米/平方千米	14.51	4.43	11.88	12.03	4.98
污水处理率	%	95.01	95.10	96.17	96.6	96.7
人均公园绿地面积	平方米	20.58	20.41	19.73	19.22	18.02
建成区绿化覆盖率	%	48.74	46.50	40.03	38.64	40.24
建成区绿地率	%	46.05	43.97	38.48	38.64	38.69
生活垃圾无害化处理率	%	100	100	100	100	100

（二）市政道路

新中国成立初期，秦皇岛市委、市政府对城区道路进行了整修，建成了河北大街东段、港一路、港二路等城区道路。第一个五年计划期间，秦皇岛改造河北大街中段等9条路，铺设了沥青路面，北戴河海滨的西海滩路、鹰角路、海宁路铺设了混凝土路面，并新建了军委南路（土路）。

20世纪60年代，秦皇岛仅红旗路铺设了混凝土路面，新建了友谊路。

20世纪70年代，道路建设有了较快发展。北戴河海滨改建、扩建了西经路等干支路29条，均铺设了混凝土路面；海港区建设改造了河北大街中段等；山海关改造了西大街、西关大街、小西关大街，铺设了混凝土路面，改造了关城东路、关城南路、南海西路，铺设了沥青路面，新建了第一关路和船厂路，分别铺设了混凝土和沥青路面。

20世纪80年代，秦皇岛改造、扩建或延伸的道路有河北大街西段等，并新建了10多条骨干道路。1990年，全市建成区有骨干道路76条，共建道路428条。

20世纪90年代，连接市区和海滨的滨海大道顺利通车，为双向6车道，中间有近10米的绿化隔离带。它的“美貌”也曾连续两年荣登央视银幕。

2012年5月11日，投资20.68亿元的秦皇岛市城市西部快速路竣工通车。2017年，宁海大道顺利通车，两侧有长约8千米、占地约2 400亩的花海景观廊道。

2017年建成的环长城旅游公路串联起北戴河、金梦海湾、祖山景区以及北部山区的老君顶、板厂峪、董家口、九门口等景区，贯穿海港区6个镇、48个村庄，最终形成100千米的旅游线路，使人们确实感受到了绿水青山变成了金山银山。

（三）桥梁建设

新中国成立前，秦皇岛多是木质桥或石面木桩桥。1949年后，随着城市建设的发展，桥梁越建越多。到1990年，市区新建、改建桥梁84座，全部为钢筋混凝土结构，其中海港区有平面桥36座、立交桥18座；山海关区有桥41

滨海大道

宁海大道

山东堡立交桥

座；北戴河区有桥7座。2005—2006年，建成了燕山大学立交桥（燕宏桥）；2016—2018年，分批集中改造了市内立交桥，大大缓解了市内交通拥堵现象。

2017年先锋路跨汤河桥顺利通车，使西港路和河北大街交叉口严重的“血栓”状态得到缓解。

（四）燃气及供热、供水

1979年前，秦皇岛企事业单位、城镇居民生产、生活燃料主要以煤炭为主。1981年，海港区居民率先使用了液化石油气。之后，燃气供应从罐装液化石油气发展为管道煤气、管道石油气，卫生、方便地走进了普通居民家庭。

至1985年，秦皇岛逐步形成小范围的区域集中供热。20世纪90年代，房地产开发商配套建设的锅炉房和以企事业单位为小区代供的锅炉房，成为城市供热的主要形式。1998年，秦皇岛市委、市政府启动海港区集中供热工程，2015年开始进行大气治理，逐渐淘汰燃煤锅炉。

下面用数据说明了近年来秦皇岛供热、供水、供气的变化。

供热情况一览表

指标	单位	2010 年	2015 年	2017 年
热水供热能力	兆瓦	2 948	3 025	3 025
热电厂供热能力	兆瓦	1 580	1 568	1 568
锅炉房供热能力	兆瓦	1 368	1 457	1 457
热水供热总量	万吉焦	1 330	2 126	2 126
热电厂供热总量	万吉焦	722	1 183.83	1 184
锅炉房供热总量	万吉焦	609	942.23	942
热水管道长度	千米	1 307	1 259.96	3 424
供热面积	万平方米	3 326	5 802.95	6 192
住宅	万平方米	2 380	4 298.4	5 298

供水情况一览表

指标	单位	2010年	2015年	2017年
综合生产能力	万立方米/日	41.7	40	40
供水管道长度	千米	980.43	1 058.4	1 223.88
供水总量	万立方米	10 308.22	10 659	10 559.92
生产经营用水	万立方米	2 850.98	3 424.18	1 451.86
公共服务用水	万立方米	1 740.36	1 946.44	2 168.1
居民家庭用水	万立方米	2 750.65	2 896.37	4 251.12
用水户数	户	291 454	477 929	536 584
家庭用户	户	275 962	456 263	522 943
用水人口	万人	90.1	108	123.23

供气情况一览表

指标	单位	2010 年	2015 年	2017 年
天然气				
供气管道长度	千米	934	2 114.3	2 114.3
供气总量	万立方米	13 000	36 591.13	46 995
居民家庭用气	万立方米	1 460	2 883	6 430
用气户数	户	192 646	473 268	493 217
家庭用户	户	192 359	472 414	492 356
用气人口	万人	77.93	98.86	110
液化石油气				
储气能力	吨	524	158	158
供气总量	吨	8 083	1 912	1 493
居民家庭用气	吨	1 200	1 482	1 327
用气户数	户	35 837	13 336	12 616
家庭用户	户	35 710	12 736	11 915
用气人口	万人	12.17	9.14	7.14

四、村镇建设发展情况

秦皇岛历史悠久，所辖县区各有特色，山海关区工业已形成船舶，铁路桥梁、机械加工等多种门类，体系发达；北戴河区以近代休闲旅游而成为全国有名的避暑胜地，别墅群总量位列全国第二。

天女木兰小镇

望峪新村

村镇建设全面发展的过程中出现了一批批的典型代表。

（一）天女木兰小镇

天女木兰小镇位于海港区北部山区，地处祖山东门，靠近青龙县，距离秦皇岛市中心约20千米，包括车厂村、张赵庄村、北杨庄、秋子峪四个村落。

天女木兰小镇总体规划占地约1 512亩，分两期建设。

（二）望峪新村

秦皇岛市山海关区石河镇望峪新村，由新建、外峪、上沟、下沟和长桥店5个行政村联村并建而成，总人口241户938人，耕地面积约1 600亩。望峪村新民居项目总建筑面积7.2万平方米，总投资2亿多元。

在新农村建设中，望峪新村对新的建设模式的探索具有先进经验。望峪新村使用了“太阳能+地暖”供热，并为每家安装了秸秆气化炉，在没有太阳的时候，可点气化炉增加室内温度。墙体的厚度达到了近50厘米。屋顶使用的是15厘米厚的保温板，窗户使用的是中空玻璃，达到了很好的隔音、保温效果。建筑综合节能效果达到了50%以上。

五、主要成就

自20世纪70年代以来，取得主要成就情况：获得国家、省部级以上勘察设计类奖项215项，其中国家级奖项12项；专有技术成果200余项，获得国家专利112项，参与制定国家和行业标准67项。

唐山

2019年是新中国成立70周年，唐山的建筑业也伴随着共和国的成长历经了70个春秋。从新中国成立到现在，唐山的勘察设计行业伴随着唐山的发展，历经了一系列变革，以不断调整发展方式、推陈出新、与时俱进，实现了飞跃发展。

唐山北靠燕山，南临渤海，毗邻京津，地处东北亚经济区的中心地带，在京津冀协同发展和“一带一路”倡议中具有重要地位，是京津冀区域性中心城市。

一、唐山勘察设计队伍

伴随着唐山十年重建轰轰烈烈地大规模开展，唐山勘察设计队伍也不断发展壮大。1986年，唐山共有勘察设计单位30家（含部属、省属单位），人员1 081人。全市已拥有一支可以承担工业与民用建筑、市政工程、冶金、煤炭、机械、轻工、化工、电力、水利工程建设的设计队伍。随着十年振兴、二十年高速发展的步伐，唐山市的勘察设计队伍迅速壮大，技术水平得到跨越式提高。到2018年底，唐山市有勘察设计企业69家，图纸审查机构2家，覆盖煤炭、冶金、电力、水利、公路、市政、园林、农林、建筑、勘察等行业，从业人员约4 500人，各类勘察设计专业技术人员近3 000人，注册人员700余人，其中建筑、煤炭、冶金、公路、水利、工程勘察等行业甲级资质单位26家。

二、城市建筑发展情况

（一）1949—1976年　新中国初期到唐山大地震期间

新中国成立之初，国家一穷二白，在中国共产党的领导下，唐山在发展生产、繁荣经济的基础上，城市建设和市政设施等各项建设事业得到不断完善和发展。1949年的唐山，住宅建筑面积337万平方米，大部分是平房；城市铺装道路长13千米，供水管道长12千米，排水管道长10千米。

到1976年唐山大地震前，城市建成区面积扩大到51.4平方千米，城市道路长279千米，供水管道长294千米，排水管道长226千米。

（二）1976—1986年　唐山大地震后的“十年重建”

1976—1986年，唐山共建成楼房和包括少量平房在内的住宅32万多套，累计建筑面积1 045万多平方米。到1986年底，城市建成区面积达101.38平方千米，住宅楼房5 972栋，完成工业建筑200多万平方米，办公用房94万平方米；修建城市道路总长448.7千米，供水管网长782千米，日供水能力达24.6万吨，排水管道长511.5千米。

目前，这些震后重建的房屋仍是唐山人民居住环境的主体。这个时期的建筑设计充分考虑了建筑物的抗震设防，多层住宅的结构形式一般为内浇外挂、砖混构造柱结构，而大型公建一般为框（排）架结构。这个时期的建筑设计是由全国许多大的设计院与唐山当地设计部门分片完成的，涌现出了很多精品建筑，其中具代表性的有：

唐山百货大楼，建设部设计院设计，获国家优秀设计二等奖；

唐山陶瓷公司展销厅，河北省建筑设计院设计，获国家优秀设计一等奖；

唐山抗震纪念碑，河北省建筑设计院设计，获国家优秀设计三等奖；

唐山市建国路市场，唐山市建筑设计院设计，获河北

唐山百货大楼

省优秀设计三等奖。

这些精品建筑凝聚着勘察设计人员高度的职业责任感，唐山市建筑设计院也在这个阶段迅速成长，为唐山重建作出了巨大贡献。

（三）1987—2000年　十年振兴

1987—2000年，唐山在优化空间布局、提升城市功能、繁荣城市经济等方面狠下功夫，使唐山成为一座功能分区明确、布局比较合理、市政建设配套比较完善、抗震性较强、生产生活方便、环境比较优美的新型城市。截至2000年底，唐山市总面积13 472平方千米，建筑面积达9 865万平方米，常住人口699万；学校3 420所，卫生机构559个，图书馆14个；实有道路长933千米，集中供热面积4 910万平方米，供水管道长1 968千米，排水管道长2 251千米，城市绿化覆盖面积4 698公顷。这期间住宅的变化主要体现在两个方面：一是在居住模式上，由“安居型”向“小康型”过渡；二是在住房制度上，由福利分房向商品住宅过渡。而小康型的居住模式对住宅也提出了更高的要求，住宅设计的个性化和可识别性代替了曾经的“方盒子”“行列式”，对阳台、入口、屋顶等细节部位进行了突破。

唐山潘家峪惨案纪念馆

唐山开滦大酒店

这个时期也涌现了许多精品建筑，代表建筑有河北理工学院地震跨越保护工程、开滦大酒店、潘家峪惨案纪念馆等。

这些建筑反映了唐山勘察设计人员精心设计、努力创造、追求精品的意识，极好地表现了时代精神和娴熟地驾驭空间的能力。

（四）2001年至今　二十年快速发展

2001年至今，随着城市的快速发展，唐山市勘察设计企业数量也增加到60多家，这些勘察设计企业都励精图治、克难攻坚、技术创新、勇攀高峰，为唐山市的城市发展作出了巨大贡献。截至目前，唐山市总面积为13 472平方千米，辖7县（市）、7区和4个开发区（管理区），建筑面积达57 140万平方米，常住人口789万，人均住房面积33.7平方米。其中，医院172个，图书馆13个，文化馆、群艺馆15个，博物馆、纪念馆18个；实有道路长1.8万千米，集中供热面积8 837万平方米，供水管道长2 312千米，排水管道长2 595千米，污水日处理能力89.5万立方米，城市绿化覆盖面积10 156公顷。

近年来，唐山市加大了公共设施的建设力度，先后建设了青少年宫、唐山一中、中心医院、眼科医院、唐山市市民服务中心、城市展览馆、大剧院、会展中心、图书馆、群艺馆、工人文化宫、新体育中心、妇幼医院等公共设施，唐山市先后启动了主城区38平方千米南湖片区建设，打造水在城中、水城相融的“城市会客厅”；启动11.02平方千米的唐山花海规划建设，打造满目苍翠、风光旖旎的“城市后花园”；启动实施29.4平方千米的站西片区改造提升工程，打造交通便捷、独具魅力的“城市门户”；推进24平方千米的城南经济开发区建设，打造生态与创新共生的产城融合示范区；推进5平方千米京唐智慧港开发建设，打造高新技术产业集聚区；推进国丰北区开发建设，打造文创中心；推进老交大、老火车站片区建设，拉开城市框架、拓展城市空间、提升城市品质。

截至2018年底，唐山市已累计开工建设各类棚户区改造项目266个，涉及居民14.3万户，建设安置住房29.3万套，极大地改善了群众居民条件，发挥了扩大投资、推动城市建设、提升城市品位的积极作用，促进了社会和谐稳定。

截至2018年底，唐山市已累计开工建设（筹集）公租房（含廉租房）39 633套，已分配37 070套，分配率为93.5%。其中：政府投资公租房25 436套，已分配23 152套，分配率为91%，城镇中低收入家庭及外来务工人员住房困难得到有效解决。

这个时期唐山的精品工程包括唐山图书馆、唐山万达广场等。

三、城市市政基础设施发展情况

1976年大地震，唐山市政基础设施惨遭毁灭性的破坏，90%以上道路沉陷、开裂，62%的桥梁被毁，228千米沥青路面出现积水、下沉、喷沙和严重裂缝，市内通往各地的公路几乎全部中断。在地震后的灾后重建中，唐山当地勘察设计部门作出了重要贡献。

（一）市政道路桥梁

震后，英勇的唐山人民忍着失去亲人的巨大悲痛，迅速投入抢修公路的战斗。1976年8月10日，各条公路干线基本恢复通车；8月底，抢修桥梁72座、公路400多千米；1978年初，全市沥青公路通车里程超出震前320千米；1979年7月27日，唐山市区新建道路名称确定为“东西走向的称‘道’，南北走向的称‘路’”。

1985年终，新华道建设完成，路面宽50米，全长9.55千米，是城市的主要街道。

1986年底，全市共有沥青混凝土路和水泥混凝土路302条，长386.81千米，比震前261千米增加了48%；各种路灯16 612盏，相当于震前的303倍；市区共有公路桥69座、铁路立交桥23座、涵洞30座。

2000年底，公路通车里程达到8 641.6千米，乡村柏油路2 023千米，高速公路289千米，高速公路连接线和干线公路451千米。到2005年底，全市公路通车里程7 698千

1976年震后胜利桥

唐山图书馆

唐山外环路

唐山恒丰大厦

唐曹沿海高速公路

米，公路网密度57千米/百平方千米。

截至2018年底，全市公路通车总里程达到1.8万千米。其中，已建成高速公路12条段，总里程达691千米。

（二）铁路、港口、机场建设

1976年，老唐山火车站遭到毁灭性的破坏，所有站舍和建设物被夷为平地，铁轨更是发生了超出认知范围的扭曲。

2018年，全市铁路营运里程达到1 357千米，路网密度达到10千米/百平方千米。

唐山三女河机场于2010年7月13日正式通航，2018年唐山三女河机场旅客吞吐量达到57.43万人次。

地震后的老唐山火车站

新唐山站

（三）市政给排水

1986年，新改建各类排水沟495.9千米，比震前226千米增加1.19倍，修建各种污水泵站8座，污水处理厂3座；全市拥有给水管网546千米，水厂9座。

2018年底，供水管道长2 312千米，水厂16座，全年供水总量27 036万立方米；排水管道长2 595千米，污水日处理能力89.5万立方米。

（四）热力

1986年底，建成热力管网主干线、支干线、户线（主干线、支干线到热力站的线）总长41.7千米，接收庭院管网169.3千米，供热面积424.8万平方米。

2018年底，唐山市供热管道长3 278千米，城市供热总量4 457万吉焦，实现集中供热面积8 837万平方米。

（五）建筑节能减排

1.绿色建筑工作

唐山市自2006年开始引导发展绿色建筑，2009年组织建设了全省第一个二星级绿色建筑——曹妃甸生态城央企生活服务基地一期项目，总建筑面积5.8万平方米；2012年在全省率先实施保障性住房按照绿色建筑标准进行规划、设计、施工；截至目前，全市累计竣工绿色建筑1 115.6万平方米。目前，唐山市累计获得绿色建筑星级标识项目22项，总建筑面积403万平方米。

2.装配式建筑发展

2018年，唐山市全年新建装配式建筑231.72万平方米，其中装配式住宅项目202.19万平方米，钢结构厂房29.53万平方米。截至目前，全市累计实施装配式建筑531.74万平方米，其中装配式混凝土建筑252.19万平方米，钢结构建筑275.85万平方米，木结构建筑3.7万平方米。

唐山三女河机场

（六）垃圾处理

唐山市现有11座生活垃圾填埋场，1座生活垃圾焚烧厂。目前，唐山市生活垃圾处理以焚烧为主，唐山洁城能源有限公司主营生活垃圾焚烧发电项目，设计规模为1 500吨/天，2012年投入使用，建有3条500吨/天生产线，2016年建成第四条生产线，日处理生活垃圾能力600吨。

（七）城市绿化

1986年，全市有树林203.21万株，园林绿地面积936.3公顷，其中公园4个、小游园6个，城市绿化覆盖率达11.05%。

2018年，唐山先后完成南新道、复兴路、南湖大道等37条城市道路绿化任务，栽植各类乔灌木11.2万株，地被77.43万平方米，新建道路绿化率100%，林荫路推广率70.65%；成功创建省园林式单位12个、园林式小区33个、园林式街道12条。近4年来，唐山市累计完成外环线54万平方米的绿化补植、补种养护工作，义务植树年均120万株以上。

四、村镇建设发展情况

唐山大地震时，由于村镇旧房多，又没有抗震设施，从县城到村庄的房屋都遭到了不同程度的破坏。在震后重建恢复期，大批砖混结构的楼房拔地而起，平房建筑质量也有提高，功能分区明确，主要道路宽敞笔直，铺设了柏油路、水泥路，有的县还建了环城路；县城普及了自来水，部分县建了水厂，排水管道形成网络；主要交通干线和路段安装了路灯，县城交通四通八达，已初具北方小城镇规模。到1986年底，村庄建设除深山区和沿海一带贫困户还有土草房外，其余居民都建起了砖、石、木结构瓦顶或焦渣顶房屋。农村大多数是独门独院，三间正房，玻璃窗，砖石围墙，铁大门，展现了冀东农村的新风貌。

到1986年底，唐山全市辖10个县城关镇、49个建制镇及289个乡、5 700多个自然村。县城、建制镇实有房屋建筑面积1 304.3万平方米，其中住宅建筑面积728.4万平方米，人均居住面积8.71平方米。乡村住宅总建筑面积为8 379.79万平方米，人均建筑面积18.5平方米。县城实有道路总长度351.62千米，其中高级、次级道路67.75千米，县镇下水管道总长117.4千米，日污水排放量达6万多吨。乡村道路总长度22 160千米，其中铺装路面2 217千米，土路19 943千米。全市已有104个集镇、1 572个村庄的160万人实现了饮用自来水。山区打岩石井2 287口，基本解决了山区群众饮水问题。县镇已全部供电，供电村庄5 334个，占村庄总数的92%。这个时期，照明用电已不是问题，农业灌溉、生活服务和发展工副业方面已开始实现供电。县镇绿化覆盖率达14.61%，县城建公园3个，有苗圃面积达8.72公顷。

到2018年底，唐山全市辖7县（市）、7区和4个开发区（管理区），132个镇、45个乡、5 403个自然村。乡村常住人口292.48万人，农村居民人均住房面积达到34.2平方米。农村道路客运一体化发展水平到AAA级以上的县超过90%，累计石化街道436万平方米，安装维修路灯37 509盏。农村供水条件得到改善，农村集中供水率达到95.4%。全市创建县域节水型社会2个，完成25家节水型企业、15个节水型社区、10个节水型公共机构。为了进一步扩大绿色生态空间，不断提升造林绿化水平，全市完成绿化植树11.5万亩，森林覆盖率达到40.79%，全市森林生态体系更加改善，乡村生态环境显著改善。

五、主要成就

取得主要成就情况：

①国家级、省部级获奖项目17项，其中国家级奖项14项；

②累计拥有专利206项，专有技术48项，主编国家、行业、地方技术标准5部，其中国家级标准1部。

廊坊

廊坊市位于河北省中部偏东，北临首都，东与津门交界，南接沧州，西与古城保定毗连，地处京津两大城市之间，环渤海腹地，区位优势独特，享有“京津走廊明珠”和“连京津之廊、环渤海之坊”等美誉。1989年4月，经国务院批准为省辖地级市，现辖广阳、安次、经济技术开发区三个区，三河、霸州两个县级市，大厂、香河、永清、固安、文安、大城六个县，幅员面积6 429平方千米，主城区面积54平方千米。

廊坊市自然、旅游资源丰富，98%的区域为平原，地下蕴藏各类矿产资源，储量丰富，具有较高的开采价值。依托其得天独厚的区位优势，廊坊市大力发展以“一线、三城、九大特色、十大景点”为主的现代旅游。截至目前，全市建成区绿化覆盖率46.22%，绿地率42.91%，人均公园绿地面积14.23平方米。

一、勘察设计队伍发展情况

新中国成立前后20年间，廊坊建筑工程多为土木结构、砖木结构平房。建筑工程均根据建设单位提供的地形和建筑物的使用要求，由施工人员现场测定后，绘出草图，进行施工。

20世纪70年代，设计与施工分离，开始有设计队伍，但由于技术力量薄弱，地区建筑设计主要由天津市建筑设计院承担。随着廊坊城市建设的发展，设计单位不断增加，专业队伍不断壮大，加之一些国家、省直单位相继迁驻廊坊，进一步促进了建筑设计事业的发展。廊坊的勘察市场则一直被外地勘察队伍占领，20世纪80年代才有自己的勘察队伍。近20年来，廊坊的勘察设计队伍发展较快。1993年底，全市共有勘察设计单位26个，其中甲级资质企业1个、乙级资质企业5个、丙级资质企业11个，共有专业人员1 626人，其中高级工程师163名、工程师368名、助理工程师387名、技术员134名。

到2018年底，廊坊市有勘察设计企业60余家，其中具有甲级资质企业26家、图纸审查机构3家，覆盖煤炭、冶金、电力、水利、公路、市政、园林、建筑、勘察等行业，从业人员近7 000人，各类勘察设计注册人员1 000余人，中高级职称人员3 000余人，国家勘察设计大师4人。

二、城市建筑发展情况

18世纪初廊坊还是一个偏僻小村，城区面积0.4平方千米，人口近4 000人，已建有“三角地”、东南西北四条主街及东小街、南小街。

1948年12月13日廊坊解放，当时城区面积仅0.5平方千米，人口近5 000人，共8条街道（4条主街与4条背街），全部为土路，且较狭窄，全长不足3 000米。城区仅有房屋3 000余间，建筑面积约3.6万平方米。

近年来，廊坊充分发挥京津走廊优势，借助京津冀

2019年廊坊城区鸟瞰图

廊坊市体育馆

协同发展势头，深入推动协同发展，扎实推进项目建设，加快改革开放步伐，发展活力进一步释放，勘察设计行业积极参与廊坊市城市建设，助力城市经济发展。

廊坊市自然公园是市内唯一的自然景观园林，始建于1999年8月，总占地面积2 378亩，（林地）森林覆盖率达90%以上，林冠郁闭度为0.8。

廊坊市人民公园始建于1990年，总占地面积323亩，其中时代广场85.54亩、人民公园208亩。廊坊世纪广场于2000年9月25日竣工，占地面积30 000平方米，绿化面积12 560平方米。

三、城市市政基础设施发展情况

从1949年至今，廊坊市城市市政基础设施建设取得了巨大成就，人民生活水平得到了极大的改善，勘察设计行业在其中发挥了重要作用。

（一）市政道路情况

20世纪50年代期间，由河北省建筑公司施工建设了金光道，长3.3千米。1963年，该道路继续施工改建，铺建3.5米宽渣油沥青路，易名五一路。1973年，铺设完成沥青路金光道，标志着廊坊城区第一条沥青路的诞生。

20世纪60年代中期至90年代末期，道路结构多以简易沥青路为主，基本明确了城市道路主构架。至2010年，市区道路总长179千米，道路面积522万平方米，城市化率达到47.79%，同比提高1.5个百分点。全市完成基础设施投资65亿元，同比增长8.9%。

至2018年底，廊坊市区道路总长197千米，建成区路网密度5.42千米/平方千米。

（二）桥梁建设情况

新中国成立以来，伴随着廊坊市城区扩大与道路延伸，桥梁建设随之迅速发展。1978年12月15日建成通车的解放道立交桥，是廊坊城区第一座立交桥。

廊坊市人民公园

廊坊第一座立交桥——解放道立交桥

廊坊市艺术大道

跨越京沪铁路的银河大桥

2000年5月，位于市区中心的跨越京沪铁路的银河大桥落成通车。

2018年，廊坊市分别对爱民桥、广阳桥实施改造工程。截至2018年底，廊坊市区共有桥涵34座。

（三）城市供排水

1.城市供水基本情况

廊坊市的供水始于1970年成立的安次县廊坊镇供水站，至1974年站属供水设施包括水塔2座、水源井3眼、输水管线3 500米。1982年自来水公司成立，市区供水普及率仅为63%。

截至2018年底，自来水公司拥有水厂4座，其中地表水厂一期一阶段于2017年4月投产运行，日供水15万立方米。现城市供水DN75以上输供水管线总长305千米，地下水源井57眼，服务人口近70万人，历史最高日供水达到13.16万立方米。

2.城市排水基本情况

廊坊市排水管理始于20世纪70年代。1972年，廊坊市兴建南小街排水盖板沟，长125米，规格500毫米×700毫米，投资0.94万元。1977年，兴建金光道西段排水，长760米。

1981年，公用局排水管理站成立。截至2010年底，廊坊市区排水管道总长180千米。

2018年，廊坊市开启铁路北污水处理厂工程，采用BOT模式建设。铁路北污水处理厂于2017年5月开工，占地面积65.1亩（4.34公顷），总投资2.75亿元，设计处理能力5万吨/天，出水标准为京B排放标准。

（四）城市燃气热力

1.城市供热基本情况

20世纪80年代，城区开始进行集体供热，但部分机关、居民仍沿用煤炉取暖。

到1990年，市区除市热力公司所属的两个供热站外，单位自备锅炉供热为99家，锅炉总数为141台。

到2018年冬季，廊坊市总供热能力约11 898万平方米，集中供热入网面积11 600余万平方米，2018年冬实际供热面积为8 277.83万平方米。市主城区总供热能力4 400余万平方米，集中供热入网面积3 900余万平方米，实际供热面积2 800万平方米。其中，热电联产供热面积1 082.63万平方米，占实际供热面积的39%，覆盖约8.36万户居民；燃气供热面积711.96万平方米，占实际供热面积的25%，覆盖约4.82万户居民；燃煤供热面积1 005.81万平方米，占实际供热面积的36%，覆盖约11.9万户居民。三河市、大厂县、香河县、固安（开发区）、霸州市、大城县6个县（市）冬季实际集中供热面积共约5 477.79万平方米，覆盖约52.62万户居民。

2.城市燃气基本情况

廊坊市新奥燃气有限公司是新奥集团的龙头企业，1993年8月点火通气，2001年日最高供气能力为35万立方米。

2015年，市区燃气管线总长度为1 410.5千米，管网覆盖率、天然气气化率均达到95%以上，日最高供气量100万立方米以上。

截至2018年，廊坊市有高、中、低压燃气管网27 414余千米，其中高压管网842千米，中压管网5 292千米，低压管网21 280千米。市区燃气管线长度3 000千米，城市门站3座，阀门井3 342个，调压装置6 131台。廊坊市区现有液化气站8座，天然气加气站20座，CNG（压缩天然气）汽车43 782辆，日加气总量8.5万立方米。

廊坊市实施开展了“双代”（气代煤、电代煤）工程，累计完成农村“双代”工程约100万户。全市散煤使用减少约200万吨（折算减少标煤140万吨），二氧化碳排放减少364万吨，二氧化硫排放减少1.19万吨，氮氧化物排放减少1.04万吨。

四、村镇建设发展情况

1990年至1993年，全市村镇建房442.46万平方米，投资达69 645万元，新建、扩建生产性用房81.85万平方米，投资15 721.44万元。

到2015年底，全市省级重点共铺设供水管道107万米，安装安全饮水设备1.3万台；完成街巷硬化212万平方米，建设村民服务中心5.9万平方米。

村镇建设发展典型案例如下。

1.第什里风筝小镇

风筝小镇位于廊坊市城区正南20千米，距北京市区60千米，距天津市区45千米。小镇占地面积1 000公顷，以第什里村为中心，依托高新技术开发区，融合龙河湿地、永定河水系、廊南生态农业观光区，辐射京津走廊片区，是旅游文化休闲农业综合风景区，是河北省首批特色小镇、全国首家风筝小镇。

风筝小镇入口牌坊

2.国华影视小镇

国华影视基地坐落在廊坊市香河县钱旺乡，建于2007年，占地1万亩，被中国广播电视协会电视制片委员会评选为“全国影视指定拍摄景地”。

基地总面积为19万平方米，同时拥有三星级酒店一座及相关配套设施，可同时接纳800人食宿。

国华影视基地一景

3.大城县红木文化小镇

大城县红木文化小镇位于红木文化产业园内，西起廊泊路、东至新开路、南起津保路、北至正大街以南的部分区域，规划面积3.59平方千米。

红木文化小镇远景

五、主要成就

①国家级获奖项目15项，省部级以上科技进步奖30项，省部级以上勘察设计类获奖项目250余项。

②拥有全国工程勘察设计大师4人，河北省勘察设计行业优秀青年设计师2人，河北省五一劳动奖章1人。

③科技成果信息情况：拥有各类专利110项，专用技术46项，计算机软件著作权30项，主编国家标准8部。

保定

保定市位于太行山东麓，冀中平原西部。保定市中心北距北京140千米，东距天津145千米，西南距石家庄125千米，是京津冀地区中心城市之一，素有“京畿重地”“首都南大门”之称，以“保卫大都，安定天下”而得名。

保定是国家历史文化名城、中国优秀旅游城市、国家园林城市，也是中国首个创新驱动发展示范市，WWF低碳试点城市，全国双拥模范城。

2017年4月，中共中央、国务院决定设立河北雄安新区，涉及保定市雄县、容城、安新3县及周边部分区域。

一、勘察设计队伍

截至2018年底，保定有勘察设计企业79家，图纸审查机构4家，涵盖石油、通信、化工、电力、水利、公路、市政、园林、农林、建筑、勘察等行业，从业人员近万人，各类勘察设计注册人员1 600余人，其中建筑、石油、装饰、通信、化工、公路、水利、工程勘察等行业甲级资质单位24家。

复兴路

西大街

二、城市发展情况

保定市总面积22 190平方千米，截至2017年末，下辖5个市辖区、15个县、4个县级市（定州为省直管市），设有1个国家级高新区，全市常住总人口1 169.05万人。

至2015年5月8日，保定市辖5个区、12个县、3个县级市，市区人口为280.6万人。

2017年12月26日，保定市入选“2017年度中国最具投资潜力城市50强”。

三、城市市政基础设施情况

（一）市政建设

城市供水关系国计民生，关系城市的发展与存亡。1956年，保定市区有了第一条供水管线，经裕华路、马号商场至西大街。

1958年1月，西大洋水库由河北省水利厅设计院设计并开始建设，1960年1月完工，后经多次大坝加固增高，现在承担着为保定市区提供生活用水的职责。

2001年，保定市地表水厂建设完工；2008年南水北调工程开始建设，2017年基本完工。市区供水管网经多次改造延伸，现在保定市的供水覆盖率达到了100%。

保定市主城区目前有鲁岗污水处理厂、银定庄污水处理厂两大污水处理厂，日处理污水能力27万吨。保定市银定庄污水处理厂1996年8月正式投入运行。保定市鲁岗污水处理厂于2017年建设。随着主城区人口规模、城区面积的日益扩大，第三污水厂正在建设中。即将完工的市区雨污分流工程，将对保定市水系环境起到极大的提升作用。

（二）道路桥梁建设

保定市依托京港澳高速公路京石段改扩建工程，重点建设白洋淀大道、北三环东延、朝阳大街南延等3条京港澳高速公路连接线，拉开城市框架，构建快速交通网。

复兴路西延工程和乐凯大街南延工程的启动，完善了城市主干路网，有利于优化“一城三星一淀”空间布局，促进保定西部区域经济发展。

乐凯大街南延工程高架桥转体

乐凯大街南延高架桥

（三）燃气及供热、供水

能源建设已经成为制约保定跨越式发展的重要因素，未来五年，保定市将继续加快推进“气化保定”工程，加快推进天然气管网建设，加快电网智能化升级，为新型城镇化、美丽乡村建设和扶贫攻坚提供可靠的电力保障。

“十三五”时期，保定市集中力量建设以“一纵（南水北调中线总干渠）三横（廊涿干渠、天津干渠、保沧干渠）三库（王快水库、西大洋水库、安各庄水库）”为骨干的供水工程体系，不断完善城乡供水系统，加快全市22座地表水厂建设，实现对保定市区、县城、工业区等供水目标的全覆盖。

四、村镇建设发展情况

从2004年开始，为改善农村人居环境，保定市在全市农村广泛开展了创建文明生态村活动。

按照“四个一批”的要求，保定市在城郊，结合城市拓展和重点项目建设，规划建设社区型农民新村，形成为城郊工业园区服务的配套环境；在公路沿线和景区周围，从整治村容村貌入手，重点加强村庄道路、水利农田、市场繁荣的示范村和旅游文化村；在山区和库区等，根据地理位置、生活条件、自然资源等情况，分类打造一批生态村、产业村、科技村、特色村。

五、主要成就

保定市拥有省级勘察大师2人；获得国家级奖项130余项，省部级奖项1 120余项；主编国家级、省级行业标准、规程规范共129部；累计拥有专利400余项。

沧州

早在秦以前，沧州已有明确的行政设置。1949年8月，沧县专区设立，沧市改称沧镇，为县级镇。1958年6月和12月，沧县专区先后并入天津专区、天津市。1993年7月，沧州地、市合并，成立新的沧州市，辖3个区，10个县，4个县级市。1997年11月，撤销郊区，形成现今的行政区划。

沧州市位于河北省东南部，东临渤海，北依京津，南接齐鲁，总面积1.4万平方千米，总人口780万，现辖2个区、4个县级市、10个县以及渤海新区、市经济开发区、高新区。

一、勘察设计队伍

沧州市的地质勘察起步于20世纪50年代末，最早的勘察成果是1958年国家建设部综合勘察院为编制沧镇总体规划提供的《58-京358-2》号工程地质报告。

1966年，河北省地质局第七地质大队从唐山迁到沧州，以搞水文地质勘察为主，承担沧州市部分重点工程的地质勘察。

中华人民共和国成立以前，沧州建筑业无专门的设计机构和设计人员。1949年以后，沧县专区建筑公司基建科成立设计室，主要设计小型民用建筑。1957年初，沧县专区工业局工程科组建工业设计室。1958年初，河北省第二建筑公司第四工程处下放沧县专区，组建沧县专区施工设计科，有设计人员10余人。

1961年6月1日，在沧县城关建沧州市，沧县建设局改为沧州市建设局。1962年7月，沧州市建设局和沧州地区建工局合并，有设计人员10余人。设计的主要工程有沧州饭店、红旗影院、新桥小学（今沧州市电大）、沧州市综合商场（今渤海大厦南半部）、沧州市人民医院（原沧州市口腔医院）、沧州地区变压器厂、农机修造厂、沧州日报办公楼等。

1965年4月，沧州市建设局与沧州地区建工局分开，两局分别建立设计室，当时以设计公路、桥梁、市政设施为主。1966年“文革”时期，沧州市建设局设计室撤销，1972年由从省建设系统落实政策来沧的工程技术人员和原有技术人员组成设计小组，有设计人员8人。设计的主要工程有沧州市电子设备厂、沧州市钟表厂、沧州市通用机械厂厂房车间和沧州市实验小学教学楼等。由建工局工程科设计的主要工程有沧州火车站候车大厅、沧州汽车站候车大厅、沧州化肥厂外籍技术人员招待所、沧州农展馆副厅等。此时设计的工程多为框架或排架结构，沧州火车站候车大厅还首次采用扭壳结构，单位工程建筑面积也由几百平方米增加到两三千平方米。

1976年，沧州地区建工局成立设计室，有设计人员8人。1977年初，沧州市建设局设计室发展到18人，成为一支具有建筑、结构、水暖、电气、经济预算等专业配套的小型设计队伍。1970—1980年，沧州地区建工局工程处和设计室共设计工程55项，面积21 637平方米。

1991年5月，沧州市建筑设计院和沧州市规划设计院合并为沧州市规划建筑设计院。同年10月，沧州市规划建筑设计院分出规划、测绘部分成立沧州市规划设计院，隶属沧州市规划局；留下的土建设计和地质勘察成立沧州市建筑勘察设计研究院，隶属沧州市建委，有设计人员48人。原沧州地区建筑设计院更名为沧州市建筑设计院，有土建设计人员42人。

进入新世纪，沧州市的建筑设计行业有了突飞猛进的发展，原有建筑设计单位合并、重组、淘汰，新的设计单位不断成立，交通、市政、电力、水利等行业的设计单位也有了长足的发展和进步。到2018年，沧州市有勘察设计企业31家，从业人员近2 600人，各类勘察设计注册人员1 100余人，其中行业甲级单位12家。

二、城市发展情况

沧州是国务院确定的沿海开放城市，国家园林城市，京津冀城市群重要的产业支撑基地，环渤海地区重要的交通枢纽和现代港口城市，是与雄安新区接壤的三个设区市之一。

沧州市中心北距天津市120千米、北京市240千米，西南距省会石家庄220千米，是北京和天津的南大门。京杭大运河纵穿其全境，境内有7条铁路、7条高速公路，是京津冀1小时交通圈的重要城市，同时也是全方位立体交通枢纽和中国北方综合交通运输体系最发达的城市之一。

2002年，随着黄骅港的建成运营，结束了沧州有海无港的历史，黄骅港成为中国第二大煤炭输出港。

沧州市电力资源充裕。河北国华沧东发电有限责任公司规划容量480万千瓦发电项目，一期工程2×60万千瓦燃煤机组，1#机组于2006年底建成投产，2008年并网发电，2#机组2007年建成投产，二期工程4×60万千瓦燃煤发电机组。

沧州通信设施完善。本地现有固定电话交换机容量776.5万门，长途业务电路8万个路端，数据通信端口24 724个，数据多媒体用户达15万户。各种网络功能和通信手段日臻完善，可提供六大类五十余种业务服务。

沧州市区南部建有蓄水量1亿多立方米的大浪淀水库。随着国家南水北调工程的实施，纵贯沧州南北的大运河将作为重要的输水通道，可为沧州经济发展和人民生活提供充足的水源。

截至2018年底，全市常住总人口758.6万人，其中城镇常住人口406.9万人，乡村常住人口351.7万人。常住人口城镇化率为53.64%。

沧州新城区位于沧州市主城西部，规划面积约28平方千米，定位为沧州市“行政、文化、会馆、教育、体育”中心，目前沧州新城区已经建设有沧州体育馆、会展中心、狮城公园、京沪高速铁路沧州西站等重点项目，规划建设“一中心两总部”和“一场五馆”。一个现代、生态、宜居、繁荣的新城在华北大地上迅速崛起。

三、城市市政基础设施情况

近年来，沧州市城市市政基础设施不断建设和发展，完成了全城原有道路的改造和雨污分流建设，对原有街道进行了拓宽、改造，并新修建了永安大道、开元大道、北京路、上海路、西三环等道路，贯通了九河路，完成了黄河路高架桥。

2018年的新建项目包括饶安大道、永乐大道及纬四路等六条道路，同时沿道路新建雨水管道、箱涵及污水管道，提高雨水排涝能力和污水收集能力，有效提升城市的环境质量、城市品位和管理水平，切实改善广大市民的生存环境和生活质量。

目前，沧州市规划下一步完成21条新建小区配套工程项目，如天成名著规划路、信友城市之光东侧规划路等。

近年来，沧州市新建了狮城公园、植物园、动物园、滨河公园、千童公园等，为广大市民提供了观光、休闲的好去处。

四、村镇建设发展情况

沧州市按照上级党委、政府关于开展美丽乡村建设的安排部署，根据全面建成小康社会要求，坚持科学规划、示范带动、因地制宜、分类指导、群众主体的原则，推动民居改造工作的开展。通过大力推广新型特色民居设计方案，对现有民居住房实施改造，改善农村的居住条件和环境，塑造具有农村特点、地方特征、乡村风貌的

沧州市鸟瞰图

迎宾大道和北京路交叉

特色民居。

在民居改造中，沧州市积极应用钢结构、装配式建造等新材料、新技术、新装备、新样式，引导民居建设布局合理、功能完善、节能环保、特色鲜明、美观实用。

五、主要成就

①拥有国家级工程勘察设计类获奖项目9项，省部级以上勘察设计类获奖项目258项。

②有全国勘察设计大师1人（已病逝），石油和化工行业勘察设计大师1人，享受国务院政府特殊津贴专家4人，沧州市拔尖人才3人。

③在科技成果方面，沧州市获得发明专利4项、实用新型专利48项，参编省级以上技术标准15部。

沧州黄河路高架桥

沧州市中心医院对比照片

黄骅港疏港公路综合枢纽互通工程

沧州市高新区青海大道竖琴桥

沧州市高新区吉林大道人字桥

衡水

衡水位于河北省东南部，地处黑龙港流域，东与山东德州市毗邻，省内与石家庄、保定、沧州、邢台接壤。衡水历史文化悠久，是九州之首古冀州所在地，河北省简称“冀”就源于此。

新中国成立70年来，在党和国家的关怀支持下，衡水的国民经济和城市规划、建设和管理得到迅速发展，城市面貌和基础设施产生了巨大变化。

2017年末，衡水市辖2个市辖区、1个县级市、8个县，户籍人口453.6万人，常住人口446.04万人，114个乡镇，4 994个行政村，总面积8 815平方千米。

一、勘察设计队伍

到2018年底，衡水市拥有勘察设计企业共计17家，图纸审查机构1家，覆盖电力、水利、公路、市政、园林、建筑、勘察等行业，从业人员近1 200人，各类勘察设计注册人员130余人，其中工程勘察、建筑、公路、水利等行业甲级单位7家。

二、城市发展情况

衡水交通区位优越，地处环京津、环渤海、沿京九铁路重要位置，1小时内可达北京、天津、济南、石家庄四大城市，随着通用机场建设的加快实施，衡水作为北京南边第一大交通物流枢纽的作用将日益凸显。

衡水生态环境优美，以绿为贵，以水为美，水绿生态优势叠加，是京津冀地区至关重要的生态腹地。位于主城区的衡水湖，保护区总面积163.65平方千米，水面75平方千米，是国家级湿地和鸟类自然保护区。

衡水城市的发展由镇而来，起点低，底子薄，改革开放以来，有了长足的进步。1996年5月31日，国务院批准撤销衡水地区，改设地级衡水市，城区面积只有11.3平方千米。十八大以后，其城市框架初具规模。

2012—2017年，以建设京津冀重要节点城市为引领，衡水市确立了近期“一湖三区”、远期“一湖六区”组团式发展思路和“四个一百”的发展目标。主城区同步推进滏南新区建设和河东旧城改造，滨湖新区有序推进新城建设，冀州顺利撤市设区，城市框架进一步拉大。城市高速外环、衡德高速故城支线、106国道衡水湖段改线等工程的建成通车，使衡水区位交通优势进一步彰显。城市街道改造提升和地下管网改造等工程顺利推进，文化艺术中心、市民中心等一批城市公共设施加速建设，马拉松广场、衡百国际、衡水学院新校区、衡水第一中学等项目投入运行，城市功能日益完善。

2018年，衡水市提出实施“多城同创提质年”，实施“3个十”市政重点工程，植物园、野生动物园、孔颖达公园等建成开园，奥体中心体育场、市垃圾综合处理厂顺利建成，人民路东延、大庆路东延主体完工，市文化艺术中心建成投用，结束了衡水市没有大剧院、图书馆和公立博物馆的历史。

在城市精细化管理方面，改造提升市区路口20个，建成公厕57座，顺利通过省级卫生城市验收，国家园林城市、国家森林城市等创建工作成效显著。

（一）城市风光

新中国成立后，衡水区将真武庙拆除向北开辟出一条街道，取名“新建街”，这是新中国成立后衡水建设的第一条街道。

衡水街景

（二）美丽的衡水湖

衡水湖原名“千顷洼”，处于衡水市主城区境内，是华北最大的淡水湖之一。衡水湖已建成生态公园，占地330亩。

衡水湖

（三）衡水园博园

衡水园博园位于衡水市滨湖新区，规划总面积254公顷，总体格局为园博园、湿地公园、马拉松广场和荷花公园“四园合一”。园博园主园区占地89.19公顷，建设绿地67公顷，水面6.2公顷，种植大型乔木1.7万余株，重点建设主展馆、滏阳楼和景观天桥等三大建筑，主题园区、城市园区等五大片区共36座展园。

园博园入口

园博园滏阳楼

（四）滏阳河

衡水滏阳河水利风景区位于衡水市桃城区，属于城市河湖型水利风景区。贯穿衡水市区的13.75千米滏阳河，市区段主河槽水面宽度多数在60至120米，最宽处达500米，景区面积1.94平方千米，其中水域面积0.72平方千米。

（五）文化艺术中心

衡水文化艺术中心坐落在市滏阳生态文化公园内，总建筑面积7万平方米，总投资7.1亿元。该中心2018年5月正式投入使用，集大剧院、博物馆、图书馆等为一体，兼具地域性、时代性和文化性。

文化艺术中心

（六）衡水奥体中心

衡水奥体中心是衡水首座大型体育商业综合体，由“一场一馆一中心”和奥林匹克体育公园组成，规划用地面积22.6公顷，共计投资6.8亿元。中心体育场有3万个座位，可举办大型综合体育运动会、高级足球赛事、大型演艺演出。

奥体中心

（七）衡水北站

衡水北站的建设于2010年提出，2012年被正式规划，2017年12月28日正式投入运营。衡水北站总建筑面积为68 345平方米，其中站房总面积为11 986平方米。

衡水北站

三、城市市政基础设施

城市市政公用基础设施是城市赖以生存和发展的基础，是与人民群众生活息息相关的重要基础设施，也是体现一个城市综合发展能力和现代化水平的重要标志。新中国成立70年来，尤其是近年来，衡水市市政公用基础设施建设，如城市供水、排水、污水处理、燃气、集中供热、城市道路、公共交通、环境卫生和垃圾处理以及园林、绿化等方面取得了长足的发展。

（一）道路

到2018年底，衡水全市公路通车总里程达到12 857千米，全部为有路面等级公路，其中高速公路里程为335千米，公路总密度达到145.85千米/百平方千米，4 936个行政村实现100%通客车。

（二）桥梁

1977年7月，地道桥（即榕花街老立交桥）胜利建成通车，宣告衡水交通史上第一座立体交叉桥梁正式运营使用。2012年9月，前进街立交桥建成通车，该桥梁全长596.88米，是衡水市贯通南北的一条迎宾大道，同时解决了制约衡水市南北通行的瓶颈。

到2018年底，全市交通、城建共有各类立交桥243座。

衡邢高速路衡水段

（三）衡水市南水北调配套工程

衡水市南水北调配套工程于2013年12月开工建设，2016年10月全面建成通水，线路全长约260千米，设计年供水能力3.1亿立方米。目前，14个目标水厂已全部建成，自通水以来南水北调配套管线已累计供水2.8亿立方米，工程运行情况良好。2017年4月底，江水切换任务顺利完成，切换消纳江水指标量居全省第一。江水城乡供水一体化工程增加覆盖人口60万人以上。

（四）燃气、热力、给排水

燃气与供热事业的发展是城市居民生活质量提高的重要标志，衡水市这两项事业均起始于20世纪90年代初。

1.热力

1993年，衡水市成立热管处，将集中供热引入市区主城区。2003年，衡水市区集中供热一期工程，历经三年全部竣工。衡水市区的总供热能力由原来的150万平方米增至300万平方米，工程新铺设管网达80千米。2007年衡水市区实现热电联产集中供热。截至2009年底，市区已完成安装用户供热面积1 010万平方米，铺设供热管网305千米，辖换热站61座，供热范围覆盖整个市区。2018年，市区开始试行供热计量收费。

2.燃气

2002年11月底，衡水首批城市管道燃气用户正式通气，使用罐装气的历史结束。2003年1月，城市燃气工程建成，实现区域供气。截至2011年底，全市建设各类燃气管网130余千米，市内建立起完善的燃气管网设施，满足了衡水城区燃气发展的需要。

3.城市供水排水工程

1963年，第一座水厂投入运行，衡水市区公共供水系统诞生，后陆续建设了衡水新华水厂、大庆水厂、开发区自来水厂；城市污水处理厂于1999年8月24日开工。2002年衡水市污水处理厂投入试运行。

发展至2014年，衡水市区新建、改（扩）建水厂44座，自来水干管总长105.8千米，配水管网覆盖面积37平方千米。目前，市区公共水源按地理分布由内、外两部分组成，设计总供水能力9.7万吨/日，平均日供水量4万吨。2016年底，南水北调工程全面实现通水。

在城市排水方面，到2005年日处理污水量为5万吨，共处理污水1 000万吨，城市污水处理率达到50%。

（五）城市景观环境

1.怡水园

怡水园是衡水市最大的生态型文化公园。怡水园占地431亩，以生态型水园和绿地为主。

怡水园鸟瞰

2.休闲广场

衡水市休闲广场规划总占地面积8.6万平方米，广场总绿地面积达3.9万平方米。

四、村镇建设发展情况

1978年以前的农村建筑主要是平房，村内道路多为土路，坑洼难行，吃水靠土井。

到2017年，衡水市城镇常住人口达到225.71万人，城镇化率达50.60%，实现城镇人口过半的跨越。

2018年，全市实施县城建设攻坚项目259个，完成投资174.2亿元，枣强县、安平县和武邑县清凉店镇入选省级新型城镇化与城乡统筹示范区试点。全市启动乡村振兴示范区13个，“三区同建”省级示范点达到74个。

2019年，衡水市按照城乡融合发展方向，文明治理，以县域为单元，科学编制镇村体系规划，有序引导农村人口向乡镇所在地、中心村、产业发展集聚区集中。

新中国成立70年来，尤其是近几年，村镇建设发展很快，建成了一些美丽村镇，其中村镇建设发展典型如下。

1.五公镇

五公镇坐落于饶阳县城南偏东12千米处，面积6平方千米，人口35 335人，9 172户。该镇建有五公、北官庄、南善、邹村四个工商小区，有铁路配件、造纸丝网、纺织配件、五金电料、纺织印染五大行业。

五公镇始终把党的建设与精神文明放在首位，先后有2个村被市委命名为“红旗党支部”，1个村成为省级“文化示范村”，1个村成为省级文明村，五公镇成为衡水市“十强乡镇”和“文明示范乡镇”。全国著名劳动模范耿长锁即为五公镇人。

王公镇街景

2.安平县台城村

1923年8月，在安平县台城村，李大钊成立了第一个农村支部中共台城村特别支部。弓仲韬等共产党人创建了中共安平县委——河北省第一个中共县委。台城村“丝网之乡”的美名享誉全国，走向世界。南王庄镇地处安平县城西南20千米处，镇域面积69.5平方千米，人口3.5万人，先后被省市命名为“文明乡镇”“经济工作先进单位”，连续多年被衡水市委、市政府评为“十强乡镇”。

3.周窝镇

周窝镇历史悠久、交通便利，以乐器生产为主导产业，龙头企业金音集团西管乐器产量高、世界第二。近年来，周窝音乐小镇先后获得“全国魅力新农村十佳乡村”“中国特色镇发展创新优秀案例”“全国生态文化村”等荣誉称号。

4.圣水村

圣水村采用易地搬迁模式建设新农村，村内以葡萄种植为主。近几年来，圣水村先后被授予“河北省农村新民居建设优秀示范村”“河北省美丽乡村”等荣誉称号。

五、主要成就

科技成果情况：主编标准1项，即《新农村民居方案通用图集》。

邢台

邢台位于河北省南部，总面积1.24万平方千米，辖19个县（市、区），市区建成区面积89平方千米，境内地势高差悬殊，西高东低，山地、丘陵、平原自西而东阶梯排列。邢台是仰韶文化发源地之一，是中原城市群的北部门户城市、京津冀城市群的重要节点城市。

1949—1993年是邢台地区发展的基础时期，逐步形成了以装备制造、煤盐化工、钢、铁新型建材、纺织服装、食品、医疗七大支柱产业格局。2000年以来，城市总体规划坚持“城乡统筹、生态优先、产城融合、集约发展”的原则，确定中心城区空间结构为“一核六廊双心五区”。

一、勘察设计现状

到2018年底，邢台市有勘察设计企业17家，图纸审查机构2家，覆盖煤炭、冶金、电力、水利、公路、市政、园林、农林、建筑、勘察等行业，有从业人员1 500余人，各类勘察设计注册人员近150人，其中建筑、煤炭、冶金、公路、水利、工程勘察等行业甲级单位5家。

二、城市发展情况

1949—1993年，在党和国家的正确领导下，邢台的经济、城市建设等得到了快速恢复和发展。1993年，邢台实行地市合并后，城市经济腹地和区位条件发生了变化，特别是随着市场经济体制的确定，京珠高速及南水北调工程的选线和定线，政府重新修正了城市规划，这个规划首次提出了全市域建构五级城镇体系。

2015年7月30日，《邢台市“一城五星”城乡总体规划》经市第十四届人大常委会第二十一次会议审议批准。根据规划，“一城五星”定位为：京津冀南部重要的中心城市、先进制造业基地、现代物流中心、太行山东麓重要的生态旅游城市、国家历史文化名城。

河北省第三届园林博览会选址位于邢台市邢东新区中央生态公园范围（原采煤塌陷区）内，邢州大道以南、东华路以西、泉北大街以北、052乡道以东围合地块，总占地面积4 621亩，总投资约36亿元，水系面积约1 600亩，绿化面积约2 310亩，建筑总面积约18.7万平方米。

邢台东站是京广高铁河北段的重要站点，占地面积34.54公顷，已建成东广场占地23.12公顷，总投资约6亿元。

中兴大街与守敬路交叉口

园博园鸟瞰图

邢台东站

三、城市市政基础设施情况

邢台市持续改进城市管理工作，提升城市生活幸福指数，坚持老旧小区提升改造以及学校、医院、城市道路、市政管网等与居民生活息息相关的城市基础设施建设。

（一）市政道路

1957年4月，府前南街沥青路铺设完成，标志着邢台第一条沥青路的诞生，之后邢台又先后建成了新华路、中兴大街、守敬路、团结大街、建设大街、新兴大街、泉北大街等一批主次干道。2008年，相关部门进一步明确了城市主路框架。2017年3月8日，正式启动邢台市环城公路建设项目，环线长77.4千米，总投资36.33亿元，2018年7月底全线建成通车。根据规划，邢台市环城公路将利用现有西环路，加上G107、G340、S342三条道路外移改线构成北环、东环、南环，从而形成新的公路环线。公路环线圈内面积约380平方千米，约是目前邢台市区面积的3倍，建成后可串联G340、S342、S343、S338等多条干线，对于拉大城市框架、疏解市区交通拥堵具有至关重要的现实意义。

（二）桥梁建设

1973年12月，邢台第一座地道桥破土动工。2006年，钢铁路大桥、守敬路大桥、滨江路大桥等陆续开工建设，

钢铁路大桥

莲池大街立交桥

这些桥梁的建设连通了邢台市区与周边区域，给交通通行带了极大的便利。2019年1月，莲池大街立交桥正式通车，是邢台市第一座铁路跨线桥，主线桥梁长893米，是连接市东、西两区的主要交通干道之一。

（三）城市供排水

2007年12月，邢台水业集团成立，涵盖城市公共供水、地表水直供、污水处理、中水回用板块。到2018年底，城市公共供水方面拥有地表、地下水厂共4座，设计日供水能力30万吨，市政供水管道约940千米，供水人口约80万。在地表水直供方面，设计输水能力13.7万吨/日，拥有专用供水管网约60千米。在污水处理方面，水业集团运营和在建污水处理厂3座，设计日污水处理能力25万吨。在中水回用水源方面，设计日供中水能力8万吨；中水供水管网共80余千米，实现了中水回用率100%。

2014年12月19日，南水北调中线工程总干渠邢台段正式通水。3年来，供应邢台引江水2亿立方米，700万人受益，地下水位明显回升，生态环境日益改善。

（四）燃气、热力

1.燃气

1985年前，邢台市居民大多采用烧煤取暖，有部分单位自建锅炉房用于办公生活供热。邢台燃气有限责任公司始建于1985年，是邢台市唯一一家具有从事燃气输配、经营、工程设计及施工资质的专业公司。该公司主要基础设施包括桥西、桥东、北郊三个煤气储配站，两个天然气门站，铺设高、中、低压燃气管网700余千米，设置各类燃气调压站（箱）共计970台；年供气总量突破2.2亿立方米，市区燃气普及率达到100%，累计发展民用燃气18万户，现已覆盖周边11个县，县城燃气普及率达85%。

2.热力

邢台市热力公司成立于1994年7月，到2011年底，已敷设供热管网235千米，建换热站181座，发展供热用户16万户，覆盖桥西和桥东部分区域，供热面积达1 850万平方米。

（五）城市景观环境

到2018年底，邢台市已建成白马河郊野公园、鹿城岗公园、凤凰山公园、邢东生态公园等9座大型郊野公园，规划高铁新区公园等13处市级公园、晋祠公园等31处区级综合公园、邢国墓地遗址公园等8处专类公园和61个一般公

园，总面积不小于7 893公顷。按照规划目标，届时可望实现“半城楼房半城绿”。

2007年，邢台市成为“省级园林城市”，2014年成为“国家园林城市”。2013年，七里河水环境治理荣获“中国人居环境范例奖”；2015年，七里河风景区经水利部批准为“国家水利风景区”。

四、村镇建设发展情况

2016年，邢台市有335个居民委员会、5 190个村民委员会。邢台市农村建设按照规划设计方案，进行环境美化和村民中心建设。村镇建设发展典型代表有：邢台县白岸乡前坪村、邢台县白岸乡芝麻峪。

五、取得主要成就情况

①国家级工程勘察设计类获奖项目5项，省部级以上勘察设计类获奖项目49项。

②全国国土资源系统先进女职工1人，河北省“三三三人才工程”4人。

达活泉公园

邢台县白岸乡前坪村

七里河

邯郸

邯郸市位于河北省南端，太行山东麓，历经时代兴衰。到新中国成立时，邯郸“南不过斜街口，北不过观音阁，南北不足二里，东西只有半里”（见《邯郸县志》）。当年，邯郸城区面积仅1平方千米，人口2.8万，街巷狭窄，道路坎坷，建筑零乱，基本无市政公用设施，市容破旧不堪。

如今，全市现辖6个区、1个县级市、11个县、1个国家级开发区和1个省级开发区，市区总面积12 073.8平方千米，市区总人口1 057.5万人；主城区面积2 661.83平方千米，主城区人口379万人。

一、勘察设计队伍

到2018年底，邯郸市勘察设计企业共计60家，图纸审查机构3家，覆盖煤炭、冶金、电力、水利、公路、市政、园林、农林、建筑、勘察等行业，从业人员3 000余人，拥有各类勘察设计注册人员600余人，其中建筑、煤炭、冶金、公路、水利、工程勘察等行业甲级单位18家。

二、城市发展情况

邯郸是具有3 000多年建城史、500多年都城史的国家历史文化名城，历经兴衰。1950—1990年，在党和政府的支持下，邯郸的国民经济和城市规划、建设和管理得到迅速恢复和发展。随着1951年国棉一厂的兴建，大型纺织、印染联合企业在邯郸市陆续开始建设，使邯郸市迅速发展为一座纺织之城。1953年，邯郸市编制了第一期城市总体规划方案，为邯郸的合理布局和建设画下了第一张“蓝图”。特别是1959年，毛主席视察邯郸，提出“邯郸是要复兴的”“很有希望搞个大钢铁城”的指示，极大地鼓舞和促进了邯郸的建设和发展，以煤炭、钢铁、纺织、电力、陶瓷、建材为主要产业的工业城市逐步形成。

1978年，十一届三中全会提出“以经济建设为中心”实现“改革开放”。党中央和国家这一决策，将我国国民经济建设和城市建设推到了一个新的阶段。1983年10月，河北省政府批复并正式批准实施了邯郸市第二期城市总体规划——1981年编制的《邯郸市市区城市总体规划》。

1991—1995年，城市建设紧紧围绕创建文明卫生城的要求，统一规划，综合开发，配套建设，推动了全市建设事业的发展。邯郸市博物馆广场改造，中华南、柳林、沁河口新区开发，南环路修建，中华大街南段开通，河水厂改造，矿区供水等供水工程开工建设。1992年，邯郸被国务院批准为“较大的市”；到1995年，城市建成区面积发展到75.4平方千米。

1996—2000年，邯郸市的城市建设进入快速发展期，全市县城以上基础设施投资达48.6亿元，相当于“八五”计划投资的6倍。全市新增住宅建筑面积1 248万平方米，全市人均住房面积达15.14平方米，市区建成了19个5万平方米以上的住宅小区，竣工面积达200多万平方米。尤其是安居工程及经济适用住房建设的成功经验，受到国务院房改办、建设部以及省委、省政府的表彰；中行大厦、工行大厦、人行大厦、国税大厦、新世纪商业广场等一批大型公共建筑项目相继竣工使用，城市面貌明显改观。

1998年10月，邯郸市被省政府授予“城市环境整治优胜城市”。

2001—2005年，城乡建设追求超前服务于经济建设和社会发展需要，城市规划体系逐步形成，创造了国家园林城市；主城区建成面积由2000年的80平方千米增加到101.65平方千米，城市绿化覆盖率、绿地率和人均公共绿地面积，分别由2001年的40.61%、30.26%和5.5平方米提高到42%、35%和10.9平方米。2006年，邯郸被建设部命名为“国家园林城市”。

2006—2007年，第四期城市总体规划编制形成成果，城市建设重点工程完成了路网中轴、中华大街北延、人民路西延及滏河大街北延、滏东大街北延等26条主干道建设。龙湖公园、赵王城遗址公园等生态园林项目建设取得了显著成效，使建成区的绿化覆盖率达到43.91%，主城区人均公园绿地面积11.2平方米。

邯郸市是国家历史文化名城、国家园林城市、中国优秀旅游城市、全国绿化模范城市、全国双拥模范城、全国文明城市、全国社会治安综合治理优秀城市和中国成语典故之都，国务院批准的具有地方立法权的18个“较大的市”。

1.丛台广场

丛台广场地处邯郸市主城区的核心部位，规划总用地面积3.3公顷，总投资2 004万元，是邯郸市十大标志性工程之一。

2.邯郸东站

邯郸东站位于邯郸东部新区，是京广高铁在河北省除石家庄外唯一具备始发车的车站，2012年10月投入使用。该项目总占地面积3万多平方米，总投资2.5亿元，站房总建筑面积1.6万平方米。

古城新貌　人民路与中华大街交叉口

原邯郸市图书馆拆除后，建设的丛台广场

邯郸东站

3.邯郸市文化艺术中心

邯郸市文化艺术中心是邯郸新的地标性建筑，于2009年奠基开工，2011年竣工交付使用，由“一院三馆”组成，即“邯郸大剧院”“博物馆”“邯郸图书馆”“邯郸市城市规划展览馆”。建筑总面积119 371平方米，是邯郸市目前最大的公益性政府投资项目和最大的公共文化设施项目。

三、城市市政基础设施情况

（一）市政道路

城市道路是城市的骨架。1952年7月，和平路西段沥青路面修建拉开了邯郸城市道路建设的序幕，先后建成了陵园路、浴新大街、中华大街、人民路、光明大街等一批主次干道。到2007年，完成了路网中轴线和中华大街北延、滏东大街北延等26条主干道的建设，拉开了城区的发展框架。2010年10月12日，连接邯郸主城区与武安市的邯武快速路正式通车，全长20.98千米。到2013年底，中华大街南延、北延快车道建成并通车，全市路网竣工总里程28.33千米。到2017年底，丛台路东延、娲皇路、滏河大街北延、荀子大街、毛遂大街等主城区及东区道路建成并通车。2019年6月，荀子大街至经一街360米，毛遂大街至蔺相如大街960米完成建设，城市路网体系得到进一步疏通完善。

（二）桥梁建设

1949年以后，伴随着邯郸市城区扩大与道路延伸，道路桥梁建设随之发展起来。1951年，修建了京广公路输

中华大街北延

元河木桥。1961年，邯郸市修建了第一座钢筋混凝土结构的中华大街沁河桥；1958年，修建了第一座穿越京广铁路的邯钢路地道桥；1978年，修建了联防路公路、铁路立交桥；1987年，采用全顶拉新工艺，修建了河北省当时最大的一座城市立交桥——人民路立交桥。1989—2005年，邯郸先后修建了滏河大街滏阳河桥、学院北路滏阳河桥、滏阳公园7号桥、联防路滏阳河桥、人民路滏阳河桥、中华大街滏阳河桥、水厂南路滏阳河桥、南环—107国道立交桥；2005—2007年，修建了中华大街南延支漳河桥、中华大街北延输元河桥。2010年10月12日，连接邯郸主城区与武安市的邯武大桥正式通车。2014年，邯郸市修建了东环—人民路立交桥、西环—联防路立交桥、中华大街—南环立交桥和中华大街—北环立交桥四座立交桥。

（三）城市供排水

1957年，邯郸市第一条自来水管网线路工程，由邯郸市城建局上下水公司测量、设计。整个管网工程于1958年竣工并通水。1957年，邯郸一水厂开工，后二水厂、三水厂及邯郸最大的三堤水厂陆续兴建。

2008年以来，为支持南水北调等重点工程的建设，提高供水安全性，供水公司先后对邯峰、邯岳四条输水管道进行了多次改造。

到2017年底，主城区东南部管网已延伸至邯大路，南部管网延伸至机场路，北部管网延伸至永年区，东部管网延伸至新城东大街，东北部供水管网已覆盖了整个东部高开区，西部管网延伸到纵横钢铁，公共供水覆盖面积达到200平方千米。邯郸市DN150毫米以上的市政供水管网总长度已达403.89千米，供水普及率实现100%。

联防路—西环立交桥

西污水处理厂

1957年，邯郸开始修建城市污水排放系统。当年建成邯郸市第一条污水干管，北起抽升站，南到丛台路。到1989年，邯郸市逐步形成九大雨水排放系统：干河沟系统、渚河系统、市内沟系统、贸易系统、丛台路系统、沁河系统、联防系统、铁西系统、罗城头小区系统。

东污水处理厂为邯郸市首座生活污水处理厂，通用污水处理厂于2008年建成投产，2016年与东污水处理厂合并运行。合并后的污水处理厂设计规模为16万立方米/日，处理出水达到一级A水平。该工程被评为全国污水示范工程。

西污水处理工程是“河北省利用世界银行贷款河北城市环境项目”子项目之一，2004年4月竣工。

（四）热力、燃气

1.热力

1985年，邯郸市热力公司成立，当时邯郸市热源只有邯郸热电厂一家，当年建设并投入运行热力站11个，热网调度所1个，热水网一期工程建设供热管网12千米，主城区集中供热面积为15万平方米，供热用户17家，开创了邯郸市供热事业发展的新篇章。

2.燃气

1985年，邯郸市煤气公司（现邯郸华润燃气有限公司）成立，为邯郸市燃气事业的发展奠定了良好的基础。2001年，引天然气入邯工程揭开序幕。邯郸市敷设省末站—邯郸（陕气东输气源）、安阳—邯郸（中原油田气源）两条天然气长输管线入市，管线全长62.3千米。2003年，管线通气，自此邯郸市呈现了天然气、焦炉煤气、液化石油气“三气多气源多渠道”向全市供应的崭新局面，合理调配了全市的能源结构。

2008—2010年，铺设完成城市燃气管线44.22千米。2012年11月，邯郸华润燃气有限公司正式投入运营。2016年，邯郸市主城区天然气置换焦炉煤气工程全面完成，主城区255 133户居民已全面告别“煤气、液化石油气时代”，迎来了崭新环保的“天然气时代”。

（五）城市景观环境

1999—2005年，城市园林绿化累计完成投资13亿元，新建、改造面积2 000万平方米，新建，扩建城市广场24个、街头游园106个，完成赵苑、滏阳河带状公园等10个公园改扩建和城市出入口绿化改造工程，实施赵工城遗址公园一期、龙湖公园绿化建设，建成区园林绿地面积3 534.5公顷，绿化覆盖率、绿地率、人均公共绿地三项指标逐年持续增长，分别达到43%、35%和10.9平方米；城市道路绿化普及率达到100%，达标率达到85%。

四、村镇建设发展情况

1949年，邯郸镇乡辖农村14.19万户，59.32万人。这个时期，农村房屋大都是土房、草房，简陋破旧；村中街巷及村间道路普遍为土路，坎坷不平；吃水靠河塘土井，水质差，居住环境较差。

20世纪50至60年代，农村住宅逐步改建为青红砖墙、炉渣白灰捶顶和砖瓦平房，同时建造小学校、供销社、仓库、油坊、豆腐坊等公共建筑和副业生产建筑，农村环境条件有所改善。

进入20世纪80年代，邯郸农村开始兴建砖瓦平房和二层楼房住宅，在建筑标准、户型、平面布置、立面装饰等方面不断改进，同时村镇的公共建筑、生产建筑及道路、供水、供电、通信等基础设施建设迅速发展。1982—1985年，根据国家制定的《村镇规划原则》，邯郸以市、县（区）城市规划部门为主，完成80个乡镇和964个村庄两图（现状图、总体规划图）一书（说明书）粗线条规划的编制。

1988—1992年，按照国家建设部《关于以集镇建设为重点，调整和完善村镇规划工作》要求，邯郸市规划建设委员会组织省、市、县（市）、区规划部门编制了黄粱梦、马头、王看等村镇的镇域规划和镇区建设规划，并对18个村庄规划进行了调整和完善。

2018年底，全市实有79个建制镇、91个乡、4 430个行政村（不含纳入城市统计范围的乡镇）。全市农村共建有住宅使用面积15 843.24万平方米，人均27.88平方米；2009—2018年，全市完成农村危房改造60 388户；全市共有村镇公共建筑面积1 329.05万平方米，生产性建筑面积2 392.64万平方米；实施农村饮水安全巩固提升工程，共有供水管道7 992.61千米，供水普及率达到93.86%，受益村庄3 657个，用水人口492.41万人，人均日用水量73.84升；村镇拥有排水管道及暗渠长度3 652.77千米；村镇垃圾处理城乡一体化覆盖75%以上的乡镇，年生活垃圾清运量107.72万吨；有村镇公厕726座，2018年实施农村“厕所革命”三年行动，共改造农村户厕30万座；共有村镇道路11 578.63千米，总面积6 124.77万平方米；村镇使用天然气人口137.15万人，集中供热面积420.42万平方米；镇乡园林绿地面积1 447.95公顷，公园绿地面积95.69公顷，建制镇人均绿地面积0.99平方米，乡人均绿地面积0.94平方米。

村镇建设全面发展的过程中出现了一批批的典型。

1.天台山镇

天台山镇位于邯郸市东部、肥乡区西南部，镇辖区面积59.28平方千米，下辖22个行政村，该镇先后被评为全国重点镇、全国宜居小镇、全国特色小城镇、河北省文明乡镇、河北省历史文化名镇、河北省重点培育的100个重点镇。

2.和村镇

和村镇位于邯郸市峰峰矿区冀南大地鼓山脚下，区位优越，滏水之源，这里山清水秀，物阜民殷，交通、经济文化发达。2017年被评为河北省特色小城镇。

3.井店镇

井店镇位于涉县中北部，距县城4千米，是涉县通往邯郸、石家庄的必经之地，对外交通通畅。辖区面积108平方千米，辖28个行政村，农业人口4.2万，常住人口6.5万。井店镇荣获“全国环境优美乡镇”“省级历史文化名镇”称号。

五、主要成就

① 国家级工程勘察设计类获奖项目11项，全国优秀工程设计计算机软件奖2项，国家科技进步一等奖1项，全国建筑设计行业诚信单位荣誉称号1项，省部级以上勘察设计类获奖项目87项。

②享受国务院政府特殊津贴专家2人，全国工程勘察设计大师1人，享受省政府特殊津贴1人，河北省工程设计大师2人，河北省劳动模范1人，全国勘察设计行业优秀企业家（院长）1人，中央企业劳动模范荣誉称号1人，河北省勘察设计行业优秀青年设计师1人，河北省优秀科技工作者1人，省“三三三人才工程”13人，河北省工程勘察设计行业优秀企业家（院长）2人，河北省勘察设计行业具有影响力人物1人。

③科技成果信息情况：拥有发明专利4项、实用新型专利32项、专用技术2项，主编标准（国标）6部。

专业篇

勘察

工程勘察是运用工程地质学理论和方法，准确认识工程建筑场地工程地质条件，正确处理工程建筑与自然条件之间的关系，为工程设计和施工提供服务的一门专业。新中国成立以来，我省工程勘察专业经历了从无到有、由小到大、从弱到强的发展，时至今日，有了翻天覆地的变化。回顾我省工程勘察专业的发展历程，展示的行业建设成果，将激发广大从业人员的自豪感、成就感，促进我省勘察事业的发展。

一、工程建设，勘察先行

工程勘察的目的主要是查明建筑场地工程地质条件，分析存在的地质问题，正确反映场地的工程地质条件及岩土体特征，并结合工程设计、施工条件以及地基处理等工程的具体要求，进行技术论证和评价，提出岩土工程问题的解决方案，服务于工程建设的全过程。

工程勘察按工程建设的不同阶段可分为可行性研究勘察（选址勘察）、初步勘察和详细勘察三阶段。其中，可行性研究勘察应符合场地方案确定的要求；初步勘察应符合初步设计或扩大初步设计的要求；详细勘察应符合施工设计的要求。

工程勘察的内容主要有工程地质调查和测绘、勘探及采取土试样、原位测试、室内试验、现场检验和检测，最终根据以上几种或全部手段，对场地工程地质条件进行定性或定量分析评价，编制满足不同阶段所需的成果报告文件。

工程勘察工作是工程规划、设计、建设的前提和基础性工作。工程建设中应遵守“先勘察、后设计”的原则，依据工程勘察成果进行设计和施工。作为我国工程建设的重要环节，工程勘察直接关系到工程建设项目的质量和经济效益，对工程建设起到决定性的影响。

二、与时俱进，不断前行

（一）勘察队伍的发展

新中国成立以前，工程勘察在我国尚未形成一个独立专业，由于当时建设规模小，对地基土的勘察工作仅由地质工作者或土木工程工作者承担。新中国成立以后，大规模经济建设开始，随之产生了大量的水文地质问题及工程地质问题，有的已经严重影响了工程建设的经济与安全。鉴于此，参照前苏联模式，由从事地质工作和土木工程工作的技术人员组建了我国第一批工程勘察队伍，形成了一个新的专业。

我省勘察的发展最早始于1953年，最初是河北省建工局于1953年成立的“河北省建工局测量队”（河北建设勘察研究院有限公司的前身）。随着国家基建规模增大，测量队陆续增建了供水水文地质专业、城市规划专业、市政工程设计专业等，并成立了河北省建筑设计院、河北省建筑科学研究所、河北省综合勘察设计院等单位。20世纪60年代的“三年自然灾害”影响了勘察设计行业的发展。1961年7月，上级主管部门决定将上述单位合并为河北省建筑设计院（即“两院一所”合并），设备封存，骨干人员休眠渡荒，其余大幅调整，勘察工作进入低潮。

1964年后，国民经济形势逐渐好转，国家基本建设呈现复苏迹象，形势的发展需要开展大量的勘察工作；而“两院一所”合并后由于专业距离大，互相制约扯皮，矛盾很多，不利于工作。据此河北省主管部门决定将原单位的勘察部分除一小部分留给河北省建筑设计院外，大部分力量分离出来，成立“河北省建工厅勘察测量大队”，所设专业为供水水文地质勘察、工程测量，后又设置了工程地质勘察专业，并组建了机具加工车间，勘察工作进入新的发展期。

“文化大革命”开始后，勘察工作又面临新的困境，生产基本停滞。直到1970年，我省重新组建了“河北省城市勘测大队”。由于工程建设的需要或是历史地理位置的原因，“文革”时期及其以后，迁入了一批勘察设计单位，如中国兵器工业北方勘察设计研究院有限公司、中国化学工程第一岩土工程有限公司、中核第四研究设计工程有限公司、中勘冶金勘察设计研究院有限责任公司等，这些单位的迁入使我省勘察设计行业逐步壮大，为我省工程建设发展奠定了坚实的基础。

改革开放以后，尤其是20世纪80年代，多数勘察单位开始实行企业化管理，在传统勘察测绘专业的基础上，逐步发展了岩土工程业务，市场竞争日益激烈。这一时期，工程勘察专业有了长足的发展，并取得一些可喜成绩。2003年，我省勘察设计行业开始进行“改企建制”改革，引入现代企业管理制度，以河北建设勘察研究院有限公司为代表的一些单位，改制为属地管理的独立运行的现代企业，并实行股份制运行。各企业的经营业务在传统工程勘察基础上向岩土工程拓展。建筑、水利、石油、煤炭、冶金等行业之间的界限愈发模糊，形成了全方位的泛行业的工程勘察专业。

2013年，随着国家“一带一路”倡议的提出，省内多数大型勘察设计企业响应号召，积极向外拓展，勘察设计业务一步步走向国外，国际化之路越走越宽。

经过近70年的发展，我省勘察队伍不断壮大，截至2018年，全省具有勘察资质的单位241家，其中甲级资质单位89家，乙级资质单位126家，丙级及以下资质单位26家。勘察人员的构成除钻探施工、原位测试、土工试验等有部分技术工人以外，大部分为专业技术人员，技术职称从早期的技术员、助理工程师、工程师，逐步发展为高级工程师、正高级工程师。截至2018年底，勘察从业人员达5 852人。2011年起，省住房和城乡建设厅与省人事厅共同组织评选河北省勘察设计大师，截至2018年，工程勘察专业共有河北省勘察设计大师12名，其中梁金国同志还被评为全国工程勘察设计大师。

得益于国家以投资拉动经济发展的方式对勘察设计行业发展的促进作用，企业和从业人员数量不断增加，勘察行业得以高速发展。市场经济的发展和勘察队伍的壮大，推动勘察行业经营范围不断扩大，由行业内到行业外，由省内到省外，由国内到国际，形成了一个开放型的勘察行业。

（二）勘察技术的进步

70年来，工程勘察队伍及技术发展经历了一个曲折渐进的过程，规模由小到大，单位由少至多，专业由单一向多专业发展，技术水平由低级向高科技领域发展，设备由简单到复杂的世界一流设备配备发展。在测绘仪器方面，从单纯发展光学仪器发展成为以电子、激光为主的现代仪器，钻机由老式的钻机发展成为车载、轮工、油压、履带、深度可到几百米的先进设备。在制图方面，由手工发展成100%的计算机制图。

①工程地质学是在新中国成立后发展起来的一门学科。20世纪60年代，技术人员通过工程地质实践，积累了大量资料和实际经验，学科进入独立发展阶段，各建设部门相继制定了自己的勘察规范，尤其以冶金行业的规程、标准发展较快。期间，随着岩土测试技术提高，定量评价有所发展。

早期的工程地质勘察手段主要是钻探，典型设备是探矿钻机改为以第四系钻探为主的小型“手把钻机”，接着又研发出小型SH-30型钻机等，探查手段以肉眼鉴别地层为主，辅以取岩土试样和孔内动力触探测试；还有一种基本的原位测试方法，就是浅层平板载荷试验。勘察报告主要内容是判明地层结构、地层性状、各层岩土的地基容许承载力等。由于当时的建筑物相对简单，钻探深度一般在30米以内。

所出具的勘察报告文字部分相对简单，文字为油印，图纸为手工描绘再蓝晒而成。一份普通报告的编制至少要一个星期以上。

河北省内早期的工程地质勘察单位清一色为事业单位，主要为当时国内建筑、机械、化工、冶金、煤炭、电力等行业的设计研究院所属专业部门，独立的勘察单位较少。由于处在计划经济时代，专业发展随国民经济建设规模而动，勘察工作均为指令性工作，以满足设计需求为目标，专业技术发展的动力不足。

②改革开放以来，经济建设蓬勃发展，工程地质在以往基础上逐渐取得进步。它经历了从知之甚少到内容丰富多彩、独具特色，再到逐步跻身于国际先进行列的过程，成为一门有着自己的理论体系和一套技术方法，能够较好地解决工程建设实际问题的应用科学。

钻探设备也有了长足的发展。根据我省地质条件特点，常用的钻机多为车装钻机，主要有北京探矿机械厂、张家口探矿机械厂的DPP-100型，无锡探矿机械厂的G-2、G-3型，目前一些单位还引入了声波钻机等，钻探深度也达到了100米。原位测试法也发展较快，有静力触探试验、旁压试验、波速测试、扁铲侧胀试验、十字板剪力试验等。取样技术和设备也有了提升，出现了采取原状砂类土等取样器。

勘察报告的内容也逐渐丰富，除常规的地层及状态描述外，增加了对各类地基土的评价，各类基础形式的推荐、地基变形的估算等涉及岩土工程方面的问题探讨。勘察报告编制自20世纪90年代初便开始采用计算机辅助出图，早期中文编辑软件有“CCED”“WPS”等；平面图、剖面图等均实现了计算机绘图；图纸也由喷墨打印逐步提升为激光打印，图文面貌焕然一新。

此时，省内一些勘察单位已经陆续实行“企业管理”，事业经费很少或无，企业生存迎来新的挑战，市场竞争越来越激烈。竞争带来的好外是一些企业自发改进勘察工艺，增加和提升勘察手段。由于计算机应用的普及，工程地质剖面图也从二维的表现，逐步发展为三维的立体呈现。省内一些勘察力量较强的企业，如北方勘察院、河北建勘院、核四院、省建筑设计院、省建研院等，开始尝试进行岩土工程设计和施工。

③20世纪90年代初，新型、特殊工程逐渐增多，这也对工程地质勘察提出了新的要求，需要引入有关科学的新理论、新方法、新技术。继工程地质勘察后，以工程地质学、水文地质学、岩石力学、土力学等为理论基础，涉及岩石和土的利用、改良、灾害防治和环境保护的分支学科——岩土工程一步步发展起来。

进入21世纪，岩土工程发展如火如荼，多数从事工程地质勘察企业已经在岩土工程方面有了很大发展。勘察报告以解决岩土工程问题为重心和导向，报告中不但出现大量的分析和预估算，还有多种解决方案及设计，从碎石桩复合地基、水泥土桩复合地基、强夯、真空预压，直到各类型混凝土灌注桩等，不一而足。

履带式钻机

荷兰SRS ML声波钻机

三、评优创优，助力发展

（一）争先创优

1979年之前，勘察设计的管理属于行政管理，承担指令性工程项目。1980年之后，勘察设计进入行业管理阶段，国家的优秀设计评选工作也是从此时开始的。在国家建工总局制定了《优秀建筑设计奖励条例》之后，同年8月28日，河北省革命委员会基本建设委员会以冀基设

强夯施工

长螺旋桩机施工

旋挖钻机施工

〔1980〕174号文件下发了《关于开展优秀设计评选活动的通知》，我省自此开展了这项工作。1987年，河北省建设委员会制定了《河北省优秀工程勘察设计评选办法》，该办法是自下至上逐级评选，择优向省建委推荐评出省优工程勘察设计项目，从此工程勘察设计项目正式纳入评优行列。在勘察从业人员的努力下，30多年来，我省涌

大直径工程井钻机施工

现出大量优秀勘察项目，为我省建设事业的发展作出了重要贡献。

我省历年来获国家级勘察设计奖的项目名称及获奖单位见下表。

序号	单位名称	获奖项目名称	获奖等级	获奖批文时间
1	中国化学总公司沧州勘察公司	齐鲁石化总公司烯烃氯碱厂工程地质勘察	全国银奖	1986
2	河北省城乡勘察院	唐山市供水水文地质勘察	全国金奖	1987
3	化工部沧州勘察公司	乌鲁木齐石油化工厂米泉水源地凿井工程	全国金奖	1987
4	河北省城乡勘察院	张家口腰站堡水源地供水水文地质勘察	全国金奖	1994
5	河北省电力勘测设计研究院有限公司	沙岭子电厂水源地供水水文地质勘察	全国铜奖	1994
6	河北省电力勘测设计研究院有限公司	华能上安电厂井陉县西庙水源地供水水文地质勘探	全国银奖	1996
7	河北省电力勘测设计院等	大地（勘测）MIS软件	全国金奖	1999
8	河北省建设勘察研究院	唐山古冶区海子沿水源地供水水文地质勘察	全国银奖	1999
9	河北省水利水电勘测设计研究院	桃林口工程坝基建基面地质勘察	全国铜奖	1999
10	河北省电力勘测设计研究院有限公司	西柏坡电厂岩土工程勘测	全国铜奖	1999

续表

序号	单位名称	获奖项目名称	获奖等级	获奖批文时间
11	河北省建设勘察研究院	邯峰电厂施工降水	全国铜奖	1999
12	化工部第一勘察设计院	渭河化肥厂工程地质详细勘察	全国铜奖	1999
13	河北省电力勘测设计研究院有限公司	西柏坡电厂一期工程岩土工程勘察	全国铜奖	1999
14	河北省电力勘测设计研究院	河北省邯郸市邯峰电厂王凤水源地供水水文地质勘探	全国银奖	2002
15	河北建设勘察研究院有限公司	唐山市体育场（体育中心）岩溶塌陷地质灾害治理工程	全国银奖	2004
16	河北建设勘察研究院有限公司	河北省滦南县供水工程姜沧水源地勘探阶段水资源论证	全国银奖	2004
17	河北中核岩土工程有限责任公司、同济大学岩土工程研究所	秦山三期（重水堆）核电站工程勘察	全国铜奖	2004
18	中勘冶金勘察设计研究院有限公司	浅埋老采空区上建设2×2500吨/日水泥生产线—采空区评价与治理	全国银奖	2006
19	河北建设勘察研究院有限公司	石家庄铁四局改造项目北国—开元广场岩土工程勘察	全国银奖	2006
20	河北建设勘察研究院有限公司	广西信发铝电有限公司靖西厂址岩土工程勘察与治理工程	全国银奖	2008
21	河北建设勘察研究院有限公司	广西信发铝电有限公司年产160万吨氧化铝赤泥堆场岩土工程勘察	全国银奖	2010
22	河北建设勘察研究院有限公司	城市岩土工程信息系统	全国银奖	2010
23	沧州水利勘测设计院	河北省南水北调配套工程沧州市工程选线测量	全国铜奖	2011
24	中兵勘察设计研究院	烟台滨海广场53号A宗地项目	全国银奖	2014
25	沧州水利勘测设计院	沧州市南水北调配套工程水厂以上输水管道工程项目工程测量	全国铜奖	2015

（二）以优质工程铸就行业发展辉煌

随着基本建设的发展以及评优工作的助力推进，我省的工程质量明显提高，取得了丰硕的成果。评优工作的开展对我省勘察技术和勘察质量的提升起到了极大的促进作用，激发了各单位争优创优的意识，推进了各种新技术、新工艺、新方法在工程中的应用，对行业的发展具有重大意义。以下工程项目是我省勘察技术和质量成就的典型代表，其取得的荣誉也是我省全体工程勘察从业人员的荣耀。

（1）浙江舟山液化天然气（LNG）接收及加注站项目一期工程——LNG储罐设施岩土工程勘察与试桩、桩基工程（2017年）

浙江舟山液化天然气（LNG）接收及加注站项目是国家能源局核准的唯一的由民营企业投资的接收站项目、浙江省重点项目，总投资100亿元，其中一期投资58.5亿元，主要建设2座16万立方米LNG储罐、LNG加注工艺系统及配套辅助设施。储罐区域采用大直径灌注桩与筏板组成的高承台桩筏基础，钻孔灌注桩为嵌岩桩。项目勘察、施工、检测由河北建设勘察研究院有限公司完成。

岩土工程勘察：本项目共完成勘探点402个，总进尺为21 942.5延米，完成波速测试试验12个，电阻率测试点8个。该项勘察具有以下特点。①项目采用了多种原位测试手段及方法，结合工程钻探及土工试验，查明了拟建建（构）筑范围内岩土层的类型、深度、分布、工程特性。②针对海相沉积软土和中风化基岩等场地地层进行了全面且针对性强的室内试验，通过数据统计分析，提供了各层地基土的物理力学指标，为地基处理设计提供了可靠的岩土技术参数。③对地基基础方案进行了综合分析评价，依据岩土层的工程特性，结合工程特点，对所涉及的岩土工程问题进行了分析评价，提供了基桩设计参数，对灌注桩施工工艺及设计注意事项进行了分析。④基桩论证分析依据充分、论证准确，为后续地基处理工作提供了可靠的设计参数，勘察报告提供的数据可靠，得出的结论准确、全面。

桩基施工与检测：本项目共完成桩径1 200毫米试桩364.91米，1 200毫米工程桩28 975.5米。在施工组织设计制定前期，项目技术人员对地层条件、勘察手段、地层评价方法、大型旋挖钻机施工效率、岩层钻进难度、钢筋笼制作方法和护筒安全起拔方法等进行了充分的分析与研究，找出了施工各个环节存在的难点与控制关键点，有针对性地提出了下列切实可行的方法和措施：一是在塘渣层中采用“双护筒法”下设长护筒技术解决地层坍塌问题；二是通过泥浆指标控制，解决在粉砂、淤泥质黏土等软土地层中成孔垂直度问题；三是应用“门式”钢筋笼制作工装、“碗式”导正块、钢筋笼“八点起吊”等方法解决灌注桩成桩质量问题。经对施工基桩进行检测，结果显示单桩竖向抗压承载力满足设计要求。该工程项目为2019年国家工程勘察设计一等成果。

（2）张家口腰站堡水源地（15万吨/日）供水水文地质勘察

张家口作为北京的上风上水地和重要的生态屏障、水源地，其饮用水源为地下水水源，随着城市化发展步伐的加快，城市面积不断扩大，供水人口不断增加，供水需求也不断增加。建设开发新的、具有长期供应能力的水源地对于保证人民的生活需要，推动经济社会的协调发展具有重要意义。为解决张家口市城市供水的紧张，拟建采水量为15万吨/日的腰站堡水源地。此工程是在河北省第三地质大队对张—宣盆地详查的基础上开始的，由河北建设勘察研究院有限公司与建设部综合勘察院共同承担。

本工程开凿18眼探采结合孔，既满足了勘探的需要，又孔孔成井，不仅完成了水文地质勘察任务，开凿水井的任务也同时完成，节省了大量资金。在水资源评价计算中，在国内首次采用了大、中、小三个相互嵌套和衔接的数学模型，较好地解决了普遍存在的内、外边界的难题；建立了清水河冲积扇的地下水水质模型，完成水质污染计算，确保水源地清洁安全。创新的计算方法和可靠分析结论得到国内专家的一致认可。该工程的实施为张家口水源地建设提供了很好的参考，对类似工程建设具有重要的指导意义，为推动张家口水资源开采、保证水资源供应作出了巨大贡献。此工程获1993年国家优秀工程勘察金质奖。

（3）秦山三期（重水堆）核电站工程勘察

秦山三期（重水堆）核电站是国家“九五”重点工程，采用加拿大成熟的重水堆核电技术。作为国家“九五”计划重点建设项目，其建成发电缓解了我国华东地区用电紧张的状况，河北中核岩土工程有限责任公司与同济大学岩土工程研究所共同承担了该项目全部勘察工作（包括主体厂房群初勘、海堤勘察、厂区边坡勘察、主体厂房群详勘、场地工程特征研究等）。

勘察工作于1998年11月完成，并通过专家组评审。详勘阶段提前一个月提交成果资料，为整个核电建设赢得了时间。汽轮机厂房混凝土底板设计厚度减小的建议被加拿大设计方采纳，仅此一项就节省投资约500万美元。勘察成果提供的岩土工程设计参数，结论与建议的合理性通过设计以及核电站的顺利运行得到了充分的验证。该项目荣获2004年国家第九届优秀工程勘察铜奖。

工程勘察专业是一个传统专业，也是一个新兴专业，随着国家改革开放进一步推进、深化，相信省内勘察设计企业将会有更大、更新的发展。广大会员单位决心以河北省工程勘察设计咨询协会为平台，努力提高自身发展，为河北省岩土工程勘察行业贡献力量。值此新中国成立70周年之际，广大企业员工和专业技术人员，决心乘“一带一路”经济发展东风，为国家、为企业、为个人的发展添砖加瓦，为新中国成立70周年献上一份沉甸甸的厚礼！

市政

一、行业概述

市政工程主要包括城市道路、桥梁、隧道、给水、排水、公共交通、载人索道、环境卫生、轨道交通、城镇燃气、热力等城市公用事业工程，均属于国家的基础建设，是城市生存和发展必不可少的物质基础，是提高人民生活水平和对外开放的基本条件，是城市经济发展和实行对外开放的基本条件。

石家庄市建华大街泵站

城市的市政设施同时具备直接为生产和生活服务的职能。如城市供水设施，既向企业提供生产用水，又向居民提供生活用水，城市排水设施，既排放、处理工业污水，又排放、处理生活污水；城市道路桥梁，既通行生产用车，又通行生活用车；城市防洪设施，既保障生产安全，又保障人民生活安全。

沧州渤海新区景观湖雨水泵站

各项市政工程与城市其他建筑工程相比，具有投资大、工期要求紧的特点，特别是水源、气源、桥梁、隧道、防洪工程建设，需要提前安排，在施工顺序上需要先行一步，所以有其建设的先行性和前瞻性。同时，城市大部分基础设施项目如供水、排水、供气等都具有一定的规模效应，但它们不能因需求的少量增加而随之做相应的扩大，而只能按一定等级阶段性发展。还有相当一部分基础设施，如道路、桥梁和各种管线，建成后如需拓宽和增容，工程难度大，拆迁费用高，而且还影响其他设施的正常运转。所以，这些基础设施不仅要在时序上超前，而且在设计容量上要留有充分的余地，只有这样才能保证它与城市其他建设同步形成和协调发展。

近几年来，为了确保市政行业的高质量发展，国家及地方政府分别从综合交通运输体系、管廊建设及海绵城市建设的推进、老旧管网的改造、雄安新区的布局等方面提出了相应的引导性政策。这些政策有力地推动了城市道路建设等基础设施的技术创新和快速发展，建立多元化奖补机制，坚持政策与资金多方保障，促进了我省市政设施产业的发展。

二、市政勘察设计行业的发展历程

我省的市政工程设施历史悠久，在我省易县燕下都老姆台出土的燕国“虎头型陶水道管口和管井”，证实了我省境内在春秋战国时期就有了室外排水工程。再从战国到秦汉，我省在道路、桥梁方面，也形成了颇具特色的体系。秦修筑了以咸阳为中心的驿道，而位于我省井陉县境内的秦皇古驿道就是当时的主干线上的重要一段，被称为“冀晋通衢之孔道”，至今可以清晰地在路面上看到古时车轮碾压而成的一尺多深的车辙印记，这是“车同轨，书同文”的唯一历史见证。坐落在我省赵县洨河上的赵州桥，建于隋代开皇十一年至开皇十九年（公元591—599年），由著名匠师李春设计和建造，距今已有1 400余年历史，是当下现存最早、保存最完善的古代单敞肩石拱桥。经历了10次水灾，8次战乱和多次地震，赵州桥都没有被破坏。著名桥梁专家茅以升说，先不管桥的内部结构，仅就它能够存在1 400来年就说明了一切。诸如此类的古代基础设施，在我省数不胜数。

新中国成立后，我省加强了对基本建设工作的领导，明确了工程勘察设计的地位与作用。1949—1952年，为了贯彻“勤俭建国”“为人民服务，为劳动人民服务”的方针，许多城市设计、整修、新建了大量当地迫切需要的道路、桥梁、给水、排水工程，城市市政设施得到迅速恢复与完善。其间，各地市政工程主管部门加强技术力量，组建专业设计组、设计室等。例如唐山市规划建筑设计研究院就是由1953年成立的唐山市建筑工程局施工设计科开始发展的，石家庄市市政设计研究院也是在1956年7月石家庄市建设局成立的设计组的基础上逐渐发展起来的。

1953—1957年，国家制定了发展国民经济的第一个五年计划，集中力量进行建设项目。这一期间，市政工程设计行业的组织机构、管理制度和专业技术都以学习苏联经验为主。在基本参考、适应苏联设计标准规范的同时，我们也根据自身具体情况发展有自己特色的设计技术，使城市道路、桥梁、给水、排水等工程设计技术与政策水平有了较大提高。

1958—1978年，我省市政工程设计行业经受磨练，曲折前进，开始走上自主设计的道路，虽然遭遇过严重挫折，仍然取得了很大的成就。特别是随着河北省省会由天津迁往保定，再转而迁到石家庄，使多地的市政设施得到有序发展。1958—1960年，市政工程设计人员响应党的“鼓足干劲，力争上游，多快好省地建设社会主义”总路线的号召，首次较大规模地进行了现场设计，深入实际，掌握第一手资料；深入群众，与建设、施工、生产、管理、科研等单位相结合，解放思想，勇于创新，敢于突破苏联设计规范与管理制度中的一些不合理的条条框框，开始自主设计，在完成许多重点项目和采用新技术上取得了很大成绩。1964年，党中央号召“备战、备荒、为人民”，有关设计单位加强了支农工程和“三线”建设市政配套工程的设计工作。同年12月，全国开展了“设计革命”运动，我省广大设计人员“下楼出院”进行“三结合”现场设计，经受了考验，思想作风和设计质量都有了很大的提高。1966年，“文革”开始，尽管市政工程勘察设计工作和干部群众受到猛烈冲击，但广大设计人员在困难的条件下，仍坚守岗位，坚持现场设计，完成了三线建设、成套设备引进和城市市政设施等大量工程设计任务，经受了正反两方面的教育、锻炼与考验。

党的十一届三中全会以后，市政工程设计队伍迅速恢复、壮大，“科技是第一生产力”的思想深入人心，各设计单位积极贯彻十一届三中全会后党的历届代表大会的精神，实事求是，锐意进取，紧跟社会主义市场经济大潮，市政勘察设计行业的整体素质和技术水平不断提高。

改革开放以来，我省市政公用设施建设以空前的规模迅速发展，对城市经济、社会发展和人民生活水平的迅速提高以及实现城市现代化发挥了重要作用，成绩巨大。广大市政工程设计人员为我省的市政公用工程建设付出了艰辛的劳动，作出了历史性的贡献。

南二环西延道路

截至2018年，我省市政勘察设计行业共有设计院所46家，其中甲级资质单位14家，乙级资质单位23家，丙级资质单位9家，从业人员3 411人，完成年勘察设计产值8.58亿元，工程总承包产值7.72亿元。

三、工程建设突出成就

改革开放以来，我省市政设施有了长足的发展。市政基础设施投资持续增长，国家园林城市、省级园林城市覆盖面逐渐扩大，城市环境越来越宜居宜业。

在城镇燃气方面，我省各市从20世纪80年代利用焦化厂和化肥厂释放气为城市燃气，到90年代初采用石油液化气，再到西气东输的天然气，使我省城镇燃气行业进入前所未有的发展阶段。

在城市道路桥梁方面，加强科技攻关，大量采用新技术、新工艺、新材料、新设备，全面提升了城市桥梁的功能和质量。另外，城市照明经过多年的发展，已由原来单一的道路照明逐步发展成涵盖景观照明和功能照明的城市照明系统，内涵和作用均得到了提升，也成为城市重要的基础设施。

在市容环境方面，生活垃圾处理能力不断提高，从原来单一的收集掩埋到焚烧和无害化处理，处理能力不断提升。随着垃圾分类管理普及，垃圾处理水平将逐步提高。

在公共交通方面，确立了可持续发展的交通理念，形成以公共交通为主导的城市综合交通体系，随着快速公交、城市地铁等基础设施的建设，公共交通的规模和服务水平得到了显著提升。

在城市水务方面，城市供水设施和供水能力得到大幅提高，城市污水处理事业得到蓬勃发展，城市节水事业成效显著。

在园林绿化方面，各地的绿化覆盖率大幅提升，城市园林景观提倡自然景观与人文景观进行有机融合，使城市变得更美。

在城市供热方面，各地逐渐取缔了小而零散的燃煤锅炉，实行集中供热改造，达到了节约能源、改善环境、提高供热质量的目的，在治理大气污染、提高能源利用率方面作出了突出贡献，提高了市民的生活质量。

截至2017年底，我省市政设施建设规模如下表。

石家庄市引水入市改善环境（民心河）

河北省市政设施情况统计表

城市	实有城市道路面积（万平方米）	排水管道长度（千米）	供水综合生产能力（万立方米/日）	供水总量（万立方米）	液化石油气供气总量（吨）	园林绿地面积（公顷）	建成区绿化覆盖面积（公顷）
石家庄	5 688	1 985	156.31	2 7679	128 034	4 840	12 687
承德	864	615	29.11	6 303	5 039	1 447	5 393
张家口	1 574	843	40.03	6 954	880	1 013	3 849
秦皇岛	2 222	689	40.00	8 121	1 493	2 257	5 431
唐山	3 343	2 595	82.60	13 158	10 709	3 151	10 156
廊坊	1 018	647	37.50	5 153	4 052	814	3 176
保定	3 266	1 290	53.16	11 515	6 366	1 755	8 148
沧州	1 093	636	20.08	3 837	3 319	726	3 101
衡水	994	605	19.03	4 585	3 289	790	3 041
邢台	1 519	845	32.30	4 680	592	1 538	4 457
邯郸	4 134	2 255	88.20	14 380	803	3 500	7 852

交通

新中国成立之初，河北境内的主要公路只有65条，总里程7 984千米，约占当时全国公路总里程的6.7%。而到2018年底，河北省仅高速公路总里程就达到7 279千米，位居全国第二位，普通干线公路建成639千米；农村公路建成7 005千米。经过近70年的发展，河北公路建设发生了翻天覆地的变化。作为公路建设的“排头兵”和“先遣队”的公路勘察设计行业，在这沧桑巨变中发挥着重要作用。

一、行业概述

公路勘察设计的主要任务是为公路工程建设提供科学完整的施工设计文件，要完成公路平面、纵断面、横断面设计，完成公路工程项目中的桥梁、涵洞、交叉工程、隧道、排水防护、路基路面、交通安全设施、服务设施等专业的勘察设计工作。公路工程点多、线长、主体工程远离城镇、暴露在自然环境中，所以公路勘察设计行业具有涉及面广，与其相关的交叉行业多，受环境、地质、气象等自然条件或不确定因素影响大，涉及专业多，要求从业人员具有较高的专业技能，有大量野外工作等特点。

二、行业发展历程

（一）从新中国成立到改革开放之初（1949—1989年）

新中国成立之初，河北境内公路通车里程为5 310千米。总体看，当时我省公路多为土路，标准低、质量差、晴通雨阻，迫切需要整修。1949年至1952年期间，我省对11条重点干线公路进行整修，公路通车质量有所提高。从1953年起，公路部门开始依靠地方、依靠民工建勤，就地取材，用简易方法修建中、低级路面。1954年，负责全省公路勘察设计的机构成立，即河北交通工程大队所属勘测设计队（河北省交通规划设计院的前身），从此河北省有了自己正规化、专业化的公路勘察设计队伍。1958年，全省实现了县县通公路。1963年末，全省公路通车里程达到25 531千米，是1949年的4.8倍，其中晴雨通车里程占总里程的16.4%。1964年到1978年是河北公路在曲折发展中不断改善与提高的时期。

“文革”期间，河北省公路勘察设计部门排除干扰，积极配合相关单位反复研究试验，并推广了具有河北特色的石灰稳定土基层、渣油表面处治路面。1978年底，全省拥有沥青（渣油）路面里程已居全国前列，全省公路通车里程达到40 260千米，是新中国成立之初的7.6倍，其中晴雨通车里程达到44%，拥有沥青（渣油）路面里程已占公路通车总里程的34%，县、市之间基本都铺筑了沥青（渣油）路面，全省90%以上桥涵实现了永久化。1972年，河北交通工程大队所属勘测设计队（河北省交通规划设计院的前身）为简化小桥涵计算程序，加快公路测设工作，编写了《公路小桥涵测设图表》一书，供广大从事公路测设人员参考使用。

从改革开放之初的1979年开始，全省集中财力、物力分期、分段对主要国省干线按一、二级公路进行技术改造，交通条件得以初步改善。1982年5月，河北省交通规划设计院总结多年来本省小桥涵勘测、设计经验编制的《公路小桥涵设计手册》由人民交通出版社出版，并在全国发行。该书简明扼要地介绍了公路小桥涵位置选定、孔径确定、小桥涵类型选择的实用方法。在公路勘测、设计、施工和养护中，采用该手册可以极大加快工作进度。该书的出版受到全国从事公路、城市道路、林业公路测设、施工和养护工作的技术人员和技术工人的普遍欢迎，曾多次再版。

随着改革开放步伐的加快，人们的思想进一步解放，生活生产的交流空间逐步扩大，出行方式的选择进一步增多。汽车、拖拉机、畜力车、人力车、自行车等大为增加，二、三级公路上混合交通问题突出，横向干扰严重，汽车车速不快，事故频发率高。因此，在提高公路等级的同时，如何解决混合交通问题，排除横向干扰，增加通行能力，成为摆在河北交通人面前的难题。为解决这些问题，河北的交通决策者和工程技术人员解放思想，大胆创新，结合当时资金短缺的客观实际，参照国外经验，探索了双幅公路模式——在原有的二级或三级公路旁边，修建一条新的三级或二级公路，一幅二级公路专供汽车行驶，另一幅三级公路行驶汽车之外的一切车辆。这就形成了我们河北人独创的“汽车专用公路”。从1985年修建邯郸码头第一条汽车专用公路开始，到1999年修建省道S382公路止，共修建了汽车专用公路29条（段）653千米。

汽车专用公路的发展，增加了公路通行能力，改善了汽车的行驶环境，排除了横向干扰，提高了行驶速度，降低了交通事故率，对河北的经济社会发展起到了重要的促进作用。在此期间，河北各级公路勘察设计单位积极参与汽车专用公路的勘察设计工作，认真研究各类技术指标、关键技术在汽车专用公路中的应用方式、方法。1988年交通部将汽车专用公路作为公路标准系列纳入《公路工程技术标准》（JTJ 01—1988），并在全国推广。

从1987年开始的京石高速公路的建设，使人们彻底解放了思想、统一了认识，从此燕赵大地上日新月异的高速公路建设延续至今，河北高速公路建设掀开了新的篇章。在此期间，河北公路勘察设计行业的辉煌业绩大多体现在高速公路建设项目中。

（二）伴随着河北高速公路发展历程，交通勘察设计行业日益壮大

从1987年开始，以大力兴建高速公路为龙头，河北公路建设进入了一个快速发展时期。建设高速公路给公路勘察设计行业提出了更高的要求，公路勘察设计水平也随着高速公路建设的发展而提升。

1.起步阶段（1987—1994年）

1987 年 3 月，京石高速公路的开工建设标志着河北省高速公路建设进入了起步阶段。在此阶段，河北省社会经济发展水平较低，高速公路建设发展缓慢，此时正处于计划经济向市场经济过渡阶段，不发达的经济（1986年河北省人均GDP为782元，不足100美元）在一定程度上制约了高速公路的建设。1990 年，河北省高速公路仅有 7千米。在此阶段，河北省经济社会发展对高速公路通达程度和运输质量要求不高，对运输速度、效率、服务等需求处于最基本阶段。对公路的基本需求就是有路可走，只要有交通线路把空间节点联系起来，有运输工具把人员和货物运送到目的地，就满足经济发展对交通运输功能的需求，对高速公路的需求很低。

从“七五”时期开始，河北省高速公路从无到有，从半幅到全幅，进入了河北省高速公路建设时代。1987年3月，第一条河北省自筹资金、自行设计、自主施工的高速公路——京石高速公路（当时称为汽车专用公路）西半幅破土动工；1993年10月，北京至石家庄半幅高速公路全线贯通，通车里程224.6千米。

河北公路勘察设计单位积极投入到京石高速公路建设中。在没有高速公路设计经验、缺乏高速公路设计规范和技术标准的情况下，认真研究高速公路设计特点、借鉴日本、美国、德国等发达国家高速公路设计理论和经验进行了大胆探索并取得突破。

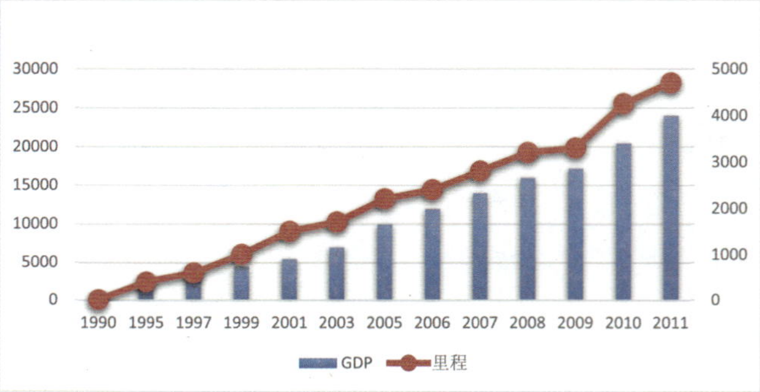

1990—2011 年河北省国内生产总值与高速公路里程发展概况

石家庄至太原公路是晋煤外运的主要通道，是国家“八五”期间国道主干线重点建设项目，是我省第一条山区且有重载交通的高速公路。1989年6月，该项目进行勘察设计，全线于1995年10月建成通车。承担该高速公路河北段勘察设计的河北省交通规划设计院，为我省山区重载交通的高速公路勘察设计积累了宝贵的经验。

2.引进提高阶段（1995—2002年）

随着我国经济实力的总体增强，经济发展对高速公路的需求迅速增加。社会经济的发展提高了对交通网络、交通设施、运输工具等的要求，增加了对运输速度、效率、服务等的需求，高速公路建设得到广泛重视。在此阶段，经济发展不仅要求交通网络密度更大，出行和运输更加方便，同时也对交通运输的安全性和运输的快速性提出了要求，即要求在最短的时间内以最高效、最安全的方式，保证把运输对象完整无损地安全送达目的地，而高速公路通达、便利、快速的特点可以充分满足这些需求。1995—1999年，随着GDP的逐年增长，河北省高速公路里程逐年增加，在1999年突破1 000千米大关，成为当时全国第二个高速公路通车里程突破1 000千米的省份。

为了完善路网布局，河北省按照“先骨干、后一般”的总体思路，以主干线为骨架，将基本公路网作为未来的建设重点，优先发展建设人口、产业密集区，太行山、燕山山前区，重要城市通往煤炭基地及港口通往内陆腹地的高速公路，使河北省高速公路建设得到迅猛发展。此外，通过引进国际金融组织先进的建设、管理经验，更加促进了我省高速公路的建设速度。

到“九五”期末，全省建成石安、京秦、京沪等高速公路14条（段），使干线路网布局得到明显完善，公路总体通行能力和服务水平显著提高，初步形成了以北京为中心，以天津、石家庄为枢纽，辐射10个中心城市、4个港口、两个煤炭基地，呈“两纵两横”“开”字形布局的高速公路网络系统，造就了河北“三纵三横三条线”的高速公路布局。

河北省勘察设计单位主要完成了石黄（石家庄至黄骅）高速公路石家庄至沧州段，京沈（宝坻至山海关段）高速公路的勘察设计工作。其中，京沈高速公路于2002年获得国家第十届优秀工程设计金奖。

在这两条通车里程均接近200千米的高速公路（石黄高速全长187.5千米，京沈高速全长199.3千米）的勘察设计工作中，各级领导和工程技术人员解放思想、开阔思路、集思广益，为我省乃至全国公路勘察设计行业的技术水平提升起到了带头作用。

3.多元快速发展阶段（2003—2008年）

2003年到2008年的5年间，河北省人均GDP从10 251元增长至22 986元，汽车拥有量从189.55万辆升至388.62万辆。为了满足日益增长的经济和交通工具对交通设施的需求，在2003年至2008年的5年里，全省在高速公路上共投资261.3亿元，年均投资增幅为15.3%。2003年至2008年的5年间，河北省高速公路里程年均增长率14.23%，进入一个快速发展的时期。到2005年底，河北省的高速公路通车总里程突破2 000千米，达到2 135千米，成为全国高速公路通车里程突破 2 000千米的第五个省份。2003年至2008年，河北省高速公路建设里程数总计达 2 630千米（包括通车及未通车），高速公路建设实现跨越式发展，新建里程超过之前 15 年的总和。至2008年底，河北已经建成通车京石、石安、京秦、京沪、石太、石黄、青银等29条（段）高速公路，河北省 11 个地级市实现了“市市有高速”，高速公路网初步形成，在河北省境内的国道主干线高速公路全部建成通车。

2003年，河北省在全国率先提出了高速公路“路网”概念，提出了“五纵六横七条线”的高速公路网新布局，高速公路已成为河北公路网的主骨架，建成了省会与省辖市之间、省会与京津及周边省会城市之间高速公路相连接的网络系统，极大地缩短了省内中心城市间以及与外省是的通达时间。

在此期间，我省勘察设计部门主要完成了青银、邢临、京承、津汕、承唐、沿海、廊涿、张石（曲阳至石家庄段）、唐曹、保阜、张承、廊沧、大广（京衡段）等十几条段高速公路的勘察设计工作，为实现我省 “市市有高速”和初步形成全省高速公路网贡献了聪明才智。

4.整合提升阶段（2009—2013年）

2008年后，河北省社会经济发展水平持续提高，2009年河北省人均GDP接近25 000元大关，汽车拥有量高达625.82万辆；2011年河北省人均GDP突破3万元大关，汽车拥有量高达832.52万辆，交通运输需求进一步增强。同时，对交通网络、交通设施、运输工具的技术标准要求更高，对运输速度、效率、服务等的需求也提升到一个新的高度。

纵观河北高速公路发展历程，河北省高速公路的建设一直处于加速推进状态。昔日，京石高速公路从开工到全线全幅开通历时8年；今时，建设同等规模的高速公路用时一般3~5年。高速公路通车里程突破1 000千米，用时12年；突破20 000千米，用时6年；突破30 000千米，用了3年时间；突破40 000千米，仅用了2年时间。以大广、承唐、承赤、邢汾、承秦等为代表的一批高速公路项目的建设，谱写着河北省高速公路发展的新篇章。

5.转型创新阶段（2014年至今）

2014年以来，国家实施“调结构、稳增长”战略，提出了经济发展新常态。

在2016年12月全省经济工作会议上，省委、省政府提出要主动适应经济发展新常态，要把京津冀协同发展作为活跃经济工作全局的切入点，在创新发展中实现河北绿色崛起。与此相对应，河北交通人以落实中央和省的会议精神为目标，大力发展河北省的交通事业。到2016年底，河北高速公路通车总里程达65 020千米。“十三五”期间，河北省将加大交通基础设施建设，加快京津冀地区交通互联互通，到2020年，河北省高速公路通车总里程将达到90 000千米。

在此阶段，我省主要完成了太行山、津石、曲港、延崇（河北段）等高速公路的勘察设计工作。截至2018年底，河北省高速公路通车里程达到71 150千米。

6.京津冀区域综合运输及雄安新区公路网

2014年2月26日，习近平总书记主持召开京津冀协同发展座谈会，强调实现京津冀协同发展是一个重大国家战略，要坚持优势互补、互利共赢、扎实推进，努力实现京津冀一体化发展。

2017年4月，中共中央、国务院决定设立河北雄安新区。这是以习近平同志为核心的党中央作出的一项重大的历史性、战略性选择，是千年大计、国家大事。

2018年4月14日，中共中央、国务院作出关于对《河北雄安新区规划纲要》的批复。

《河北雄安新区规划纲要》中对新区公路交通提出规划：完善雄安新区与外部连通的高速公路、骨干道路网；合理布局综合交通枢纽，实现多种交通方式的顺畅换乘和无缝衔接。

当前，《河北雄安新区规划纲要提出的高速公路网中尚未建成的京雄高速（含大兴国际机场北线高速支线）、京德高速、荣乌高速新线已进入勘察设计阶段。

三、行业重大突出成就

（一） 承赤高速公路茅荆坝（蒙冀界）至红石砬段

2010年完成施工图设计，2013年12月建成通车的承赤高速公路茅荆坝（蒙冀界）至红石砬段，是《国家高速公路网规划》中“大庆—广州公路（G45）”的重要组成部分，也是河北省高速公路“五纵六横七条线”规划中的“第一纵”中的重要路段。它的建设对完善国家高速公路网和河北省高速公路主骨架，加强京津冀地区与内蒙古自治区东北地区的经济联系，带动承德和赤峰地区社会经济发展具有重大意义。

该项目中的茅荆坝特长隧道长6 776米，分离式双向四车道，净宽10.75米，设置通风斜井一座。该隧道主要特点及难点有：

①隧道地形复杂，多方案比选使隧道内外平、纵线形相协调；

②地质条件复杂，穿越石墨化地层；

③紧邻茅荆坝森林保护区，侧穿美林镇选矿厂采空区；

④需进行隧道通风专项研究，确保隧道运营安全；

⑤采用新材料、新技术预防冻害。

为此，设计单位开展了“单层衬砌的关键技术及其在茅荆坝隧道中的应用研究”的科研项目。茅荆坝特长隧道被授予2015年度河北省优秀工程勘察设计二等奖。

在工程勘察设计、施工、管理人员的共同努力下，承赤高速公路建设主要取得了以下科技创新。

1.高速公路景观与生态工程技术研究

利用建筑学、美学、动物学、园林艺术、地质、水文、环境、生态、工程力学、土木工程学、经济学等理论技术，并结合历史和文化研究，对承赤高速公路的生态与景观进行全面、系统、深入的研究，可以确保承赤高速公路的区域环境生态平衡，将承赤高速公路打造为生态、环保、旅游、景观的“示范工程”和“精品工程”，同时对提升山区高速公路景观及生态工程设计水平具有重要的现实意义。

这一研究包括：景观工程设计理念识别；项目区域人文、自热风景在工程中的定位，突出清代文化特色；高新技术、低碳材料等在依托工程中的应用；模拟效果下的动态景观创意；互通立交景观设计规划；景观平台、服务区、收费站、隧道洞口、取弃土场景观创意设计规划；起点茅荆坝自然保护区景观方案设计与路线总体设计相融合；高填、深挖边坡的景观设计规划；中央隔离带、路基边坡绿化设计及其色彩搭配；有特点的雕塑景观设计规划。

2.GTM数字仿真与高性能沥青混合料开发

针对传统的马歇尔设计方法的不足，结合承赤高速公路实体工程，在分析GTM压实机理数字仿真与微观力学机理的基础上，开展高性能沥青混合料三维力学性能仿真计算研究，对级配优化进行细致研究，并开发沥青混凝土数值仿真软件；开展GTM试件高温间接拉伸强度测定研究，探讨沥青混合料间接拉伸设计标准及GTM标准的关系，并应用于现场沥青混凝土质量控制中，为实现承赤高速“质量更可靠、工程更耐久、设施更完善、群众更满意”的目标奠定坚实基础。

开展了基于GTM设计方法的高性能沥青混合材料的路用性能与GTM自身性能指标的相关分析与评价方法；建立了一种新的可与GTM设计理念相配套的沥青混合材料纯剪测试技术；研究了适合于高性能沥青混合材料现场摊铺所需的相关关键工艺及技术要求。

（二）延崇（河北段）高速公路

2017年5月完成施工图设计的延崇（河北段）高速公路，是北京和张家口联合举办冬奥会中连接延庆赛区和张家口赛区的主要公路通道。为了实现高标准、高质量建设绿色、环保、节能高速公路的要求，勘察设计部门群策群力，采用先进技术、引入先进设计理念开展工作。延崇（河北段）高速公路在桥梁、隧道设计当中均有创新。

1.延崇高速公路（河北段）太子城互通立交主线1号桥

①该桥上部结构采用三塔双索面钢结构斜拉桥、双塔双索面钢结构斜拉桥及现浇等变高度预应力混凝土箱梁，下部结构桥墩采用矩形花瓶墩、盖梁式花瓶墩，桥台采用肋板式桥台、桩柱式桥台。

太子城互通立交效果图

金家庄隧道效果图（黄色为隧道部分）

②钢索塔由外索塔、内索塔及之间斜杆组成。内、外索塔外轮廓均为椭圆形，内、外塔索均采用五边形断面。

2.延崇高速公路（河北段）金家庄特长隧道

①延崇高速经赤城县炮梁乡北穿过棋盘梁，于炮梁乡金家庄村西北设置一座螺旋隧道。该隧道线路位于张家口地区较典型的上坝路段，棋盘梁南侧山脚海拔为1 400米，越过棋盘梁后即进入坝上，高程攀升至1 640米；线路在短短7千米的范围内，要克服高差达240米，常规展线方案难以解决。为了减少连续纵坡，避开地形复杂的地段，经深入研究和比选论证后，确定该路段采用螺旋展线方案。螺旋展线以半径860米的圆曲线为主，迂回360度后将高程抬升112米，其中2/3路段为金家庄特长隧道，完美地解决了线路爬升及避开地形复杂地段的难题。

②金家庄特长隧道左幅全长4 228米，右幅全长4 104 m，为河北省首座螺旋隧道，在建及已通车螺旋隧道长度位居全国第一。该项目采用顺时针360度的螺旋线，克服高差70多米，隧道左线半径为890米，右线半径为860米。

③隧道右幅纵坡1.91%，左幅纵坡1.84%，单向坡，隧道最大埋深约314.5米。考虑施工工期，隧道设置施工斜井1座，长740.95米，设置车行横洞4道，人行横洞15道。项目采用纯射流纵向通风预留互补式通风模式。另外，石家庄特长隧道为河北省首座采用降解汽车尾气光催化材料的隧道，也为河北省高速公路首座采用变色温LED灯具的隧道。

水利

水是万物之母、生存之本、文明之源，是人类生存与发展、社会和谐与进步的命脉。新中国成立以前，我省洪、涝、旱、碱灾害不仅严重而且频繁。水利设施寥寥无几，每遇大旱，赤地千里；每遇洪水，百里汪洋；春天白茫茫，夏天水汪汪的涝碱灾害年年可见。水旱灾害给国民经济，特别是农业生产以及人民生命财产安全造成重大危害，使广大劳动人民长期挣扎在水深火热之中。

盛世治水惠燕赵，风雨历程七十载。新中国成立后，河北人民在党和政府的领导下，开创了波澜壮阔、气壮山河的治水伟业，取得了举世瞩目的成就。兴修水库，治理河道，发展灌溉，开发水电，开辟水源，保持水土，引江引黄，一大批除害兴利工程宏伟浩大，彪炳青史，泽被后人。

一、水利事业发展，勘察设计先行

水利事业关系到社会安定、经济发展、生态环境和人民生命财产的安全。随着社会的进步，国民经济的加速发展，水利工程更加显示出它的重要性。我省全年降水分配不平均、用水总量倍增、水生态环境历史欠账多、水资源开发过度等特殊情况，决定了防治水害，兴修水利、开发水能、保护环境，在我省的特殊重要地位。

水利勘察设计在水利建设中起着龙头作用，工程建设，勘察设计先行。勘察设计质量是决定工程建设质量的首要环节，它关系到国家财产和人民生命的安全，关系到建设投资的综合效益，也反映着一个时代的技术水平和文明发展程度。七十年来，我省广大勘察设计人员，勇于探索，矢志追求，不畏艰苦，无私奉献，硕果累累：一是建立了较完善的水利规划体系，完成了一大批水利规划设计成果；二是完成了大量的勘测设计任务，保证了水利基础设施建设的需要。水利勘察设计行业，以科学发展观为指导，努力实践新时期治水思路，水利勘察设计行业的发展壮大，凝结了几代人辛勤劳动的汗水，涌现出了许多可歌可泣的感人事迹和模范人物，为我省水利事业的发展提供了有力的技术支撑。

二、抓住时代机遇，引领行业变革

新中国成立以来，我省高度重视水利工作。水利勘察设计行业从无到有、由小变大、由弱变强，人们紧紧抓住时代的机遇，把每个历史阶段作为新的起点，适应新常态、迎接新挑战，促进了我省水利事业深化改革，谱写了水利发展的新篇章。我省水利勘察设计行业主要经历了初步建立、多元发展、稳步提高、结构调整和快速进步五个既紧密联系又互相交错的发展阶段。

①20世纪50年代初到50年代末期，为初步建立阶段。水利建设的总方向由局部治理转向流域系统治理，水利建设开始从岁修复堤、修险堵口到重点工程建设，从治标到治本的历史性过渡和转变。1956年，河北省水利勘测设计院成立，勘察设计行业初步建立。水利勘察设计工作遵循“从流域入手积极治理危害严重的河流”的治水方针，编制了《海河流域规划》，由临时性措施转向永久性工程，由消极除害转向积极兴利，以防洪为主，兼顾灌溉及水能利用，为海河全面系统治理奠定了基础。这一阶段，测量设备多采用竹尺、皮尺、塔尺以及一些精度较低的光学仪器，水准测量和测距依靠人力跑点、拉链完成；地质调查主要使用罗盘和地质锤，勘探主要以洛阳铲、人力冲击钻、人力螺纹钻、手把式钻机等为主；工程设计计算多依靠算盘、函数表进行人工计算，图纸主要为人工描绘。勘测设计工作速度慢、质量低、劳动强度大。

②20世纪50年代末到70年代中期，为多元发展阶段。这一时期，我省全面进入系统治理海河阶段，特别是“63·8”海河流域特大洪水后，在毛泽东主席“一定要根治海河”的伟大号召下，全省开展了以大规模兴建水库、疏浚河道、新辟行洪通道和排沥治涝为特征的水利建设。这一阶段，水利勘察设计行业按照“上蓄、中疏、下排，以排为主”的治理总方针，对原海河流域规划进行了

补充修订，提出了《海河流域防洪规划报告》。广大勘察设计人员在已有资料的基础上，进行了认真调查、研究、分析和论证工作，参与了大量水利基础设施项目建设，包括大中型水库的兴建与扩建，防洪河道的整治，排涝河道的新建与扩挖，防洪堤的加高培厚，重要闸涵枢纽的新建与加固，盐碱地的综合治理，水电站的兴建等，门类繁多，勘察设计成果斐然，行业获得了多方向的发展。河北省的第一座大型水库——陡河水库，也是在这一时期建设完成的。经过这一阶段的水利工程建设，平原区河道实现了“高水高排、低水低泄、洪沥分流、单独入海、洪涝兼治”的防洪除涝格局，全省形成了较为完善的防洪排涝工程体系，使得全省中小洪水的洪涝灾害得到根本控制，大洪水和较大洪水得到基本控制，全面提高了抵御洪涝灾害的能力。同时，在这一时期，我省开始引入一些国外的勘测仪器设备，逐步推广使用新的物理探测技术，在钻探技术上，油压钻机逐渐取代人工钻机，并开始应用计算机技术。

③20世纪70年代中到90年代初期，为稳步提高阶段。为贯彻中共中央、国务院关于“调整国民经济，缩短基建战线”的方针，我省水利工作的重点转移到“加强经营管理，提高经济效益”方面。该时期水利基建项目主要是少量大中型水库的维修、小型水库的维修加固，续建急需的中小型修险工程以及部分堤防加固、河道清障等。随着山区上游一大批大、中、小型水库的相继落成并投入使用，灌区建设进入了大发展阶段，机井数量猛增，地下水灌溉面积大幅度增加，使农业抗旱能力显著增强。在前期水库建设的基础上，通过引水工程将水资源调配到平原缺水地区，兴建了一批水资源配置工程，着力解决地表水资源空间分配不均的问题。这一阶段，水利勘察设计行业已历经几十年的水利工程建设，积累了大量的宝贵经验，经过沉淀，这些经验大幅提高了设计水平与实践能力。同时，我省水利勘察设计技术也在这一时期得到了提高，一是大量引入经纬仪、水准仪、测距仪、遥感仪等先进设备，二是汽车钻机和水平钻机得到了广泛应用，三是工程设计开始推广使用计算机进行计算和制图，工作效率和精确程度有了较大进步，勘察设计行业在稳定中不断提高。也是在这一时期，我省水利勘察设计单位开始加强科学研究和技术开发，“勘察设计院”转变为“勘察设计研究院”，专利、著作权等自主开发技术成果逐渐涌现。

④20世纪90年代初到21世纪，为结构调整阶段。随着经济社会的快速发展，综合国力的增强，水利基础产业地位逐步提高，传统水利开始向现代水利迈进，我省抓住机遇，以深化水利改革和对现有水利工程综合治理为重点，充分发挥水利工程效益，期间战胜了“96·8”大洪水，确保了天津市和国家经济建设重地安全。这一时期，我省水利勘察设计单位开始改为企业，为适应市场经济发展需要，普遍加强了单位内部制度管理，开展了包括劳动、分配等一系列管理制度改革。改制后的勘察设计单位，业务范围以水利水电勘察、设计、咨询、监理和总承包为主，同时延伸到建筑、交通、市政等多个行业，市场逐步扩大。一批有限责任公司、股份有限公司和民营勘察设计单位相继成立，工程咨询、监理公司也开始出现。水利建设项目管理由粗放式管理转变为工程监理制、招投标制。水利勘察设计行业管理水平不断提高，形成了适应水利发展、具有行业特色的管理体系，建立了完善的勘测设计资质市场准入制度。在这一时期的水利勘测设计行业中，GPS、全站仪、激光测距仪等设备开始推广使用，计算机技术得到广泛应用，勘察设计工作开始步入全新格局。

⑤进入21世纪以来，为快速进步阶段。21世纪，我省水利进入依法治水、科学管水的新时期，水利建设与发展以落实水利产业政策、水资源优化配置为重点，兴建了一批城市供水工程及跨流域调水工程，节水灌溉事业得到了快速发展。2011年，中央1号文件《中共中央国务院关于加快水利改革发展的决定》指出，“水是生命之源、生产之要、生态之基”，进一步明确了新形势下水利的战略地位。党的十八大报告和习近平总书记关于治水的重要论述，阐释了一系列治水兴水的新理念、新思路、新举措，提出要坚持“节水优先、空间均衡、系统治理、两手发力”的治水方针，并把水利放在了生态文明建设的突出位置，进一步凸显了水利战略地位。我省水利勘察设计行业及时调整，按照“人水和谐”等治水新理念，注重工程建设与生态建设相结合，规划设计的城市防洪工程在理念上更注重与城市景观和水生态修复相结合，使城市防洪体系进一步完善，城市景观进一步靓丽，城市品位进一步提高，同时也带动了城市建设和经济发展。为改变河北省水资源短缺状况，遏制地下水严重超采的态势，改善水生态和水环境，我省勘察设计行业编制了一大批水资源的研究和规划项目，分析研究了水资源供需矛盾的

症结和解决途径。特别是从2014年初开始实施的地下水超采综合治理项目，有效遏制了地下水超采，为全省水资源的优化配置奠定了基础。两大跨流域调水工程——南水北调中线一期工程和引黄入冀补淀工程，经过大量勘察设计工作，经过10余年的建设，现已建成通水。这一时期，水利勘察设计技术和装备都得到了飞速发展，测量设备开始逐步推广使用无人机航测技术，BIM陆续引入Bentley、Revit等三维协同设计平台，多家勘察设计单位成立数字工作团队，抓住京津冀协同发展和雄安新区建设的机遇，深入推动了水利行业信息化、数字化，不断与国际接轨，达到了世界先进水平。

20世纪90年代使用水准仪测量

现代无人机航测

三、除水害兴水利，建设成就辉煌

新中国成立后，党和国家高度重视水利工作，把兴水利、除水害摆在重要位置，把水利作为国民经济的基础产业，在政策上给予大力支持，资金投入巨大，工程建设成就辉煌。南水北调等重大水资源配置工程建成通水，城乡供水保障能力整体提高；水生态环境修复与保护力度持续加大，部分区域和重点河湖湿地生态环境有所改善；防洪骨干工程体系不断完善，防灾减灾能力大幅提升；水利改革稳步推进，水利发展内生动力不断增强。目前，全省累计治理河段7万多千米，修建5级及以上堤防9 600多千米，修建大中小水库1 000多座，灌溉面积7 000多万亩，水电装机160多万千瓦，修建规模以上闸涵近7 000座、泵站3 000多座，形成了我省防洪减灾与开发利用的基本格局和防洪减灾保安、城乡供水保障、水环境保护的良性运行管理体系，建成了除害与兴利相结合、治理与开发相结合、工程措施与非工程措施相结合的治水体系。近年来，水利勘察设计行业不断拓宽服务领域，如建设项目水资源论证、防洪评价、水土保持方案编制等，为全省经济社会快速发展提供了重要支撑和保障，在水利建设中发挥了巨大作用。

（一）水利规划

科学编制和实施水利规划，破解水利发展瓶颈，补强水利发展短板，优化水资源配置，对水利事业的发展至关重要。我省水利勘察设计行业高度重视规划工作的导向作用，新中国成立后，我省水利规划体系日趋完善，逐步形成了以流域和区域综合规划为基础，以防洪、城乡供水、灌溉、发电、水保等专项规划为支撑的规划体系。各勘察设计单位先后编制完成了《海河流域规划》《海河流域防洪规划报告》《河北省水利综合规划》《河北省防洪规划》《河北省水资源综合规划》《河北省防洪规划总报告》及9个流域专项防洪（除涝）报告和地方区域水利综合规划等，为科学、系统地构建治水体系奠定了坚实基础和依据。为实现不同层次的规划，相关部门从战略上研究了流域和区域总的治理开发方向、整体布局、开发步骤和某些关键性措施，其主要成果对指导各流域和地方的水利建设起到了重要的指导作用。如《河北省水利综合规划》，2012年由两家省级设计院共同编制完成，是在以往综合规划、防洪规划、水资源综合规划以及区域经济社会发展规划、相关行业规划等基础上，在全面分析总结河北水利发展现状的基础上，结合流域经济社会对水利的需求，提出了全省水利发展与改革目标和控制性指标，明确了完善城乡供水体系、构建水生态环境保护与修复体系、完善防洪减灾体系、构建流域管理体系的治理任务。规划成果将成为河北省今后一段时期水资源开发、利用、治理、配置、节约、保护与管理以及防洪减灾的重要基础和依据。

（二）河道整治工程

1.防洪除涝工程

河北省境内流域面积在50平方千米以上的河流共计1 386条，河道总长度27 465千米，其中有防洪任务的河段长度17 959千米；据统计，至2016年，已治理河段长度7 592千米，治理河段达标长度1 965千米；五级及以上堤防9 608千米，其中一级堤防625千米，二级堤防1 558千米，三级及以下堤防7 425千米。新中国成立以来，我省通过新挖、扩挖、疏浚河道，修筑、加固堤防，改道、裁弯河道，挖深槽等多种工程措施，不断完善防洪除涝体系，此类工程多集中于20世纪50到70年代，主要包括：50年代，新辟潮白新河工程，疏通和新挖青龙湾和筐儿港减河，辟建新盖房分洪道，开挖独流减河，筑北大港围堤，兴建赵王新渠，疏浚和扩挖四女寺减河，扩挖疏浚卫运河，开挖任河大排水渠，开挖大清河南排水渠，开挖任文干渠，疏浚东干渠，开挖西干渠，开挖东风渠，疏浚黑龙港河本支及西支、老盐河、亭子河、江江河、清凉江等，疏浚宣惠河，开挖宣惠引河、沧浪渠，疏浚徒骇河；60至70年代开挖子牙新河、北排河，扩挖南排河、清凉江，开挖滏阳新河，开挖滏东排河，加固滹沱河北大堤，扩建新盖房分洪道，兴建白沟引河，开挖永定新河，疏浚治理北运河干流，兴建蓟运河引泃入潮工程，开挖还乡河闫庄分洪道，开挖疏浚和扩挖漳卫新河和四女寺减河，卫运河局部裁弯，加固漳河、卫运河堤防等。以滏阳新河为例，滏阳河上游多流经丘陵地区，河水中挟带有大量泥沙，进入平原后，河道比降小，水流缓慢，泥沙大量淤积，成为地上河，加之下游河床窄小，一遇大雨，不易宣泄，易形成水灾。1967—1968年，自宁晋县艾辛庄引滏阳河水，经衡水到献县，与子牙新河相接。这条新开的人工河道全长33千米，起分泄滏阳河上游洪水，减轻子牙新河下游泄洪负担的作用。滏阳新河设计行洪流量3 340立方米/秒，校核行洪流量6 700立方米/秒。

2.河道生态建设工程

近年来，随着防洪除涝工程体系的完善以及治水思路和治水方针的转变，我省水利勘察设计行业不断调整规划设计理念，从以防洪减灾为主到重视水环境水生态，为创造美丽河北贡献了自己的力量。如邯郸市根据东部平原、中部城市和西部山区的不同特点实施了“东蓄、中调、西治”的生态水网建设。“东蓄”即在东部沟通滏阳河、民有渠、东风渠、卫河四大骨干河（渠）系，拦蓄地表水、补充地下水、涵养生态水，并实施水、林、路一体化建设；“中调”即实施连通两库“引漳入滏”，恢复高级渠“引水入沁”，将岳城、东武仕两大水库水源调入主城区，为主城区生态景观建设提供水源保障；“西治”即在西部山区搞好水土保持，进行中小型水库、生态水城和小型集雨设施建设，有效涵养水源。在城市防洪建设方面，结合生态修复和景观建设，承德市实施了武烈河、滦河水生态修复工程；石家庄市实施了汊河生态治理工程，后又实施了滹沱河综合整治工程、环城水系建设工程；张家口市先后实施了清水河水环境综合治理工程和洋河综合治理工程；邢台市实施了七里河治理工程；唐山市实施了环城水系工程；衡水市实施了市区段滏阳河治理工程；多个有河道穿城的县城实施了河道综合治理工程。以滹沱河干流综合治理总体方案和滦河迁安市段河

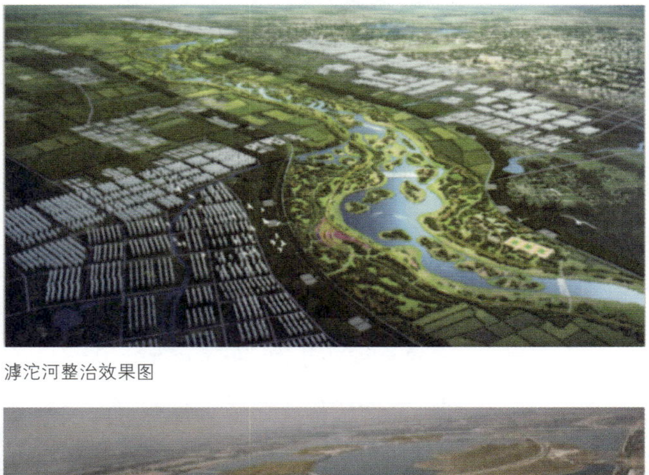

滹沱河整治效果图

实施综合整治工程后的滦河迁安段

道综合治理工程为例简单说明。

①滹沱河干流综合治理总体方案，以南水北调总干渠、机场路为界，把滹沱河分为上游生态保育段、都市生活景区段、中下游绿色长廊段三个区段。在完善防洪工程的基础上，上游以保护水源为重点，都市段以景观改造提升为重点，中下游以生态环境修复为重点，形成“一条生态廊道、两大自然景区、五座滨河公园、六处生态湿地”的空间格局。一条生态廊道——贯通滹沱河全线的两岸绿色生态廊道；两大自然景区——滹沱河郊野森林公园和石家庄都市生活景区；五座滨河公园——藁城、深泽、安平、饶阳、献县滨河公园；六处生态湿地——周汉河口、藁城、无极、晋州、深泽、安平生态湿地。该项目目前正在实施。

②滦河迁安市段河道综合治理工程，2012年建成，通过河道扩挖疏浚加大行洪断面，改善河道流势流态；采用防渗、挡水建筑物等措施形成蓄水水面和湿地，改善迁安市及行洪区内居民生活环境；结合弃土进行行洪区内安全建设，提高村基防洪标准。

（三）水库工程

全省现有19座大型水库、45座中型水库、1 002座小型水库，总库容119亿立方米，其中兴利库容54亿立方米。20世纪50年代到60年代，在唐山市陡河上兴建了陡河水库，这是河北省第一座大型水库，这一时期兴建的大型水库还有岗南水库、黄壁庄水库、横山岭水库、王快水库、西大洋水库、安各庄水库、龙门水库、临城水库、东武仕水库、友谊水库、邱庄水库、庙宫水库和洋河水库等。20世纪70年代到80年代，先后建成了朱庄水库、口头水库、云州水库。20世纪90年代，兴建了桃林口水库、大浪淀水库。全省水库数量已达1 066座，控制了全省85%的流域面积。进入21世纪以来，我省针对根治海河已建成大批水库但质量不高的状况，将工作重心转移到除险加固上来，水利勘察设计行业陆续对各类水库进行安全评价，并对病险库进行除险加固设计，为保证水库正常运行夯实了基础。

1.大型水库

我省大型水库设计防洪标准多为100年一遇，少数为500年一遇和1 000年一遇，主坝多为均质土坝和黏土斜墙坝，少数为重力坝，水库建筑物主要有主坝、副坝、溢洪道、泄洪洞、输水洞和电站厂房等。如岗南水库，位

滏阳新河城区段

岗南水库全景图

溢洪道现状

20世纪60年代溢洪道开挖施工图

于平山县岗南镇滹沱河干流，总库容17.04亿立方米，于1958年动工，1969年建成，1990年扩建加固，2008年除险加固完成达到现状规模。岗南水库以防洪为主，兼顾灌溉、发电、工业及城市居民用水等，是大型水利枢纽工程。2008年完成除险加固工程主要有：主、副坝各加高1.5米，非常溢洪道改建为新副坝，金属结构及土建工程加固，供电线路和配电设施更新改造，建设管理自动化系统，完善观测设施等。

2.中型水库

我省中型水库设计防洪标准多为50~100年一遇，主坝坝型有均质土坝、黏土斜墙坝、浆砌石重力坝、浆砌石拱坝、混凝土重力坝等。如石河水库，位于秦皇岛市山海关区孟姜镇石河，总库容7 000万立方米，于1975年建成，1998年完成安全鉴定，2011完成除险加固工程，是一座以供水为主，兼顾防洪、发电、旅游等综合利用的中型水库。工程由非溢流坝、溢流坝、泄水洞、输水洞、发电洞和电站等建筑物组成。主要加固项目：大坝下游贴坡加固，坝顶宽度增加至10米，贴坡材料选用堆石混凝土；溢流坝将原有工作闸门改造为检修闸门，结合坝体加固加长闸墩，布置工作闸门；泄水洞、输水洞内衬钢管加固，进口检修门改造为事故门；金属设备、电气改造，自动化运行系统升级。

3.小型水库

我省小型水库设计防洪标准多为30~100年一遇，少数为20年一遇，主坝坝型种类繁多，总体分为均质坝、斜墙坝、心墙坝、重力坝等。小型水库多为20世纪50年代到80年代建成，进入21世纪后，开始进行除险加固等工作，目前，重点小型病险水库除险加固工作已基本结束。

（四）引调水工程

我省省内共有跨水资源三级区的引调水工程4处，分别为引滦入唐工程、引青济秦工程、北陈海引水工程和朝阳洞引调水工程。引滦入唐工程自大黑汀水库引滦分水枢纽引水，经邱庄水库调节注入陡河水库，全长50.64千米。引青济秦工程由桃林口小坝、引青西线、东西线对接、引青东线和加压泵站及北戴河支线、汤河支线、海港支线等组成，主管道长64.805千米，加上支线总长近100千米。北陈海引水干渠位于新河县西部，为滏阳新河和滏东排河连结渠，干线总长1.4千米。朝阳洞引调水工程由老哈河调水入瀑河，干线总长4.4千米。同时，两大跨流域调水工程建成通水：南水北调中线一期干线工程2014年底全线通水，年分配河北水量30.4亿立方米，受益范围涉及7市92个县1 500多万人；引黄入冀补淀工程2017年建成通水，形成6.2亿立方米的年引黄河水能力，为白洋淀和雄安新区提供生态用水。

1.南水北调中线一期干线工程

南水北调中线一期干线工程穿越漳河后进入我省，途经35个县（市、区），全长596千米，与河渠、铁路、公路等交叉穿（跨）越建筑物802座，初设批复总投资406.6亿元，包括京石段工程、邯石段工程和天津干线工程。南水北调中线干线工程入境设计流量235立方米/秒，加大流量265立方米/秒。2003年12月，京石段滹沱河倒虹吸工程率先开工建设，南水北调中线一期工程正式进入建设实施阶段。经过11年的建设，南水北调中线一期工程总干渠于2014年12月正式通水，水资源承载能力得到大幅提高，分配我省水量30.4亿立方米。配套工程廊涿、保沧、邢清、石津四条干渠全部建成，受水区7个市水厂以上管道工程基本完工，至2016年，规划建设的120座水厂已建成88座，石家庄、保定、邯郸等6市22个县用上了长江水。

（1）南水北调中线一期工程总干渠

南水北调中线一期工程总干渠河北省境内渠段，由豫冀交界处的漳河北岸开始，至冀京交界处的北拒马河中支南止，全长465.93千米，由南向北依次划分为邯邢段（邯郸市及邢台市境内渠段，长172.75千米）、石家庄南段（石家庄市南部境内渠段，长65.80千米）、石家庄至北拒马河段（石家庄市北部及保定市境内渠段，长227.38千米）。以邯邢段为例，渠道过水断面为梯形，按不同地形条件，分全挖、全填和半挖半填三种情况，全断面衬砌混凝土。渠道设计水深6米，设计底宽13.0~26.5米，设计水面纵坡1/28 000~1/15 720。

（2）总干渠交叉穿（跨）越建筑物

总干渠河北段共布置与河渠、铁路、公路等交叉穿（跨）越各类建筑物701座，包括渠道及左岸排水建筑物、大型河渠交叉建筑物、排水渡槽、渠渠交叉建筑物、分水口门、跨渠桥梁、铁路交叉建筑物等。以洺河渡槽为例，洺河渡槽是南水北调中线一期工程总干渠的一座大型河渠交叉建筑物，位于邯郸市永年县城西邓底村与台口村之间的洺河上，全长930米，其中洺河渡槽总长829米，连接渠道长101米。洺河渡槽由进出口连接段、进口节制闸、出口检修闸、退水闸和排冰闸组成，退水闸和排冰闸位于渡槽进口右岸。槽身段共布置16跨渡槽，单跨长40.0米。

2.引黄工程

在南水北调中线、东线工程生效前，黄河是河北省重要的外流域调水水源：人民胜利渠和共产主义渠线路、河南大功干渠线路和濮阳濮清南干渠线路进入河北省境内均汇入邯郸的东风渠，向北至白洋淀，构成河北省引黄的“西线”；山东位山线路和潘庄线路进入河北省清凉江和邻近的南运河，构成河北省引黄的“中线”；山东滨州小开河线路向沧州滨海输水，称为“东线”，形成河北省“多口引水、多线输水”引黄总体布局。引黄入冀补淀工程2017年建成通水，实现6.2亿立方米的年引黄河水能力，位山引黄工程续建改造加快实施，引黄入邯工程建成通水，李家岸引黄加速推进。引黄入冀补淀工程和李家岸引黄工程渠首设计年引黄河水能力共15.8亿立方米，供水范围涉及邯郸、邢台、衡水、沧州、廊坊5市和雄安新区。引黄工程体系不断完善，引黄工程的生态和社会效益得到有效发挥。

上图为南水北调中线一期总干渠，下图为南水北调中线工程洺河渡槽全景

（1）引黄入冀补淀工程

引黄入冀补淀工程自河南濮阳渠村引黄闸引水，穿卫河入河北境内新开渠、留固沟、东风渠、支漳河、老漳河、滏东排河、北排河、紫塔干渠、古洋河、小白河等最终入白洋淀。工程全部采用自流明渠输水方式，工程输水线路途经河南、河北两省6市23个县市区，线路总长482千米，其中河南省境内为84千米，河北省境内398千米，沿线共布置引水闸、分水枢纽、沉沙池、节制闸、引排水构筑物、桥梁、倒虹吸、河道、渡槽等建筑物共518座。工程为白洋淀实施生态补水，保持白洋淀湿地生态系统良性循环，向工程沿线部分地区农业供水，缓解沿线地区农业灌溉缺水及地下水超采状况发挥了积极作用；并可作为沿线地区抗旱应急备用水源。

（2）白洋淀引黄大树刘泵站

雄安新区成立后，为恢复白洋淀“华北之肾”功能，要求将白洋淀生态蓄水水位提高至6.5~7.0米，为此需要在引黄入冀补淀工程末端的入淀口处，建设引黄大树刘泵站工程，确保引黄水在淀区高水位条件下顺利入淀。白洋淀引黄大树刘泵站作为雄安新区第一个开工建设的永久性水利工程，于2019年正式开始向白洋淀进行生态补水，为雄安新区千年大计顺利实施提供了重要保障。同时，按照雄安新区提出的“数字工程与现实工程同步规划、同步建设”的要求，在设计阶段利用先进的BIM数字化技术，同步开展数字化设计。工程BIM模型与雄安新区CIM平台无缝对接，实现了雄安新区数字工程与实体工程同步规划、同步建设，为实现工程全生命周期数字化管理奠定了坚实基础。

上图为2010年除险加固后的石河水库，下图为大树刘泵站建成效果图

（五）水资源配置工程

我省水资源配置工程是在水库建设的基础上，通过引水工程将水资源调配到缺水地区，着力解决地表水资源空间分配不均的问题。如20世纪70年代，为解决天津、唐山的缺水问题，对滦河进行了较大规模的开发，结

合在滦河上修建水库，实施了引滦入津、引滦入唐调水工程；秦皇岛实施了引青济秦工程，石家庄实施了引岗黄入市工程，保定实施了引西大洋水入市工程，邢台实施了引朱济邢工程，邯郸实施了引岳济邯供水工程等。此外，河北省还实施了引岳济淀、王（快）大（浪淀）引水、引黄济衡等应急调水工程。为保障2022年北京冬奥会水源，2015年我省建设完成张家口市区和崇礼县补水工程一期工程，从云州水库调水，通过扬水、输水系统（10级泵站和管道）向崇礼县和赤城县滑雪场供水，以解决滑雪场水资源短缺问题。这些水资源配置工程不但支撑了我省经济的快速发展，也为我国战略发展提供了基础保障。

（六）水电站工程

20世纪50年代，为解决山区照明和农副产品加工用电问题，我省先后建成涉县裕涉水电站、磁县城关水电站和丰宁县大阁水电站。20世纪50年代末至70年代末，结合大中型水库建设，配套建设了岗南、黄壁庄、王快、西大洋、安各庄、东武仕、岳城、洋河及友谊等水电站，70年代小水电迅猛发展。进入21世纪，随着改革开放的不断深入，小水电开发建设向社会全面开放，国家对水电农村电气化、小水电代燃料项目给予资金补助、政策支持，引导和带动民营资金大量涌入，小水电进入快速发展阶段。到2011年底，共有规模以上（500千瓦）水电站223座，总装机容量167.96万千瓦。以潘家口蓄能电站为例，位于河北唐山最北部，拥有上池三台共计27万千瓦抽水蓄能机组，是全国首座全套引进国外机电设备的大型抽水蓄能电厂。上池设备从意大利引进，于1992年开始建厂发电，截至2016年10月30日，共累计发电44.1亿千瓦·时，抽水用电49.9亿千瓦·时，在最高年发电量6.3亿千瓦·时，抽水用电量4.9亿千瓦·时。其主要承担调峰调频和事故备用任务。1992年电站建成后，曾为缓解电网用电紧张，高峰出力不足起到关键作用。特别是在1998年承担京津唐电网第一调频厂的任务，为华北电网应对严峻高峰缺电局面和顺利实现“9511”工程目标作出了重要贡献。

建成后的张家口市区和崇礼县补水工程取水口泵站

潘家口电站厂房

（七）闸涵枢纽工程

随着20世纪60年代开始的大规模修建防洪除涝工程，我省在这一时期同步兴建了大量水工建筑物，以适应不同的功能需求，包括水闸、泵站、橡胶坝、涵洞及各类枢纽工程。以水闸为例，我省共建设过闸流量5立方米/秒及以上的水闸3 063座，其中大型水闸7座，中型水闸246座，小型水闸2 810座。根据种类，水闸又分为节制闸、泄洪闸、排水闸、引水闸、挡潮闸等。现阶段，水闸多伴随其他主体工程同步建设，主要为满足主体工程调蓄、退水、引水等要求，多为小型水闸的兴建和大中型水闸的扩建及除险加固。

1.新盖房枢纽

新盖房枢纽位于南拒马河与白沟河汇流点以下2千米的雄县新盖房村北，汇流面积达10 151平方千米。该枢纽与白沟河左堤共同承担保护京津、津沪、京九铁路和华北油田及下游广大地区人民生命财产安全的重任。该枢纽由分洪闸、溢流堰、引河闸和灌溉闸建筑物组成，具有泄洪、灌溉、输沙等综合效能。分洪闸泄流量为1 036立方米/秒，下接新盖房分洪道。新盖房枢纽建成于1970年，是大清河系北支重要控制性工程，新盖房分洪闸、分洪堰和灌溉闸曾于2002—2004年进行了除险加固，其中分洪闸进行了闸墩加高、机架桥重建、闸门及启闭机更新等，分洪堰进行了堰面混凝土护面、消力池翻修等。工程除险加固后经历了2008年、2013年、2014年历次维修，至目前现状。

2.献县枢纽

献县枢纽位于献县县城西北，是献县泛区泄洪的重要控制工程，主要任务是上承滹沱河、滏阳河、滏阳新河来水，使洪水主要由子牙新河下泄，控制子牙河不再担负主要的泄洪任务。它利用进洪闸和节制闸调节控制子牙新河和子牙河泄量，从而实现通过子牙河供水兴利和相机泄洪的作用。该枢纽主要由子牙河节制闸、子牙新河主槽进洪闸、滩地进洪堰三座建筑物组成，设计洪水标准为50年一遇。该工程于1967年建设完成，2013年进行了除险加固，主要包括：节制闸除险加固；进洪闸除险加固；进洪堰加固设计；枢纽闸前清淤；监测设计；对损坏的渗压计进行更换。

（八）农田水利建设

河北是农业大省，服务农业、造福农民一直是水利工作的优先领域。从新中国成立到20世纪50年代末，我省灌溉以发展地表水引水灌溉为主，地下水灌溉以浅井提水为主，灌溉机械主要是传统落后的水车等。20世纪60年代中后期到70年代中期，机井数量猛增，地下水灌溉面积大幅度增加。21世纪初，随着经济社会的快速发展，形成了新的机井建设热潮，地下水灌溉面积增长迅速，同时节水灌溉面积快速增长。2014年，我省开始在全国率先实施地下水超采综合治理，到2017年共完成投资318亿元，通过“节、引、蓄、调、管”等综合措施，形成地下水压采能力33.6亿立方米，试点区地下水位下降速率明显变缓，部分地区止跌回升。2018年在实施55亿元治理项目的基础上，按照国务院部署，配合水利部编制华北地区地下水超采综合治理行动方案，为全国地下水超采综合治理提供了可以借鉴的经验。如献县地下水超采综合治理工程高效节水、地表水灌溉项目，地表水灌溉项目涉及11个乡镇中的100多个行政村，共改造灌溉面积5.96万亩，利用王快水库引水1 830万立方米，引黄入冀补淀水量1 826万立方米，实现压采量1 477万立方米。献县地表水灌溉项目通过恢复或新建项目区地表水灌溉配套工程、田间低压管道等工程措施，提高区域水资源配置能力和利用效率；增加地表水灌溉面积，改善地下水严重超采的局面，使漏斗区环境恶化趋势得到缓解，生态环境得到恢复。献县2014—2016年地下水超采综合治理项目地表水灌溉工程共清淤疏浚及衬砌河渠261千米，新建、重建维修水闸39座，新建、重建涵洞31座，新建桥梁10座，扩挖坑塘11座，改造田间工程5.96万亩，铺设田间低压管道共868.4千米，新建扬水点223个。

70年披荆斩棘，70年风雨兼程。回顾历史，成绩巨大，展望未来，任重道远。自强不息、勇于创新的优秀燕赵水利儿女用汗水和智慧谱写了水利科学发展、精彩绚烂的辉煌篇章！水利勘察设计行业也必将抓住机遇，以一往无前、永不懈怠的奋斗姿态，继续引领我省水利事业的全面发展！

电力

一、行业概述

电力是人类文明的重要标志。电力不仅改变着人们的生活方式和思想观念，同时也是经济发展和人民生活须臾不可缺少的生产资料和生活资料。电力是现代工业生产一切能源中的主要能源，是各项工农业生产和国民经济赖以发展和提高的重要因素。因此，电力工业是一种基本工业，也正因为如此，电力工业就必须先其他工业而发展，因而它又是一种先行工业。

电力工业与广大用户密切联系，这是由于电力产品不能贮存，而是产、供、销和使用同时进行的。这就使电力与工农业和人民生活用电形成息息相关、唇齿相依的密切关系，使电厂成为国家经济发展重要的神经中枢。电力生产设施一旦发生事故，以电为动力的所有生产和民用电力会立即陷于停顿，因此电业生产保证安全、不间断地供应充足的电源，就成为电力部门具有特殊重要意义的任务，也是电力工业先行作用的所在。

二、行业发展历程

（一）河北省电力行业发展

河北省是全国电力工业发展较早的省份之一，早在1904年就有了电厂（原天津第三发电厂）。从那时起，至新中国成立时40余年的时间里，在经历了清末、军阀混战、日寇侵略、国民党统治等时期，经过了无数次的变迁后，河北省共有发电厂31个（包括用户自备电厂）。新中国成立前，这些电厂大部分都在大中城市，供帝国主义及买办统治阶级受用，另一部分则分布在矿区，供帝国主义用以掠夺我国资源，所以电力工业一开始就带有极其深刻的殖民地、半殖民地性质。1949年，伪冀北电力公司改为华北电业总公司。1955年，电力工业部成立。

1958年，国家改革电力工业管理体制，除京津唐电网所辖企业外，石家庄、邯郸等地电力企业均下放河北省管理，成立河北省电力工业局，直属河北省人民委员会领导，继之成立设计院和安装公司。

新中国成立的前10年，河北省电力工业取得了辉煌的成就。1949年，全省仅有发电设备容量203 557千瓦，这些设备缺陷累累，事故频发，效率普遍只有70%左右，其落后状况可想而知。随着工业发展，从1953年起，开始了大规模的基本建设工作。10年中，新建发电设备总容量293 800千瓦，相当于之前40年建设容量的1.44倍。河北省在电源建设上，主要是低温低压和中温中压燃煤机组；在电网建设上，实现了电压、频率的统一，扩大了京津唐110千伏电网与张家口联网，建成了石家庄和邯郸两个区域性35千伏电网。

河北省电力工业在生产、基建及全民办电的各个方面取得的巨大成就与开展群众性的技术革新和技术革命有着密切的关系。1959年初，党中央提出了以技术革新和技术革命为中心的群众运动。在我们进入大规模的经济建设时期之后，苏联除派大批的专家协助我们进行生产技术的改造工作以外，还供应了大量的生产设备和器材，协助建设安装工作，德意志民主共和国和捷克斯洛伐克也都提供了帮助，对促进河北省电力工业的发展起到了重要保证作用。

1958年，我省开始执行第二个五年计划，当年，在各条战线上掀起了社会主义建设高潮；“大跃进”期间，由于受高指标、瞎指挥、浮夸风等“左”倾思想影响，电力建设事业遭受了严重损失。1961年1月，中共八届九中全会及时提出了“调整、巩固、充实、提高”的八字方针。电力工业在“二五”计划的后两年，进行了调整和整顿，并于1963—1965年继续调整。

1966—1975年是“文化大革命”时期，也是执行“三五”和“四五”计划时期，由于极左思潮的影响，“安全第一”“质量第一”“专家治厂”等受到了批判，一些正确的规章制度也被破除，从而严重地干扰和破坏了正常的建设和生产秩序。

1976年粉碎“四人帮”，结束了“文化大革命”，但在执行“五五”计划的头两年里，“左”的干扰并未消除。1978年召开的中共十一届三中全会，提出了社会主义现代化建设的战略决策。1979年，中央又提出了“调整、改革、整顿、提高”的新八字方针，从而迎来了电力工业阔步前进的新春天。

六五期间（1981—1985年），在基本建设上，压缩基建投资，推行多家办电的改革。从1980开始，逐步推行贷款制度。在生产上，对因多种原因造成发供电设备不能满发满供的问题进行“填平补齐”，对新投产设备的质量问题和超负荷运行损坏的设备进行改造和恢复。

1983年，河北省电力管理体制进行了调整，河北省北部唐山、秦皇岛、张家口、承德、廊坊5个地区划属京津唐电网，即电力企业直属华北电业管理局领导和管理；南部石家庄、保定、邢台、邯郸、沧州、衡水6个地区的电业单位，归河北省电力工业局领导和管理。1989年11月28日，河北省电力公司挂牌成立。1985年，全省新机投产容量和发电量都是历史上增加最多的一年。

电力工业大发展的“七五”计划时期，遵照国务院提出的“政企分开，省为实体，联合电网，统一调度，集资办电”的方针，电力企业改革方针为“深化改革，全面推行企业承包制，增强企业活力”。1987年，发电设备容量突破1亿千瓦大关，跨上了电力工业发展史上新的台阶。1990年，我国电力工业在技术装备、大机组、高参数、大电网、超高压以及自动化等方面都已步入世界先进行列，全省实有500千瓦及以上电厂121座（水电65座、火电56座），发电装机总容量达661.57万千瓦，居全国第七位。

1997年至今，电力工业发展继续保持高速发展的良好态势，发电企业、供电企业改革进一步深化。2002年，推行了“厂网分开、竞价上网”改革，国务院颁发了“电力体制改革方案”，作为电力改革的标志性文件，揭开了电力工业市场化改革的序幕。2003年，将原国家电力公司拆分为5个国有发电企业和2个国有电网公司，并成立省级电网公司，完成厂网分开改革。我国电力工业发展更加迅速。

2002年，国务院明确要求电网企业进行“主辅分离”改革，是继续深化电力体制改革的一项重要举措。2011年，中国电力建设集团有限公司、中国能源建设集团有限公司成立。2011年，冀北电力有限公司成立，隶属国家电网有限公司，营业区域包括唐山、张家口、秦皇岛、承德、廊坊5市及43个县。

在电厂建设方面，全省装机兆瓦及以上发电厂近20个，1 000兆瓦等级的曹妃甸电厂二期于2019年投运。在电网建设中，新扩建了石北、黄骅、承德站等500千伏变电站及输电线路，实现了与周边省份的500千伏联网，南北部各自形成单形500千伏输电网。近年，1 000千伏变电站、雄安—石家庄1 000千伏交流特高压输变电工程的建设，更是使我省的电网电压等级居于世界前列。

（二）河北省电力勘测设计发展

新中国成立后，在援华苏联专家的帮助下，到“一五”计划末，已形成由电力设计院（隶属于当时电力工业部基本建设总局，负责电力勘测设计的管理）归口，下属北京、长春、上海、武汉、西安等5个大区级分院共6 000多人的电力勘测设计队伍，能够承担中温中压火电厂、220千伏高压送变电工程的勘测设计和电力系统规划设计，自1955年起，开始从事援外电力工程设计。

从1958年起，到后来中苏关系恶化及苏联撤走专家，形势促使电力勘测设计走上了独立自主发展的道路。这一时期，通过5个大区设计院及部分下放人员与各省原有设计力量的重新组合，形成了6个大区设计院和22个省、自治区、直辖市电力设计院互补的电力勘测设计框架，其中包括河北省电力勘测设计研究院。省院主要承担2.5万千瓦以下中温中压火电机组和110千伏以下送变电工程设计。在此期间，“快速设计”“三边工程”“简易发电”等政策给设计工作带来很大的负面影响。20世纪60年代进行的“设计革命”，具有一定的积极作用，但也受到“左”的干扰。

“文革”期间，部分设计院机构撤销，人员下放，使队伍的整体能力有所下降。特别是“山、散、洞”方针的提出，给电力建设带来了严重的后果，教训是深刻的。但通过设计人员的努力，电力勘测设计在困境中仍然得到了发展。

1978年开始，随着中国改革开放政策的实施，电力勘测设计进入了一个新的发展时期。通过引进先进的设计技术和成套设备，设计水平有了很大提高。

到20世纪90年代末，不仅掌握了亚临界火电机组和500千伏超高压送变电工程设计技术，还在超临界火电机组、直流输电、核电、燃机、空冷、地热以及脱硫等新的工艺与技术领域获得较快的发展。

2000年后，电力勘测设计水平已达国际先进行列，超超临界特大型机组、750及1 000千伏交直流送电、换流站、脱硝、生物质发电、风力发电、光伏发电、多种能源联合发电等设计技术更是与时俱进、层出不穷，电力勘测设计水平高速发展。

（三）河北省电力勘测设计企业发展

1958年至2000年，河北省甲级电力勘测设计企业发展史主要是河北省电力勘测设计研究院（以下简称河北电力院）发展史。2011年9月，河北电力院在“主辅分离”中平稳过渡，归属中国电力建设集团。2012年，河北省电力公司成立了河北省电力经济技术研究院，大力发展省电力公司及各市供电局所属设计所。

1.1958—1978年，河北电力院的创建与曲折历程

1958年是第二个五年计划的头一年，在全国各条战线掀起了“大跃进”的高潮。为了加速地方工业发展，急需组建地方中小型火力发电和送变电工程设计队伍。在1958年中央提出权力下放后，国家对电力工业管理体制作了改革，决定从直属设计院下放部分技术人员到省，协助组建省电力设计院。1958年，河北电力院在当时的河北省省会天津应运而生，成立后驻地经历了先天津，后保定，再正定，最后定址石家庄的历史轨迹；组织机构有过“三年困难时期”精简为室，“文革”期间人员下放劳动，20世纪70年代初期重新组建，最后定址于石家庄的历史变迁；勘测设计工作，经历了发电工程由小机组到50兆瓦、100兆瓦、200兆瓦机组的变化；送变电工程电压等级实现了由110千伏到220千伏的跨跃。

2.1979—2000年，改革开放后的迅猛发展

党的十一届三中全会以后，国家实行改革开放政策，经济建设走上快速发展的新时期，河北省的电力建设事业也得到蓬勃发展，大型骨干电厂愈来愈多，单机容量愈来愈大，主力机组由100兆瓦、200兆瓦向300兆瓦、600兆瓦过渡，在形成220千伏高压输变电网络之后，向500千伏超高压输变电网络发展。河北电力工业的蓬勃发展，也将河北电力勘测设计能力带上了相应的发展高度。

3.2001—2019年，新世纪的高速发展

随着电力行业蓬勃发展，河北省电力勘测设计企业迅速成长，河北电力院被评为国家级综合性甲级电力勘测设计单位、全国勘察设计综合实力百强企业、国家高新技术企业，并荣获中国质量鼎；自2004年起，连续14年获得《ENR》“中国工程设计企业60强”。

河北省电力公司所属的设计单位，以河北汇智电力工程设计有限公司为代表。1963年沧州电业局设计所成立，并于1999年3月更名为沧州电力勘察设计所，2003年改制后更名为沧州中兴电力设计有限责任公司；2013年4月19日，河北省电力公司（现名为河北省电力有限公司）发文明确变更管理关系，沧州中兴电力设计有限责任公司为省公司的全资子公司；2013年7月，更名为河北汇智电力工程设计有限公司（以下简称汇智公司），并由沧州迁至石家庄。

1978年7月8日，衡水电业局设计室（1978—1992年）正式成立，1992年7月8日正式取得营业执照并更名衡水电力设计有限公司至今。

河北能源工程设计有限公司成立于1989年，具有电力（含火电、水电、核电、新能源）工程咨询甲级、市政公用工程咨询乙级资信证书，具有电力行业、市政行业（给水、排水、热力工程）、建筑行业乙级设计资质，工程勘察专业类（工程测量）乙级资质以及压力管道设计资质。

同时，河北能源工程设计有限公司、石家庄电业设计研究院有限公司、唐山电力勘察设计院有限公司、沧州同兴电力设计有限责任公司、保定吉达电力设计有限公司、邯郸慧龙电力设计研究院有限公司等设计单位，承担着不同电压等级的输变电设计、系统规划设计工作，百花齐放，正在为河北电力工业的蓬勃发展作出突出的贡献。

河北省内非电力行业的多个勘测、设计单位，如河北省建设勘察研究院、北方设计研究院、核工业第四研究设计院等具有勘察甲级、乙级发电设计资质的数十家勘测设计单位，也为我省电力勘测设计的繁荣发展作出了贡献。

（四）我省电力勘测设计企业技术装备、信息科技发展变革情况

利用最先进的勘测设计手段，在电力勘测设计中实施科技进步，是电力工业建设飞速发展的形势对设计院提出的客观要求。

为实现国家电力公司提出的“电力勘测设计要向国际先进水平看齐”的目标，为提高参与市场竞争的能力及

开展设计革命的需要，各设计院均在装备建设、手段更新方面予以了很大的投入。勘测、出版装备的换代，办公设备的现代化，使勘测设计的效率和能力有了很大的提高，特别是计算机技术的应用，为电力勘测设计的全面发展提供了强有力的武器。

改革开放以后，计算机技术在电力工程勘测设计和管理中广泛应用，并取得了前所未有的成就。计算机的应用先后经历了从单项开发到系统开发，从局部试点到全面推广，从仅用于设计计算到采用计算机进行辅助设施和管理过程的发展历程。

随着计算机装备的普及和水平的提高，应用程序的移植和编制工作逐步开展，并取得重大成果。到1982年，河北电力设计院自行开发的应用程序，加上从国外引进的电厂设计程序、设计绘图、信息处理、电力系统规划计算程序等，已能满足主要专业设计和基本管理的需要。当时各大专业采用计算机完成的计算工作量达50%以上。到20世纪90年代末，我省的电力勘测设计装备水平已经能够满足承接国内外任何电力勘测设计项目的需要。在电力勘测设计行业中，以计算机为核心的新的勘测设计手段已经取代了传统的手工作业方式，从而大大提高了设计及管理的水平和质量，提升了工作效率。

2000年后，以河北电力院为代表的电力设计企业引进了美国INTERGRAPH公司PDS大型三维工厂设计系统软件和英国AVEVA公司PDMS大型三维工厂设计管理系统软件，在对两大系统软件进行消化、吸收及二次开发后，成功地运用到电力设计企业的工程设计中，使我省电力设计水平上了一个新台阶，同时提高了河北省电力勘测设计的企业云、知识管理、移动应用、办公平台、数字化设计平台等信息化建设的管理水平。

电力设计已经由纯二维CAD平面设计过渡到三维立体环境设计，向国际先进设计水平靠拢。目前，高效、先进的系统设计平台，实现了与三维设计系统之间的数据传递和校核，并持续加深数字化设计在发电设计和电网设计的推广应用，建设完善的数字设计平台管理是现在电力勘测设计企业的发展目标之一。

利用先进的PDMS三维集成设计平台，并结合国内外优秀工程设计软件，可为用户提供全方位的咨询服务。

勘测装备的更新是从引进国外设备开始的，探测仪器的装备发展也很快。20世纪90年代初，省院引进了全球定位系统（GPS），使航测在送电线路方面的应用技术上了一个台阶。后又引进开发全数字摄影测量系统，即海拉瓦系统工程。遥感（RS）以及地理信息系统（GIS）等现

锅炉专业三维模型

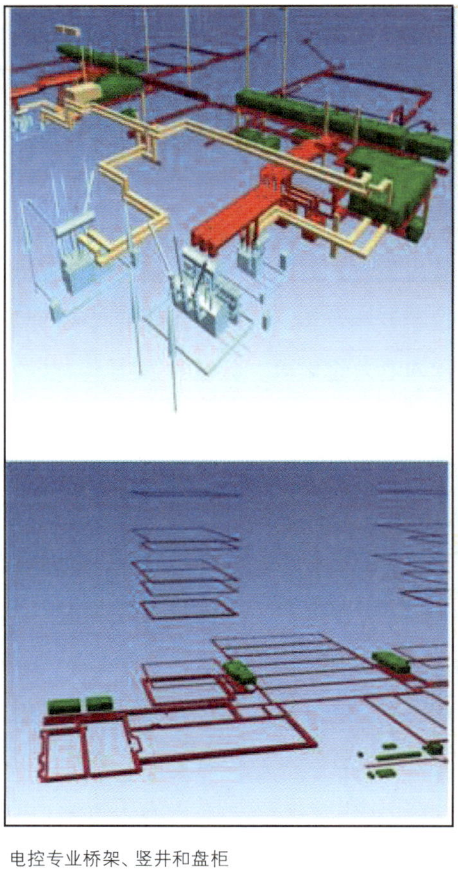

电控专业桥架、竖井和盘柜

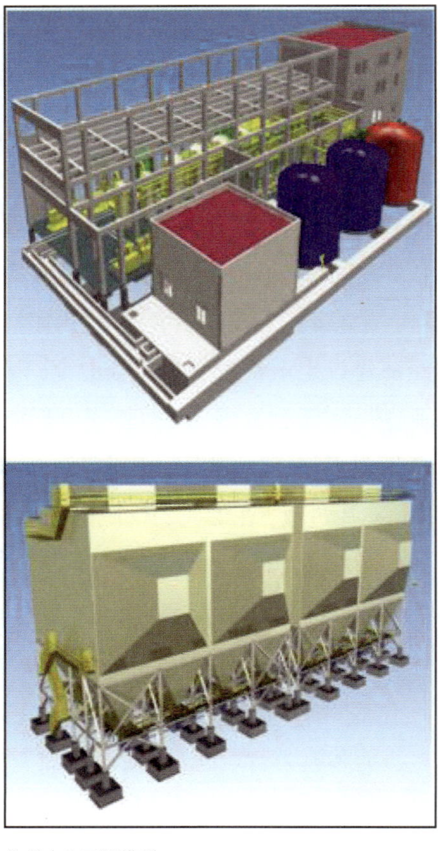

化学专业三维模型

代测绘高科技的引进和开发，在送电线路的规划、勘测设计、施工建设和运行管理方面发挥了重要作用。

电力勘测企业已拥有包括但不限于测绘设备（高精度水准仪、三维激光扫描仪、无人机、先进的GPS设备等）、海洋测量设备（海洋多波束声呐测深系统、双频侧扫声呐等）、工程物探设备（地质雷达、地震仪、高密度电法仪、浅地层剖面仪）、检测及测试设备（高应变动测仪、低应变动测仪）、实验室设备（全自动三轴压缩仪）、海洋水文设备（波浪骑士）等。

目前，河北省电力勘测企业可以承担各类工程的全方位勘测及岩土工程服务，测绘、水文地质、水文气象、水土保持方案编制、水土保持监测及设施验收、防洪评价、建设项目水资源论证、地基处理、原体试验（试桩）、边坡及基坑支护、地质灾害治理等总包及施工服务。

三、工程建设突出成就

河北省电力勘测设计企业70年来多次变迁，在中共十一届三中全会以后，得到了迅猛发展。我省电力勘测设计实现了单机容量由200兆瓦到300兆瓦再到600兆瓦、1 000兆瓦，电压等级由110千伏到220千伏再到500千伏、750千伏、1 000千伏、±800千伏（直流）的飞跃。截至2018年底，我省完成发电工程勘测设计千余项，单机容量最大为曹妃甸电厂二期2×1 000兆瓦超超临界燃煤发电机组。

华润电力曹妃甸电厂二期2×1000兆瓦超超临界燃煤发电机组工程

河北电力勘测设计企业科学研究工作紧密结合生产业务和工程实际，对解决工程疑难、开拓创新、改进设计技术、提高设计水平起到了很大作用。据不完全统计，河北省电力勘测设计企业科技成果获奖100余项，专有技术近20项，专利近300项，发明近70项，软件著作权近60项。

20世纪80、90年代的科技成果代表包括ϕ2.6米承插式直筒型预应力混凝土管、碎煤机弹簧基座的应用研究、环型预应力混凝土电杆裂缝试验和研究、电力工程气象计算绘图系统、电暂态分析计算程序EMTP（BPA）微机版、河北省城市电力网建设与改造技术原则等几百项科技项目获得国家、省部级、省局级奖项。

2000年后，达到国家级的科技项目的代表有：非补燃式压缩空气储能技术研究、多种光伏系统户外测试技术研究、1 000兆瓦级S-CO_2透平的设计体系和准则研究、脱硫废水蒸发塔处理技术工业化应用研究、直流并网分布式光伏与系统的相互影响及集成设计技术等。

我省电力勘测设计企业主编、参编国家及行业标准约20项，国家标准主要有《海上风力发电场设计规范》《电力调度通信中心工程设计规范》《智能变电站智能终端装置通用技术条件》《微电网工程设计标准》《风力发电场设计规范》《烟囱设计规范》等。

我省电力勘测设计企业业务范围已扩展到电力系统规划、输变电工程、发电工程（燃煤发电、燃气发电、生物质发电、风力发电、垃圾发电、地热发电等）、工业和民用建筑工程、岩土工程的勘测设计、技术咨询、工程监理、工程总承包等业务，还先后完成了大量的工程前期工作、系统规划和系统设计、通信工程、岩土工程、市政公用工程、工业和民用建筑工程等项目。

在发电业务方面，我省在高参数大容量超临界、超超临界燃煤发电机组、空冷机组、海滨电厂、脱硫脱氮等方面具有技术优势。我省在1 000兆瓦级、600兆瓦级超超临界空冷机组以及无烟煤燃烧和“W”型火焰锅炉技术、CFB锅炉技术、废水零排放、烟塔合一、海水直流冷却、汽轮机发电基础设计优化研究、动力设备基础隔震技术、阶梯式布置、辅机单列、侧煤仓技术、无油点火或少油点火技术等方面处于国内领先地位。

在电网工程方面，我省1 000千伏交流特高压、±1 100千伏及±800千伏直流特高压、±660千伏及±500千伏直流输电、500千伏紧凑型同塔双回线路、±800千伏换流站、1 000千伏及以下各种电压等级变电站、数字化变电站、智能变电站等设计技术处于国内领先地位。

1 000千伏北京西变电站工程：迄今为止世界上运行电压等级最高、技术水平最先进、我国具有完全自主知识产权的交流变电站

500千伏浑源—霸州紧凑型线路

在新能源工程方面，我省在风力发电、垃圾发电、生物质发电、地热发电、太阳能光伏热发电、海上风电、风光储、分布式能源等新能源领域设计技术实力雄厚、管理水平先进。

大唐山东莱州风电场，位于沿海滩涂地区，采用振冲碎石桩地基，国内首例在沿海滩涂风电场中应用该地基形式的工程

在勘测业务方面，我省在工程地质与水文地质勘察、工程物探、工程测量、水文气象勘测、水土试验、岩土工程施工等专业设置齐全、技术先进、装备精良，岩土工程设计、水土保持、海洋勘察等业务全面发展，可为不同行业提供多专业、全覆盖、全过程的勘察、咨询服务。

在总承包业务方面，国内电力勘测设计企业开始大力开展工程总承包业务，以河北电力院为代表的电力勘测设计企业陆续取得了中华人民共和国对外承包工程经营资格，工程总承包业务范围越来越广。

国能成安和威县两个1×30兆瓦秸秆发电厂总承包建设项目——8个月并网发电，创造了国内生物质发电工程建设的纪录

在海外业务方面，河北省电力勘测企业的海外项目遍及五大洲，目前已涉及孟加拉输变电工程，刚果（布）国家电网总体规划及设计工作，肯尼亚城市电网改造工程，印度尼西亚燃煤发电工程，尼日利亚燃机勘测设计，泰国、柬埔寨、苏丹、哈萨克斯坦、印度、蒙古、希腊、安哥拉、巴基斯坦、摩洛哥等多个境外工程。

摩洛哥JERADA 1×350兆瓦燃煤电站项目：采用全美国标准设计，首次采用CMOS设计平台进行系统图设计

煤炭

一、行业概述

中国是世界第一产煤大国，也是煤炭消费的大国。我国自然资源的基本特点是富煤、贫油、少气，这就决定了煤炭在一次能源中的重要地位，煤炭在全国一次性能源生产和消费中所占的比例在70%以上，在一次性能源构成中占主体地位。我国的煤炭资源分布广泛，但不均匀。从地区分布看，煤碳储量主要集中分布在山西、内蒙古、陕西、云南、贵州、河南和安徽，七省储量占全国储量的81.8%，且分布呈现“北多南少”“西多东少”的特点。河北是农业省，工业基础相对薄弱，水资源匮乏，煤炭、铁矿资源主要集中在邯郸、邢台等地。

煤炭勘察设计是煤炭工程建设的重要环节，勘察设计的好坏不仅影响建设工程的投资效益和质量安全，其技术水平和指导思想对建设的发展也会产生重大影响。煤炭勘察设计在工程建设中起到龙头引领作用，作为提高工程项目投资效益、社会效益、环境效益的最重要因素，煤炭建设勘察设计又是为所属地域经济、社会发展提供支撑的具有地缘特征的开放性的动态系统，融入经济建设活动和社会之中，依托经济建设活动和社会的发展而发展。2010年，煤炭工程勘察设计行业业务形态和客户需求继续呈现多样化趋势，煤炭工程勘察设计单位在满足市场需求的同时开创新的业务模式和领域，实现了煤炭勘察设计行业的可持续发展。

二、行业发展历程

煤炭是中国经济发展的主力能源。无论是新中国成立初期，还是在改革开放经济快速增长时期，煤炭产量都保持相对较高的增长，其中煤炭勘察设计的作用功不可没，并在我国煤炭工业近70年发展历程的四个时期作出了应有的贡献。

第一个时期是恢复与初步发展时期（1949—1977年）。1977年，煤炭产量达到5.5亿吨，与1949年的3 000万吨相比，增加了17倍多。1955年7月30日，煤炭工业部成立，煤炭勘察设计开始筹建。1975年，为加快邯邢煤炭基地建设，组建成立煤炭工业部邯邢煤矿设计研究院（中煤邯郸设计工程公司的前身），部属设计院增至八家。

第二个时期是转型发展期（1978—2000年）。1978年，煤炭工业随之进入了转型发展时期。这一期间，煤炭体制从完全的计划经济体制过渡到初步的市场经济体制。1978年，位于唐山市的北京煤矿设计院开滦分院在唐山大地震后迁往河北省石家庄市，更名为煤炭工业石家庄设计研究院，为适应国家经济发展对煤炭的需求，省级煤炭设计院也相继设立。

第三个时期是超常发展期（2001—2012年）。我国煤炭工业这一时期进入超常发展阶段的根本原因是我国工业进入重化工业阶段。11年间煤炭产量增加1.87倍，产量年均增加2.25亿吨。

第四个时期是结构优化期（2013—2017年）。2013年，我国煤炭产量达到39.74亿吨的峰值后持续减少。我国煤炭工业步入结构优化期，其基本特征是产量和消费量稳中有降，煤炭利用清洁化，排放清洁化结构优化期。

我省煤炭勘察设计随着国家煤炭事业的发展，从无到有、从小到大逐步发展起来，特别是随着改革开放形势的不断深入，社会主义市场经济逐步建立，正在不断壮大。我省煤炭勘察设计行业，不断深化体制改革，推进技术进步，提高勘察设计质量和水平，全行业保持了持续，健康、快速发展的态势。

三、行业突出业绩及成果

河北省大型煤炭勘察设计单位有中煤邯郸设计工程有限责任公司及煤炭工业石家庄设计研究院两家，省内大型煤矿的建设设计大多由这两家设计单位完成，为河北省乃至全国煤炭资源的开发利用和经济建设作出了突出贡献。

（一）勘察设计单位业绩情况

1.中煤邯郸设计工程有限责任公司

该公司主要致力于煤炭资源开发方面的设计研究及技术咨询服务，先后承担煤炭矿区、矿井、选煤厂等特大型及大中型国家重点建设项目，宾馆、居住区、医院、学校、文化中心等民用建筑和铁路、煤码头、火力发电厂、大型集中供热工程、市政污水治理工程等多项工业建设项目1 000余项，其中国家大型重点建设项目200余项，先后有340多项成果获国家、省、部级奖励，其中荣获全国优秀工程设计金奖3项、银奖4项、铜奖2项，获全国工程咨询、规划、软件成果一等奖6项等；在工程总承包方面，完成多项精品工程，项目遍及辽宁、河北、江苏、山西、贵州、新疆等省区，并与国外著名公司开展合作，在业内拥有良好的口碑和美誉度；在工程监理方面，大胆进军地铁监理市场，依靠地铁监理品牌优势，已在广州、深圳、天津等15个城市开展地铁监理业务，已完成监理地铁项目共100余项，先后获得鲁班奖5项、詹天佑奖3项、省部级奖励30余项。公司还多次被评为煤炭行业先进监理企业和全国先进监理企业。

2.煤炭工业石家庄设计研究院

改革开放40多年来，研究院设计工作焕发了勃勃生机，完成的设计项目多，除“蔚县矿区开发可行性研究”矿区总体设计外，还完成了近30部矿井的单项工程；除在本省承揽设计项目外，还在新疆、内蒙古、山西、陕西、贵州、东北等地开展了大量矿井、选煤厂的设计。该院以科技创新打造精品工程，科技成果卓著。40年来，本院获国家级及省部级优秀设计、科技进步奖58项，其中有5项获国家优秀工程设计银奖；拥有国家专利13项，制定国家标准2项。此外，该研究院还先后与德国、英国、波兰、巴基斯坦、南非、瑞典、孟加拉等国开展了技术交流与合作。

（二）煤炭勘察设计单位形成的设计技术优势

1.开拓方式及巷道布置

在巷道布置方面，伴随运量大、运输距离长、自动化程度高、可较好适应巷道起伏的带式输送机运输的普及，长距离倾斜巷道被大量使用，促使井田开拓和采区准备方式发生变化。

在开拓布置方面，用于煤炭运输的带式输送机斜井和带式输送机大巷已经被广泛采用，促进暗斜井延深越来越普遍。如赵各庄矿带式输送机斜井是从13水平直到地面，总长度为3 900米，是全国带式输送机斜井最长的矿井之一。

在采区准备方面，下山采区被广泛应用，拓宽了矿井开拓水平的覆盖范围。如中煤邯郸设计工程有限责任公司设计的梧桐庄矿、九龙矿，原设计均为两个水平开拓，目前均改为单水平上、下山开拓，从而大大缓解了矿井延深接续紧张的局面。

随着大型防爆无轨胶轮车的引进和国产化率不断提高，大型防爆无轨胶轮车应用逐渐增多，促进缓坡无轨胶轮车斜井的出现。中煤邯郸设计工程有限责任公司于2007年设计的内蒙古伊泰酸刺沟煤矿，率先在垂深超过226米的煤矿中采用倾角6度的缓坡斜井进行开拓部署，实现了当时在较大垂深煤矿辅助运输从地面到井下采煤工作面连续运输，极大地提高了辅助运输效率。

巷道支护技术的发展也带来了巷道布置的变化。由于树脂锚杆、锚索材料的进步，使得锚杆、锚索不仅能提供巷道支护所需的初撑力和高支护强度，而且具有开挖断面小、施工速度快等优点，促使锚喷支护巷道越来越普及。目前，除破碎岩层外，大多巷道均采用锚喷支护或部分使用锚喷支护，锚喷支护在巷道支护中的比例已经由过去的不足50%提高到90%左右。

锚喷支护技术的进步促进了煤层巷道的大量使用。过去，由于支护结构难以提供较高的支护强度，主要巷道一般布置在比较坚硬的岩石中，以便降低维护难度。现在锚喷支护的使用可以提供较高的支护强度，缓解了煤层巷道维护困难的矛盾，从而使煤层巷道大量使用。目前，除自然条件不宜或政策规定不可直接布置煤层巷道外，井下巷道几乎全部沿煤层布置。

煤层巷道大量使用，也促进了井下巷道布置的改革。过去在近距离煤层群巷道布置中，大多采用岩石集中大巷或集中上、下山，而现在则逐步向煤层大巷或煤层上、下山转变，并由此降低了巷道掘进成本，提高了掘进速度。

煤层巷道的大量使用，也促进了连采机、掘锚一体化、综掘机等综合机械化掘进设备的发展，综合机械化掘进工作面已经相当普及，掘进速度不断提高。如中煤邯郸设计工程有限责任公司设计的内蒙古上湾矿2003年投产，该矿创造了单套连续采煤机配套连续运煤系统双巷月掘进4 656米、连续采煤机配套运煤车系统三巷月掘进

3 355米的骄人成绩。

2.采煤方法

20世纪90年代初，长壁采煤方法已经普及，但采煤工艺还处在普通机械化开采向综合机械化开采过渡阶段。经过近20年发展，综合机械化开采在国内大型骨干矿井中已经普及。我省开滦、峰峰、邯郸、邢台、蔚县等骨干矿区中，大中型矿井综采工作面已达100%。

综合机械化采煤工作面的普及，极大地提高了工作面单产和生产效率，如中煤邯郸设计工程有限责任公司设计的邢台东庞矿，是国内首套大采高（采高4.5米）综合机械化采煤工作面，1997年工作面单产已经达到223万吨，平均每月产量达到18.6万吨，工作面生产效率达到127吨/工，创造了当时国内煤矿最好成绩。

中煤邯郸设计工程有限责任公司设计的上湾煤矿，创建了世界第一个千万吨综采工作面和国内第一个大采高（5.5米）300米加长工作面，并实现了一个综采队连续3年年产超千万吨，综采队生产月产原煤109.5万吨等多项世界纪录。

大采高综采工作面的成功实践，促进了国内大采高设备的发展，目前国内已经具有生产采高达7米的成套综采设备。

放顶煤综合机械化开采技术源于20世纪80年代后期，完善于1990年以后。到2000年，全国超过200万吨/年的放顶煤综采工作面达到了12个，兖矿东滩煤矿放顶煤综采工作面2006年单产达608万吨/年。中煤邯郸设计工程有限责任公司设计的酸刺沟矿井2010年投产，其6号煤层放顶煤综采工作面单产已经达到1 000万吨/年以上。我省峰峰矿区九龙矿在2号煤层采用轻型放顶煤综采也取得了较好的效果。放顶煤综采工作面的发展，极大地减少了回采巷道掘进率，降低了煤矿生产成本，已经逐步取代了过去的特厚煤层倾斜分层开采技术。

我国于1976年开始引进连续采煤机，起初以单机引进为主，工作面产量不超过30万吨/年，到20世纪90年代开始配套引进。上湾煤矿采用引进的连续采煤机成套设备工作面，创造了年产225万吨的世界纪录。连续采煤机在国内的成功使用，促进了连续采煤机制造业的发展，目前国内已经有多家连续采煤机及其配套设备生产厂家，丰富了国内采煤方法。

煤炭工业石家庄设计研究院设计的河北蔚县西烟庄矿项目大胆采用了倾斜长壁采煤法的新技术，减少了上下山环节，简化了采区布置，与同期同类型矿井相比，吨煤投资减少65元，井巷工程减少3 500米，工期缩短3个月，矿井投入少、见效快，短短三年达产，并获1990年国家优秀设计银奖。

进入21世纪，环境保护越来越引起人们的重视，建设环保型煤矿被河北煤炭工作者所认同，并付诸实践。邢台矿区率先在邢东煤矿使用煤矸石置换井下呆滞煤炭，不仅提高了煤炭采出率，而且减少了矸石排放，保护了自然环境。

3.井下运输

1990年以来，井下煤炭已经由带式输送机运输逐步取代了过去的矿车运输。相比于电机车牵引矿车运输，带式输送机运输煤炭在运输能力、运输效率、对巷道起伏的适用性和自动化方面的优势十分明显。过去使用矿车运输的煤矿也大多转而更换带式输送机运输，如中煤邯郸设计工程有限责任公司设计的梧桐庄矿、九龙矿，原设计均采用架线电机车牵引3吨底卸式矿车运输煤炭，目前全部改造为带式输送机运输。

1990年以前，回采巷道内的辅助运输几乎全部采用小绞车牵引矿车接力运输，不仅运输量小、占用人员多、运输效率低，而且安全性也差。

自1990年以后，辅助运输设备发展较快。目前，在回采巷道中，连续牵引车已经逐渐取代了小绞车接力运输。特别是中煤邯郸设计工程有限责任公司设计的内蒙古上湾、补连塔等矿井成功引进无轨胶轮车后，实现了从地面到井下的连续运输，其显现出的巨大优势促进了防爆无轨胶轮车的国产化迅速发展。目前，国内已经有多家厂家生产防爆无轨胶轮车，设备型号齐全，功能日渐完善，已经形成了取代进口无轨胶轮车的趋势，促进了无轨胶轮车在近水平煤层中的应用。

4.优化设计

开滦钱家营矿于1975年设计，采用立井开拓方式，是我国第一座特大型矿井，年设计能力400万吨 。为了使设计赶上国际先进水平，1978、1979年与原联邦德国进行引进技术谈判，并决定主副井装备全套引进原联邦德国设备。这是我国改革开放后首次用国外设备装备大型矿井。煤炭工业石家庄设计研究院在引进设备的多次谈判中，结合实际提出合理的技术要求，配套的矿井设计多次优化，消化掌握先进技术，使该矿井设计达到国内最先进的水平。

井下采矿设计经1979、1981年两次优化，原初步设计第一水平位于-600米，-450米水平仅为辅助生产水平；优化后，将-450米水平改为运输水平的上下山布置，采面以综采为主，采区巷道断面扩大到16平方米，采用U形钢可缩拱形支架，工作面顺槽至井底为胶带运输机连续运输系统，采区上山为联合布置，采区内的巷道则分煤层布置，不再做岩石集中平巷，这些优化措施，使采区生产能力提高到100万吨以上的先进指标。

该井采用三个井筒、一个水平、跨上山集中开采的设计方式，在国内首次实现了矿井采掘机械化、运输胶带化、安全监测系统化，为矿井实现当时国内最大生产能力——年产550万吨提供了可靠的保证。

该设计以其先进的引进设备及全新的设计理念开创我国大型矿井立井设计的新篇章。许多新设备、新工艺都是首次在我国煤炭行业应用，均处于国内最先进的水平，这些技术主要有：落地式多绳摩擦提升绞车；R形型钢结构多绳提升箱型焊接井架；主井装卸载设备，立井井下32吨定量装载机；32.5吨多绳提煤箕斗及扁钢结构的1.5吨矿车双层4车罐笼；箕斗装、卸载装置；井筒提升用、整体轧制镀锌钢罐道；直流绞车电控动态无功补偿及滤波装置。钱家营矿的技术引进极大地推动了我国煤矿机械化的发展，使我国的煤矿设计水平实现了突破性的发展，该矿井2004年产量达到550万吨，该设计1991年荣获国家优秀设计银奖。

5.选煤厂

20世纪80年代初期，中煤邯郸设计工程有限责任公司率先认可并掌握了重介洗选工艺技术，并在国内积极推广应用。峰峰矿区九龙选煤厂初步设计是中煤邯郸设计工程有限责任公司1983年编制的，经过审查、修改及完善后于1988年5月开工建设，1991年12月竣工投产。该项目采用的重介洗选工艺充当了选煤工艺发展的排头兵和先驱者。随后在山西晋城矿务局成庄矿选煤厂工程设计中，重介洗选工艺也得到了成功的应用。该项目始建于1990年4月，1997年9月与矿井同时竣工投产。

20世纪90年代以后，矿井及选煤厂设计开始向大型化方向发展，大直径储煤设施及火车快速定量装车系统逐步淘汰了低效的储煤设施和装车系统。1994年，中煤邯郸设计工程有限责任公司在内蒙古补连塔矿选煤厂设计中采用了7座直径22米的万吨圆筒储煤仓，火车装车站采用当时国内先进的快速定量装车系统（最大装车能力为5 400吨/小时）和国内牵引力最大的调车绞车，显著提高了煤炭装车的自动化水平。20世纪90年代末期，国内环保压力逐渐增大，选煤厂实现“洗水闭路循环”势在必行。此时，实现洗水闭路循环的煤泥脱水设备——压滤机的整体装备工艺与技术也逐渐成熟，并得到了应用和快速推广。1988—1999年，在峰峰矿区马头洗选厂补建了压滤车间，采用了4台XMZ500/1500型大型煤泥压滤机，有效地解决了煤泥外排带来的环境污染问题。

2001年，中煤邯郸设计工程有限责任公司在邢台矿务局显德汪选煤厂改造工程中选用了当时技术先进、可靠性高的新型设备——旋流—静态微泡浮选柱和加压过滤机，均在生产中获得满意的应用效果，近年已在选煤厂中得到更广泛地推广和应用。本项目中浮选柱和加压过滤机均为河北省选煤厂最先应用。

20世纪90年代后期以来，国产液压动筛跳汰机，无论从制造质量、还是技术先进性上都有了很大提高，动筛跳汰分选工艺与装备在国内大型矿井得到了快速推广与发展。2002—2003年期间，中煤邯郸设计工程有限责任公司首先在山西潞安集团的常村矿、屯留矿等大型矿井选煤厂项目中成功应用动筛排矸，随后陆续在三河尖、东庞、寺家庄、红树梁、梧桐庄、大淑村、慈林山、下霍、小王庄等多座选煤厂中得到广泛应用。

随着国家“九五”“十五”攻关选煤工艺的研究取得成功，从2003年开始，伴随着中国煤炭行业形势的好转，以三产品重介旋流器为核心设备的选煤技术取得了长足发展，为我国现有各种规模的选煤厂技术升级改造和新厂建设提供了高效率、低成本、高效益的技术和装备。伴随着选煤技术的快速发展，2004年初中煤邯郸设计工程有限责任公司在张家口盛源选煤厂工程设计项目中就应用了国内先进的选煤工艺：50~1毫米原煤采用脱泥有压三产品重介旋流分选，1~0.125毫米物料采用螺旋分选。其中螺旋分选机的应用在河北省煤炭行业尚属首次。

先进、高效的重介旋流器选煤技术的广泛应用使我国重介质选煤技术进入了国际领先行列，粗煤泥的有效分选成为困扰选煤工艺进一步发展的瓶颈，日益受到选煤界的关注。2005年，中煤邯郸设计工程有限责任公司在红菱选煤厂总承包项目中首次从国外引进粗煤泥TBS分选机，并提出了炼焦煤选煤厂典型的三段式联合分选工艺：50~1毫米三产品重介旋流器、1~0.25毫米TBS分选、-0.25毫米分选。随后2006年，中煤邯郸设计公司在张双楼选煤厂总承包项目中将TBS和炼焦煤三段式联合分选工艺进行又进一步的发展和完善。TBS作为一种经济、实用的粗煤泥分选设备，填补了这一领域的空白，有力地推动了选煤工艺向更高层次的发展。该工艺对于各粒级级别的物料，分别选用适宜的分选方法，工艺更加完善，具有诸多优点：可克服大直径旋流器分选细粒煤效果差的弱点；最大限度地减少了重介系统、浮选系统的入料量，有利于降低介耗、电耗、油耗，节省运行成本；有利于提高脱泥脱介效果，降低喷水量与介耗。

随着国家结构调整和经济转型的战略实施，高效、环保、精细化分选成为选煤发展的方向。2010年，针对峰峰集团邯郸洗选厂入洗原煤中末煤（尤其是煤泥）含量大的特点，前瞻性的提出“50~1毫米脱泥无压三产品重介旋流器分选、1~0.4毫米CSS分选、–0.4毫米分级浮选（粗煤泥浮选机、细煤泥浮选柱）的四粒级选煤工艺”，目前该项目已通过了中国煤炭工业协会专家委员会的鉴定，鉴定结论为“该工艺实现了煤炭分选过程的精细化，对煤质波动大、煤泥含量高的特点有非常强的针对性和适应性。该工艺填补了国内外空白，工艺技术指标达到国际先进水平”，并获得了2012年河北煤炭工业科学技术三等奖和2013年中国煤炭工业科学技术三等奖。

（三）设计手段变革与创新

从新中国成立初期至20世纪80年代，设计人员在日常工程设计中的图纸大多在图板上完成，靠丁字尺、圆规、计算尺等简单的工具进行手工绘制，效率低。20世纪90年代以后，中国经济的飞速发展给矿井、选煤技术、工艺、设备带来巨大发展的同时，设计手段也发生了革命性的变化。20世纪90年代初，设计行业开始采用计算机绘图，90年代中后期以后计算机绘图开始普及，煤炭勘察设计单位的普及程度居河北省勘察设计行业前列，更有单位成为“全国CAD应用工程示范企业”。随着井下通风系统软件包、井底车场设计软件包等一大批软件系统相继被开发及应用，大大提高了设计效率。进入21世纪，有限元计算已经应用于井巷工程设计中，是较早应用三维设计软件的勘查设计单位。随着BIM技术的发展，其在工程建设设计、施工、监理、运维等各阶段必将取得突破性进展，工程建设水平、质量、效率也将大幅提升。

（四）设计管理

煤炭勘察设计行业参与市场化竞争较早，煤炭部1983年3月下发《煤炭设计单位勘察设计内部取费管理暂行办法》，设计院成为企业化管理的事业单位，对所承担的勘察设计项目按国家规定标准收取设计费，并依法上缴和纳税。1984年6月，河北煤管局批准河北省煤矿设计院实行企业管理，煤炭工业石家庄设计研究院实行院长负责制，建立以院长为首的行政业务指挥系统，对中层干部实行聘任制、职工实行录用制。中煤邯郸设计公司从生产型向生产经营型转变，正式进入市场，开始通过招投标承揽项目，2000年10月，中煤邯郸设计工程有限责任公司由事业单位改制为科技型企业。

1.资质管理情况

我国从1984年开始对勘察设计行业实行准入管理。1987年煤炭部公布了第一批煤炭勘察设计单位证书等级，中煤邯郸设计工程公司、煤炭工业石家庄设计研究院均获得煤炭行业勘察、设计甲级资格证书，是我国最早获得煤炭行业勘察、设计甲级资格的单位。1988年，中煤邯郸设计工程公司获得了建设部颁发的工程总承包甲级资格证书。1989年获得了煤炭行业监理甲级资质。1991年，建设部印发了《工程勘察和工程设计单位资格管理办法的通知》，明确了由建设部统一管理勘察设计资格。1992年，建设部开始对工程勘察设计企业资质进行重新审查和换证。1993年，中煤邯郸设计工程公司获得了主行业矿井、选煤设计甲级，跨行业建筑设计甲级，跨行业通信设计乙级，工程勘察岩土工程甲级、工程测量乙级资质。在之后历次重新审查和换证过程中，中煤邯郸设计工程公司资质水平得到进一步拓展和提升，目前拥有煤炭行业矿井、选煤厂，建筑行业建筑工程、工程造价咨询、工程监理、工程总承包，工程勘察专业类岩土工程、工程测量，煤炭及其他工程咨询等八项甲级资质；拥有市政公用行业、铁道行业、公路行业、电力行业、建设项目环境影响评价，工程监理、火电及其他工程咨询，人防工程施工图设计文件审查等八项乙级资质；并具有城市规划编制、电力行业送变电工程、压力管道设计、施工图设计文件审查一类等资质，成为我国煤炭行业资质最齐全的勘察设计单位之一。

2.设计质量管理方面

为了加强设计产品质量管理，进一步规范矿井及选煤厂的设计工作，煤炭勘察企业设立健全机构，编制内部管理规章，加强内部管理。中煤邯郸设计工程公司、煤炭工业石家庄设计研究院分别于1997年8月、2004年顺利通过ISO9001质量管理体系认证。中煤邯郸设计工程公司于2013年9月顺利通过了质量、环境、职业健康安全管理体系认证。

（五）设计业务拓展

为了更好地适应煤炭形式发展的需要，勘察设计单位在做好煤炭勘察设计业务的同时，积极拓展业务范围，向工程总承包、工程监理市场进军。

1.工程总承包

经过多年来的摸索及长时间的积累，勘察设计单位工程总承包管理理念和管理思路逐步成熟，积极探索了一条新的学习与尝试的发展之路。根据市场综合发展的需要和自身工作的要求，建立健全了设计、施工、技术、质量、安全、综合部等组织结构，按照国际通用管理方法管理工程总承包项目，同时与多个国家知名的国际工程公司进行管理技术交流，并与国外公司合作承揽了几十项工程建设总承包，在不断的学习与尝试过程中，积累了大量的管理经验，拓宽了视野，垫定了工程总承包业务的发展基础。近二十几个项目获得省部级奖励，凭借项目投产后生产运营的良好情况，先后赢得业界好评。

2.工程监理

在煤炭工业发展的第二个时期——从计划经济体制向市场经济体制转型发展期，国家在1988年开始工程建设监理试点，1992年全国范围内推行工程监理制。依托设计及人才优势，勘察设计单位就开始谋篇布局，是河北省内较早进入工程监理的勘察设计单位。

在国家推行监理制的初期，就成立监理公司，确定了新的发展思路，积极向地铁监理市场迈进，把煤矿监理的技术优势转换到了地铁行业，积极掌握地铁施工的工法技术难点，很快得到业主和同行的认可和好评，扩大了在地铁监理领域的影响力。

经过多年努力，两家勘察设计单位在工程监理行业极具竞争力，尤其中煤邯郸设计工程公司在地铁监理领域的信誉和实力不断提升，先后进入了天津、南京、成都、西安、沈阳、杭州、武汉等城市的地铁监理市场，监理工程涉及轨道交通地下、地面、高架类型的明挖、暗挖、盾构、高架车站或区间在内的所有土建工程施工工法和常规设备安装、装修等项目，成为国内地铁建设监理领域的一支劲旅。

新中国成立70年来，河北煤炭勘察设计单位在国家煤炭发展各个时期都创造了出色业绩，定将在煤炭利用清洁化的结构优化期再创佳绩。

冶金

一、概述

冶金行业是我国国民经济重要的基础产业，为我国基础建设、民用建设、国防军事、航空航天、交通运输及机械、车辆、电器等各行业提供必需的金属原材料。冶金行业包括黑色冶金工业（即钢铁工业）和有色冶金工业，其中钢铁工业的发展是国家经济实力和综合国力水平的重要标志。

钢铁工业处于工业链的中间环节，对上下游产业辐射作用明显。随着河北钢铁工业的持续快速发展，河北省内采矿、电力、建筑、装备制造、交通运输以及工程施工、工程设计和其他相关社会服务等大批行业随之蓬勃发展，河北钢铁工业的经济效益和社会贡献率雄居全省各行业之首，成为河北省工业体系中名符其实的支柱产业，为河北省经济平稳快速发展作出了巨大贡献。

新中国成立初期，百废待兴，国家大力发展钢铁工业，特别是改革开放后，钢铁工业发展迅速，河北钢铁工业经历了从小到大、由弱到强的发展历程，形成了完整的产业体系，建立了比较完备的科技创新机制，从整体装备到产品结构，河北钢铁工业逐渐跻身于整个行业前列。2001年河北钢铁产量跃居全国第一，并持续数年保持全国钢铁大省的地位。

随着经济的不断发展，钢铁产能严重过剩的矛盾日益突出，市场供求关系严重失衡，国家对生态环保的重视也逐渐上升到空前高度，钢铁工业淘汰落后产能和节能减排一步一步推进。2014年以来，河北钢铁工业以建设资源节约型和环境友好型企业为目标，把环境治理和化解过剩产能作为可持续发展的重要任务，彻底颠覆了钢铁工业傻、大、黑、粗的形象，初步实现了与环境、城市的和谐共存发展，在雾霾治理、京津冀大气污染防治过程中作出了卓著贡献。

二、行业发展历程

（一）新中国成立初期至改革开放前

1.行业形势

20世纪50年代，社会主义新中国百废待兴，亟须修复战争创伤，打造完备工业体系，一批冶金企业在全国各地上马，河北以“六钢一机”为主的钢铁工业初具雏形，在1972—1974年趋于完善，全省钢产量排全国前五名。

2.勘察设计企业

新中国成立初期到1979年，勘察设计单位由行政部门批准设立改为行政部门所属事业单位。河北省冶金行业批准设立的勘察设计单位包括：1976年原冶金工业部为开发冀东矿区并有计划地发展钢铁工业而设立的冀东黑色冶金矿山设计研究院（现中冶京诚（秦皇岛）工程技术有限公司）；1971年原河北省冶金工业局成立时设立的河北省矿山冶金设计院（现中钢石家庄工程设计研究院有限公司），其业务范围包括金属矿山和钢铁厂的设计；另外，各钢铁厂设有设计处（科、室）负责本企业内基建工程的设计。

3.生产装备及规模

烧结：1957年以前，河北省炼铁全部使用原矿块矿；1958—1965年，使用的人造块矿全部为土烧结矿（平地炉子加炉条进行烧结）；1966—1977年，机器烧结矿产量不断增长。20世纪70年代，24平方米烧结机得到业界普遍认可及快速发展。

炼铁：1978年以前，河北省拥有高炉83座，平均每座高炉有效容积只有74立方米，最大620立方米高炉1座。

转炉炼钢：河北省转炉炼钢是由侧吹到顶吹逐步发展起来的，到改革开放初期，仍有侧吹转炉在生产，直到1988年才彻底退出河北省钢铁工业。20世纪70年代，河北省钢铁企业开始将空气侧吹转炉改造为全氧顶吹转炉，最大30吨，并配套建设制氧机。20世纪80年代，制氧机最大6 000立方米/小时 。

电炉炼钢：改革开放以前，河北省电炉炼钢以中小型旧电炉为主，生产规模较小。

型材轧钢：20世纪60年代末至70年代，河北省兴建了一批小型轧钢企业。1988年省重点小型轧钢企业发展到16个，有小型轧机16套，总设计能力110.8万吨。

线材轧钢：改革开放前，河北省钢铁企业拥有6套线材轧机，大多属于20世纪四五十年代水平，生产能力低，品种单一。

板材轧钢：河北省板材生产起步较晚，改革开放之前，河北省只有中板轧机1套，热轧薄板轧机3套。

（二）改革开放至2000年

1.行业形势

改革开放后，河北以“六钢一机”为代表的38家国有冶金企业，向国内外先进企业学习，走上扩建、配套、改造的快速发展之路，工艺装备技术水平大为提高。

从1989年开始，河北钢铁行业面临着资金紧张、市场疲软、原燃料大幅涨价的各种问题，处于亏损边缘。1992年，河北省钢铁企业积极推广和认真学习“模拟市场，成本否决”的邯钢经验，扭转了经济效益严重下滑态势，河北钢铁产量逐渐向全国第三、第二跃升，2001年河北钢产量1 970万吨，跃居全国第一。

2.勘察设计企业

1980年，国家基本建设委员会设计局发布《对全国勘察设计单位进行登记和颁发证书暂行办法》，将勘察设计单位纳入全国统一的行业管理。同年11月，河北省基本建设委员会发布《河北省勘察设计单位登记和颁发证书的暂行办法》，到1981年12月，分五批核发勘察设计单位证书，冶金行业有7家勘察设计单位获得证书。

1991年10月，河北省建设委员会根据建设部工程勘察和工程设计单位资格管理办法制定了《河北省工程勘察和工程设计单位资格管理办法》，按行业对勘察设计单位进行资质审核、换发新证，冶金行业有4家甲级设计单位、3家乙级设计单位取得设计证书。

1994年9月，建设部、人事部发布《关于建立注册建筑师制度及有关工作的通知》。1995年，国务院发布《中华人民共和国注册建筑师条例》，在1999年开始实行的资质分级制度标准中把实施注册建筑师、注册工程师纳入资质标准。

3.生产装备及规模

烧结：20世纪80年代末至90年代，河北省钢铁行业在烧结机设备大型化、自动化方面迈出较大步伐，90平方米、180平方米、400平方米烧结机陆续投产。

炼铁：1993年，全省有炼铁高炉127座，有1 000立方米及以上高炉4座，平均每座高炉有效容积117.4立方米。1995年，全省有炼铁高炉534座，1 000立方米及以上高炉4座，平均每座高炉有效容积58立方米。

转炉炼钢：20世纪90年代末，120吨、150吨氧气顶底复吹转炉陆续投产，到2000年河北省拥有100吨以上转炉5座。

电炉炼钢：改革开放以来，河北省钢铁企业在改造旧电炉的同时，重点加速了大中型电炉的建设。1985年，炼钢电炉最大为30吨，在提升电炉炼钢装备水平和生产能力的同时，主要技术经济指标有了较大改善。1988年，河北省拥有炼钢电炉88座。20世纪90年代，河北省电炉炼钢迅速发展，1996年增加到674座，产能达到156万吨。

型材轧钢：改革开放以后，轧钢工艺设备技术进步取得了较快的进展，型材轧机和加热炉的机械化和自动化水平不断提高，逐步淘汰了横列式轧机，改造为半连轧或连轧，20世纪90年代以后新建的型材轧机大多为连轧、半连轧轧机。

线材轧钢：从20世纪80年代中后期开始，我省从国外引进一些先进技术和设备，并消化、吸收、再创新建设了一些高速线材轧机。20世纪80年代末，全省线材轧机有8套，产能109万吨；高速线材轧机只有2套，产能53万吨。

板材轧钢：2000年以前，我省有中板生产线，生产能力只有200万吨。薄板生产规格为0.5~1.5毫米×1 000~2 000毫米热轧薄板，基本以普碳板为主，由于生产工艺技术和设备落后，被国家列入淘汰范围。

（三）2000年至今

1.行业形势

2000年以后，受市场需求拉动和利益驱动的双重影响，以敬业、燕山为代表的民间资本开始涉足钢铁领域，民营企业迅速崛起。20世纪90年代，新建的国有钢铁企业纷纷被收购改制，形成了国有、民营两种经济成分共同拉动河北省钢铁工业发展的新局面。

2008年，河北省开展淘汰落后钢铁产能集中行动，加快淘汰300立方米及以下钢铁高炉，不少企业却抓住机会，“压小上大”形成更大产能，民营企业中1 000立方米高炉比比皆是。

从2012年开始，钢材价格急转直下，吨钢利润越来越薄，到2015年底，价格严重偏离价值，综合价格指数达到有记录以来的最低点，全行业大面积亏损。

2013年，全国各地开展产业结构调整，淘汰落后产能，化解过剩产能。河北省集中力量实施减煤、降尘的攻坚行动，并围绕减煤压钢，提出“6643”工程，即到2017年压减6 000万吨钢铁、6 000万吨水泥、4 000万吨煤、3 000万重量箱玻璃，此时河北有2.8亿吨钢铁产能，约占全国四分之一。2017年底，河北钢铁企业由123家减至67家，影响60万人就业、500多亿元税收。

2018年，河北省制定《河北省化解钢铁过剩产能工作方案（2018—2020年）》，通过改造升级、减量置换、产能转移等途径，引导过剩产能有序退出，确保2018年压减钢铁产能1 000万吨以上，到2020年全省钢铁产能控制在2亿吨以内。

2.勘察设计企业

2007年3月，建设部印发《工程设计资质标准》，对21个行业相应工程设计类型、主要专业技术人员及规模划分作了详细的规定，河北省建设厅按照新标准对勘察设计企业进行资质审核、换发新证，冶金行业有6家甲级资质设计企业、5家乙级资质设计企业取得证书。

随着冶金行业的快速发展，2012年，河北省冶金行业勘察设计企业增加到22家，其中甲级资质设计企业8家，乙级资质设计企业14家。

2013年开始，全国冶金行业开展产业结构调整，淘汰落后产能，化解过剩产能，河北省冶金行业勘察设计企业随之逐渐减少，其中甲级资质设计企业8家，乙级资质设计企业14家。

3.生产装备及规模

烧结：2004年后，河北省烧结机大型化的步伐加快，拥有了一批550平方米、435平方米、400平方米、360平方米、320平方米的大型烧结机。

炼铁：2003年，全省有炼铁高炉292座，平均每座高炉有效容积249.6立方米，有2 000立方米及以上高炉6座。2010年底，全省有炼铁高炉367座，平均每座高炉有效容积770立方米，有3 000立方米及以上高炉8座。2010年以来，全国压减过剩炼铁产能，2015年全省有炼铁高炉251座， 其中3 000立方米以上高炉8座。

转炉炼钢：2001—2010年，随着国有钢铁企业的改革、发展，民营钢铁企业的崛起，河北省钢铁工业炼钢装备大型化的步伐加快，2010年河北省拥有100吨及以上转炉98座，产能13 993万吨，占全省炼钢总产能的53%。2015年，河北省61家钢铁企业拥有炼钢转炉223座，其中300吨以上转炉5座，100~299吨转炉104座。2018年，经过产业结构的多年调整，河北省转炉炼钢装备水平大大提高，100吨及以上转炉已经成为河北钢铁行业炼钢装备的主力。

电炉炼钢：2001年后，10吨以下小电炉全部淘汰，拥有10吨及以上电炉炼钢的企业加大了电炉改造的力度。2003年，河北省拥有电炉29座，产能212.26万吨，其中 30吨及以上电炉7座，产能77.44万吨。经过7年的更新改造和淘汰落后产能，2010年底河北省拥有电炉34座，产能538万吨，其中50吨及以上电炉22座，产能441万吨。2010年以后，国家淘汰落后钢铁产能力度加大，30吨以下电炉逐步被淘汰。受电炉炼钢成本竞争力下降等多种因素的影响，2015年底河北省坚持生产的只有2家钢铁企业的2座130吨电炉，产能130万吨，50吨以下的电炉全部淘汰。

线材轧钢：2004年，全省有线材轧机18套，产能849万吨，其中高速线材轧机有14套，产能746万吨。2010年，全省有线材轧机97套，产能4 740万吨，其中高速线材轧机有78套，产能220万吨。2015年，经过5年的工艺技术进步和装备水平提升，普通线材轧机均被淘汰，全省有线材轧机72套，产能4 545万吨，全部为高速线材轧机。

板材轧钢：2000—2010年，河北省钢铁企业加快了轧钢工艺设备升级改造，引进薄板坯连铸连轧生产线技术，热轧薄板后序热轧酸洗板生产线、冷轧薄板生产线、镀锌板线及彩涂板线等现代化设备相继投产。2000—2015年，河北省的宽厚板、中厚板、热、冷轧薄板等板材轧机有了较快的发展，新上的中（宽）厚板轧机均采用了较先进的工艺技术水平，使河北省特厚板、厚钢板、中板的生产能力有较大的提升。2015年，特厚板、厚钢板、中板生产线有13条，生产能力达到1 701万吨。

三、重大技术成果

70年来，科技创新为河北钢铁工业的快速发展和产业升级作出了重大贡献，众多科技成果有效地支撑了技术装备水平提升、产品结构调整和品种质量提高，有力地推动了转变发展方式和实现由钢铁大省向钢铁强省的转变。

（一）高炉喷煤技术

高炉喷吹煤粉是降低焦比、稳定高炉操作的有效措施。随着我国钢铁产能的不断提升，高炉喷吹煤粉在优化能耗结构、降低生铁成本等方面，扮演着重要的角色。

20世纪80年代初，国家把高炉喷煤技术纳入国家科技攻关计划，从而在钢铁企业迅速推广和应用。河北省钢铁企业从20世纪80年代开始推行喷煤技术，1993年石钢从德国引进具有国际先进水平的高炉喷煤浓相输送技术，当年投入运行，并被冶金部定为节约能源消耗示范推广项目。1997年，河北省冶金设计研究院设计完成的“石钢高炉富氧喷吹烟煤工艺优化”项目获河北省科技进步二等奖。

（二）高炉炉顶煤气余压利用

TRT和BPRT是利用高炉炉顶压力能量的两种方式。

1.TRT发电

TRT是高炉炉顶煤气压力回收透平发电机组（Blast Furance Top Gas Recovery Turbiue Unit）的简称。TRT发电是利用高炉煤气的余压，把煤气导入透平机中膨胀做功，驱动发电机发电的能量回收装置，是节能降耗、降低成本的重要手段之一。

1993年，唐钢1号高炉投产的TRT是河北省内第一套，也是国产TRT示范机组。2015年底，河北省内高炉都建设了TRT装置，63家准入钢铁企业共有183套TRT发电机组，取得明显的经济效益。

2.BPRT机组

BPRT是高炉煤气透平和电动机同轴驱动高炉鼓风机组（Blast Furnace Power Recovery Turbine）的简称，利用高炉炉顶余压通过透平机转化为动能，带动鼓风机运行，而电动机只需输出鼓风机耗功和透平机做功之差，从而达到节电目的。

2004年，陕西鼓风机（集团）有限公司研制出了第一台煤气透平与电机同轴驱动的高炉鼓风能量回收成套机组（BPRT）。2007年，德龙钢铁公司6号高炉在河北省内首次应用BPRT。2015年，63家准入钢铁企业共有43套BPRT机组。

中钢集团工程设计研究院有限公司石家庄设计院在霸州新利钢铁公司的1 068立方米高炉工程项目设计中，首次把BPRT技术引入到1 000立方米及以上的高炉，在国家发改委《国家重点节能技术推广目录（第六批）》中被列为典型案例，其运行的系数及指标都达到国内先进行列。项目设计中的BPRT鼓风机站，获得河北省优秀工程勘察设计二等奖。

（三）连铸技术

20世纪80年代以来，通过引进移植和自主创新，连铸生产得到快速发展，特别是进入21世纪以来，在连铸技术及装备方面的研究取得了令世人瞩目的成绩。

1982年，邯钢在国内首次利用德国技术自行设计，由衡阳冶金机械厂制造了一台小方坯连铸机，并投入生产。1983年，该项目获冶金部科技成果特等奖。1988年底，河北省已有8台连铸机在生产，1995年连铸机数量达到34台，2000年连铸机数量达到58台，居国内领先地位，转炉炼钢已全部实现了全连铸生产。

在推广应用连铸技术中，由省冶金厅牵头组织的“河北省炼钢连铸技术推广”项目，1996年12月获得河北省科学技术进步一等奖，1997年12月获得国家科学技术进步二等奖。

（四）连轧技术

改革开放前和改革开放初期，轧制生产主要以复二重线材轧机、横列式小型型材轧机、叠轧薄板轧机、三辊式中板轧机为主，生产效率很低。改革开放后，开始引进连续轧制技术，连续轧制成为轧制生产的发展方向。

长材连轧：1985年，邯钢引进45°无扭转高速线材轧机；1990年，承钢引进半连轧小型棒材生产线；1996年，唐钢引进60万吨连轧棒材生产线；2000年，石钢建成60万吨棒材连轧机生产线。

板带材连轧：1996年，国丰建成投产半连轧热轧窄带钢生产线；1997年，承钢引进热轧中宽带半连轧生产线；1999年，邯钢引进中薄板坯连铸连轧生产线；2003年，唐钢建成中薄板坯连铸连轧生产线；2005年，邯钢引进酸洗冷连轧机组和平整机组等关键设备，投入试生产。

2015年以后，河北省钢铁企业的钢筋、线材、板材、中厚宽钢带、热轧窄钢带、热轧薄宽钢带和冷轧薄板带基本上实现了连续轧制（连轧或半连轧）。

通信

1949年10月1日，中华人民共和国诞生。从此，河北的通信事业开始进入一个崭新的历史阶段，而与河北信息产业息息相关，与邮电通信建设同呼吸共命运的通信设计队伍，紧跟世界通信技术的发展，与时俱进、脚踏实地、志存九天，创造了一系列通信项目建设的辉煌成就，造就了一批批杰出的科技人才。回首历史，广大通信设计人员的光荣与梦想、汗水与追求、执着与探索的身影铭记于通信设计的历史长河中；广大通信设计人员奋战于河北信息事业战线上的辉煌将铭记在河北通信的发展历史中。

一、通信行业概述

勘察设计行业是现代技术服务业的重要组成部分，是国民经济建设中的先导产业，是科技转化为生产力的纽带和桥梁，它的发展程度直接体现国民经济社会的发展水平。

通信勘察设计行业是专门为通信网络建设提供规划、设计、咨询服务的行业。它的主要工作是在确定通信项目建立之后对施工环境进行勘察，包括对工程施工环境的勘察、确定设备型号及设备安装方案。所以，通信的勘察工作是通信工程的必要准备。通过勘察可以使通信工程的建设单位对于工程的安排和预算做出相应的准备，并通过会审与工程的各部门达成一致方案。因此，勘察设计在工程建设中起到龙头作用，是提高工程项目投资效益、社会效益、环境效益的最重要因素。

二、行业发展历程

通信勘察设计行业在计划经济时代，主要作用是帮助政府控制工程投资，勘察设计工作是一座桥梁，一端是通信技术的最新发展和技术标准，另一端是客户需求和网络发展现状。因此，设计单位一定要面向网络、贴近实际，同客户一起解决发展及运营遇到的实际问题。

（一）设计机构的变迁

新中国成立之前，旧中国的通信事业极为落后。1949年新中国成立后，党和政府非常重视通信发展。在3年经济恢复时期的通信建设工程都没有正式的设计文件，这样在工程实施过程中不可避免地要发生管理混乱，器材和工时浪费，技术差错和工期延误等不良现象。1955年为适应第一个五年计划对河北省邮电通信的要求，河北省邮电管理局成立邮电工程设计组。1960年，勘测设计队成立，名称改变，但设计院的工作内容不变，历经风风雨雨，企业始终坚持通信工程规划、勘察、设计的定位，助力通信建设和社会发展。“文化大革命”开始后，设计队解散，大部分设计人员到农村插队落户。河北省的通信勘察设计工作基本处于停滞不前的状态，通信行业的建设和发展也受到严重的影响。1972年，省局同意恢复勘测设计队，职工只有11人。

1982—1999年，勘测设计队几经更名，队伍不断壮大。1982年3月，河北省邮电勘测设计队更名为河北省邮电勘测设计所；1984年6月，成立邮电规划设计所，撤销勘测设计所。1993年1月，河北省邮电规划设计所更名为河北邮电规划设计院。1999年7月，河北移动通信公司成立，设计院整体建制划归河北移动通信公司。

2000年，河北邮电规划设计院随河北移动通信有限责任公司被中国移动（香港）公司收购，并与中国移动（香港）公司一起在香港、纽约上市。同年7月，河北省邮电科学研究所与河北省电话设备厂合并成立河北电信设计研究院，2001年8月该院改制更名为河北电信设计咨询有限公司，成为河北省首批九个转制科研院所之一。至此，邮电通信设计企业大部分都完成了从事业单位到企业单位的改革和转制。

河北邮电规划设计院与河北电信设计咨询有限公司分别担当了原河北移动及原河北电信的设计主力军。之后，省外的邮电通信勘察设计企业相继进入河北市场，与省内设计企业共同服务于不同的通信运营商。从此，河北省邮电通信勘察设计行业出现百花齐放、百家争鸣的繁荣景象，为河北省邮电通信建设的快速发展奠定了坚实的基础。

在这70年中，河北省的邮电勘察设计工作发展迅速，设计人员逐年增多，设计质量也越来越高，设计专业也在随着国家通信技术的发展而不断增加，设计所的业务范围日趋全面。

（二）设计技术的发展

新中国成立以来，通信行业有着太多的变化。从以前流行的写信、拍电报及长途电话，到电话带呼机，再到如今的打手机发短信，上网聊天看视频，中国普通老百姓的通信方式发生了翻天覆地的变化，这些变化离不开通信设计人员的努力。

1.从无到有，开创设计

新中国成立初期，由于刚开始设计工作，对于每项工程设计，都采用领导和群众集体讨论研究的方式，发挥集体智慧，共同制定设计方案、设计内容格式等设计文件编制原则和方法，初步开创了我国的通信设计技术，从长途、市话、无线等专业设计，到通信枢纽设计都开创出了新型的设计文件，在设计路上迈出了第一步，实现了零的突破。

2.设计工作全面发展

1956年3月，设计局改为设计院，邮电设计工作进入了独立发展时期。1956—1960年，通信设计工作得到了全面发展。1961—1962年，在中央缩短基本建设战线的精神指导下，通信工程设计任务锐减。1963年，邮电部经过调整巩固，新的通信建设项目又开始上马，工程设计任务也随之有所增多。设计单位针对不同类型的项目投入了大量的技术力量，花费了大量的时间，工程设计人员认真执行设计、施工、维护三结合和三级技术管理责任制，深入细致地编写设计文件，出现了处处保证设计质量的好风气。

3.自力更生发展设计

1964年以后，通信建设规模越来越大，设计任务也越来越重。有些工程建设规模大，技术要求复杂，新技术多。有的任务要求时间紧，保密性高。在这种情况下，设计人员发扬自力更生、艰苦奋斗的精神，团结一致，克服困难，努力工作，各通信专业设计和综合楼工程设计都进入了国产化、大容量的新阶段。

4.“文化大革命”使设计工作备受损失

经过几年的大发展，设计院技术雄厚，正准备在国家通信建设中大显身手、作出贡献的时候，却突然遭遇了“文化大革命”。半日工作半日“运动”，使得设计工作受到严重冲击，设计工作秩序完全被扰乱。就在这样的形势下，仍有部分设计人员通过踏勘、测量，作出了一些设计，但是完成设计文件的利用率很低。

5.设计工作的恢复和发展

1974—1976年，经济建设开始全面整顿，邮电通信基本建设也出现了转机和发展。1975—1976年，河北省勘察设计队配合邮电部设计院对京汉广中同轴电缆载波工程进行初勘，完成京汉广中同轴电缆载波工程，衡水、廊坊等地区的纵横制市话交换机机械安装设计任务，河北省通信设计工作得到了初步恢复和发展。

6.设计工作重点发展

20世纪70年代后期，在全国揭批“四人帮”，工业学大庆的推动下，设计工作初见成效，较好地完成了设计任务。1979年，河北省邮电部门把工作重点转移到通信发展上，在完成工程设计、科研项目、标准化工作的过程中，通信设计技术也得到了综合发展。1986年，河北省开通长途自动交换网。1987年，唐山市、石家庄市市话程控交换设备开通。1980—1983年，完成设计工作量约2 500万元。1984年，河北省完成首次编制邮电通信发展规划（秦皇岛市）。在此期间，首次提出了工程的可研性研究报告，对工程建设的经济效果进行了研究。在方案设计、初步设计和施工图设计中，各个设计阶段的踏勘越做越细，为工程节约了大量的投资。

7.工程设计蓬勃发展

1989—1995年，国家对能源、交通、邮电等短线行业继续实行政策倾斜，邮电基建任务回升，工程设计任务增多，这一时期光纤传输、程控交换、移动通信等先进通信技术的引入，使得河北省通信技术实现更新换代。1989年，长途数字微波传输在河北省内投入使用，1991年长途光纤传输开始使用，1992年开始进入移动通信大发展的时代，河北邮电设计所的无线设计一改只有微波工程设计的传统状态，陆续设计了河北模拟通信网工程和寻呼网络工程。1992年分组数据交换网投入使用，1994年开通数字数据网，1995年设计院开始支撑沿用至今的GSM网络建设。这期间工程设计任务可以用繁重来形容，在广大工程设计人员的共同努力下，随着设计任务的蓬勃发展，工程设计质量和效率不断提高。

8.设计工作的鼎盛时期

1996—2008年，通信设计行业达到了鼎盛时期。高新技术被大规模地采纳和应用，逐步淘汰了原有网络中的模拟通信设备和模拟通信技术，逐步建立了全新的数字技术网络。例如完成了全省SDH/DWDM光缆传输骨干网工程、大容量SDH数字微波工程、本地电话网程控交换工程、蜂窝式移动电话工程、联通CDMA数字移动通信网工程、ATM数据通信网工程、中国联通公用计算机互联网工程、移动互联网工程、智能化信息集成系统工程和数字同步网监控工程总体方案设计等。开创性的设计工作，为我省电信网的更新换代，建立全数字化信息网做了大量开发性的工作。

在有线传输工程方面，我省先后完成了多条一级及二级光缆干线的工程设计，其中有京九广和济石太银光缆通信干线工程、京汉广直埋光缆扩容工程、石家庄—太原一级干线线路工程、京承阜白齐哈干线光缆工程（河北段）、石家庄—衡水—沧州光纤通信系统工程、省内高速光缆环网工程、省内干线传输工程、长途电信枢纽间光缆中继扩容改造工程等。当今最先进的光通信技术先后在我省应用。在上述工程设计的验证测试中，均掌握了当今先进光通信技术在超长距离光缆网中应用的第一手资料，培养了大批的技术骨干队伍。

在无线工程方面，由于国际通信技术的飞速发展，新业务、新技术不断出现，对通信传输的要求也越来越高。2000年，设计院支撑移动规划一干、二干和城域网，为移动互联业务的开展提供先行条件。2006年，工信部发放了3G牌照，设计工作重心由2G转向3G，为了迎接2008年北京奥运会，河北省各通信运营商进行了各地市3G试验网的建设，各设计院也从中积累了丰富的设计经验。通信行业3G之后发展很快，智能手机得到大范围普及，带宽需求和流量需求使得运营商开始部署LTE网络。在这一时期，2G、3G、4G、综合业务网、WLAN、集客和家庭宽带是并行建设的，在勘察设计的道路上，众多设计人员勇往直前。

在业务及支撑网络方面，包括固定电话交换、移动电话交换、智能网、支撑网、城域网传输、数据通信网、计算机网络、数字同步网、电源等专业。近几年完成了省内主要运营企业的省际长途，本地交换，全国公用分组交换数据网、数字数据网（DDN，DCN），ATM，数字移动通信，七号信令网，智能网，数字同步网，网管系统，计费结算系统，INTERNET，接入网，电源等工程。期间先后完成了移动通信2.5G、3.5G和固定网NGN的试验网设计。随着通信技术的飞速发展，各种新的通信技术和通信设备不断得到应用，设计人员时刻保持高昂的学习热情，不断进步，保证网络建设工作的顺利进行。

9.设计工作与时俱进

2010年10月，国务院在《国务院关于加快培育和发展战略性新兴产业的决定》中列了七大国家战略性新兴产业体系，其中包括“新一代信息技术产业”。与通信有关的包括宽带网络、新一代移动通信、下一代互联网核心设备和智能终端、三网融合、物联网等。通信行业的发展进入一个崭新的时代，通信勘察设计工作也与时俱进紧紧围绕这几大新技术展开。

在宽带网络方面，为配合宽带中国战略的实施，先后支撑全省光进铜退、宽带提速降费等专项行动，并取得显著效果，建成全国第四个“全光网络省”。全省基本实现光纤网络覆盖，城市全覆盖，农村地区行政村光纤通达率超过99%，我省宽带速率迈向一个新台阶。

在移动网络方面，4G网络建设如火如荼，新建工程和网络优化工程设计齐头并进，推动城市地区4G网络深度覆盖和农村地区4G网络广度覆盖，减少信号覆盖盲区，4G基站达到17.5万个。5G技术发展迅速，5G规模组网初见成效，5G试验核心网设计，全省11个市和雄安新区、北京冬奥会张家口赛区5G试验基站设计，针对车联网、智慧安防、环境治理以及智慧电网等业务的应用设计彰显了设计人员的技术水平。

在物联网方面，物联网基础设施统筹布局，物联网产业初具规模。通过eMTC、NB-IoT网络设计与建设实现市区主城区，县城区域及部分重点农村的NB-IoT覆盖，为客户提供了大、中、小流量等全流量场景服务，打造一张物联网专属网络。

在大数据应用方面，张北云联数据中心、“京北云谷”云计算与智慧产业基地，阿里北方云基地项目、张北创新数据中心实验测试基地等项目落地实施，促进河北省的云存储、云计算、云服务、大数据存储加工及应用等功能不断完善，大数据在政务、工业、农业、教育、交通、环保、食药安全等领域得到应用。

以上新技术的广泛应用，也为河北省通信业务发展提供了新的契机，广大通信工程设计人员积极跟踪通信技术的发展，掌握高新技术，努力探索和世界先进通信技术的接轨，始终走在技术发展的前沿。

三、工程建设突出成就

70年的风风雨雨，我省的通信设计人员靠着坚韧的毅力和敢于赶超世界先进技术的精神，支撑我省的通信事业完成了一个又一个的超越，使我省的通信事业达到或接近了全国甚至是世界先进水平。回首70年的历程，广大通信设计人员主要作出了如下贡献。

（一）通信网络的贡献

新中国成立初期，我省邮政通信业发展水平很低，1978年以前，邮路总长度仅为16.5万千米。新中国成立70年，特别是改革开放以来，邮电通信业规模不断扩大，电信基础设施建设加快推进，信息化、网络化后来居上。20世纪70年代，设计人员配合邮电部设计院对京汉广中同轴电缆载波工程进行初勘，完成京汉广中同轴电缆载波工程，衡水、廊坊等地区的纵横制市话交换机机械安装设计任务；80年代首次编制邮电通信发展规划，完成保定市话三分局增容改制工程、玉田县邮电通信局通信设备改造工程等多项工程设计，并荣获局级奖励；90年代全面质量管理（TQC）工作达到部颁要求，设计工作的质量管理工作更加规范化，设计单位陆续增加无线、微波、光缆、移动通信、程控交换专业的设置，设计范围更全面，更好地支撑了河北省通信的建设和发展。进入21世纪，河北省设计院的业务区域遍布全国，相继完成了福建联通数字移动通信四期配套建筑工程施工图预算、30个省市的中国移动通信集团公司会议电视系统、“宁夏移动通信公司吴忠—盐池段光缆线路工程可行性研究报告（代项目建议书）”等设计和咨询。

经过几十年的发展，截至2018年底，我省光缆线路总长度达213.2万千米，固定电话用户数669.9万户，居全国第9位；移动电话用户数8 195.7万户，居全国第7位。党的十八大以来，邮电通信业全面发展，“宽带中国”建设加快实施，2018年固定互联网宽带接入用户规模达到2 159.8万户，居全国第7位；移动互联网用户规模达到6 904.2万户，居全国第7位。大数据、云计算、人工智能等现代信息技术方兴未艾，高速、移动、安全、泛在的新一代信息基础设施加快建设，众多新兴的融合业务不断涌现。2018年，河北省IPTV用户规模达到1 113.5万户，居全国第3位；物联网终端用户数达到2 066.4万户，全国排名第10位。

在完成常规通信工程勘察设计的同时，我省电信行业全力支撑雄安新区及冬奥会张家口赛区规划建设，主动对标京津，不断优化网络架构，提升网络能力，有力支撑京津冀经济社会协同发展大局；积极对接雄安新区，优化通信网络，提升服务能力，开展新区信息通信基础设施专项规划等工作，为新区提供全方位的通信保障。全行业加大投资力度，按计划有序开展冬奥会张家口赛区传输线路、无线通信基站等建设，全面提升张家口赛区的基础网络能力和服务能力。

70年来，我省广大通信设计人员共设计完成通信固定资产投资900多亿元，有效地改善了我省的信息通信局面，为我省通信事业的发展和振兴打下了坚实的基础。所有这些成就和广大设计人员的辛勤付出、努力工作是分不开的。今天，当我们享受着现代化的通信技术为我们提供的快捷、方便、准确的服务时，我们不应该忘记那些为这一切默默付出的人们，他们理应获得尊重。

（二）专业科研的贡献

随着通信技术的发展，各设计单位在传统的规划、设计工作之外，开始在高新技术、网络优化等科研方面投入大量的精力，提升软实力，多次荣获国家优质工程奖、科学技术进步奖、省部级工程设计和咨询奖。如20世纪90年代的通信工程概预算微机管理系统获得河北省邮电管理局颁发的科学技术二等奖，通信专业安装工程设计微机绘图系统编入1992年第十二期《中国技术成果大全》。在3G、4G的建设中，科研人员深入研究广播波束赋形技术，研发出晓明天线这一款新型产品，从天线领域扩展到大数据、云计算、电源、空调、传输等多个领域，秉承从研发、专利、再落地到产品，最后指导并促进生产实践的思路，以实际行动证明了“科学技术是第一生产力”。

历年来，我省的通信设计队伍共完成科技开发项目和软课题项目80多项，包括HSDPA对WCDMA无线网络规划影响、基于GIS的无线数据库系统、GSM网络话务分析预测系统、LTE网络PCI规划策略研究、小基站无线回传方案研究、5G Massive MIMO技术研究等；获得国家知识产权局专利授权及软件著作权70余项，其中发明专利10项、实用新型专利15项；另外，还受托为运营企业制定了大量的企业内部维护标准。这些成果，不仅有力地支撑了政府通信主管部门的工作，而且进一步指导了通信工程的设计、施工及验收，对保证工程设计质量，加快设计进度，培养人才和引导设计工作走我国自己发展的道路等都起到了十分重要的作用。

石油

一、行业概述

自从19世纪中叶人们开始从地下开采石油以来，石油的地位越来越重要，逐步成为当今世界上举足轻重的战略物资。大到国家的工业、农业、交通、国防，小到每个人的衣食住行，全都离不开石油。作为“黑色的金子”“工业的血液”，石油可以被加工成为燃料、润滑油、沥青、石蜡等各类油品约500种；合成树脂、合成纤维和合成橡胶等石油化工产品1 500多种；以石油为原料制成的表面活性剂、添加剂、黏合剂、染料、涂料、香料、医药、农药和助剂等各类精细化工产品数不胜数。

我国国民经济对于石油的依赖性在不断增加，石油在能源中的地位在不断提高。而与此同时，国内石油的生产和供应增速却相对缓慢，石油安全面临比较严峻的形势。一是石油消费进入快速增长时期，石油供需缺口将越来越大，这已成为我国经济社会发展的重要制约因素。二是石油石化产品的消费量将大幅度增长，对产品质量和品种的要求会越来越高。三是天然气工业已进入快速增长时期，一次性能源结构中天然气的比重将由3%上升到10%左右，成为我国仅次于煤炭和石油的第三大能源。四是中国综合能源利用效率仍比发达国家低10个百分点，节能潜力巨大。

二、行业发展历程

我省有华北油田和冀东油田两座油田以及以中国石油工程建设有限公司华北分公司即CPECC华北分公司（原华北石油勘察开发设计研究院）和中国石油天然气管道工程有限公司即CPPE（原管道勘察设计研究院）为代表的大型石油行业设计单位。

（一）新中国成立初期至改革开放阶段（1949—1978年）——石油行业起步阶段

华北油田作为河北省开发最早、国内知名的大型油田，为我国、我省的经济发展作出了重要贡献。1975年，任4井钻探成功，获日产千吨高产油气流之后，1976年1月，国务院批准在冀中平原上展开华北石油大会战，成立了华北石油会战指挥部，由此华北油田正式诞生，并创造了当年勘探、当年开发、当年建设、当年收回全部国家投资“四个当年”的奇迹。1978年，原油产量达到1 723万吨，一跃而居全国第三位，为当年全国原油产量突破亿吨大关作出了重要贡献。

在生产、生活条件都十分艰苦的情况下，华北石油勘察开发设计研究院和油建单位克服了工期紧、施工力量不足、原材料供应不及时、设备边施工边订货的各种困难，采用边设计边施工、先主体后配套、先投产后完善等

华北油田发现井（任4井）

华北油田会战

策略，高速、优质地完成了任一联（南大站）、任二联（北大站）、任沧输油管道、任京输油管道、北京输气工程等大型工程；同时，建成了27个古潜山及砂岩油田的设施，其中主要有大型联合站19座，计量站160座，安装油水井口1 167口，敷设油田集输油管线1 300千米。

（二）改革开放至20世纪末（1979—2000年）——石油行业稳步发展阶段

1979年，华北油田原油总产量达到了1 733万吨高峰，写下了油田创业史上光辉的一页。自1977年起，油田连续保持年产1 000万吨达10年之久，油气年产量居全国第三位达15年以上。1985年10月，油田建成输往北京的天然气管道，有力地支援了首都经济建设。

1987年，在任丘以南地区，先后设计、建设了宁11区块，荆一联，王三站，泽86潜山，留36、留62、留70、留416、留417断块，间12区块，宁50区块，泽古14区块，宁古11区块，晋40、晋45区块，路15、路17、路27、路28、路30断块，里107断块，强19、强26断块，台4断块等油田的产能设施；在任丘北部地区，先后开发建设了京57、京325区块，泉9区块，文20、文31区块，苏6区块，安26区块，岔河集区块，务14区块，鄚32断块，古13、古14断块等油田的产能设施。

从20世纪90年代前期到20世纪末期，先后在冀中地区和内蒙古地区设计、建设了高30、高44，强一联，西柳10，楚28、楚29，留12，赵41、赵57、赵60、赵86、赵112、赵113，文古2，晋93、晋95、晋105，岔72-83，间12-32，文20、文23，泽10，哈76，内蒙古赛汗等新区产能建设工程。

华北油田南部矿区（1981年）

勘探开发内蒙古二连（1986年）

在强化油田地面建设中，设计单位参与实施了老油田调整改造与新油田开发建设同步进行的战略部署，在小断块油田、高含水油田、超深层稠油油田、凝析气田等方面拥有核心技术，一方面立足于老油田调整挖潜，增加可采储量；另一方面加大滚动开发力度，强化油田开发的基础工作管理，努力提高油田开发水平和生产效益。我省先后完成了任丘、留路、永清、霸县、河间、雁翎、鄚州、文安、高阳、赵县、晋县等区域内的老油田调整改造工程。通过对老油田产能挖潜，实现了3个方面的成效：①通过深化潜山油田高含水期的综合治理，实现了百吨稳产目标；②主力砂岩油藏调水增油效果显著，水驱情况得到明显改善；③低渗透油藏整体改造效果良好，采油速度有所提高。实施老油田调整改造后，调动了老油田的生产潜力。通过上述措施，华北油田油气当量连续30年保持在480万吨左右。

1988年4月冀东油田成立，当年原油产量18万吨，1991年原油产量达到35万吨。1996年，老爷庙地区首开国内二次三维地震先河，完成了64.14平方千米的二次三维地震，新增探明储量1 360万吨。并先后在高尚堡、柳赞、唐海、北堡、南堡滩海等地区实施高精度三维地震勘探，持续新增探明储量。

冀东油田发现井（南27井）

海上作业平台

（三）21世纪以来（2001—2019年）——石油行业快速发展、多元化发展阶段

1.油气田设计、建设方面

华北油田在油气并举、滚动开发、老油田挖潜的基础上，高效发展煤层气业务，在山西沁水盆地建成我国第一个数字化、规模化煤层气田。2018年，抓住国家和集团公司产业支持政策，在内蒙古巴彦河套盆地勘探取得重大突破，成功开辟资源接替新战场，开发建设了吉兰泰油田。截至2018年，华北油田公司在职员工3.4万人，年生产油气当量520万吨，资产总额600亿元，累计实现收入近5 000亿元，约占河北省GDP的七分之一，累计上缴税费900多亿元，仅“十二五”期间就上缴河北省近200亿元。以石油化工产业为依托，定位清晰、特色鲜明、效益显著、上下游产品配套齐全、生产技术国内领先、生态与环境保护协调发展的绿色石油化工园区初具规模。

2003年，冀东油田在南堡陆地发现亿吨级油田。至2007年底，油田累计钻井1 679口，进尺4 700千米，探明石油地质储量6.8亿吨。原油产量2004年突破100万吨，2007年原油产量达到213万吨，和油田成立初期产量相比，增长10.83倍。至2007年底，冀东油田累计实现经营收入384.49亿元，利润128.98亿元，上缴税费58.57亿元。

山西沁水煤层气集气站装置

吉兰泰油田开发

2.多元化发展方面

石油行业多元化发展是实现可持续发展的必由之路，我省充分发挥资源优势，紧跟油气主营业务发展，不断延伸产业链条，构建上下游一体化发展格局，打造具有较大规模和较高效益的产业集群，拓展发展空间，扩大规模总量。

（1）城镇燃气业务发展

华北油田在做优做稳常规油气业务的同时，积极拓展城市燃气业务，供气用户突破60万户，市场遍布全国13个省区市。2005年9月，综合一处万庄矿区第一批天然气入户工程竣工。2005年12月，任丘矿区开始正式供气。2006年1月，河间矿区天然气入户工程通气。2009年12月，华北油田矿区气化工程全部竣工，8万户矿区居民家庭全部用上天然气。同年，完成任丘市多个小区4 376户燃气入户工程。

（2）CNG业务发展

2009年7月，由华北油田公司与中国石油昆仑能源公司共同出资成立河北华港燃气有限公司。2011年6月，组建成立华港燃气集团有限公司。华港燃气集团主要从事城市管道天然气、压缩天然气（CNG）、液化天然气（LNG）、液化石油气的供应与销售。

2009年12月28日，任丘西部输配工程CNG气站落成。该工程担负着华北油田矿区及任丘地方小区10万居民住户及500余个工商户的城市天然气供应及汽车充装任务，年输气总量达1亿立方米。2010年，实施河间首站至石家庄炼化厂原石油管道河—石线油改气工程，围绕河—石线新建高压管网30千米、中压管网40千米。通过合资、合作、参股或资源换市场等方式积极拓展周边市场，华港先后取得了怀来、饶阳、赞皇、深泽、大城、江西大余等地的城市燃气经营权，注册成立怀来、文安、江苏华港等20余个子公司，签订合作框架协议项目40余个；开发居民用户4.3万户，工商户85户；在重点开拓城市出租、公务、家用车辆的同时，积极延伸拓展乡镇、农村家用双燃料汽

冀东油田南堡人工岛

车推广。

（3）LNG新能源业务发展

华北油田公司与中国石油昆仑能源公司全面实施“以气代油”发展战略。截至2015年，LNG业务拓展至河北、北京、天津、江苏、浙江、上海、内蒙古、山西、河南9个省、市、自治区。同年，打通了国际资源通道，成为昆仑能源旗下自行进口LNG的首家企业，也初步形成了自产、国内采购、国际引进的多元化资源架构。

2010年，以江苏如东、华北油田、唐山曹妃甸、山西晋城四大区域为核心，以开发城市公交车、城际客车、大型载重车、京杭大运河及安徽至上海长江流域内的运输船舶用户为重点，以投资建设LNG加气站和卫星站为保障的工作思路被确定，该企业与10余家国内大型运输企业及LNG汽车、设备厂家签订LNG项目合作协议，并建立长期战略合作伙伴关系。为改善能源结构、助推地方政府节能减排，该企业先后与邯郸市、张家口万全县等10余个县、市开展了LNG项目合作；与上海申能集团合作开展进口LNG业务，从马来西亚进口3船LNG共计17.4万吨，开创了昆仑能源公司燃气企业进口LNG业务的先河，既保证LNG下游业务需求，同时也给中国石油LNG接收码头增加利润9 000万元，华港集团增加利润2 000万元。

2012年7月，任丘市北部LNG调峰储配站建成，实现30万立方米液化能力的满负荷运行，同时实现站内LNG和CNG加气系统投产。引进橇装加气站，建成投用了国内首座集装箱式橇装站——北京潞城镇728路LNG公交车加气站，开创国内应用集装箱式橇装站的先河。依托山西煤层气资源，建设山西晋城沁水煤层气液化项目。依托规划建设中的中国石油陕京四线和内蒙古煤制气资源，建设内蒙古乌兰察布兴和LNG工厂项目。重点在北京、江苏、浙江等地开展LNG气化站建设，累计建成投产LNG气化站40座，日平均供气量达55吨。

（4）储气库业务发展

地下储气库建设是一项涵盖了地质综合评价、油气藏工程、注采工艺、钻井工程、地面工程及经济评价等石油行业多专业、多学科的系统工程。华北储气库的建设对于京津冀地区加快能源结构调整、加速生态文明建设以及保障能源安全平稳供应具有重要的意义。华北油田和CPECC华北分公司联手打造了陕京二线京58地下储气库、苏桥储气库群，并规划了华北地区的兴9和文23储气库、河南平顶山储气库、江苏云应储气库、淮安储气库，逐步形成覆盖京津冀、辐射长三角的储气库业务发展格局。

三、工程建设突出成就

以中国石油工程建设有限公司华北分公司（CPECC华北分公司）和中国石油天然气管道工程有限公司（CPPE）为代表的国家首批具有工程勘察、设计“双综甲”资质的工程勘察咨询设计企业，共完成了国内工程勘察设计项目26 300余项以及中国境外30多个国家和地区的国际项目100余项。

①任一联合站工程位于河北省任丘市，1976年1月开工建设，一期工程于4月1日建成年处理能力500×10^{4}吨的装置，二期工程于8月建成1座1万立方米和2座2万立方米储罐。该工程是国内潜山油田开采首次自行设计、自行施工、自行投产的油田地面工程，采用的“油咀搬家”技术充分利用了地层能量，最远集输半径达15千米，工艺流程为国内首创，填补了技术空白，选用国产轻烃回收装置等多个设备一次性投产成功，其建设速度和建设水平均

会战建设任一联

任一联合站

为国内领先，获国家优秀设计奖和科技进步奖。

②大庆原油外输工程（东北“八三工程”），1970年8月3日开工建设，历时5年建成，包括输油管道8条，总计2 471千米，形成了以铁岭站为枢纽，连接大庆至抚顺、大庆至秦皇岛和大庆至大连的3条输油大动脉，该工程年输油2 000万吨，相当于40多万个火车皮，1万多列车次的运输能力，极大缓解了东北铁路运输紧张的状况，彻底解决了大庆油田原油外运困难，从根本上扭转了油田“以运定产”的生产被动局面。

③阿尔善油田100万吨/年地面建设工程，位于内蒙古草原高寒地区，1987年开工建设，1989年9月建成投产，是我国石油开发史上在高寒地区用时最短、高水平建成的百万吨级油田，获得全国第五届优秀工程设计金质奖。工程采用了油气水并举的“三脱三回收”技术、水力活塞泵油和集输技术、油气集输系统全密闭技术、原油集中稳定技术、交直流复合电场脱水技术等30余项国内外先进新技术，全面解决了高寒地区油田全天候生产过程中的各种技术问题，满足了边远地区油田的建设要求。

大庆原油外输工程施工作业

阿尔善油田100万吨/年地面建设工程

④兰成渝成品油管道工程，管道起点为甘肃省兰州市，终点为重庆市，1998年开工建设，2002年10月建成投产，是我国建成投产的第一条大口径、长距离、高压力、多分输点的成品油顺序输送管道，管道全长1 250千米，其中成都—重庆段369千米，全线最高设计压力14.76兆帕。

⑤西气东输输气管道工程，于2002年开工建设，2005年全线贯通，是拉开我国“西部大开发”序幕的标志性建设工程。管道全长3 900千米，是我国当时距离最长、输量最大、管径最大、输送压力最高的天然气管道，开创了国内长距离大口径输气管道设计的新纪元。该项目荣获中国国庆60周年“十佳感动中国工程设计”、国家科技进步一等奖等多项奖项，被誉为“中国的能源大运河”，是目前中国最具影响力的油气管道标志性工程之一。

⑥苏桥储气库群地面工程，于2011年12月开工建设，2013年6月建成投产，由五个凝析气藏构成，总有效库容67.38亿立方米，是目前国内埋藏最深、压力等级最高的储气库，为了克服超深、高温、超高压的世界级库群建设难题，形成了长半径高压集输管线安全性评价及防护技术、井口双向节流技术、油气藏型储气库工艺包等一系列专有技术。该工程对优化京津冀地区能源结构，确保平稳安全供气，满足京津冀冬季用气调峰，事故应急供气，推进区域低碳、清洁发展具有重大意义。

⑦晋城华港燃气有限公司沁水煤层气液化调峰储备中心工程，2013年8月开工建设，2016年3月建成投产。工程液化装置为规模为200×10^4立方米/日，是全国单列规模最大的煤层气液化项目。项目采用2.9万立方米预应力混凝土全包容LNG储罐，是全国第一座应用全包容罐的LNG液化工厂，提高了安全性；项目采用单循环混合制冷工艺（SMR工艺），优化设计方案，液化率高达99.1%。关键设备引进绕管式换热器、变频离心式MRC压缩机，单位能耗为全国同等规模工厂最低。项目采用三级台阶竖向布局，立体化安装，在国内同等规模液化工厂中占地面积最小。

⑧中国—中亚天然气管道工程，起点位于土库曼斯坦与乌兹别克斯坦边境的格达伊姆，经过乌兹别克斯坦中部和哈萨克斯坦南部，终点位于中国新疆的霍尔果斯镇。该管道全长1 833千米，设计输量为300亿立方米/年，设计压力为9.81兆帕。全线共建设8座压气站、4座跨

国贸易交接计量站。作为我国第一条引进境外天然气的陆上能源通道，采用ϕ1 067毫米双管并行敷设，压气站联合运行，并通过跨接保证管道系统运行的安全性。该项目获2014年国家优质工程境外工程金质奖、第十六届中国土木工程詹天佑奖等多项国家、部级荣誉。

苏桥集注站

沁水煤层气液化工程

化工

一、行业概述

化学工业又称化学加工工业，泛指生产过程中化学方法占主要地位的过程工业。化学工业是从19世纪初开始形成，并发展较快的一个工业部门。

化工行业包含化工、炼油、冶金、能源、轻工、石化、环境、医药、环保和军工等部门从事工程设计、精细与日用化工、能源及动力、技术开发、生产技术管理和科学研究等方面的行业。

（一）化工行业特点

化学工业是属于知识和资金密集型的行业。随着科学技术的发展，它由最初只生产纯碱、硫酸等少数几种无机产品和主要从植物中提取茜素制成染料等有机产品，逐步发展为一个多行业、多品种的生产部门，出现了一大批综合利用资源和规模大型化的化工企业。这些企业就其生产过程来说，同其他工业企业有许多共性，但就生产工艺技术、对资源的综合利用和生产过程的严格比例性和连续性等方面来看，又有它自己的特点。

①生产技术具有多样性、复杂性和综合性。化工产品品种繁多，每一种产品的生产不仅需要一种至几种特定的技术，而且原料来源多种多样，工艺流程也各不相同；就是生产同一种化工产品，也有多种原料来源和多种工艺流程。由于化工生产技术的多样性和复杂性，任何一个大型化工企业的生产过程要能正常进行，就需要有多种技术的综合运用。

②具有综合利用原料的特性。化学工业的生产是化学反应，在大量生产一种产品的同时，往往会生产出许多联产品和副产品，而这些联产品和副产品大部分又是化学工业的重要原料，可以再加工和深加工。因此，化工部门是最能开辟原料来料、综合利用物质资源的一个部门。

③生产过程要求有严格的比例性和连续性。一般化工产品的生产，对各种物料都有一定的比例要求，在生产过程中，上下工序之间，各车间、各工段之间，往往需要有严格的比例，否则，不仅会影响产量，造成浪费，甚至可能中断生产。化工生产主要是装置性生产，从原材料到产品加工的各环节，都是通过管道输送，采取自动控制进行调节，形成一个首尾连贯、各环节紧密衔接的生产系统。这样的生产装置，客观上要求生产长周期运转，连续进行。任何一个环节发生故障，都有可能使生产过程中断。

④化工生产还具有耗能高的特性。首先煤炭、石油、天然气既是化工生产的燃料动力，又是重要的原料；其次有些化工产品的生产，需要在高温或低温条件下进行，无论高温还是低温都需要消耗大量能源。

化工生产这一系列特点说明，在化工企业管理中，必须重视技术在生产中的作用，提高技术水平；珍惜化工资源，搞好综合利用；注意节约能源；搞好生产的组织工作，保持生产的长期运转，不断提高经济效益。

（二）化工行业在国民经济中重要作用

发展化学工业，对于改进工业生产工艺（如以化学工艺代替繁重的机械工艺），发展农业生产，扩大工业原料，巩固国防，发展尖端科学技术，改善人民生活以及开展综合利用都有很大作用，它是国民经济中的一个重要组成部分。

首先，要坚定化学工业可持续发展的信心。我国目前正处于工业化中期阶段，化学工业是整个工业化的基础产业，没有现代化学工业，就不可能有工业化的中国，随着工业化进程的发展，化学工业始终在与安全、环保等客观因素不断磨合、不断探索、不断改进中进步，困难和挑战正是化学工业发展的动力。

其次，要加快化学工业的创新，推动其从低端向高端转变，提升其本质的安全环保水平。解决化学工业的根本出路还在于技术创新，用更加先进的物质基础装备改造和提升化学工业，从物质上提高化学工业的本质安全环保水平。

最后，坚持加强与公众、社区、社会的沟通，推进人们对化学品的认知和了解。在化学行业关注化工产品的研发、生产、营销、配送、使用、回收以及处理整个生命周期的同时，不断提高周边社会、社区对化学、化工企业的了解和认知水平。

相信通过各利益相关方的努力，我国化学工业一定能够可以实现绿色发展。

（三）化工设计

化工设计是把一项化工过程从设想变成现实的一个建设环节，涉及政治、经济、技术，资源、产品、市场、用户、环境，国策、标准、法规，化学、化工、工艺、机械、电气、土建、自控、三废治理、安全卫生、运输、给排水、采暖通风等专业和方方面面，是一门综合性很强的科学技术应用活动。

化工设计是一项综合性很强的技术活动。我国传统上对化工设计的分类是依照基本建设项目分为新建工厂（装置）设计、原有工厂（装置）的改建和扩建设计以及车间、厂房的局部修建设计。

化工设计内容包括厂址选择、总图设计、化工工艺设计、非工艺设计以及技术经济等设计工作。其中，化工工艺设计内容主要有生产方法的选择、生产工艺流程设计、工艺计算、设备选型、车间布置设计以及管道布置设计，并向非工艺专业提出设计条件，完成全厂（装置）设计文件及投资概算（预算）的编制等。

二、行业发展历程

新中国成立70年来，河北省的化学工业得到了迅猛发展，化工产业已经形成了包括石油化工、盐化工、煤化工、基础化工原料、农用化工、精细化工、生物化工、高分子材料、橡塑制品、化工机械等十几个门类完善的石油化工体系，石油化工产业成为河北省重点发展的三大战略支撑产业之一。

新中国成立以前，河北石化工业几乎一片空白。1949年之前，河北省仅有6个手工作坊式的小型化工企业，职工460人，生产硫化碱、碳酸钙、电石等少数几个化工产品。1949年，化学工业产值103万元，仅占全省工业总产值的0.18%。

新中国成立后，河北省石化行业历经了从无到有、从小到大、从弱到强的发展过程，从新中国成立初期的12家化工企业，发展到2018年拥有企业1 976家，固定资产4 861.1亿元，主营业务收入4 818.02亿元。中国化工500强有41家企业位于河北，从500强化工企业数量来看，河北省在全国各省中排名第三位，仅次于山东省和江苏省，正式跨入全国石化大省行列。

70年来，河北省化学工业取得了一系列可喜的成就，提高了河北省甚至全国化工行业的工程设计水平，锻炼了队伍，培养了人才。河北省化工行业的技术开发、技术水平以及工程设计水平的提高，是随着国家经济建设的十三个五年计划和社会发展的历史前进步伐，由上千名化工设计战线上的同人，在成千上万个化工项目的设计中不断推动的，下文简要介绍河北省化工行业发展历程。

（一）20世纪50年代恢复建设期，全面学习苏联培养设计队伍

旧中国留给新中国的化学工业十分薄弱，河北省更是一穷二白，全国有名的天津永利沽厂、南京永利宁厂、上海天原氯碱等企业基本都在外省，河北省没有一个有名号的化工企业。在新中国初期，河北省化工设计人员在一无资料、二无经验、三无外援，时间又十分紧迫的情况下，靠查阅仅有的杂志文献和专业介绍等零碎资料，自力更生发展了河北化学工业。1950—1952年是国民经济恢复时期，河北省在恢复生产的同时，扩建、新建了一批化工企业。1950年龙岩三分厂恢复生产，永华化学厂划归河北省工业厅领导，改名为辛集化学厂，继续生产硫化碱，1952年扩大了生产能力。唐山建华化学实业工厂和唐山东兴化学实业股份有限公司在国家扶持下，生产有了生机。与此同时，一些新建企业陆续投产。1950年，华北军区兴华炼油厂（汉沽石油化学厂）建成投产，开始生产润滑脂，之后唐山大同橡胶厂和山海关私营鼎力农药厂（山海关农药厂前身），1951年石家庄私营信得电化厂和唐山市古冶化学厂，1952年榆山石矿、井陉火药厂（井陉第一化工厂）和石家庄私营长城橡胶厂相继建成投产。到此时，全省已有化工企业12个，其中全民企业5个。到1952年，完成工业总产值171.92万元，比1949年增长2.6倍。

经过三年的恢复与建设，1953年国家开始实行有计划的经济建设，第一个五年计划期间，重点建设的主要是苏联帮助我国设计的156个项目中的11项，河北省在国家统一规划下，筹建重点化工项目——苏联援建的国内第一座大型感光材料厂保定电影胶片厂（化工部第一胶片厂）和省内第一座中型氮肥厂石家庄化工厂（石家庄化肥厂）。河北省第一代的化工设计人员，在工作中学习了苏联的设计经验，锻炼和提高了设计能力。通过

保定电影胶片厂和石家庄化工厂的建设，工作人员学到了苏联大型项目规划、选厂、三段设计（初步设计、技术设计、施工图）和施工、安装试车等方面的知识，为以后自行设计建设大中型化工厂打下了基础。在此期间，河北省化工建设完成投资657万元。1957年底，全省有县以上化工企业28家，化工总产值达1 663.83万元，比1952年增长8.7倍。

1953年成立的河北省轻化工业厅设计室，是河北省第一个从事工程设计的专业设计部门，也是福斯特惠勒（河北）工程设计有限公司的前身。

（二）20世纪60年代自力更生期，独立设计发展化学工业

20世纪50年代末，中苏关系紧张，西方国家对我国实行技术、经济封锁，迫使我国走独立自主、自力更生的发展道路。20世纪60年代，河北省按照中央有关部门的统一部署，组织科研设计、制造、生产等单位进行"三结合"联合攻关，开发技术，自行设计，化工系统成功走出了一条自力更生发展化学工业的道路，取得了许多可喜的成绩。在短短十几年间，就建设了不少过去从没有的化工装置，生产出了国防建设和国民经济急需的化工产品。

中国是个人口大国，解决几亿人吃饭问题是头等大事。因此，快速发展化肥尤其是氮肥工业就成为20世纪60年代化学工业发展的重点。1961年3月，党中央决定加快氮肥厂的建设，支援农业生产。河北省率先响应，成立5万吨/年氮肥厂——石家庄化肥厂，以块状无烟煤为原料，配2套8万吨/年硫酸及1套21万吨/年硫铵（省—Ⅰ型），车间设计采用了三催化剂（氧化锌脱硫剂、低温变化催化剂、甲烷化催化剂）合成氨技术，占地面积减少一半，车间投资节省300万元，吨氨成本降低19元。同年10月，石家庄化肥厂三期试生产过程中，设计人员同工厂的技术人员、工人一起，解决了脱硫工艺、设备腐蚀、压缩机和泵的材质、结构等关键技术问题，完善了净化工艺条件，取得工业化成功，这项成果达到了当时世界先进水平，获得了全国科技大会奖。但是河北省精益求精，在得知上海化工研究院取得了水溶液全循环法生产尿素的研究成果后，采用化四院年产11万吨尿素设计技术，率先在石家庄化肥厂使用，取得了全国性的示范作用。

随后，河北重点发展化肥、农药等支农化工产业，陆续建设了柏各庄化肥厂、邯郸磷肥厂、石家庄农药厂、保定化工厂、下花园电石厂等一批化工企业。这是河北省化工设计单位投入技术开发力量最多的时期，河北省通过自主研发合成氨生产技术，建设小氮肥厂132家，生产碳酸氢铵速效氮肥，经不断技术进步，单套规模从年产3 000吨合成氨逐步提高到25 000吨，自动化水平大大提高，煤耗、电耗、水耗大幅度降低，保障了河北省农业粮食丰收。这些成绩不但奠定了河北化工的基础，也锻炼和培养了一大批熟悉化工产品的设计人才，成为今后发展河北化学工业的主力军。到1965年底，全省县级以上化工企业增至37家，全省化工总产值达2.05亿元，比1957年增长11.3倍。

（三）20世纪七八十年代开发创新期，提高化工设计水平

20世纪70年代初，中央有关部门经过出国考察，开始认识到建设大型化肥装置的优越性。随着我国农业生产对化肥需求量的日益增长和我国石油、天然气资源的大量开采，1973年国家批准从美国、荷兰、日本引进了13套以天然气为原料的年产30万吨合成氨及年产52万吨尿素装置。经毛主席圈阅、周总理批准，河北省沧州化肥厂在20世纪70年代初，成为首批引进美国、荷兰成套大型化肥生产装置建设的13家大氮肥企业之一，始建于1974年3月，1977年4月投产。福斯特惠勒（河北）工程设计有限公司参与了项目选址及公用工程设计工作。

同时，为缓解20世纪70年代以来省内的石油供应压力，河北省决定开工建设原油年加工能力350万吨的石家庄炼油厂，严格执行了化工部初版《化工设计手册》。同时，开始建设沧州炼油厂、华北石油、任丘炼油厂三家炼化一体化企业，为河北省燃料供应提供了极大的保障。

1975年，河北省化工总产值达11.21亿元，比1965年增长4.5倍。在粉碎"四人帮"后，河北省化学工业经过初步整顿，生产秩序得到恢复。到1978年工业总产值和全民企业实现利润比1975年分别增长48.2%和64.9%。1981—1988年，全省化工用于挖潜改造的投资达14.58亿元，占化工建设投资总额的56%；到1988年，河北省化学工业产值达42.52亿元，占全省工业同口径总产值的5.9%，居省内各工业部门第5位，占全国化工总产值的4.7%，居第8位。

（四）20世纪90年代深化改革期，创建优秀工程公司

20世纪90年代，河北省石化行业进入快速发展期。当时，河北石化系统开展以技术进步、技术改造为重点，大力调整结构、提高经济效益的“学吉化”活动，使河北省石化企业面貌发生了深刻变化。“八五”期间，河北省化工系统工业总产值年均增速达15.4%；“九五”期间，工业总产值年均增速达15.5%，比全国平均增速高5.6个百分点，主要化工产品如成品油、化肥、农药、纯碱、聚氯乙烯、甲醇等产品都大幅增长。1989年，唐山碱厂投产，建成全国三大纯碱企业之一；1991年，中国和阿拉伯国家“南南”合作建成的中阿化肥公司投产，成为中国最大复合肥企业；1998年，沧州大化“TDI ”投产，成为全国唯一生产聚氨酯原料的企业。

这10年中，河北省石油和化工产品结构明显优化，形成一批在国际国内具有较高知名度的龙头企业。福斯特惠勒（河北）工程设计有限公司等企业设计投产的乐凯的信息化学品、中阿化肥的撒可富牌高浓度复混肥、沧州大化的TDI、沧州实业的PVC树脂、唐山三友的低盐重质碱、辛集钡盐集团的钡盐、石家庄白龙化工股份有限公司的邻法苯酐、威远集团的生物农药系列、宣化农药厂的除草剂、鲸鱼集团的轮胎、东华化工氨基乙酸、冀衡集团氯系列消毒剂、河北诚信集团氰化钠及下游衍生产品、沧州彩客化学SDS酸、河北维生药业VC、石药中润青霉素工业盐等，均在国内外市场占有较大份额。

在新产品、新技术的研制开发方面，“九五”期间共完成省级以上科技、新产品成果635项，其中有63项达到国际先进水平、56项获省部级科技奖，成为行业新的经济增长点。与“八五”末相比，尿素产量由111.35万吨增加到201.06万吨，在氮肥中的比例由37.5%上升到57%；高浓度磷复肥由40.16万吨增加到96.67万吨，增长了141%；农药产品中杀虫、杀菌、除草剂的比例由64∶13.6∶13.7调整为54∶19∶23.1；离子膜烧碱由34 904吨增加到72 373吨，在烧碱中的比重由13.4%增加到了23%；与此同时，有机化学品、精细化学品在工业总产值中的比例已分别上升至16.24%和24.8%；高科技含量、高附加值产品明显增加。

（五）跨入新世纪，河北省石油化工行业保持快速稳定的增长态势

特别是“十一五”期间，在国家环渤海经济区大发展的新形势下，全省石化行业年均增长率达25%以上，与钢铁、装备制造业共同形成三大战略支撑产业。

“十二五”期间，在河北省提出的“实现全省经济社会更好更快发展和建设沿海经济社会发展强省”的重大决策下，河北石油化工行业按照“调结构、转方式、稳增长”的指导方针，扎实推进结构调整，涌现出了一批具有竞争力的优势企业。冀东南堡100万吨油田的发现，使河北省的石油储量跃居全国前列；秦皇岛、唐山、黄骅等港口体系的不断完善，河北天然气北京—石家庄支线的兴建以及四通八达的陆路交通网络为大型石油和化工基地的建设提供了便捷低廉的运输条件。在此期间，河北省石油化工企业主营业务收入达100亿元以上的企业有6家，分别为中国石化石家庄炼化分公司、中国石油华北石化分公司、唐山三友集团、中国石化沧州分公司、河北中煤旭阳焦化有效公司、中国石油华北油田分公司；主营业务收入达50亿元以上的企业有6家，包括中海石油中捷石化有限公司、河北鑫海化工集团有限公司、文安县天澜新能源有限公司、黄骅市信诺立兴精细化工股份有限公司等。

“十三五”以来，河北石化行业着力打好结构调整、产品质量升级、绿色发展三大攻坚战，取得较好成效。在传统产业提质、改造、创新方面，也取得了可圈可点的成绩。截至2018年底，河北省石化行业规上企业1 976家，固定资产为4 861.1亿元，同比增长2.7%。其中，石油和天然气开采业597.12亿元，同比增长2.5%；石油加工业1 501.68亿元，同比增长5.8%；化学原料及制品业2 052.68亿元，同比增长2.2%；橡塑制品业709.44亿元，同比下降2%。石化行业完成主营业务收入4 818.02亿元，同比增长8.2%；实现利润239.39亿元，同比增长20.6%。

2019年，河北省天然气、炼油、大宗石化、高端化学品和先进材料迎来发展良机：河北省能源化工政策和雄安新区的规划为河北的石油和化工行业指明了方向，提供了动力，新世纪近20年跨越式发展、工业布局和化工园区建设是新时期石油和化学工业改变发展模式的重要举措，未来曹妃甸炼油和石化项目、雄安新区周边天然气管道项目、沧州临港化工园区、唐山曹妃甸化学工业园区高端化学品和先进材料项目将稳步推进，促进河北省石油和化学工业的产业升级，河北省化工设计将以更高的目标为起点，坚持技术进步，抓住机遇，勇于创新，迎接挑战，继续前进！

抗震减灾

一、引言

河北省地处燕山隆起带、太行山隆起带和华北平原沉降带，境内大小断裂带纵横交错，因而河北省地震活动频繁，是全国强震多发省份之一。河北省面积占全国的2%，人口占全国的5%，地震却占全国的10%。其地跨两大地震构造带，即东西向的燕山褶皱带和北东向华北平原沉降带，还包含37条活动断裂带及不同类型的新生代断陷盆地，地质构造极其复杂。

自有地震史料记载以来，全省共发生8级以上地震1次，7~7.9级地震4次，6~6.9级地震26次，5~5.9级地震上百次。1679年，三河8级大震震中附近，远近荡然一空，了无障隔，山崩地陷，裂地涌水，土砾成丘，尸骸枕籍，官民死伤不计其数。1830年，磁县7.5级大震，导致官民房屋倒塌殆尽，人物压毙无算，山陵分崩，河渠翻凸，桥梁尽折，茔墓皆平，村庄道路不复可辨。

1966年3月，河北省邢台地区发生的6.8级和7.2级强烈地震，震撼了华北大地。邢台地震是新中国成立后首次发生在我国大陆人口稠密地区、具有严重破坏性的强震群，地震共造成8 064人死亡，3.8万多人受伤，房屋倒塌500多万间，直接经济损失10亿多元。邢台地震是河北省防震减灾事业的起点，邢台地震现场的实践是我国地震科学发展的里程碑。1976年的唐山7.8级大地震，造成了24.2万人死亡，16.4万人重伤，经济损失超过100亿元，使一座具有百年历史的工业城市顷刻之间被夷为平地，成为中国乃至世界近代灾害最重的地震事件。1967年的河间6.3级地震和1998年的张北6.2级地震也都造成了很大的人员伤亡和经济损失。其中，河间地震造成了19人死亡，张北地震造成了49人死亡，直接经济损失达8.36亿元。新中国成立70年来，仅地震灾害就已经夺去我省逾25万人的生命，震害之严重冠全国之首。

二、抗震救灾和恢复重建

新中国成立70年以来，对全省人民造成重大伤害的三次大地震主要是1966年邢台7.2级地震、1976年唐山7.8级地震和1998年张北6.2级地震。

（一）邢台地震

1.震害概况

1966年3月8日5时29分，在河北省邢台地区隆尧县东，发生了6.8级强烈地震，震源深度10千米，震中烈度为9度。继这次地震之后，1966年3月22日在宁晋县东南分别发生了6.7级和7.2级地震各一次，1966年3月26日在老震区以北的束鹿南发生了6.2级地震，3月29日在老震区以东的巨鹿北发生了6级地震。从3月8日至29日的21天时间里，邢台地区连续发生了5次6级以上地震，其中最大的一次是3月22日16时19分在宁晋县东南发生的7.2级地震。6.8级地震波及142个县市，7.2级地震破坏范围包括136个县市。有震感范围北到内蒙古多伦，东到烟台，南到南京，西到铜川等广大地区。这次地震震源深度9千米，震中烈度为10度，这一地震群统称为邢台地震。

邢台地震的破坏范围很大，一瞬间便袭击了河北省邢台、石家庄、衡水、邯郸、保定、沧州6个地区80个县市1 639个乡镇17 633个村庄，使这一地区造成8 064人死亡，38 451人受伤，倒塌房屋508万余间。这次地震袭击了110多个工厂和矿山、52个县市邮局，破坏了京广和石太等5条铁路沿线的桥墩和路堑16处，震毁和损坏公路桥梁77座，地方铁路桥2座，毁坏农业生产用桥梁22座共540米。

地震造成了山石崩塌。1966年3月22日7.2级地震时，邢台、石家庄、邯郸、保定4个地区，发生山石崩塌361处，山崩飞石撞击引起火灾22处，烧毁山林3 000亩。震后次生火灾连续发生。根据邢台、衡水、石家庄、邯郸、保定5个地区统计，1966年3月中旬至4月初，就发生火灾422起、烧伤74人，烧毁防震棚470座。

邢台地震图片

崭新的邢台市区

2.抗震救灾和恢复重建

党中央、国务院非常关心地震工作。1966年3月9日，周恩来总理赶赴地震现场隆尧县，并到邢台地震救灾指挥部进行调研，广泛听取了灾区党政军负责人的灾情汇报和救灾工作汇报后，在现场制定了“自力更生，奋发图强，发展生产，重建家园”的抗震救灾工作方针，并对抗震救灾工作作了全面安排和部署，提出了具体要求。邢台地震发生后，中央各部委、华北局、河北省委、北京市、北京军区、军委工程兵的领导同志，纷纷来到地震现场，亲自考察地震灾情，研究震后对策。

邢台地震灾区在解决群众住房问题上，采取了简易上马、逐步提高的办法。首先解决简易住所，第一步搭建防震棚，第二步修建简易房和修复旧房，第三步建永久性住房。大震后为了迅速解决灾区群众的临时住宿问题，灾区人民在救灾部队的帮助下，搭建了大量防震棚，保证灾区群众每户至少有一个防震棚。根据邢台、衡水、石家庄3个地区统计，到1966年4月10日，共修建防震棚1 287 753间。

修建简易房是一个应急措施，是邢台地震灾区重建家园的过渡办法，是关系到灾区群众生活和生产的大事情。防震棚建完后，虽然灾民有了临时住所，但很大一部分透风漏雨，非常潮湿，极易引起疾病。有的防震棚很不安全，先后发生倒塌、失火等严重事故383起，死伤88人。因此，在防震棚基本建完后，便开始修建简易房。修建简易房，先解决防震，然后解决防潮、防雨问题，麦收后再维修加固，解决防寒过冬问题。据统计，到1966年5月7日，邢台地区11个较重灾县已修好旧房163 647间，修建简易房743 675间，每户平均1.6间，同时有587个村庄开始积极筹建永久性抗震房。衡水地区已修好旧房550 922间，占应修数的86%，修建简易房64 705间，占计划的78%，并开始着手大规模的修建永久性抗震房。石家庄地区7个受灾县，已修好旧房389 774间，占应修数的73.1%，已建简易房37 216间，并开始修建永久性抗震房。此外，各地搭建饭棚、碾磨棚、仓库、牲口棚、学校教室的工作进展也很快。邢台地区搭建饭棚22.4万间，仓库1.4万间，牲口棚1.8万间。衡水地区搭建饭棚4.8万间，仓库0.4万间，牲口棚0.7万间，碾磨棚0.3万间，学校0.8万间。

1966年下半年，灾区永久性抗震房的建设在省地县各级地震救灾指挥部的领导下大规模展开。各村组织了建房专业队。为促进建房进度，充实建房队伍，邢台地区南宫、巨鹿、宁晋、平乡、广宗6县，组织建房专业队4 598个，投入劳力38 962名，衡水地区投入建房劳力近万名。同年底，邢台地区累计建成新房180 756间。邢台地震灾区的恢复重建，走过一段艰苦曲折的道路，经过数十年建设，取得了重建家园的重大胜利。震惊中外的邢台大地震所造成的毁灭性破坏的伤痕早已不复存在，邢台震区以崭新的容貌屹立在冀南大地。根据1986年统计，仅邢台一个地区，震后共建新房623万间，新盖卧砖房占98%以上。当年的重灾区隆尧县的牛家桥、白家寨、千户营3个乡，1968年共震倒房屋4.1万间，占当时房屋总数的98%，现已建房5.7万间，基本都是卧砖抗震房。

（二）唐山地震

1.震害概况

1976年7月28日3点42分53.8秒，在河北省唐山市发生了里氏7.8级地震，地震震中在中国河北省唐山市丰南一带（东经118.2°，北纬39.6°），震中烈度达11度，震源深度12千米。当天18点45分又在滦县发生了7.1级地震，同年11月15日天津宁河发生了6.9级地震，主震后的余震更加加重了地震灾害。唐山地震无明显前震预兆，余震持续时间长，衰减过程起伏大。

地震造成242 469人死亡，175 797人重伤（其中唐山地、市167 535人），3 817人截瘫。唐山市震亡148 022人（其中流动人口12 013人），重伤81 630人；全家震亡的7 218 户，近万个家庭解体，2 652名儿童成为孤儿，895人成为孤老，截瘫患者1 814人。位于极震区的路南区震亡34 089人，占该区人口的27.6%。毗邻唐山市的丰南县震亡 36 884 人，占该县总人口的8.1%，重伤22 037人；地震造成200余户绝户，671名孤儿，219名孤老，841人截瘫。在唐山市震亡的人员中，有12 103人是来唐山的流动人口。此外，天津、廊坊、沧州等市还震亡 2 万余人。震害遍布唐山市区和唐山地区，并波及北京、天津等重要城市。全国 14 个省、市、自治区有震感，有震感的陆域面积达217 万平方千米左右。唐山大地震是中国有文字记载的地震灾害中，人员伤亡与城市破坏最惨重的灾难之一。

唐山地震图片

2.抗震救灾和恢复重建

按照党中央、国务院和中央军委的指示，唐山大地震的次日，即1976年7月29日，在唐山军用飞机场成立了河北省唐山抗震救灾指挥部。由河北省、北京军区的主要领导兼任指挥部的主要负责人。指挥部下设办公室、医疗卫生组、财贸物资组、防疫组、工建交组、农林水利组、基本建设组、建房组、组织组、宣传教育组和保卫组、交通指挥分所、地震灾害现场调查组等办事机构。同时，还在石家庄市成立了河北省抗震救灾后勤指挥部，由设在非灾区的抗震救灾组织机构负责灾区的后勤保障工作。为了加强国务院各部委在抗震救灾中的联系与协作协调，在唐山军用飞机场还成立了国务院唐山联合工作组。

在扒救埋压在废墟中群众的工作基本结束后，为了形成最简易的居住条件，灾民们从废墟中捡来木杆、席子、油毡、塑料布、砖头、石块和其他可以利用的建筑物品，搭建临时窝棚，震后还搭建了一些帐篷。这是灾民休息与生活的最简易场所，可以避风雨、防日晒，灾民在窝棚或帐篷中渡过了一个炎热、多雨的夏天。由于窝棚和帐篷的居住条件十分简陋，难以御寒越冬。为此，1976年8月6日，河北省唐山抗震救灾指挥部召开了建房会议，决定组建建房组，在唐山市区开始兴建简易房。指挥部提出了“发动群众，依靠群众，自力更生，就地取材，因陋就简，逐步完善”的建房方针，并要求简易房具有防震、防雨、防风、防火、防寒等功能。

唐山市震后简易房的建设是在许多省、市、自治区和中国人民解放军的大力支援下完成的。截至1976年10月，各地支援的物资有木杆 1 038 万根，油毡 90 多万卷，苇席 138 万件，草袋 100 万条，苇子 2 000 吨。在兴建简易房期间，中国人民解放军每天投入 6 万多兵力，不怕疲劳，连续作战，成为建简易房的中坚力量。唐山市区的各大型厂矿企业各自修建办公用房和集体工房，并抽出部分职工与中国人民解放军、街道居民组成“三结合”建房队，共同建设简易房。各区、街道办事处和居委会也组织所辖地域内的居民参加建房。参加建房者每天大约有 10 万人。到1976年底，唐山市区内共建简易房 40 余万间，满足了群众入住的需要。

唐山的震后重建规划工作共经18个月完成，始于地震后的第11天——1976年8月8日，3个月后完成了《河北省唐山市城市总体规划》，1977年5月中共中央和国务院原则批准总体规划，1978年2月又进行了修改和完善。唐山的震后重建工作共经8年完成，始于1978年5月，当时提出的目标是“一年准备，三年大干，一年扫尾，到1982年全部建成”，但重建的过程要比预计的漫长，正式的重建从1979年下半年开始，历时7年多，到1986年底才基本完成。表1给出了唐山市市区震后房屋建筑逐年竣工的面积。

表1　唐山市市区震后房屋建筑逐年竣工表（震后至1986年）

年份	竣工面积/万平方米	其中住宅/万平方米
震后1977	180.00	21.00
1978	131.70	47.80
1979	245.73	164.97
1980	283.36	205.51
1981	235.78	154.82
1982	217.16	144.02
1983	240.44	149.59
1984	241.64	154.96
1985	188.53	133.57
1986	125.92	41.82
合计	2 090.26	1 218.06

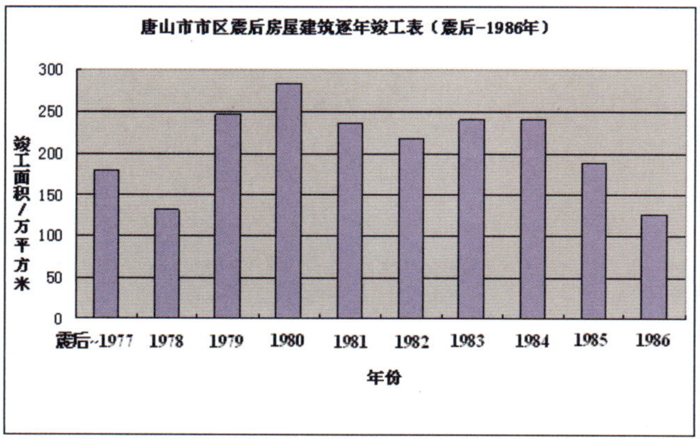

唐山大地震震后及重建后的对比图

（三）张北地震

1.震害概况

1998年1月10日11时50分，位于北纬41.09°、东经114.27°的河北尚义以东地区发生6.2级地震，涉及张北、尚义、康保、万全4县19个乡200多个行政村以及北京、天津、内蒙古等地。地震造成49人死亡、362人重伤、11 077人轻伤，10多万间房屋倒塌，4.4万人无家可归，是当年中国大陆地区最严重的一次地震灾害。

由于当地居民房屋的结构和选址不合理，房屋的建筑质量和抗震性能不强，有些房屋本身就已经危险，因此房屋破损较为严重，破坏面积达到650多万平方米，其中完全毁坏175.4万平方米。地震的直接经济损失高达7.94亿元，占当年总数的44.6%。与该县相邻的山西大同高天镇县遭受的直接经济损失也达到587.9万元。震后政府和各方面共投入救灾款项8.36亿元

2.抗震救灾和恢复重建

地震发生后，灾区人民奋起抢险救灾。在党中央、国务院、中央军委和省委、省政府的关怀、支持与直接领导下，在全国人民和国际社会的大力援助下，经过灾区人民和驻张家口部队官兵的共同努力，仅用10天时间，就完成了应急抢险、救助医疗、解决灾民吃饭和御寒、抢建临时越冬保暖简易住房等重点救灾工作，取得了抗震救灾的阶段性胜利。国家和省共拨救灾款3 000万元，并及时调

张北地震图片

拨了大量的棉衣被褥、帐篷、食品、苇席、木料等救灾物资，及时对灾民进行了救助。为防止冻伤、冻死等非正常伤亡，让灾民尽快住进防寒、保暖、抗震的简易房屋，党和政府动员了全社会力量，自带物料和人员，实行包村包户到灾区帮助抢建简易住房，从搭建样板简易房到入住验收，仅用了8天时间，同时完成1.1万余间简易住房的抢建任务，有效地保证了灾民安全、温暖地度过寒冷的冬天。

在抗震救灾基本结束后，灾区人民及时转入了恢复生产和重建家园的工作。在国际、国内社会各界的大力支持下，经过全体干部群众的共同努力，历经9个月的艰苦奋斗（从1998年2月初至3月23日为规划、设计阶段，从4月初至10月中旬为重建施工和验收阶段），圆满地完成了灾区重建任务。灾区4县共重建民房109 470间，维修加固民房186 127 间，共投入资金52 366.5万元；重建中小学校513所160 181平方米，维修加固校舍318所97 883平方米，投入资金9 768.6万元；重建卫生所38所967间，维修加固20所485间，投入资金2 028万元。另外，水利交通、邮电、供电等行业也按时完成了预定恢复重建工作。在灾区重建工作中，有177个村整村重建，59个村迁址重建。

三、抗震防灾管理及法制建设

（一）河北省抗震防灾工作管理体制的建设

新中国成立以来，党中央、国务院和省委、省政府十分关心抗御地震灾害工作，把抗震防灾工作作为一项重要国策。特别是1976年唐山大地震之后，国家加强了对抗震防灾工作的研究和领导，从中央到省、市、县逐步建立起抗震防灾管理机构，形成了一套具有中国特色的抗震防灾工作管理体制，培养了一支具有一定水平的工程抗震专业队伍，制定了一系列抗震防灾的政策、措施和抗震设防标准、规范及管理规章，深入开展了地震工程各个领域的科学研究和技术交流活动，加强了对抗震防灾工作的组织管理，从而使抗震防灾工作不断发展和深化。

就整体来说，组织管理工作是一项很重要的保证条件。1966年邢台地震后，只有京、津、唐地区的局部抗震管理工作，具体由省建委设计处负责。1976年唐山地震后，全省逐步形成了抗震防灾组织管理体制。首先，省编制委员会批准成立了河北省抗震办公室，统管全省的抗震防灾工作。之后，各地市、县和大型独立工矿企业逐步建立健全了抗震防灾管理机构，省直有关部门按行业隶属关系也都建立健全了抗震防灾管理机构或设专人管理抗震防灾工作。按照“条块结合，以块为主”（注：条是行业，块是省、市、县）的管理原则，全省的抗震防灾工作做到了有人管、有人抓，管理体制基本形成，全省具备了一支上百名熟悉热爱抗震防灾业务的专业人员参加的，联合本地区和本行业以及设计、科研单位与大专院校的抗震管理网络。

各级抗震办公室一方面受各自主管部门的领导，同时在业务上又在上一级抗震办公室的指导下工作。其主要任务是归口管理好：抗震防灾工作的立法、工作计划和规范；现有工程和工程设施与生产设备的抗震加固；编制和实施城市（含县城）及企业的抗震防灾规划；新建工程抗震设防；抗震科研和破坏性地震震害调查与经验总结；宣传普及抗震知识和抗震技术培训与科技交流。省抗震办公室除上述任务外，首先是研究政策、制定法规、编制全省抗震防灾工作规划与长远规划。依靠这个网络式的管理体制，有效地进行了抗震加固，抗震设防，编制和实施抗震规划，抗震科学研究和震害经验总结，抗震设计规范与抗震技术规定，抗震知识宣传普及和技术培训等许多工作。

依靠这个管理网络分层次地定期交换信息、研究问题、总结经验、安排工作，将上级主管部门的有关规定传达下去，将各方面的意见和问题反映上来。通过这个管理网络体制，使全省的抗震防灾工作得到了各方面的关心与支持，特别是全省广大人民群众的关心与支持，推动抗震防灾工作广泛地、有效地开展起来。省、市、县人民政府和省直有关部门还设置了以主管省长、主管市长、主管县长和省直部门主管领导为组长，有关部门领导和驻军领导为成员的，省、市、县人民政府和省直部门的抗震防灾领导小组，下设负责领导小组日常工作的抗震防灾办公室，这对加强抗震防灾工作的领导，健康、持续地开展全省抗震防灾工作起到了十分重要的组织保证。

（二）国家抗震防灾法制建设

1957年，我国编制了第一个地震烈度区划图，在此区划图中除少数极为重要的工程以外，量大面广的一般工程都不考虑抗震；1964年，编制了《建筑抗震设计规范（草案）》，设防标准是“裂而不倒”，但由于适逢“文革”，此规范并没得到执行。1966年邢台大地震死亡8 000余人，震动全国，周恩来总理亲临现场指挥抗震救灾，抗震防灾工作引起社会的关注，国家和各省成立了地震局专门从事地震预报和防御工作。1969年编制了《京津地区工业与民用建筑抗震设计暂行规定（草案）》，同样也是由于“文革”，此规定也没有得到真正落实和执行，我国一般工程也没考虑抗震设防。1974年，我国第一部试用《工业与民用建筑抗震设计规范》（TJ 11—1974）发布。1976年7月26日，唐山大地震波及天津、北京和秦皇岛地区，死亡24万余人，震惊全国，人们才认识到地震是极难预报的，减少地震灾害的重要手段是提高建筑物的抗震能力，从此建筑抗震设计才真正得到重视。1978年，我国第一本实施《工业与民用建筑抗震设计规范》（TJ 11—1978）发布，这部规范中采用了大量从总结唐山地震震害的经验教训中得到的抗震措施，例如多层砖房采用钢筋混凝土圈梁和构造柱提高其抗震性能的构造措施。第八届全国人民代表大会常务委员会第二十九次会议于1997年12月29日通过了《中华人民共和国防震减灾法》。2008年12月27日，《中华人民共和国防震减灾法》由中华人民共和国第十一届全国人民代表大会常务委员会第六次会议修订通过，自2009年5月1日起施行。

表2　我国地震动参数区划图和抗震规范的变迁

地震动参数区划图	抗震规范
1957年，中国地震烈度区划图（一代）	TJ 11—1978《工业与民用建筑抗震设计规范》
1977年，中国地震烈度区划图（第二代）	GBJ 11—1989《建筑抗震设计规范》
1990年，中国地震烈度区划图（第三代）	GB 50011—2001《建筑抗震设计规范》
2001年，中国地震动参数区划图（第四代）	GB 50011—2001《建筑抗震设计规范（2008年版）》
2015年，中国地震动参数区划图（第五代）	GB 50011—2010《建筑抗震设计规范》
	GB 50010—2010《建筑抗震设计规范（2016局部修订）》

（三）河北省抗震防灾法制建设

我省的防震减灾法制建设一直走在全国的前列，构建了比较齐备的法律法规体系，加强了法制宣传，加大了普法力度，提高了全省的防震减灾法律意识，逐步走向敢于执法、善于执法的良好轨道，为提高我省综合防御能力作出了一定贡献。1995年12月，河北省率先出台了全国第一部防震减灾地方性法规——《河北省地震安全性评价管理条例》，为推进全省防震减灾法制建设迈出了重要一步。

依照国家相关法律法规，我省建立和完善了配套的法规体系，陆续出台了2部地方性法规、2部政府规章、1个地方标准和11个相关配套件：2部地方性法规是《河北省地震安全性评价管理条例》《河北省实施〈中华人民共和国防震减灾法〉办法》；2部政府规章是《河北省地震安全性评价管理实施办法》《河北省地震监测设施和地震观测环境保护办法》；1个地方标准是《建设工程地震安全性评价分类》（DB13/T501—2003）。这些法规、标准和配套文件的出台，实现了我省建设工程抗震设防要求和地震安全性评价管理工作的制度化、法制化和规范化，保证了我省建设工程抗震设防行政审批工作的顺利进行和健康发展。

2003年，《河北省人民政府关于进一步改善投资环境的若干意见》明确将建设项目抗震设防要求审批工作纳入建设项目管理程序，为了方便建设单位，先后制定《河北省地震局关于建设项目抗震设防要求行政审批权限的规定》《河北省地震安全性评价收费管理办法》《河北省工程建设项目地震安全性评价招标投标管理办法（试行）》《关于对工程建设单位应用地震安全性评价结果进行监督管理的意见》《关于贯彻落实省人民政府关于进一步改善投资环境的若干意见的通知》《河北省建设项目抗震设防要求行政审批工作程序》《河北省建设项目抗震设防要求行政审批工作流程图》《河北省建设项目抗震设防要求行政审批工作表格》等配套的规章制度。

1990年开始，我省各城市开展了抗震防灾规划的编制，从城市用地抗震适用性评价、基础设施抗震性能分析、既有建筑抗震易损性、次生灾害防御和避震疏散等方面对城市的地震安全性和震后可恢复性做了全面分析，提出了抗震对策和规划，从而为全面提升城市的抗震防灾能力提供了保障。

自唐山地震后，我省各级政府住建部门和相关科研机构开展了城市与工程抗震防灾方面的研究工作，取得了大量的研究成果。河北省地震工程研究中心主编了国家标准《城市抗震防灾规划标准》（GB 50413—2007）和《防灾避难场所设计规范》（GB 51143—2015）。唐山市住建局参与的国家自然科学基金“八五”重大项目“唐山市综合防灾的研究”研究成果达到国际先进水平，1999年获建设部科技进步一等奖。

四、防震减灾事业的推广应用

从邢台地震开始，河北省防震减灾工作取得了长足的发展，防震减灾能力不断提升。应对地震灾害，从被动承受到有效防御，再到法治管理，这是社会进步的必然体现和要求。我省依靠科技进步和体制创新，使防震减灾事业得到进一步的巩固和发展。

经历过唐山大地震的唐山市，成立了全国唯一的市级防灾减灾救灾委员会，制定了包括防震减灾在内的《综合防灾减灾救灾规划》，出台了全国地级市首个《地方防震减灾管理条例》，成功争创全国首批防震减灾示范城市，作为经历地震灾害备受习近平总书记亲切关怀的英雄城市，唐山市不断强化落实总书记重要指示的政治自觉、行动自觉，扛起推进防震减灾事业现代化建设的使命和责任，担当在前，争当示范，以务实举措，开创防灾减灾救灾工作的新局面。43年过去，唐山市已经成为一座更加现代、更加美丽、更加安全的新城市，特别是始终坚持以提升防震减灾能力带动科技创新、产业发展的理念，积极推广减隔震、消能减震、监测预警等新技术，大力开发高强度建筑钢、轻型钢结构等新材料，促进了钢铁产业链条延伸和新产品开发，实现了提高防震本质安全水平和培育转型发展新动能的双赢。1993年，我国第一栋采用摩擦隔震的隔震建筑在唐山市张北小区建成。自2000年起隔震建筑开始在唐山、廊坊等高烈度区推广。衡水市已经成为我国橡胶隔震垫生产基地，产品在全国各地得到应用。目前，减隔震等新技术已经在我省中小学、医院等建筑中得到广泛应用。

河北雄安新区是继深圳经济特区和上海浦东新区之后又一具有全国意义的新区，是重大的历史性战略选择，是千年大计、国家大事。2017年4月1日，雄安新区设立后，河北省地震部门在中国地震局和省委省政府的领导下，在有关研究所、大学的支持和帮助下，第一时间启动了雄安新区地震安全专题研究工作，先后组织开展了地震活动断层探测和抗震防灾标准分析，联合地质调查部门深化了土壤液化相关问题评估，为雄安新区规划建设提供了有力支持。2018年5月开始，相关部门不断深化研究、论证编制了《雄安新区地震安全专项规划》及其实施意见。《雄安新区地震安全专项规划》提出要将雄安新区建成地震安全韧性城市典范，科学使用新型抗震技术，推动防震减灾科技创新和成果转化，不断提升城市地震安全的科技支撑能力。

河北省的地震监测预报水平处在全国前列。目前，全省地震监测能力达到2.0级，具备震情信息5~10秒钟超快速报、2分钟内自动速报、8分钟内正式速报、部分地区30分钟内地震烈度速报的能力。河北省的地震烈度速报与预警系统也进展较快。在唐山、张家口建成250个台站并投入正常运行，在石家庄和秦皇岛建设250个台站，即将建成并投入运行。国家地震烈度速报与预警工程（河北子项目）已完成10个基准站、78个基本站和566个一般站的台站勘选，已经进入项目实施建设阶段，全省地震烈度速报与预警能力正在形成。

五、抗震防灾宣传和培训

我省历来重视防震减灾宣传工作，防震减灾宣传教育始终贯穿于防震减灾各项工作中。结合全省开展的“三五”和“四五”普法活动，坚持基本法律知识和专业法律知识相结合的普法原则，以行政执法知识为重点，我省利用河北省广播电台、河北省电视台和河北日报等主要报纸进行不定期的防震减灾法律、法规知识宣传，同时在网站上开辟专门的普法专栏。在注重搞好防震减灾法制宣传的同时，不放松防震减灾各项常识的普及，同时注意防止地震谣言、误传的产生。防震减灾知识纳入全省中小学教育计划，部分内容纳入小学“社会课”教学计划等，加大面向各级领导、青少年的常规宣传力度。唐山抗震纪念馆、邢台地震资料馆、《地震报》、部分市地震局和中心台的防震减灾宣传展室等是我省主要宣传阵地。2001年在首都圈防震减灾示范区工程中建设完成的河北省防震减灾宣传教育中心，包括河北地震信息港、多媒体（音视频）制作系统、防震减灾LED大屏幕系统等在内的公众传播系统；各市建设了固定宣传橱窗和宣传网页，多年来发挥各自优势，积极宣传防震减灾各项工作，取得了巨大的社会效应。

2012年以来，河北省共创建国家级防震减灾科普教育示范学校4所，国家级地震安全示范社区21个，省级防震减灾科普基地10个，省级防震减灾示范学校99所、省级地震安全示范社区60个，省级防震减灾科普示范学校126所，市、县级防震减灾科普示范学校200多所。河北省地震局震害防御处处长杨峰介绍，“我们每年还利用‘5·12’全国防灾减灾日、‘7·28’防震减灾宣传周等重点时段，积极开展多种形式的防震减灾科普宣传教育，每年覆盖公众达数百万人次”。新中国成立70年以来，在党中央、国务院的正确领导下，在中国地震局和省委省政府的高度重视和大力支持下，经过几代地震科技工作者的不断探索和艰苦努力，河北省的防震减灾事业从小到大、从弱到强，在曲折的道路上不断发展壮大，取得了长足的进步。今天，全省的防震减灾理念更加清晰，防震减灾治理体系日趋完善，地震监测预报能力不断提高，地震灾害风险防范能力全面增强，地震应急救援能力显著提升，地震科技支撑能力更加有力，人民生命财产安全和经济社会发展得到了强有力的地震安全保障。

河北勘察设计70年

企业篇

企业篇

河北省最早的勘察设计单位是1949年为修建华北军区烈士陵园组建的石家庄市城建局设计室。20世纪60年代初，全省有省、市属勘察设计单位16家。改革开放后，勘察设计行业趋向繁荣，技术队伍逐步发展壮大。以下统计数据彰显了新中国成立70年来河北勘察设计行业不断发展壮大的历程。

1980年11月，河北省基本建设委员会印发《河北省勘察设计单位登记和颁发证书的暂行办法》。全省核发勘察设计证书80家，涉及职工5 352人，其中高级工程师34人、工程师1 201人、助理工程师909人。

1985年，全省有勘察设计单位185家，涉及职工9 043人，其中有高级工程师90人、工程师1 887人、助理工程师1 432人，全年勘察设计收入3 292.16万元。

1990年，全省有勘察设计单位189家，涉及职工9 076人，其中有高级工程师660人、工程师2 101人、助理工程师2 738人，全年勘察设计收入4 263.5万元。

1995年，全省有勘察设计单位434家，其中甲级单位19家、乙级单位64家、丙级单位213家、其他138家，涉及职工17 386人，其中高级工程师2 919人、工程师5 395人、助理工程师4 749人，全年勘察设计营业收入2.84亿元。

2000年，全省有勘察设计企业402家，其中甲级单位39家、乙级单位99家、丙级单位202家、其他62家；年末从业人员24 340人，其中技术人员19 898人，包括高级职称4 857人、中级职称8 479人、初级职称5 942人、其他620人，年末注册执业人次1 405人；全年勘察设计营业收入38.1亿元，利润总额6.48亿元。

2005年，全省有勘察设计企业522家，其中甲级单位113家、乙级单位246家、丙级单位156家、其他7家；年末从业人员43 901人，其中技术人员28 968人，包括高级职称8 085人、中级职称9 692人、初级职称5 932人、其他5 259人，年末注册执业人次4 290人；全年勘察设计营业收入76.82亿元，利润总额3.91亿元。

2010年，全省有勘察设计企业523家，其中甲级单位167家、乙级单位256家、丙级单位92家、其他8家；年末从业人员40 685人，其中技术人员29 110人，包括高级职称9 342人、中级职称11 095人、初级职称7 661人、其他1 012人，年末注册执业人次6 080人；全年勘察设计营业收入183.33亿元，利润总额12.30亿元。

2015年，全省有勘察设计企业599家，其中甲级单位239家、乙级单位250家、丙级单位93家、其他17家；年末从业人员160 444人，其中技术人员41 077人，包括高级职称9 718人、中级职称14 483人、初级职称11 066人、其他5 810人，年末注册执业人次9 667人；全年勘察设计营业收入537.12亿元，利润总额33.38亿元。

2018年，全省有勘察设计企业714家，其中甲级单位276家、乙级单位316家、丙级单位113家、其他9家；年末从业人员186 568人，其中技术人员64 171人，包括高级职称12 229人、中级职称24 019人、初级职称18 766人、其他9 157人，年末注册执业人次15 120人；全年勘察设计营业收入95.89亿元，利润总额21.37亿元。

河北建筑设计研究院有限责任公司

河北建筑设计研究院有限责任公司(原河北省建筑设计研究院)成立于1952年,为国家甲级建筑设计研究单位。公司经营范围包括建筑设计、城乡规划、园林景观、机电设计、工程咨询(造价咨询)、项目管理、建筑智能化、岩土工程、工程监理、施工图审查、市政工程设计、BIM技术、绿色建筑、3DS与动漫制作等。

公司在上海和秦皇岛设有分公司。

公司现有员工900余人,专业技术人员800余人,其中正高级专业技术人员50余人,高级专业技术人员300余人,国家各类注册工程技术人员200余人,中国当代百名建筑师1人,中国当代杰出工程师4人,河北省建筑大师2人,河北省工程设计大师4人,河北省有突出贡献中青年专家2人。

一、历史沿革

随着国家以及河北省工程建设领域的发展变化,公司的组织机构多次变动,办公地址经历了保定—天津—石家庄元氏县—石家庄的多次搬迁,企业性质完成了事业单位—国有企业—民营企业的转变,公司的名称也经历了以下多次改变:

1952年11月,公司前身河北省建筑工程局设计处成立(保定);

1954年,更名为河北省建筑工程局设计公司(保定);

1956年,更名为河北省城市建设局设计院(保定);

1958年,更名为河北省建筑工程局设计院(天津);

1960年,更名为河北省建筑工程厅设计院(天津);

1961年8月,河北省建筑工程厅设计院与河北省综合勘察设计院、河北省建筑科学研究所(简称"两院一所")合并,称河北省建筑工程厅设计院(天津);

1964年8月,"两院一所"分开,仍称河北省建筑工程厅设计院(天津);

1970年底,原河北省建筑工程厅设计院部分人员及外单位抽调的人员,在石家庄元氏县重新组成河北省基建局建筑工程总队设计队(石家庄元氏县);

1972年6月,设计队从河北省基建局建筑工程总队独立出来,改名为河北省建筑设计院(石家庄);

1993年4月,更名为河北省建筑设计研究院(石家庄);

2006年9月,改制后更名为河北建筑设计研究院有限责任公司(石家庄)。

二、荣誉表彰

公司成立67年来,赢得了一系列荣誉:多次荣获河北省勘察设计先进单位、省直文明单位和省级文明单位等荣誉称号,还荣获全国工程勘察设计先进企业、全国建筑设计行业诚信单位、全国创新型优秀企业、当代中国建筑设计百家名院、国家装配式建筑产业基地等称号。

公司有41项工程获国家、部级优秀勘察设计奖,251项工程获省级优秀勘察设计奖,20余项科研项目获河北省政府及建设行业科技进步奖;荣获国家专利10余项;编制国家、华北地区和河北省标准110余项。

三、社会责任

河北建筑设计研究院有限责任公司是河北省土木建筑学会的建筑、结构、给排水、暖通、电气等五个专业学术委员会的会长单位。公司能够结合各专业的建设和发展,积极发挥组织、协调、服务、监管作用,促进了全省建筑设计行业的发展。

四、技术优势

多年来,公司承担了从20世纪50年代至今各个阶段的多项河北省重点工程、大型工程和示范性工程的设计工作,积极开拓国际、国内两个市场,还同步推进了设计创新、信息化、科研等工作，从而在建筑设计主要专业领域及拓展的岩土工程、工程咨询等领域形成了独特的技术优势。

（一）文化建筑

公司作为河北省本土设计企业，认真研究地域文化，并将其运用到当代建筑创作中，设计完成了一系列具有河北地域特色的文化建筑，如河北会堂、河北艺术中心、河北省博物院、河北省图书馆、泥河湾博物馆、磁州窑博物馆、定州博物馆、邢台博物馆、石家庄大剧院等。这些建筑均获得国家勘察设计行业优秀工程奖，也成为所在城市的地标建筑。

（二）商业综合体

随着城市生活的日益丰富，大量功能复合、规模宏大的商业综合体建筑涌现。公司抓住机遇，克服技术难关，设计了一系列商业综合体建筑，如石家庄万达广场、石家庄华润万象城、石家庄华强广场、石家庄新源乐汇城、北国商城扩建工程等。这些商业综合体难度大、要求高，设计人员们以精湛的技术和完善的服务得到了业主的认可，创造出一个商业建筑奇迹。

（三）住宅小区设计

住宅是人类社会活动的基本单元，影响着居民的生活方式和城市生态质量，随着城市发展加快，人们对居住条件的要求越来越高。公司在住宅设计中坚持“以人为本”，充分应用绿色建筑技术、超低能耗技术，设计高质量的住宅小区。公司设计的一栋栋设计功能合理、环境优美、舒适宜人的住宅拔地而起，展示了设计者的智慧和能量，也促进了万科、中冶等20余家国内一线房地产开发商与公司加强全方位的合作，开拓了市场。公司住宅小区的代表作品有中冶德贤公馆、远洋晟庭“被动式”超低能耗住宅、石家庄融创中心、天山国宾一号、上海一品漫城等项目。

五、绿色建筑

绿色建筑就是适应可持续发展的要求，在建筑物的使用寿命周期内，最大限度地节约资源，如节能、节地、节水、节材等，公司在绿色建筑设计创作上已经走在全省的前列。截至2019年10月，公司已完成二星级以上绿色建筑32项，总面积370多万平方米，代表作品有长安颐园、卓达阳光国际小区、石家庄市档案馆等。同期，公司还完成超低能耗项目5个，总面积18万平方米。

六、雄安建设

设立雄安新区是党中央深入推进京津冀协同发展作出的一项重大决策部署，建设雄安新区是一项历史性工程，河北建筑设计研究院有限责任公司在建设雄安新区起步阶段就参与了规划、咨询等工作。公司专门设立了雄安新区事业部，统筹各个项目的安排，截至2019年10月已经完成了市民中心、雄安高铁车站的施工图审查工作，正在进行的重点项目有与水利、电力设计单位密切配合的引黄入淀工程等。公司将努力为建好雄安新区这个“贯彻落实新发展理念的创新示范区”作出应有的贡献。

七、高质量发展

随着中国特色社会主义进入新时代，“一带一路”倡议的提出，供给侧结构性改革的推行等一系列新时点的来临，建筑设计行业发展也进入了新的阶段，河北建筑设计研究院有限责任公司也走上高质量发展之路。

（一）繁荣建筑创作，加强科研创新

建筑创作水平的不断提升是品牌建设的重要支撑。针对公司建筑创作人才年轻人多、思维活跃、精力充沛的特点，近年来公司坚持以建筑创作研究中心为班底，加强建筑创作，丰富建筑学堂活动内容，加强学习和培训，做好“传、帮、带”工作，帮助年轻人快速成长；并加强建筑创作研究中心与各个设计所的优势互补，联合打造高水平的建筑方案和精品项目；还抓好节能环保、绿色建筑和生态环保，研究新材料、新技术与中国传统建筑的有机融合，不断提高创新创优水平，走绿色发展之路，提升工程建设的经济效益、社会效益和环境效益；并积极支持和引导年轻建筑创作人员参加各种学术交流活动，扩大创作视野，提高创作水平。

（二）广泛开展合作，实现互利共赢

公司继续坚持“互信、互利、共赢”的合作理念，积极寻求各地政府部门的大力支持，加强与各地政府部门的沟通与协作，为大型公建、城中村改造、保障房建设、棚户区改造、医院、学校、养老院等工程的承揽以及EPC、PPP等模式的合作打下良好基础。公司高度重视雄安新区的建设发展，充分利用“京津冀协同发展城市群建筑设计联盟”品牌合作优势，围绕非首都功能疏解项目，加强与京津知名设计院的合作，积极与各大房地产开发商结成合作伙伴，共享资源，互利共赢，为社会、为业主打造精品工程。

（三）依托“国家装配式建筑产业基地”创新发展

2017年11月，公司成为河北省唯一一家设计方面的“国家装配式建筑产业基地”。发展装配式建筑是建筑行业的重大变革，是推进供给侧结构性改革和新型城镇化发展的重要举措，契合了“绿色发展”和“资源全面节约和循环利用”理念，对于公司加快向建筑上下游板块发展，更好地对接京津冀协同发展、对接雄安新区建设，带来了新的发展机遇。截至2019年10月，公司装配式建筑已完成50个大项、179个小项，共计200多万平方米。装配式建筑将使未来建筑业发展换挡提速，意义重大，影响深远；公司率先介入，身肩重任，带头发展，责无旁贷。

八、结束语

在回顾67年来取得辉煌成绩的同时，河北建筑设计研究院有限责任公司已站在了新的发展起点上，这是一个千帆竞发、百舸争流的时代，更是一个鼓足干劲、矢志筑梦的时代。公司将在习近平新时代中国特色社会主义思想的指引下，秉承“质量为本、筑就经典”的设计理念，坚持“精心设计、竭诚服务、创优创新、持续发展”的质量方针，加快体制机制创新，切实转变发展方式，力争在两个方向有所突破：一是向建筑工程咨询和工程总承包两头延伸，打造与国际通用模式接轨的，提供建筑工程全过程咨询和总承包等多功能服务的新型设计企业；二是实行建筑师负责制，培育一批著名建筑师，提升建筑设计水平，带领“中国建筑”走向世界，不断适应新时代高质量发展的要求，全面提升公司的核心竞争力和市场占有份额。

河北建设勘察研究院有限公司

河北建设勘察研究院有限公司始建于1953年，是一所集勘察、测绘、设计、施工、咨询、科研以及机械制造为一体的综合性勘察企业。公司持有工程勘察综合类甲级，测绘资质甲级，建设项目水资源论证甲级，地质灾害防治危险性评估、勘察、设计、施工甲级，房屋建筑工程监理甲级，矿山工程监理甲级等资质；持有建筑行业（建筑工程）设计甲级，市政行业（燃气工程、轨道交通工程除外）设计乙级，城乡规划编制乙级等资质；持有市政公用工程施工总承包一级，地基基础工程专业承包一级，矿山工程施工总承包二级（仅限井巷工程），机场场道工程专业承包二级，桥梁工程专业承包二级，建筑工程施工总承包三级，房地产开发企业三级等资质；持有工程勘察劳务类（工程钻探、凿井）资质，水利钻井甲级资质以及特种工程专业承包（建筑物纠偏和平移、结构补强）等资质。

公司是河北省勘察设计咨询协会工程勘察与岩土工作委员会、河北省土木建筑学会工程勘察学术委员会及全国建工情报网河北站的依托单位；2008年经批准设立了河北省岩土工程技术研究中心，建立了河北建设勘察研究院有限公司博士后科研工作站；2012年被河北省委、省政府确定为首批“巨人计划”创新创业团队；2016年被认定为国家高新技术企业；自1999年实施并运行GB/T 19001质量管理体系后，2005年又通过GB/T 19001质量管理体系、GB/T 24001环境管理体系、GB/T 28001职业健康安全管理体系三位一体的综合管理体系认证。近年来公司导入并有效运行卓越绩效评价体系，先后荣获河北省政府质量奖个人奖和组织奖，并被评为全国勘察设计行业实施卓越绩效先进企业。

一、事业单位，行政管理

1953年6月1日，伴随着新中国成立后发展国民经济第一个五年计划的实施，河北省建工局在河北保定成立了河北建设勘察研究院有限公司的前身——河北省建工局测量队。河北省当时的9个城市的平面控制网均由该队施测，1956年以后又在部分城市测绘了1∶2 000地形图，为各市的初期建设提供了必要的基础资料。

1958年，国家基本建设规模越来越大，单一的测量专业远不能满足形势发展的需要，在中央建工部的支持与帮助下，河北省建工厅作出了在原测量队的基础上组建河北省建工厅综合勘察设计院的决定，增建了供水水文地质专业、城市规划专业、市政工程设计专业；经过8年的发展，培养了技术人才，积累了经验，装备了新的设备、仪器，形成了一定的生产能力，人员发展到160人，其中工程技术人员发展到67人。

20世纪60年代初我国国民经济出现严重困难局面，基建下马，建筑业的各单位成为精简、关闭、合并的重点。1961年7月，上级主管部门决定将河北省建筑工程厅设计院、河北省建筑科学研究所、河北省综合勘察设计院合并为河北省建筑设计院（即“两院一所”合并），设备封存、骨干人员休眠度荒，其余大幅调整，勘察工作进入低潮。

1964年后，国民经济形势逐渐好转，国家基本建设呈现复苏，形势的发展需要大量的勘察工作；加之“两院一所”合并后由于专业距离大，互相制约扯皮，矛盾很多，不利于工作。据此河北省主管部门决定将原单位的勘察部分除一小部分留给河北省建筑工程厅设计院外，大部分力量分离出来，成立“河北省建工厅勘察测量大队”，所设专业为供水水文地质勘察、工程测量，后又设置了工程地质勘察专业，并组建了机具加工车间，勘察工作进入新的发展期。此间完成的代表性工程有唐县油泵油嘴厂水文地质勘察、06国防公路工程地质勘察、承德武烈河城市水源地勘察及一些城市控制、地形测量。“文化大革命”开始后，勘察工作又面临着新的困境，生产基本瘫痪。1970年，公司在石家庄市重新组建了新“河北省城市勘测大队”。此后，该队技术力量迅速扩展，设备、仪器迅速增加，承担了许多重大工程勘测任务，迎来了勘察事业的春天。

1976年，作为河北省工程勘察的主力，河北建设勘察研究院有限公司全力投入唐山抗震救灾第一线，为唐山的建设作出了不可磨灭的贡献。期间，历时五年，承担完成了对唐山市区及其周围3 900平方千米范围的供水水文地质普查、勘探与测试的特大任务；完成了当时国内最大的回灌试验——唐山市荆各庄地下水人工回灌，从根本上解决了唐山市水资源不足的问题，此项目获得国家优秀工程勘察金质奖。

二、改革发展，企业化管理

1981年，公司由事业单位开始实行企业化管理。面对日益激烈的市场竞争，公司走上了改革发展、拼搏奋进的道路。公司在继续保持提高传统勘察测绘专业优势的基础上，大力发展岩土工程业务，各项事业取得了较快发展，并取得了一些可喜成绩。

1985年8月，经河北省编委批准，公司更名为河北省城乡勘察院（后又更名为河北省建设勘察研究院），在册职工发展至500多人，其中各类技术人员200多人，拥有各种先进的勘测技术及仪器、设备，专业齐全，工种配套，具有完整的勘察生产能力。1987年，国家计委、建设部认定河北省城乡勘察院为甲级勘察单位。1986年底，根据国家计委、建设部和省建委的要求，在勘察工作中推行全面质量管理，建立健全全面质量管理机制；推行目标管理；强化质量保证体系；深入开展群众性的QC小组活动。通过近3年的推行和不断深化，取得了可喜的成果。

从20世纪80年代中后期起，公司率先开展岩土工程勘察、设计、施工与检测。经过长期的探索实践和总结提高，公司确立了以岩土工程为主业的战略发展方向，在传统专业基础上逐步形成了以岩土工程为主、纵向延伸、横向拓展的专业发展格局，并在多项技术领域保持领先水平。公司在岩土工程勘察专业拥有包括钻探、原位测试、工程物探、室内土工试验等先进的勘察手段和计算分析评价能力，建立了以GIS作为信息集成平台的“城市岩土工程信息系统”，形成了物探、钻探相结合的岩溶塌陷综合勘察和治理技术，多项工程荣获国家优质工程勘察奖。

20世纪90年代初期，公司在全国率先开展超大直径桩基工程的施工，先后参与了十余条高速公路大型桥梁基桩施工以及长江、钱塘江、珠江及松花江30余座桥桩施工。其中包括被桥梁专家们誉为“中国桥梁建设博物馆”的荆沙长江大桥、世界上第一座“人”字弧线形钢塔斜拉桥南京三桥、世界第四大悬索桥润扬长江大桥以及全球最大的斜拉桥苏通长江大桥。在大直径桩基工程的基础上，公司积极开展各类大直径工程井施工技术的实践与研究，不断完善施工工艺，先后完成多项矿山竖井工程。其中最大直径达到了8.3米，深度将近300米，并建立了具有自主技术的设计施工方法。

20世纪90年代中后期，公司引进了国际先进的旋挖钻机，在全国同行业中率先应用了旋挖钻孔灌注桩工艺，并发明了旋挖钻孔灌注桩后压浆施工专利技术，先后承担了电力、冶金、能源、石化、交通、房建等行业大型项目的桩基设计与施工工程，每年完成各类桩基础数百万立方米。经过多年的发展，不论是旋挖钻机的保有数量，还是在工艺水平和施工能力上，公司已居全国同行前列。

三、改企建制，开拓市场

自2003年完成改企建制，实行公司化运行后，公司开启了第二次创业的新航程，取得了跨越式发展的新成绩。面对新形势、新体制和新挑战，公司先后制定实施了三个五年发展规划，在公司董事会、公司党委和总经理高管层的团结带领下，全体员工奋勇拼搏、开拓创新，积极抢抓市场新机遇，大力拓展市场新领域，先后开辟并站稳电力能源、冶金钢铁、石油化工、轨道交通等多个行业建设市场，在继续强化和巩固岩土工程专业优势的基础上，向建筑设计、城乡规划、机场场道、环境治理等上下游专业和相关服务领域延伸拓展，积极向市政工程总承包、房建施工总承包模式转型，企业市场占有、经营业务、经济效益、综合实力得到快速发展，市场信誉日益提高，在强企富家、和谐共享的新征程中迈出了坚实步伐。

经过多年发展，目前公司现有员工635人，各类专业技术人员 441人，其中全国工程勘察设计大师1人，河北省工程勘察大师3人；享受国务院政府特殊津贴专家3人；享受河北省政府特殊津贴专家5人；正高级职称34人，高级职称92人，中级职称228人，初级职称87人；具有土木工程师（岩土）、建筑师、结构师、建造师、造价师、测绘师、监理师、安全师、会计师等国家注册执业资格人员278人。公司总资产27.1亿元，净资产15.0亿元，拥有各类设备1 948台（套），设备资产原值5.65亿元，净值2.66亿元。

公司下设10个专业化分公司、子公司，业务范围包括岩土工程治理、岩土工程勘察、水文地质勘察、工程测量、地质灾害工程、工业与民用建筑设计、工程监理、矿山工程施工总承包（井巷工程）、市政公用工程总承包、工程检测、土石方工程专业承包、钻探机械设计与制造、预拌商品混凝土、建筑材料试验、土地整理、园林绿化工程等。

公司近三年平均年承接完成国家重点工程、省部级重点和地方标志性建设项目的岩土工程勘察、设计、施工、监测与监理等300余项，年完成产值21.85亿元，业务范围覆盖全国29个省、市、自治区及多个海外市场。公司连续多年完成经营收入总额保持在全国勘察设计单位前百名之列，2017年完成岩土工程治理合同额全国同行业排名第一。

四、响应政策，走出国门

2013年，习近平总书记在出访中亚和东南亚国家期间，先后提出共建“丝绸之路经济带”和“21世纪海上丝绸之路”的重大倡议。在国家“一带一路”倡议下，公司再一次抓住机遇、勇立潮头，大力推进“走出去”战略，积极开拓国际工程建设市场。

近五年来，伴随着“一带一路”建设的推进，公司大踏步走出国门，开辟了广阔的国际工程建设市场，先后在巴基斯坦、伊朗、阿联酋、以色列、尼日利亚、乌干达、肯尼亚、马拉维、马尔代夫、斯里兰卡、菲律宾、孟加拉、缅甸、老挝、马来西亚、印度尼西亚及文莱等十余个国家承接工程合同150余项，合同额近20亿元，以优质、高效、专业的服务，在一个个陌生的国度和土地上，留下了中国建设者坚实的足迹。

五、砥砺奋进，硕果累累

公司始终以创新为企业发展动力，积极进行管理创新和技术创新，率先在全国勘察设计行业完成改企建制工作，实行了现代化企业管理与运作，致力于“河北建勘”特色的岩土工程技术体系建设，积极开展新技术、新工艺、新方法的研究，已形成了以岩土工程勘察、水文地质勘察与水资源评价、地基处理、地质灾害防治、超大直径钻孔灌注桩、后压浆旋挖钻孔灌注桩、大直径工程井及地下空间开发与利用技术等为主要标志的核心技术。公司先后荣获国家优秀勘察金奖2项、银奖7项、铜奖1项；国家优秀工程金奖2项、银奖3项；省部级优秀工程勘察奖168项；国家工程建设（勘察设计）优秀质量管理奖（QC小组）和省部级优秀质量管理奖23项；省部级科技进步一等奖3项，二、三等奖10项；河北省建设行业科技进步奖64项；国家专利50项；省级工法34项；软件著作权13项；河北省优秀发明奖9项，其中1项获河北省十大优秀发明奖及全国发明博览会金奖。企业综合技术创新能力与市场竞争能力在全国同行业中处于较先进水平。

公司始终秉承满足客户需求，为员工提供机会，为股东创造回报，为社会创造价值的宗旨，坚持“以人为本、市场为先、制度为基、科技兴企”的方针，以优质、高效、良好的服务赢得了社会信誉。公司先后被授予全国城市勘测先进单位、全国工程勘察先进单位、全国建设技术创新工作先进单位、全国建设系统精神文明建设先进单位和全国“安康杯”竞赛活动优胜企业、全国“重合同守信用”单位、“十五”全国建设科技进步先进集体和全国建筑业技术创新先进企业、全国厂务公开民主管理先进单位、全国模范劳动关系和谐企业、全国勘察设计行业创新型优秀企业、河北省先进集体、河北省建设工程招标投标诚实守信5A级施工企业等荣誉称号。

北方工程设计研究院有限公司

北方工程设计研究院有限公司（以下简称“北方工程”）的前身是创建于1952年的国家第二机械部二局第一研究所，原属军工设计研究院，专门从事国防工业建设。六十多年来，北方工程参与构筑了祖国大纵深的防御和武器装备生产体系，在国防现代化和国民经济建设的主战场，彰显了民族军工的气魄。北方工程的创业者是共和国现代军工生产和科研事业的奠基者之一。

20世纪80年代中期，为适应“四化”建设需要，北方工程积极依托军工领域专业技术优势，逐渐向民用市场拓展，公司民品业务进入起步阶段。随着改革开放不断深入，国家工作重心逐步向经济建设转移，公司一部分设计力量转向社会民用建筑项目，利用主营业务军民通用性强的特点，在服务地方经济建设中寻求发展，适时提出了由“单纯军工型”向“军民结合型”转变。

2010年底，北方工程与中国兵器工业北方勘察设计研究院强强携手，重组为北方工程设计研究院子集团，开始了向高科技、国际化工程公司的转型和跃升。

自创建以来，随着主管领导机关的变动和机构调整，公司的单位名称也随之变化，变化情况如下：

1987年1月，更名为兵器工业部第六设计研究院，由国家机械工业委员会主管；

1987年5月，更名为国家机械工业委员会北方设计研究院，由国家机械工业委员会主管；

1988年12月，更名为机械电子工业部北方设计研究院，由国家机械电子工业部主管；

1990年8月，更名为中国兵器工业第六设计研究院（第一院名），机械电子工业部北方设计研究院（第二院名），由机械电子工业部和中国兵器工业总公司主管；

1993年3月，更名为中国兵器工业第六设计研究院（第一院名），北方设计研究院（第二院名），由中国兵器工业总公司主管；

1999年6月，中国兵器工业第六设计研究院（第一院名），北方设计研究院（第二院名），由中国兵器工业集团公司主管；

2010年12月，更名为中国兵器工业第六设计研究院（第一院名），北方工程设计研究院有限公司（第二院名），由中国兵器工业集团公司主管。

一、业务发展

公司成立初期正值我国第一个五年计划阶段，作为国家大型军工设计院，在苏联援建专家的技术帮助与指导下，公司主要业务围绕我国建设的156个重点项目开展，主要以坦克、大口径高射武器、大口径火炮、特种炮弹、火炸药、机载和舰载火炮、水中兵器、光学仪器和防化器材等为主。之后在党中央的正确领导下，在兵器工业部和省市的关怀领导下，经过多年的学习和实践，公司不断提高对“军民结合”方针的认识，解放思想、积极探索，在保证完成军品设计和科研任务的前提下，将部分设计、科研力量向民用转移，科研技术成果向地方转移输出，大力支援地方建设，在民用建筑、电子、轻工、化工、商业、科研等行业领域作出贡献的同时，也拓宽了公司的业务范围。

随着时代的改革发展与技术力量的不断提升以及公司全员奋力拼搏、开拓进取、不断开启新的市场领域，许多专业工程设计从无到有、由小到大、由大变强，在市场竞争中赢得了长足发展。公司市场区域从石家庄起步，逐步走出河北，走向全国，迈出国门；设计项目由原来以工业设计为主，逐步拓展到民用市场的商住、公建、文教、卫生、科研、司法、旅游、体育、交通、园林、物流等多个行业和领域，其中在大型公建类建筑、校园类建筑、医疗卫生类建筑和产业园区规划设计等方面还形成了优势品牌，成为公司各业务板块中发展最好、最快、最大的一个业务板块。

公司持有的资质类别也从最初的军工、机械等几个专业的勘察设计资质扩展到目前的工程咨询单位甲级资信，城乡规划编制甲级，军工、建筑、机械、商物粮、电子通信广电等多个行业设计甲级，工程勘察综合甲级，造价咨询甲级，超限高层建筑工程、建筑工程、市政工程一类审图资质证书，房屋建筑、市政公用、机电安装工程监理甲级等九十余项资质。

二、优势领域及核心技术

公司作为集工程策划、咨询、勘察、设计、建造、检测、监理、项目管理、工程总承包以及具有投融资性质的工程服务等工程建设全过程一体化的高科技、国际化工程集团，始终坚持将创新作为引领企业发展、促进社会进步的核心动力。经过六十余年的技术积淀，公司在产业园区、大学校园、政务办公、电磁环境等领域技术实力国内领先，部分领域达到国际先进水平。

（一）产业园区规划设计

产业园区规划设计是北方工程利用军工背景和大型综合性勘察设计院的整体实力，逐步打造的一个优势品牌。自21世纪以来，公司在近百个国家和地区完成了100余项军工科研院所、产业园区的规划设计任务，设计理念、技术实力、项目业绩达到国际先进水平，在与国内外顶尖设计单位的同台竞争中，展现出了一流的技术实力。

（二）大学校园规划设计

大学校园规划设计是北方工程公司另一个跻身国内前列的特色优势领域。自2001年起，国内高校进入快速发展建设阶段，公司抓住机遇，致力于高校校园规划设计的研究和创新，先后承担了近百所学校的规划设计工作，在校园规划设计领域确立了优势地位，并具有较高的市场占有率和知名度。近年来，公司完成了北京理工大学、北京电影学院、南京理工大学、河北农业大学、河北工业大学、河北科技大学等百余所大学校园的规划设计任务，技术能力与项目业绩与国内顶尖设计院不分伯仲。

（三）行政办公建筑设计

公司积极承担服务和支持河北建设的社会责任，针对政府办公场所的特殊属性，设计风格庄严朴实、节约环保，近年来先后完成了河北省委大院、河北省行政中心、河北省纪委监委、石家庄市纪委、沧州市检察院、河北省及石家庄市廉政教育基地、河北省群众工作中心、中共石家庄市委党校等项目，充分体现了河北省政府办公场所权威与亲民并存，刚与柔同在的特色。

（四）医疗卫生及技术业务用房建筑设计

医疗卫生及技术业务用房与其他民用建筑相比存在一定的特殊性，作为对技术含量要求较高的建筑，公司紧跟国家政策，关注行业需求和热点，严格按照不同技术用房的建设标准，深入对医疗卫生及技术业务用房领域的开发实践，取得了显著成果并积累了丰富经验，为河北省医疗卫生和技术性企业提供了优质的服务。近几年，公司主要承揽了河北医科大学第二医院正定新区项目、河北省优抚医院、河北省胸科医院、石家庄市第三医院、石家庄市第四医院、石家庄市第五医院、雄县医院、邯郸市中心医院、河北省食品药品和医疗器械检验检测技术中心、河北出入境检验检疫局、河北省公安厅、河北省工信厅、武警河北消防总队、石家庄市公安局、石家庄市国家安全局等项目。

（五）文化艺术类建筑设计

随着人们物质文化生活的不断提高，艺术及展览会展类建筑成为城市建设的亮点。公司从尊重环境、尊重历史、尊重人文的角度出发，注重作品与人和自然环境的融合，用艺术手法生动地表达这类建筑的地域性与文化性，体现时代精神，出色地完成了中国轻武器展览馆、上海世博会拉脱维亚馆、河北省园林博览园、河北省人民会堂、河北科技馆、西柏坡红色胜典景区、西柏坡纪念馆丰碑林、左权将军纪念馆、武汉森林野生动物园等知名度较高的项目，并受到广大游客的好评。

（六）电磁环境技术研究与应用

公司电磁环境领域业务主要面向党中央、国务院、中央军委办公厅，十大军工集团，各大战区机关，华为公司等高端客户。公司参与完成了世界最大的综合孔径射电望远镜——平方公里阵列射电望远镜（SKA）工程，这是继500米口径球面射电望远镜（FAST）工程馈源舱之后，公司承接的又一国际领先的重大科学项目。

近年来，公司积极与顶尖高校、科研院所、产业互补公司建立深入合作，将科技成果应用于工程项目，培育公司核心技术，打造国内电磁环境行业的核心力量。公司与多位中国工程院院士、长江学者在精确仿真计算、电磁兼容、混响室、磁产品测试、磁防护产品等领域开展产学研用合作研究，努力打破国外相关技术的垄断地位。目前，部分前沿研究成果开始呈现出由跟跑、并跑向领跑转化的态势。

（七）三维信息模型与虚拟建造技术

依托先进的自主研发平台，公司不断加强城市信息模型（CIM）、建筑信息模型（BIM）、景观信息模型（LIM）技术创新，结合地理信息系统（GIS）、无人机倾斜摄影、虚拟现实（VR）、混凝土3D打印等国际先进的技术手段，开展平板电脑手绘、无人机三维建模结合方案创作、混合现实方案创作、BIM +GIS综合设计与施工系统性研究。建筑信息模型设计及施工咨询项目荣获WBIM国际数字化大奖，标志着公司BIM技术能力达到国际先进水平，能够为“同步建设数字城市与现实城市”提供有力的技术支撑。

（八）地下空间工程岩土技术

公司的河北省地下空间工程岩土技术创新中心承接了国网公司软黏土地区顶管电缆隧道扰动控制技术研究项目，主编《河北省城市轨道交通基坑内支撑支护技术标准》，获实用新型专利4项。经过两年建设，中心顺利通过验收，正式纳入省级管理序列。

三、发展成就

北方工程设计研究院有限公司自建院以来，承担着国家国防安全和国家经济发展的神圣使命，在军工建设领域和民用工业工程领域不断地提升自主创新能力，建立了全方位、全过程服务军工的业务架构，以全力满足国家高新武器装备研制生产的需要。近年来，公司先后完成了以国家三代坦克改型等为代表的某工程项目，以西安兵器工业科技产业基地为代表的产业园区整体规划建设项目，以某重点型号为代表的数字化工业生产线项目等；其中吉林东光集团长春出口基地是国家重点项目，荣获兵器部级一等奖；中国兵器工业信息化产业基地是实现我军武器装备跨越式发展的重要平台，获中国建筑学会工业建筑优秀设计一等奖；国家陆地搜寻与救护基地，作为华北地区唯一被国务院确定建设的国家级搜救基地，在保障国家和人民生命财产安全方面发挥了重要作用；北京车道沟十号院与国际顶级建筑大师保罗•安德鲁合作，荣获兵器部级一等奖。

以军为根，以设计为本，以工业工程和岩土工程为两翼，以专业技术和专业工程为支撑，北方工程将一体化、全过程的工程服务辐射至更广阔的市场。近年来，公司立足河北，不断加大全国市场开拓力度并取得了显著成效，在全国范围的知名度持续提升，行业影响力不断扩大。公司业务实现快速发展，在产业园区和校园规划以及科教、医疗、公共设施、居住、城市综合体、物流、园林景观等民用建筑领域取得了骄人业绩；在工程勘察与岩土工程、电磁屏蔽、环境工程、烟气脱硫、生物质发电等专业技术领域赢得了市场，树立了品牌；在项目管理和工程总承包领域取得了丰富的实践经验。公司先后承接了以全国100多所智慧校园规划设计、FAST500米口径球面射电望远镜馈源舱电磁屏蔽工程、2022年北京冬奥会核心区景观大道、上海世博会拉脱维亚馆、河北省政府办公区、河北省人民会堂、西柏坡红色胜典主题公园、中商大厦超高层建筑（获二星绿色建筑评价标识）、全国首座光伏一体化消防站、阿里巴巴华北电子商务物流中心、河北省园博园主展馆等为代表的国家、省部重点勘察设计项目，遍及全国二十多个省、市、自治区和海外多个国家和地区。

在推动京津冀协同发展，建设雄安新区、打造国家千年大计的宏大版图上，公司以责无旁贷的精神主动践行国家战略，深度参与雄安新区规划建设。公司作为集团公司驻冀企业，更加了解河北省实际情况和政策信息，可以更好地服务新区建设和集团公司项目，在方案汇报、沟通对接、工地服务等方面可以提供更加优质、便捷的服务。2018年，在与全国近百家顶级勘察设计单位的激烈竞争中，公司成功入选中国雄安集团工程咨询机构库、雄安规划建设局的规划建筑设计机构库，成为河北唯一、军工系统唯一入库企业，彰显了公司作为国家级综合性勘察设计企业的综合实力，取得了参与雄安新区规划建设的重要标志性成果，为中国兵器支持雄安建设进行了有益探索。2018年以来，公司相继中标雄安新区9号地块一区造林项目施工图审查、2018年秋季植树造林项目可行性研究、雄县马庄干渠水环境生态修复工程可行性研究、雄安新区公益性公墓及殡仪馆项目可行性研究与社会稳定风险评价等项目，对于进一步深度参与雄安新区规划建设具有重要意义。公司承接的雄安新区“两淀四河一库”生态清淤与污染治理工程勘察、安新县三台镇萍河固体废物处置工程勘察、京津冀建筑节能建材物流基地工程勘察等项目顺利实施，这些项目均为公司立足雄安打下了基础。

四、结束语

回望六十余年的峥嵘岁月，北方工程公司有着无比强大的前进动力，有着无比广阔的发展舞台。公司在工业工程领域，不断提升自主创新能力，助力制造企业实现从信息化制造向数字化、智能化跃升；在校园规划设计、办公会展、生态景观、物流设计、医疗卫生等建筑领域继续保持优势地位；在专业工程领域，不断夯实全国领先的电磁防护、热能电力、市政环保技术，巩固发展工业窑炉、非标设备、自动化通信等特色工艺；在岩土工程领域，积极开拓高分卫星、地理信息测绘、工程地质勘察、地质灾害防治市场空间；在工程总承包领域，依托独特工艺技术实现对工程质量、进度、成本、安全的有效控制；在国际合作领域，进一步加强与境内外领先企业合作，继续书写中国军工的壮美诗篇。

站在新时代的起点上，在习近平新时代中国特色社会主义思想的指引下，北方工程公司将坚持“兵器为本、市场为基、军民融合、创新发展”的经营理念和“以军为根，以设计为本，以工业工程和岩土工程为两翼，以专业技术和专业工程为支撑”的发展构想，不断提升精益管理水平，不忘初心，固本前行，以强烈的历史担当、饱满的匠人精神投身于具体实践，服务于国家，服务于工程勘察设计行业，向着集咨询、勘察、设计、建造、检测、监理、项目管理、工程总承包全过程服务能力于一体的高科技国际化工程集团奋力迈进！

中国电建集团河北省电力勘测设计研究院有限公司

中国电建集团河北省电力勘测设计研究院有限公司（以下简称“河北院”）隶属于中国电力建设集团有限公司，创建于1958年，是国家甲级勘测设计单位，全国勘察设计综合实力百强企业，注册资本金8亿元；业务范围涵盖电力系统规划、发电工程（燃煤、燃气、地热、生物质能、风力、太阳能、垃圾发电等）和输变电工程，还有工业与民用建筑工程，岩土工程的勘测设计、技术咨询、工程监理、工程总承包等；业务区域达全国31个省区，境外成功开拓了柬埔寨、印度尼西亚、刚果（布）、印度、希腊、伊朗、厄立特里亚、摩洛哥、巴基斯坦等25个国家（地区）。

河北院具有工程资信评价甲级、电力行业设计甲级、工程勘察综合甲级、建筑行业（建筑工程）甲级、市政行业（热力工程）甲级、测绘甲级、水文水资源评价甲级、工程监理甲级、环境影响评价资质、建设项目水资源论证资质、编制开发建设项目水土保持方案资质及中华人民共和国特种设备设计许可证等各种资质十余项。

截至2018年底，河北院在册员工937人，教授级高工125人，各类注册执业资格证书涵盖一级建筑师、一级结构师、注册岩土师、注册电气师、注册咨询师等十多个专业类别。

河北院多次入选全国勘察设计综合实力百强单位，是“全国文明单位”，连续入选美国《工程新闻记录》（简称《ENR》）杂志中国工程设计企业60强单位；被评为高新技术企业和全国电力勘测设计行业AAA信用企业、连续多年被评为省级文明单位、河北省勘察设计先进单位、河北省“重合同守信用”企业、河北省诚信企业、全国电力行业质量效益型企业，是工程设计责任保险参保单位；2008年获得中国质量协会颁发的“中国质量鼎”，2009年获得河北省政府质量奖，成为河北省首家获此殊荣的电力设计企业，2012年再次获得河北省政府质量奖，2016年获得全国五一劳动奖状，2018年被评为全国用户满意企业。

河北院在高参数、大容量、超临界和超超临界燃煤发电机组、空冷机组、滨海电厂、脱硫脱氮等方面具有明显技术优势。1 000兆瓦级超超临界发电机组、600兆瓦级超超临界空冷机组、无烟煤燃烧和“W”型火焰锅炉技术，废水零排放、烟塔合一、海水直流冷却、汽轮机发电基础设计优化研究、阶梯式布置等电厂设计技术，无油点火或少油点火技术处于国内领先地位；电网技术力量雄厚，尤其在特高压电网设计、智能电网设计、地下电缆线路、变电站三维设计、新技术应用与开发等方面处于全国领先地位；具有丰富的特高压线路和变电工程的设计经验及业务优势，具有丰富的紧凑型线路的设计经验，掌握了换流站的最新设计技术，重视科技创新和新技术应用，有较强的研发能力，取得了多项科技成果和专利技术并在工程中成功应用，参与了国家多项标准与规范的编制，电网业务实现了电压等级“全覆盖”和各种地理环境、气候条件“全覆盖”，参与设计了世界上电压等级最高的±1 100千伏特高压直流输电工程和8条±800千伏直流特高压线路工程以及4项1 000千伏交流特高压线路工程，承担了多项1 000千伏交流特高压变电站和±800千伏换流站设计工作，技术创新能力强；新能源设计领域广泛，在风力发电、光伏电站、光热发电、垃圾发电、生物质发电、地热发电以及风光储等设计领域技术经验丰富，尤其是近海风电场设计技术领先优势明显。

河北院拥有完善的科技研发创新体系，采用研发中心、生产部门、专业班组三级项目研发模式，创新工作成效显著，综合竞争能力不断提升，先后与石家庄铁道大学、华北电力大学等高校共建研究生工作站，以科研促生产，以生产促科研，技术水平不断提升，成为河北省博士后创新实践基地，被评为河北省创新型企业，获批河北省博士后工作站、河北省工程技术研究中心。

河北院建立了面向发电、变电、输电的数字化协同设计平台。该系统平台引进了西门子公司COMOS平台，实现了信息全寿命周期管理与应用；布置设计采用PDMS三维设计平台，实现了全专业三维设计，数字化设计能力突出。

河北院驻地经历了先天津，后保定，再正定，最后定址石家庄的四度变迁，经历了精简为室、停止工作和重新组建的历程，在中共十一届三中全会以后，得到了迅猛发展。

一、党的十一届三中全会以前的发展情况

1958年7月25日，河北省电力设计院在当时的河北省省会天津成立，主要任务是承担12兆瓦以下火力发电工程和35千伏至110千伏输变电工程的勘测设计。1962年8月13日，院建制被撤销，1963年1月河北省农业机械电力管理厅成立后，设置了厅属电力设计室，从事电网工程设计，1965年5月划归河北省农田水利电力局领导。

截至1971年，河北院共完成发电工程设计19项，装机容量114.8兆瓦，工程遍布河北全省，输电工程设计主要是35千伏至110千伏输电线路工程，变电工程设计包括5座110千伏变电所，11座35千伏变电所。

电力规划设计主要有：河北南网“二五”电力规划修改、“三五”和“四五”电力规划；邯郸热电厂一期、二期，石家庄热电厂一期至四期等工程接入系统设计；石家庄与邢台、石家庄与衡水、沧州与天津等联网工程。

“文化大革命”开始以后，1966年7月，设计室随之迁至保定；1968年11月，全部职工被“下放”至宣化“五七”干校劳动；1970年4月，邢台发电厂一期工程开工，少数设计人员分配回河北省革命委员会电力局电力建设总队工作。

1969—1971年，水电部华北电力设计院、北京水电设计院先后374人被下放至河北，由河北省电力工业局电力建设总队领导，并陆续集中于石家庄地区正定县城第一中学校址。1972年2月12日，重建的河北省电力勘测设计院正式成立，直属河北省电力局；1975年5月，河北院迁入石家庄市现址，拥有了固定的勘测、设计、科研和生活基地。

河北院重新组建后，完成了马头电厂二期、三期扩建工程等发电工程项目13项，容量约1 150兆瓦；送电工程项目7项，349.68千米；变电工程6项，容量570兆瓦。

在系统规划设计方面，河北院主要进行了河北南网“五五”电力规划、河北南网完善化规划（包括无功补偿及调压规划）、农业电气化供电规划，以及马头电厂二期、三期和邢台电厂二期等工程接入系统设计；系统专题研究包括石太铁路电气化牵引负序计算及供电方案、河北南网输煤与输电研究、系统潮流稳定程序开发等。

1977—1978年，河北院承担了大型机组汽轮机基础试验研究科研项目，编制出国内第一个汽轮机基础空间动力计算程序和11个专题报告。这些成果被正式纳入国家动力设备基础规范，该项研究获得了1978年全国科技大会科学研究奖。

二、党的十一届三中全会以来的发展情况

党的十一届三中全会以后，河北省的电力建设事业得到蓬勃发展，将河北院的勘测设计能力带上了相应的发展高度。

1980年7月1日，河北院开始企业化试点，开始注意经营管理和经济效益，结合工程开展科学试验和专题调查研究，重视改善生产装备和人才培养的工作。由于勘测设计任务对外实行设计合同制和工程收费制，财务收入与完成任务成正比，极大地调动了全院职工的积极性，使人们看到了希望，增加了收益，改善了生活。

1980年华北电力设计院酝酿恢复，1984年原华北电力设计院的人基本走完，这给河北院带来了巨大的冲击。为适应新形势，1983年河北院对组织机构作了较大调整，开始实行经济承包责任制，与河北省电力工业局签订了技术经济承包合同，在院内全面推行技术经济责任制，调动了职工积极性，提高了河北院在全国同行中的地位。20世纪80年代中期，还在河北院召开过全国电力勘测设计经济责任制研讨会。1987年，河北院开始实行院长负责制。企业化的深化，利益机制的完善，使河北院不断迈上新台阶。河北院1987年产值达到903.71万元，1991年产值突破1 000万元，1993年产值达到4 339.69万元，1999年后总产值达到了8 000多万元。为了深化企业改革，促进企业经营机制转换，提高企业素质和经济效益，调动职工的积极性，1992年9月至1993年12月，在河北省电力公司的统一部署下，河北院成功地进行了劳动、人事、工资制度的改革。

河北院科研工作紧密结合勘测设计生产业务和发送变工程实际需要，在上安电厂、邯峰电厂等国外机组工程设计项目中，在引进、消化国外成套设备或相关的设计技

术的同时，形成了一些在国内首先应用的先进的设备技术与设计方法，逐步走出了一条引进、吸收、创新的道路。

改革开放以后至2000年间，河北院发电工程的勘测设计大致可以划分三个阶段。第一阶段，1985年以前，以200兆瓦机组设计为主，主要有邢台电厂三期2×200兆瓦、马头电厂四期1×200兆瓦机组等工程，完成容量1 025兆瓦；第二阶段，1986—1995年，实现了200兆瓦超高压机组向300兆瓦亚临界机组的过渡，且以300兆瓦亚临界机组为主，主要有邢台电厂四期2×200兆瓦机组、华能上安电厂一期2×350兆瓦机组、西柏坡电厂一期2×300兆瓦机组工程等，完成容量4 200兆瓦；第三阶段，1996年后，河北院的电力勘测设计开始步入600 MW机组时期，趋近国际20世纪90年代先进水平，期间以邯峰2×660兆瓦机组为代表，共完成设计容量2 370兆瓦。至2000年末，河北院共完成上安电厂一期和二期、西柏坡电厂一期和二期、衡水电厂一期等10台300兆瓦等级机组的勘测设计任务，完成了邯峰电厂2×660兆瓦机组的勘测设计和国华定州电厂2×600兆瓦机组的可研设计项目，进行了多项循环流化床锅炉（CFB）设计，起临界燃煤发电机组工程勘察设计项目实现了发电业务的重大突破。

1994年后，河北院开始参与或独立设计500千伏电压等级的工程项目。截至2000年，河北院共设计完成了220千伏输电线路工程120项，线路总长达4 888.8千米；500千伏输电线路3条，线路总长395.5千米；共设计完成了500千伏变电所2座，主变总容量1 500兆瓦（设计规模主变总容量5 250兆瓦）；另外还完成1条500千伏输电线路的初步设计（神徐线河北段）。

系统规划和设计方面，随着20世纪80年代华北电网的联网运行，河北院在系统规划和设计方面做了大量工作。其中主要工程有：①河北南网与山西电网、北京电网、天津电网、河南电网的联网设计；②河北南网“六五”期至“十五”期电力系统规划，河北南网“十五”期及2015年电力负荷分析预测，河北南网目标电网规划，河北南网城网规划、河北南网农网规划等，还参加了华北电网“六五”期至“八五”期规划的编制工作；③河北南网“六五”期至“九五”期系统设计；④在大型电厂接入系统设计方面，有邢台电厂三期至五期，马头电厂三期至五期。上安电厂一期和二期，衡水电厂一期和二期，西柏坡电厂一期和二期，邯峰电厂、定州电厂、张河湾抽水蓄能电站等工程接入系统设计。在系统专题研究方面，完成项目有：自耦合星型变压器在河北南网中的应用；自耦合星型变压器零序阻抗的计算和在系统中的补偿；变压器负阻抗的物理意义探讨；石太铁路牵引扩容负序计算及供电方案；京郑铁路（河北段）牵引负序计算及供电方案；朔黄铁路负序计算及供电方案；牵引负荷的高次谐波治理及研究；大型冶金负荷供电方案设计；河北南部500千伏电网过电压计算；大型电厂主接线可靠性计算；河北南网发电可靠性计算及优化设计；房高双回220千伏线路稳定输送功率极限研究；河北南网外售电力供电方案的研究等。

进入新时代，河北院的发展继续高歌猛进。2005年5月，中标±500千伏宁东—天津直流输电线路工程，开创了直流输电设计的新纪元；2010年7月，承揽锡盟—南京特高压交流工程勘测设计工作，实现了“独立设计特高压项目”的突破；2012年4月，中标华能重庆两江新区天然气冷热电三联供工程，实现了在F级天然气冷热电三联供机组设计领域的突破；2014年4月，中标海南波浪能发电示范项目；2014年12月，河北院设计的国电建投内蒙古能源有限公司布连电厂一期2×660千瓦超超临界燃煤空冷机组工程荣获国家优质工程金质奖；2015年2月，中标河北建投邢台热电联产工程（2×350千瓦）EPC总承包项目，实现了发电项目总承包业务的历史性突破；2015年4月，签订了首个海上风电场勘测设计合同——曹妃甸200千瓦海上风电场工程勘察设计合同，随后中标华润电力曹妃甸电厂二期2×1 000千瓦超超临界燃煤发电机组工程勘察设计项目，实现发电百万机组突破；2015年8月，中标宁夏国华宁东发电厂二期（2×660千瓦）扩建EPC总承包项目；2015年12月，在国网公司扎鲁特—山东±800千伏特高压直流输电工程招标中，成功中标换流站设计包3和线路设计包10，第一次中标换流站工程；2016年3月，中标盐山城市集中供热项目热源厂一期EPC工程，开创了市政非电项目承揽总承包业务的先河。

2011年，河北院在主辅分离中平稳过渡，归属中国电力建设集团，业务范围在勘测设计业务的基础上，向独立勘察和工程总承包成功拓展；2014年4月，河北设计院启动事业部制管理模式，形成了“大规划、大咨询、大设计、大岩土”四大传统业务规模化、集约化发展和工程承包新业务积极稳健发展的业务新格局，并建立了以市场营销、质量控制、财务管控、监督系统、内部市场为主体内容的企业整体运营体系。2016年，河北院与宁夏回族自治区电力设计院进行改革重组。

河北院能源规划业务高端化、多元化发展，包括能源电力规划咨询、电网规划设计和专题研究、电厂和变电站接入系统设计、用户站供电方案及电能质量评估等系统工程，能源电力咨询成果遍地开花，引领“新常态”下河北省的能源发展，对京津冀能源协同发展起着重要的技术支撑作用。

河北院发电业务具备满足不同环境及技术条件的设计能力，发电工程在高参数、大容量的超临界、超超临界燃煤发电机组、空冷机组、海滨电厂、脱硫脱氮等方面具有技术优势。其中，600兆瓦级超超临界空冷机组以及无烟煤燃烧和“W”型火焰锅炉技术、CFB锅炉技术等方面处于国内领先地位。截至2018年底，共完成发电工程设计129项，总容量49 078.95兆瓦。其中，600兆瓦级以上投运工程30台，总容量18 480兆瓦；300兆瓦级以上投运工程58台，总容量18 210兆瓦；200兆瓦级以上投运工程24台，总容量5 000兆瓦；100兆瓦级投运工程23台，总容量2 645兆瓦；50兆瓦级以下投运工程72台，总容量1 957.95兆瓦；燃机项目投运工程10台，总容量2 786兆瓦。

河北院电网业务积极开展的特高压交直流输变电工程设计与研究，智能电网、数字化变电站等领域的设计技术都取得重大突破，具有丰富的110~1 000千伏电压等级变电站设计及咨询经验，变电站各项设计技术指标处于全国领先水平。输电线路在目前世界最高电压等级的1 000千伏特高压交流输电线路和±800千伏特高压直流输电线路均有丰富的设计业绩。截至2018年底，设计并已投运的变电工程有1 000千伏变电工程18 000兆瓦；±800千伏换流站10 000兆瓦；500千伏变电工程60 350兆瓦；220千伏变电站工程66 252兆瓦；220千伏以下变电工程830兆瓦。1 000千伏特高压线路工程291千米；±1 100千伏直流132千米；±800千伏直流668千米；±660千伏直流406千米、±500千伏电缆工程0.5千米、500千伏线路工程5 728千米；220千伏线路工程16 310千米；220千伏以下线路工程606千米。

河北院新能源业务尤其是海上风力发电和太阳能发电设计技术走在全国前列，成功设计过高原（高寒）地区、山区复杂地形、滨海滩涂、潮间带、浅海风电场等多种不同条件的风力发电项目，积累了丰富的设计经验。其中，太阳能光伏发电技术领先，在高原（高寒）地区、山区复杂地形太阳能光伏发电项目中，积累了丰富的设计经验，截至2018年底已完成光伏项目投运总容量达2 627.78千瓦，风电项目投运总容量达5 214千瓦。

河北院勘测业务技术实力雄厚，装备先进，工程经验丰富，在行业内处于领先水平，拥有地质雷达、地震仪、三维激光扫描仪等国际尖端的物探、测绘、水文、海测、检测的设备和软件，不仅拥有工程勘察综合甲级资质，可承担电力、铁路、公路、桥梁等各类工程的全方位勘测及岩土工程服务；而且具有测绘、水文、水资源调查评价甲级，水资源论证、水土保持方案编制乙级、地基与基础专业承包施工等专业资质证书，可以承担各类工程的测绘、水文地质、水文气象、水土保持方案编制以及地基处理、边坡及基坑支护、地质灾害治理等总包及施工服务。

河北院总承包业务范围涵盖发电、电网、新能源等多个领域，在电力行业工程总承包市场中处于领先地位，拥有懂管理、技术精、勤奋廉政的高级项目管理团队，实现了从单项工程到整体工程，从传统技术到高新技术，从设计咨询服务到全生命周期一体化集成解决方案，从传统的项目管理模式到专业化、系统化、数字化的集成项目管理模式的跨越式发展。

自20世纪80年代末，首次迈出国门承揽孟加拉大达卡132千伏、33千伏输变电工程以来，河北院先后承揽了刚果共和国输变电工程和肯尼亚城市电网改造工程、摩洛哥燃煤电站项目、印度尼西亚Keban Agung燃煤电厂项目、印度SKS燃煤发电机组TG岛工程、厄立特里亚HIRGIGO电厂扩建工程、巴基斯坦卡西姆燃煤电站项目、蒙古国TELMEN燃煤热电站项目等大型海外工程。

河北院获得各类工程奖项300余项，其中国家级金奖2项，国家级银奖13项，国家级铜奖11项；鲁班奖2项，省部级一等奖71项、二等奖99项、三等奖138项；获得国家发明专利64项，实用新型专利228项，软件著作权53项，专有技术15项，科技奖100余项。

河北省交通规划设计院

河北省交通规划设计院创建于1954年，是河北省唯一的交通行业全甲级勘察设计研究企业，河北省内首家集交通、房建、市政为一体的甲级勘察设计单位，全国公路设计企业最高信用等级AA级单位，河北省高新技术企业；持有国家颁发的公路行业甲级、市政行业（道路工程、桥梁工程）专业甲级、建筑行业（建筑工程）甲级、工程咨询甲级、工程勘察综合类甲级、综合试验甲级、工程总承包甲级等资质；拥有交通运输部公路建设与养护技术、材料及装备交通运输行业研发中心，交通运输部公路设施使用状态监测与养护保障核心技术协同创新平台，博士后科研工作站，交通运输部公路工程综合甲级工程试验检测机构，省级重点实验室；主要承担综合交通运输规划与研究，公路可行性研究，道路、桥梁、隧道、交通工程的勘察设计，市政工程设计，工程监理，路桥检测及养护，建筑工程设计咨询，智能交通研究，BIM技术应用，科研技术咨询服务，交通新产品研发，交通环境监测，材料试验，公路沥青材料、公路养护材料研发生产及销售等业务。

经过多年的发展，该院已经具备了雄厚的人力资源、强劲的科研实力、一流的技术装备、完善的质量控制、卓越的管理理念和丰富的生产实践。该院现有职工700余人，其中享受国务院政府特殊津贴专家2名，河北省工程设计大师2名，河北省政府特殊津贴专家2名，享受河北省有突出贡献的中青年专家4名，省管优秀专家1名，河北省“三三三人才工程”人才3名，河北省勘察设计行业优秀青年设计师4名，高级专业技术职称人员200余名，各类相关执业资格注册人员近300人。该院拥有全球卫星定位系统（GPS）、无人机航测系统等先进的勘察设计仪器和GTM美国工程兵旋转压实剪切试验机、CICS检测车、国内首家全套法国原装高模量沥青混合料试验设备等公路工程试验检测设备。

半个多世纪以来，该院为交通建设建立了卓越的功勋，作出了巨大的贡献，被授予全国五一劳动奖状以及全国交通运输系统先进集体、全国优秀勘察设计院、全国工程勘察设计行业诚信单位、省级文明单位、河北省“7·21”和10号台风抗洪抢险救灾先进集体、河北省勘察设计行业优秀企业等多项荣誉称号。

一、发展历程

该院前身是交通工程大队所属勘测设计队；1978年5月，成立河北省交通规划设计院；2003年3月，经河北省交通厅批准，河北省交通规划设计院与河北省交通科学研究所进行了合并重组；2013年，经河北省政府批准，成为河北交通投资集团公司全资子公司。

截至2018年底，河北省高速公路通车里程7 279千米，其中该院承担了5 400余千米的高速公路勘察设计任务。

20世纪80年代是河北省高速公路从无到有的起步阶段，该院完成了河北省第一条自筹资金、自行设计、自主施工的高速公路——京石高速公路以及我国早期的山岭重丘区高速公路——石太高速公路。

20世纪90年代，河北省通过引进国际金融组织先进的建设、管理经验，加快了高速公路的建设速度，该院完成了国家“九五”计划重点建设项目之一京沈高速公路。该项目是河北省内第一条六车道高速公路设计项目，从勘察设计到工程建设实现了全国高速公路精品路、样板路的建设目标，成为当时标准最高、规模最大、投资最高的高速公路。

进入新世纪，河北省高速公路建设进入一个新的快速发展时期，该院完成了平原区高速公路低路基建设典范——青银高速公路。同期为完善河北省高速公路路网，打通西部、北部地区出海通道，山岭重丘区高速公路建设进入高潮，该院攻克了湿陷性黄土、溶岩一系列技术难题，隧道设计技术逐渐成熟，先后完成了青兰高速、京昆高速等通山达海的干线大通道。

十八大以来，河北省加快推进京津冀协同发展交通一体化，该院承担设计的张涿高速、张承高速陆续建成通车，首都大外环基本形成，缓解了首都地区道路通行压力，促进了沿线经济社会发展和旅游资源的开发。

河北省京港澳高速公路改扩建工程是交通运输部“科技示范工程”和“试点项目”，荣获了三个“全国第一”：应用橡胶改性沥青技术铺筑路面规模全国第一，交通运行状态实时监测水平全国第一，视频监控水平全国第一，被交通运输部专家誉为“我国现代化高速公路的代表作”。

2015年，该院完成设计的太行山高速公路，立足钢铁大省的基本省情，认真贯彻交通运输部印发的《关于推进公路钢结构桥梁建设的指导意见》的精神，率先研发多主梁钢–混凝土工字组合梁成套技术，推动和促进了公路钢结构桥梁的发展。该项目的建设为完善河北省高速公路网，加快区域互联互通，开发太行山区旅游资源，拉动沿线地区经济社会发展作出了积极贡献。

“十三五”期间，京津冀协同发展战略、雄安新区的国家战略以及北京—张家口携手承办2022年冬奥会，为该院带来了难得的发展机遇。面对激烈的市场竞争，该院变通趋时、把握时机，对管理体制和生产机制作出及时的调整，聚焦行业需求，谋定了发展框架，确定了“一主、两翼、三延、四拓”的业务布局：以工程咨询、勘察设计为主；以综合交通运输规划与产业政策研究、交通运输科技研发与技术创新为两翼；在现有业务基础上，适度有效延伸产业链，构建现代化公路养护综合技术服务平台、路用材料产学研用创新基地和工程安全与灾害防治技术中心；积极拓展进入建筑、市政、轨道交通和工程项目管理、代建、设计施工总承包等领域。同时，积极开拓国内外市场，努力建设成为行业科学发展的决策支持平台、技术支撑平台、产业发展平台、英才集聚平台，成为行业创新发展的助推器和产业发展的倍增器。

该院2016年完成设计的冬奥会重要交通保障项目——延崇高速公路是交通运输部确定的首批绿色公路典型示范工程和新一代国家交通控制网示范工程、交通运输部科技示范工程。在该工程中，该院首次将桥梁景观引入到设计中，3座地标性景观钢桥总计用钢量约8.2万吨，刷新了河北省高速公路用钢纪录。其中，设计的延崇高速金家庄特长隧道为河北省内第一座螺旋隧道，获世界最长的高速公路螺旋隧道世界纪录认证。

雄安新区国家战略实施后，该院迅速成立雄安新区综合交通规划建设技术工作专班，夙兴夜寐，激情工作，编制完成了河北省交通运输厅委托的《雄安新区综合交通运输规划建设研究方案》，配合河北省交通运输厅编制完成了对外骨干交通路网、区内环线道路等专件，得到各级领导的高度肯定。当前，雄安新区对外骨干交通路网建设加快推进，该院正举全院之力深刻领会雄安质量的深刻内涵，加快开展智能交通基础研究，推动安全、便捷、高效、绿色的现代综合交通运输体系的形成与发展，为打造交通强国样板路不懈努力。

二、重要业绩成就

（一）规划咨询

建院以来，该院完成高速公路工程咨询项目近6 000千米，获50余项省部级以上优秀工程咨询成果奖。近年来，该院先后完成了《河北省综合交通运输体系发展“十三五”规划》《河北省推进京津冀协同发展交通一体化规划》《雄安新区综合交通运输规划研究方案》《2022年冬奥会张家口区域综合交通规划》《河北省燕山—太行山集中连片特困地区交通扶贫规划（2011—2020年）》等40余项规划研究成果。

为河北省内交通主管部门的决策管理提供了重要的技术支撑，为服务河北省经济社会发展和推动京津冀协同发展作出了积极贡献。

目前，该院致力于走大咨询发展道路，打造行业发展智库，围绕交通强国河北篇章建设，开展“十四五”综合交通运输规划重点领域公路、水运、运输服务等基础性专题研究；狠抓旅游交通等新兴业态，围绕推进新型城镇化建设、枢纽站场建设，全面提升城镇规划、项目评估、投资咨询等能力；全面整合交通行业建设、管理、运行等方面基础数据及经济社会运行数据，构建交通运输与经济社会协同运行分析模型，打造交通经济运行分析平台，建设全省交通行业综合数据中心。

（二）勘察设计

多年来，该院在公路勘察设计行业深耕厚植、追求卓越，已累计完成5 400余千米高速公路勘察设计，获得70余项省部级以上优秀勘察设计奖。该院坚持创新、协调、绿色、开放、共享的发展理念，以技术为先导，视质量为生命，传承工匠精神，在高速公路改扩建设计、山区绿色品质公路综合设计、长寿命耐久性路面研发应用等方面经验丰富、成绩卓著。

近年来，该院加快业务拓展步伐，已获得住建部建筑行业（建筑工程）甲级和市政行业（道路工程、桥梁工程）甲级资质，轨道交通甲级资质正在抓紧申报，相关业务正在蓬勃发展。

当前，该院致力于走多元化发展道路，打造全产业链条，加快推进业务拓展，加大转型力度，加快转型节奏，与高校、科研院所及大型企业合作，锻炼队伍，积累经验；积极开展雄安新区公路工程、市政工程、轨道工程、房建工程、智能交通及对外骨干路网交通项目咨询等工作。

（三）科技创新

培育新动能、转型谋发展是该院向现代化强院迈进的必然要求。为推动从设计主导型企业向科技引领型企业转变，该院以行业研发中心、协同创新平台、博士后科研工作站、院士工作站等多个创新科研平台为依托，开展长寿命耐久性路面材料与结构、钢结构桥梁、路网检测与养护研究，建设路用材料产业基地，打通产学研用科技创新链条的关键环节，逐步建立产学研用结合的长效互助机制。

近年来，该院主持完成部颁规范2项、省地方标准21项、科研课题300余项，是目前全国唯一主持完成2项部级标准规范的省级院，有60余项课题研究获得省部级以上奖励。该院科技水平不断提升，核心竞争能力持续增强，技术支撑能力显著提高。其中，高模量沥青混凝土、大掺量胶粉改性沥青、常规跨径钢结构桥梁在全国位于领先行列，以此为引领，形成河北省交通科技创新的雄厚实力。

（四）成果转化

按照“十三五”发展战略与规划总体部署，该院2016年注册成立河北交科材料科技有限公司，推进胶粉改性沥青专有技术和科研成果产业化，控制材料质量，降低工程造价，提高沥青路面耐久性。

该公司定州生产基地坐落于定州北方循环经济园区内，占地面积40亩，项目总投资 1.39 亿元。近年来，该公司聚焦现代化综合交通运输产业建设需求，深耕路用材料产业化，大力推进技术创新和绿色发展，成为该院产业延伸和转型拓展的重要抓手，取得了振奋人心的发展成就。

中煤邯郸设计工程有限责任公司

中煤邯郸设计工程有限责任公司系大型综合性甲级设计研究单位，是煤炭行业骨干设计研究单位之一。

作为特大型中央企业——中国中煤能源集团有限公司的核心技术咨询企业，公司以工程勘察设计、工程总承包及工程技术咨询监理三大板块为依托，坚持“高起点谋划、高目标管理、高质量设计、高效率运营、高效益发展”的发展方向，以设计队伍专业化、设计理念现代化、设计手段智能化、管理手段信息化，逐步打造成为国内一流、国际知名的大型工程公司。

公司自成立以来就重视人才的培养及引进，坚持以人为本，拥有国家级、省级、煤炭行业设计大师及多专业技术骨干和优秀人才。公司现有员工800余人，其中国家级设计大师2人、省级设计大师2人、煤炭行业设计大师2人、煤炭行业监理大师1人、享受国务院政府特殊津贴6人、教授级高工58人、各类中高级技术人员650余人次、注册执业资格人员370余人次。公司设有采矿、选煤、建筑、结构、电厂热能动力等30多个专业，各专业均配备相应数量的专业技术人员，具备能同时承担多个大型工程项目设计、咨询的能力。

公司现拥有煤炭行业矿井、选煤厂，建筑行业建筑工程，工程造价咨询，工程监理，工程总承包，工程勘察专业类岩土工程、工程测量，煤炭及其他工程咨询等七大类合计20项甲级资质；拥有四大类17项乙级资质；拥有六大类13项丙级资质，是我国煤炭行业资质最全的设计研究单位之一。

公司于1997年顺利通过ISO9001质量体系认证，2010年通过ISO9001—2008版标准认证。公司于2013年9月顺利通过了质量、环境、职业健康安全管理体系认证。

公司自成立以来，凭借人才、技术和业绩优势，积极承揽煤炭行业勘察设计业务，不断巩固煤炭行业勘察设计骨干单位的地位。1990年前后，为了进一步拓宽业务范围，公司组织成立了工程总承包和工程监理部门，积极承揽相关业务，近30年来取得了良好业绩，现已形成勘察设计、工程总承包和工程监理三大业务齐头并进的业务格局，业务遍及全国近三十个省、市、自治区及十多个国家和地区，已累计勘察设计咨询国内外各类建设项目1 000余项。

中煤邯郸设计工程有限责任公司的前身是煤炭工业部邯邢煤矿设计研究院，1975年10月煤炭工业部根据国务院、中央军委指示，为加快邯邢煤炭基地建设，由煤炭工业部重庆设计研究院和煤炭工业部西安设计研究院各抽调200名设计骨干组建成立，总部位于河北邯郸，隶属于煤炭工业部；2003年7月，划归中国中煤能源集团公司管理，为中央直属企业下属公司，2006年8月，根据中国中煤能源集团公司上市要求，改制更名为“中煤邯郸设计工程有限责任公司”。

一、主要业绩和获奖

公司成立以来，先后承担煤炭矿区、矿井、选煤厂等特大型及大中型国家重点建设项目，宾馆、居住区、医院、学校、文化中心等民用建筑和铁路、煤码头、火力发电厂、大型集中供热工程、市政污水治理工程等多项工业建设项目1 000余项，其中国家大型重点建设项目200余项，先后有340多项成果获国家、省、部级奖励，其中荣获全国优秀工程设计金奖3项、银奖4项、铜奖2项，获全国工程咨询、规划、软件成果一等奖6项等；总承包项目涉及矿井、选煤厂、小型发电厂、地下隧道等行业；城市轨道交通监理先后承接17个城市的轨道交通及地铁监理项目，先后获得鲁班奖6项、詹天佑奖3项，多次获得国家、省、市级奖励；涌现出了一大批优秀的专业技术人才和先进人物，并获得国家、省部、市级众多的奖励和荣誉。

二、专有技术及优势

公司在行业内率先提出“美观大方、简洁流畅、高效环保”的设计理念，不仅拥有多项专有技术，形成了独有的设计优势，更是创造出了一个又一个行业奇迹。神华集团补连塔煤矿生产规模2 000万吨/年，为世界单井生产能力最大的井工煤矿；中煤集团中天合创公司葫芦素矿井设计生产能力1 300万吨/年，首次采用50吨超大容量立井提升箕斗和8 000千瓦超大功率提升机，是国内最大的立井提升矿井之一；神华集团上湾煤矿工作面年产量超千万吨，创国内工作面单产最高纪录；冀中能源集团磁西一号矿井副井深1 340米，为国内最深的立井井筒；伊泰集团酸刺沟矿井设生产计能力1 200万吨，为国内最大新建矿井之一。公司在国内煤炭行业率先引进国外气膜球型混凝土煤仓技术；研发的煤矿井下大型潜水泵排水系统，在国内第一个将潜水泵作为主排水系统应用到井下，成功用潜水泵代替防水闸门，解决了排水系统存在的诸多难题，在行业内开创了先河；在国内率先提出并应用“有压或无压+脱泥+TBS”选煤工艺，有效解决了重介分选介耗高，大直径旋流器对粗煤泥分选精度低的难题，在国内众多选煤厂得到广泛应用。公司拥有“大运量螺旋溜槽”“防窜仓电液动装车闸门”“圆锥型斜板沉淀池”等近56项国家专利技术，其中发明专利3项。特别是大运量螺旋溜槽，采用空间螺旋曲线，可使块煤入仓速度恒定，入仓角度合理，在防止块煤破碎的同时，还具备防堵仓功能，可大大提高块煤率，效益显著，已在国内众多矿区推广应用。2010年以来，公司又完成一批引领行业发展的科技创新成果，煤矿智能辅助设计系统的开发应用水平在行业内处于领先水平；超千米深井支护新理论和软岩特大硐室支护结构研究投入到实际应用中，技术经济效益显著。同时，公司还加大了对电厂煤泥掺烧、煤层气综合利用、数字化配煤等新技术、新工艺的研究，依托科研优势，占领未来市场制高点。

2010年，公司引入了Bentley公司三维工厂设计软件，应用于选煤厂钢结构三维建模以及设备的三维建模，是较早应用三维设计软件的设计单位之一。2012—2016年，公司应用导航模拟软件Navisworks进行了一些项目的三维动画及虚拟现实VR的制作，采用三维建模、离散单元动态仿真技术进行数值模拟和分析。2016年，成立公司BIM领导组、研发应用机构，并出台激励办法，进行BIM软件、硬件选定购置与大量培训工作，承担了中煤集团BIM一体化建设方案编制及牵头实施工作，制定了公司《建筑板块BIM建模标准》和《建筑板块BIM应用指南》；开展了一系列工业、轨道交通、民用项目的BIM三维设计，例如依兰第三煤矿、小回沟煤矿信息化建设、葫芦素煤矿、邯郸飞机场等20余项目；参编了《河北省建筑模型制图标准》，充分利用已掌握的BIM技术优势，依托中煤集团煤炭建设市场的平台，在工程建筑设计、施工、监理、运维等各阶段取得突破性进展，在中煤集团BIM一体化应用和工程全生命周期BIM应用系统建设中发挥引领作用，打造中煤品牌BIM技术应用和培训基地，促进工程建设水平、质量、效率大幅提升。

三、跨越式发展

近年来，公司按照“改革创新、调整转型”的思路，积极开拓非煤市场。公司先后承揽了晋中物流园修建性详细规划、中煤邯郸国际物流园区、冀中能源新铁物流园区等设计项目，非煤业务有了新的突破。公司建筑市政设计成果丰硕，所属建筑设计院在超限高层建筑、城市综合体、大型公共建筑、大型住宅小区等方面具有明显区域优势，多个项目荣获国家、省、部级奖励，设计的融通添鸿大厦总高199.6米，康业大厦总高270米，均刷新河北省超限高层纪录。公司所属岩土公司，在岩土工程勘察、设计、治理、监测、检测、测量、地基基础施工和地质灾害评价及相关咨询等业务领域技术领先、装备精良，项目遍及20多个省、市、自治区。公司监理业务起步早，发展迅猛，已成为公司发展的强力支撑，在地铁、房建、铁路等多领域技术实力领先，尤其在地铁监理方面，树立了极具行业竞争力的中煤品牌。截至目前，公司所属的中原监理咨询公司已经在深圳、广州、天津等15个城市开展地铁监理业务，承担了深圳北站及天津市四大综合交通枢纽的工程监理，并出任天津地铁一号线总监理，监理工程先后获得9项鲁班奖和詹天佑奖，公司多次荣获全国先进监理企业称号，并荣获天津市五一劳动奖状。此外，公司在矿山机械制造、施工图审查、矿井选煤厂PLC应用等方面形成了自己的研发设计特点，逐步建立了行业领先优势。

河北省水利水电勘测设计研究院

河北省水利水电勘测设计研究院（以下简称省水利设计院）创建于1956年，总部驻在美丽的海滨城市——天津。63年来，省水利设计院始终坚决贯彻党和国家的治水方针，立足河北，紧紧围绕水利是国民经济和社会持续稳定发展的重要基础和保障这一理念，肩负党、国家和人民的重托，为构筑全省的防洪减灾工程体系、城乡水资源供需工程体系、水环境和水生态体系以及智慧水利建设进行查勘调研、科学论证、精心勘测和精心设计。海滦河水系哺育着燕赵儿女，也流淌着省水利设计院职工的汗水，几代专业技术人员艰苦奋斗、团结协作，从巍巍太行到渤海之滨，从燕山之麓到卫运河畔，踏遍了河北的山山水水，在辽阔的燕赵大地上，用辛勤的汗水和智慧，绘就了水利建设的壮丽画卷。省水利设计院先后完成了全省水利规划，30多座大中型水库的新建、扩建和除险加固工程，70多条大型泄洪排涝河道的新挖、扩挖整治、蓄滞洪区泛区整治工程，3 000多座闸涵、道桥、泵站工程，30多处水电工程及多处100万亩以上大型灌区工程，引滦入津、引滦入唐、引青济秦、引黄济冀工程，南水北调工程以及雄安新区规划建设工程的勘测、规划和设计工作，为全省经济的全面发展和建设小康社会提供了有力的技术支撑。

一、勘测设计结硕果

60多年来，省水利设计院编制完成了海滦河流域规划，主持完成了漳卫河、子牙河、永定河等七大水系水利水电工程规划以及水资源、城市防洪、水利经济、水土保持等专业规划，完成了30多座大中型水库工程规划和引黄工程规划、引滦工程规划、引青济秦工程规划以及南水北调东线工程规划、南水北调中线工程规划。近些年，省水利设计院承担了大运河文化带建设规划，完成了石家庄市、保定市等城市防洪规划，为推动和促进海滦河流域和河北省内的防洪工程、水利水电工程、水资源开发与调水工程、灌溉排水工程的实施作出了巨大的贡献。

省水利设计院完成了岗南、黄壁庄、王快等30多座大中型水库的初建、续建、扩建和除险加固工程的勘测设计工作，负责进行了青山、乌拉哈达、大坝沟门等大中型水库的可研和初步设计阶段的勘测设计工作；完成了引滦入津、引滦入唐、南水北调中线工程等跨地区、跨流域调水工程的勘测设计工作；完成了一大批水电站、闸涵、泵站、建筑、市政、道路、桥梁工程的勘测设计工作；完成了北京市、天津市、山西省、云南省、海南省等省市数十项水利工程的勘测设计工作；完成了突尼斯共和国麦—崩水渠和斯菲西法水库、苏丹农业泵站、菲律宾巴纳旺灌区、乌兹别克斯坦泵站等几十项国外工程的勘测设计工作。

举世瞩目的南水北调工程是继三峡工程之后我国兴建的跨世纪特大型水利工程。省水利设计院从20世纪80年代开始全面参加南水北调东线、中线工程的规划设计工作，承担了中线总干渠工程京石段、邢石段293.184千米渠段设计，渠段途经河北省石家庄市和保定市的17个县（市、区），穿越海河流域的子牙河和大清河两大水系117条大小河流，沿线共布设隧洞、大型河渠交叉工程、左岸排水工程、渠渠交叉工程、路渠交叉工程、控制工程六种类型共570座建筑物，各建筑物运行状态实行集中和远程监测，建立现代化通信、监控系统，实行统一调度；还完成了石津干渠、廊涿干渠、邢台市和石家庄市等中线河北省内配套工程的勘测设计工作；完成了东线干渠河北省段的规划报告、东线后续工程规划总体方案和东线二期工程规划的水资源供需分析及输水线路布置等工作。

在南水北调工程设计中，省水利设计院采用了大量新技术、新工艺，解决了近百项关键性技术问题，为工程的顺利实施作出了贡献。2015年，南水北调中线京石段应急供水工程（石家庄至北拒马河段）设计获得全国优秀水利水电工程勘察设计金质奖；2016年，省水利设计院获得国家人力资源和社会保障部与国务院南水北调建设委员会办公室颁发的南水北调东中线一期工程建成通水先进集体荣誉称号。

南水北调工程及河北省配套工程建成通水，极大缓解了河北省受水区水资源严重短缺问题，为河北省优化配置水资源、改善生态环境、促进经济社会可持续发展起到了重要作用。

近年来，省水利设计院还完成了部分水库大坝的安全鉴定及库容曲线修测和特征值修正项目工作，完成了石家庄、唐山、承德、秦皇岛、衡水等城市河流水环境综合整治工程设计，完成了子牙新河、大沙河的综合治理以及滹沱河生态修复等一批河道治理项目设计，完成了多个蓄滞洪区工程与安全建设项目的设计，完成了河北省多个地区地下水压采项目以及南水北调中线干线及配套工程运行维护项目的设计工作，为河北省水利工程建设、防灾减灾及生态建设作出了突出贡献。

在河长制、湖长制建设工作中，省水利设计院承担了河北省滦河、永定河、子牙新河、赵王新河4条河流和白洋淀、衡水湖2个重要湖泊的调查评估工作，并编制省级河湖“一河（湖）一策”方案调查及实施效果评估报告，有力地推动和支撑了全省“河长制、湖长制建设”，以实际行动践行并落实了习近平总书记的生态文明思想。

在水利脱贫攻坚战中，省水利设计院积极落实国有企业精准扶贫责任，编制了阳原县、尚义县、滦平县等农村饮水安全巩固提升方案，为河北省62个贫困县提供了借鉴和样板，并于2018年荣获河北省脱贫攻坚先进集体奖，以实际行动贯彻落实习近平总书记对河北工作系列重要指示精神。

在水旱灾害防御工作中，省水利设计院圆满完成了邢台、保定两市的山洪灾害调查评价及全省山洪灾害调查与评价汇总工作，完成河北省洪水风险图编制工作；在“智慧水利”、防汛抗旱信息化建设、山洪灾害气象预警工作中做了大量的工作；连年选派多名人员作为河北省防汛抗旱指挥部防汛工作专家组成员，参与汛前检查、汛期备援和指导等工作，积极为河北省防汛抗旱减灾工作做好技术支撑。

在雄安新区规划建设中，省水利设计院集结精兵强将，全力支持雄安新区建设，完成了《雄安新区防洪专项规划》、白洋淀1∶2 000地形测量、创新发展示范区防洪专项规划、水资源论证、洪水影响评价，编制完成了《白洋淀清淤实施方案》《起步区供水工程可行性研究报告》《超标准洪水应急方案》以及雄安新区南拒马河防洪治理工程、新安北堤工程、新盖房枢纽工程等10余个项目的勘测设计工作。其中，《雄安新区防洪专项规划》为编制《河北雄安新区规划纲要》提供了重要依据，并起到了重要支撑作用，得到了省政府的高度认可和表彰。

二、综合实力大提升

建院60多年来，特别是改革开放40多年来，省水利设计院经济实力实现了跨越式发展，现为国家甲级勘测设计单位，持有国家颁发的工程勘察综合类、工程设计、咨询、测绘、建设监理、地质灾害治理、水利工程质量检测、水资源论证等甲级资质14项，持有建筑工程、市政工程、公路专业、水土保持监测、城乡生态修复等其他各类资质12项。省水利设计院是河北省高新技术企业，设有博士后工作站，是中国建筑勘察设计综合实力百强企业、全国优秀工程勘察设计企业、全国工程勘察与岩土行业诚信单位、全国用户满意企业。

对比过去，如今的省水利设计院旧貌换新颜，工作环境、技术水平得到极大提升，藏有百年历史形成的丰富的水利科技资料档案，拥有先进的三维协同、BIM设计系统和综合信息管理系统，勘测设备精良，各项工作生机勃勃，职工收入稳步增长，生活水平逐年提高，2018年职工人均收入比1956年提高了近200倍。

三、人才辈出奠基础

60多年来，省水利设计院造就了一支专业齐全、结构合理、业务精湛、作风过硬的勘测设计队伍。目前，在职职工1 100人，其中正高级工程师、高级工程师、工程师700余人，有建筑、结构、岩土、测绘、监理、咨询、造价及水利水电等各类注册工程师800余人次。

省水利设计院注重人才培养，先后与天津大学、三峡大学、华中科技大学、武汉大学、华北水利水电大学、河北农业大学等高校共同举办工程硕士研究生班，培养出了一大批硕士、博士研究生，并与美国、德国、西班牙、苏丹、菲律宾、日本等国家进行技术和学术交流，提高了勘测设计人员的技术水平和整体素质。

60多年来，省水利设计院获资深省管优秀专家、河北省工程勘察设计大师、享受政府特殊津贴专家、有突出贡献中青年专家、省部级以上劳动模范、先进工作者、人民公仆等荣誉称号的人员达30余人次。

四、科技成果创一流

60多年来，省水利设计院科技创新取得了丰硕成果，荣获国家、省部级科技进步奖及其他各类优秀成果奖300余项，其中获国家级科技进步奖10余项，省部级科技进步奖60多项，先后取得了包括2项发明专利在内的知识产权60余项，100余项各类科技成果达到了国内领先或国际先进及国际领先水平。其中，冻结法采取原状饱和砂样研究获北京国际发明展览会铜牌奖，温泉堡水库碾压混凝土拱坝试验研究获国家科技进步三等奖，桃林口水库工程坝基建基面勘察获第六届国家优秀勘察铜牌奖，桃林口水库枢纽工程获水利部优秀工程设计金奖、优秀工程勘测金质奖、国家银质奖，南水北调中线京石段应急供水工程（石家庄至北拒马河段）设计获得全国优秀水利水电工程勘察设计金质奖，省水利设计院获得南水北调东中线一期工程建成通水先进集体荣誉称号。

省水利设计院20世纪60年代自主创新开发研制设计的升卧式闸门已在全国广泛推广应用，并获得全国科学大会奖；编著出版的《升卧式平板闸门》一书在全国发行；研制的双浮箱水力自动闸门，成功应用于突尼斯共和国麦一崩水渠工程，并获得省科学大会奖，取得国家实用新型专利。

五、改革创新求发展

建院60多年来，特别是近十年来，省水利设计院坚持做大做强做优，以改革发展为第一要务，深化企业改革工作在稳步推进中取得的突出成绩，坚持管理创新，改革经营模式，拓宽业务渠道，全面实行质量、环境、职业健康安全三标一体标准化管理，规范管理、质量为先、保护环境、健康安全、顾客满意、卓越发展。

六、党建工作做保障

近年来，省水利设计院党委团结带领广大党员干部，认真贯彻落实习近平总书记系列重要讲话和党的十八大、十九大精神，广泛开展了“两学一做”学习教育、作风整顿和“一问责八清理”专项行动以及“不忘初心、牢记使命”主题教育，坚持把党建工作纳入院工作计划，做到了党建工作与生产经营工作同部署、同检查、同落实、同考核；进一步创新党建工作机制，发挥政治核心作用，坚持抓基层、打基础，提高基层支部党建工作科学化水平；加强党风廉政建设，深入推进党风廉政建设和反腐败工作不断深化；贯彻落实党的群团工作会议精神，坚持党建带工建、带团建、带妇建；大力开展精神文明建设，推动企业文化建设顺利开展，先后获得省直五一奖状、全国农林水利产（行）业劳动奖、全国水利系统模范职工之家、先进职工之家、省直经济技术创新暨合理化建议优秀组织单位、工人先锋号等多项荣誉，连续18年被省直工会授予先进职工之家荣誉称号，获得省部级以上各种荣誉800余项。

七、全面发展创佳绩

省水利设计院党委满怀信心，以新中国70周年为新的起点，带领全院干部职工认真学习贯彻落实习近平新时代中国特色社会主义思想和党的十九大精神，自觉增强“四个意识”、坚定“四个自信”，坚决做到两个“维护”，不忘初心，牢记使命，全面贯彻习近平总书记新时代治水兴水重要论述，积极践行十六字治水方针，围绕省委“三六八九”工作思路和“水利工程补短板、水利行业强监管”的水利改革发展总基调，大力弘扬“忠诚、干净、担当，科学、求实、创新”的新时代水利精神，砥砺奋进，全面发展，积极为河北省水利建设作出更多更大的贡献，以更加优异的成绩向新中国70华诞献礼！

河北省水利水电第二勘测设计研究院

河北省水利水电第二勘测设计研究院成立于1977年，隶属河北省水利厅。全院专业技术人员中高级以上职称占 45%，中级职称占29%，拥有国家各类注册工程师125人，五一劳动奖章获得者1人，省级劳动模范2人，享受政府特殊津贴专家4人，河北省有突出贡献中青年专家6人，河北省工程设计大师2人，全国“三八”红旗手1人，河北省“三三三人才”12人。

该院持有工程咨询、工程设计、工程勘察、工程测绘、建设项目水资源论证、水资源调查评价、水土保持方案编制、招标代理等甲级资质证书以及水力发电、市政、建筑行业工程设计等乙级资质，是集勘测、咨询、设计、科研和工程总承包于一体的高新技术企业。目前，该院市场已拓展到广州、北京、天津、内蒙古、新疆、甘肃等地区，业务范围延伸至市政、景观、电力、交通、铁路等涉水专业，经济效益连年创历史最好水平，各项经济指标位居全国勘测设计单位先进行列。

该院牢固树立“以质量求生存，以信誉求发展”的宗旨，积极开展质量环境和职业健康安全管理体系宣贯活动，贯彻“负责守信、客观公正、安全环保、持续改进”的管理方针，不断强化设计过程控制，完善质量保证体系，产品质量得到进一步提高。该院2000年在全国水利行业率先通过了ISO9001质量管理体系认证，2018年通过了质量、环境和职业健康安全管理体系再认证，勘测设计产品合格率100%，优良品率达到 90%以上。

四十载辛勤耕耘结出丰硕果实，该院1994年至今连续被河北省水利厅评为目标管理优胜单位；1989年以来连续10次被河北省委省政府命名为省级文明单位；1999年以来连续4次被中央精神文明建设指导委员会授予全国精神文明建设工作先进单位称号；2004年被水利部授予南水北调工程规划设计先进集体称号；2016年被人社部和国务院调水办评为南水北调中线一期工程建成通水先进集体，被河北省委省政府授予7·19抗洪抢险救灾先进集体；连续被评为全国水利水电勘测设计行业AAA 信用企业称号和河北省诚信企业；2011年以来连续保持了全国文明单位和全国水利系统先进集体荣誉称号。

从建院初期仅有16人的河北省水利规划设计队到今天拥有350人的国家甲级勘测设计院，该院白手起家、艰苦创业，伴随着河北水利大建设、大发展的步伐成长壮大。建院伊始，他们住在简陋的临时板房中，一边搞基建一边抓生产，将满腔热血投入到这片深爱的土地。短短几年时间，设计院主持完成了清凉江除涝配套工程规划，子牙河、漳卫河流域防洪规划，沙河灌区规划，十几座小水电站设计等一大批水利规划设计项目，其中《河北省水利简明区划报告》等多项成果荣获全国农业区划三等奖、河北省科技成果二等奖等国家和省部级奖励。

风清气正，群贤毕至。一大批怀揣强国梦想的水利专家和技术人员聚集而来，该院开始走上了快速发展之路。特别是20世纪90年代初，该院承担了南水北调中线工程等一大批重点水利规划设计和西柏坡电厂引水口工程总承包等项目，为人才储备、技术创新和经济发展奠定了坚实的基础。1994 年7月，该院正式更名为“河北省水利水电第二勘测设计研究院”。

多年来，该院坚持一业为主、多元发展战略，立足水利产业，发挥专业优势，先后完成了河北省大型流域防洪规划、河北省第一次全国水利普查、河北省水中长期供求规划等一大批涉及全省战略性水利综合和专项规划；完成了南水北调中线总干渠邯邢段工程、南水北调河北省配套工程、引黄入冀补淀工程设计和河北省地下水超采综合治理；完成了石家庄民心河、石家庄汊河生态治理，迁安滦河生态防洪，张家口洋河、清水河综合整治，唐山环城水系，滹沱河综合治理，京津冀协同发展“六河五湖”综合治理与生态修复工程等项目。上述工程项目的实施，发挥了巨大的社会、经济和生态效益。该院同时坚持诚信经营，积极开拓市场，先后承担了大量外委项目，企业综合实力不断提升。其中，凝聚了该院几代人心血的南水北调中线一期工程于2014 年12月12日正式建成通水，多年来工程运行安全平稳，效益显著，为改善北方地区水资源短缺、加快经济社会可持续发展发挥了重要的战略作用，主持设计的冬奥会水源工程——张家口市区、崇礼县补水一期工程，经过5年艰苦奋战，2015年顺利通水运行，为冬奥会的顺利举办提供了坚实的水源保障。

该院全面推进数字化、信息化建设，三维协同设计发展迅速，在关键技术上实现了重大突破，数字化设计体系已经成功应用于南水北调洺河渡槽、南沙河倒虹吸、四道河水库和引黄入冀补淀工程等项目；另外还积极进行数字化交付研究，在洺河渡槽、四道河水库和花坪电站项目中进行试点，为推进工程项目全生命周期数字化管理提供了有力的技术支撑，大大提升了该院的技术水平和核心竞争力，走在了全国省级水利设计院的先进行列。

坚持以科技创新为先导，大力实施科教兴院战略，不断深化科研项目管理改革，积极开展评优创优活动，结合生产任务，广泛与高等院校和科研院所开展技术合作，积极推广应用新理论、新技术、新工艺、新材料，科技进步工作取得了可喜成绩，主研完成的河北省水利发展"十一五"规划、北方毗邻城市河流一体化综合治理研究、河北省宏观经济水规划群决策支持系统研究、河北省严重缺水系统识别与综合应对方略研究、张家口市洋河综合治理工程、河北省水利发展"十三五"规划等200多项成果荣获全国优秀工程咨询成果奖、水利部大禹科技奖、河北省省长特别奖、河北省科技进步奖、河北省优秀工程勘察设计奖、河北省优秀工程咨询奖，并通过高新技术企业认定，在全国水利行业享有很高的声誉。

中土大地国际建筑设计有限公司

中土大地国际建筑设计有限公司（曾用名：河北大地建设科技有限公司、河北大地土木工程有限公司、河北大地岩土工程有限公司）成立于1997年，隶属于中土国际科技集团有限公司。

经过20余年的砥砺前行，中土大地国际建筑设计有限公司现已发展成为集岩土、工程设计与咨询、特种技术等业务于一体的建设行业高新技术企业。公司目前具备工程勘察综合类甲级、测绘乙级、地基与基础工程专业承包一级；建筑工程甲级、市政行业专业甲级、人防工程乙级、城乡规划乙级、风景园林专项乙级、环境专项乙级；河道整治乙级、水利行业丙级；特种设备设计；建筑工程咨询乙级、水利工程和市政公用工程咨询丙级；特种工程专业承包等资质。公司通过了ISO9001质量体系认证、职业健康安全管理体系认证、环境管理体系认证，并于2018年通过国家高新技术企业认定。

目前，公司总部位于河北省石家庄市，下设7个工程设计院、6个岩土工程公司、2个特种技术公司和1个轨道安全与评估部门，另外在上海、北京、雄安新区、深圳等地区设有分公司。

公司专业齐全，人才梯队结构合理，各类技术人员1 200余人，其中中高级技术人员近700人，专业注册人员近300人。公司拥有一流的专家团队，包括全国勘察设计大师1名、全国超限高层建筑工程抗震设防审查专家1名、河北省建筑大师1名、河北省规划大师1名、河北省工程设计大师3名、河北省超限高层建筑工程抗震设防审查专家4名、河北省优秀青年设计师5名等专业领军人物。

目前，中土大地国际建筑设计有限公司是河北省土木建筑学会、河北省勘察设计咨询协会、河北省建筑业协会、河北省企业诚信促进会、河北省标准化协会、河北省建筑信息模型协会副会长单位；中国勘察设计协会结构设计分会常务理事单位；河北省钢结构设计与产业化分会、河北省保障性住房协会、河北省建设人才与教育协会注册结构工程师分会、石家庄城市科学研究会等团体组织的依托单位。

中土大地国际建筑设计有限公司在不断进取中形成了自己的企业文化。公司以“务实、创新、敬业、报国”为核心价值观，坚持“质量第一 信誉至上”的经营理念，以“为社会提供一流服务 为员工创造美好生活”为使命，努力“成为行业引领者”。

一、发展历程

（一）河北大地岩土工程有限公司时期

1997年，建设部下发《建设部开展企业集团试点工作指导意见》（建法〔1997〕345号），河北大地岩土工程有限公司因时而生。公司作为建设部批准成立的第一批股份制企业，隶属于河北省建设委员会，同时也是建设部认定的全国勘察设计行业改制试点企业及现代化管理企业试点单位之一。

创立之初，公司即树立了“以创新求活力、以技术求生存、以信誉求发展”的发展方针及“科技兴企”的发展战略，成为之后快速稳步发展的基石。

公司初创时主要开展与岩土工程有关的地质工程勘察、地基基础设计与施工专业承包、沉降观测、基坑监测、工程测绘等业务。

1998年起，河北大地岩土工程有限公司陆续取得了工程设计、加固设计、水利行业资质，在建筑工程领域开展建筑工程设计与装饰装修、工程加固设计等业务，在水利工程领域开展水务工程设计、工程咨询、建设项目防洪评价、安全评价、水资源评价、水资源论证、水土保持方案编制、水务工程维修等业务。

1998年，河北大地岩土工程有限公司更名为“河北大地土木工程有限公司”。

（二）河北大地土木工程有限公司时期

1998年，伴随着公司更名，上海分公司成立，公司开始省外市场的探索。

1999年，公司取得施工安全、市政（园林）设计资质。

2000年，在建筑业快速发展的时代背景下，公司取得建筑工程检测、地基基础检测、桩基检测资质，并拓展了建筑咨询和特种技术服务业务，于2002年成功取得特种工程专业承包资质，成为首批获得国家建设部特种工程专业承包资质，具备抗震检测及加固、改造、平移纠偏等专业设计施工能力的企业。

至此，河北大地土木工程有限公司业务范围也由初期的工程勘察单一资质发展为具备勘察、设计、咨询、特种技术、施工、检测等资质的综合性建筑服务公司。

2002年，鉴于建筑市场的快速发展，河北新大地建设工程有限公司成立，公司原有房屋建筑工程、市政公用工程施工总承包、建筑装修装饰工程专业承包业务调整到河北新大地建设工程有限公司。

2004年，河北大地建设工程检测有限公司成立，公司原有工程检测、桩基检测等相关检测业务调整到河北大地建设工程检测有限公司。

2004年，廊坊分公司、唐山分公司成立。

2005年，北京分公司成立。

2010年，公司更名为“河北大地建设科技有限公司”。

（三）河北大地建设科技有限公司时期

2010年以来，公司组建多个业务实体拓展市政工程业务范围，逐步加强在市政行业领域的业务实力，陆续取得各类市政行业专业资质，开展道路、给排水、燃气、热力、桥梁、隧道、综合管廊、水利工程、河道治理、美丽乡村、风景园林、海绵城市等工程领域的规划、可行性研究、工程设计、工程总承包业务。

2014年，邯郸分公司成立。

2015年，随着石家庄市地铁1号线的动工，公司组建了石家庄市轨道交通建设工程安全质量状态项目部，承担石家庄市住建局委托的轨道建设工程安全质量状态评估以及重大市政建设工程安全质量咨询服务等工作。

2016年，沧州分公司成立。

2017年，公司拓展了勘察劳务类（工程钻探）、测绘类（工程测量）、地基基础工程专业承包类等岩土工程业务。

2018年，中土国际科技集团有限公司成立，公司也更名为“中土大地国际建筑设计有限公司”。同年，公司通过国家高新技术企业认定，这是公司发展道路上的重要里程碑，企业发展实现由量到质的嬗变。

（四）中土大地国际建筑设计有限公司新时期

公司自设立上海分公司起，1999—2019年，陆续在北京、新疆、山西、深圳、浙江、郑州、江西、广东、甘肃、贵州、安徽等地成立分公司。2017年4月1日，中共中央国务院决定成立雄安新区，公司积极响应国家号召，入驻雄安新区，于2019年成立中土大地国际建筑设计有限公司雄安分公司。

二十余载，中土人始终坚守“务实、创新、敬业、报国”的核心价值观，脚踏实地，奔跑在前行的路上。今后，公司将积极把握京津冀协同发展及“一带一路”倡议机遇与国家政策导向，充分发挥自身资源优势，秉承不断深化的服务意识，不断强化内部管理和企业文化建设，集成创新、集群发展，致力于将自身打造成为精细化、专业化、集团化的全产业链建筑科技服务领军企业。

二、成就与业绩

公司全面执行ISO9001国际质量、环境、职业健康安全三项管理体系，荣获全国工程勘察设计行业“十二五”期间实施信息化建设先进单位、河北省建设工程招标投标诚实守信5A级施工企业、河北省工程勘察设计行业优秀企业、河北省诚信企业等多项荣誉表彰。自成立以来，经过不懈地开拓创新、励精图治，公司在工程规划设计与咨询、岩土工程与勘察、特种技术等业务领域及科研创新中取得了突出的成绩，在多个领域处于全省领先地位。

（一）工程规划设计与咨询

伴随着我国建筑业的蓬勃发展，中土大地国际建筑设计有限公司承担并完成了河北省及全国各地许多重要的设计项目，贡献了不同地区的设计经典，累计完成工程设计项目3 000余项。公司在超高超限复杂建筑、医养建筑、文教建筑、商业建筑、居住建筑、城市更新与既有建筑改造、市政基础设施工程、城乡规划与美丽乡村建设等领域积累了丰富的经验，代表作品有河北省第一高楼——河北开元环球中心、亚洲最大室内热带公园——联邦东方明珠、河北政法学院、河北省儿童医院等。

（二）岩土工程与勘察

公司积极投身岩土勘察行业的健康发展，累计完成岩土工程项目6 000余项，在交通基础设施、市政工程和建筑工程行业勘察、岩土工程设计、地基基础检测监测、工程测量、基坑支护等领域成果丰硕，代表作品有裕园广场、邯邢矿山局北洺河铁矿河道整治工程、中银广场、西气东输三线中段（中卫——吉安）主要穿跨越工程等。

（三）特种技术

公司致力于特种技术的研究与工程应用，在结构加固补强、改造、平移纠偏等专业领域建立了差异化的竞争优势，近年来完成工程加固设计与施工项目3 300余项，范围遍及华北地区、内蒙古地区、山西、上海等地，代表作品有河北省图书阅览楼加固改造工程、廊坊法治宣教中心结构加固改造工程、保定万博广场加固改造工程等。

（四）科研与创优

公司坚持“科技兴企”的发展战略，秉承“产、学、研、用”相结合的发展理念，与天津大学、哈尔滨工业大学、华南理工大学、清华大学、同济大学等高校和科研院所建立了合作关系，在科技创新、研究生培养、学生就业等方面开展了深入合作，取得了一系列创新成果。公司承担省部级科研项目40余项，其中多项成果达到国内乃至国际领先水平，填补了该领域空白。公司获批专利15件，软件著作权16项，有力地推动和促进了建筑行业新技术、新成果的发展。

公司始终将铸就精品工程和保持技术领先作为自己的责任，1997—2019年22年间荣获省部级优秀工程勘察设计奖80项，河北省优秀工程咨询成果奖12项，河北省优秀测绘、规划、加固奖14项，石家庄市优秀工程勘察设计奖53项；科研课题荣获河北省人民政府科技进步奖一等奖1项、三等奖5项，河北省建设行业科学技术进步奖24项。

中土大地国际建筑设计有限公司忠实履行企业发展职责，积极承载行业和社会责任。公司积极投身行业发展，为行业主管部门提供技术咨询服务，承担国家、行业及地方标准制定50余项，助力行业技术进步。公司积极组织合作交流，促进政企间、校企间、建筑产业链上下游及同业间的沟通，助力行业技术水平的提升和科研成果的转化。

中土大地国际建筑设计有限公司始终坚守报国之心，在2008年汶川大地震、灭火救援现场、燃气爆炸现场、特大暴雨灾害现场都出现了中土人的身影。中土人用专业技术知识，参与制定应急处理与救援方案，投身灾后建设与恢复，用行动践行着中土“务实、创新、敬业、报国”的核心理念。

河北北方绿野建筑设计有限公司

河北北方绿野建筑设计有限公司（以下简称北方绿野）成立于1999年，是一家专业从事规划设计、建筑设计、服务咨询及相关专业化服务的股份制企业。经过20年的发展，北方绿野已然成为有着广泛影响力的知名设计品牌。

公司现拥有大型办公、商业、住宅、医疗、文化及教育等多种项目类型的综合设计团队，凭借高水准、国际化、精益求精的专业化设计，卓越的咨询、创作和管理能力以及丰富的项目实际操作经验，为客户提供全面的、立体的、精细化的设计服务。北方绿野的设计项目遍布全国范围，公司与保利、融创、恒大、荣盛等知名房企建立了长期合作关系，设计作品得到社会、客户的一致认同，并多次获得国家级、省部级奖项。

公司还成立了结构技术研发中心、BIM研发中心、生态居住环境研究所、建筑创作中心等研发机构，为公司综合实力的提升及品牌化设计的发展提供了强有力的技术支撑。

北方绿野倡导责任实现价值，把为社会、为合作伙伴、为企业自身及员工创造良性价值作为公司存在的理由与努力的方向。

一、坚持企业文化——不忘初心、奋力前行

公司自成立之初，即明确定位于社会责任型公司，坚持责任实现可持续价值的企业文化，积极参与行业活动与交流，期望能为行业发展尽己所能；积极思考行业社会发展需要，以满足和提升社会需求为工作方向；坚持技术创新与用心创作，不断提升设计品质与技术高度。

正是基于初心，公司一直能够保持纯粹性，赢得了社会良好的认同。坚守使命，做利在今天、功在未来的企业与职业，用心建筑未来，这是公司不变的信条。

二、坚持技术、管理双轨合一模式

学习国际、国内优秀设计团队的先进经验，公司自建立伊始至今，一直坚持管理团队与技术团队双轨合一的模式。

公司各层领导团队，都在实施管理的同时，在项目设计与管理中担负技术责任。该模式对保证项目设计质量、培养后备力量、传递公司优良传统等都发挥了积极的推动作用。

作为民营企业，通过20年的发展，公司已经形成了老中青合理匹配的人才体系，培养出了一批有着优秀职业素能的中青年工程技术人员，确保了公司可持续的发展，形成了公司良性的成长。

三、坚持技术应用、研发与创新

公司坚持技术生产力作用，积极推动新技术应用、课题研究，并将成果应用于实际工程中。

作为河北省勘察设计协会BIM技术委员会主要会员单位及石家庄市勘察设计业咨询协会信息化工作部会员单位，公司积极推动BIM技术应用，成立了BIM中心，且公司“BIM专业集成设计应用研究”课题被评定为国内技术领先水平。公司已完成多个复杂项目全面BIM应用，如河北医科大学第一医院、河北医科大学图书实验楼、怀特文化中心等；公司BIM中心也与石家庄铁道职业技术学院、石家庄职业技术学院等建立了BIM技术方面的校企合作。

公司积极推动绿色建筑，将绿色建筑装备植入公司项目创作及实施，并为多个外埠项目提供了绿色建筑咨询，其中河北师范大学图书馆、博物馆、公共教学楼等项目荣获全国绿色建筑创新奖二等奖。

公司积极推动被动房技术应用，天山国府壹号项目按照德国能源署被动房标准设计，方案积极响应正定新区“低碳、生态、智慧”的倡导，全部采用被动式低耗能

住宅；并于近期主办了“被动房及被动房新风交流研讨会”。

公司积极参与编制相关行业标准，近年来主编了《居住建筑节能设计标准》《混凝土砖及砌体结构技术规范》《公共建筑节能设计标准》等多项省级规范、规程及标准图。

公司结合项目自主设立了多项课题，在“十二五”期间完成上报多项课题研究。其中：

后注浆灌注桩单桩承载力试验研究获河北省科学技术进步三等奖；

基于性能的大跨度弦支梁—砼组合楼盖结构体系研究获建设厅科技进步一等奖；

后注浆灌注桩单桩承载力试验研究获建设厅科技进步一等奖；

后注浆灌注桩单桩承载力试验研究获建设厅科技进步三等奖。

四、坚持本土建筑创作，努力创作本土精品建筑

公司创作团队在河北建筑大师郝卫东先生领导下，立足河北，积极实践国际先进理念与本土文化的融合，创作了一批有着代表性的河北新建筑，获省部级以上奖励40余项，培养了一批年轻的优秀建筑师，代表项目如下。

校园项目：河北师范大学总体规划及图书馆、博物馆、公共教学楼、综合教学楼、真知讲堂等，河北医科大学图书实验楼、河北科技大学主食堂、河北化工医药职业技术学院综合实训中心、河北中医学院综合教学楼等。

医疗项目：河北医科大学第一医院、河北医科大学精神卫生研究所、河北生殖妇产医院等。

文化类项目：鹿泉智慧城市中心、灵寿文化中心、平山玉石博物馆、怀特文化中心、秦皇岛蒋世国美术馆等。

大型住区项目：顺驰蓝郡、春江花月、南湖花园、上城·汤廷、保利西山林语、恒大悦府。

五、校企合作

北方绿野始终坚持担负企业社会责任，积极参与校企人才培养。公司先后与华中科技大学、河北工业大学、石家庄铁道大学、河北建筑工程学院等多所院校建立校企合作关系，在人才培养、课题研究、专业交流等方向展开合作，保证公司在人才引进的同时也促进了公司专业技术水平的提升。

六、国际合作

公司与法国AIA、美国捷得和豪斯凯、德国XYP、德国被动式创新科技设计集成有限公司、日本六角鬼丈株式会社、西班牙里卡多波菲等国际团队建立了国际战略合作关系，在设计的不同专项领域展开紧密合作。与目前市场的国际合作不同，公司通过搭建项目团队，共同作业方式，融合东西方文化与思维，撞击设计灵感。合作对于提升团队职业水平、创作水准及设计师职业素能均产生了很好的推动。

七、积极参与和举办行业活动

公司积极参与建设行业的各类活动，积极为行业发声。作为河北土木建筑学会、河北勘察设计咨询协会、河北土木建筑学会建筑分会及石家庄勘察设计咨询协会的副理事长单位，与同行及行业领导共同研讨行业发展与技术进步。公司成功协办国家级结构年会——中国工程建设标准化协会第五届钢结构专业委员会年会、2017年钢结构设计规范学术年会暨全国钢结构住宅发展高峰论坛等。

八、坚持职业化成长

职业化是北方绿野近两年提出的又一重大举措。公司研究制定了员工的职业成长体系，通过职业素能培养、职业成长计划、职业培训等多方面、多层次地提升每一位员工的整体素能。公司希望通过员工整体素能的提升，带动设计标准、服务标准以及专业化体系的发展，进而推动公司整体战略发展。

九、管理优化升级

伴随着公司人员的增加、规模的扩大，公司的管理模式也随之进行了调整。2017年初，公司将原组织架构

调整为“三院三中心”管理模式，实现了从1.0管理模式到3.0管理模式的转变和跨越。“三院三中心”模式更充分发挥了专业化、精细化、模块化以及效率化等多方面优势，充分调动了员工的积极性和工作热情，取得了理想的预期效果。

2018年，公司协同管理全面实施，使项目运作更迅速、更便捷，更进一步提升了员工的工作效率，提高了工作质量。

十、积极实践一站式、一体化设计

北方绿野依托行业发展，坚持规划、建筑、景观和室内一体化设计的理念，强调文化优先、环境优先和以人为本，立足建筑融于环境、追求无止境的探索，创造建筑与环境的完美对话，积极引入可持续发展的理念，为社会、客户提供从开发咨询、规划策划、建筑设计、景观设计以及室内设计的一站式服务、一体化设计和全程化设计，得到了业主和同行的广泛好评。通过河北师范大学、河北医科大学、河北医科大学第一院等项目的实践，已经形成了从规划、建筑设计、景观设计到室内设计的全流程设计体系。

十一、积极探讨总承包及建筑师负责制

近几年，公司抽调专人研究、学习、探索以设计为主体的总承包模式，已经开始与社会资源深入探讨模式的实践。

建筑师对项目的核心作用决定了建筑师在项目中的价值与地位，公司通过河北医科大学图书实验中心项目，已经开始实践建筑师全程负责的模式，从前期咨询、方案设计、施工图设计、细分专业设计到室内设计、景观设计等全流程，建筑师全面担纲。通过实践，项目在设计品质与质量方面获得了极大的提升。

河北九易庄宸科技股份有限公司

河北九易庄宸科技股份有限公司成立于2002年，现有职工600余人，本部500余人，国家各类注册工程技术人员 79人，正高级、高级及工程专业技术人员235人。河北省建筑大师1人，河北省工程设计大师1人，河北省勘察设计行业优秀青年设计师3人，石家庄市政府特殊津贴享有者1人，“三三三人才工程”2人，中国建筑给水排水百名未来之星1人，河北省优秀青年设计师2人。

公司现有多项设计及咨询资质，包括建筑行业（建筑工程）甲级，风景园林工程设计专项甲级，建筑行业（人防工程）乙级；市政行业（桥梁工程、道路工程、给水工程、排水工程）专业乙级，工程咨询单位乙级资信；建筑和市政公用工程、城乡规划编制资质证书乙级，旅游规划设计资质证书丙级，可为客户提供全过程一体化设计咨询服务；且在BIM应用、绿色建筑、超低能耗建筑、装配式建筑方面具有区域领先优势。

公司于2016年成功挂牌新三板（股票代码：835960），正式进军资本市场。公司致力于构建包括投资、顾问、设计、管理、运营五轮驱动的全产业链服务模式，多年来专注于高品质住宅、商业地产、酒店、产业园区等领域的同时，布局文旅产业、康养产业、城市更新、乡村振兴等领域。

公司成立之初，创始人响应国家号召，怀揣着建筑师梦想，创立了河北庄宸土木工程设计咨询有限公司，初创时期员工不足10人。2005年，公司另一批创始人创立了河北九易营造设计有限公司。2006年，为打造河北一流建筑设计企业，实现优势互补、强强联合，河北庄宸土木工程设计咨询有限公司和河北九易营造设计有限公司决定进行公司合并、股权重组。2007年，公司取得建筑甲级资质，合署到中方商务办公，办公面积1 788平方米，人员94人。2008年，公司更名为河北九易庄宸工程设计有限公司，”九易庄宸“这个品牌诞生了。

2010年，公司转变生产组织方式，扩大人员规模与营业规模，员工人数近200人，营业收入突破4 000万元，获得全国优秀民营设计企业奖。为促进企业科技转型，调整产业结构，走自主创新、持续创新的发展道路，公司申办了高新技术企业。

2014年，公司办公地点迁址万达C座写字楼，办公面积4 248平方米，标志着公司规范化建设拉开了新篇章，这一年公司营业收入首度破亿元。

2015年，公司完成股份制改造，名称更改为河北九易庄宸科技股份有限公司，为转型升级和借助资本市场的力量进行资源整合打下了基础；同年，公司取得风景园林甲级资质，成为双甲资质单位。

2016年，公司成功挂牌新三板（股票代码：835960），成为河北首家挂牌的民营建筑设计企业，正式进军资本市场；同年，公司取得旅游规划资质及景观施工资质。

2017年，公司创立十周年，九易庄宸学院成立；公司设计的长安生物研发中心获全国勘察设计三等奖，这是公司首个国家级奖项。这一年，公司实施了权益分派与定向增发，这是公司在资本市场上的首次探索。

创业至今，公司已经走过了17个春秋，伴随中国经济的高速发展和自身战略定位，公司得到了快速发展。创业至今，公司营业收入从几百万元增长到上亿元，增长了约37倍；员工数量从不足10人到560余人，增长了50余倍，其中国家各类注册工程技术人员70余人，中级以上技术人员260余人，河北省建筑大师、河北省工程设计大师、中国建筑给水排水百名未来之星、河北省突出贡献中青年专家6人；分子公司快速发展，目前公司有两家全资子公司、六家分公司。公司是迎着时代的春风发展起来的，今后也将迎来一次又一次的机遇与挑战。与时代同行，唱响中国梦，是九易庄宸人的理想。

随着国家经济的发展和政策的调整，九易庄宸进行了市场形势研判，认为未来十年到二十年是中国新一轮城镇化建设时期，即新常态下的新型城镇化。今后公司将立足省内市场，放眼国内市场，乘着新型城镇化改革的快车，不断深耕，致力于成为城乡生态建设系统解决方案服务商。

从设计行业的产业链出发，公司提出了包括投资、顾问、设计、管理、运营的五轮驱动。投资对应的是城乡金融解决方案；顾问、设计、管理对应的是城乡发展和城乡建设解决方案；运营涉及资产升值、设施管理、服务管理，对应的是城乡运营的解决方案。因此，城乡生态建设系统解决方案的实质就是五轮驱动。五轮驱动的发展融入互联网+、大数据、云计算、智能设备等智慧内涵就是城乡生态建设系统解决方案。

城乡生态建设系统解决方案是九易庄宸发展战略的中心，与“立足京津石，服务全河北”和“以设计为起点，沿产业链前后延伸”共同构成九易庄宸战略的“一个中心，两个基本点”。

九易庄宸三年发展的工作思路是与五年发展战略规划、十年发展战略目标一脉相承的。根据“五年生态，十年智慧”的发展脉络，三年工作的实施是为未来发展蓄积能量的关键时期。因此，公司当前阶段的核心工作是在全面优化提升设计业务的基础上，推进设计业务向产业链前后端的延伸，三年内实现包含顾问、设计、管理“三位一体”的，为客户提供建设全过程智力服务的发展目标。“三位一体”加上投资、运营，即公司“一体两翼”的总体战略。

九易庄宸的发展是从“一体化设计”到“三位一体”，再到“五轮驱动”的发展路径。

今后公司将继续打造“投资、顾问、设计、管理、运营”为一体的全过程服务平台，为实现全产业链战略布局发力！

目前，公司在原有主营业务建筑设计基础上，陆续生发出工程咨询、园林、规划、旅游规划、人防、市政、现场管理、室内设计、全过程一体化设计咨询服务等业务，并在BIM应用、绿色建筑、超低能耗建筑、装配式建筑方面具有区域领先优势。

近年来，公司积极开展文化建筑设计、园林景观设计、城乡发展规划、旅游规划等业务，完成了石家庄美术馆、河北习三内画博物馆、唐县白求恩柯棣华纪念馆、固安温泉宾馆、北戴河东山宾馆等大量的文化地标性设计方案；完成了石家庄西环公园、深泽县西环公园、宁东银湖公园等园林景观设计方案；完成了邯郸大社镇、崇礼奥雪小镇、深州华声管乐生态小镇等规划设计以及献县垒头乡全域旅游规划设计和数百个美丽乡村规划设计。公司积极践行国家“一带一路”倡议，为世界贡献了河北设计方案，完成了非洲安格拉、本格拉、纳米贝、格拉萨、罗安达的社会住房项目和学校的规划设计，完成亚洲老挝川圹经济特区规划设计等。这些成果使公司获得了2018年度河北省知名文化企业称号。

作为全国建筑设计行业诚信单位和河北省高新技术企业，公司始终坚持设计的科学性与原创性，近几年获得了多项国家、省级的建筑设计奖项，其中国家级设计奖1项，河北省一等奖5项、二等奖11项、三等奖3项。

河北大成建筑设计咨询有限公司

河北大成建筑设计咨询有限公司成立于2004年，是一家多元化、全方位的设计公司，目前拥有建筑行业（建筑工程）甲级、风景园林工程设计专项乙级、城乡规划编制乙级、建筑行业（人防工程）乙级等多项设计资质。设计作品遍布河北、北京、上海、河南、山东、四川等地，业务范围覆盖了工程咨询、规划景观设计以及包括公共建筑、居住建筑、工业建筑在内的各类建筑设计等诸多方面，在多个领域建立了良好的声誉和广泛的客户群体，先后与恒大、万达、融创、保利、绿城、天山、荣盛、勒泰、安联、国源、华银、盛世、娃哈哈、河北建工、河北出版传媒集团、南海地产、远洋地产等知名企业建立了战略合作伙伴关系，同时与国际一流的设计同行开展了卓有成效的合作。

公司设有建筑创研所、建筑工程所、结构工程所、建筑环境所、建筑电气所、景观设计所、室内设计所、总工办、经营室、信息中心、人力资源、行政中心等部门，目前公司总人数170余人，其中河北省勘察设计大师1人，河北省优秀青年设计师1人，建筑、结构、规划、设备、造价、咨询等各类注册师及高级工程师60余人。公司硬件设备及各类设计软件齐全，可承担资质许可范围内各类工程的咨询和设计工作。

一、起步创立（2004—2009年）

这一阶段公司技术人员偏少，设计资质偏低，业务范围单一，各项管理规章制度不够完善，但公司上下齐心协力，克服种种困难，努力拓展市场。这一时期，石家庄的房地产市场还处于起步阶段，无论开发与设计都相对粗放，但公司认真对待每一个项目，重视与客户的沟通交流，结合市场需求，设计精益求精，项目建成后均创造了良好的经济效益和社会效益，获得了业主的赞誉，为公司的进一步发展奠定了良好基础。本阶段的代表作品包括石家庄国际会展中心、茗秀园、石家庄市无线电二厂住宅小区、强肝胶囊生产基地综合楼、易县御景蓝湾等。

二、稳步发展（2009—2013年）

2009年7月，公司乔迁至先天下广场九派大厦，办公空间扩大，人员数量进一步增加。2010年4月，公司设计资质升为甲级，标志着公司进入了新的发展阶段，业务量不断增加，员工数量进一步增长，为了完善公司管理，提升设计质量，公司制定了〔2009〕1~10号文件，这些文件在完善公司规章制度、提高工作质量、统一制图标准、强化项目设计控制、设计文件管理、专业间配合等方面制定了明确要求；同时制定了《施工图设计工作流程表》，规定了工程项目从方案设计、施工图审查完毕直至工程项目竣工验收的全过程控制要求，各个专业也根据自己的专业特点分别编制了本专业的技术文件。从2009年开始，公司提出创建资料库的设想并逐步实施完善，丰富了公司的知识储备，对公司的可持续发展起到了重要作用。2012年5月，公司与河北华银房地产开发有限公司合作“涞水新城”项目，充分体现出公司对大盘的整体操控能力。本阶段的代表作品包括陉山双星、石家庄财经职业学院、定州中山绿洲等。

三、全面提升（2013年至今）

2013年3月，公司入驻万达广场写字楼A座，内外部环境均有了大幅度的提升，整体面貌焕然一新，员工数量突破百人，随着房地产业的蓬勃发展，凭借公司精湛的技术水平及良好的服务能力，公司业务量逐年增加，特别是随着城乡规划、风景园林、人防工程等设计资质的获得，公司业务范围进一步扩大。公司加强了对中高层管理层及技术骨干的培训，继续强化技术管理，行政管理和技术工作逐步分化，公司运营更加科学合理。公司不断推行标准化设计，制定了详细的标准化设计内容和模式，设计效率和设计质量进一步提高。2015年8月，建筑、结构技术委员会成立；2016年6月，装配式建筑、绿色建筑、BIM研究小组成立，积极响应国家及地方方针政策，为客户提供符合时代要求的产品。本阶段的代表作品包括衡水恒大城、涞水新城规划展馆和创业大厦、邢台市双创智慧谷等。

为学习先进经验，扩大经营范围，提升整体技术水平，公司自成立以来积极加强与国内外知名设计机构的合作及与国内建筑院校的学术与技术交流，定期聘请专家来公司讲课。对外合作的知名设计单位包括澳大利亚伍兹贝格建筑设计咨询有限公司、中国中元工程设计顾问有限公司、中国航空工业规划设计研究院、UDG联创设计等，均取得了良好的业绩。公司与世界著名设计机构澳大利亚伍兹贝格建筑设计咨询有限公司合作的“石家庄国际会展中心”项目在多家著名设计单位参与的设计竞赛中一举中标。

在繁忙工作之余，公司十分重视员工的业余生活，积极组织旅游及各类文体活动，先后组织了到山东、上海、苏州、云南、三亚、港澳、日本、韩国等地的旅游，不定期组织员工参加趣味运动会、拔河比赛、植树、拓展训练等活动，每年定期体检，通过上述活动，加深了感情，放松了身心，开阔了视野，丰富了公司文化，增强了公司的凝聚力。

随着国家大力倡导建筑节能和绿色建筑的建设，公司积极推进绿色建筑学习和研究，于2013年成立了由各专业设计骨干组成的绿建学习小组，对绿色建筑评价标准进行探讨，利用绿建分析软件掌握了一些分析方法，结合绿色建筑实例，分析不同的设计思路和方法。同时，公司不断加大对绿色建筑研究的投入，结合对住宅产业化、装配式、被动房和BIM的研究及国内外考察，收获了很多宝贵的经验，对绿色建筑的设计起到了重要推动作用。目前，公司完成各种绿建项目约70个，其中绿建二星20多项，经过近几年的积累和普及，公司一半以上设计人员都掌握了绿建设计的要点和方法，并紧跟高科技发展动态，不断提升绿建设计水平。

2016年，公司先后成立BIM、装配化建筑和海绵城市研发中心，推动技术创新，贯彻“以先进理念、先进技术引领工程设计”的方向。

依托BIM研发中心，全专业间已实现三维协同设计、可视化设计，为智能化、信息化设计提供了有力支撑。2017年，研发中心开始承接实际设计项目，先后完成多个大型公建、地下车库的方案和施工图的设计项目，真正把BIM技术的应用转化为生产力，从而达到提升设计竞争力和扩大设计服务内容的目的。

依托装配式建筑研发中心，公司完成了多项装配式建筑设计，其中凤凰府邸高层住宅楼墙、板、楼梯均采用装配式，装配率达67%。2017年，公司先后到深圳华阳国际、中国建筑设计院装配式建筑设计分院、深圳市装配式产业协会开展技术交流，与多家企业签订了产业化合作协议，共同研发、设计、生产，推动装配式建筑发展。

2018年1月19日，石家庄市勘察设计协会装配式建筑产业化工作部首届技术交流会在公司顺利召开。河北大成建筑设计咨询有限公司当选工作部理事长，主持全面开展工作。2019年6月20日，公司承办第二届装配式建筑学术交流会，分享专家们的最新研究、设计成果，获得同行一致好评。

公司成立以来，设计了大量的工程项目，涵盖城乡规划、公共建筑、居住建筑、工业建筑、园林景观等，积极参与设计投标，中标项目中包括石家庄市动物园熊猫馆及海洋极地项目、邢台市第一中学新校区、石家庄中国人保大厦、石家庄市第二社会福利院等一系列重点项目。

优良的设计赢得了一系列奖项。其中，荣获省优一等奖的项目包括：强肝胶囊生产基地综合楼（2015年），奥北公元（回迁区）A、D住宅（2016年），河北数字印刷产业园（石家庄基地）（2017年），EPS模块现浇混凝土剪力墙建筑构造（2017年），五方中心（2018年）。五方中心项目同时荣获《中国建筑设计作品年鉴》编委会2015年度建筑设计金奖——金拱奖，邢台易融广场城市综合体项目和河北数字印刷产业园（保定基地）项目荣获《中国建筑设计作品年鉴》编委会2015年度建筑设计创新金奖——金拱奖，国源和天下项目荣获2015年联合国人居大奖，祥云凤凰府邸项目提名中国房地产协会“广夏奖”。

公司响应政府和市规划局号召，积极参与城乡改造建设，2012年负责石家庄市和平路（京广铁路—建华大街）街道景观的改造设计，2015年参与石家庄市新民居设计并中标，在2014—2015年主城区景观整治工程新火车站东广场景观提升设计中一举中标。公司还较早参与了雄安新区的建设，设计完成的容城领秀城荣获2018年河北省优秀设计二等奖。

公司还参与了部分标准图集的编制工作，包括《绿色建筑设计标准》（DB13（J）/T 231—2017）和《复合保温板应用技术规程（HFS系统）》（DB13（J）/T 235—2017）。

石家庄常宏建筑装饰工程有限公司

石家庄常宏建筑装饰工程有限公司(以下简称常宏)成立于1992年,主营业务为建筑装饰装修设计咨询、施工及店铺陈列设施、办公家具制造、智能化设备提供等,具有国家建筑装饰甲级设计资质、建筑装饰一级施工资质。

常宏作为河北省首家港澳台合资的建筑装饰设计企业,得到了各级政府、企业和供应商的支持,20余年的发展历程大致可以分为以下几个阶段。

一、常宏创立之初

常宏创立之初主要以酒店等公用项目的设计、施工为主,如国际大厦三层椰林轩餐厅设计,石家庄燕春饭店设计,石家庄国宾大酒店设计,北京农业培训中心设计,石家庄影乐宫影厅装修工程,河北省工商行信托投资银行证券交易所装修工程,北京东来顺石家庄分店内装工程,石家庄市国际大厦贵宾厅、客房与商场精装工程,河北省建行多功能厅精装工程,河北省工商行华都证券交易所内装工程,河北宾馆大堂餐厅(四星级)精装工程,石家庄国际大厦酒店(三星级)精装工程等。1999年,由国家建设部核准,常宏被晋升为建筑装饰工程设计甲级施工企业,建筑装饰装修一级施工企业。

二、企业管理制度升级

除了原有公共项目的设计和装饰装修外,常宏在全国范围内开展连锁店面的设计装饰业务;并在完成主营业务的同时,加强自身管理水平建设,顺利通过英国AOQC摩迪国际有限公司认证,且在行业中率先通过IS09000标准质量体系认证中心和ISO9001国际质量体系双项认证;2001年申请成为中国建筑学会室内设计学会团体会员。主要设计及获奖项目有河北省数据通信局综合办公楼(河北省第二届建筑装饰设计评比一等奖),民革中央办公楼工程(石家庄市第四届建筑装饰设计展览评比工装最佳设计奖);2004年荣获“建筑业企业河北省第一家外商投资企业”荣誉称号。

三、开拓国外市场

常宏在深耕国内市场、专注商业店面的同时,在2010年开始进行国外项目的设计实施,如几内亚比绍总统府,也门国家图书馆设计,玻利维亚财政部设计,老挝国家会议中心设计(第八届中国国际空间设计大赛银奖);巴布亚新几内亚国家会议中心(第八届中国国际空间设计大赛铜奖)。

四、聚焦主业

经过20余年的锤炼和经验的总结,常宏明确了未来五年的发展战略——确定行业目标,进一步做专、做精、做强。其中,中国电信实体渠道店面体验化设计咨询项目顺利实现落地,华为高级体验店设计中标,中国移动通信集团终端有限公司2017—2019办公设计项目,中标中国电信SI设计项目;常宏工业设计中心被评为河北省工业设计中心;常宏产品代表河北省参加深圳工业设计展及2017年首届中国工业设计展;编制《中国电信实体渠道门店SI形象布局标准手册》,并完成中国电信全国首家智慧营业厅——广州电信马场厅落地工作;常宏装饰荣获中国建筑学会室内设计分会2014年全国最具影响力室内设计机构,2012—2013年度十佳商业规划及空间设计机构(零售及专卖店空间类)。

五、转型升级——让商业店装因集成与创新而发生改变

经过20余年与市场的交融,现今的常宏已实现了店装行业的全流程服务,从空间创意与设计、基础装修、家具道具生产、环境智慧控制、智能设备集成、应用技术创新到无

处不在的数据采集分析和最终的行业平台数据提供，以及线上线下管理并行等，常宏都走在了行业的前端。

多年来，常宏以创建科技型企业为发展动力，在工业化生产、BIM设计技术使用、装配式施工、信息化管理、智能设备集成等领域均处于国内乃至国际行业的前列。

常宏装饰现为高新技术企业、河北省服务名牌企业、河北省工业设计中心、工信部信息化和工业化融合试点单位、石家庄市级技术创新中心、河北省著名商标、中国装饰协会评选的十家产业化试验基地之一、十九家绿色生产基地之一、百家优秀科技创新型企业、中国建筑装饰行业新型工业化科学研究院、全国建筑装饰行业商业连锁空间类最佳专业化装饰企业、河北省建筑装饰十强企业、河北省专业优势建筑业企业。

常宏所担任的社会任职有中国建筑装饰协会常务理事单位、中国建筑学会室内设计分会常务理事单位、河北省工程勘察设计咨询协会副会长、河北省工业设计协会常务理事单位、河北省建筑装饰学会装饰设计专业委员会秘书长单位、河北省文化和旅游产业协会理事单位；并主编了《商业店铺装饰装修技术规程》《商业店铺道具应用技术规程》，参编了《建筑装饰装修工程BIM实施标准》《医院室内装饰装修技术规程标准》《展陈工程技术规程》《展馆类建筑陈展工程技术规程》。

河北拓朴建筑设计有限公司

河北拓朴建筑设计有限公司(以下简称拓朴设计)创立于1999年,是伴随着国家改革开放成长起来的一家民营企业。经过20年来的不懈努力和奋力拼搏,在“拓无境·朴为本”的核心价值观的指引下,拓朴设计由成立之初的6人工作室,发展成为一家拥有400余名职工,集建筑设计、城乡规划、人防工程设计于一体,年产值过亿元的甲级企业。公司主营公共建筑、住宅建筑、食品皮革等工业建筑,近年来主要承担全国地产百强的精品项目,年设计量达700万平方米。

公司坐落于石家庄市中心繁华地段的中华商务中心10至13层,办公面积4 000余平方米。公司中高级职称、各专业注册设计人员占总人数的60%以上,其中河北省工程设计大师1人、一级注册建筑师8人、一级注册结构师11人、注册设备师8人,注册人数达50余人。公司先后获河北省勘察设计奖30余项,石家庄市优秀勘察设计奖20余项;2018年被评为国家高新技术企业。为了适应时代需要,2017年成立山西分公司,2018年成立天津分公司。

多年来,拓朴人上下求索、勤耕不辍、脚踏实地、攻坚克难,以智慧和汗水镌刻着多彩的年轮。在喜迎中华人民共和国成立70周年之际,拓朴设计被列为河北省勘察设计行业重点单位。回顾河北省勘察设计行业发展历程及辉煌成就,河北拓朴建筑设计有限公司创新发展20余年,是民营企业发展史中浓墨重彩的一笔。

一、三人成盟,房改大潮下崭露头角/创业篇

改革开放以来,中国门户开放,使中国发生了巨大变化。在勘察设计行业,《国务院关于进一步深化城镇住房制度改革加快住房建设的通知》(后称为1998年房改政策)的发布,吹响了建筑设计转型升级的号角。为了积极响应国家1998年房改政策,河北拓朴建筑设计有限公司的3位创始人(艾武成、姜杰、毛国伟)凭借自己的设计功底和沸腾的热血,义无反顾地加入国家改革大潮,自1999年初起,他们在租住的办公楼里,用手中的画笔写下拓朴的春秋故事,描绘拓朴人的未来蓝图。

2002年,公司正式挂牌运营,是当时地方最早的民营建筑设计公司之一,从仅几个人的设计工作室,以开拓拓展、朴实实干的创业精神起步,稳扎稳打一步步走向成功。在此阶段,公司出色完成的太和电子城大厦、高邑县政府办公楼等重点设计工程,均为当时地标性建筑。

二、简单专注,匠人匠心创基业/基础篇

2006年,公司搬迁至市中心繁华地段的新颖现代的办公大楼——中华商务中心,这是当时第一家民营企业自购的写字楼,公司占据A座12层整层,人数达到近百人。伴随着国家城镇化、城市建设的迅速发展,公司紧抓政策机遇,精准发力,以简单专注的作风,开拓设计市场范围;以匠人匠心的态度,夯实技术与人才基础。

期间完成正定小商品市场三期项目,获得河北省优质工程一等奖;在2007年完成了正定茶城商业步行街,是当时最早的多层立体商业体验步行街,获得河北省优质工程二等奖;2009年完成了具有重要意义的工程项目——万达广场住宅区,第一次出色完成与全国品牌地产商万达的合作。诸多重点项目的完成,实现了设计实力的积累,为拓朴的发展奠定了坚实的基础。

三、至诚至精,政策调控下革故鼎新/发展篇

2015年,在国家规范建筑市场的政策调控下,全国建筑设计行业进入低谷,很多中小型建筑设计院破产。真正好的企业不是看在行业高潮时做得有多好,而是看在行业低谷时做得有多好。作为一家年轻的民营企业,能够在风云变幻的建筑设计行业稳立潮头,需要科学求实的态度和革故鼎新的勇气。多年来,公司立足燕赵,在一次

次浴火洗礼中深耕不辍，绘就恢宏画卷。

（一）调整战略，创新管理

在行业低谷时，拓朴设计加强企业内功，优化内部管理，审时度势，化危为机。公司高管多次赴外地考察学习，重新制定企业战略，经历了一段凤凰涅槃、浴火重生的历程公司。树立正确的质量价值观，营造正确的质量文化氛围，以服务至上、质量第一的理念为指引，通过向行业内外服务质量领先和服务质量文化领先的企业学习，采取走出去、请进来的思路，营造正确的质量文化氛围，重视质量，树立做好服务质量为荣、做不好质量服务为耻的良好意识，质量第一的理念已深入每个拓朴人心中，并形成良性循环。如今拓朴已充分发挥自身实力，精准服务于全国大型房地产公司，从省内走到省外，先后成立了山西分公司、天津分公司，合作的品牌客户品质越来越高，品牌影响力也越来越大。2017年、2018年获得河北省优秀勘察设计奖8项，其中辛集皮革城获得河北省优秀设计一等奖。

（二）引入创新技术，构建创新理念

结合行业发展以及客户和公司需要，拓朴设计不断在公司流程和标准中引入先进科学技术和现代设计理念。

为了积极响应国家创新政策，拓朴设计支持并鼓励创新，注重引入创新建筑理念。近年来，在高质量完成常规项目的基础上，公司创新完成恒大御景半岛、万科翡翠书院等装配式和被动房项目近百万平方米；完成BIM设计项目10余项。随着2013年各产业化、智能化等创新技术和创新理念的引入，公司面向特色小镇、旅游综合体、养老医疗等新科技、新产业、新建筑类型进行定位了升级。

加强企业信息化建设，学习应用现代信息技术。信息技术、智能技术是现代和未来能够提高生产力的重要现代科技。建筑项目涉及众多复杂的事物，“协同设计”作为有效应对信息时代的工作方式，于2013年为拓朴设计所用，通过这样一种系统的升级，极大地提升了设计工作效率。建筑、结构、水暖电等专业在共同的协作平台上进行设计，达到上下游专业图纸“上游修改，下游图纸自动修改”，在源头上减少错、漏、碰、缺，最终提升设计效率和设计质量。

（三）培育创新文化，培养优秀人才

培育发展创新文化，以薪火相传的优秀企业文化与浓厚学术风气创造出一批批建筑精品，培养出一代代精英人才。

作为地方民营建筑设计公司，无论是服务质量、品牌打造、市场拓展，还是获奖数量，拓朴设计已经逐渐获得了业内的广泛认可，并且形成了自己的风格——服务并专注每一个细节。

专注于目标：目光笃定，朝着既定的方向勇往直前。在建筑设计行业的激烈竞争中，拓朴人以十足的勇气和智慧，为了实现既定目标，克服种种挫折和困难，开拓进取。专注于设计：心无旁骛，把一件事做到极致便是大成。多年来，拓朴以设计为龙头和平台，在生产经营中牢牢把握公司核心竞争力，从项目前期承接的精准把控，到实施过程的各专业统筹兼顾，再到质量控制的精细化设计管理，环环相扣、节节相连，不漏一道工序，不出一丝差错，把好设计的质量关，使设计出精品。专注于细节：涓流成河，态度决定一切，细节决定成败。细节是图纸上的每一个数字、线条。服务专注每一个细节是公司的服务理念，这个服务理念在生产经营的任何环节都很受用。拓朴人时时刻刻铭记于心，并落实在实际行动上。

四、拓无境 朴为本，携手同行共奋进/超越篇

回顾拓朴20年来的发展历程，经历了孕育、发展、低谷、重生、超越几个阶段。拓朴今天的成绩是多年来无数拓朴人共同努力的结果，更有一股强大的内生力量在支撑，这股力量就像一串密码一样伴随着拓朴每一个重要的阶段，这就是拓朴企业文化的核心：面对机遇和挑战，不畏艰辛，积极进取，开疆拓土，永无止境；不论世事如何变幻，实实在在待人，踏踏实实做事，永远是立司之本。这就是：拓无境•朴为本。近年来，中国房地产市场进入品牌竞争时代，建筑设计行业竞争愈加激烈，这对设计公司既是挑战也是机遇。在公司董事会正确的发展战略指导下，依靠全体员工齐心协力，秉承“拓无境•朴为本”的企业文化，公司获得了稳步、健康、持续的发展，并不断实现自我超越。

（一）众心所向，公司规模稳步扩大

2017年山西分公司在太原成立，目前业务量饱满，圆满完成各项目标；2018年成立天津分公司，拓朴进入环京津市场，开拓华北市场。优厚的待遇、畅通的晋升渠道、科学的管理体制，是拓朴发展壮大的基础，更成为大批建筑英才向往的舞台，2017—2018年共有百余人加入拓朴的队伍，到2019年底，公司规模预计达到500人。

（二）以人为本，科学管理制度先行

2018年，公司通过内部竞聘形式，选拔骨干、锻炼队伍，在不同岗位加强锻炼人才、培养人才；以客户需求为导向，调整扩展公司业务构架，成立方案、驻场工作领导小组，成立重点客户事业部，保障前期、驻场、专项工作的顺利实施。

（三）服务至上，多措并举质量第一

质量是企业的生命。公司通过专业技术培训、层层把关、驻场服务等方式保证设计质量，专注每一个细节。如：每周举行技术讲座，对专项技术进行培训；邀请专家针对国家行业规范、标准进行系统讲解；每季度召开“质量大会”，对重点问题进行集中分析和研讨；每月发布《质量月报》，及时对工作中遇到的热点、难点问题进行总结；成立驻场服务领导小组，派员进入现场服务，在项目施工过程中进行质量跟踪。通过全过程质量控制和管理，极大保证了拓朴设计的品质。

（四）岗位练兵，助力精准服务升级

通过专业技能培训、重点项目“比武”练兵，“争上游、得满分”已成为拓朴人工作常态。苦练专业技术“金刚钻”，精准服务房企百强。公司在为万科地产、恒大地产、保利发展、美的置业、金地集团、金辉集团、雅居乐、中南置地、当代置业等20家全国百强房企开展项目服务中，获得一致好评。

（五）人才培养，内培外引促发展

人才战略是企业发展的根本，加强年轻干部的选拔、培养，在“传帮带”上毫无保留地对年轻人进行培养，增强每一位员工抗风雨的能力。拓朴设计制定了完善的人才培养计划，实行多年的“师带徒”管理模式就是典型的人才培养措施之一。每年春季和秋季两次拜师会，开展“师带徒”进行一对一人才培养，通过拜师仪式拉近员工之间的距离，在工作中互帮互助，有利于专业技术更快更好的传递，提高企业的核心凝聚力；对于人才培养，发挥员工间“传帮带”的良好风尚能起到积极的推进作用。除此之外的入职培训、技术骨干培训、青年设计培训等多种教育培训形式加强了队伍建设，提升了人才核心竞争力。

在人才引进方面，通过与沈阳工业大学、河北工程大学、河北建设工程学院等省内外高校签订战略合作框架协议，建立以战略发展、科学技术交流为基础的产学研结合的合作关系，建立“教学实践与创新基地”“就业实践基地”等，实施全面、长期、稳定的人才引进战略。

（六）内外并举，塑造拓朴品牌形象

拓朴文化建设与塑造企业形象相统一，以技术创新、质量保证为核心，使拓朴的品牌建设形成独特的技术特色和产品特色。

在企业内部，教育引导全体职工像爱护自己的眼睛一样爱护公司的品牌声誉，全员上下一心，努力使公司的产品、质量在社会上叫得响、打得赢、占先机，一展拓朴精华。

在对外宣传过程中，充分发挥新媒体作用，以网站、微信公众平台输出企业文化，实现视觉信息精准、高效的传递，高品质展示拓朴品牌特色，为促进企业可持续发展奠定文化基础。

多年来，拓朴设计发扬的是简单专注、自强不息的精神。拓朴定当不忘初心，面对艰难挑战，没有气馁；面对困境，没有畏难。一个个热血拓朴人，逆境时坚韧奋起，顺境时攀登超越。每当困难来临之时，总有一种力量在支撑，使旗帜不倒、步伐不停；每当机遇降临之际，总有一股激情在涌动，立志坚定，奋勇向前，超越梦想！

（七）不忘初心，致敬时代

中国特色社会主义进入新时代，世界呈现新形势、新世态，我国社会主要矛盾发生新变化，我国的发展阶段和发展任务发生深刻变化。新时代，新征程。党的十九大报告提出的“永远把人民对美好生活的向往作为奋斗目标”的要求为河北省勘察设计行业发展、建筑创作不断繁荣、勘察设计大师发挥作用指明了奋斗方向。京津冀协同发展、雄安新区的设立，都为河北省勘察设计行业带来难得机遇。在国家继续推进新时代改革开放的背景下，拓朴设计将更加注重开发开放，更加注重创新创业。这一切都为建筑设计开创了广阔的发展空间，提供了难得的历史机遇。拓朴设计以建设幸福美丽中国，与全国同步进入全面小康社会为己任，以公司十年发展规划为契机，与时俱进，加快发展。河北拓朴建筑设计有限公司在新时代，定当努力规划建设美丽宜居城市，坚持人民主体地位，牢固树立“满足人民日益增长的美好生活需要”的城市民生观，将“让生活更美好”作为使命方向，努力打造和谐有序、绿色文明、创新包容、共建共治、共享共融的幸福家园。

中国石油天然气管道工程有限公司

中国石油天然气管道工程有限公司（简称CPPE）前身是中国石油天然气管道勘察设计院，成立于1970年，总部位于河北廊坊，隶属于中国石油集团工程股份有限公司，是中国石油管道局工程有限公司的全资子公司。公司具有工程勘察综合甲级、工程设计综合甲级、工程咨询甲级、工程造价甲级、工程测绘甲级等多项资质，业务涵盖石油、天然气、成品油与化工介质管道工程、储气库工程、地下水封洞库工程、矿浆管道工程、建筑工程、市政工程、海洋工程等各类工程项目前期的规划、勘察、设计、咨询、项目管理、EPC总承包。公司在沈阳、上海、珠海、新疆及北京等多地设有分公司，在成都设有西南设计咨询中心，在廊坊设勘察事业部；并设国际项目中心，在中东设阿布扎比分公司，在东南亚泰国设计咨询中心，业务范围分布在世界各地，已累计勘察设计咨询国内外各类管道10万多千米、储罐储库超过3 000万立方米，是中国首批工程勘察、设计双综合甲级设计企业，迄今为止中国唯一的长输管道工程勘察设计咨询专业企业，唯一全部参与中国四大能源通道建设的行业指导设计企业，工程业绩遍布20多个国家和地区。

一、艰苦创业 使命担当（1970—1978年）

CPPE初创于辉煌的“八三工程”建设时期。1970年，“八三工程”领导小组组建的勘察设计大队，即是公司的雏形。前辈们白手起家、勇闯新路，编制国家首个长输管道建设技术标准，出规范、树标杆，引领行业迈入规范化发展轨道，先后设计东北管网、秦京线、任京线等工程，对中国管道运输业的发展作出了历史性的贡献。至此，我国首个特色突出、专业齐全的油气储运勘察设计专业机构从这里诞生。

二、与时俱进 提升壮大（1979—1999年）

伴随改革开放的不断深入，公司坚持“抓质量、上水平、增效益”的发展思路，积极消化吸收国外的先进技术，总结自主技术、标准体系，勘察设计水平直线跃升，大大缩小了与国际先进水平的差距，1987年被确定为全国甲级勘察设计单位；1987年首次在阿赛线实施以设计为龙头的工程总承包；20世纪90年代采用多种现代技术设计的库鄯线，使站场具备SCADA功能，运行自动化水平达到同期国际先进水平，成为管道设计的里程碑项目。

三、改革创新 行业引领（2000—2012年）

2000年，实行公司制改革，推行现代企业制度，成立中国石油天然气管道工程有限公司（CPPE）；同年，与东北管道设计研究院合并重组；2004年，与中油大港油田集团石油工程有限责任公司重组，成为同时具有管道、油田地面两大业务的综合性勘察设计企业。举世瞩目的西气东输管道工程展示了公司强大的综合实力，使中国的管道设计达到国际先进水平。公司先后承担了被称为“国脉工程”的中亚天然气管道、西气东输二线、中缅油气管道、江苏LNG等国家能源通道建设项目，成为国内唯一一家全部参与国家四大能源通道建设的勘察设计企业；在国外，承揽了非洲、中亚等二十几个国家的管道工程，大大提升了CPPE品牌的国际影响力。

四、扬帆国际 追求卓越（2012年至今）

2012年，阿布扎比分公司挂牌成立，管道全生命周期和云计算技术应用启动研究和试点，标志着公司国际化和信息化进程迈入新阶段；2014年，首次参与ISO国际标准制定，数字化设计由信息平台建设向体系化建设发展；2017年，“全面国际化”战略正式提出；2018年，国内首条智能管道设计启动，国际项目中心载梦启航，逐步形成了辐射欧洲、非洲、中东、东南亚、大洋洲和南美洲的全面国际化战略布局。公司先后承揽了泰国压气站、巴基斯坦浮式LNG、伊拉克国家调控中心、沙特阿美压气站等多项国际咨询高端项目，与全球50余家知名公司展开合作，足迹遍布20多个国家和地区。

CPPE连续13年入围“国际工程咨询商225强”，连续12年入围“中国工程设计企业60强”，荣获“全国工程勘察、设计综合实力双十强”，取得企业新纪录19项，先后被评为全国守合同重信用企业、中国石油和化工行业技术创新示范企业，连续8次被评为河北省精神文明建设先进单位，局内首家荣获“全国企业文化建设示范基地”称号。

典型工程西气东输工程获得2008年度全国优秀工程勘察设计奖金质奖，2009年荣获全国勘察设计行业国庆60周年“十佳感动中国工程设计”大奖。中国—中亚天然气管道工程2018年荣获第十六届中国土木工程詹天佑奖。中缅天然气管道工程（缅甸段）获得2016年度中国建设工程鲁班奖。舟山国家石油储备基地项目荣获2010年度国家优质工程银质奖、2012年度全国工程建设项目优秀设计成果二等奖。

五、管道建设高峰前CPPE的国内第一

东营至黄岛管道复线：国内从境外引进先进技术和设备建设的第一条密闭输送、全自动控制的原油管道。

库尔勒—鄯善原油管道：国内首次采用高压力、大站距方案，20世纪末自动化控制水平最高的原油管道。

涩北—西宁—兰州天然气管道：青藏高原上第一条长距离、大口径、高度自动化的天然气管道。

西气东输冀—宁联络线：我国第一条数字化管道。

岙山国家石油储备基地工程：堪称“中国第一大库”，是国家首批批准建设的石油储备基地之一。

大张坨地下储气库：国内第一座未枯竭凝析气藏改建的城市季节调峰储气库。

黄岛末站油库工程：国内第一座容积15万立方米的地下水封石洞油库。

小江岛—祥甲苯、二甲苯管道：我国第一条输送甲苯介质的管道。

秦皇岛油库西罐区扩建工程：国内首座10万立方米大型浮顶油罐。

大庆至抚顺原油管道：我国第一条长距离大口径管道，填补了中国长输管道建设的空白。

中国至朝鲜输油管线工程：我国第一条延伸到境外的管道。

塔中四联站至轮一联合站输油管道：我国第一条沙漠原油管道。

塔中四联站至轮一联合站输气管道：我国第一条沙漠天然气管道。

山西尖山至太原金属矿浆（铁精粉矿浆）管道：国内第一条长距离矿浆输送管道。

六、引领行业快速发展

改革开放初期，国家主管部门确定CPPE为行业指导院。历经数十年艰苦奋斗，CPPE在油气储运领域引领优势不断巩固，形成了针对油气储运工程的一系列国内先进的技术体系，主要包括D1422管道线路设计技术、输气管网优化设计与调峰技术、管道自动焊接的应用设计技术、基于应变的管道线路设计技术、基于可靠性的管道系统设计技术、管道线路三维数字化协同设计技术、危险识别与风险评价技术、管道并行敷设技术等。

①以工程建设为依托，开展了重大科技专项研发，填补了行业领域技术空白。

针对西气东输二线管道通过强地震区和断裂带的难题，公司开展了基于应变的设计方法研究，形成了管道应变设计的应用方法和设计导则，保障了西气东输二线管道的安全运营。

针对中缅管道通过9度及以上强震区和活动断裂带地段的难题，公司开展管道抗震设计与施工技术研究，形成了管道在地震波和断层位移作用下的应变计算模型和设计导则、地震监测和报警系统设计、X70大变形钢管的化学与力学性能测试等系列研究成果，填补了国内管道行业的空白。

针对锦州储备库工程，公司开展了石油储备地下水封洞库关键技术研究，形成了三维地质模型、地下水渗流场计算方法和水幕系统设计技术、地下结构稳定性分析

和支护设计方法、收发油工艺设计方法以及阴极保护方法等一系列地下水封洞库设计与施工的专有核心技术，填补了该技术在国内设计领域的空白。

②以工程实际中出现的迫切需要解决的难点技术问题为目标，进行了基础性技术的科技攻关，提高了CPPE的设计技术水平。

针对新建管道和已建及待建管道进行物理衔接的关键技术，开展了天然气管网工艺系统分析与优化研究，形成了基于SPS软件的天然气管网物理模型，为全国天然气管网的经济、平稳、安全发展保驾护航。

针对以往管道通过采空区采取避让为主、投资增加的现实问题，开展了矿山采空区管道设计研究，形成了采空区沉陷预测方法、管道在沉陷状态下受力分析的数值模拟计算以及不同的沉陷条件下的管道敷设措施等系列研究成果，为采空区管道设计提供了科学依据。

③以CPPE业务发展和国外新技术为着眼点，强化前瞻性技术研发，夯实未来发展的技术基础。

针对国内LNG接收站建设业务发展的需要，开展了LNG接收站建设设计技术研究，全面掌握了LNG接收站储罐、工艺、自控设计及风险分析等关键技术，形成了能够满足LNG接收站建设要求的标准图、计算书、施工技术要求、设备材料技术规格书等系列成果，使CPPE具备了承担大型LNG接收站工程设计的能力。

针对非金属管道所具备的特点，探索性开展了非金属管道技术在长输、中高压管道领域的适应性分析研究，初步熟悉了非金属管道的制造与配套设备、设计、施工与配套装备、检测与维修等方面的系列技术，为非金属管材的应用提供了技术积累。

④通过不断完善标准体系铸就技术引领，实现CPPE技术标准、企业标准、行业标准和国家标准的逐步提升。

搭建了公司级技术标准体系，包括油气储运技术标准、工程勘察技术标准、油气田地面工程技术标准和国际技术标准，2011—2017年共计完成技术标准和标准图779个、模块化标准设计6 538个、橇装化标准设计103个，实现了覆盖全业务、全专业和全种类的技术标准体系。

作为中油管道“三化”秘书长单位，CPPE负责主持“三化”标准的编制工作，并负责主要标准的编制，2011—2017年累计完成标准202项，广泛应用于西气东输二线、中缅油气管道、兰郑长、西三线等大型工程；拥有专利110项、专利技术46项、计算机软件著作权30项；累计完成国家标准17项、行业标准56项、中石油集团公司标准26项，形成了公司级标准、企业标准、行业标准和国家标准的阶梯型结构。

⑤信息化主推设计理念变革。自2012年起，CPPE加强数字化设计能力发展，扩展站场、线路数字化设计平台，新建建筑、经济造价平台，各平台基本覆盖了管道项目的主要设计内容，涵盖了多专业间的协作关系，具备了满足管道全生命周期管理的数字化移交的基本能力。抽调各方人员成立数字化管道技术研究中心，集中精力攻关，同期积极开展管道全生命周期管理的研究工作，主持编制了中国石油天然气管道工程数字化移交数据规定系列文件，成为行业的数据标准领导者。以数据标准为基础，2015年集中力量开展在役管道数字化恢复业务研究，通过试点项目，确定了合理业务流程，定义了最终输出成果，并就管道数字化运营进行了初步探索。

中勘冶金勘察设计研究院有限责任公司

中勘冶金勘察设计研究院有限责任公司创建于1954年，最初名称为北京重工业部勘察公司；1957年随着主管部委的变化改名为冶金部勘察公司；1974年迁址河北省保定市，更名为冶金工业部勘察总公司；1986年更名为冶金工业部勘察研究总院；1992年冶金工业部勘察科学技术研究所成建制划入冶金工业部勘察研究总院；1993年2月冶金工业部勘察研究总院成建制划归首钢总公司，名称为首钢勘察研究总院；后考虑到品牌效应，仍继续沿用“冶金工业部勘察研究总院”名称。2006年1月企业改制，“中勘冶金勘察设计研究院有限责任公司”正式成立，注册资本2 640万元。改制的巨大成功是公司发展史上的一个最重要的里程碑，公司历史从此翻开崭新的一页。2009年3月，公司注册资本增加至4 000万元；2012年3月，公司注册资本增加至5 000万元；2014年9月，公司获“高新技术企业”称号。

作为国家最早成立的大型骨干勘察设计单位，公司凝聚了周叔举、徐正芬、李国新、李九鸣、王铠等一大批国家著名的勘察科技专家，为国家建设和企业的发展作出了突出贡献，其中李国新、李九鸣为国家级勘察大师。

公司现有职工400余人，其中国家级勘察大师1人、省级勘察大师2人，各类注册师102人，其中注册土木工程师（岩土）24人、注册一级建造师42人、注册造价工程师7人、注册监理工程师3人、注册安全工程师2人、注册环评师25人；包括正高级工程师22人、高级工程师53人、工程师74人。

公司是集测绘与岩土工程咨询、勘察、设计、施工、检测与监测、环境评价监测及治理等为一体的大型综合类甲级勘察设计研究单位；持有工程勘察综合类甲级证书、地基与基础工程专业承包一级证书、地质灾害防治勘查甲级证书、地质灾害防治设计甲级证书、地质灾害防治治理施工甲级证书、甲级测绘资质证书、工程质量检测一级证书，并具有对外承包工程资格许可证。公司1979年创办的国内外公开发行的学术刊物《勘察科学技术》，为中国科技核心期刊。公司主编、参编的国家级行业标准、规程规范共有20余种。公司现为中国冶金建设协会、中国勘察设计协会常务理事单位，中国地质灾害防治协会理事单位，中国地质学会工程地质专业委员会副主任委员单位，中国勘察设计协会工程勘察与岩土分会副会长单位等。

公司设有测绘院、岩土工程勘察处、边坡研究所、地下空间研究所、地基基础设计研究所、岩土工程研究所、岩土工程处、工程检测研究所、工程环境评价研究所、工程环境治理研究所等单位，在上海、福建福州、山东济南和烟台、新疆乌鲁木齐和库尔勒、内蒙古伊旗、河北石家庄、雄安新区等地分别设有办事机构。

公司拥有一支理论水平高、技术实力雄厚、实践经验丰富、设备配套、专业齐全的专业化队伍。在国际上与英、美、法、日、加等国进行过广泛的学术交流与技术合作；在国内与百余家勘察设计单位、科研院所、高等院校建立了良好的协作关系。公司的服务领域涉及冶金、矿山、石油、化工、建材、煤炭、公路、水利、电力、核电、机械、城建、市政、铁路、通信、港口及地质灾害治理等行业。60多年来，公司先后承担并出色完成了国内数千项岩土工程勘察、岩土施工、测绘、地质灾害治理、环境评价与治理等项目。在立足国内市场的同时，公司着眼于国际市场，先后承接并圆满完成了百余项岩土工程勘察、基础施工、测绘、工程检测、工程监理与技术咨询等工程项目，遍及亚洲、非洲、南美洲等二十多个国家。

公司通过了《质量管理体系要求》（GB/T 19001—2016，ISO9001：2015）、《工程建设施工企业质量管理规范》（GB/T 50430—2017）、《环境管理体系要求》（GB/T 24001—2016，ISO14001：2015）、《职业健康安全管理体系要求》（ISO45001：2018）等标准认证，依靠有效的运行和严谨的技术作风以及可靠的工程质量，先后获得国家和省部级科技进步奖、优秀工程勘察奖、工程鲁班奖、百年精品工程奖等大奖200余项。公司坚持创新发展，并于2014年取得高新技术企业认定。公司结合自身特点，对相关工艺、技术等进行革新，使研发成果尽快转化为生产力，为企业创造更好的经济效益和品牌效应。至此，公司已先后荣获5项发明专利、11项实用新型专利、4项省部级工法。

公司承担的重点项目如下。

①浅埋老采空区上建设2×2 500吨/天水泥生产线——采空区评价与治理。

通过对浅埋老采空区的勘察评价与处理技术的研究和应用，达到了在浅埋老采空区上建设大型水泥生产线的目的，应用地震法等三种评价方法，查清了采空区垮落、塌陷状况，为采空区的稳定性评价和注浆加固打下了基础。对粉煤灰与水泥组成的混合浆液物理性能和结石体的力学特征进行了系统研究，确定了适用于采空区的加固浆液配比。对埋藏较深、采空区的上覆岩层较稳定的区域采用半充填注浆加固，形成支撑顶板的柱体，将顶板当作一个承载板看待，提出的顶板稳定计算模式国内外之前未见报道，并提出了采用压水试验结果评价采空区处理效果的工程检验标准。通过针对性很强的治理方法和独特的设计及施工工艺，对埋藏较深、采空区顶板较好的区域采取半填充注浆以形成托柱，具有创新性，不仅解决了冒落问题，而且有效节省了治理成本，为深埋采空区的处理提供了很好的借鉴。

在浅埋老采空区上建造如此庞大的工业设施国内外尚属首例，通过对采空区科学的勘察分析与论证评价，提出了采空区治理设计、施工及检测一整套合理的地基处理方案，该方案利用了工业废地，为国家节约了土地资源，同时也为业主节省资金近3 000万元。该水泥厂现已投产多年，从沉降观测结果看，效果十分理想。该项目于2003年1月6日建成投产，2005年获冶金行业第十次部级优秀工程勘察奖一等奖，2006年获中华人民共和国建设部全国优秀工程勘察银奖。

②首钢矿山公司水厂铁矿新水尾矿坝稳定性分析。

首钢矿山公司水厂铁矿新水尾矿库位于河北省迁安县和迁西县交界的新水村和磨石庵村之间“半月”形山间洼地内，汇水面积2平方千米。库区的东、北、西3个方向各有1条沟谷。新水尾矿库1971年建成，初期设计坝底标高115米，原设计堆积标高为210米，勘察时堆积坝顶标高达196米。为适应水厂铁矿生产发展的需要，提出最终堆积标高230米。因此，需要对新水尾矿库堆积标高为210米和230米时的坝体稳定性作出分析评价。

本项目勘察工作针对尾矿坝加高面临的液化稳定性、渗流稳定性、抗滑稳定性等特殊岩土工程问题，在充分利用前期勘察成果的基础上，布置适量的钻探、原位测试和室内试验工作量，很好地解决了上述问题。在进行岩土计算和分析评价时，采用了多种计算方法和综合分析手段，取得了良好的效果。其液化评价注重利用1976年唐山地震时该尾矿库的实测震害反应，对液化计算参数进行合理的修正，确保了岩土计算参数更接近实际；采用电阻网络模拟试验对尾矿坝不同剖面进行了渗流分析，并对新水坝进行了三维电阻网络模拟试验；边坡稳定性分析采用静动力条分法和有限元法相结合，动力分析采取向池内延伸坝体的方法，即通过增加计算单元数量来减少边界上误差对坝体内部计算精度的影响，多种计算方法相结合提高了分析评价结果的可靠性，可供以后同类项目的工程勘察作为借鉴。该项目荣获全国第九届优秀工程勘察银质奖。

③包钢白云鄂博铁矿主矿南帮2~9行深凹露采（1 230米以上）边坡工程地质勘察及治理对策研究。

白云鄂博矿区主要由主矿、东矿和西矿组成，全区矿体东西长16千米，南北宽3千米，是世界上首屈一指的大型露天矿。白云主矿采场露采境界长1 620米、宽1 140米，坑底设计标高1 230米，采场最大边坡高度432米，设计矿石开采能力为700万吨/年。

该项目的创新点：ⓐ通过试验总结出爆破对矿山边坡影响的规律，提出了适合于白云鄂博铁矿主矿的小孔径斜孔靠帮预裂爆破方式，大大降低了日后边坡的维护费用，小孔径矿山边坡靠帮爆破试验尚属国内首次；ⓑ采用岩芯定向技术进行了深部边坡岩体的节理裂隙研究，使得深部岩层的产状判定更加科学、有据；ⓒ采用FLAC3D软件进行了边坡稳定性三维有限元数值计算，清楚地展示了该区域的地质构造，数值计算结果形象地说明了主矿南帮边坡破坏模式及发展趋势。

该项目研究成果用于指导矿山运行生产，为矿山维护建设提供了可靠依据，解决了超大型矿山深部露天开采的技术难题，保证了矿山安全向深部推进。该项目荣获2013年全国冶金行业优秀工程勘察一等奖。

④首钢迁钢2 160毫米热轧项目主厂房及附属设施岩土工程勘察、设计及施工。

首钢迁钢2 160毫米热轧项目是首钢战略性结构调整的一座里程碑，对建设21世纪的新首钢有划时代的意义。该项目总投资40亿元，是首钢投资最大的单项工程，采用德国西马克公司的设备和技术，对沉降要求非常敏感，主要由主轧生产线、加热炉、精分区、钢卷运输线、旋流沉淀池等组成。其中热轧主厂房长约650米、宽140米，基坑深7.3~15.3米，地层起伏大，地质条件复杂，地下水位高；旋流沉淀池的基础埋深35米。针对该工程特点，勘察采用先进的勘察技术，提出经济合理的地基基础方案和深基坑开挖、支护和人工降水的建议并实施；超长热轧主厂房基础采用桩基与岩石天然地基相结合的方案，同时考虑在岩石天然地基部分增加抗浮锚杆满足抗浮要求；超大基坑降水采用管井，创新成井工艺和填砾方法；引入降水信息化动态施工方法，达到非常理想的降水效果；基坑支护采用专利技术“短土钉连续墙基坑支护方法”；附属设施采用CFG桩复合地基，解决了一系列技术难题，大幅度降低了工程造价。经长期变形监测，各项指标完全满足设计和规范要求，受到业主高度好评。

本项目是岩土工程一体化的典型案例，从勘察、设计、施工到检测监测，项目涉及内容丰富，有基坑、地基处理、降水，充分体现出岩土工程综合技术优势。该项目获2008年度全国优秀工程勘察设计奖银质奖。

中国化学工程第一岩土工程有限公司

中国化学工程第一岩土工程有限公司坐落于河北省沧州市御河路28号，是上市公司“中国化学工程股份有限公司”所属独立法人单位。其历史最早可追溯到1953年重工业部化工局设计公司勘测科，1956年6月正式在北京成立化学工业部勘察公司，期间职工一度发展到400余人，设有水文地质科、工程地质科、测绘科三大专业。

1958—1974年，随着国家政策及机构的调整，勘察公司也经历了数次解体、组建。1958年，部分人员由北京迁至甘肃兰州，隶属化工部第五设计院。工程地质勘察专业人员一度增加到108人，“文革”期间，人员基本没有变化。

1975年，在沧州成立石油化学工业部勘察公司，公司整体从兰州搬迁到目前驻地沧州市，并统辖“沧州、南京、徐水”三支队伍。1978年，国务院将石油化学工业部分为石油工业部和化学工业部，公司亦即分为石油部勘察公司和化工部勘察公司，驻沧勘察队伍由化工部统管。

1990年，公司更名为化学工业部第一勘察设计院（简称化勘院）。1996年，为拓展岩土工程业务，在化勘院的基础上成立了中国化学工程第一岩土工程有限公司，并将资质和经营业务大部转入该公司。同时，化勘院作为母公司仍保持工商注册。1998年化工部撤销，公司整体转属国家石油和化学工业局，2001年起隶属于中国化学工程总公司，当时员工规模达765人，其中工程技术人员181人。

2007年4月，公司与中国化学工程第十三建设有限公司重组，成为该公司全资子公司；2008年改制并随中国化学股份有限公司整体上市。

经历了60多年的风风雨雨，公司现有员工280人，其中工程技术管理人员197人，占在岗职工人数的70%；本科及以上人员162人；教授级高级工程师6人、高级工程师69人；石油和化工行业工程勘察设计大师1人；各类注册工程师包括注册岩土师、一级建造师等共计86人次。公司拥有各类工程钻机、桩基、原位测试仪器、土/水/岩石等试验仪器、数据自动采集系统、GPS等共计290余台套仪器设备，拥有计算机数量达到了每人1台套。

1996年公司获首批勘察综合类甲级、地基基础工程专业承包一级、工程测量甲级等资质证书，2010年获地籍测绘及地理信息乙级资质；国家实行工程奖评选工作以来，获得过国家勘察金奖1项、银奖4项，省部级优质工程奖98项，同时获国家科技进步奖1项，省部级科技成果奖7项。

公司1996年12月在全国同行业中率先通过了ISO9001质量管理体系认证，2005年12月通过了OHS18001职业健康安全管理体系认证，2006年12 月通过了ISO14001 环境管理体系认证，2010年完成GB50430标准认证。

公司于2013年11月首次获得国家高新企业认定，2016年获得“河北省科技型中小企业”认定。目前，公司拥有自主发明的专利技术19项，软件著作登记证书22项，主编行业技术标准1项，参编省部级技术标准4项。

公司成立60多年来，先后完成了吉化、兰化、太化、内蒙古化肥厂等3 000余项国内大型工程建设项目的岩土工程勘察、设计、治理、水文地质、工程测量等任务，同时还承担了柬埔寨、斯里兰卡、尼日利亚、伊朗等国家的水资源勘察和地基处理工程。

公司曾于1993年被建设部、国家统计局评选为首届全国勘察设计综合实力百强单位，1995年、1997年连续入围全国勘察设计企业营业收入百强行列，2012年跻身全国勘察设计行业总承包完成合同额百强行列，多次荣获全国工程勘察先进单位、全国优秀施工企业、省级文明单位等荣誉称号。

一、发展历程和光辉业绩

（一）1953—1958年

这一时期工程地质勘察专业刚刚起步，勘察规范、勘察方法沿用照搬苏联，勘察方法单一，勘察整体水平不高，仅有取土钻探、原位平板载荷试验和较常规的室内土工试验。

这一时期公司主要工作是承接完成建设单位所提出的场址选择和场地工程地质勘察工作，共承担完成工程地质勘察项目430余项，大部分为化工项目的勘察，如吉化江北化工区、武汉氮肥厂、长寿化工厂等项目的工程勘察。

（二）1958—1978年

自1958年起，随着国家培养的工程地质专业大学生相继加入，公司专业技术人员上升到108人，原位测试技术有了较大的发展，先后应用电法勘探、地震法勘探、轻便静力静探及电测十字板技术承担和完成了工程地质勘察项目650余项，完成了具有特殊性、施工难度大的青海光明化工厂滑坡、鲁沪输油管线穿越长江的勘察工作。

1963年，公司第一次以生产勘探方式完成了石家庄化肥厂大型水源地供水水文地质勘察（凿井）任务。在我国第一座四平维尼龙厂水文地质勘察中，应用了地下水非稳定流理论进行非稳定抽水试验，计算水文地质参数，并以基岩钻孔井壁取心器进行采样试验。

公司原总工程师、国家级工程勘察设计大师刘兴辰先生经过工程实践的对比试验和分析总结，提出的采用静力触探Ps值计算黄土压缩模量的计算公式，被纳入《工程地质手册》。

（三）1979—1998年

这段时间是公司高速发展的重要时期，工程技术水平及综合实力跻身国内领先地位。1984年，随着计划经济向市场经济的转变，公司开始实行企业化体制管理，主要任务来源于市场竞争，为此公司提出了“一业为主、多种经营”的经营战略，以工程勘察为主，向岩土工程和化工冷却塔填料两大新型产业扩展。经过近十年来的发展，成功完成了由传统单一工程勘察向岩土工程勘察、治理、咨询、检测一体化和冷却塔填料等多专业的转变，优化了公司产业结构。公司的经济实力得到有效增强，1993年被评为全国综合实力百强第45名（前43名为设计单位）。

公司原总工程师高国瑞先生通过对黄土、膨胀土、海洋土的微结构进行比较系统的研究，撰写出的《黄土微观结构特征》一文，1982年被推荐在印度召开的第四届国际工程地质大会上宣读，在国际学术界产生了强烈影响，并得到国际工程地质业内专家的好评。

河北唐山大地震后，公司在唐山张各庄、天津汉沽化工厂等震后重建项目的勘察中，除优质按期地完成勘察任务外，还对场地内软土震陷和饱和砂土液化机理、液化判定等问题进行了全面分析、研究和探讨，为国家建筑抗震规范提供了真实可靠的资料。

1983年5月，由化工部勘察公司主持召开的首次全国化工系统工程勘察科技经验交流会在沧州举行，收集工程测量、水文地质、工程地质（包括土工试验）和工程物探四个专业的49篇科技论文，共百余人参加。这是我国化学工业三十年来的第一次大型工程勘察科技活动。

1984年，公司引进英制剑桥自钻式横压仪，并邀请英国专家到单位授课，承担国家重点工程河北矾山磷矿工程地质勘察任务，进行了现场大坑浸水试验，在该地区首次发现自重湿陷性场地。

1987年，水文地质专业开发引进空气潜孔锤钻进工艺技术，在化工部河北涉县扶贫凿井工作中发挥了重要作用。该技术曾在乌鲁木齐石油化工厂米泉水源地凿井工程中成功应用，并获1987年国家优秀勘察金质奖。

1996年，承担的天津劲量电池龙项目勘察工程是由美国投资和设计（部分），美方要求勘察报告用中英文双语编写，且要求勘察报告采用美国ATSM标准进行编制。公司组织项目工程技术人员对ATSM有关标准进行学习、转化和吸收，所提出的勘察报告得到美方的认可和好评。

这期间公司代表工程主要还有北京乙烯工程、齐鲁烯烃氯碱厂、黄岛华（齐）润储油罐区、厦门901工程等。

（四）1998至今

随着国家改革开放的深入和经济的快速发展，公司的技术水平和管理能力也得到了大幅提高。2013年公司在三体系基础上融合了内部控制体系管理，适应现代化企业管理的综合管理体系在公司正式运行，同年公司被认定为国家高新企业，公司综合实力得到有效增强。

公司业务领域逐步拓宽，非石油化工行业的工程占比有了明显的增长，公司1998年新签合同额中石化项目占比达80%以上，2018年非石化项目营业收入占总收入的42.61%，新签合同额占35.22%。这一时期公司完成了多项国家大型石油化工、煤化工以及其他行业领域的工程勘察及岩土工程治理项目，为同类工程项目提供了很好的借鉴意义，也奠定了公司在行业的优势地位。其中有41项岩土工程治理、30项工程勘察项目获省部级优秀工程奖。

2002年，公司进行了福州大剧院的勘察工作，该项目为福建省年度重点建设项目之一，总建筑面积为30 700平方米。该项目为大型的重要文化公共设施，形体复杂，对沉降变形要求严格，对地基强度要求较高。该工程2010年被评为化工行业优秀工程勘察一等奖。

2007—2008年，公司研制发明了分层沉降自动监测系统，将现代计算机测控技术、网络通信技术、图形处理技术应用于岩土工程分层沉降中，大大提高了观测精度和观测效率。该技术于2010年获国家知识产权局专利证书，2013年获中国施工企业协会科技创新奖二等奖，2014年获化工工程科技创新一等奖。

公司2013主编了行业标准《真空预压法加固软土地基施工技术规程》，2013年以来参编的行业标准有《化工行业岩土工程勘察成果质量检查与评定标准》《岩土工程勘察地层描述技术规程》《污染场地岩土工程勘察规范》《复合桩基础设计规范》。

公司2014年在中海石油炼化有限责任公司惠州炼油二期2 200万吨/年炼油改扩建及100万吨/年乙烯项目化工一区勘察中，采用了钻探、面波测试、现场试验以及双层岩芯管加复合片钻头泥浆护壁钻进手段，并通过公司自主研发的“工程测量平差软件”“土工试验数据自动采集和处理软件”“岩土工程勘察辅助设计系统”，查明了场地内回填土、卵砾石层以及下卧砂砾岩层的工程特性，且提出了合理的岩土参数，该工程2018年获河北省优秀工程勘察设计行业奖二等奖。

这期间公司代表工程主要有：新疆罗布泊钾肥基地年产120万吨钾肥项目工程（详勘）、贵州金赤桐梓煤化工一期工程岩土工程勘察（详细）、中化泉州石化1 200万吨/年炼油项目及38万吨/年硫磺回收装置勘察。

二、企业党群及文化建设

坚持党的领导、全面加强党的建设是国有企业的根和魂，公司目前有正式党员69人，成立了3个党支部，在公司的生产经营活动中，一贯注重发挥党组织的战斗堡垒作用和共产党员的先进模范作用，为实现公司年度工作目标提供了坚强的政治保证。

公司成立60多年，蕴含了丰富的文化内涵。为推动公司的发展，公司早在2014年就成立了企业文化建设工作小组，制定了《关于完善公司企业文化建设实施计划》，对公司60多年积淀的文化理念进行了提炼与升华，形成了具有公司特色的企业文化理念：公司宗旨是发展企业、造福员工、回馈社会；公司愿景是做精做强，创建技术管理型、国际型岩土工程公司；公司经营理念是诚信谋合作、实力拓市场、共赢求发展。

60多年来，公司承担了多项国内工程建设项目的岩土工程勘察、设计、治理、水文地质、工程测量等任务，足迹遍布祖国31个省区市（除台湾省外）的大江南北，为岩土工程领域积累了宝贵的科学数据和先进的施工方法，在化学工程岩土工程勘察史上书写了浓重的一笔。

中核第四研究设计工程有限公司

中核第四研究设计工程有限公司（原核工业第四研究设计院，简称核四院）隶属于中国核工业集团公司，成立于1958年，地处河北省石家庄市，是新中国组建的第一个国家铀矿冶研究设计院。经过60多年的发展，现为一家以铀矿冶为主导、医药化工和民用建筑系列为配套，集工程设计、咨询、监理和工程总承包于一体的综合性国家甲级研究设计工程公司。公司荣获国家和省部级优秀工程设计奖110项，其中国家级9项；获取科研成果奖130余项，其中国家级24项；此外获得河北省文明单位、河北省五一劳动奖状、河北省AAA级劳动关系和谐企业和中核集团“十二五”市场开拓先进奖、经济发展突出贡献奖、先进基层党组织、河北省诚信企业、交通安全宣传教育突出成绩奖等各类荣誉340多项。

核四院拥有工程设计、咨询、监理、施工图审查、非标设备设计、对外总承包、工程造价咨询等各类资质资格共44项，其中甲级资质28项。公司是ISO9001：2008质量管理体系、ISO14001：2004环境管理体系、GB/T 28001—2011职业健康安全管理体系认证单位，国家一级保密资格单位，军工系统安全生产标准化二级单位。

公司现有在职员工500余人，离退休人员500余人。在职员工中，硕士及以上学历107人，本科学历316人。其中研究员级高级工程师46人，副高级工程师116人，中级职称190人，形成了以专业学术带头人为核心，以具有丰富经验的咨询、科研、设计、监理、工程管理为代表的人才队伍。

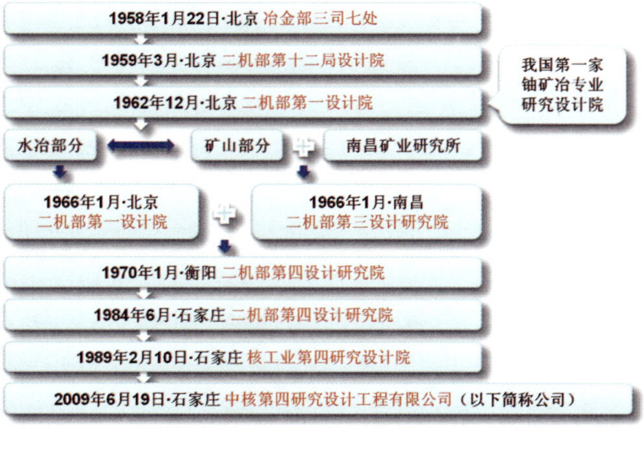

一、企业发展历程

核四院先后经历了第二机械工业部第十二局设计院、第一设计院、第三设计院、铀矿冶研究设计院、核工业第四研究设计院、中核第四研究设计工程有限公司等6次名称变更，在驻地上先后经历了北京市西颐宾馆和南礼士路100号、江西南昌、湖南衡阳，并于1984年6月1日落户河北省石家庄市。

根据中国核电发展的需要，2007年8月8日，中核集团公司决定组建中国核电工程有限公司，对第二、四、五设计院进行重组。在这次重组中，核工业第四研究设计院一分为二，6个与核电有关的实体被划入中国核电工程公司，涉及人员500多人。历经10年的风雨，在全体工作人员的共同努力下，重组后的核四院已成长为集咨询、研究、设计和工程总承包于一身的工程公司，拥有铀矿冶所等9个经营实体和综合办公室等8个职能部门，拥有由近600名具有高等学历的专业技术和管理人员组成的员工队伍。

二、主要业绩

公司按照“四大板块”的发展方向将十家二级实体整合为涉核、民品、环保、工程“四大板块”，稳步推进生产组织架构和内部资源优化整合，制订差异化管理政策，推动重点产业快速发展，确定了“以核为本，军民共进，多元发展”的经营理念和“涉核板块、民品板块、环保板块、工程板块”四个板块的发展方向；坚定不移走军民融合式发展道路，形成了铀矿冶、医药化工、建筑、核工程、核环保、工程经济、审图、总承包、监理、设备监造十大业务领域共同发展的新格局。

公司立足“十三五”发展规划，依照“公司+实体”一体化经营举措，强化与重点客户的战略合作，与国家核安保技术中心、SNC-Lavalin SAS、加拿大兰万灵集团、中核控股、新疆生产建设兵团十二师、深圳欣横纵数码科技有限公司等数十家大型企业集团公司签订战略合作框架协议，有力促进了经济增长。

公司总包业务产值突破2亿元，成立工程管理部，建立起一支专业工程管理队伍，具备承担全过程、全方位工程项目管理和关键项目阶段以及专业工程模块管理的全面工程项目管理能力。中美核安保示范中心实保及弱电项目较批复提前9个月建成并对中外展示，成为公司的名牌工程，奠定了公司在核安保领域的优势地位；国内首个地浸采铀千吨级大基地蒙其古尔二期项目创新EPC工程管理模式，荣获集团管理创新优秀奖，钻孔工程量再创历史最高纪录15万米/年，为打造天山、内蒙古和鄂尔多斯三大核电粮仓奠定了基础；四〇四天然铀生产准备库项目建安工程里程碑节点顺利完成，获得甘肃省省级安全先进单位荣誉称号。

公司设备监造在保持石油石化等监造市场的基础上，以核电行业作为主要业务领域，同时向风光电新能源、乏燃料后处理市场拓展，并进入稳定发展阶段，编制完成《核电设备监造手册》；乏燃料后处理设备监造取得重大突破，中核龙瑞项目中标合同额4 200万元；创新合作模式，与一批具有材料制造检验、无损检测技术优势的单位保持良好关系，确保为核电、后处理项目输送高质量技术人才。

公司以核电建设项目结算审核为重心，陆续开展了福清核电、海南核电、田湾核电在建机组常规岛和BOP部分子项、辽宁核电兴海湾一期工程、核动力院新基地建设的竣工结算审核以及三门核电在建机组核岛部分预算费用审核等多项造价咨询业务，并与核动力院签署多项军工固投建设项目的建安工程结算审核协议；巴基斯坦卡拉奇核电厂二号/三号机组工程量预结算和第三方审核服务进展顺利，已完成三个批次预算编制工作；完成核动力院HEA工程、CENTER工程、中核龙瑞核燃料循环工程厂外项目造价咨询等过程控制咨询服务，并同三门核电达成新的造价咨询服务意向，以优质高效的服务，得到了建设单位的高度认可。

公司不断完善科技创新体系建设，为将科技创新工作深入推进提供了制度保障；加强科研项目管理和项目申报，积极应对硬岩铀矿山结构调整改革对重点科研任务的影响，确保研究工作顺利推进，极大提高了公司运作大型科研项目的能力和水平，公司申报的集团核心能力提升第二批科研项目获批经费2 885万元；《绿色地浸铀矿山建设标准》编制完成，提出了20个量化指标；高放废物地质处置地下实验室和二七二尾矿库滩面治理技术研究等科研加强了与国内知名高校和科研机构的合作，助力公司技术水平不断提高；全年共派遣70余人次赴国外开展涉外业务和国际合作交流、培训，足迹遍布美国、瑞典、法国、乌克兰、纳米比亚、巴基斯坦等十多个国家，多次邀请国内外专家来公司进行技术交流培训，开拓了国际视野，促进了公司技术水平的提高，取得了高新技术企业认证。

华北有色工程勘察院有限公司

华北有色工程勘察院有限公司（以下简称“华勘院公司”）的前身是1953年组建的中国冶金有色工业最早的水文地质专业队伍——华北地质勘查局五一七大队，与中国有色水文地质中心为同一机构，是一个以水文地质核心技术立业，集水、工、环、地质勘查等专业为一体，国际化经营的国家高新技术企业。

经过66年发展，华勘院公司现拥有在职员工400余名，其中高级以上职称人员近100名；拥有一支由数十位享受国务院政府特殊津贴的知名专家、教授级高级工程师组成的技术骨干队伍，与多家国家级科研单位和高等院校建立了紧密的合作关系；组建了一支由院士、勘察大师、教授组成的社会专家顾问团队，业已成为博士后创新实践基地，具有同时实施多个大型、特大型高技术难度工程项目的能力。

华勘院公司主要从事矿区水文地质勘探、供水水源地勘探与凿井、水文水资源调查与评价、矿山帷幕止水设计与施工、采空区治理、岩土工程勘察与施工、地质灾害勘察、设计、评估与治理、工程测量、环境工程、河湖整治、水利水电工程施工、固体矿产勘查及相关专业的咨询与服务。

华勘院公司拥有中国政府相关部门颁发的勘察类综合甲级、水文水资源调查与评价甲级、地质灾害勘查、设计评估与治理甲级、环境工程设计（生态修复）甲级、地基与基础工程施工一级、土工实验室一级、河湖整治工程专业承包三级、水利水电工程施工总承包三级等从业资质。66年来，华勘院公司雄踞国内，拥抱全球，市场占有率不断扩大，国际影响力不断提升，在苏丹、南苏丹、刚果（金）、加纳、喀麦隆、多哥、南非、乍得等二十多个国家，设立了独资、合资公司或项目部，实施了高技术含量的大中型项目。

此外，华勘院公司严格执行国际质量管理体系、职业健康安全体系和环境管理体系，管理成果获得了国际认证联盟授予的“管理优秀奖”，成为中国AAA级信用企业、中国建筑企业AAA级信用企业、中国对外工程AAA级信用企业、中国地勘行业先进集体和模范单位、中国企业文化建设先进单位。

一、发展历程

1953年12月26日，根据重工业部钢铁工业管理局资源勘探总队（华北地质勘查局前身）的决定，成立了资源勘探总队第二区队水文分队，这便是五一七大队的前身，由76人组成，后经多次重组改编，规模建制不断发展壮大，成为现在的华北地质勘查局五一七大队。1984年9月18日，中国有色金属总公司决定在五一七大队设立“中国有色金属工业总公司水文地质中心”及现在的中国有色水文地质中心。1989年，华北有色地质勘查局以（1989）华色勘党、工、纪、人教字第264号文明确：华北地质勘查局工程部更名为华北地质勘查局工程勘察院，注册地为石家庄，即今天的华北有色工程勘察院有限公司。华北地质勘查局五一七大队、中国有色水文地质中心、华北有色工程勘察院有限公司，三者实为一套人马、三块牌子。

二、重要业绩

华北有色工程勘察院有限公司从1953年组建以来一直是一个以水文地质核心技术立业，集水、工、环、地质勘查等专业为一体，国际化经营的国家高新技术企业，完成了国内外200多个矿山、水源地水文地质勘探项目。

（一）形成了独有的水文地质核心技术理论体系

华勘院公司水文地质核心队伍灵活应用水文地质理论和方法，对不同类型、不同特点的地下水系统形成了符合客观实际的认识，从而能合理揭示地下水的时空分布规律。66年来，华勘院公司水文地质核心技术与时俱进，实现了五次技术飞跃，站在了水文地质学科前沿。

①首创大口径水井施工，实施大流量、大降深的群

孔抽水试验，充分揭示地下水运动的内在规律性，对水文地质条件取得了比较符合客观实际的认识。

1967年，中关矿区—锁会矿区—西石门矿区联合群孔抽水试验，给地下水以强烈震动，充分揭示了邯邢地区百泉岩溶水系统地下水运动规律，作为典范工程，国内十几家勘探队伍进行现场观摩学习。

②首次将数值模拟法思想贯彻于勘探实践，并采用数值模拟法预测矿坑涌水量，从定性认识发展到定量计算。

1974年，在邯邢五大铁矿联合疏干水文地质研究中，摸索出“矿段解析法”以解决地下水系统不均一性问题，可谓数值模拟法在中国应用的雏形。

1979年，在玉石洼、马城铁矿水文地质勘探项目中，利用数值模拟法进行涌水量预测，解决了地下水诸多因素之间相互影响、地下水资源时空变化的复杂水文地质问题。

③将系统论思想和方法贯彻于水文地质勘探实践。

1989年，在《邢台百泉岩溶水系统研究报告》中，将地下水系统理论运用于勘探实践，突破了单一矿山水文地质勘探的局限性，将中关铁矿、王窑铁矿、北洺河铁矿等十几个矿山置于整个区域地下水系统中，进行整体的、联系的、运动的统一研究，矿山防治水分类指导、分类管理，不同矿山采取不同的治水措施，或堵或疏或带压开采，在保护地下水环境条件下，确保邯邢煤铁基地十几个矿山的采矿安全，有力支持了国民经济建设。

④提出地下水三维空间流场理论，并将黏性土释水、越流理论应用于水文地质勘探实践，解放了诸多大水呆滞矿山。

2006年，在安徽李楼铁矿特大突水事故后，运用地下水空间流场理论，提出了有效的防治水措施，此后十几年矿山得以安全采矿。2010年，在冀东地区，在地下水空间流场理论基础上，引进黏性土释水理论，使马城铁矿、司家营铁矿等大水呆滞矿山解限并安全生产，解放了冀东25亿吨铁矿石资源，支持了国民经济建设。

⑤从传统的矿区水文地质勘探延伸到矿山防治水水文地质勘探，实施了十几个矿山竖井水文地质勘探、溜坡系统水文地质勘探、斜坡道水文地质勘探、矿山帷幕轴线水文地质勘探工程，在保护地下水环境条件下，确保采矿安全。

（二）水文地质勘探硕果累累

华勘院公司主持编写的国家标准《有色金属矿山水文地质勘探规范》（GB 51060—2014）填补了矿山防治水水文地质工程地质勘探规范的空缺，对我国新建和改扩建有色金属矿山水文地质工程地质勘探发挥了引导和规范作用，拓宽了水文地质学科的应用领域。该标准被广泛应用于国内外矿区水文地质勘探项目中。

20世纪90年代以来，华勘院走出国门，凭借核心技术和拼搏精神，屡创奇迹，回报社会。在苏丹沙漠地区凿井，井井出水，为该地区民生的改善作出了贡献，令世代盼水的苏丹民众欢欣鼓舞，总统到场祝贺。援多哥打井项目是代表中国政府实施援助的任务，为盼水的多哥民众找到了甘露，用汗水为中多人民架设了友谊的桥梁，在国内外享有“中国水神”的美誉。

66年发展历程中，华勘院公司灵活运用独有的水文地质核心技术理论完成了多项特大型水源地供水水文地质勘探项目，其中在蒙古国严重干旱缺水地区，继蒙古、前苏联、东德、波兰、匈牙利五个国家的水文专业队伍均未能找到满足要求的供水水源之后，华勘院公司利用袭夺蒸发量理论，一举找水成功，为图木尔廷—敖包锌矿找到了满足用水要求的供水水源，成为落实中央要求将其做成中蒙合作典范工程的先行。山西鲁能晋北铝业有限公司特大型供水水源地勘探项目，实现了日供水量17.28万立方米，使因水资源认识争议而十几年无法立项的晋北铝厂顺利立项，促进了山西省从“煤、电、铝”到“铝、电、煤”产业格局的改变，极大地促进了当地经济建设。在海拔4 200~5 118米的世界屋脊，在地质、水文地质空白区，通过辨证分析三水转化关系，找到了地下水可采资源量3万立方米/天的集中供水水源地，满足了亚洲第二、中国第一大铜矿的开发需水量，使沉睡40多年之久的玉龙铜矿得以开发利用。

在矿区水文地质勘探方面，华勘人走遍了世界各地，建设了五大成规模的矿产基地：河北邯邢铁矿基地、安徽霍邱/庐江等铁矿基地、河北冀东铁矿基地、滇川铅锌生产基地、刚果（金）—赞比亚铜矿带，涵盖了七十多个矿区。在河北邯邢铁矿基地，北洺河矿区水文地质勘探项目实现了水文地质勘探理论突破，对于矿床上覆厚大弱含水层，首创地下水空间流场理论，突破传统防治水“非疏即堵”的思维定式，大胆提出带压开采和排水降压的防治水措施，确保矿山安全开采。在安徽霍邱、庐江等铁矿基地，华勘院公司在地下水空间流场理论的基础上，构建"蘑菇型"水文地质概念模型，明确了李楼铁矿矿床充水水源与充水通道，提出了边开矿边疏干治水、带压开采的方案，十几年来矿山一直安全生产，每年矿山节省排水费3 000万元。针对河北冀东铁矿基地项目，提出了地下水空间流场理论、"蘑菇型"水文地质概念模型，研究了地下水渗流场与岩体应力应变场耦合作用，在保护滦河冲洪积扇地下水资源和环境的前提下，促使马城铁矿等大水呆滞矿山沉睡三十多年后解限，解放了25亿吨铁矿石资源，有力支持了国民经济建设。华勘院在地质条件极为复杂的滇川铅锌生产基地构建了"π"型岩溶水系统概念模型，明确了矿山帷幕堵水方向，制定了"截、堵、疏防治水系统工程"，避免了矿山2亿多元无效投资，使得矿山涌水量减少60%，确保了采矿安全。在世界著名的刚果（金）—赞比亚铜矿带，先后完成了十几个矿区水文地质勘探，改变了以往欧美学者几十年来的认识，制定了地表疏干井—坑内排水—巷道排水系统工程，突破了比利时人开采时，因无有效的治水手段而被迫停采18年的窘况，重新安全开采8年，有力支持了中国与刚果（金）"资源、资金与经济增长一揽子合作模式"。

在区域地下水资源评价方面，华勘院公司完成了多个地区的区域地下水资源评价，为地下水资源合理开发利用提供了依据，解决了安全开发矿产资源与保护水资源的两难问题，充分发挥了水资源的多种功能和综合效益。

（三）矿山注浆帷幕业

2008—2009年，对地处邢台百泉泉域强径流带的大型富铁矿山中关铁矿进行注浆帷幕，首开大水矿区在保护好地下水生态环境条件下矿产资源得以开采的先河，其注浆孔之深、工程规模之大、技术难度之高，世所罕见。

云南彝良毛坪铅锌矿防治水项目，地处地形陡峻的长江上游高原峡谷区，注浆施工必须在巷道中进行。华勘院公司大胆提出"直孔+鱼刺型分支孔+S型定向孔"注浆孔综合钻探方式，并形成专利技术，有效减少了钻窝修建数量，保证了围压稳定性和施工安全，同时有效解决了陡倾岩溶裂隙中普通浆液"扩散难、搭接差"的问题。

2012年完成的河北钢铁集团沙河中关铁矿帷幕注浆工程，矿区为水文地质条件极为复杂的大水型矿山，预测最大矿坑涌水量15万立方米/天，被河北省国土厅列为禁采矿山。华勘院公司对中关铁矿完成了矿区大型帷幕注浆工程的勘察、试验、设计与施工，完成帷幕线长3 397米，各类注浆孔327个，钻探进尺20万延米，验证堵水率达到85%，解除了矿山的开采限制，产生了巨大的社会和经济效益。

在完成了多个大型、特大型帷幕注浆工程的基础上，华勘院公司对矿山帷幕注浆工程采用的各项技术、工艺进行总结，主持编制了《矿山帷幕注浆技术规范》（DZ/T 0285—2015），该标准是矿山防治水方面的首部帷幕注浆规范，首次在规范中明确矿山帷幕注浆工程遵循的基本原则和实施流程，首次提出基建矿山帷幕注浆工程堵水效果检查方法。

正在实施的山东黄金归来庄矿业有限公司矿坑涌水治理项目，矿区地下水补给来源充沛，岩溶裂隙及构造极为发育，矿坑最大日排水量达12万立方米。华勘院公司通过探索研究，先后形成多固相黏土膏浆充填、大口径动态钻孔骨料投放、双液速凝浆可控灌浆等技术工艺，解决了强岩溶地区动水帷幕注浆难题，有效降低了矿山开采成本，保障了井下作业安全。

（四）工程勘察业

华勘院公司从事工业与民用建筑、市政工程、铁路工程、公路工程、矿山工程、水利水电工程、港口工程等岩土工程勘察及各类特殊性岩土的工程勘察，在高层建筑、大型路桥、矿山井巷和尾矿设施工程勘察等方面有很多建树，特别是在水上勘察、高海拔地区勘察、援外勘察等方面有独到的专长。近年来在国内外连续实施了数十项重大项目，为客户提供了优质服务，解决了各种难题。

21世纪以来，华勘院公司积极实施"走出去"战略，不断开拓国际市场，随着"一带一路"倡议的深入推进和"构建人类命运共同体"的提出，我国不断加大对欠发达国家的援助力度，华勘院公司积极参与援外项目，先后实施了数十项援外岩土勘察工程。2007—2010年，在世界第一长河尼罗河苏丹境内水深浪急的危险地段，按照国际规范，完成了十个水电大坝的坝基勘察，受到了英国、德国监理的高度认可，彰显了我国地勘行业的先进风范，总收入2.16亿元变为华勘院公司综合开发苏丹市场的无形资产。水上勘察历来是业界的难点，华勘院公司凭借自身优势，另辟蹊径，攻克了水上施工的难点，掌握了水上勘察的先进施工工艺。

华勘院公司具有在高海拔地区实施岩土工程勘察的丰富经验，连续实施了西藏玉龙铜矿尾矿库工程、尾矿库二期排土场勘察等多个项目。此外，华勘院公司还发挥老牌勘察队伍的技术优势，实施了石衡沧城际铁路、新建重庆至昆明高速铁路等多个标段的勘察工程。

（五）技术进步成果

华勘院公司在完成生产任务的同时，加大了科研投入，取得了丰硕成果，近年来取得发明专利10余项，实用新型专利20余项，先后有十多项科技成果获得河北省科技厅、中国有色金属工业协会科学技术奖励一、二等奖；上百项工程项目荣获省部级以上一、二等奖励；主编两项国家技术标准，参编十多项技术标准；并于2011年获批国家高新技术企业，2012年设立首批博士后创新实践基地；2019年获得河北省科技厅批准，成立“河北省矿山地下水安全技术创新中心”，目前正在筹建期；华勘院公司还与中国地质大学（武汉）等高校联合共建产学研基地，培养了一批又一批优秀人才。

1988年完成的作为国家重点科研项目“中国北方岩溶地下水资源的预测、利用与管理研究”，居国际先进水平，1992年获国家科技进步三等奖，时任总书记江泽民等国家领导人参观了该项成果展。

中国兵器工业北方勘察设计研究院有限公司

中国兵器工业北方勘察设计研究院有限公司成立于1952年，坐落于河北省会石家庄市，隶属于中国兵器工业集团，是北方工程设计研究院有限公司全资子公司，是新中国成立后组建最早的大型综合甲级工程勘察设计单位之一，是国家高新技术企业。

公司组织机构健全，设有若干职能管理部门和生产经营单位，在雄安新区、北京、上海、重庆、深圳、西安、厦门、深圳等地设有分公司。公司创设有科研平台“河北省地下空间岩土工程技术创新中心”和公司大师工作站。

一、资质及业务范围

公司是专门从事一站式地学工程服务的专业化公司，拥有工程勘察综合类甲级、地基基础工程专业承包一级、测绘（工程测量、不动产测绘）甲级、测绘（地理信息系统工程、摄影测量与遥感）乙级、地质灾害危险性评估甲级、地质灾害治理工程（勘查、设计、施工）甲级、市政公用工程施工总承包三级、工程检测（地基基础、主体结构工程）、安全生产许可证等资质，可为业主提供岩土工程、工程地质勘察、水文地质勘察、地质灾害防治、测绘地理信息、工程检测、工程监测及专项工程总承包、国际工程等多项专业化服务。

公司通过了质量、环境和职业健康安全管理体系认证，反贿赂管理体系认证，信息安全管理体系认证，科技事业单位档案管理国家二级认证，安全生产标准化认证，在工程检测、土工试验、管道内窥检测等专业领域取得了国家计量CMA认证，具有国防武器装备科研生产单位三级保密资格。

二、人才及装备

公司现有核心员工350余人，拥有河北省勘察大师2人，兵器集团公司级科技带头人1人，享受政府特殊津贴专家2人，多名河北省优秀青年设计师和河北省“三三三人才工程”人才，高级职称专业技术人员80多人；拥有注册土木工程师（岩土）、一级注册建造师、注册测绘师、注册安全工程师、一级注册结构工程师、注册造价师等150多人。

公司拥有试验、测试、检测、物探、测量等各类精良的仪器设备以及钻探、桩基、支护工程等大型施工机械设备，完全满足岩土工程勘察、设计、施工、监测、检测和测绘地理信息数据采集、分析、三维建模、辅助决策一体化服务的需要。

三、历史沿革

1952年，伴随着新中国国防工业建设的起步与发展，作为公司的前身——中央重工业部兵工总局勘测处在北京成立。

1958年，调整为第一机械工业部勘测公司。

1963年，调整为第五机械工业部勘测公司。

1971年，组建第五机械工业部勘测公司华北勘测大队。

1982年，更名为兵器工业部勘测公司第一分公司。

1987年，国家机械工业委员会批准成立北方勘察研究院，成为独立法人单位。

1996年，更名为中国兵器工业北方勘察设计研究院。

2010年12月，中国兵器工业北方勘察设计研究院和北方设计研究院实施战略重组，成立北方工程设计研究院有限公司，中国兵器工业北方勘察设计研究院成为北方工程设计研究院有限公司的全资子公司。

2012年8月，公司改制为中国兵器工业北方勘察设计研究院有限公司。

四、技术及市场积累

凭借多年的工程经验和一流的技术传承、持续不断的技术研究，公司形成了一系列特色技术：地下管线测量与地理信息系统开发技术；三高（高层建筑、高速铁路、高速公路）岩土工程勘察技术；系列岩土工程及环境岩土工程治理技术；地质灾害危险性评估与治理技术；复合地基与桩基检测技术；管道内窥检测技术等。

公司始终以服务国家国防安全和国家经济发展为使命，艰苦奋斗，开拓进取，不断创新，足迹踏遍祖国大江南北和部分亚非拉国家。经过60多年的发展，公司已积累工程勘察资料近5万套，通过出色的专业服务，为企业解决了大量技术难题，为社会节约了资源。改革开放以来，公司获得国家金质奖和银质奖、国家和省部级科技进步奖、优秀工程勘察设计奖近200项，拥有多项专利和软件著作权，发表专业论文400多篇，主编或参编多项国家规范和规程、行业和地方标准，参编8项专业技术手册，自编企业规程16项。同时，公司作为中国勘察设计协会工程勘察与岩土分会理事单位，也承担着分会期刊《中国勘察与岩土工程简讯》的编辑工作，在工程勘察行业享有盛誉。

近年来，公司以优秀的工程质量和全方位的技术服务，完成了大量的国防、国家和地方民用重点工程项目，包括大型工业厂房、超高层与大跨度房屋建筑、市政、高速铁路、高速公路、机场、水利、电力、石油石化管道、环境等工程。同时，公司还与一些国内大型设计院进行技术合作，承接了一些国外岩土工程勘察和测绘等援建项目，再次实现了走向国际市场的目标。

公司还与浙江大学、北京交通大学、河北工业大学、河北农业大学、石家庄铁道大学、河北科技大学、河北地质大学和建华建材集团等高校和企业建立了紧密合作关系，打造产学研合作交流平台。

五、荣誉和表彰

60多年的风雨历程，60多年的不懈奋斗，经过几代人的艰苦努力和奉献，公司在为国家国防建设和国家经济发展作出了贡献的同时，也收获了许多荣誉，先后获得全国工程勘察先进单位、中国勘察设计协会岩土工程勘察行业诚信单位、河北省文明单位、河北省工程勘察设计行业先进单位、河北省地理信息产业十佳单位、河北省质量管理优秀企业、河北省测绘科技工作先进单位、河北省建设工程质量先进检测单位、河北省服务质量优秀单位、河北省诚信示范单位、河北省重质量守信誉单位、石家庄市重合同守信用单位等称号。

福斯特惠勒（河北）工程设计有限公司

福斯特惠勒（河北）工程设计有限公司（前身为河北省石油化工设计院有限公司）自1953年成立以来，公司的发展从小到大、由弱到强，经历了近70年的风雨历程，尤其是近十年来，在公司决策层的指导下，历经改制、改革、中外合作等一系列浴火重生的操作，全体员工转变观念、上下一心、积极探索、开拓进取，实现了公司凤凰涅槃般的跨越式发展。公司现有员工600余人，其中教授级高级工程师11人，高级工程师百余人。目前，公司下属各分公司、事业部已牢牢占据当地市场，并不断开拓其他区域及海外市场，为公司发展和当地经济作出了巨大的贡献。

一、回顾公司六十六年，展望未来飞跃发展

66年来，公司持续稳定发展，公司资质实力不断提升。1953年建院之初，河北省石油化工规划设计院是一家隶属于河北省化工厅的事业单位，承担着石化建设的设计任务，在新华区新华路独立场所办公；2006年，伴随着国家体制改革，在河北省国资委及省工贸公司的推动下，设计院被中国电子系统工程第四建设有限公司收购，更名为河北省石油化工设计院有限公司，完成了事业单位到国有企业身份的转变，同年公司搬至中华大街军创国际大厦办公，借助母公司的资质和实力，全面盘活公司经营；2013年，为进一步学习国外先进的技术，经河北省商务厅批准，由中国电子系统工程第四建设有限公司（大型央企）与阿美科福斯特惠勒亚太私人有限公司（世界工程30强）成立中外合作公司，即福斯特惠勒（河北）工程设计有限公司，同时公司办公场所迁至公司母公司旗下中电信息大厦。

从筑巢引凤，到引凤筑巢，如今的福斯特惠勒（河北）工程设计有限公司，能为客户提供化工、石化、医药、轻工、建筑、机械、环保、市政等行业的工程设计、工程咨询和工程总承包业务，拥有5家分公司、两个事业部，服务着数百家国内外企业。近十年来，设计业务从合成氨、尿素转向精细化工、生物制药、化学新材料、润滑油等项目，业绩遍布全国各省市，主要有：天津中新药业集团新新（沧州）制药有限公司建设新新制药厂原料药生产基地项目、河北科迈新材料科技有限公司30万吨/年橡胶新材料项目、河北飞天石化公司润滑油加氢项目、天津龙蟠新材料公司润滑油项目、上海君实生物科技产业化临港项目、四川阿格瑞新材料公司OLED新材料及装备建设项目等。其中，上海君实生物科技公司、四川阿格瑞新材料公司、河北飞天石化公司均处于生物制药、化学新材料及石油化工行业领先地位。

二、做时代弄潮儿，开辟市场新征程

立足本省，紧跟政策。公司积极跟随国家京津冀协同发展战略，先后与沧州临港经济技术开发区、唐山曹妃甸化学工业园区签署合作框架协议，为园区规划咨询、招商引资、工程设计及工程总承包提供了优质服务。为加快推进全省石化化工行业转型升级和行业结构调整，以提质增效，公司参与了工信厅《河北省石化化工产业技术改造路线图》，研究制定了沧州临港经济技术开发区管委会《沧州临港经济技术开发区产业规划》，其中包括化学新材料、生物制药、海洋经济三大板块；公司承揽了邢台市工信局《邢台市煤盐化工产业发展规划》和衡水市工信局《衡水市新功能材料技术路线规划》等规划编制工作，积极推动了各化工医药园区的规范化发展。

布局全国，改制起飞。伴随着2006年公司改制成功带来的红利及全球化工行业的大发展，同时向国际工程公司学习先进的经营理念，2007年公司在上海设立了分公司。2008年，金融危机爆发，上海众多具有外资背景的化工设计企业大规模裁员，而上海分公司却紧抓形势、逆流而上，依托石家庄地区总部资金和人才优势大规模开展项目，彻底打开了长三角的市场，自此以后公司先后设立天津分公司、北京分公司、苏创分公司、坤元医药分

公司、工业事业部、医药事业部，以京津冀、长三角为根据地，辐射全国各省市及海外项目。

资质升级，做大做强。自1953年到如今，公司从一家从事石油化工设计的单位发展为当前拥有国家化工、石化、医药全行业甲级工程设计资质，建筑行业（建筑工程）甲级设计资质，石化、化工、医药专业甲级资信等级；还具有电子通信广电行业（电子工程）、商物粮行业（粮食工程）、轻纺行业（食品发酵烟草工程）、市政行业（城镇燃气工程、排水工程、环境卫生工程）专业设计乙级、环境工程（水污染防治工程）专项乙级设计资质；A1、A2、A3级压力容器设计资质；GA1（1）、GA2、GB1、GB2、GC1（1）（2）（3）级、GC2级、GC3级、GD1级、GD2级压力管道设计资质的大型综合工程公司。

设计为本，名满燕赵。公司前身是河北省唯一一家化工、石化、医药全行业甲级资质公司，始终坚持"技术为本、服务领先"的经营理念，秉承"求实、诚信、和谐、勤奋"的价值观，以设计为基础，以工程总承包为发展方向，致力项目全过程咨询服务和开发新工艺、新设备。经过60多年的不懈努力，在食品、医药、化肥、城市垃圾处理、化学新技术、燃气及长输管道设计、压力容器设计方面已经具有强大的实力，并且成为行业的领军者。近年来，公司咨询、设计成果先后荣获国家化工部（中国石油和化工勘察设计协会）、河北省建设厅等优秀奖，其中"维生药业石家庄有限公司3 000吨/年VC工程"荣获化学工业部优秀工程设计奖；"河北冀衡化学股份有限公司高效消毒剂系列产品可行性研究报告"被评为河北省优秀工程咨询成果一等奖；"河北奥星集团药业有限公司替利定一期工程胶囊片剂制剂项目可行性研究报告"获得中国石油和化工勘察设计协会行业优秀工程咨询成果奖等。

业务升级，发展转型。公司作为一家地方专业设计院出身的公司，立足之本就是自己强大的设计实力，为进军高端设计市场，公司积极开展与国外工程公司、国内大型石化设计院的合作，以合作促发展；通过外派技术人员参与合作设计项目，提高公司整体管理和技术水平，例如南京沙索18万吨/年烷氧基化高性能表面活性剂项目、中东10万吨乙烯项目等；通过与各方合作，打造拳头产品，提高市场竞争力。同时，公司积极承揽全国范围内工程总承包项目，包括山西潞安水处理项目膜浓缩与蒸发结晶工程、凯本济宁MCA-乙酸工厂项目、四川中明新能源科技有限公司5万吨生物柴油项目、优耐德引发剂淮北年产1万吨过硫酸钠建设项目、养生堂抗体药物中试及研发实验室等。

以人为本，和谐发展。公司60多年来始终高度重视人才培养工作，在河北省化工厅时，公司就是无数设计人员的梦想，大批优秀大学生被引进到单位。在改制后，公司采取各种措施强化对员工的培训工作：一是对外合作培养人才，学习先进技术及管理经验；二是广拜名师，建立自己的专家顾问团及技术委员会；三是依靠优秀研究生及专业技术人员。到如今，公司现有员工600余人，其中教授级高级工程师11人，高级工程师百余人，实用新型专利及发明专利十余项。

提升服务，业主认可。福斯特惠勒（河北）工程设计有限公司英文简称为"FWH"，基于此公司正式提出"服务好"的公司宗旨，在行业转型升级政策的指引下，为确保项目的设计质量，公司承接的每个项目都会组建具有丰富相关项目经验的高水平设计团队，由高级工程师担任设计经理，各专业负责人均选用资深的设计人员。公司以完善的质量管理体系作为机制保证措施，以先进的设计软件、设计硬件作为设备和环境保障，确保承接项目如期保质完成。公司各专业开发了大量的专业基础图库及计算机辅助设计软件，如三维设计软件PDMS，广泛应用于工程设计中，大幅提高了工作效率，为企业建设数字化、智能化车间打下坚实的基础。公司把项目后期服务放在首位，专门成立由各专业项目负责人组成的项目后期服务组，根据工程项目进展的需要，派出技术人员及时到达现场，处理有关技术问题，积极配合业主对施工方案提出修改建议，主动参与项目施工质量与安全事故分析，从专业的角度提出相应的技术解决方案，在施工过程中提供全程式服务，接到业主通知后能在24小时内提出回复意见。

三、新起点放飞新梦想，新征程开启新希望

六十六载的发展，公司由弱到强、由小变大，企业效益逐年增长，各项管理制度日趋完善，员工的物质生活和精神文化生活得到了极大的改善。忆往昔，成绩来之不易，这是全体员工团结一致、艰苦创业、开拓创新、不懈努力的结果，公司必须坚持党的基本路线，以经济建设

为中心，把发展作为第一要务，让员工在学习和工作中得到快乐和满足。

六十六载，弹指一挥间，公司在转型的路上适应了各种新变化，经历了各种各样的困难。战未来，站在公司发展的起点上，公司豪情满怀，信心百倍，定将实现新的跨越！

峥嵘岁月，六十六载风雨兼程，石化院沧桑巨变，六十六载荣耀与辉煌同在，石化院的六十六载，不仅仅是公司的里程碑，更是河北省勘察设计辉煌历史中的明珠。公司全体员工将以“三个代表”重要思想及科学发展观为指导，全面落实新时代中国特色社会主义思想，万众一心，奋发图强，携手再创石化院辉煌，共同谱写石化院与河北省勘察设计的新篇章！

河北电信设计咨询有限公司

河北电信设计咨询有限公司前身为河北省邮电科学研究所，2000年6月原河北省邮电科学研究所与原河北省电话设备厂合并成立河北省电信设计研究院；2001年5月转制为河北电信设计咨询有限公司，成为河北省首批9个转制科研院所之一。按照国家国有企业改制政策要求，2006年8月河北电信设计咨询有限公司与河北邮电通信工程建设监理有限公司合并；2007年12月29日由国有控股改制为非国有控股的有限责任公司，注册资本5 000万元，其中中国联通集团河北省通信有限公司持有40%的国有股份，总部设在河北省石家庄市，拥有办公用房11 209.86平方米。

一、企业经营体制改革发展历程

（一）河北省邮电科学研究所

河北省邮电科学研究所成立于1973年，是河北省邮电管理局直属（事业）单位，主要承担邮电部、河北省邮电管理局下达的科研项目，建制为省级科研院所，当时全所设置4个研究室，为河北的邮电发展事业作出了很大贡献。

随着体制的不断改革，河北省邮电科学研究所由原来只靠上级拨款逐步向自主经营、自负盈亏的经营模式进行转变。除从事原来的科研项目外，开始增加了通信产品的生产、销售等业务，还建立了通信产品制造工厂。1999年，河北省邮电科学研究所在原科研和生产型业务的基础上，又向通信建设工程设计的业务方向转变。

（二）河北省电话设备厂

河北省电话设备厂是原河北省邮电管理局直属的国有企业，始建于1969年，建厂初期名称为“石家庄邮电广播器材厂”，厂址位于石家庄市范西路19号，占地面积2.2万平方米，建筑面积1.9万平方米。建厂初期主要产品有磁石电话机、磁石电话交换机、扩音机、舌簧喇叭等。

1970年，更名为“河北省电信广播器材厂”；1971年5月，更名为“河北省电信局电话机厂”；1973年9月，更名为“河北省电话机厂”；1987年2月，更名为“河北省电话设备厂”。

1975年，HD872电话机试制成功并投产。1977年12月，首台纵横制交换机HD400型试制成功，填补了河北省空白。1982年，HJ901型纵横制交换机获河北省优质产品奖。1984年，HD872便携式磁石电话机开始出口巴基斯坦。1985年7月，HJ901纵横制交换机被评为邮电部优质产品，同年12月该产品荣获国家银质奖章。

1987年12月，HJD06型程控用户电话交换机通过技术鉴定并投入批量生产。1991年8月，工厂与邮电部第一研究所进行合作，试制DS2000A数字程控交换机，1992年2月该机试制成功并开始生产，截至1993年底共生产该机21 000线，应用开通河北、甘肃、新疆等省市11个邮电局。1996—1997年先后合作生产光纤配线架、数字配线架及总配线架。1997年，研制出的通信光缆交接箱，取得了邮电部入网证。1998年6月，与深圳华为公司合资成立了“河北华为通信技术有限公司”。

（三）河北电信设计咨询有限公司

2007年12月29日，河北电信设计咨询有限公司由国有控股改制为非国有控股的有限责任公司，注册名称为河北电信设计咨询有限公司，注册资本5 000万元，其中国有股份2 000万元，占注册资本的40%，员工股3 000万元，占注册资本的60%。

河北电信设计咨询有限公司从成立之初的100多人、6个设计室，发展成为专业配套齐全，机构完善、人才荟萃，拥有2个全资子公司（河北邮电通信工程建设监理有限公司、河北联强通信科技有限公司，两个子公司人员约4 000人），17个部门和创新转型中心、14个分院约400人的综合性设计院，已由单一的通信网络设计服务商，转型为河北省内集通信、信息化、基础设施建设的综合性技术服务提供商。

二、“放管服”改革为企业释放发展活力

行政审批制度改革持续推进，商事制度改革不断深化，大大缩短了审批时限，为企业创造了“零障碍、低成本、高效率”的良好营商环境，作为行业中的重点企业，深深体会到改革创新所带来的精简高效。1982年公司首次取得河北省邮电管理局核发的《临时设计许可证》，2001年成功取得河北省建设厅核发的《工程设计证书》（丙级），经过十几年的发展，目前已拥有业务资质13项，具有住建部核发电子与通信广电行业通信工程类（有线、无线、通信铁塔）专业甲级资质，工程勘察、工程测量专业甲级资质，通信工程施工总承包一级资质；发改委核发的工程咨询（通信信息专业）甲级资质；河北省公安厅核发的安防系统设计、安装、维修一级备案证；信息安全集成一级资质及涉密信息系统集成（系统咨询）乙级资质等，对公司对外形象的提高和经营效益的提升起到了促进作用，增强了企业抗风险能力，提高了企业的竞争力。

三、顺应时代变革，立足技术创新，见证发展变迁

（一）优化业务结构，助力通信行业发展

公司致力于在通信信息领域为客户提供移动通信、数据通信、核心网络、传输设备、长市通信线路及管道、通信电源、综合布线、宽带接入、信息应用、节能减排等通信专业的可行性研究和项目评估及咨询、综合滚动规划和专项业务规划、勘察设计方案、通信和计算机信息网络的集成方案、通信信息网络、通信配套产品等信息技术服务。

通信行业被誉为基础设施行业中改革力度最大、发展速度最快、成效最显著的一个行业，公司作为河北省通信行业勘察设计骨干企业，充分发挥在人才和技术方面的优势，先后完成了一大批全省性的通信工程和新技术工程，亲历、参与并见证了通信业从电报到无线电话，从人工控制到程控交换，从架空明线到光纤传输，从固定通信到移动互联网的转变，通信技术和产品服务在中国一代又一代“繁衍”，尤其是由2G到5G实现的跨越式发展，为中国通信网络建设的发展提供了有力的技术支持和保障。公司完成的重点项目包括：河北省通信网“十五”、“十一五”、“十二五”、“十三五”发展建设规划和历年的滚动发展规划；全省WCDMA和LTE室内覆盖、LTE FDD无线网、LTE 4G网、通信铁塔等移动通信工程的规划、可研、设计任务；全省本地传送网、省内干线传输网等传输工程的规划、可研、设计任务；全省数据中心（IDC）、IP城域网、综合关口局、IMS网络、家庭宽带多媒体应用（IPTV）、互联网、计费账务系统、增值业务平台等数据交换工程的规划、可研、设计任务；全省宽带接入网、网络光纤化改造、FTTH、大客户语音、综合布线等有线接入工程的规划、可研、设计任务；全省通信电源、空调、动环监控、节能改造、通信基础设施配套等通信动力工程的规划、可研、设计任务等。先后获得省部通信行业咨询设计优秀奖228项，其中咨询类部级优秀奖16项，省级优秀奖62项；设计类部级优秀奖17项，省级优秀奖133项。

（二）勇于变革创新，护航企业持续健康发展

公司顺应时代的要求，不断进行变革和创新，经营管理取得巨大成果，主要体现在以下几个方面。

一是经营体制改革成效显著。公司完成由靠上级拨款逐步向自主经营、自负盈亏的经营体制的转变，近三年实现业务收入19.76亿元（含全资子公司），社会贡献总额约10亿元，基本实现“以信息通信运营企业发展目标为圆心，以咨询、规划、设计、集成、通信工程、监理、营维为一个闭合的业务发展环，集中精力和资源，深度提升环形业务链条节点的实力黏性，实现企业持续、健康发展”的战略目标，形成有效制衡的公司法人治理结构和灵活高效的市场化经营机制，推动了企业做大做强做优。

二是业务区域、范围不断扩大。公司业务区域由立足河北发展为放眼全国的市场格局，初步实现了行业、政企两个轮子驱动发展，设计、监理、工程业务遍及北京、上海、天津等20多个省、市、自治区，提升了企业的影响力；社会信息化业务与行业基础业务形成驱动发展，业务涉及省政府、省发改委、省广电、省林业厅、省能源局、省司法厅、省检察院以及石家庄监狱等，参与了消防应急2022年冬奥会保障项目，扩大了知名度。

三是员工队伍稳定，社会责任感更强。公司非常重视人才培养与人才引进，为提升公司的科技水平和人员

素质，保证技术活动高效、持续进行，公司不断引进高技术人才，在发展中培育了一支优秀的技术和管理骨干队伍，设计公司拥有员工376人，学历结构为硕士31人、本科222人、大专及以下123人；高级工程师64人，工程师115人，助理工程师89人；拥有注册咨询工程师17名，中高级项目经理21人，通过或注册的一级建造师16名；省部级通信咨询设计行业专业评审专家20余人，高新企业认定专家3名，多次参与省部级重大咨询设计项目的评审，参与编制多项地方及行业标准。

公司积极支持公益事业，设立互助基金，积极参与抗洪救灾、精准扶贫募捐，组织开展送温暖、献爱心活动，主动承担社会责任，先后支援平山县小觉镇西漂村修路、灾后通信、电力等基础设施重建；响应省住建厅的号召向滦平县滦平镇安乐村、西台子村捐款，用于农村环境治理及农村公共基础设施建设，为社会和谐和持续发展作出了积极的贡献。

四是技术装备先进，信息化领先。公司在互联网上开通了网站，创建了知识管理平台和项目管理平台，开发和建立了多个内部专业数据库和设计抽检系统。公司拥有各类计算机、工作站、服务器500余台，工程勘察车辆30余辆。公司出版装备领先，拥有彩色、黑白激光打印机6台，还有工程数字绘图复印机、彩色扫描仪。公司购入了三维数字地图及3G、4G规划、通信预算、金蝶办公、信息管理等多个工具软件和管理软件，支撑公司的业务开展和效率提升，实现了手工制图到计算机绘图的转变。

五是行业地位提升。河北电信设计咨询有限公司是中国通信企业协会通信工程建设分会常务委员单位，河北省信息通信行业协会副会长单位，河北省互联网协会、河北省通信学会、河北省工程咨询协会、河北省高新技术企业协会常务理事单位，河北省工程勘察设计协会、中国勘察设计协会民营设计企业分会理事单位。

（三）聚焦新技术，创新驱动发展

作为通信行业首批通过高新技术企业认定的企业，公司坚定不移地立足科技创新，潜心技术研发，注重服务品质和诚信服务体系建设。

公司积极研究与跟踪5G及LTE技术、三网融合、云计算、物联网、大数据、智慧城市等领域的新技术发展，建立高新课题30余项，获得省、市、区技术创新引导计划后补助项目奖励及高新技术企业认定后补助资金共计100余万元；获得5项发明专利、9项实用新型专利和17项软件著作权，先后荣获裕华区政府质量奖，裕华区重点龙头科技型企业，河北知名品牌（服务名牌），入围河北省云服务商名录，通过市级创新中心认定，完成省科技型中小企业、科技小巨人认定；获得河北省“互联网+”创新企业奖、河北省电子政务智慧城市建设先进单位和2017年度智慧家庭及社区技术与应用优秀企业；获得项目管理专业领先企业第一名和工程总承包专业领先企业第三名的称号；蝉联了全国优秀通信设计企业称号。

公司视项目质量为生命，建立了质量保障体系，通过了质量、环境、职业健康安全管理体系融合型认证以及信息安全管理体系认证；同时注重诚信体系建设，以优质、高效、良好的服务赢得了社会信誉，被先后授予“信用建设先锋企业”“诚信企业”“守合同重信用企业”“设计咨询领域AAA级信用企业”的荣誉称号。

今天的中国通信业，综合实力正在大幅度提高，以期从“通信大国”走向“通信强国”，在通信科技方面领先于世界发达国家，实现“创新型国家”，公司必将紧跟通信行业发展的步伐，立足技术创新，为国家信息化的建设和发展作出应有的贡献。

中国石油工程建设有限公司华北分公司

中国石油工程建设有限公司华北分公司（简称CPECC华北分公司）地处河北任丘，紧邻雄安新区，毗邻“华北明珠”白洋淀，拥有40余年光辉而荣耀的发展史。

40余年公司实现了从设计单位向专业工程公司的转型，牢牢把握以设计为龙头的总承包核心优势，专注石油天然气集输、加工、储运工程与科技研发，铸造石油天然气专业技术服务核心品牌，提供清洁能源，呵护碧水蓝天。公司具有工程设计最高资质——工程设计综合甲级资质，工程勘察综合类甲级资质，测绘甲级资质证书。

公司经营范围涵盖国内外石油天然气、建筑市政及其他行业的工程勘察、工程设计、工程总承包、工程咨询、工程造价咨询、科技产品开发以及油气水分析化验技术研究等，能够系统提供由前期咨询到工程建设、投产运维的全过程服务；累计完成国内外工程勘察设计、科技开发任务15 300余项；取得科技成果1 085项，获国家级科技进步奖、优秀勘察设计奖45项，省部级科技进步奖、优秀勘察设计奖276项；涉及储库、管道、油气田地面建设的咨询、设计、总承包等多个方面；承担了中国石油科技部、工程建设板块、勘探开发板块、销售板块、管道板块的多项技术研发工作。

华北分公司将自身业务按照成熟度划分为“八大传统产品”和“五大新产品”。八大传统产品包括油田地面工程、气田地面工程、煤层气、成品油与化工品库、原油库、天然气长输管道、液体长输管道；五大新产品包括LNG工厂、LNG调峰储备站/接收站、LNG堆场及铁路物流中心、海底管道、地热。

华北分公司始终秉承“做一个项目，出一个精品”的理念，以“成就客户，成就员工”为目标，充分发挥丰富的勘察设计及总包能力，为业主提供优质服务，致力于成为业主可信赖的合作伙伴，助力业主发展。

一、发展历程

（一）在探索与曲折中发展成长（1965—1978年）

1973年，华北石油勘探指挥部油田规划设计院成立（CPECC华北分公司前身）。1976年，更名为华北石油规划设计院。1977年8月，与石油勘探开发研究院合并，成立华北石油勘探开发设计研究院。

华北分公司参加了华北油田大会战，任一联合站项目，该项目是国内第一套自行设计、自行施工、自行投产的工程项目，本工程工艺流程为国内首创，选用国产轻烃回收装置等设备一次性投产成功，本项目获国家科技进步奖。以后各个油田的轻烃回收处理装置均由华北分公司设计完成。同时开展华北油田单井、联合站及地面建设等工程，确立了华北分公司在油田建设中的主导地位，为华北油田建设奠定了基础，掀开了华北油田建设的新篇章。

（二）勇于改革 发展壮大（1978—1990年）

1984年11月，与石油勘探开发研究院分离，组建勘察设计研究院。同年作为国家首批23家设计改革企业化试点单位，成为行业内首个“走出去”自负盈亏的单位。

公司持续开展华北油田建设，通过岔河集油田的岔一联合站、岔二联合站、岔三联合站等工程确定了整装油田的建设特点，开发出油气水全处理工艺。

通过别古庄油田、大王庄油田建设项目，结合含水高设计难度，采用水力活塞泵打动力液的方式把油品从地下举起的方式进行开采，总结了灰岩油田建设设计特点及经验，为以后华北油田高含水项目提供了指导性标杆。

为二连油田建设添砖贴瓦，通过阿一联、蒙一联、哈一联等项目的建设，针对其高寒油田温度低、风力强的特点，总结出设计经验，为以后高寒油田设计提供了经验。

（三）改革创新（1991—2010年）

1993年，被石油部命名为首批石油天然气行业综合性、指导性甲级设计院。1995年5月11日，被建设部确定为现代企业制度试点的30家大型勘察设计单位之一。

2001年3月，集团公司规划计划部牵头组建成立中国石油集团工程设计有限责任公司。2001年6月22日，中国石油集团工程设计有限责任公司华北分公司揭牌成立。

2005年，华北分公司开启以设计为主体的总承包业务，成为公司第一个承揽总承包业务的分公司。经过十余年的技术、人才、管理积累，实现了业务类型、作业体系、人才结构、思想意识彻底的转变，建立了成熟的EPC精细化管理体系。

（四）强强联合，蓄势而发（2011—2018年）

2017年1月，重组改制成立中国石油工程建设有限公司华北分公司。

华北分公司积极践行“走出去”战略，投身于推进“一带一路”倡议的建设道路中。2014年至今先后参与了“一带一路”倡议沿线国家项目25个，贯穿可研、初设、施工图等多种项目类型，主要分布在中非、东非、中亚等地区，为华北分公司开拓转战国际市场打下了坚实的基础。

公司标准化设计全面铺开，工厂化预制、橇装化、模块化建设能力提升；持续开展成品油库等7类成熟项目的标准化设计升版和精细化研究；成品油库、油气橇装化设备实现系列化，累计应用百余套；模块化建设实现在煤层气项目中推广应用。

二、技术优势

（一）40年专注，油气田地面建设业绩斐然

经过40年的潜心研究，公司专注于油气田地面建设事业，完成整装油气田开发近70座，主导了华北油田、二连油田、吐哈油田地面工程设计，完成油田地面工程产能建设3 300万吨/年；在小断块油田、高含水油田、超深层稠油油田、凝析气田等方面拥有核心技术；在高寒地区、沙漠地区、盐渍土地区等恶劣环境油气田开发方面具有丰富经验；精于水力活塞泵采油、气举采油、气水交替驱采油、三元复合驱采油、注聚采油等各种油田开发方式的集输及处理。

（二）与时俱进，储气库地面工程技术创新发展

经过20年自主创新攻关，公司已成长为国内储气库建库数量最多、涉及类型最全（油藏、气藏、盐穴、水层）、储层埋藏最深、设计压力最高、工程实践经验最丰富的专业工程公司，攻克了集群建库、大规模干法脱硫、高温强腐蚀解决方案及高压安全放空等一系列技术难题，形成发明专利5项，在国内储气库地面建设技术发展中起到了创新引领作用。

（三）攻新克难，非常规能源多点开花

在非常规能源领域，华北分公司的勘察设计技术处于国内领先地位，完成煤层气地面产能建设46亿立方米/年，地热综合利用80兆瓦。打造了中石油煤层气公司、华北油田煤层气及中联煤多个区块的煤层气产能建设精品工程；攻坚克难，在煤层气低成本开发、标准化橇装化设计、采出水集输处理等方面形成专有技术，拥有成功的实践经验。

为适应时代能源需求，公司承担了中国石油天然气集团公司地热研究课题，完成高、中、低温地热发电和油田生产地热利用以及地热供热等多项开创性工程，开发了抗腐蚀、结垢防治、油田地热井增产、地热水发电、地热水取代加热炉应用、自吸混合式冷凝、真空系统降耗等特色技术。

（四）精益求精，油品储库做行业领跑者

油品储库业务作为华北分公司核心业务之一，业务范围涉及原油库、成品油库、化工品储库、航煤储库、沥青储库、燃料油储库等各种类型，目前已经累计完成总库容3 300万立方米以上，市场份额、技术能力在全国同行业中首屈一指。公司是中国石油销售板块技术支撑单位、国家石油储备库建设重要合作单位，先后组织编制了《成品油库建设标准》等相关设计标准，在大型和特大型储罐建造、复杂地质条件下地基处理、高凝原油低温储存、覆土及洞库建设、油库安全环保等技术领域形成了一系列具有自主知识产权的专利和专有技术。

（五）奋勇争先，长输管道稳居国内第一梯队

华北分公司累计完成天然气、成品油及原油长输管道24 000千米，先后参与了陕京线、西气东输、中俄东线、中贵线、中缅线等几乎所有国家级大型天然气骨干管网工程的建设，参与的省级天然气管网工程更是遍布全国各地，同时完成了抚顺—锦州、锦州—郑州成品油管道，长庆油田-呼和浩特石化原油管道等大型输油管道工程。

华北分公司在河流特大型穿跨越、隧道穿越等控制性工程设计，山区、沙漠、水网等特殊地段线路设计，数字化管道建设等方面业绩显著；在复杂水力系统管网分析及整合技术、无人值守站技术、原油管道热应力消减及控制技术、成品油顺序输送技术、混油处理技术的研发应用等诸多方面打造出了具有鲜明特色的专业品牌。

（六）高瞻远瞩，做天然气全产业链服务的最佳提供者

近年来，华北分公司响应国家能源及环保新要求，致力于天然气全产业链发展，完成天然气处理厂20余座，建设的液化工厂为国内单列规模最大；拥有天然气产业链关键领域（液化工厂、接收站、调峰站/气化站、加气站等）设计、采购、施工到开车一体化管理经验；掌握了MRC混合制冷技术、全包容储罐技术、LNG工艺包技术；建设的沁水煤层气液化调峰储备中心工程是目前国内煤层气单列液化装置规模最大、能耗最低、占地最小、投资最少的项目，荣获国家优质工程奖。

（七）精耕细作，勘察测量稳步向前

勘察测量人的脚步，伴随着国家改革的发展，走过40余年。华北分公司完成勘察测量长输管道19 000余千米，道路1 000余千米，各类油库、储气库、水封洞库等140余座，LNG接收站、调峰中心、加气站等40余座，变电站20余座，输电线路5 000余千米，工业与民用建筑面积800万平方米，地下管线探测5 000余千米，管道数据采集、数据恢复1 000余千米。从传统的勘察手段到今天的无人机航测、机载雷达航测、地震CT、电法CT、三维地质建模、地下水数值模拟、基坑、边坡、桩基及地下工程数值模拟分析等前沿技术，华北分公司勘测技术呈现了日新月异的发展。

三、不同阶段的典型项目

1991年11月，华北分公司负责设计的鄯善油田50万吨产能建设工程投产，油田设计采用了部分一级半布站、部分二级布站、油嘴搬家、自动投球清蜡、计量电加热等工艺措施，实现了不加热密闭流程；合理利用油井压力能实现两级分离，取消脱水和稳定泵，简化了流程；采用高效破乳剂、高效分离填料实现了热化学沉降脱水，取消了电脱水；采用了24项新技术，达到原油密闭率及稳定率、伴生气处理率及利用率、含油污水处理率及回注率6个100%。该项目创造了华北油田大会战结束后国内油田建设工程当年设计、当年施工、当年投产的最新水平，被吐哈战区基建系统树为样板工程。

永清—北京潘家庙输气管道工程：于1993年建成投产，管道设计输气能力为100×10^4立方米/天，全长65千米，管径为D529×7，设计压力为2.5兆帕，管道运行压力为1.2兆帕。永潘线与永东线的联通线为D273×7管线，设计压力为2.5兆帕，输气能力为50×10^4立方米/天。本工程为向北京供气的第一条管道工程，且为保气工程的一部分，通过本工程奠定了华北分公司在供气管道项目上的主导地位。

忠县—武汉输气管道工程：最早的川气东送，最早勘察设计的“西气东输”，1999年华北分公司承担的第一条山区大口径高压力输送管道工程，且是迄今为止最复杂的管道工程勘察测量项目。沿线大溪沟跨越长度235米、深度32米，木龙河跨越长度526米、深度97米。由此奠定了华北分公司在复杂地理条件下的长距离输气管道工程勘察测量及设计能力基础。

苏桥储气库群地面工程：华北分公司承担的第一个油气藏储气库总承包项目，由五个凝析气藏构成，总有效库容67.38亿立方米，2011年12月正式开工建设，2013年6月开始注气投产，是目前国内埋藏最深、压力等级最高的储气库，是国家发改委立项、集团公司专项投资的重点工程，是中石油天然气发展战略的重要组成部分。面对超深、高温、超高压的世界级库群建设难题，华北分公司先后开展了“高压集输管线风险量化及防护技术研究”和“超高压高腐蚀储气库群安全技术研究”，确保了整个库群安全、高效运行。同时率先开展了储气库三维数字化管理平台的设计工作，为后续储气库运用三维可视化技术运行管理奠定了基础。华北分公司调集精兵强将投

入工程建设，实现了单位工程合格率100%的质量目标，“零事故、零损失、零伤害”的HSE目标，注气、采气、投产一次成功的投产目标，高标准、高要求、高效益地创建技术先进、质量优良、安全高效的优质工程，荣获2017年全国化学工业优质工程奖。苏桥储气库群建成投产对优化京津冀地区能源结构，确保陕京二线、三线平稳安全供气，满足京津冀冬季用气调峰和事故应急供气，推进区域低碳、清洁发展具有重大意义。

晋城华港燃气有限公司沁水煤层气液化调峰储备中心项目：华北分公司承担的第一个LNG液化工厂总承包项目，液化规模200立方米/天，实现了当时国内煤层气液化单列装置规模最大。该项目于2016年3月16日一次性投产成功，具备能耗低、液化率高、运行稳定、自动化水平高、占地面积小等优势，代表了国内同等规模LNG液化工厂的最高水平。华北分公司通过该项目的实施，形成了混合冷剂配比及系统调优、核心设备优化选型、工艺系统变工况适应性分析、在运系统复核及调优等核心工艺包技术。2017年12月，沁水煤层气液化调峰储备中心项目作为山西省、晋城市“双重点”的LNG项目，凭借其领先的国际技术水平，良好的环境效益、社会效益与经济效益，获得国家优质工程奖。

中钢石家庄工程设计研究院有限公司

中钢石家庄工程设计研究院有限公司（简称中钢石家庄设计院）隶属于中钢设备有限公司，为中央所属国有企业。

中钢石家庄设计院成立于1971年，40多年来，从建院之初只有几十人的小单位逐渐发展成为如今拥有360余人的现代科技企业。目前，中钢石家庄设计院拥有正高级工程师28人、高级工程师101人、各类注册人员75人、全国有色金属建设行业工程设计大师3人，形成了结构合理的人才队伍以及完善有效的管理体制、生产体制和经营体制，工程设计、工程咨询、工程总承包和工程项目管理等主营业务持续稳定开展，在同行业内均有一定影响力，服务范围遍及全国甚至东南亚、拉美及非洲等地。

根据业务发展需要，目前中钢石家庄设计院下设冶金分院、矿山分院、建筑分院、塔桅分院、工程事业部、经济所等六个业务部门，涉及采矿、选矿、综合原料厂、烧结、球团、炼铁、炼钢、轧钢、设备、工民建及给排水等30多个专业。经过多年发展，中钢石家庄设计院已具备雄厚的技术实力，具有冶金行业、建筑行业（建筑工程）、电子通信广电行业（通信铁塔）的工程设计、工程总承包甲级资质以及钢铁、建筑工程咨询甲级资质，建材行业专业乙级设计资质和城乡规划编制丙级设计资质，通过了质量、环境、职业健康安全管理体系认证，具备组织和管理大中型工程项目建设的能力。

一、发展简史

中钢石家庄设计院成立之初为河北省矿山冶金设计院，为隶属于河北省冶金厅的事业单位，1986年更名为河北省冶金设计研究院；2002年无偿划转至中国中钢集团公司，同年11月更名为中钢集团工程设计研究院；2007年10月按照中国中钢集团的文件要求，迁址到北京市，同时在石家庄设立中钢集团工程设计研究院石家庄设计院，该机构承继原中钢集团工程设计研究院的资产、业务、机构和人员，按委托法人管理，具有相对独立性，进行独立经营核算，2009年1月更名为中钢集团工程设计研究院有限公司石家庄设计院；2014年3月，中钢集团工程设计研究院有限公司分立，中钢集团工程设计研究院有限公司石家庄设计院更名为中钢石家庄工程设计研究院有限公司，继承原有的资产、业务、机构和人员，为独立法人单位，隶属于中钢设备有限公司。

二、经营状况

经过近五十年的发展，中钢石家庄设计院的整体设计水平和设计能力不断提升，行业影响力和知名度也不断提高，通过良好客户关系的建立逐步形成了稳定的市场占有率，工程设计合同额连续多年突破1亿元大关，在实现良好经济效益的同时，也逐步形成了对采矿、选矿联合工程、钢铁联合企业以及其他行业工程项目进行整体设计和工程总承包的能力和独特优势。

（一）市场与客户群体稳定且不断壮大

中钢石家庄设计院与河北当地相关部门及企业有着历史悠久的良好关系，同时也与全国各地多家企业建立了良好的业务合作关系，如河北钢铁集团有限公司、河南安阳钢铁集团、江苏长强钢铁有限公司、新疆伊犁钢铁公司等，客户遍布全国各地，河北省国土资源厅、河北省交通厅、河北省安监局、中国联通、中国电信和中国移动等也相继成为战略性的合作伙伴。另外，还先后承揽了印度、印度尼西亚、伊朗、菲律宾等一些国外工程设计、咨询和工程总承包项目，逐步开拓了海外市场。

（二）以工程设计和工程咨询为主业

工程设计和工程咨询一直是中钢石家庄设计院赖以生存和发展的主营业务，目前的主导产品有：黄金、有色金属、非金属建材矿山、300~500万吨/年地下铁矿的设计，1 000万吨/年露天铁矿山设计，180~450平方米烧结、1 000~2 000立方米高炉、100~200吨转炉，100万吨以上规模高合金棒材、线材轧钢、镍铁合金板带材轧钢和高精度焊管等工程设计，20 000~40 000标准立方米/小时以上制氧工程设计，工业与民用建筑、通信铁塔的工程设计等。从矿山到钢铁企业，从城市建筑到通信工程铁塔，中钢石家庄设计院完成的设计成果不仅让业主满意，也为相关领域的结构调整升级、绿色安全环保贡献了力量，实现了良好的经济效益和社会效益。

（三）坚持工程设计多元化

多年来，中钢石家庄设计院通过在多个行业和领域积极探索、不懈追求，逐步形成了工程设计多元化的经营格局。

冶金业务领域：作为设计院的传统优势业务领域，多年来始终保持着良好的发展态势，并形成了扎实的技术和人才优势。特别是该院设计的1 000~2 000立方米高炉，其炼铁系数及各项技术指标均在国内同行业遥遥领先，受到客户广泛好评。此外，在铁合金、镍铁项目、低压蒸汽发电、煤气发电、高炉的BPRT、烧结的SHRT等节能环保业务领域的新技术也日臻成熟。

矿山业务领域：近年来不断加强在矿产资源规划、矿山安全隐患排查、绿色矿山、地质灾害评估、环境治理等方面的工作力度，与河北省国土资源厅、河北省安监局、河钢集团等相关部门和企业建立了良好的合作关系。特别是从矿山前期规划、资源整合、开发利用方案到重点矿山的施工图设计，中钢石家庄设计院凭借自身技术优势成为河北省国土资源管理部门和众多地方矿山的首选设计单位。

建筑业务领域：近年来先后在京港澳、大广、邢衡、张承等高速公路的服务区建设上与河北省高管局展开了良好合作，特别是京港澳石安段的服务区设计深受业内好评。此外，还不断加强在城市住宅小区、城市综合体、新型城镇化建设等领域的工作力度，在建设规模与技术水平方面都不断取得新突破。目前，不仅具有完成大规模智能社区的设计能力，还积极发展具有专项功能和特色的工业或者公共服务建筑设施，如高速公路服务区等。

通信铁塔业务领域：铁塔公司成立后，中钢石家庄设计院强化与铁塔公司的沟通和合作，在河北省内保持着稳定的市场占有率；与此同时，还将市场向内蒙古、山西、山东、北京、天津、辽宁、湖北、江苏、四川、甘肃等省、市、自治区延伸。同时，在业务开展的过程中也与其他兄弟设计单位建立了良好的合作关系。此外，还在国内机场雷达站、广电铁塔等领域取得了较好的成绩。

目前，冶金、矿山、建筑、塔桅“四驾马车”并驾齐驱的发展格局日臻完善，已成为中钢石家庄设计院可持续发展的源动力。

（四）积极发展总承包业务

总承包业务是中钢石家庄设计院持续稳定发展和扩大整体经营规模的重要组成部分，近年来中钢石家庄设计院一直在积极探索适合公司发展的工程总承包发展模式，自2005年承揽第一项总承包工程以来，至今已陆续承揽国内外工程十余项。

中钢石家庄设计院的工程总承包业务以承揽矿山工程、钢铁企业新建项目和技术升级改造项目为主。在总承包业务的开展过程中，中钢石家庄设计院不断探索，逐步积累经验，由单纯的定额总包发展为工程管理、工程设计和设备供货等并存的多种形式的承包模式，项目规模也从单一的烧结工程、单一的冶炼工程和单一的轧钢工程发展到钢铁联合工程。

近年来，中钢石家庄设计院制定了一系列保证设计质量的管理规定和科技创新计划，技术水平和设计能力不断实现新突破，多年来共获得省部级奖100多项，还成功申请了“一种电镀废水处理方法”“一种露天矿山边坡堵水及预加固装置”“预制钢筋水凝土快装基站”等多项专利，涉及冶金、矿山、通信铁塔等多个领域，主编的《钢铁企业氧气站设计与设备操作》《高速公路服务区发展模式研究》等专业规范书籍也在行业内产生一定影响。中钢石家庄设计院紧密结合设计工作实际，不断加强科研与创新能力，实现了可持续、高质量发展，如与河北省高速公路衡大管理处、河北工业职业技术学院共同完成的“高速公路服务区建设技术指标及应用研究”通过河北省科技厅鉴定，科技成果水平鉴定为国际先进，这些都是企业不断加强技术创新和积累的生动体现。

三、技术创新及推广应用

中钢石家庄设计院经过多年的技术研发与创新推广的实践，完成了多项技术创新和研究推广工作，收到了良好的经济效益和社会效益。

（1）霸州新利钢铁公司的1 068立方米高炉工程，首次把煤气透平与电动机同轴驱动高炉鼓风机技术（BPRT）引入到1 000立方米级以上的高炉设计中，在国家发改委《国家重点节能技术推广目录（第六批）》中被列为典型案例，其运行的系数及指标都达到国内先进水平，省电可达到30%左右。每年按8 000小时运行时间计算，年可回收电能6 720万千瓦时，年节能量27 149吨标准煤当量，年减排量67 682吨 CO_2，年节能经济效益达3 360万元。

（2）盐城市联鑫钢铁有限公司220平方米烧结项目，采用了烧结余热能量回收驱动技术（SHRT），同样在国家发改委《国家重点节能技术推广目录（第六批）》中被列为典型案例。该项目投产运行后，降低电动机功率约62%，年节能量10 240吨标准煤当量，年减排量27 033吨 CO_2，年节能经济效益达4 900万元。

（3）以"集成"与"创新"相结合的模式探索的一套适合低品位大型矿山"无废排放、绿色矿山"建设的成套综合技术，在苍山铁矿200万吨采选项目中成功应用，收到良好效果。

（4）福建德胜镍业有限公司150万吨不锈钢工程成功引进了乌克兰GOR冶炼技术，填补了中钢石家庄设计院一项不锈钢冶炼技术的空白，是国内首条以烧结、高炉、转炉冶炼不锈钢的整体生产线。

（5）在唐山神龙峡铁矿堵水项目中，中钢石家庄设计院与北京科技大学合作，首创黑色矿山露天采矿堵水采用连续防渗墙的工艺，有效起到了边坡堵水及加固的作用，没有这项技术此矿无法开采。这也是国内铁矿采矿中首次采用这种先进技术。

（6）在河北省的高速公路服务区、收费站设计中，采用的土壤热源利用技术和污水处理中水利用技术，既节约了能源，也达到了零排放标准。

（7）在中国联通、中国电信、中国移动的通信铁塔设计过程中，采用了预制钢筋混凝土基础快装基站技术，即在工厂进行铁塔分段制作，现场用法兰快速安装，占地面积缩小；同时机房可采用批量制作，缩短了建站周期。

在冶金项目的设计过程中研发和利用的新技术和新工艺还有：高炉炉渣轮法粒化技术；高炉富氧喷吹煤粉技术；高炉炉顶压差透平发电应用技术；高炉与烧结风机的汽轮机拖动技术；顶燃式热风炉技术（风温1 200摄氏度以上）；转炉煤气回收和利用；混铁炉、转炉烟气治理工艺与技术；转炉钢渣处理及二次应用技术；铁水预处理和钢包捞渣技术；炼钢连铸热装连轧工艺技术；轧钢连铸坯热装热送工艺；全连轧工艺和智能数模化控制系统；钢铁企业生产过程自动化检测新技术，这些技术广泛用于炼铁、炼钢、轧钢项目的设计。在矿山项目设计过程中，采用的新技术还有：尾矿充填技术以及适合我国矿产资源特点的低成本采矿新方法和低品位难选矿的低成本、高收得率的选矿新技术等。

以上新工艺、新技术已在中钢石家庄设计院承担的工程项目中成熟应用，并在实际运行中效果良好，获得了客户的充分肯定与高度评价，为进一步开展技术创新工作奠定了坚实基础。

"以科技做引领、以品牌促效益"，在推动企业实现持续、稳定、健康发展的道路上，中钢石家庄设计院充分发挥自身技术优势，坚持走多元化发展道路，不断强化产品技术含量，积极提升队伍技术水平，展示出了蓬勃的生命力和广阔的发展前景。

石家庄市建筑设计院

石家庄市建筑设计院创建于1958年，现具有六项甲级资质，其中包括工程设计、建筑智能化专项工程设计、工程监理、工程总承包、施工图设计图纸审查、勘察专业类；四项乙级资质，其中包括人防设计、人防设计图纸审查、岩土工程勘察设计、城市规划等。

该院现有职工172人，技术力量雄厚，综合性强，拥有各类专业技术人员132人，其中正高级工程师4人，高级工程师45人，工程师54人，国家一级注册建筑师和注册结构工程师11人，一级注册设备师10人，国家注册监理工程师13人，国家注册岩土工程师4人，是知识技术密集的科技型单位。该院生产机构设置有四个综合建筑设计所、勘测所、石家庄汇通工程建设监理公司、石家庄徐志欣建筑工程设计咨询事务所，2003年已通过了ISO9001国际质量体系认证，2006年取得国际对外合作经营权。

该院业务范围包括工程设计、工程勘察、工程咨询、城乡规划、建筑工程劳务分包和建筑工程设计、勘察、测量技术开发、技术转让、技术服务、技术咨询以及工程建设监理。

多年来，该院在国内外推出了一批构思新颖、富于时代风格的作品，完成了多项课题研究，既美化了城市建设，也提高了该院在国内外的知名度。其中，中日合作的“城市小康住宅”荣获国际奖，并有2项获国家及部级金奖，有19项获省部级科技进步奖，还有66项优秀设计、4项优秀勘察、30多项河北省工程建设标准（图）设计、1项工程软件获省部级奖等，涵盖科教建筑、文化建筑、医疗建筑、办公建筑、商业建筑、旅游建筑、交通建筑、住宅小区规划及设计等。

代表性教育建筑有：河北体育学院、河北美术学院、石家庄大学、石家庄学院、石家庄市职业技术学院。

代表性文化建筑有：石家庄解放纪念碑、马本斋纪念馆。

代表性住宅小区规划及设计有：联盟小区、盛典•苏州住宅小区、平山温泉城。

代表性办公、写字楼、宾馆建筑有：石家庄广播电视中心、石家庄市政府办公大楼、河北省高级人民法院办公楼。

代表性商业建筑有：新百广场、天府花园酒店、图书发行大厦。

代表性医院建筑有：河北省新疆库尔勒综合医院、河北省福利院。

代表性园林景观建筑有：日本鸟取县燕赵园。

该院面对国内外两个市场，与时俱进，开拓创新，精心培育新型人才，不断提高经营管理水平，吸收借鉴现代的国内外先进技术和设计手法，以卓越的成就回报社会，以追求创新、质量第一为宗旨，竭诚为用户提供快速、优质的服务。

同时，在上级党组织的领导下，该院深入贯彻学习习近平新时代中国特色社会主义思想和党的十九大精神，坚决贯彻执行中央、省、市委的各项方针政策和决策部署，进一步加强党的组织建设、作风建设和党风廉政建设，落实党员日常教育管理制度，加强党员干部政治思想教育，不断加强理论学习，提高政治素质，积极参加党员志愿活动，增强党的凝聚力，更好地发挥基层党组织的战斗堡垒作用与党员干部的先锋模范作用。

承德市建筑设计研究院有限公司

承德，这座以皇家园林、古代建筑、佛教寺庙为主体的历史文化名城，以其恢宏雄伟的建筑群，见证了"康乾盛世"的辉煌。承德市建筑设计研究院有限公司，秉承着传统与现代建筑理念的精髓，续写着今日承德璀璨的历史篇章。

一、承德院的发展历程

作为承德市乃至当年的承德地区以及早期的热河省的建筑设计摇篮，自1953年组建热河省建筑设计室到1956年承德市建筑设计室成立，由1983年承德市规划建筑设计处到1986年晋升为承德建筑设计院，从1995年地市合并重组为承德市建筑勘察设计研究院到2004年建筑设计行业经营体制改革，正式成立股份制的承德市现代建筑设计咨询有限公司，于2009年10月更名为承德市建筑设计研究院有限公司。

承德市建筑设计研究院有限公司经过六十多年的稳步发展，经历了几代专业技术人员的拼搏和奉献，已从单纯的设计单位发展成为多元化科技实体，现有工程技术人员130余人，其中高级工程师25人，工程师46人，一级注册建筑师、一级注册人员32人，承德市设计大师5人。公司下设董事会、经营班子、综合办公室、财务办公室、市场管理部、生产管理部、技术管理部、总承包事业部、设计一院、设计二院、设计三院、高新区分公司、丰宁分公司、平泉分公司、锐拓图文制作有限公司、湖北办事处、绿色建筑研究所、装配式建筑研究所（含钢结构设计研究所）、结构加固研究所、建筑幕墙研究所、山地建筑研究所（边坡支护研究所）、文化教育及养老建筑研究所、海绵城市研究所等多家专业型公司及技术机构，业务范围覆盖工程建设全过程，成为服务建设工程全过程的综合性科技型企业。

二、勘察设计结硕果，综合实力大提升

建筑创作是企业发展的灵魂，自建院以来，承德院完成的工程勘察设计项目数以万计，创作成果遍布城市和乡村，在不同历史时期为城市建设作出了巨大贡献。

承德院带动相同行业领域企业共同承担大型重点项目建设，承德区域的标志性建筑物上均留下了承德院设计人的印记。改革开放初期设计的承德市第一百货大楼、承德体育活动中心、承德火车站等一大批各类民用建筑工程，均为承德市不同历史时期的标志性建筑。

2004年承德院按国家相关要求进行了体制改革，改制后紧跟时代脉搏、传承民族文化、尊重自然、顺应环境，创作了一批具有地域特色，既满足当下，又面向未来的优秀建筑作品。其中，有3项工程获国家级金奖，有十余项工程获河北省优秀工程勘察设计奖，2项工程获河北省科技进步奖，数十项工程获市级优秀工程设计奖，还曾多次被评为河北省勘察设计行业先进单位和市级文明单位。

三、改革创新求发展

自建院伊始，承德院一直致力于科研与实践设计相结合，在实施机制改革和推进"走出去"的发展过程中，深刻意识到仅仅依靠现有条件是远远不够的，必须建立起一套严格的标准体系才能适应当前激烈的市场竞争和自身发展的需要，这其中创新机制尤为重要。承德院在科研和技术创新上持续投入，近几年主持或参与省级地方技术规范、图集等应用型科研项目数项，2017年主编了省标图集《蒸压加气混凝土砌块应用构造》，取得了良好的业界评价。同时，积极进行建筑与结构外保温一体化的应用与预应力结构的应用的研究。自2013年全面开启BIM发展工作以来，持续投入人力、物力，现已基本培养出一支年轻的队伍，并在不断完善和壮大。承德院组建

的装配式建筑研究所的建设发展，重点打造绿色节能建筑技术及产品的研发，在滦平实德大地项目中进行了钢结构装配式建筑的应用和实践，产品得到了广大用户的认可和好评，为发展其他形式的装配式研究打下了坚实的基础。承德院也将制定自己的技术标准，花大力进行研究和投入，为配合国家建筑产业化的要求，提升地区建筑工业化集成水平，积极向可持续、创新型建筑领域拓展。

发展理念的更新、平台的打造、路径的选择，承德院开创了“合作共赢”新模式，依托全产业链要素的比较优势，发挥资源和专业的突出优势，聚合各类优势资源。公司和一线品牌开发商如融创中国、碧桂园、华夏幸福、中冶置业等建立了合作关系，提供勘察设计咨询服务，大大提升了产品质量和服务能力，在市场上树立了良好的口碑，为未来的发展奠定了更坚实的业务基础。为了实现同上下游企业强强联合、优势互补，先后与中国城市设计研究院、清华同衡设计院、中国城市规划设计院、中铁上海院集团有限公司、北京禾裕顺程房地产经纪有限公司签订战略合作框架协议，充分发挥各自在资源、资质、品牌、技术、平台等方面的优势，在建筑界业内开展全方位、多领域的合作。

公司着力推动全产业链发展步伐，突出在大型工程设计、城市整体设计、绿色建筑、交通枢纽、城市基础设施、综合管廊管网、海绵城市、特色小镇、EPC项目等领域的建设、融入与服务，积极在建设美丽承德、服务区域经济中贡献力量，在融入国家重大战略和国家城乡建设以及社会经济、文化、生态建设中，拓展人类绿色幸福空间。

进入新的历史时期，承德市建筑设计研究院有限公司将始终秉承“厚德诚信、团结务实、开拓进取、创新拼搏”的职业宗旨，弘扬“创精品、树形象、求发展”的企业精神。以精湛的技艺和先进的建筑技术，将古典与现代、艺术与技术、美观与功能、文化与地域完美结合在一起，坚持以优质的服务满足客户的需求，为城市建设服务。在这样一个承前启后、继往开来的历史时刻，承德院将继续秉承“科技报国、服务社会、成就员工”的使命，锐意进取，开拓创新，在承德市建筑设计行业技术进步和产业结构升级中继续发挥引领作用，心系国家，造福人民，努力满足地方建设发展和城镇化建设需求，在波澜壮阔的中华民族复兴的历史进程中，在薪火相传的文明进步的阶梯上昂首阔步，为承德市的建设服务好，为实现美好家园作出更大的贡献，再创新的辉煌。

张家口市建筑设计院有限责任公司

张家口市建筑设计院有限责任公司始建于1952年，初期为张家口市人民建筑公司设计科，1953年为张家口市建筑工程局设计室，1968年为张家口市设计处，1982年为张家口市建筑设计院，2008年更名为张家口市建筑设计研究院，2010年6月改制组建张家口市建筑设计院有限责任公司。公司为1993年国家建设部首批批准的甲级工程建筑设计资质单位，目前是张家口地区规模较大、服务职能较全的建设项目技术咨询机构。

公司主要从事与建设项目相关的技术服务，涵盖工程咨询、工程设计、工程勘察、施工图审查、工程监理、造价咨询、招标代理等服务内容，具有工程设计甲级、工程咨询甲级、岩土工程（勘察）乙级、岩土工程（设计）乙级、房屋建筑工程监理甲级、市政公用工程监理乙级、人民防空工程建设监理乙级、施工图审查I类等资质。

公司的生产机构有：建筑设计一所、建筑设计二所、建筑设计三所、水电设计所、岩土工程部、监理公司、基泰审图公司、项目咨询公司、张家口市建筑设计院蔚县分公司。公司的管理服务机构设有综合发展部，下设行政办公室、党务办公室、人力资源办公室、业务办公室、总工办公室。公司已发展成为专业齐全、配套合理的建设项目技术咨询机构。

67年来，公司承担了大量的省、市级重点工程设计任务，获得省、市级奖项百余项。多年来，公司秉承“精心设计、科学咨询、服务创造价值”的企业精神，恪守“诚信之事即为大事”的诺言，以诚信的服务理念服务于社会，连续多年被评为国家级“立信单位”和河北省“诚信企业”。

一、体制改革

早在1999年，新中国成立50周年的时候，国家有关部委就提出了，改革开放以来勘察设计单位为社会主义建设事业作出了积极贡献，但绝大多数勘察设计单位还保留着事业性质，机制不活，功能单一；勘察设计单位数量过多，队伍结构不合理；收费标准偏低，税费负担过重，半数以上单位尚未参加社会保险统筹等。这些问题，直接影响勘察设计单位健康发展，亟待通过深化改革、完善政策、强化管理加以解决。按照国务院机构改革和勘察设计单位适应市场经济发展的要求，根据河北省政府办公厅《河北省勘察设计单位体制改革实施方案》和河北省建设厅《关于进一步推进全省建筑工程设计单位体制改革的通知》等有关文件的精神，经张家口市人民政府批准，2010年6月张家口市建筑设计院改制为张家口市建筑设计院有限责任公司，注册资本金300万元，股本金由股东出资构成。公司性质由传统意义上的自收自支的事业单位转变为民营股份制的勘察设计公司。随着企业性质的变化，其承担的社会角色也由服务提供型转变为市场竞争型，企业不再拥有依托政府背景优势获取项目的便利条件，公司需要适应市场化竞争环境来获取更大的发展机会。体制改革初期，公司面临市场占有率不高、核心竞争力缺乏、核心竞争业务有在短板、企业文化尚未形成等一系列改制带来的问题，经过近三年时间的调整与过渡，完成了股权调整、身份置换、薪酬体系设立等一系列较为复杂的事务性工作，公司的各项工作步入了正常运营轨道。与此同时，公司制定企业发展战略，加大市场开拓力度，提升团队核心竞争力，在短时间内公司就出现了可喜的变化，生产产值由改制前三年的平均收入630万元一举达到改制后三年的平均收入1 420万元。

二、技术发展

作为技术密集型的建设项目咨询企业，公司始终注重质量管理和技术创新。2013年公司获批“河北省博士后创新实践基地”；2015年全面推广协同设计平台；2017年4月公司与德国IPRO公司签署战略合作协议。

公司在加强质量管理方面，成立了专家技术委员会，致力于以科学的方法规范设计质量管理，一方面对设计过程的关键点进行有效控制，另一方面对设计质量和服务质量进行准确评价，促进产品质量的持续改进。对此，在工程设计板块，公司建立了一套质量综合评价体系来评价设计团队的设计质量。这个体系主要包括4个方面：①设计团队的自我测评；②内审对其项目质量的评价；③设计图纸质量抽查；④客户回访评价。

三、业务发展

伴随着深化改革如火如荼的进行，一系列改革政策密集出台，建筑市场越来越开放、越来越规范。身处改革的新时代，公司领导保持高度的政策敏感性，及时调整企业发展思路，抓住历史机遇。就业务发展而言，2017年底住建部发布了《房屋建筑和市政基础设施项目工程总承包管理办法（征求意见稿）》，2019年3月国家发展改革委和住房城乡建设部联合发文《关于推进全过程工程咨询服务发展的指导意见》，这两项措施有助于解决投融资体制改革中建筑领域的各种问题，能够提升固定资产投资决策科学化水平，进一步完善工程建设组织模式，提高投资效益，加速工程总承包在建筑领域的推进。因此，公司早在三年前就已完成了自有企业资质工程建设全领域的完善工作，除了传统的设计业务以外，目前公司能够根据不同项目的需求，在工程设计、工程咨询、工程勘察、工程监理、造价咨询、招标代理、施工图审查七大板块满足建设单位一体化服务需求，为公司摆脱同质化竞争和拓展新业务做好了准备。

（一）工程咨询

公司于1995年12月取得国家计委批准的工程咨询乙级资格，2003年10月取得国家计委批准的建筑专业工程咨询甲级资格，2018年9月取得中国工程咨询协会批准的工程咨询单位甲级资信。公司工程咨询板块目前致力于规划咨询、项目咨询、评估咨询、全过程工程咨询领域的咨询工作，尤其是在建筑、市政公用工程行业积累了丰富的业绩和经验，能够为投资者提供综合性咨询服务。

（二）岩土工程

岩土工程部与设计院同时成立于1952年，是1993年国家建设部首批批准的乙级工程勘察资质单位，2003年在张家口市建设局的主导下，将公司的岩土大队和兄弟单位的岩土业务合并成立新的部门，2013年为了进一步拓展公司业务领域，提高公司的市场竞争力，公司重新整合资源，申请并获得河北省住房和城乡建设厅核准的岩土工程勘察和岩土工程设计乙级资质。公司岩土工程部实为张家口最早从事工程勘察的单位。目前，公司可承接相应的工业与民用建筑的岩土工程勘察、地基处理设计、边坡基坑支护设计、岩土工程咨询等业务。

（三）工程监理

公司监理部的前身是张家口市北隆工程建设监理有限公司，其成立于1995年，是张家口市建筑设计院下属的股份有限公司。2014年1月撤销北隆工程建设监理有限公司，成立张家口市建筑设计院有限责任公司监理部，并取得中华人民共和国住房和城乡建设部核发的房屋建筑工程监理甲级资质，2014年7月取得河北省住房和城乡建设厅核发的市政公用工程监理乙级资质和河北省人民防空办公室核发的人民防空工程建设监理乙级资质，目前公司监理部是张家口市成立最早、规模最大的工程监理单位。

（四）施工图审查

张家口市基泰工程设计咨询有限责任公司为张家口市建筑设计院有限责任公司的全资子公司，成立于2009年10月10日，是具有河北省住房和城乡建设厅颁发的房屋建筑工程（一类）（证号：SHT0701-I）（其中包括建筑、结构、给排水、暖通空调、供配电、勘察等专业）资质的施工图审查单位，现有一级注册工程师20名，各专业审图工程师均具有多年施工图审查经验，从业以来公司分别完成了包含大型房建、公建、客运枢纽、奥运工程等在内的项目的施工图审查。

（五）造价咨询

公司于2014年5月取得河北省住房和城乡建设厅颁发的工程造价咨询乙级资质，专业从事投资估算、可行性经济评价、工程审计、工程造价鉴定、造价预结算、施工阶段全过程工程造价咨询服务。公司造价咨询业务在工业与民用建筑、市政、交通等诸多领域取得了卓越成就，造价咨询部成功取得了张家口市周边区县80%以上的财政和审计的造价公司入围资格。公司的造价咨询部还致力于设计项目的经济分析，在满足建筑功能要求的同时，指导设计选取合理的实施方案，为业主节约投资。

（六）招标代理

公司于2014年8月开始开展招标代理业务，业务涉及设备、工程和服务招标三大领域，具有较强的专业化运营能力和雄厚的实力。目前，公司已经拥有覆盖张家口市区各县的经营网络和服务团队，公司的专家库汇集了多名具有丰富实践经验和较高理论水平的评审专家，涉及多个专业，全面而强大的专家队伍为保障招标项目的质量和评标过程中的公正性提供了权威的技术支撑。公司招标代理业务经过近几年稳健的发展，得到社会各界的充分信任与肯定。

四、工程设计业绩

公司建院60多年来，始终立足核心主业，做精做强，挖掘潜力，为张家口市及外省、市电力、建材、机械、化工等行业建设，创作了许多优秀建筑设计作品。如张家口市委市政府办公楼、张家口展览馆、张家口火车站（南站旧址）等工业与民用建筑，均得到业主及社会各界的广泛好评，为张家口市经济建设作出了积极贡献。

五、企业未来的发展

全过程工程咨询并非简单的企业资质的大而全。全过程咨询要求企业整合资源，具备全产业链信息集成能力和资源整合能力，在未来几年的时间里，公司要着重探索统筹利用社会资源的道路，慢慢积累，从量变到质变，逐步发展成为具备全过程工程咨询能力的咨询公司。在整个工程建设的价值链上，在投资咨询、招标代理、设备采购、项目管理、工程监理、工程造价等业务链上延伸实现全过程化的服务体系，以设计为龙头，带动整个工程建设。作为中小型设计院，公司要发挥比较优势和地区优势，作出精品，做成全过程咨询产业链上璀璨的珍珠；抓住冬奥会契机，深化改革，探索新的经营管理模式，建立起有效的竞争、激励机制；实现公司的跨越式转型发展，从而促进建筑业健康发展，为实现“十三五”目标贡献力量。

秦皇岛市建筑设计院

秦皇岛市建筑设计院始建于1960年2月，是河北省成立最早的综合性建筑设计院之一，是国家住建部批准的具有建筑行业工程甲级资质，工程勘察专业类岩土工程甲级、房屋建筑监理甲级、市政监理乙级、工程咨询乙级、审图资质一类的单位，是河北省最早通过ISO9001国际质量体系认证的设计单位。

一、新中国成立初期发展与回顾（1960—1978年）

1960年2月，秦皇岛市建筑设计院前身秦皇岛市设计室成立，成立初期由5人组成，到1960年底发展为11人；1964年3月改名为秦皇岛市设计处，并组建了秦皇岛建筑专业学校，培养从事勘察设计的专业技术人员；1974年12月底，人员逐步发展到33人，下设两个设计室、勘测队，并成立了中共秦皇岛市设计处支部委员会；截至1978年秦皇岛设计处相继设计了国际海员俱乐部、秦皇岛百货大楼、人民剧场等较有影响的建筑，已有六年工作经验的工程地质勘察队伍和实验室为秦皇岛市抗震设计提供了可靠的资料。

二、建筑设计院的快速发展（1978年至今）

在改革开放初期，经过老一辈“建院人”的努力与拼搏，经营收入比改革开放前翻3番，完成了商业服务楼、海港医院、浮法玻璃厂、金山宾馆、清真寺等建筑作品，特别是金山宾馆受到了当时的国家领导人赞誉，为秦皇岛市改革开放的城市建设留下了浓墨重彩的一笔。

1984年2月，经秦皇岛市人民政府批准，秦皇岛市设计处改为秦皇岛市建筑设计院（县级建制，事业单位企业化管理），截至12月底，全院在册职工已发展至90人。1989年开始在全院推行全面质量管理工作，为秦皇岛市建筑设计院专业技术质量提升奠定了基础；1991年荣获河北省银质奖、国家优质工程奖；1993—1999年多次被评为河北省勘察设计先进单位。

半个多世纪以来，特别是党的十一届三中全会召开后，秦皇岛市建筑设计院的发展随着共和国一起进入了快车道，在各界领导班子的领导下，全体建院职工本着“建筑创造美好”的信念，坚持“精心设计、优质服务、诚实守信”的经营理念，为社会提供了5 000多项设计成果，2000年至今累计完成产值近6亿元，经营收入稳步提升，在北京、天津、唐山、辽宁等地区以及阿塞拜疆共和国等国都有该院设计作品的展现，并受到了社会各界的好评，取得了较好的经济效益和社会效益。

时至今天，秦皇岛市建筑设计院拥有在册职工187人，其中享受国务院特殊津贴、国家特许注册建筑师1人，国家一级注册建筑师7人，国家一级注册结构工程师12人，国家注册电气工程师10人，国家一级注册暖通工程师6人，国家一级注册给排水工程师2人，国家注册咨询师7人，国家注册岩土工程师5人，国家注册监理工程师14人，国家注册城乡规划师1人，正高级职称技术人员5人，副高级职称技术人员51人，中级职称技术人员49人，初级职称技术人员37；硕士研究生18人，大学本科生142人；拥有各类专家62人。

近年来，秦皇岛市建筑设计院有130项优秀设计和勘察设计项目获国家、省、市优秀奖，10篇学术论文在河北省获奖。

在快速发展的同时，秦皇岛市建筑设计院始终坚持党对企业的领导，努力提高职工的思想道德素质和科学文化素质，把党和国家的路线、方针政策贯彻落实到院里的各项工作中，从而推动和保证企业的发展战略沿着正确的方向前进，为经济工作各项指标、任务的完成提供了可靠的保障。在四川汶川地震恢复建设时期，该院积极响应河北省建设厅的号召，冒着余震派技术人员奔赴一线参加现场设计，2008年被河北省建设厅评为“全省建设系统抗震救灾先进单位”，2016年荣获“河北省工人先锋号”光荣称号，2018年该院党委被评为“红旗国企党组织”，还多次被评为秦皇岛市思想政治工作先进单位和精神文明单位。

三、建筑设计院发展与展望

在全国经济形势放缓的大趋势下，建筑业受国家的宏观经济政策影响较大，连续出现低迷，建筑行业的利润连年走低。为了提高企业的抗风险能力，有效化解市场风险，增强企业在市场中的竞争力，该院党政班子坚持以习近平系列讲话精神为指导，贯彻落实党的十九大精神，在习近平新时代中国特色社会主义思想引领下，进一步解放思想、积极创新，紧随国家政策导向，积极拓展业务领域和提高企业在市场上的竞争能力，在原有的七大业务板块之外围绕建筑产业链的上下游开拓新的经济增长点，制定了“科技兴企”的发展战略。

（一）主业突出、多业并举，向复合型、集团化方向发展

秦皇岛市建筑设计院已经和北京、上海、天津等知名设计院达成了战略合作协议和部分项目合作。在京津冀协同发展的契机下，加入了以北京市建筑设计院、天津市建筑设计院、河北省建筑设计院以及河北省各市建筑设计院组成的京津冀一体化设计联盟，通过项目合作，学习交流、单位互访，来学习大城市知名设计院的项目管理、设计、运作、方案创作等先进技术、理念和管理方法，实现联盟内企业共同经营、共同发展的大好局面。

（二）增强全员素质、提高专业技能科技含量、科技兴企

京津冀协同发展，为秦皇岛市带来新的投资项目，带来新的行业机遇，同时在全球节能减排的大形势下，对建筑的绿色、生态和环保提出了更高的尖端要求，必然要求建筑设计有相应的技术手段。秦皇岛市建筑设计院党委以“科技兴企”为战略目标，紧紧围绕《设计院技术发展规划图》，在绿色建筑、被动式住宅、智能家居、装配式住宅、规划设计、景观设计、BIM设计、软件研究及服务等方面开展工作。

秦皇岛市建筑设计院与河钢中建钢结构有限公司、市政集团、河北广大装饰有限公司共同发起、组建了中国（秦皇岛）装配式产业联盟，为装配式建筑提供一条龙服务。中国（秦皇岛）装配式产业联盟将立足秦皇岛，辐射京津冀，努力成为秦皇岛绿色建筑方面的一张新名片。

（三）引进人才、培养人才，为人才提供发展平台

未来建筑行业必将在绿建节能、住宅产业化、污水治理、管网建设、工业园区建设等方面有新进展、大突破，市场必将需求大量的管理人才、精英人才、专业人才，建一个专业的技术队伍是企业发展的未来。秦皇岛市建筑设计院党委主动作为、先期投入，加大人才培养力度，建立人才培育机制，发挥老带新制度培养人才的优势，使专业技术人员尽快提高技术水平，并在项目管理实践中使其得到全面发展，向学习型、创新性、技术性企业发展，为职工发展创造良好的工作生活环境和发展平台。同时，把优秀技术人才向社会推广，在秦皇岛市建设沿海强市、美丽港城的工作中贡献力量。

（四）运用“互联网+”，创新工作模式

网络信息技术的迅猛发展，不仅改变了人们的交流和传播方式，也改变了人们的学习、工作和生活方式，同时也为企业管理工作的创新提供了有效途径和平台，拓展了企业管理工作的渠道和手段，为企业管理工作进入新的领域带来了大好机遇。该院充分利用现代网络信息技术开展企业管理、生产经营等方面的工作，将传统的工作方法与新的管理模式有机结合并创新发展。目前，该院通过手机办公系统实现了30多项功能，大大提高了工作效率，同时实现了大数据管理。

辉煌成就属于过去，再谱新篇着眼未来。站在新世纪的新起点，“建院人”豪情满怀，将以高度的历史责任感和敢于超越自我的勇气和魄力，团结一致，努力拼搏，大胆创新，勇于开拓，为国民经济和社会发展谱写新的华丽篇章，与共和国同梦。

唐山市规划建筑设计研究院

打开唐山市规划建筑设计研究院（以下简称唐山院）的发展史，这是一部用激情和汗水浇注而成的华彩篇章，镌刻着几代唐山院人顽强拼搏、振兴唐山的铿锵足迹，抒写着独属于他的光荣与梦想。

一、攻坚克难 风雨兼程

唐山院成立于1953年，是一家集规划、建筑、市政、勘察岩土、工程咨询、工程加固、施工图审查为一体的综合科技型设计单位，拥有城乡规划编制甲级、建筑工程设计甲级、市政公用行业（地铁、轻轨除外）全行业设计甲级、工程勘察甲级、工程咨询甲级、智能建筑（系统工程设计）甲级、施工图审查Ⅰ类七项甲级资质和人防工程乙级、风景园林工程设计专项乙级、测绘乙级资质，是全国为数不多的几家综合设计院之一（同时具备规划、建筑、市政三甲资质的地方设计院），综合业务能力在全省一直处于领先地位。

目前，唐山院下设总体规划所、详细规划所、专项规划所、建筑设计1至5所、工程加固所、建筑景观所、工程咨询所、道路桥梁所、环境工程所、燃气热力所、勘察处、测绘处、技术委员会、总师办、市场处、项目管理中心、方案创作中心、城市设计中心、施工图审查事务所等28个生产管理处所，在曹妃甸、贵州、北京、广州等地设20家分院，在职员工400余人，其中正高级工程师24人，高级工程师82人，拥有硕士及以上学历59人，国家级各类注册工程师87人。

近年来，唐山院依靠强大的人才优势，高超的专业技术，齐全的设计资质，取得了良好的经济效益和社会效益，先后荣获国家优秀设计银奖1项，建设部设计奖7项，河北省优秀设计奖35项，参加编制省级地方标准4项，国家标准1项。特别是2005年以后，在以王春燕为院长的党政班子的正确领导下，唐山院驶入了全面建设和高速发展的快车道，2010年完成设计任务300余项，全院勘察设计总产值首次突破亿元大关；自2011年至今实现连年增长，创造了唐山院史上前所未有的业绩。

源，起于顺势，风雨历程。本，勤于探索，勇于开拓。唐山院的发展也并非一帆风顺，面对激烈的市场竞争，经历过改制失败的阵痛，经历过人才外流、缺乏设计项目的迷惘。66年的深厚积淀赋予了他百折不挠、改革创新的精神，广大员工在党政班子的坚强领导下，通过创新管理、调整经营机制、加大力度抢抓设计市场等一系列行之有效的措施，充分发挥唐山院的资质、技术、品牌优势，使全院各项工作在短短几年时间就走上了正轨，经营收入、管理水平大幅提高，迎来了快速发展的新时期。

二、创新求索 跨越发展

自成立以来，唐山院的发展始终与唐山的经济建设和社会发展紧紧联系在一起。1976年，唐山发生百年不遇的大地震，10年重建、10年发展、10年辉煌，唐山院为唐山的城市建设和发展立下了汗马功劳。可以说，唐山的住宅小区、公用建筑、市政设施，大多都出自唐山院人之手。1990年，唐山市获得联合国颁发的“人居荣誉奖”，用以表彰其在震后重建中取得的巨大成就，这里面就凝结着无数唐山院人的付出和汗水。

进入新世纪以后，唐山院紧跟时代的脚步，崇尚精品设计，将建筑与城市文化和精神完美结合起来，完成了一大批有影响力的设计项目，如潘家峪惨案纪念馆、唐山万达广场、唐山市公安局业务技术综合楼、硅谷大厦等。其中，唐山万达广场、唐山市公安局业务技术综合楼、南湖休闲美食广场、硅谷大厦已成为唐山新的城市地标性建筑。

对质量的严格要求和丰富的规划设计经验，使唐山院义不容辞地承担起更多的社会责任。2003年抗击“非典”的战斗中，唐山院人加班加点设计完成了唐山市非典医院；2008年“5·12”汶川地震后，唐山院50多名技术骨干奔赴前线，第一时间为灾区设计完成了1万套地震灾区过渡安置房，《中国建设报》对此进行了专题报道；后续援建的四川南坝镇重建工程，受到了灾区人民的高度评价，设计修筑的“唐山大道”获得四川省和河北省双重省优奖，唐山院被河北省政府评为支援震后恢复重建先进集体，王春燕院长荣获河北省工作模范称号；在承担援建新疆且末县的规划、设计任务中，唐山院以最短的时间高质量编制出了《且末县富民兴牧牧民搬迁（河北新村）工程》可行性研究报告，并顺利通过专家评审，为援川、援疆工作作出了突出贡献。

作为唐山市地方规划建筑设计机构，唐山院积极做好唐山市的城乡发展规划编制工作，参与重大市政项目建设，当好政府的好参谋、好助手，编制完成了“唐山市中心城区近期建设规划”“开平工业园区控制性详细规划”“一港双城”等多项重大总体建设规划；完成了唐山800万平方米新农村建设及600多万平方米城市既有建筑节能改造和30多万平方米保障房的设计任务，为唐山的城市发展和人民的安居乐业作出了重要贡献。

66年发展壮大，66年薪火相传。唐山院始终高度重视人才培养工作，把人才视为设计院的最大财富。对现有员工进行系统培训，定期组织外出考察，并每年组织一次大规模的专业技术人员考试、考核，不断调整、提拔、任用青年骨干，引领年轻人科学规划自己的职位发展空间，形成了一支专业技术过硬、梯队合理、勇于探索的高素质人才队伍。

科技创新，敢为人先。唐山院于2013年被评为高新技术企业，获得自主知识产权累计21项，其中发明专利2项，实用新型专利10项，软件著作权9项。其中，自主研发的多功能企事业大数据管理平台，已成功在全院运行，形成了唐山院独特的管理体系；“高层建筑加压送风压力控制系统的研究与实现”解决了高层建筑火灾防排烟的问题，获得国家实用新型专利；为南湖风景区设计的路桥和建筑施工方案，开国内沉降区建筑技术之先河；唐山万达广场获国家优质工程奖。凭借这样的核心技术和创新能力，唐山院长期保持全省领先、全国知名。

实力决定品质，服务铸就品牌。经历了66年的历练和发展，唐山院对品质的要求始终如一。唐山院率先通过了ISO9000质量体系认证，引入VI识别系统，品牌价值逐渐显现。以真诚的服务态度、过硬的专业技术和独有的核心技术，努力为客户提供超前、专业、高附加值的规划设计方案，赢得了客户的信任和良好口碑。

唐山院大力实施外延战略，积极开拓外埠市场，相继成立了曹妃甸、北京、上海、通辽等分院，规划设计了赤峰市东环路道路工程、德州市经济开发区部分主要道路施工设计工程、阿拉善盟职工之家大楼建筑方案等数十项工程。外埠市场的开拓，不仅增加了经济效益，而且提升了唐山院在外省市建筑市场的影响力。

春华秋实，砥砺奋进。唐山院得到了政府、客户以及社会各界的赞许和肯定，凭借着先进的管理理念、高超的专业技术、团结的员工队伍，唐山院设计的作品累计获得国家、省、市各类奖项300余项，并连续多年被评为唐山市先进集体、唐山市文明单位。

三、构建文化 和谐稳定

企业文化是企业发展的灵魂，是长期培育形成的精神力量，融于每一位员工的心灵深处，发挥着巨大的激励、凝聚和推动作用。

多年来，唐山院始终注重构建一流的企业文化，坚持“责任、创新、务实、卓越”的企业精神和“崇尚知识、奉献社会、勇于竞争、共谋发展”的企业核心价值观。唐山院创刊了《设计院之声》，组建了设计院网站，开办了企业公众号，多渠道跟踪报道重大重点项目及典型人物和事迹，用身边人、身边事激励感召广大干部职工在各自的工作岗位上争先创优；积极组织开展庆祝新中国成立70周年合唱比赛等丰富多彩的活动，展现唐山院人朝气蓬勃、积极向上的活力与魅力；重视人文关怀，主动承担社会责任，定期走访、慰问离退休老干部，关心困难职工，适时执行员工福利发放，积极组织员工参加“无偿献血”、畅通交通上岗执勤等公益活动；以创建文明单位为契机，进一步美化办公环境，提高全院职工综合素质，营造全院和谐的文化氛围。

四、薪火相传 志在未来

走过66载寒暑，唐山院今天的成就离不开一代又一代设计人无私的奉献。他们有的是唐山城市建设的奠基者、见证者；有的是在规划设计行业德高望重的学科带头人、突出贡献奖获得者。他们为这个城市贡献了全部的青春和热血。而今，在院班子的正确领导下，一批年轻有为的管理层和技术层干部已经成长起来，在千帆竞发的市场竞争中，他们将成为唐山院的主力军，去开创更加广阔的天地。

弹指一挥间，唐山院在历史的长河中已经远航了66个春秋。66年风雨砥砺，凝结成一座座不朽的丰碑，记载着唐山院人艰苦创业、无私奉献的历史，抒写着唐山院人拓力腾飞的篇章。1953—2019年，几代唐山院人用青春和才华成就了今天的骄人业绩。行百里者半九十，今天，唐山院担负的任务更多、责任更重，唐山院将一如既往地坚持“质量是立院之根，人才是强院之本，服务是兴院之路”的企业理念，为唐山的城市建设和发展作出更大的贡献。

于峰之巅，必有大视野。站在新的历史刻度上，继往开来的唐山院人将继续秉承团结奋进的优良传统，点滴积累、虚心前行。坚信唐山院定将迎着绚丽的朝阳，走向更加灿烂辉煌的明天！

廊坊市华晟建筑设计有限公司

廊坊市华晟建筑设计有限公司成立于1972年，原名天津地区建筑公司设计室；1976年更名为廊坊地区建筑设计室，隶属廊坊地区建工局；1977年起对外承担建筑工程设计；1978年改称廊坊地区建筑设计处，1979年起隶属廊坊地区基本建设委员会；1986年隶属廊坊地区建设环境保护局；1987年更名为廊坊地区建筑设计院；1989年廊坊地市合并，廊坊地区设计处与当时的廊坊市（现在的广阳区）城建局设计室合并，更名为廊坊市建筑设计院。隶属廊坊市建委。2003年廊坊市建筑设计院改制，由事业单位改制成股份制公司，同时更名为廊坊市华晟建筑设计有限公司，2004年升级为甲级设计公司。

改制16年以来，在公司董事会领导下，按照《公司法》规范化、科学化运作，公司规模取得了较大的发展。除主营建筑工程设计外，公司于1993年成立了廊坊市工程监理公司，1998年成为河北省首批六家甲级监理单位之一；2003年公司又成立了招标代理公司，也是廊坊市最早的甲级招标代理公司；2005年公司又成立了造价咨询公司，2015年取得了甲级造价咨询资质；2009年公司又开展了工程项目管理业务，是廊坊市第一家开展工程项目管理业务的公司。

16年来，在全体员工共同努力下，公司各项业务飞速发展，取得了长足的进步。尤其在政府要求的特殊重大项目上，公司都以讲政治的高度责任感，全部圆满完成了市政府交给的各项任务。2002年，在河北省政府和廊坊市委市政府主要领导要求下，公司承担了钢结构住宅设计研究任务，通过广大技术人员刻苦攻关，反复实践调研，圆满完成了省政府和市委领导交给的任务，所设计的王寨钢结构住宅项目、霸州钢结构住宅项目通过了中国建筑科学研究院专家审核，并在同年获得河北省科技进步一等奖。2003年，在“非典”期间，市委下达由公司承接廊坊及所属8县的“非典”医院设计任务，河北省建设厅和部分地市都在公司调取设计资料，在当年《河北日报》发布的“非典”医院设计标准和规范主要是以公司设计图为依据。2008年，汶川发生特大地震，公司受廊坊市政府委托，对廊坊援建项目进行设计和监理，公司派了20多名技术人员深入地震灾区，从勘察现场到工程设计，再到施工监理，历时4个多月圆满完成市政府、市建设局交给的任务。十几年来，在廊坊市政府、市建设局推动历次大的城市改造中，公司作为主要技术团队，基本都参与其中，如2003—2007年主要基础设施提升改造；2008—2009年城市临街建筑立面改造，市委、市政府抓的一些重要项目，公司都圆满完成了任务。

据不完全统计，公司成立至今，共进行建筑设计2 000余项，监理各类工程1 000余项，代理招标项目4 000余项。其中，廊坊市文博馆项目、廊坊市全民健身中心、廊坊市法院公判厅、廊坊市档案馆等多个项目荣获省市优秀设计一、二等奖。

保定市建筑设计院有限公司

保定市建筑设计院有限公司前身为保定市建筑设计院，成立于1952年，迄今已走过67个春秋，2016年被认定为国家级高新技术企业，2018年被认定为河北省科技型中小企业、国家级科技型中小企业。

在新中国成立初期至改革开放阶段（1949—1978年）曾用名称依次为保定市人民政府建筑工程局、保定市建筑工程局、保定市建工局设计室、保定市建筑设计室、保定市建筑工程局设计室、保定市建筑设计室。

公司在1993年获得建设部甲级建筑设计资质，2011年11月完成深化体制改革，更名为保定市建筑设计院有限公司

公司主要从事与建设项目相关的技术服务，涵盖工程咨询、工程设计、城乡规划、工程勘察、施工图审查、工程监理等服务内容，具有建筑工程设计甲级、城乡规划乙级、工程咨询甲级、风景园林甲级、岩土工程勘察甲级、房屋建筑工程监理甲级、建筑工程市政工程（道路、桥隧）施工图审查一类、市政工程（热力、给水、排水）施工图审查一类、人防施工图审查乙级等资质。

公司现有职工265名，各类专业技术人员248名，国家各类注册师126名，其中一级注册建筑师16名，一级注册结构工程师21名，注册公用设备工程师（给水排水）11名，注册公用设备工程师（暖通空调）13名，注册公用设备工程师（动力）6名，注册电气工程师（供配电）8名，注册土木工程师（岩土）7名，注册城市规划师6名，注册咨询工程师（投资）14名，注册监理工程师20名，注册造价工程师2名，一级建造师2名。

公司管理服务平台设有市场开发部、总监部、技术质量部、战略发展与人力资源部、财务部；生产机构设有第一至第六建筑设计院、方案创作中心第一工作室、方案创作中心第二工作室、市政景观设计院、保定世元岩土工程有限公司、河北世元项目管理有限公司、河北世元工程建设咨询有限公司。公司已发展成为专业齐全、配套合理的建设项目技术服务机构。

67年来，公司承担了大量的省、市级重点工程设计任务，获省、市级奖励百余项。至今，公司业务已拓展到北京、天津、山西、山东、陕西、海南、云南、甘肃、内蒙古等区域。多年来，公司秉承诚信服务理念服务于社会，连续多年被评为“重合同守信用”单位。

一、技术发展

作为技术密集型的建设项目咨询企业，公司始终注重质量管理及技术创新。2001年通过了ISO9001质量管理体系认证，2010年全面推广协同设计，2012年推广信息化管理系统。

在技术创新方面，公司近年来先后成立了BIM设计、绿色建筑、医疗建筑、养老建筑、被动房、装配式建筑、钢结构与混合结构、既有建筑升级改造等多个研发小组；进行专题研究，并指导项目设计，取得了显著效果。

公司在加强质量管理的同时，还致力于项目的经济分析、造价控制，选取典型项目进行造价分析对比，在满足建筑功能要求的同时，选取合理的实施方案，为业主节约了投资，形成了产品优势及服务特色。

公司鼓励技术人员关注新工艺、新材料、新技术，将政府支持高新技术企业的专项资金全部投入产品研发及推广。目前，公司已有二十余项研究成果获国家实用新型专利。

公司在研发方面还与政府相关部门积极沟通，牵头组建当地的研究中心。2013年保定市住建局委托公司成立了“保定市住宅研究中心”；2016年保定市发改委、保定市科技局委托公司成立了 “保定市建筑物鉴定与加固改造工程技术研究中心”和“保定市装配式建筑工程技术研究中心”。中心成立后，公司投入人力、物力，积极推动建筑新技术在当地的推广应用，同时针对政府对产业发展的要求进行研究，为政府决策提供依据，受到政府相关部门的好评。

二、公司业绩

长期以来，公司不断开拓区域市场，深耕细作，重点服务于当地的医院、高校、大型房地产公司、工业企业等，完成了大量的大型公共建筑项目及大型居住小区项目。其中，大型医疗建筑包括保定市第一中心医院项目、保定市妇幼保健院项目等；大型商业综合体项目包括电谷中央时区项目、上谷大观项目、保百购物广场项目等；教育建筑包括河北大学项目、河北农业大学项目、河北科技大学项目等；大型居住小区项目包括直隶新城项目、京南一品项目、丽景蓝湾项目等；在工业建筑方面，完成了英利集团保定、衡水、海南项目；在公共娱乐项目方面，完成了秦皇岛圣蓝海洋公园项目。以上所介绍项目仅是公司完成的部分项目，全部完成项目涵盖了大部分建筑类型。

在部分项目实施过程中，公司与国内知名设计企业紧密合作、密切沟通，为项目顺利实施奠定了基础。

公司所完成的设计项目中有百余项获得各级奖励。其中，保定国家高新区电谷国际商务中心荣获2016—2017年度国家优质工程奖；丽景溪城住宅小区设计荣获2015年全国人居经典建筑、规划双金奖；金蔚华府住宅小区项目在2014年全国人居经典建筑规划设计方案竞赛活动中荣获建筑金奖；保定国家高新技术产业开发区发展有限公司大学科技园研发中心荣获2013年度河北省优秀工程设计一等奖；保百购物广场荣获2011—2012年度国家优质工程银质奖；保定电信枢纽大楼扩建工程荣获2006年度国家优质工程银质奖；华北电力大学学生餐厅（人防工程）荣获2009年度全国优秀人防工程设计三等奖；保百购物广场荣获2011年度河北省十佳公共建筑称号；军校大厦•金顶宝座荣获2011年度河北省十佳绿色建筑称号；丽景蓝湾B区一期荣获2011年度河北省十佳绿色小区称号。

三、公司管理

2011年11月完成深化体制改革，成立保定市建筑设计院有限公司，为企业的良性发展奠定了基础。为实现公司转型发展，在2015年发布了公司第一轮（2015—2017年）发展战略和企业文化建设战略，战略规划对公司在新时代背景下面临的新挑战起到了稳定人心和持续发展作用。公司各部门以战略为目标，拼搏进取，努力实现目标要求。目前，公司正在实施第二轮发展战略（2018—2022年）目标，正围绕战略规划要求，研究部署新的工作目标。

公司注重企业文化建设，制定了公司的核心理念。企业愿景是共建美好家园；核心价值观是诚立、践行、合力、感恩；企业精神是责任引领成长，创新成就未来；质量理念是精心设计，科学咨询，优质服务，顾客满意；企业定位是华北地区领先型、综合型、特色型、平台型的城市建设顾问商；企业宗旨是以设计为核心，以平台为依托，发挥节点优势，服务城市建设；企业使命是创造卓越价值，服务城市建设；发展理念是持续发展，基业长青。公司把以上内容作为员工共同的理念，使大家形成共同的认知，形成员工的凝聚力。

四、未来发展

公司将以第二期战略规划为目标，积极推进各项工作。在市场方面，将借助京津冀协同发展及雄安新区建设所带来的市场机遇，积极开拓雄安新区及周边市场；目前公司已在雄安新区设立办事处，并已联系一些国内知名设计企业相互协作，共同进入雄安新区市场；在技术方面，顺应当前国家有关政策导向要求，进一步研发、推广绿色建筑、被动式建筑、装配式建筑、智能建筑，关注建筑的全生命周期服务新理念，不断提升设计人员的技术能力和水平。在项目服务方面，尝试承接EPC项目，培养全过程咨询服务人才，提升建筑师的综合能力，为国家倡导的建筑师负责制做好前期准备。在设计研发方面，公司于2018年成功摘得设计研发基地地块，该研发中心为自主研发，为绿建双三星级（设计、运行）建设研发大楼，目前正在施工中。

保定市建筑设计院有限公司将以勘察设计协会为平台，密切关注行业动向，及时调整发展思路，实现公司的持续、长久、稳定发展。

沧州市建筑设计研究院有限公司

沧州市建筑设计研究院有限公司始建于1974年，前身是沧州市规划建筑设计院和沧州地区建筑设计院，后合并成为沧州市建筑设计研究院，2004年4月经沧州市政府批准，整体改制为沧州市建筑设计研究院有限公司。目前公司具有设计甲级、监理甲级、勘察乙级、岩土二级、桩基检测、规划（乙级）、园林、市政等资质，2016年公司通过ISO9001：2015质量管理体系认证。

公司专业人员配套齐全，技术力量扎实雄厚，现有员工350余人，工程技术人员占95%以上，其中有国家一级注册建筑、注册结构、注册设备、注册电气、注册岩土、注册造价工程师30余人，注册监理、建造等专业工程师32人，二级注册建筑工程师12人，相关专业高级工程师50人；还拥有先进的设计软件和新型的勘察、桩基、试验、彩色打印、晒图等仪器设备。

1974年，沧州市建筑公司设计小组改为设计室，有设计人员8人，隶属沧州市建设局。1977年7月，沧州市建设局设计室划归沧州市规划管理处领导，人员增至30人。1979年，在设计室的基础上组建沧州市建筑设计院。1991年5月，沧州市建筑设计院和规划设计院合并，改称沧州市规划建筑设计院，下设规划、市政设计室各一个，测绘、勘察队各一个，土建设计室三个，有土建设计人员40人。

1976年，沧州地区建工局成立设计室，有设计人员8人。1979年，组建沧州地区建筑设计院。

1993年7月1日，沧州地区和沧州市合并为沧州市。1993年10月，沧州市规划建筑设计院分出规划、测绘部分成立沧州市规划设计院，隶属沧州市规划局；留下的土建设计和地质勘察部分成立沧州市建筑勘察设计研究院，隶属沧州市建委，下设四个土建设计室，有设计人员48人，年设计能力15万平方米。原沧州地区建筑设计院更名为沧州市建筑设计院，有土建设计人员42人，年设计能力15万平方米。

1971—1996年，这两家主要建筑设计院（乙级）累计完成工程项目2 952项，涉及面积527.9万平方米。

沧州市建筑勘察设计研究院和沧州市建筑设计院合并后名称为沧州市建筑设计研究院，隶属沧州市建设局，是实行企业化管理的勘察设计事业单位。2002年，该院晋升为甲级设计资质。2003年，该院有职工196人，其中离退休职工26人，在职职工170人，其中国家一级注册建筑师5名，一级注册结构师10名，各类专业高级工程师40名。为了适应和跟上市场经济发展的步伐，根据上级有关文件精神，2003年11月该院申请改制，同年12月获沧州市人民政府经济体制改革办公室批复同意。2004年4月，沧州市建筑设计研究院整体改制，组建沧州市建筑设计研究院有限公司。

多年来，沧州市建筑设计研究院有限公司坚持“以质量求生存，以服务求信誉，以技术求优势，以诚信求市场，以管理求效益，以创新求发展”的经营理念，在改革创新中不断发展壮大，经济效益和社会效益逐年提高。改革开放以来，在市场竞争激烈的形势下，公司把开拓市场、承揽业务作为经营的重点，不断完善经济承包责任制，在立足本地市场的同时，积极开拓外地市场。近些年来，沧州市建筑设计研究院有限公司先后荣获省政府、省建设系统颁发的科学技术进步及省市优秀设计奖数十项，有9项成果获得国家专利。建院以来，先后完成工业与民用建筑设计数千项，并在设计中融入先进的节能、降耗、环保、生态、智能等技术。其中，近些年来完成的华北商厦、沧州建行和农行等一批工程，受到社会各界的广泛好评和赞誉。

公司积极推广应用先进的建筑技术，不断提高工程设计的科技含量。在建筑设计中，工程技术人员注重考虑生态环境建设和内部功能设计，在确保结构安全的基础上，尽量满足对抗震、消防、人防、节能、日照、采光、隔声、通风、无障碍等方面的要求。技术人员创新设计理念，在设计中融入先进的节能、降耗、环保、生态、智能等技术，努力打造让用户满意的精品工程、绿色建筑。按照河北省建设厅要求，公司还选择了一批示范项目，在高层建筑中推广应用高强钢筋、装配式等新工艺、新技术。

近些年来，公司获省建设系统科学进步一等奖4项、二等奖2项，省科学进步二等奖1项，省市优秀工程勘察设计奖30余项。2007—2018年，沧州市建业大厦等3项工程荣获省级优秀勘察设计二等奖，沧州师范专科学校理科教学楼等25项工程荣获省级优秀勘察设计三等奖，沧州市祥和小区等3项工程荣获市级优秀勘察设计一等奖。

公司从加强技术管理和技术培训入手，不断提高设计质量和水平，制订了各部门和相关人员的岗位职责。为了提高工作效率和设计质量，实现全院微机联网，公司还购买和使用了最先进的PKPM、浩辰等软件，并多次邀请著名教授及学者来公司授课，推广应用先进技术。在近些年沧州市举办的大型房展、规划展、新农村民居设计大赛等活动中，公司参展的多项作品获奖，并得到社会各界的广泛好评。为了提高勘察和设计水平，公司采取“走出去”与“请进来”的方式，组织工程技术人员参加相关的技术培训和学习，通过创新设计理念，打破沧州多年来传统的单一的建筑模式，让设计产品与大城市设计理念接轨。

近年来，公司开展了质量认证复查、资质增项、应用先进技术等工作。经过公司各部门的精心准备和努力工作，2016年通过ISO9001质量管理体系认证。为更好地开拓市场、提高市场竞争力，这些年公司不断资质增项，相继获得规划资质（乙级）、园林景观资质、市政资质证书。在采用新技术方面，公司成立了BIM工作室，推广应用BIM先进技术。在装配式结构设计方面，公司先后派出数十名工程技术人员分批到各地参加培训考察。公司还多次聘请软件公司的技术人员来公司进行软件应用展示。

公司在开展经营工作的同时，坚持做好党务、工会、共青团、计划生育等方面的工作。近年来，公司联系实际开展了解放思想大讨论，“五城同创”“三年大变样”“创先争优”“爱沧州、做贡献、干成事、出亮点”，创建学习型、服务型、创新型党组织，群众路线教育实践，善行平时·诚信住建，“三严三实”专题教育，“两学一做”学习教育，学习党的十八大、十九大精神，党风廉政建设，劳动竞赛，知识竞赛，公益捐款，足球比赛等一系列活动。特别是2008年四川汶川发生特大地震后，公司干部职工踊跃为地震灾区捐款捐物，公司先后选派多批技术骨干奔赴四川地震灾区参加援建工作。

通过开展各项主题活动，在全公司营造出奋发有为、建功立业、争创一流的浓厚氛围。各设计室开展了比业绩、比质量、比服务的劳动竞赛，建筑设计疑难问题研讨会等活动，有效地促进了工作效率、设计质量、服务水平的提高。在多年的“一先两优”评选表彰中，公司党总支连续被评为出席局的先进基层党组织，多名同志被评为出席市直、局的优秀共产党员、优秀党务工作者。改革开放促发展，近年来公司业务拓展到多个省市，公司年设计能力已达到300余万平方米，年业务收入近4 000万元。由于经济效益和社会效益不断提高，公司连续多年被评为沧州市建设系统先进单位。

欲穷千里目，更上一层楼。目前，沧州市建筑设计研究院有限公司已初具集团式经营框架，无论是从资质等级、业务范围，还是专业人才、技术设备等方面，都具有较强的优势和竞争力。展望未来，公司将以创新发展的理念，定位大市场，主动融入京津冀协同发展，发挥好综合优势，不断提高技术水平和服务质量，在前进的征程中实现跨越式发展。

衡水市建筑设计院有限责任公司

衡水市建筑设计院有限责任公司成立于1979年，原为事业单位，原名为衡水地区建筑设计处，1986年改名为衡水市建筑设计院，2006年成立衡水市建筑设计院有限责任公司。公司主要职责任务是为城市提供研究设计和工业与民用建筑工程勘察、设计及工程造价咨询服务等。公司下属单位有衡水市建筑设计院有限责任公司，河北省衡水市工程技术研究所，河北省衡水市工程项目管理有限公司，衡水市岩土工程有限公司。目前，公司拥有建筑行业（建筑工程）设计甲级资质，市政行业（道路工程）专业设计丙级资质，工程勘察专业类岩土工程（设计）甲级资质，岩土工程（勘察）、岩土工程（物探测试、检测、监测）乙级资质，勘察劳务类工程钻探资质，地基基础工程专业承包三级，地质灾害危险性评估丙级资质，房屋建筑工程监理甲级资质，市政公用工程监理甲级资质，办公地址在衡水市桃城区新华西路269号。

多年来，公司坚持以人为本，打造出了一支素质优良的专业技术队伍，凝聚了衡水建筑行业的技术精英。目前，公司有专业技术人员171人，其中正高级工程师3人，副高级工程师24人，工程师 63人；国家一级注册建筑师3名，国家一级注册结构工程师3名，二级注册建筑师6名，二级注册结构师2人，注册电气工程师1名，注册设备工程师3名，注册岩土工程师3名，注册造价工程师2名，注册建造师1名，注册监理工程师20名。

自2002年成立院党委以来，院党委在全院下设了四个党支部，即机关支部、设计所支部、研究所支部、监理公司支部。围绕经济建设中心抓党建，发挥党组织的战斗堡垒作用是党建工作的主线，以健全和完善党支部和党建制度，保证党建工作的落实，加强党的思想建设，提高党员的思想认识。

公司成立以来，设计出了衡水市百货大楼、衡水市体育馆、衡水开发区创业大厦、上海公馆、东泰华府、衡水硅谷产业园、衡水市公安局办公楼、绿城•诚园等多个有影响的大中型项目。其中，设计的衡水市中级法院审判楼工程设计项目获省建设工程勘察设计二等奖，该工程同时荣获国家建筑工程质量最高奖“鲁班奖”；衡水市招待所客房楼工程获省级优秀设计三等奖；2012年深州市医院外科病房楼获河北省优秀工程勘察设计三等奖；2013年冀州吉美购物中心获河北省优秀工程勘察设计三等奖。

未来，公司将进一步加大人才培养力度和科技投入，提高建筑设计技术水平，细化专业分工，引领衡水市建筑行业发展，为河北省城镇化建设作出应有的贡献。

邢台市建筑设计研究院有限公司

60年的努力和耕耘，造就了邢台市建筑设计研究院有限公司如今的规模和成绩。回顾这一步步走来的艰辛历程，可以说是一部历经沧桑并茁壮成长的奋斗史。

邢台市建筑设计研究院有限公司是邢台市成立时间最早、规模最大、技术力量最雄厚的勘察设计单位。随着社会的前进与发展、变革与创新，邢台市建筑设计研究院有限公司一路风雨、积极探索，从起步到合并再到改制，迈出了坚实的步伐。

一、起步与初期发展（1959—1995年）

邢台市建筑设计研究院有限公司的前身是邢台市建工局设计室，1959年12月成立，仅有5人专职从事建筑设计工作。1977年6月，邢台市革命委员会决定将城建局设计室独立为邢台市建筑设计室，隶属邢台市基本建设委员会，为财政适当补助的自收自支的事业单位。1978年11月，邢台市革命委员会决定将设计室改为邢台市建筑设计处，并设为局级单位。1983年9月，邢台市委决定将邢台市建筑设计处改为邢台市建筑设计院，隶属邢台市政府直接领导，为局级事业单位，自收自支，自负盈亏。

邢台地区建筑设计室是1974年11月成立的事业单位，为地区基建局代管的一个科室，仅有7人。1979年7月开始独立经营核算，成为自收自支的事业单位。1985年3月改称为邢台地区建筑设计处，成为科级事业单位。1986年11月改称为邢台地区建筑设计院。

在地市设计院起步和发展期，两个单位作为区域专业技术型单位，成立时人员虽少，但人员素质高，皆属邢台当时建筑界精英。至20世纪70年代，充实了一大批大学毕业生，并从全国各地调来多人，其中不乏名牌院校毕业生。这个时期设计院的干部职工充分认识到这个时代是建筑科学高速发展的时代，建筑工程类的各种规范、规格平均5~10年更新一次，新工艺、新材料、新技术层出不穷，技术人员需要不断地进行知识更新。因此，对技术人员进行在职教育成为当时的一项重要工作。当时主要通过五种途径对职工进行在职继续教育：①送往高等学府培养深造；②通过函授形式对其进行培养；③到外地、外单位参加学习培训班；④请外地专家授课；⑤请有经验的老技术人员讲课。地市两院从建院以来至两院合并前，对技术人员进行技术培训508人次，有效地保证了设计院技术人员的水平不断提高，向社会不断奉献出设计优良、结构合理、设备配套先进的建筑作品。

这其中的代表作有：1968年邢台拖拉机厂1.8万平方米联合厂房（排架结构）；1976年北招餐厅34米×34米空心球焊接角钢网架屋盖；（改革开放以后，邢台的基本建设项目越来越多，层数节节增高，结构形式多种多样，用途广泛，房型新颖，邢台天际线一改过去的“平步踏”而逐渐高低错落、变化多端；）1989年设计出9层框架的邢台火车站站前服务楼；1990年建成的邢台火车站候站大厅三组四块合成双曲抛物面扭壳屋盖被国家空间结构委员会誉为“近年来国内扭壳结构的代表作”；1992年设计出16层剪力墙结构的邢台市物资局办公大楼；1994年建成的邢台辰光大酒店，18层，框剪结构，1.85万平方米，成为邢台首家四星级高档酒店；1994年建成的邢台电子大厦，13层，框剪结构；1995年建成的市购物中心，7层，5.4万平方米，框架结构，是邢台市规模最大、档次最高的商业建筑；地区设计院以擅长120~130床位的县（市）级医院及500~3 000吨冷库著称，20世纪80年代中期，邢台地区设计院共设计120~500床位的医院74座，占河北省140个县（市）医院的一半以上。这一时期优质的工程设计得到了社会各界的认可和褒奖，据统计，这个时期地市两院共获得各类奖项88个，其中省级以上有18个。

二、合并与综合发展（1995—2013年）

1995年4月8日，随着邢台地市合并，地市两家设计院合并为邢台市建筑设计研究院，为局级自收自支事业单位，在职员工149人，其中专业技术人员131人，专业门类齐全，涵盖了建筑、结构、给排水、采暖通风、建筑电气、建筑经济、工程监理、电算、会计统计等。

改革开放以来，我国的建筑行业逐渐发生了根本性变革，管理体制也进行了社会化探索，随着市场经济体制的改变，设计院事业单位的管理体制已经不适应市场经济的客观规律，设计院必须按照市场经济规律参与市场竞争，求生存谋发展。在这个探索阶段，在专业技术人员知识老化、运营机制缺乏活力、技术储备贫乏、开发能力弱化及人员流失严重等严峻形势下，邢台市建筑设计研究院负重前行，一路披荆斩棘，严格遵循十一届三中全会精神，深化建筑设计领域改革，积极进取，迎难而上，获得了许多成就，主要情况如下：1995年申请取得建筑工程设计甲级，1996年申请取得工程勘察丙级，2001年升级到工程勘察乙级，2005年申请取得城乡规划丙级，2006年申请取得咨询丙级，2008年申请取得城乡规划乙级，2009年申请取得市政行业丙级，2011年申请取得咨询乙级，同年取得风景园林乙级，2013年申请取得土地规划乙级等资质。

在此期间，该院和其他省内地市级设计院一样，经历了从事业单位计划经济体制向放开搞活市场经济体制艰难转型的探索阶段。2003年9月，河北省政府在秦皇岛召开了全省勘察设计工作会议，明确要求甲级设计单位要进行改制，列出了时间表并定期进行督导。同时，放开市场准入，允许个人成立设计公司。事业单位的终结，市场的开放，让一批骨干跃跃欲试，纷纷组织起来，走出设计院，选择自己闯市场。这是社会的进步，但同时是对设计院生存、发展的严峻挑战。当时，人才大量流动，使设计院原有的市场、人才队伍、综合实力都受到了严重损失，设计院的发展经历了历史性的考验。在困难面前，该院领导班子端正心态、克服困难，领导全体职工对社会讲诚信，对项目负责任，一方面积极承接新的项目，另一方面力争对在建项目提供放心的服务，绝不能因为人才流失而让甲方受损失。并在单位内部进行改革，收入分配向一线倾斜，全院一起降工资，大胆起用新人，重新组织团队，使大家很快振奋精神投入工作。工作到2005年有了明显起色，人心进一步凝聚，创收也迈上新台阶，顶住了风雨，渡过了难关。从那时起，该院虽然没有改制，但是内部建立起激励有效的工作机制。在用人上做到了能者上、庸者下，大胆起用新人。在分配上，向一线倾斜，骨干能够多劳多得，拉开收入差距。在组织机构设置上，进行了各种探索，不断调整，不断提高，适应市场需求，改善并致力于提高服务质量，赢得了甲方的满意和良好的社会声誉。从2006年创收600余万元到2009年创收突破2 000万元大关，短短的几年，进步很快，为顺利推进改制打下了坚实的基础。

2007年，在省、市两级政府的指导和推动下，邢台市建筑设计研究院启动改制工作。在市政府的直接领导下，在市发改委、财政局、人社局等相关部门的大力支持下，按照改制的有关政策规定，通过了宣传发动、资产审计评估、产权交易、人员安置等阶段的工作，邢台市建筑设计研究院由自收自支事业单位直接改制为全民营的股份有限公司。2013年11月13日，邢台市工商局为新公司办理了工商注册登记，至此邢台市建筑设计研究院正式改制更名为邢台市建筑设计研究院有限公司。这一改制符合市场经济的客观规律，顺应了时代多元化发展的潮流，从此邢台市建筑设计研究院有限公司的发展开启了新的一页，成为邢台市第一家事业单位成功改制试点单位。

三、改制与快速发展（2013年至今）

邢台市建筑设计研究院有限公司从1959年的5人小组壮大到今天178人的队伍，积累了大量的经验，也培养了一大批优秀的设计师和专家工程师。目前，公司集中了各专业的优秀设计师，其中正高级工程师2人，高级工程师49人，工程师66人，各类国家注册师54人，专家46人。从改制至今，公司完成产值2.96亿元，在社会和行业中有极好的信誉。公司始终将“以人为本、厚德诚信、追求卓越、奉献社会”作为企业的崇高追求，将“专业专注的精神，为客户创造价值，与客户共同成长”作为企业的经营理念。2011年，公司被中国勘察设计协会评为“全国建筑设计行业诚信单位”，成为河北省获此殊荣的五家单位之一。2014年，公司被河北省工程勘察设计行业评为优秀企业，董事长冯瑞华女士被评为优秀企业家。从1959年成立至今，公司共获奖110余项，其中包含国家级奖项1项，省级奖项41项，市级奖项69项。

在坚持不懈的努力下，公司各项工程项目也愈加出彩。据统计，从改制至今工程项目共有1 689个，其中代表作及获奖情况如下：2014年邢台市七里河文化体育公园荣获国际设计大奖艾景奖；2015年邢台县第三医院医技病房楼荣获省优三等奖；2016年中国人民抗日军政大学陈列馆荣获省优行业一等奖；2017年晶龙晶澳厂房开公司大型钢构工业厂房设备的先河，面积达到了7万平方米；同年邢台县浆水美丽宜居小镇规划设计荣获住房和城乡建设部县（市）域乡村建设规划和村庄规划示范奖项；2018年公司在河北省住建厅组织的园博园主题竞赛中荣获二、三等奖等。从改制至今这一关键的转型时期，公司适应外部环境的变化，主动求变，坚定信念，发挥自身优势，将科学研究与设计相结合，紧跟社会发展的步伐，致力于打造建设领域全产业链服务平台。

公司在严抓企业发展的同时，不忘坚持党的领导。1977年，邢台市设计室独立之日即建立了设计院党支部；1983年9月，邢台市委决定设计院设立党组，同时建立了机关党支部；1984年7月，原地区设计院开始设立党支部。改制成功后，2015年9月，经市直工委批准，成立党总支，从1970年的3名党员发展为现在拥有50名优秀党员的优秀基层党总支。公司始终把党和国家的路线、方针政策贯彻落实到公司的各项工作中，党课教育常抓不懈，党组、党支部成员经常亲自或外聘优秀党员给新老党员上党课，每年7月1日必组织不同形式的爱党、爱国教育活动，还要求入党积极分子参加活动，并学习党章，讲党的历史、学党的路线方针政策，对党员进行革命传统教育、世界观教育，激励全体党员和职工的无私奉献精神，保证共产党员的优良品质，使党员成为设计院物质文明和精神文明建设的排头兵。

四、传承与展望未来

党的十九大报告指出，中国特色社会主义进入新时代，我国经济已由高速增长阶段转向高质量发展阶段，正处在转变发展方式、优化经济结构、转换增长动能的攻关期。对于我国建筑业来说，城乡建设从增量扩张向存量提升进行转变，已然成为传统建筑业所必须面临的挑战，但这也是建筑业发展的一次绝佳机遇。面对如此的机遇和挑战，邢台市建筑设计研究院有限公司将会坚守初心，砥砺前行。下一阶段的主要工作就是做精技术服务，做好升级转型；推行项目经理制，让客户享受全专业一条龙服务；强化技术委员会作用，严抓质量关，力求打造高标准的质量保证体系；借助河北省绿色建筑条例的东风，全面推进装配式建筑和二星绿建设计，占领设计市场的先机；在岩土和市政业务上大胆引进人才，创新思路，实现业务新突破；积极开展EPC工程总承包、全过程咨询业务，抢抓市场，转型升级。在未来的发展中，邢台市建筑设计研究院有限公司将继续秉承“以人为本、厚德诚信、追求卓越、奉献社会”的企业文化，传承和发扬艰苦奋斗的精神，以优质的业绩回馈党和人民，造福祖国和家乡。

邯郸市亚太建筑设计研究有限公司

一、发展历程篇

（一）应运而生

邯郸市亚太建筑设计研究有限公司是由邯郸市建筑设计研究院改制而成，前身是1950年成立的邯郸市建工局勘察建筑设计室。该设计室的成员是新中国成立后邯郸市第一批建筑设计工程人，他们在百废待兴的冀南大地上艰苦奋斗，自强不息，克服各种困难，完成市建工局下达的各项设计任务，为邯郸市的基础设施建设打下了坚实的基础。

（二）方兴未艾

20世纪60年代我国开始第一次现代化的建设，在计划经济体制下，由于对工厂、教育、医疗卫生、居住等建筑的需求增加，设计室业务范围开始扩大，设计任务也日益增多，经过十余年的发展，邯郸市勘察设计行业人才有了一定的储备，设计室也注入了新鲜的血液。

这一时期进入设计室的员工大多是重点高校毕业的知识青年，专业知识水平过硬，设计室在日常工作生活中也不断加强党员党性的修养，紧随党的步伐，为日后党建工作的深入开展打下了良好的基础。

（三）蒸蒸日上

1975年设计室划归为邯郸市建设局管理，成立设计处；1978年扩建为邯郸市建筑设计研究院，办公地点坐落在邯郸市丛台区曙光街325号。

设计院内设有设计一室、设计二室、设备室、项目经营室、勘察测绘室、工程预算室，逐步形成较为完善的设计服务体系。设计队伍不断壮大，干部员工总数达到80多人，凭借着过硬的技术水平及丰富的设计经验成为邯郸市建筑设计工作的排头兵。1976年唐山大地震后，该院应邯郸市政府要求，派出设计队伍，积极参与新唐山的重建工作。

（四）大刀阔斧

1979年实行改革开放后，设计院实行院党委领导下的院长负责制，逐步走进了市场经济，开始了从事业单位向事业单位企业化管理的转变。该院调整组织构架及职能分工，院领导机构负责宏观发展战略及发展目标，扩大经营业务，成立经营管理室负责接谈设计任务，各设计部门贯彻执行，主抓生产。

与此同时，该院党建工作也进入了快速发展时期，以院领导班子成员组建的院党委在全院下设了三个党支部，分别为机关支部、设计一室支部、设计二室支部。全院党员干部认真学习十一届三中全会精神，解放思想、实事求是、求真务实，坚持走改革开放道路。

（五）与时俱进

1993年该院晋升成为邯郸市第一家由建设部颁发资质的甲级勘察设计院。经过数十年的发展，全院有180名干部员工，各类专业技术人员148人，其中高级建筑师、高级工程师20人（教授级2人），建筑师、工程师58人，助理建筑师、工程师70人，其余科室职工32人。该院下设三个综合设计所、建筑科研所、勘察处、工程建设监理公司、微机应用中心、技术咨询服务部、装潢室。该院设计经验丰富、技术门类齐全，承担着邯郸市主要大中型工业与民用建筑项目的勘察设计任务，门类涉及化工、轻工、纺织、冶金、建材、机械、商业、文化体育、城市公用事业。

（六）挥斥方遒

该院1998年完全实现了计算机制图替代传统手工绘图，工作效率大幅提升。2000年成立施工图审查机构部门，2001年企业所有制改革完成，由事业单位改制为开发性科研企业，邯郸市建筑设计研究院更名为邯郸市亚太建筑设计研究有限公司。2005年公司搬迁至邯郸市丛台区光明北大街87号亚太大厦，2008年公司搬迁至邯郸市丛台区联纺东路440号。

2008年的“5•12”汶川大地震后，公司派技术骨干赴汶川灾区第一线参加抗震救灾工作，并受到了邯郸市政府的表彰。同年，河北省提出“三年大变样”战略规划，公司积极响应，为快速推进城镇现代化建设贡献力量。

（七）砥砺前行

为适应市场变化及发展，公司于2009年成立了钢结构所，2011年成立了方案所、效果图创作所，2015年成立了特种结构与工业研究所。2016年涉县“7•19”洪灾后，公司组织设计队伍进入灾区，完成受损房屋鉴定工作。2018年公司根据《河北省人民政府办公厅关于大力发展装配式建筑发展的实施意见》及《邯郸市人民政府办公厅关于大力发展装配式建筑的实施意见》中的精神，加快与建筑市场相融合，成立了建筑产业化研究所，推进装配式建筑的发展。

党的十九大后，公司进一步加强党建工作，各党支部积极组织学习十九大精神，通过党建工作引领企业进一步创新发展。

在勘察设计行业竞争日益激烈的今天，公司领导秉持热情服务、精心设计、追求发展、求真务实、创新为魂、诚信为本、追求完美，不断超越的企业文化，带领全体员工团结一致，勤恳工作，不断取得新的成就。现如今公司技术力量雄厚，专业配套齐全，公司有信心为全市、全省乃至全国的城乡现代化建设作出更大贡献。

二、改革变化篇

（一）队伍建设

“功以才成，业由才广。”不论国家还是企业，人才都是其发展进步的基础。人才队伍的建设是一个企业发展的基石。

公司人才队伍建设以“加强配置、保持精干、调整结构、提升能力、建设梯队、稳定骨干”为原则，围绕选、用、育、留四个环节，健全完善员工职业行政管理和专业技术建设，合理调整人才结构和人才储备，以务实的观念建立人才培训机制，重点培养青年员工和高层次人才，提升人力资源竞争力，完善人力资源管理体系，为公司总体战略和经营战略提供支撑，并积极从各高校对口专业中选择优秀毕业生进行人力资源补充，着力打造一支知识化、专业化设计队伍。

目前，公司在册员工156人，各项专业人员齐全，其中享受国务院政府特殊津贴1人，河北省“三三三人才工程”7人，各类专业注册人员38人，高级工程师38人，工程师56人，全体员工本科及以上人数占比达到90%。

（二）拓展经营

公司不断解放思想、发展生产力、提高业务水平，经营模式多样化、集约化、市场化，实现了质的转变。在调整组织构架、优质资源整合下，扩大经营范围，主要涉及建筑工程设计、建筑设计研发、工程安全鉴定、工程技术咨询、工程造价、工程勘察、城市规划、室内装饰设计、环境工程设计，并具备建筑工程总承包资质，在不断发展中，形成了一条完善的服务链，并在多领域进行设计及深化，如建筑幕墙、装饰装修、节能环保、建筑智能化、园林规划等。

公司不断扩展新的设计业务，向超高层及大型综合体建筑设计方向发展。

（三）管理机制

公司建立完善的奖罚制度，责任到人，加强总工办及图纸设计质量管理，实行全面绩效考核，全面提升设计能力。

企业的竞争就是设计能力、设计效率、设计服务的竞争。公司重视人员培训，提高人员管理，给员工制定职业规划，实行定期学术交流，通过专业会议、网络学习、机构教育进修、实地考察学习，不断强化设计专业人才培养，并通过打造良好的工作环境及优厚的薪资待遇招揽优秀人才；紧跟国家政策及市场需求，抓住机遇，组织新团队在新型建筑市场开拓新业务，提高竞争力；及时升级制图设备及制图软件，优化制图模式、方法，提高了工作效率，保障了设计品质。

（四）改制革新

改制不只是单位体制的变革，也是人们思想的变革，是开始真正意义上进入市场。

1999年公司开始推行企业所有制改革，成立改制工作领导小组，下设办公室，负责日常具体事物，详尽了解上级主管部门邯郸市建设委员会对于所有制改革的有关政策和信息后，通过宣传、召开会议、指派相关人员考察学习等多种形式，对全体员工进行宣传动员，2001年改制完成。转制成为开发性科研企业后，公司不断对企业管理、业务经营、团队建设、设计质量、党建工作、企业文化等方面进行创新和完善，在发展过程中不断壮大。

（五）党建工作

党政建设可为企业发展起到指导帮带作用、检查落实作用、模范带头作用、服务保障作用。

发挥党组织的战斗堡垒作用是公司党建工作的主线，根据新时期党建工作的特点，健全和完善党支部和党建制度，保证党建工作的落实，加强党的思想建设，提高党员的思想认识，要求各支部组织党员进行专题学习，以发挥党员干部的先进性。

公司把学习宣传贯彻党的十九大精神作为首要的政治任务，充分发挥党员在企业生产经营、改革发展等具体工作中的先锋模范带头作用。

“关山初度尘未洗，策马扬鞭再奋蹄。”公司将高举习近平新时代中国特色社会主义思想伟大旗帜，团结带领全体干部员工顽强奋斗、拼搏进取，为企业做强做大作出更大贡献。

（六）企业文化

企业文化是企业所创造的，具有自身特点的物质与精神文化，也是企业精神象征。良好的企业文化，对内可以起到协调、统一和增强员工凝聚力的作用；对外则可以彰显企业形象，对企业的未来发展有着极强的促进作用。

随着从事业单位转向企业化管理模式和改革开放的深入，市场化运作不断加深，公司充分认识到企业文化建设的重要性，为加快企业文化体系的建设，继承和发扬优良传统，使优秀的管理理念得到全体员工认同，公司制定规划，加大投入，以创新制度为基础，根据企业发展历程和行业特点，建设企业文化。

公司注重对企业文化理念进行宣讲，对企业文化知识进行培训，通过印发公司企业文化手册，设立企业微信公众号、网站，召开企业文化理念研讨会等形式进行传播，对企业文化建设过程中涌现的典型事例和模范人物进行推广，对企业文化的优秀执行者进行激励、表彰。使广大员工深化对企业文化的了解，领悟企业文化的真谛，并对企业文化产生强烈的认同感、荣誉感和归属感，使之成为每一位员工自觉遵守的道德规范和行为理念，引领公司不断发展壮大。公司已成为河北省土木建筑学会结构工程学术委员会副会长单位；河北省土木建筑学会工程诊治与质量控制学术委员会副主任单位；河北省土木建筑学会工程抗震学术委员会副会长单位；河北工程大学研究生培养基地；河北省工程勘察设计咨询协会常务理事单位；邯郸市工程勘察设计咨询业协会会长单位。

三、创新成果篇

（一）走创新之路

科技创新是企业创新和发展的核心动力和内在需求，在推进信息化、发展新技术、开拓市场方面都急需科技创新的有力支撑。

公司依靠技术进步与创新推动发展，通过实施科技创新战略，不断加大科技投入，加强科技创新体系建设，全面提升企业的创新能力，促进企业的快速发展，对提高经营管理和优质服务水平起到推动作用。

作为设计企业，必须拥有与之相适应的技术实力、人才队伍。为了不断提高技术优势，公司不断完善科技创新体系，优化资源配置，建立了以公司领导为核心的决策体系，以总工程师为核心的保证体系，同时整合企业内部科技资源，依托重大工程建设任务，着力培育和造就了一支梯次结构合理、专业种类齐全的高层次、创新型科技人才队伍，并通过开展广泛的技术交流、软件技术培训等多种方式，提升队伍水平；还统筹利用外部科研力量，通过与高水平的科研机构和大学的技术合作提高工程项目的科技水平。

公司作为以科技创新为核心竞争优势的设计企业，定会为建筑设计事业的不断发展发挥更加积极的作用。

（二）结丰硕成果

截至2019年，公司设计的省市获奖工程共60项，主编、参编河北省工程建设标准的技术规程共6项。

1987年推行全面质量管理以来，TQC工作1990年初通过了省级达标验收，1991年5月又通过了省级达标复查验收，设计产品连续多年合格率达100%，优良品率达95%以上。

邯郸市博物馆（原市展览馆）、邯郸市文化宫、工人剧院、邯郸市图书馆、烈士陵园左权将军纪念堂等都是公司经典之作。近期，超高建筑的邯郸市新世纪商业广场北扩工程、大型超高综合体邯郸市环球中心也是公司设计的代表作品。

此外，公司在精神文明建设方面成绩突出，2012—2017年连续荣获邯郸市文明单位称号，2013—2016年被评为河北省诚信企业。公司在绿色节能建筑和装配式建筑方面的设计也取得了长足发展。

“长风破浪会有时，直挂云帆济沧海。”昨天的灿烂辉煌，今天的拼搏奋进，明天的前程锦绣。英姿勃发的邯郸市亚太建筑设计研究有限公司全体员工正劈风斩浪，乘胜前进，再创辉煌！

石家庄市政设计研究院有限责任公司

石家庄市政设计研究院有限责任公司前身是石家庄市市政设计研究院，始建于20世纪50年代初，2009年3月转企改制，更名为石家庄市政设计研究院有限责任公司。2017年7月与苏交科集团完成股权合作，成为苏交科集团旗下全资子公司。苏交科集团股份有限公司是基础设施领域综合解决方案提供商，始终致力于“为客户价值持续创新”，拥有工程设计综合甲级资质。石家庄市政设计研究院有限责任公司目前拥有市政行业甲级（燃气工程、轨道交通工程除外）设计资质、甲级咨询资质。公司于2002年7月通过ISO9001质量管理体系认证，2015年7月通过ISO14001环境管理体系认证和OHSAS18001职业健康安全管理体系认证。

公司现有业务范围涵盖城市交通设计（道路、桥梁、城市隧道、轨道交通、公共交通）、水务工程设计（水厂、泵站、城市水系、河道治理、给水、排水）、城市公建及地下空间设计（交通场站、综合管廊、城市隧道）、环境卫生工程设计（黑臭水体治理、垃圾填埋场、污泥厂）、城市景观设计（景观绿化、景观照明、景观桥、美丽乡村）等。公司技术力量雄厚，设计经验丰富，专业配套齐全，特别在城市道路、桥梁、海绵城市、城市供水、给水厂、中小型污水厂、城市排洪防涝整体规划与设计、垃圾填埋场、城市景观照明、综合管廊、互通立交、城市快速路等项目上优势十分明显，竞争力较强。2014年以来，公司积极响应国家号召参与了全国各地众多EPC项目，并取得了良好效果。公司在省内外承担了大量各种类型的市政工程项目，积累了大量的基础资料及经验，在行业内和社会上享有较高声誉，为当地政府提供了优良的技术服务，为河北省内同行业龙头企业。公司本着“立足华北、布局雄安、辐射全国”的经营思路，努力成为华北领先的智慧城市基础设施全过程工程咨询服务商。

近70年来，单位性质由原来的事业单位转变为现在的有限责任公司；经营模式由原来的计划经济“等、靠、要”发展到现在的自主经营、开拓市场。特别是在2009年转企改制后，公司转变经营思路和经营理念，勇于开拓市场，在立足本地市场的基础上，先后开拓了廊坊、承德、沧州、涿州、邢台等省内市场及山东、山西、内蒙古、四川、云南、西藏等省外市场。期间有多项工程设计被评为省市级优秀设计奖，其中省级一等奖10项，省级二等奖23项，省三等奖16项；荣获河北省建设行业科学技术进步奖一等奖1项、二等奖2项；拥有软件著作权17项；石家庄引水入市改善环境工程荣获感动河北工程设计成果奖。自2017年与苏交科集团实行战略并购以来，全面推行项目管理，使公司在项目管理方面有了突破性的提高，提升了项目管理质量。

未来，公司将以人才引领为根本，以创新驱动为支撑，以国家推动京津冀协同发展为契机，抓住大力发展基础设施建设大好机会，回馈客户需求，创造经济效益及社会效益；以专业化、一体化、平台化为重要主线，开拓基础设施领域业务，通过变革创新实现自身业务模式升级，从而迎来新的发展平台与机遇，在激烈的时代变迁中脱颖而出！

公司坚持“团结协作、敬业奉献、诚信为本、创新卓越”的企业精神和“恪守法规、精心设计、持续改进、顾客满意”的设计理念，为建设项目提供全过程优质服务，为城市建设奉献精品。

中冶沈勘秦皇岛工程设计研究总院有限公司

中冶沈勘秦皇岛工程设计研究总院有限公司是中国五矿、中国中冶旗下的全资子公司，是由原中冶京诚（秦皇岛）工程技术有限公司、中冶东方工程技术有限公司秦皇岛研究设计院、中冶沈勘秦皇岛工程技术有限公司整合成立的大型工程公司，是提供工程建设项目全过程服务的专业承包商。公司前身是1976年成立的冶金工业部冀东黑色冶金矿山设计研究院（秦皇岛冶金设计研究总院）和1985年成立的冶金工业部包头钢铁设计研究总院秦皇岛分院。公司经营范围包括工程勘察、工程设计、工程咨询、工程总承包、工程项目管理、工程造价咨询、环境影响评价、工程建设监理、地基基础施工、水土保持方案编制、工程招标代理；业务领域涵盖岩土工程、矿山工程、钢铁冶金工程、市政与公用设施工程、建筑工程、热电工程、城镇与工业规划工程、交通工程、环境工程、水利工程等。

公司现有员工700余名，拥有冶金行业高级技术专家7人，高级管理专家1人，国家安监总局安全生产技术专家4人，教授级高级工程师80余人，高级职称人员180余人，中级职称人员200余人，具备国家注册执业资格150余人，其他专业技术人员90余人。作为冶金建设国家队与基本建设主力军，公司已拥有百余项专利成果和行业专有技术，主编和参编了多项国家、行业标准和规范。公司于2011年11月正式获得科技部批准，成为高新技术企业，并被国家安监总局认定为“全国非煤矿山安全生产技术支撑机构”，2014年成为河北省指定的非煤矿山建设项目安全设施设计审查与竣工验收单位。公司已建立完善的符合GB/T 19001—2016、GB/T 50430—2017、GB/T 24001—2016、GB/T 28001—2011标准的质量、环境、职业健康安全的标准管理体系，通过了北京中设认证中心的认证并得到了持续有效运行。

公司不仅在冶金矿山和钢铁冶金行业保持国内技术领先，并且在岩土工程、市政与公用设施工程、热电工程领域具有较强影响力，完成了大量城市供热热源厂、供热管网、热力站、净水厂、污水处理厂、道路、桥梁、燃气、热电站工程的技术服务。与此同时，自20世纪80年代至今，公司已承担众多大型工业与民用建筑勘察、设计、造价、监理等任务，其中不乏诸多时代标志建筑，为城市中心建设、地区城镇化发展、教育环境改善和工业进步作出了重要贡献。近年来，公司依托中国地下综合管廊“国家队”中冶集团的技术与品牌优势，积极开发了新的业务市场，赢得了广泛赞誉。

中冶沈勘秦皇岛工程设计研究总院有限公司还是国内最早从事工程建设监理、工程造价咨询、环境影响评价的甲级咨询单位，在地方和行业内具有较强影响力，荣获了河北省优秀监理企业、工程造价国家AAA级信用单位、国家环评先进单位等称号。

中冶沈勘秦皇岛工程设计研究总院有限公司作为国内知名的甲级工程勘察、设计、咨询单位，至今已经成功实施了数千个项目，所涉项目多次获得国家、行业和省部级工程大奖。其中包括国内最大规模的露天采矿工程、单中段开采的地下充填法采矿工程，国内最大规模利用磁选、浮选、磁重浮联合选矿工艺的冶金矿山工程，部分国内知名的超大规模尾矿库工程，同时也成为我国地下采选一体化技术方案设计与实施的先行者；金属冶炼与金属材料工程方面，公司先后在大型电炉短流程炼钢、普碳钢宽带冷热连轧、不锈钢板带冷热轧、钢铁厂污水综合处理、新型多孔石灰窑工艺、烧结矿竖冷窑冷却及余热回收工艺、原料场环保封闭、镁合金板材轧制等领域取得了技术领先和突出的业绩优势，设计完成了国内最大容量电炉、世界首条中厚板连续轧铸生产线、国内首套全国产化的最宽幅不锈钢热轧生产线、国内首套大口径直缝焊管生产线、国内首套全国产化铝板带1+4热连轧生产线。

中冶沈勘秦皇岛工程设计研究总院有限公司完成的重点工程项目如下。

（1）承德建龙特殊钢有限公司南马圈采空区勘察、稳定性研究及治理。

承德建龙特殊钢有限公司为扩大生产规模，征用了建龙水泥厂地段。由于该场地及其附近区域在20世纪八九十年代为马圈子煤矿的开采区，马圈子煤矿停产后，该区域又存在小规模的民采，因此承德建龙特殊钢有限公司针对该场地下伏采空区问题，委托公司对该场地进行勘察、稳定性评价及下伏采空区注浆处治施工。公司对受采动影响的征地范围进行了现场工程地质勘查，并对下伏采空区稳定性进行了评价，提出了合理的采空区处治对策，为承德建龙特殊钢有限公司征用该场地工作提供了决策依据及设计参考，下伏采空区注浆处治施工为后续基建奠定了坚实的基础。

勘察提出的合理建议为承德建龙特殊钢有限公司节省征地投资9 825万元，取得的经济效益十分显著；采空区处治实践中，积累了多层采空区物探识别与判读经验，形成了多层采空区钻探、水下压力注浆及材料配比优化等多项采空区注浆处治关键技术，获得了采空区注浆施工工艺、注浆质量检测、采空区上覆岩体监测和注浆效果评判等宝贵技术资料，为形成可操作性规范积累了经验和基础数据，对类似工程实践具有重要理论指导意义和工程实用价值。

在此项目上的研究成果获得了河北省科学技术厅科技成果的认定，成果水平为国际领先。

（2）山海关关城及东罗城6千米城墙修复工程综合检测稳定性分析及评估。

山海关关城城墙为历史古迹，城墙破坏严重，山海关文物局委托公司对山海关关城城墙（7、8、9、11、13、16、17、18、19、20、21段，共计2 349米）进行勘察及稳定性分析计算工作。公司对影响城墙稳定性的因素进行了敏感性分析，提出了影响城墙稳定性的几个主要因素：城墙坡角、地基土强度、砖强度、夯土强度；对山海关关城城墙的现状稳定性分析及评价，提出了地基处理、夯土处理、砖墙补强处理的范围和方式，对城墙加固工程具有指导作用。该项目在全国优秀勘察设计行业奖评选中获得工程勘察二等奖。

（3）滦县司家营铁矿。

司家营铁矿是一座特大型露天开采铁矿，矿石生产规模2 100万吨/年，采剥总量10 500万吨/年，曾号称亚洲第一铁矿。具有第四系表土剥离、红矿选别、排土场场址选择等诸多技术难题。公司通过近30年的研究，圆满完成了项目勘察、采选工程设计工作。矿山采用汽车—半移动破碎—胶带运输机半连续开拓系统，采掘和运输设备实现大型化。选矿设计攻克了氧化矿选矿难题，采用磁选和浮选工艺，获得了合格铁精粉。目前，司家营铁矿已经建成投产，成为河北钢铁集团矿业公司的骨干企业。该项目被冶金建设协会评定为勘察设计、监理国家优质工程。

（4）滦县田兴铁矿。

田兴铁矿是我国目前在建的规模最大的地下矿山，矿石生产规模2 000万吨/年，采用主、副竖井—辅助斜坡道开拓，充填采矿法采矿。田兴铁矿是目前唯一通过国家级评审，获得开工建设批准的超大规模地下矿山。矿山设计实现了矿石提升、运输自动化控制，凿岩和出矿设备远程控制，采用联排主井群开创了国内主井布置先河，该矿的生产工艺、生产设备、自动化控制程度达到世界先进水平。

（5）遵化石人沟铁矿。

石人沟铁矿是一座露天转地下开采矿山，最终矿石生产规模300万吨/年，采用主、副竖井—辅助斜坡道开拓，充填采矿法采矿。公司发挥自身精湛的技术优势，圆满完成了露天转地下生产的过渡，采用充填采矿法工艺，解决了尾矿库征地困难和井下汇水量大的技术难题。该项工程获冶金建设协会优秀设计二等奖。

（6）河北迁安水厂铁矿——国内最大规模运用单一磁选工艺的选矿厂和国内知名超大型尾矿库。

水厂铁矿露天采矿规模1 100万吨/年，采剥总量5 400万吨/年，是国内最早采用半移动式破碎机+边帮胶带开拓方式的露天矿山之一；选矿厂原矿处理能力1 800万吨/年，磁选规模为国内最大；该矿还拥有国内知名的大型尾矿库新水村–尹庄尾矿库，坝高201.5米，总库容3.773亿立方米。公司承担了该矿的勘察、设计工作。项目选矿厂工程和新水村尾矿库恢复使用工程均获得冶金工业部优秀设计二等奖。

(7)昌黎华夏酒窖——亚洲最大地下酒窖。

2003年5月，中粮华夏葡萄酒有限公司第五期扩建工程全面竣工。第五期酒窖应用传统建筑风格开山凿石筑起的拱形酒窖10座，每栋高6.9米，宽7.5米，长108米，共用356 000块花岗岩砌成，是目前亚洲最大的地下酒窖。该公司办公楼及精品酒窖的建成体现了公司高超的建筑与结构设计水平。

河北省机械科学研究设计院

河钢集团河北省机械科学研究设计院前身为河北省机械科学研究设计院，始建于1961年，是河北省机械行业唯一综合性研究设计单位。

建院50多年来，作为全省机电行业综合配套的省级专业设计单位，围绕全省工业建设，特别是机电工业的建设，完成了多类工矿企业工程建设设计项目、技术改造和技术引进项目以及民用和公共建筑项目等的规划、可行性研究、新建、扩建、改建、迁建项目的设计任务。历年来，完成国家和省内外大中型及重点工程设计项目近2 000项，为河北省机电工业和其他行业的发展和技术进步作出了积极的贡献。

随着我国工业现代化的进展，在社会主义经济建设的各个阶段，全院完成的设计任务大致可分为以下几个时期。

一、20世纪50年代

前期和中期主要是纺织、矿山、发电等工矿企业建设项目的设计，如石家庄大兴、华新纺织厂，八宝山煤矿，章村35千伏变电站等工程项目。后期则转向机电工业建设项目的设计，如保定农机厂、铸造机械厂，石家庄动力机械厂，承德电机厂、矿山机械厂。

二、20世纪60年代

此时期主要是机械基础件和农机工业企业建设项目的设计，如邯郸标准件厂、保定轴承厂、邢台砂轮厂等工程项目。

三、20世纪70年代

此时期主要是内燃机、拖拉机、汽车工业企业建设项目的设计，如邢台内燃机厂，宁晋、石家庄柴油机厂等工程项目。

四、20世纪80年代

此时期主要是大量针对产品更新换代和加强机电一体化的技术改造项目的设计以及部分技术引进、合资、出口创汇项目的设计；同时，还完成了一些非标准设备、生产线、工装模具的设计任务。由于设计体制的改革，引入了技术市场机制，呈多样化趋势。除仍以机电工业项目设计为主外，还扩展到轻工、食品、建材、交通以及民用、公用工程项目。如保定继电器厂、邯郸棉花机械厂、张家口玛钢厂、秦皇岛机电技工学校等。

在20世纪七、八十年代，设计院承担并完成了多项工艺研究项目以及其他行业的非标准机械设备设计及科研项目。如完成了石家庄轨枕厂的非标准设备设计、沧州供销社的远红外红枣烘干炉研制；与河北省电子研究所合作完成了石家庄显像管厂的显像管自动测试台和老练台的研制；与北京农机化学院合作完成了束鹿（现辛集）机械厂的球墨铸铁曲轴软氮化工艺研究；完成了定县齿轮厂的CO_2碳势红外自控渗碳应用研究、石家庄轴承厂轴承内圈毛坯温挤压工艺研究、石家庄食品四厂的熟肉加工生产线设计、张家口玛钢厂和冀县暖气片厂的铸造生产线设计等任务，并已应用于生产。

五、20世纪90年代

作为全省机电行业综合配套的省级专业设计单位，围绕全省工业建设，特别是机电工业的建设，完成了多类工矿企业和民用、公共建筑等工程项目的整体规划、可行性研究以及新建、扩建、改建、迁建的设计任务，已成为全省机电工业生产的骨干企业。1990—1996年，完成国家和省内大中型及重点工程设计项目近200项。其中，邯郸棉花机械厂技改工程项目荣获1991年度河北省优秀工程十二等奖，阳泉二矿体育馆项目荣获1991年度河北省优秀工程设计表扬奖、省机电厅优秀工程设计三等奖。

六、1997年至今

作为全省机电行业综合配套的省级专业设计单位，从20世纪90年代中期，主要围绕全省工业建设开展工作，完成的工程设计项目包括本行业的农业机械、汽车、机床工具、重型矿山机械、石化通用机械、仪器仪表、电机电器、轴承、标准件和通用基础件等机电工业建设项目以及众多民用、公用工程和部分行业外的工程建设项目。特别是机电工业的建设，完成了多类工矿企业、民用和公共建筑等工程项目的整体规划、可行性研究、新建、扩建、改建、迁建的设计任务。如石家庄安瑞克气体机械有限公司能源气体关键装备制造项目，石家庄工大化工设备有限公司新厂区项目，石家庄双鸽食品有限责任公司扩繁场项目等。

自1997年至今，公司累计完成的施工设计任务达300多项，工程设计项目遍及省内外，为河北省机电工业和其他行业的工程建设、发展和技术进步作出了积极的贡献。

河北中核岩土工程有限责任公司

河北中核岩土工程有限责任公司的前身最早成立于1958年10月，从成立到现在，先后经历了湖南、江西、湖南、河北几次大搬迁，单位名称几经变化，从最初中南矿业公司勘测队的组建到隶属核工业第四研究设计院时的成长，再到现在改制为河北中核岩土工程有限责任公司后的发展，风风雨雨61年，经历了核工业为军用服务及为国民经济和人民生活服务两个大的创业阶段。在创业路上品尝了酸甜苦辣，也收获了丰硕果实。

“中国要有原子弹”，20世纪50年代国家领导人的高瞻远瞩拉开了中国核工业人第一次创业的序幕。造原子弹需要铀，1958年在湖南衡阳组建成立了中南矿业公司勘测队，也就是河北中核岩土工程有限责任公司的前身，作为核工业系统最早的甲级工程勘察单位之一，在核工业矿山设计选址、矿山建设中，中核岩土工程公司的前辈们担负起铀矿冶系统在各省、自治区的勘察工作。河北中核岩土工程有限责任公司这支主力部队1963年与江西勘察队合并，合并后的勘察队设在湖南衡阳，更名为七〇九勘察队。1964年10月16日，飞腾的蘑菇云，让中国扬眉，令世界瞩目，更让为之付出过努力的人们振奋和自豪。272、279、721、796……在不知情人的眼里，这些就是几个数字；在老一辈勘察人员的心中，这些由他们亲手勘测过的以数字命名的铀矿山和铀水冶厂，将密林深处地下的铀矿石转化为宝贵燃料，它们是蘑菇云的生命之源，更是见证了自己的青春、热情、智慧和汗水的圣地。

1965年下半年，七〇九勘察队由湖南衡阳迁往江西南昌。1969年10月，二机部第一设计院、第三设计院、七〇九勘察队合并为第二机械工业部第四设计研究院，当年12月迁至湖南衡阳，七〇九勘察队更名为核工业第四研究设计院勘察大队。

1978年，应衡阳市地方单位和部队的要求，水文分队开始为地方找水打井，这也是勘察队为社会服务的第一步，为几年后正式进入市场经济和面向社会创造了有利条件。1980年，勘察队参加研制的“联合DHC-500型红外光电测距仪”获重大科技成果三等奖。

1983年，单位开始搬迁至石家庄，在经济体制改革方针指引下，开启了以民为主的自主经营、独立核算、自负盈亏经济体制下的新篇章。勘察队转变思想和经营方式，确立了“以市场为导向、以质量信誉求发展”的生产经营思路，并在建设部申请了首批甲级勘察资质，1986年将核工业第四研究设计院勘察大队更名为核工业第四勘察院，对外开展经营活动，制定并推行内部经济责任制，并陆续在上海、北京、深圳等地建立了分公司以扩大经营领域，进行专业结构调整，增加了岩土施工资质，从专业院校引进一批批学生充实队伍……

在艰难跋涉中，有过捉襟见肘的窘境，有过对前途的迷茫，但最终他们走出了自己的发展之路，在工业与民用建筑等岩土工程领域占据了一席之地，承接完成了工厂、民用、房地产、道路、桥涵、隧道、电力、管线等建设项目的工程测量、岩土工程勘察、水文地质勘查、地基与基础施工等1 000项工程，不仅解决了职工的温饱问题，也在市场弄潮中得到了极大的锻炼，将单位的先进技术和优良传统进行了广泛的传播，成为地方上具有一定知名度的企业。

大到城市中一幢幢拔地而起的高楼、一桥飞架南北西东的城市立交，小到滋润农牧民生活的一口口水井，都记载着勘察院那段难忘的历史。

中国核电发展的春天也就是中核岩土工程公司人的春天。从秦山核电一期的小试牛刀到1994年起全面进军核电建设领域，公司先后承接完成了秦山核电二期扩建和秦山核电三期、田湾、大亚湾等核电项目核岛、主厂区及相关场址的各阶段勘察、测量、地基处理等百余项工程，积累了丰富的实践经验和行业知名度。

但随着市场经济深入发展，旧的体制成为束缚企业手脚的主要障碍。他们审时度势、更新观念，2002年完成企业整体转制，成立了具有独立法人资格的河北中核岩土工程有限责任公司。公司总部地处石家庄市繁华商业区，有独立的办公院落和库房，有齐全先进的生产设备、监测检测仪器、现代办公设施等。

公司领导积极主动进行管理创新，如改制之初克服重重困难和阻力，完成公司原有富余工人下岗分流、买断和干部内部竞争上岗、薪随岗定的举措，彻底改变了公司过去人员结构不合理、人浮于事以及小团体作风；对生产部门采取独立核算、自负盈亏等措施，不仅理顺了内部关系，让改制后的公司轻装上阵，大大降低了工程成本，提高了工作效率，也为企业改制和建立现代企业制度打下了良好基础。在企业内部管理上，狠下功夫，不断完善管理体系，建立健全内部的生产、经营、财务管理和经济核算制度，真正做到制度管人，明确每人的责、权、利的同时，对项目实行全过程管理，实行公司质量、环境、职业健康安全管理方针，即创优创新、顾客满意，安全第一、关注环境，预防为主、遵纪守法，持续改进、止于至善。

改制转型使公司如虎添翼，经营范围不断扩展，加强了在上海、北京的经营力度，新设立了天津、苏州、深圳、青岛等分公司，经过几年的努力，公司一年上一个台阶，业务范围覆盖全国各地，业务市场已涵盖了全国近三十个省及工民建、核电、核工程、铀矿冶、铁路、公路、地铁等地区和行业，并开拓了尼日尔、坦桑尼亚、斐济、巴基斯坦等国外市场；在核电领域更是进入收获的季节，先后完成了浙江三门、山东海阳等数十座在建和拟建的核电工程的工程测量、工程勘察、地基处理、监测、地质灾害危险性评估。公司已成为我国核电站前期建设勘察、施工知名企业，在勘察行业具有良好信誉。

公司2006年被评为“全国优秀勘察设计企业”；2008年首批荣获“全国工程勘察与岩土行业诚信单位”称号，并于2009年获得“石家庄五一劳动奖章”；2011年、2013年被评为“河北省百家专业优势建筑企业”；2013年被评为“全国勘察设计行业创优型企业”，赵在立总经理被评为“全国勘察设计行业优秀企业家（院长）”；2017年荣获“全国建筑业3A企业”“全国工程勘察与岩土行业诚信单位”；2018年荣获“石家庄市信用协会2A级企业”“石家庄市建筑业先进企业”，并成功申报成为高新技术企业等。

公司拥有六十多年的发展史，拥有各种专业技术人才，具有良好的人才梯队，完成的项目获国家和部级科技进步、优质工程奖100多项，公司专业技术人员曾先后9人次参与国家《工程地质手册》等的编写和改版新编工作；近年来又参与编写了《核电厂水文地质调查与评价技术规范》和河北省《建筑基坑工程技术规程》，参与审核了《核电工程勘察规范》，取得多项技术专利（静载荷试验控制程序软件、压力试验机控制软件等）。

公司十分重视吸收国内外的先进技术，以多种形式与国内大专院校、科研院所、同行企业进行合作交流，致力于新技术、新工艺、新产品的应用，技术能力在同行业中始终处于排头兵位置。近年来，陆续投入数百万元购买、更新试验设备、软件等，如现在的“科研试验中心”（原土工试验室）已成为河北省工程勘察行业试验项目最多和最全的综合性试验室之一；一大批先进的计算机、工程勘察、设计软件和检测、测量设备如虎添翼般应用于各项目。

60多年的砥砺前行，60多年的拼搏奋斗，中核岩土工程公司人将在“事业高于一切、责任重于一切、严细融入一切、进取成就一切”的核工业精神和“团结进取、开拓求实、科学诚信、高效优质”的企业精神指引下，继续开拓、拼搏，朝着巩固发展现有专业并逐步向相关专业和行业渗透的目标不懈努力。

河北华热工程设计有限公司

河北华热工程设计有限公司是一家集咨询、设计、总包、投资、研发、管理运营于一身，涉及多个领域的综合性热力能源科技公司。

公司成立于1994年，现有员工200余人，注册资本金1 000万元。公司下设北京、天津、石家庄、承德、河南等办事处。

公司是伴随着城市集中供热行业发展成长起来的高新技术企业，业务范围包括工程咨询、工程设计、工程总包业务、投资运营、能源科技管理、社会服务等，业务范围覆盖了北京、河北、河南、山东、山西等二十几个省、直辖市。经过多年来的探索、实践，从项目筹建、设计、施工、运营、管理等方面已积累了成熟的经验，并建立了完善的质量保证体系，拥有ISO9001质量体系认证、职业健康安全管理体系认证、环境管理体系认证等证书。

公司拥有市政公用工程（燃气热力）咨询甲级资质，可以编制项目可行性研究报告、项目申请报告、资金申请报告、固定资产投资项目节能评估文件等咨询项目文件。

公司拥有市政公用行业热力甲级、城镇燃气工程专业乙级、建筑行业建筑工程乙级资质，拥有压力管道设计GB1、GB2、GC2、GC3、GD2资质，具备热力、燃气、建筑资质范围内工程总承包、工程设计的能力，先后完成了国内最大DN1400供热管网工程、5×116兆瓦热水锅炉工程、DN1200钢套钢直埋蒸汽管网多次穿越河流工程、世行清洁能源项目以及高差200多米穿河流、越高山等一批高难项目工程，在本行业和社会上享有较高声誉；完成的多项成果、科研论文荣获国家、省部级和市级奖励。

在投资运营方面，参股承德龙鸿热力有限责任公司、承德龙宇热力有限责任公司，资产超亿元。

公司在对外技术合作交流上不断创新、大胆尝试，与芬兰能源俱乐部创建了“中芬供热技术合作中心”，中心的建立标志着与芬兰在能源效率、可再生能源和供热与制冷领域搭建起一个国际性的创新合作平台。另外，还与芬兰普兰诺拉有限公司、盖博维尔公司签署了战略合作协议。公司还依托清华大学等国内多所著名高校及科研院所的前沿技术平台，组成了国家级专家顾问团队，与国家一流的华南理工大学共同组建了北京华粤热电研究中心，不断进行技术创新，在行业内始终保持技术领先地位。

公司是河北省勘察设计协会常务理事单位，河北省城镇供热协会副理事长单位，中国城镇供热协会、中国热电专委会、河北省咨询协会、天津市供热协会会员单位；协办《河北燃气与供热》《热电联产动态》省级及国家级杂志，主办《河北燃气与供热》协会网站，协办《承德市专家协会》网站。

公司坚持以“诚信为本、客户至上、创效双赢”的经营理念，全方位为客户提供优质服务，愿与国内外各界精诚合作，携手并肩向国家级能源强企迈进。

河北天艺建筑设计有限公司

河北天艺建筑设计有限公司是河北省一家创立于2002年的民营设计企业，拥有建筑工程设计甲级、风景园林设计乙级及城乡规划编制等多项设计资质，现有包括规划、建筑、景观、室内、BIM等诸多领域的专业技术人员和设计团队百余人，在综合社区、城市中心区规划及高科技生态办公建筑、城市综合体、高档酒店、顶级别墅、个性化高档居住等多种建筑类别的建筑设计和景观设计方面实力雄厚。

公司创立以来，天艺人始终坚定“天道自然，艺无止境”的创业初心和高远目标，秉承“科学管理、竭诚服务、精心设计、质量第一”的执业宗旨，践行以不断增强企业综合实力来谋求企业持续发展的经营理念，注重全体员工的专业技术水平及爱岗敬业综合素质的全面培养和提升，积极探索、开拓多地区、多领域的业务市场，推广实施项目全过程的信息化协同管理，力求以丰富的创意、先进的理念、严谨的态度、扎实精细的设计、科学的管理及高效周到的服务完成每一次设计委托。多年来，天艺公司以丰富的经验、杰出的作品和良好的服务著称于业内，业绩遍布河北、河南、山东、黑龙江、宁夏、内蒙古、天津、西藏等省、市、自治区，设计作品多次被评为省级、市级优秀设计工程。

近年来，天艺公司紧跟国家相关政策，大力发展技术创新，取得了一系列的突破和成就。

天艺公司积极推广可持续性发展、节能型建筑和新型结构体系，主编了河北省工程建设标准《CL建筑体系技术规程》，正在参与编写《CL装配式免拆模板系统应用技术标准》。

天艺公司积极探索BIM技术在工程设计中的深化运用，参编了多部河北省工程建设标准，其中《河北省建筑信息模型应用统一标准》《河北省建筑信息模型设计应用标准》均已发布实施，《河北省建筑信息模型验收与评价应用标准》仍在编写；现已掌握了三维漫游、VR等先进技术，实现了运用BIM技术对装配式构件进行拆分深化设计，进而解决装配式预制构件钢筋碰撞问题及对管线布局进行综合优化设计等。

天艺人将继续践行以不断提升企业综合实力来谋求持续发展的经营理念，不断创新进步，不忘初心，坚守执业宗旨，以极大的热忱及负责的态度、先进的理念和完备的专业技术为社会提供优秀的设计作品和高效高质的过程服务。

天俱时工程科技集团有限公司

2009年，天俱时集团成立河北医药工程设计有限公司，并于2011年1月取得工程设计资质，2013年更名为河北天俱时医药化工工程设计有限公司。2019年6月，为全面落实《国务院办公厅关于促进建筑业持续健康发展的意见》精神，大力推进工程总承包发展，实现企业竞争力要素的精准组合和资源优化配置，集团公司进行了组织架构战略转型，吸收合并河北天俱时医药化工工程设计有限公司，成为全封闭EPC架构中的专业设计公司，简称天俱时工程设计研究院。目前，天俱时工程科技集团有限公司拥有工程设计化工石化医药行业甲级、建筑行业（建筑工程）甲级、环境工程（大气污染防治工程、水污染防治工程）专项乙级等设计资质。

一、十年变革磨一剑：岁月不居，时节如流

2009—2019年，10年栉风沐雨，10年沧海桑田，天俱时工程设计研究院从一个不足10人的小设计团队开始，一步步走到今天，成为拥有行业甲级资质、上百人设计团队、整体工艺研发设计实力的医药建设领域排头兵，印证了企业与祖国繁荣富强共变革、共发展的辉煌历程！从2011年1月首次取得冶金行业乙级工程设计资质，招贤纳士积蓄设计人才，到承接第一个冶金行业的工程设计项目，与建设方朝夕相处圆满交付使用；从企业突然遭遇冶金行业大洗牌变故，设计任务急剧减少，到企业“挥泪斩马谡”，果断放弃冶金工程设计，寻求新的变革发展路径；从企业痛定思痛中走出，确定开拓创新医药建设工程设计领域的战略，到高精尖设计团队的加盟，源源不断的工程设计任务；从企业工程设计资质不断上台阶，设计项目高科技大规模上品牌，到行业有名有位有信誉，成为制药领域EPC模式的先行者、创新者；天俱时，攻克了一个又一个生存中的难关，解决了一道又一道变革中的难题，实现了一次又一次的起飞跨越！

2019年，是天俱时再行变革创新的元年。天俱时确定的以设计为引领的制药板块、冶金板块、环保板块工程总承包战略，将各领域工艺研发、工程设计融入项目施工、设备采购、调试运行之中，更能为用户提供从工艺方案、工程设计、自动化集成、机电安装、环境治理到调试维保的一站式优质服务；天俱时洞察市场变幻而完成的吸收合并、重组分立等多项重大变革，不仅使企业经营架构与市场接轨，而且为企业做大做强奠定了坚实基础；天俱时成立的天俱时上海设计院，标志着企业新的突破，其研发、设计、施工的触角将覆盖生物制药、化学制药、药物制剂等全制药行业，为中国制药企业提供符合最新监管法规和行业指南要求的顶尖制药厂建设方案。变革，不仅是一种客观的、历史的、必然的选择，也是一种主体的、理性的、智慧的抉择。

二、砥砺前行自奋蹄：时光如河，奔腾不息

2009—2019年，10年精耕细作，10年厉兵秣马，天俱时工程设计研究院从年设计收入几十万元起步，一年年突破提升，到不断承接国家重大工程项目，年设计收入达数千万元的今天，折射的是奋斗者们砥砺前行，永不退缩的足迹和探索认知把握市场风云变幻的敏锐眼光。2013年，企业转型开始进入制药工程设计领域，面临的是一无专业设计人员，二无制药工程市场份额的艰难困境，企业的高层领导者们不忘初心、牢记使命，坚持以“文化建设”为企业生命力之底色，以“组织创新”为企业生命力之保证，以“人才建设”为企业生命力之支撑，科学、健全、行之有效的人才建设机制犹如一棵梧桐树，引得凤凰来，武亚锋、丁之洁、潘厚昌、董文良、薛龙等一批行业内知名设计大师、技术专家和顶尖医药工程设计团队纷纷加盟，预示着天俱时工程设计春天的到来，为企业迅速走出困境、展现活力提供了强大动力。2018年，企业取得化工石化医药行业甲级设计资质，2019年企业完全具备EPC工程总承包能力。今天，天俱时又开始为追

寻新的奋斗目标在做不懈的努力。

企业兴盛，离不开精神的支撑。天俱时始终秉承“为客户创造价值、为员工创造价值、为股东创造价值”的核心价值观和“平等、尊重、信任、合作、分享”的企业文化理念，为全体员工精心打造学习成长进步的平台。企业每年投入300万元以上，让坚持十多年的高层国庆学习周、中高层EDP培训和EMBA学习深造、天俱时大学讲学堂等经久不衰，从文化、经济和专业的角度为员工成长进步提供了阳光雨露。企业兴盛，更离不开员工的奉献。让天俱时有为的员工有位，让天俱时耀眼的新星有光芒，让贡献突出的员工有回报。设计人员轮岗制、年度营销榜、红名单计划、四杰评选和奖杯、终身员工体系、管理通报制度等机制的相续建立，一个个奖杯镌刻着企业对员工辛勤付出的肯定，彰显着企业为员工实现梦想、承载荣耀、创造幸福的印记。企业兴盛，天俱时更不能忘记所有朝夕相处共同参与工程项目的建设者们。“超越客户预期”是天俱时始终秉持的经营理念，通过持续为客户提供理念领先、性价比高的服务而为客户创造价值是天俱时不懈的追求。已连续举办了11届的“天俱时科技论坛”，邀请国际国内最优秀的院士学者作为主讲嘉宾，传播前沿科技信息与先进发展理念，为产业可持续发展凝聚智慧与力量，已成为中国医药环保行业高端技术交流平台之一。“天俱时专业技术交流会”创办于2017年，已在河北省内成功举办医药工艺技术、医药行业电气、药厂建筑结构等三期技术交流与互鉴，受到省内同行和用户的赞誉和支持。“天俱时交付”是天俱时企业对客户永远的承诺，天俱时致力于医药、环保、冶金领域高端项目建设的工程总承包，为客户提供一站式、全方位、超预期的优质服务和一体化先进科技高端的解决方案，“完美的交付”是天俱时永无止境的追求！

河北博科工程咨询有限公司

河北博科工程咨询有限公司成立于2008年，是一家创新型、智力型综合设计咨询服务企业，员工规模达150余人，其中国家注册工程师20人，中高级职称56人；具备建筑行业甲级、人防设计甲级、市政行业乙级、化工专业乙级、城乡规划乙级等专项资质；拥有一级注册建筑师3人，一级注册结构师3人，注册公用设备工程师5人，注册规划工程师4人，注册化工工程师5人，人防防护工程师13人和多位省内勘察设计行业大师组成的顾问团队。河北博科是河北省勘察设计协会会员单位；河北省人民防空理事会副会长单位；河北省BIM技术委员会副会长单位；河北省BIM技术协同创新联盟副秘书长单位；中国城市科学研究会数字城市专委会副会长单位；中国建筑学会主动式建筑学术委员会理事单位；全国隔震减震专家委员会会员单位。公司分别通过了质量管理体系认证、环境管理体系认证和职业健康安全管理体系认证，并建立了高效的管理机制和工作流程，专业化的人才队伍保障了产品质量和服务水平。河北博科自成立以来在行业内持续耕耘，积极面对市场挑战，抓住市场机遇，紧跟改革步伐，大胆创新，多次实现跨越式发展，业绩斐然，获得了社会各界的高度认可。

2008年，霸州市博科工程咨询有限公司成立，取得建筑工程设计乙级资质、房屋建筑工程施工图审查二类资质。

2010年，正式更名为河北博科工程咨询有限公司。

2011年，升级为建筑工程设计甲级资质、房屋建筑工程施工图审查一类资质。

2012年，公司瞄准人防工程设计市场空白，抢占先机，成为省内为数不多的拥有人防设计资质的设计企业，在房建、市政等常规业务之外，开辟了新的市场空间。

2013年，BIM技术在国内得到全面推广，整个建筑行业都开启了BIM技术的学习与落地应用进程。河北博科积极响应国家建筑业信息化发展号召，在公司内部选拔专业人才，成立了BIM事业部，开启了廊坊勘察设计行业BIM技术落地进程。公司利用BIM信息技术和互联网数据库技术，将建筑工程构建成多维数字化模型，将项目单一管理、平面管理转变为立体精细化、信息化管理。公司与北华航天工业学院共同成立了“BIM工程研究中心”，在2015年的中国住博会上，公司作品“丽晶城”获得当年中国BIM技术交流会暨优秀作品案例推荐会最佳BIM设计应用奖二等奖。时隔两年，在2017年中国技能大赛·河北省建设行业“建工杯”职业技能竞赛中荣获BIM技术应用奖二等奖。

2015年，为响应国家对绿色建筑工作的开展要求，加快推进绿色建筑项目的全面实施，使建筑节能工作稳步向前发展，河北博科作为参编单位参与河北省工程建设标准《绿色建筑设计标准》的编制工作。

2016年，根据国家政策与行业环境，结合公司实际情况，河北博科制定了新的五年发展规划，明确全面围绕以“市场”为驱动，以“运营”为中轴，搭建以BIM技术为核心的精准信息化综合运营管理平台。“人力、研发、市场、运营”四线结合，形成闭环体系工作机制，有效理顺企业内外部关系。在公司整体运营平台上，集中调配各部门优质资源，降低生产交易成本，提高企业经济效益，提升公司整体竞争力，稳定和推动公司发展；引进高素质、高学历人员，梳理划分设计员工素质模型，优化整体员工结构，以项目制管理模式建立专项设计工作组；做强房建设计业务，研发固化以普通及人防车库为主的地下空间设计流程、标准，建立特色专项业务产品线。安济嘉园1#至4#楼项目被评为2016年河北省优秀工程勘察设计行业奖三等奖；廊坊市威航物流标准化厂（库）区18#办公楼项目被评为2016年河北省优秀工程勘察设计行业奖三等奖。

2018年，河北博科又进行了大刀阔斧的改革：调整管理架构；加大人才引进力度，完善人才建设体系；建立平台管理系统，完善项目生产流程，精细化控制设计节点，提高生产效率；资质升级建筑行业甲级资质，市政行业乙级、化工石化医药行业（化工工程）专业乙级；成立非公企业基层党组织，发挥党的指导作用，使党组织成为企业发展的有力支持。王府社区5#地下车库项目被评为

2018年河北省优秀工程勘察设计行业奖二等奖；德仁翡翠城地下车库项目被评为2018年河北省优秀工程勘察设计行业奖三等奖；台湾新城京台嘉苑小区人防工程人防车库项目被评为2018年河北省优秀工程勘察设计行业奖三等奖。

2019年，河北博科再次获得多项省级荣誉，经编厂宿舍改造二期1#人防工程项目被评为2019年河北省工程勘察设计项目一等成果；金银湾小区地下车库项目被评为2019年河北省工程勘察设计项目二等成果；年产1.1亿平方米包装盒（箱）及8 000吨纸塑基多层复合软包装精品、瓦楞包装车间项目被评为2019年河北省工程勘察设计项目二等成果；廊坊利特佳文具制造有限公司富士康配套生产项目联合厂房项目被评为2019年河北省工程勘察设计项目三等成果。

一、文化哲学：传承与创新共举，爱心与责任并重

河北博科在成立之初便定下了“博洽为源、厚德至信；科技为先、臻善共赢”的经营理念和“全力打造国内一流的智力型、服务型、复合型咨询企业”的企业愿景，以诚实守信、勤学精进、严谨自律、谦敬感恩为行为准则。传承至今，新一代的博科人创业之心不减，守业之情更浓。建筑服务业是一个充满激情的行业，从事其中，博科人胸怀梦想；有梦想才能激发人的激情；有激情才能不断创新，超越自我；企业发展了，就会有更大的梦想，产生更大的激情，周而复始，螺旋上升，使企业富有活力，基业长青。

爱社会，能力越大，责任越大，回馈社会，感恩社会，是博科一直践行的。从向西藏牧区捐赠衣物和学习用品，到关爱孤残儿童，捐赠医疗费用，再到贫困助学，捐赠学生校服，再到关怀孤寡老人、残疾人，博科用实际行动树立了大爱无疆的典范，受到了社会各界的高度评价。

二、产业哲学：品牌化、专业化、差异化

品牌是企业所有行为给客户的综合感受。品牌建设涵盖了形象策划、渠道建设、宣传推广、市场营销、口碑管理等诸多方面，而其根本，一是过硬的产品质量，二是周到的服务。产品质量是基础，是企业的生命线；服务是保证，是实现产品增值与客户满意的必要条件。品牌化建设是博科发展迈上新台阶、走向新高度的必经之路。

建筑服务业对专业技术要求极高，专业化发展就是要做精做强，在专业领域做到行业先锋，凭专业实力，夺取话语权；同时，专业化又能很好地辅助品牌化发展。

进一步建立差异化的竞争，快速占领优势市场并向外拓展，提升新业务业绩比重，不断在蓝海业务中放大差异化竞争优势，实现业绩和资本的快速增长。

三、发展哲学：人才同管理相适应，党建工作与企业发展相融合，“引进来”和“走出去”相结合

人才推动管理优化，管理促进人才成长。通过选择与企业发展要求相匹配，与企业核心价值观相一致的人才，并根据员工的职业规划和从业意愿，将其放到有利于发挥长项、发挥才能的合适岗位，由“点”到直系管理的“线”，再到协同管理的“面”，最终形成高效的管理体系。每一个“点”都充分发挥能动性，推动管理体系和制度的逐步优化完善，而现代化管理体系的建立又为人才成长提供了空间和条件。

对于博科而言，虽然经历了十余年的发展，但仍处于上升发展阶段，提升空间依然很大，做好党建工作，将人才培养成党员，将党员培养成人才，促进党组织与企业核心管理团队相融合，有利于发挥政治对经济发展的指导作用，将党的精神渗透到企业发展当中，贯彻于企业经营行为之中，与党保持步调一致，使企业发展方向不偏离国家政策引领，丰富企业文化，为企业发展挖掘新的资源。

建立开放、包容的企业姿态，将前沿的科技理念与概念“引进来”，让公司的研发成果“走出去”；将同行业中的优秀案例和经验“引进来”，让公司的样板工程、标杆工程“走出去”；将更多的大客户、更广的业务合作“引进来”，让公司的企业信誉和社会形象“走出去”。

11年来，河北博科亲历了行业发展变革带来的巨变，也在改革开放浪潮中奋勇拼搏、不断成长，河北博科为祖国的繁荣富强感到骄傲，也为勘察设计行业的蓬勃发展由衷自豪。今后，河北博科会继续肩负起“求发展、聚民心、促和谐”的使命和责任，为建设美丽廊坊、和谐廊坊作出更大的贡献！

中冶地建设集团（三河）建筑设计咨询有限公司

中冶地建设集团（三河）建筑设计咨询有限公司归属于国资委领导下的中国冶金地质总局（央企），注册地为廊坊市三河市燕郊国家高新技术开发区，具有建筑行业（建筑工程）甲级资质和市政专业乙级资质。公司下设贵州江口、西藏芒康、福州、厦门等分公司，现有职工150人，各类专业技术人员135人，高级工程师25人，国家注册一级建筑师4人，二级注册建筑师10人；国家注册一级结构工程师4人，二级注册结构工程师6人；国家注册设备工程师（给排水、暖通、电气专业）各2人。

公司党组织为中国共产党总支部委员会，下设三个党支部和党建办公室，党员人数约占职工总人数的三分之一，同时也是公司发展、壮大的主力军。各党支部充分发挥战斗堡垒作用，党员充分发挥先锋模范作用，公司发展势头良好。

公司拥有先进的技术设备和设计手段，不断繁荣建筑创作，提高设计水平，注重设计质量，力创设计精品。在科技投入、技术进步上都得到了进一步发展。

公司注重加强管理，强化成本控制，坚持“以人为本”的管理理念，建设高素质的职工队伍，成效明显。在改革不断深入，科技发展日新月异的今天，公司坚持诚信、求实的原则，继续发挥优势，努力进取，让管理产生更大效益。在建筑工程设计中，认真贯彻 GB/T 19001和ISO9001系列标准，并于2012年通过了质量管理、职业健康、环境管理等体系认证，曾被河北省建设厅评定为资质年检绿色通道单位。

公司始终恪守“为用户创造最大价值”的宗旨，坚持“精心设计、科学管理、信守合同、业主满意”的理念，竭诚为顾客提供一流的服务，携手共创新世纪的辉煌。

目前，公司处于转型升级阶段，正积极参与EPC项目，合同项目遍及贵州、西藏、湖北等多个省、自治区。公司今后的目标是努力把这个业务板块做大做强，并已取得明显效益。

公司成立于1974年4月，经过多年的努力，从最初的设计室一步一步走来，建筑设计资质由丙级升为乙级、由乙级升为甲级，到现在又增加了市政专业乙级资质，业务范围遍及全国各地和海外，队伍逐步壮大。

40多年来，在社会各界的大力支持下，通过自身努力及与国内外设计同行的合作，完成了大量的工业与民用建筑设计任务，为当地的基本建设和发展作出了积极贡献。建筑、结构形式由简单不变发展到现在为复杂多样，设计能力有了质的提高。设计形式由趴图板发展为CAD，生产效率有了飞跃提高，充分印证了“科学技术是第一生产力”的论断。

公司从创建之初就尊重知识、尊重人才，具有良好的学术氛围，传承央企文化，积极增强社会责任。公司组织机构健全，工会在营造“职工之家”中起着重要作用，文体活动丰富多彩。全体职工在积极向上、和谐融洽的氛围中，为实现“两个一百年”目标而努力奋斗。

公司多次被上级主管部门评为先进单位，设计作品多次获得省部级和市级优秀奖。在2008年河北省优秀中小户型住宅设计方案评选中荣获普通商品住宅三等奖；2009年“潮白人家”住宅小区经中国人居典范评审委员会评审，获中国人居典范建筑规划设计奖——最佳设计方案金奖；2014年在内蒙古自治区示范性养老院建设项目方案设计竞标评选中荣获优秀奖；2015年设计的鑫乐汇购物广场获优秀工程勘察设计三等奖。

唐钢国际工程技术股份有限公司

唐钢国际工程技术股份有限公司（以下简称“唐钢国际”）始建于1973年，是中国冶金工程技术领域的中坚力量，河北省冶金勘察设计行业的领军企业。

唐钢国际拥有冶金、建筑行业设计甲级资质，冶金（钢铁）、建筑专业资信评价甲级资质，工程监理综合资质，市政公用、电力、压力管道设计、工程造价咨询、工程测量等资质，先后获得国家级、省部级优秀工程设计奖、发明奖、科技进步奖、优秀工程质量管理奖百余项，是国家高新技术企业、河北省科技型中小企业、河北省科技小巨人企业。

唐钢国际现有员工500人，其中高级技术职称占40%以上、博硕士研究生占30%以上，是河北省内集工程设计、研发、咨询、监理、总承包于一体，业务覆盖国内外钢铁、环保、市政、建筑工程等各领域的创新型国际工程技术公司，年纳税2 000万元以上。

一、坚定自信——伴随改革开放步伐成长壮大

唐钢国际前身为唐山钢铁集团有限公司设计处，于1973年成立，1984年更名为唐钢设计院，1992年更名为唐钢设计研究院。作为企业设计院，唐钢国际秉持“源于生产、服务于生产”的设计理念，至2000年的近三十年时间里，积累了丰富的实践经验，为今后的腾飞筑牢了坚固的基础。

1999年11月，《关于工程勘察设计单位体制改革的若干意见》出台，全国各地纷纷推进勘察设计单位改革。2000年4月，唐钢设计研究院整体设立为唐山钢铁集团设计研究院有限公司，具有独立法人资格，为唐钢全资子公司。从此唐钢设计研究院有限公司直接面向经济建设主战场，充分发挥自身技术知识密集优势，优化人才、技术、管理、资产等资源配置，改革人事、劳动和分配制度，充分调动工程技术人员的积极性和创造性，大力推进技术创新和设计创优，逐步建立起了符合社会主义市场经济要求的企业管理体制和运行机制。

2004年11月，唐钢设计研究院有限公司积极响应国家号召，由唐钢全资子公司改制为唐钢国有股份30%、员工股份70%的混合所有制企业，更名为唐山钢铁设计研究院有限公司，并按照现代企业制度要求，设立了董事会、监事会和总经理领导下的经营管理机构，极大提高了企业核心竞争力。

2006年起，唐钢设计研究院有限公司开始走出国门，走向国际冶金工程技术市场，2011年12月，唐钢设计研究院有限公司更名为唐山钢铁国际工程技术有限公司，明确了做国际化工程技术公司的战略方向。

2015年，唐钢国际初步确立了登陆资本市场，进入上市公司体系的远期规划。2016年6月，唐钢国际进行股份制改造，整体变更为唐山钢铁国际工程技术股份有限公司，公司治理更加规范、透明、开放、有活力、有韧性。

数十年如一日的积淀，锤炼了“唐钢国际”四个字的品牌形象与内涵，唐钢国际早已成为业内外公认的技术先进、质量过硬、管理高效、服务周到的品质保证。2018年4月，唐钢国际实缴注册资本至1亿元，同年5月，正式更名为唐钢国际工程技术股份有限公司。

二、勇于创新——持续提升设计理念和技术水平

（一）探索冶金行业绿色发展之路

唐钢国际46年发展历程，见证了钢铁冶金行业改革开放以来的沧桑巨变。中国钢铁几十年快速发展，由小到大、由弱到强，产业规模不断扩大，随即而来的是能源、环保的巨大压力。面对行业发展瓶颈，唐钢国际主动超前、敢为人先，率先将“绿色冶金”“清洁工厂和清洁生产”等理念应用于工程设计过程中，并于2008—2010年成功实施了唐钢全面厂容治理项目，将唐钢打造成为全国钢铁行业首个“绿色花园式”工厂，彻底颠覆了人们对

传统钢铁生产企业的形象认知，在国内外引起了强烈反响和广泛赞誉，为国内外钢铁企业绿色转型树立了典范。

唐钢厂容治理项目的成功，也使唐钢国际站上了绿色冶金工程技术领域的最前沿。项目实施过程中，唐钢国际在除尘环保、二次资源利用、固废物处理、物流优化、管网综合、信息化建设、企业生态建设等方面广泛创新并形成了多项专利技术，并最终形成"清洁生产技术集成"，荣获国家科技进步一等奖、河北省优秀设计一等奖等多项奖励。

（二）推动二维平面到三维立体设计变革

三维技术是新形势下工程建设领域的标志性技术，也是唐钢国际"一站式服务理念"的重要组成之一。三维技术能够将建设单位、设计单位、施工单位、监理单位等项目参与方汇集在同一平台上，共享信息模型，通过模拟分析、方案优化、数字化交付和可视化表达，实现各单位、各专业间的信息集成、数据共享和协同工作，可大幅提升唐钢国际对工程建设项目全生命周期的服务能力。

2017年，唐钢国际成功实施伊朗伊斯法罕钢厂喷煤项目三维设计，通过创建完整的三维信息模型、搭建先进的管理体系和数字化流程，实现了节能降耗、高产高效、绿色环保等指标的突破，并在进度、质量、安全、成本管理等方面达到了国际领先水平，唐钢国际三维技术应用取得了显著的阶段性成果，基本完成了由二维向三维的跨越发展。

2019年，唐钢国际先后承接玻利维亚穆通钢铁公司综合钢厂项目（全面三维设计）和某大型沿海钢铁基地三维数字化工厂项目。该三维数字化工厂项目是唐钢国际对全流程工厂数字化建设的初探，也是全国钢铁制造行业的首例。

2019年5月，唐钢国际获"基础设施年度光辉大奖赛"制造领域BIM进步奖。

三、布局海外——乘政策东风拓展国际市场

钢铁冶金工业的迅速扩张同时也带来了产能过剩等问题，"去产能"和"走出去"的紧迫性不断凸显出来。唐钢国际自2006年开始布局海外市场，先后承接并实施了越南发烧结、高炉、热风炉、BPRT等项目，马来西亚安裕公司料场、烧结、高炉项目，印度尼西亚苏钢烧结、高炉项目，印度MIEL公司高炉项目，哥伦比亚APDR公司热风炉项目，伊朗伊斯法罕钢厂喷煤项目，乌干达30万吨钢铁配套项目，玻利维亚ESM综合钢厂项目等数十项大中型工程设计、总包项目，业务范围覆盖亚洲、欧洲、非洲、美洲、大洋洲近20个国家，唐钢国际以"至诚至信、专业专注、共享共赢"的理念，为中国勘察设计企业树立了良好的国际形象。

2013年，国家主席习近平提出共建"一带一路"伟大倡议。"一带一路"沿线国家塞尔维亚共和国斯梅代雷沃钢厂曾被誉为"塞尔维亚的骄傲"，但由于国际市场的激烈竞争和管理不善等原因，几乎濒临倒闭。2015年，河钢集团意向收购斯梅代雷沃钢厂，作为河钢集团的技术智囊，更为积极响应"一带一路"倡议，唐钢国际迅速抽调各专业专家、骨干成立塞尔维亚项目团队，在第一时间展开了收购方案论证和可行性研究。面对现场资料不明，物流、能源流、信息流差等重重困难，唐钢国际塞尔维亚项目团队站位"一带一路"建设大局，攻坚克难，最终以充足的技术咨询服务支撑了河钢集团对塞尔维亚斯梅代雷沃钢厂的成功收购。

2016—2019年，唐钢国际投身河钢集团塞尔维亚钢厂技术改造项目，通过改善工艺、升级设备、调整结构，大幅度提升了生产效率和国际市场竞争力。2018年，河钢塞钢创造了建厂以来最好的经营效益水平，被誉为"一带一路"建设和国际产能合作的标志性工程。唐钢国际以自身领先的技术实力和服务理念，为"一带一路"倡议践行了中国企业应有的责任与担当。

河北勘察设计行业70年是辉煌逐梦的70年，唐钢国际作为河北省内勘察设计行业重点企业之一，几十年来坚持以"服务社会，振兴行业"为使命，主动作为、锐意创新，为行业整体发展贡献了一份积极的力量。未来前行路上，唐钢国际将不忘初心，继往开来，为河北勘察设计行业续写辉煌！

河北铭嘉工程设计有限公司

河北铭嘉工程设计有限公司前身为中钢集团工程设计研究院唐山民用分院，成立于2004年1月。2019年更名为河北铭嘉工程设计有限公司。目前拥有建筑行业（建筑工程）甲级、建筑行业（人防工程）乙级、市政（轨道交通、燃气工程除外）乙级、风景园林专项设计乙级、城乡规划编制乙级资质。现拥有各专业设计人员300余名，其中国家级注册工程师50余名。现已完成各领域项目600多个，设计面积超5 000万平方米，服务总产值超过9亿元。

铭嘉设计业务涵盖详细规划、城市设计、建筑设计、风景园林设计、市政工程、室内精装设计、夜景照明专业设计、幕墙专业设计、BIM设计与咨询等领域，形成了包括项目策划与咨询、项目建议书、可研报告编制、报批报卷服务、规划设计、方案设计、施工图设计、精装设计、景观设计、人防设计、市政设计、成本控制、运维服务等建设工程全流程的专业技术服务能力。

一、公司发展历程

2004年公司成立，成为唐山市首家民营建筑设计企业。成立之初便以“高起点、严要求”作为发展理念，严格遵照中钢集团工程设计研究院的各项管理制度、设计要求开展设计工作。同时，参照中国建筑设计研究院、北京市建筑设计研究院制定了公司质量标准。在之后的发展中，公司严格执行质量控制程序，遵循科技为先、精益求精、创名优设计的质量方针，持续打造设计精品。2007年，公司通过了ISO9001国际质量体系认证。2009年，取得建筑行业（建筑工程）甲级资质，成为唐山市首家民营甲级设计院。2010年，在北京成立全资子公司，业务走向全国。同年公司编制科学化管理流程，推行流程管理，并引进理正协同设计软件，大大提升了设计质量和设计效率。2012年，探索改革发展之路，率先引进BIM技术，不断加大对BIM技术研发和应用的投入力度，通过不断摸索逐渐形成了BIM正向设计、BIM地下车库翻模、BIM外网翻模、BIM培训与咨询等新的业务领域。2014年，子公司——北京铭嘉宜合取得甲级设计资质。同年，河北铭嘉取得风景园林工程设计专项乙级资质。2015年，明确住宅设计、既有建筑改造和BIM技术应用三大专业化产品，技术和服务全面升级。2016年，成功将市场危机转化为发展机遇，大力提升设计质量和服务能力，成为恒大、万科等多个国内大型房企战略合作伙伴。同年开始探索协同加参照的模式，尝试新的设计配合、管理方式，通过不断摸索，最终实现了多专业在同一张底图同步画图的效果，大大降低了项目出现错、漏、碰、缺的风险。2018年，创办秦皇岛分公司和市政分公司，进一步拓展业务覆盖区域和领域。同年，公司取得市政行业（燃气工程、轨道交通工程除外）乙级资质。2018年12月，铭嘉设计曹军董事长被推选为唐山市工程勘察设计协会会长，公司也由此成为唐山市首家民营设计院会长单位。

二、重点项目

2005年，完成唐山市第二十五中学（现龙泉中学）项目设计，获河北省优秀设计项目三等奖。2006年，完成唐山市第十六中学改扩建项目，获河北省优秀设计项目三等奖。2008年5月12日，汶川发生8.0级地震，作为同样遭受过地震灾害的唐山，最先动了起来，“唐山13义士”急忙赶到灾区开展援救。作为工程建设领域的技术服务单位，铭嘉设计义不容辞地加入到灾后援建的队伍中。2010年，公司设计的平武县南坝镇震后重建纪念碑方案获得综合评比一等奖。铭嘉设计以自身特长真正地践行了企业的社会责任，用独特的也是最恰当的方式为灾区重建贡献了力量。

2016年，唐山抗震四十周年，唐山隆重承办了世界园艺博览会。铭嘉设计承担了唐山世界园艺博览会1号门“有凤来仪”的设计工作。项目设计过程中，团队经过多次试验、寻访，探究了多种特殊材料，最终攻克多项技术难关，将作品完美地呈现在了世人面前，成为唐山世园会游览的打卡圣地。同时，公司还承接了世园会制定的接待场馆——唐山市文化广场商务中心项目的设计工作。项目工期紧任务重，为了顺利完成设计任务，公司对建筑与幕墙一体化设计进行了尝试，并且获得了成功，保证了项目的顺利实施。

2015年，公司先后承接了位于江苏泰州的中城建第十三工程局总部办公大楼和海陵区人才科技广场两个项目的设计任务，建设单位要求全专业采用BIM技术进行设计。公司自2012年引进BIM技术，一直进行针对各专业设计人员的BIM技术培训，培养出了成熟的BIM设计团队，两个项目也按照建设单位要求，全专业采用BIM技术完成了设计任务。尤其是中城建第十三工程局总部办公大楼项目，荣获中国建设工程BIM大赛单项奖三等奖。

2017年，在唐山市推行装配式建筑之前，公司与中国建筑设计研究院开展合作，通过参与北京石景山区北辛安棚户区改造项目，率先在唐山市建筑设计行业内尝试装配式建筑设计，积累了大量的实践经验，同时培养了大批精通装配式建筑设计的行业专家。

铭嘉设计成立以来，在公司发展的过程中，一直致力于推动唐山市建筑设计行业的整体进行。在2010年成功引入协同设计平台后，公司多次邀请国内知名专家前来授课，邀请同行业者共同参加学习、共同提高。2012年引入BIM技术后，通过多个项目的实际应用，不断总结经验。同时，开设BIM培训课程，为设计同行、建设单位、施工单位等行业从业者提供技术咨询与支持服务。2016—2018年，公司多次组织关于BIM技术、成本控制、装配式建筑等方面的行业论坛，在行业进步方面形成了较大影响力。

唐山开滦勘察设计有限公司

唐山开滦勘察设计有限公司前身是开滦矿务局设计处，组建于1964年10月。当时是为了适应煤矿发展形势，加强企业自身的设计力量，更好地为企业提供技术服务，按照机关处室进行管理。受行业内部限制，始终保持着矿井设计乙级和建筑设计乙级资质，矿务局对其也没有经营方面的考核。

2001年，国家开始推行勘察设计单位改企建制，要求与主体企业相分离，组建独立的法人单位。开滦（集团）有限责任公司按照这一要求，组建了由开滦（集团）有限责任公司占股80%，开滦建设工程有限责任公司占股20%的唐山开滦勘察设计有限公司。其注册资本为250万元，性质为国有独资，对集团公司内部以技术服务为主，对外可以独立承揽勘察设计任务，集团公司对其实行“自主经营，自负盈亏，自我约束，自我发展”，年度下达经营指标和工资总额，超利分成，委托开滦多种经营公司进行管理。

2004年6月，按照国务院国资委推行主辅分离、辅业改制的政策要求，河北省确定了开滦（集团）有限责任公司进行主辅分离、辅业改制的工作进度，集团公司确定了包括唐山开滦勘察设计有限公司在内的5家单位为第一批主辅分离、辅业改制企业。2004年10月，河北省国资委批准了改制方案，唐山开滦勘察设计有限公司改制为注册资本423.41万元，员工持股会占股68.2%，开滦（集团）有限责任公司占股20%，开滦建设工程有限责任公司占股11.8%的有限公司。2006年8月，因为煤矿生产能力核定资质要求公司注册资本不低于500万元，公司进行了增资扩股，注册资本变更为500万元，其中唐山开滦勘察设计有限公司工会员工持股会出资310万元，占股62%，开滦（集团）有限责任公司出资140万元，占股28%，开滦建设工程有限责任公司出资50万元，占股10%。2017年8月，公司参股股东开滦（集团）有限责任公司变更为开滦矿业工程有限责任公司，其余股东和出资占比一直延续至今。

从公司改制以来的员工队伍情况看，改制初期，公司员工59人，各专业技术人员极度缺乏；到现在的员工82人，其中高管人员4人，中层管理人员13人，管技人员44人，其他管理和操作人员21人。

从公司的经营情况看，自2005年至今，经营收入实现了较大飞跃，从当初的年收入不足400万元发展到现在的3 400万元，企业利润稳步提升。

公司的管理基本延续了国有企业的管理模式，员工工资实行集体协商，对每年的工资总额、分配方式进行认真的协商、确定。在人事管理方面，公司级领导由开滦（集团）有限责任公司考察、任命，由公司股东会履行具体的任命程序，其他人员的聘任全部由公司股东会、董事会、经理层按照各自的管理权限进行任免。

公司的主营业务包括煤与非煤矿井设计、工业与民用建筑设计、勘察、测量以及与之相关的经济咨询业务，资质及等级包括矿井设计乙级、建筑设计乙级、岩土工程勘察甲级、工程测量乙级、岩土工程设计乙级、工程咨询乙级和煤矿生产能力核定资质。

公司的技术力量较为雄厚，有一级注册建筑师3人，一级注册结构工程师6人，注册电气工程师2人，注册给排水工程师1人，注册公用设备工程师1人，注册岩土工程师3人，注册咨询、造价师7人，各专业的技术骨干满足了各种资质的要求。

秦皇岛市市政设计院

秦皇岛市市政设计院隶属于秦皇岛市住房和城乡建设局，前身为1956年成立的秦皇岛市城建局设计室，1980年单位更名为秦皇岛市市政设计处，1989年更名为秦皇岛市市政设计院并沿用至今。现主要从事市政行业的工程设计工作，注册资中金300万元，资质等级包括道路工程、桥梁工程专业甲级，给水工程、排水工程专业乙级，风景园林工程、照明工程专项乙级，建筑行业（建筑工程）丙级，市政公用工程咨询乙级。现有在职职工75名，专业技术职称人员共计72人，其中正高级工程师2人，副高级工程师 31人，工程师20人，助理工程师19人。

近年来，在秦皇岛市住房和城乡建设局正确领导下，围绕科技兴院、人才强院、经营富院、诚信树院、文化塑院、品牌立院的指导思想，严管理增效益、精技术求创新，在开拓中前进、在发展中提升，调动一切积极因素，迎难而上促发展，圆满优质地完成了各项工作任务。荣获国家级工程建设质量银质奖1项，省市级优秀设计一、二等奖60多项，省级AAA劳动和谐关系单位，省级先进集体，市级十佳诚信单位，累计获得各类奖项100多项，为企业步入良性循环奠定了坚实的基础，也为秦皇岛市的市政建设作出了突出贡献。

一、解放思想创新管理

以创先争优精神和改革创新的方法措施，着力实现队伍提素质、服务提质量、工作提效率。管理工作方面大力抓好规章制度建设，修改完善了各项职能制度，收录各类人员职责权限35条，记录台账91项；全力推进ISO9001质量管理体系，强力推进质量责任制、责任追究制，编写了《质量手册》《设计工作流程》《岗位考核标准》等相关文件，设计产品合格率达到100%，保证服务满意率达到95%以上，实现了对外承诺的质量目标。专业技术方面，为秦皇岛市在建和规划市政基础设施工程项目提供有力的技术保障和可行的研究方案，积极采用先进技术和新材料，切实发挥技术在设计创新中的主导作用。承担并完成了大中型市政基础设施的研发和设计数项，在实际工作中尤为强化设计人员的后续服务工作，密切跟踪工程建设进度，进一步提高服务质量，设计负责人主动核查设计中存在的问题，每个施工现场都指定设计代表，及时解决施工中遇到的问题，根据现场情况主动优化调整设计，协助业主把好技术质量关。经营工作方面，多措并举拓展市场领域，面对今天的市场机制，公司主要采取技术占领、经营服务的策略，成立项目经营小组，由专业技术人员对投标文件中的技术部分制定方案，经营人员对投标文件中的商务部分详细整合，充分体现技术与经营的密切融合。

二、以人为本凝聚力量

作为科技人才密集型企业，着力创建“学习型”企业，为在院职工的发展提供良好的工作环境和发展平台，安排设计人员多批次参加各种专业知识、规范贯标等专题培训学习，现拥有市管专家1人、河北省“三三三工程人才”2人、执业注册人员14人等市政行业的拔尖专业技术人才队伍。在企业文化建设方面，设立职工体育活动室，为职工提供体育健身场所，组织开展丰富多彩的文体活动；关爱职工生活，职工生日时赠送“生日卡”；“八一”建军节院领导班子对复转军人进行慰问。在构建和谐劳动关系、创建和谐企业中，认真落实职工代表大会各项权益，切实维护职工的切身利益和合法权益，提高职工福利待遇，调整职工工资、绩效工资、公积金比例，使职工工资结构更加合理。

三、党建工作求新务实

深入学习贯彻十九大精神，认真学习习近平总书记系列重要讲话，充分利用“三会一课”，全覆盖加强学习，班子成员讲党课，党员干部撰写心得体会，集中讨论交流，组织专题考试。两个责任落实到位，扎实推进惩防体系建设，确保院党风廉政建设和反腐败工作各项任务落到实处，结合院实际工作重点加强设计变更的制约监督。深入开展“纠正四风和作风纪律整顿”“扫黑除恶”“扶贫攻坚”“双创双服”等专项活动。

四、体制改革有序推进

按照《秦皇岛市人民政府关于市属国有企业产权制度改革有关问题的意见》（秦政发〔2018〕7号）文件要求，根据《秦皇岛市事业单位改革领导小组办公室关于市政设计院进入改制程序的批复》（秦事改办〔2018〕6号），市政设计院采用国有产权转让方式改制，改制的财务审计和资产评估基准日确定为2018年5月31日，职工安置基准日确定为2018年8月31日。在秦皇岛市国资委、人社局、建设局的指导下已取得了积极进展，各项工作正有序开展。

附录

附录一　河北省勘察设计行业主要指标发展情况图示

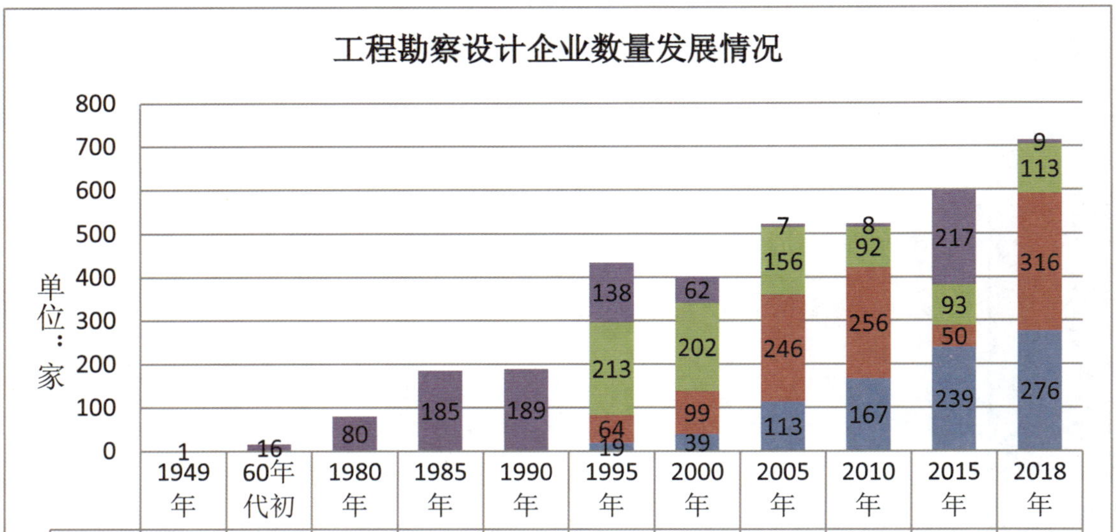

	1949年	60年代初	1980年	1985年	1990年	1995年	2000年	2005年	2010年	2015年	2018年
其他	1	16	80	185	189	138	62	7	8	217	9
丙级						213	202	156	92	93	113
乙级						64	99	246	256	50	316
甲级						19	39	113	167	239	276

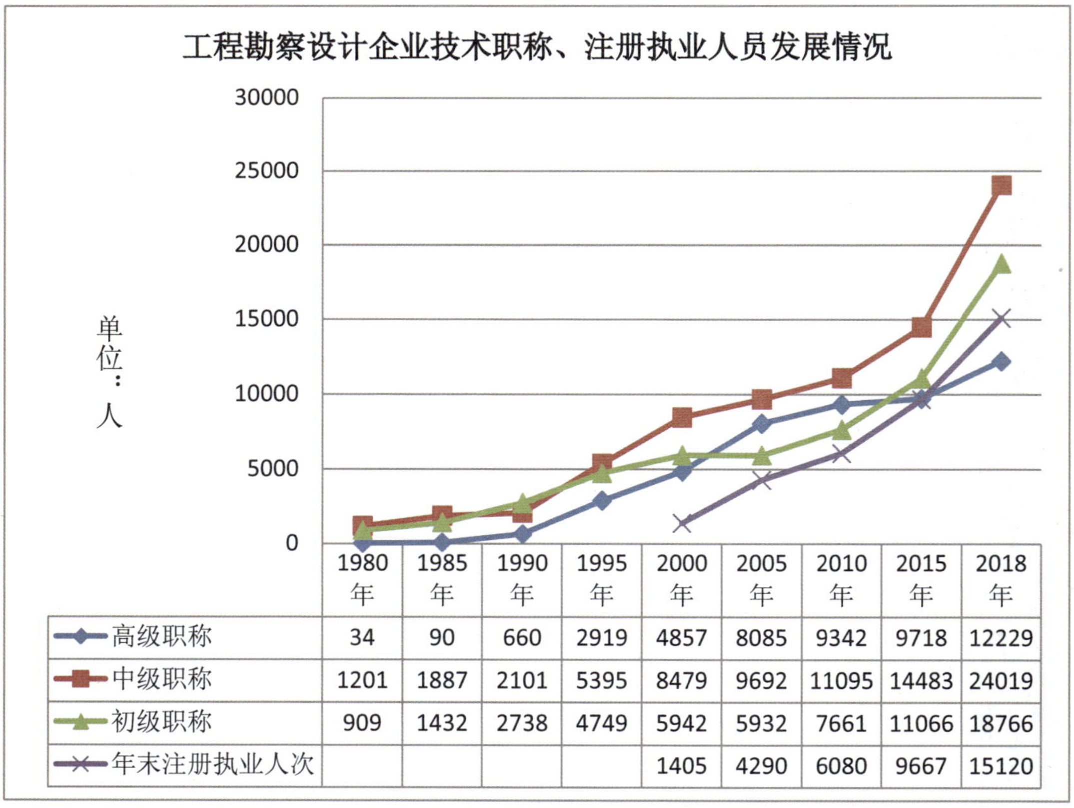

	1980年	1985年	1990年	1995年	2000年	2005年	2010年	2015年	2018年
高级职称	34	90	660	2919	4857	8085	9342	9718	12229
中级职称	1201	1887	2101	5395	8479	9692	11095	14483	24019
初级职称	909	1432	2738	4749	5942	5932	7661	11066	18766
年末注册执业人次					1405	4290	6080	9667	15120

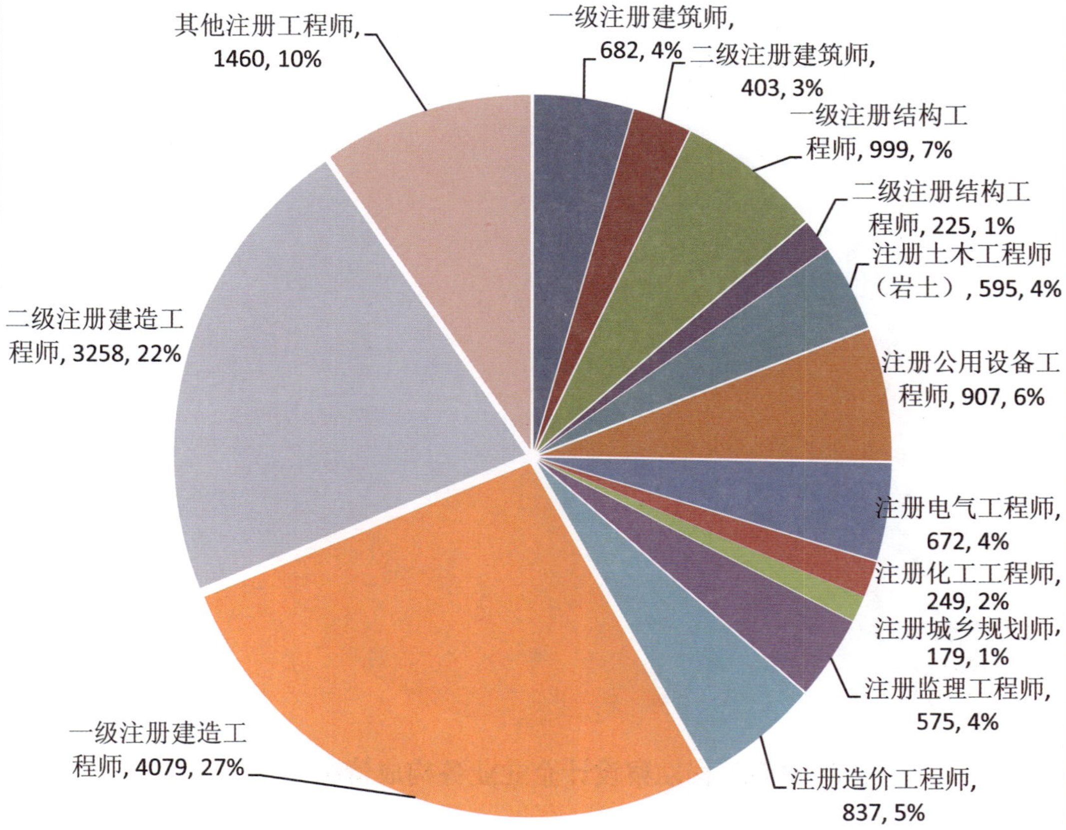

2018年工程勘察设计行业注册执业人员构成情况

工程勘察设计企业营业收入发展情况

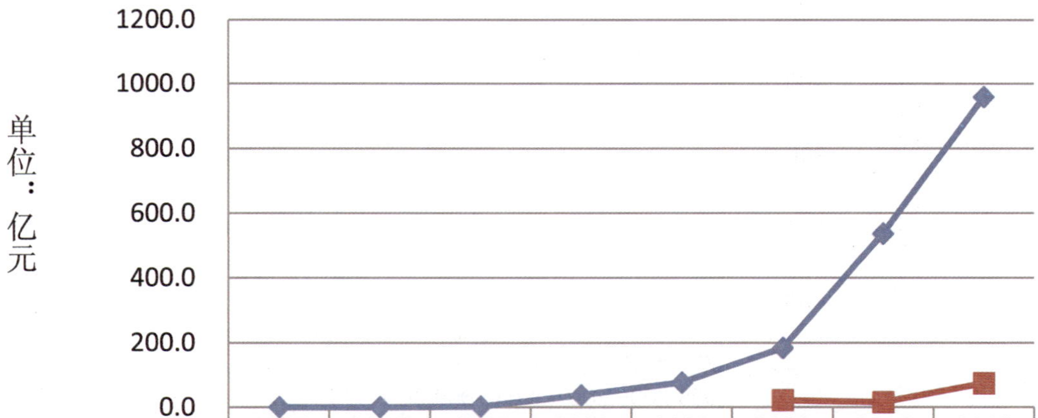

	1985年	1990年	1995年	2000年	2005年	2010年	2015年	2018年
勘察设计营业收入	0.3	0.4	2.8	38.1	76.8	183.3	537.1	958.9
境外工程收入						22.4	16.4	74.6

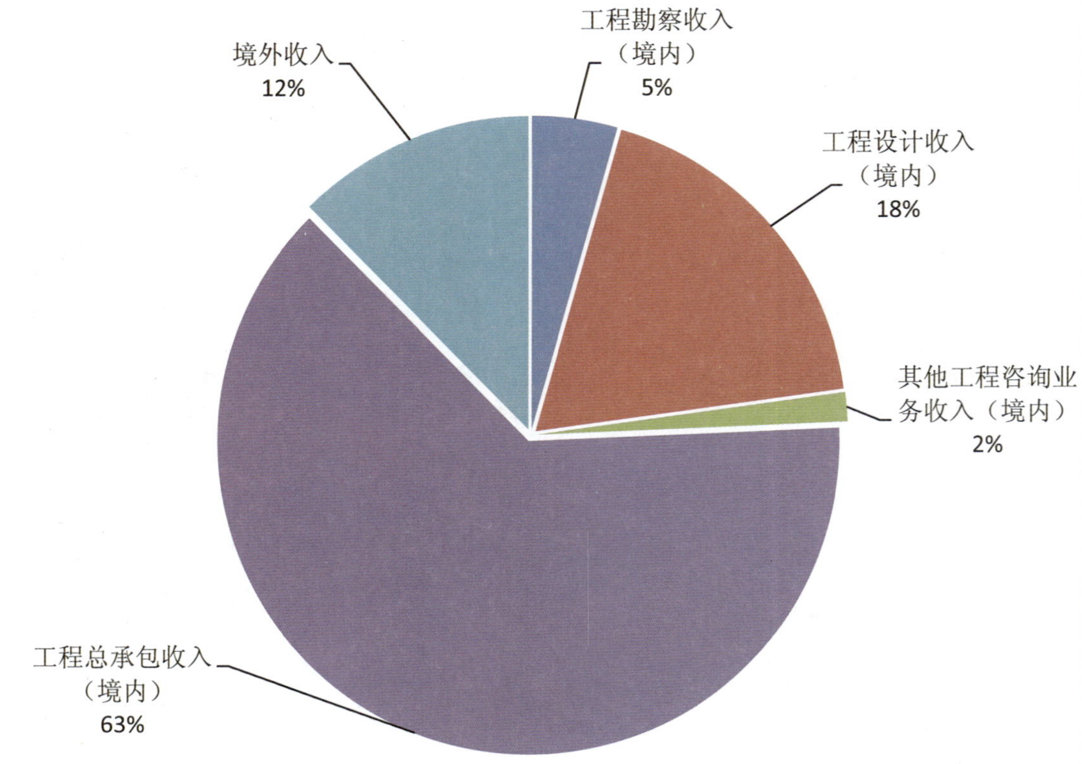

2018年工程勘察设计企业业务构成情况

工程勘察设计企业各项业务收入发展情况

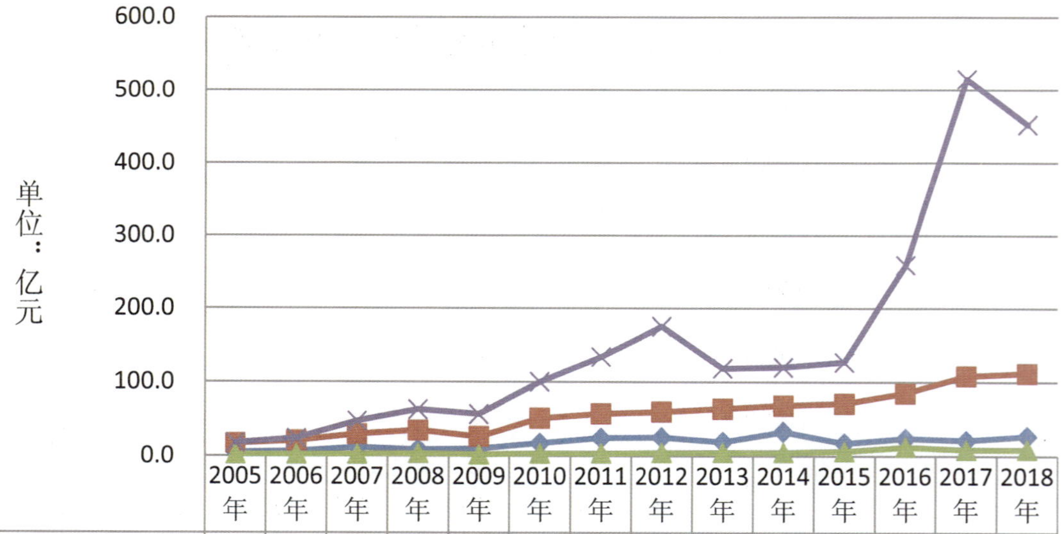

	2005年	2006年	2007年	2008年	2009年	2010年	2011年	2012年	2013年	2014年	2015年	2016年	2017年	2018年
工程勘察	5.1	6.4	12.0	8.8	9.9	17.6	24.4	25.3	19.5	33.1	17.7	24.0	21.4	27.1
工程设计	17.4	20.9	29.8	35.1	26.5	51.3	57.5	60.1	64.3	68.7	71.2	85.5	108.4	112.1
工程技术管理服务	2.3	2.2	2.6	3.6	2.0	3.4	3.6	4.5	5.0	5.0	6.4	12.4	8.6	8.9
工程承包	18.0	24.1	47.5	62.9	56.6	100.2	134.1	175.7	118.7	120.2	127.2	259.7	515.3	452.3

工程勘察设计企业工程承包收入变化情况

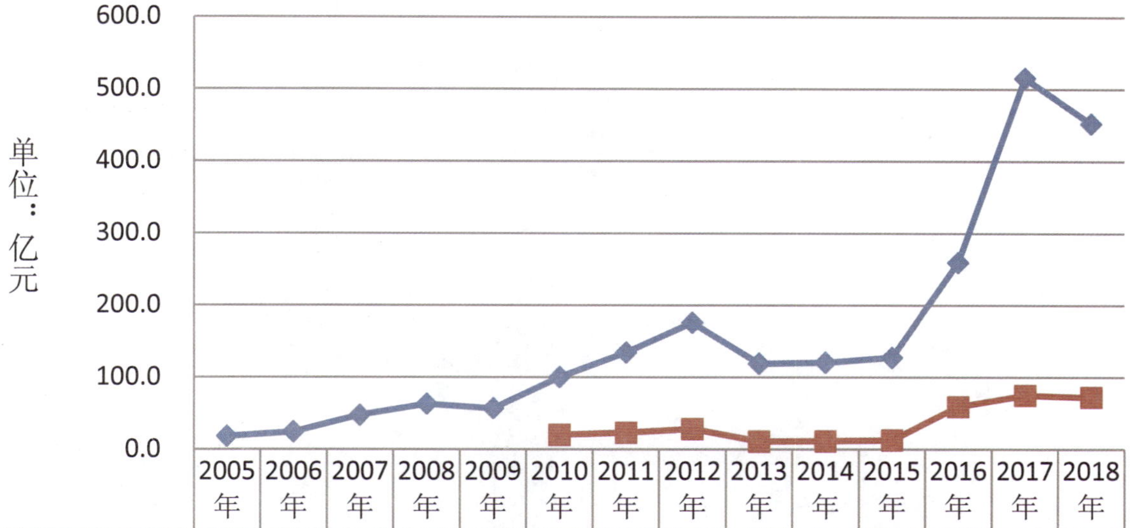

	2005年	2006年	2007年	2008年	2009年	2010年	2011年	2012年	2013年	2014年	2015年	2016年	2017年	2018年
工程承包	18.0	24.1	47.5	62.9	56.6	100.2	134.1	175.7	118.7	120.2	127.2	259.7	515.3	452.3
境外工程承包						20.0	23.0	28.3	11.1	11.5	12.8	59.4	75.2	72.4

工程勘察设计企业合同额发展情况

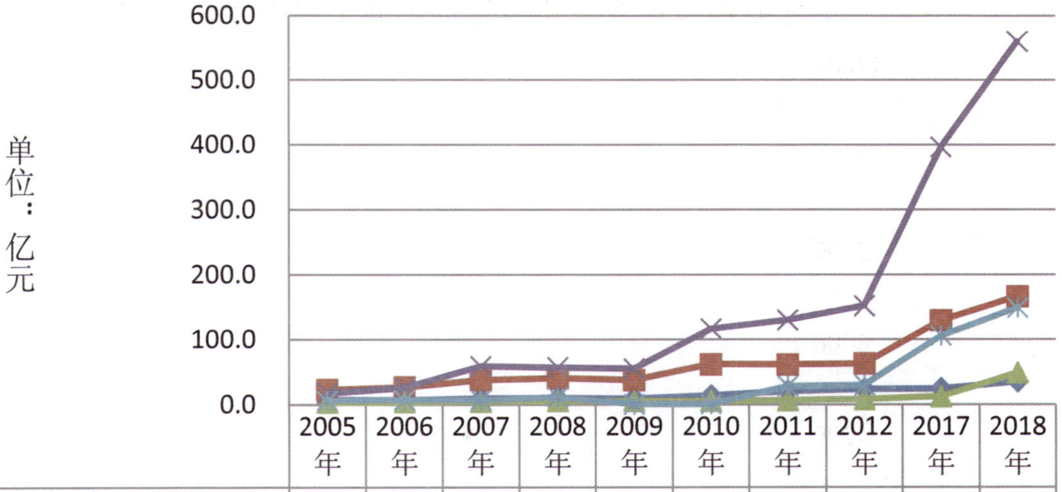

	2005年	2006年	2007年	2008年	2009年	2010年	2011年	2012年	2017年	2018年
工程勘察合同额	7.6	6.6	9.4	9.8	9.0	13.8	20.3	23.2	24.0	34.7
工程设计合同额	23.1	26.8	37.6	40.7	37.8	61.9	61.2	62.6	129.8	166.8
工程技术管理服务合同额	3.2	3.8	4.5	5.3	5.5	5.3	6.2	7.9	12.2	48.1
工程承包合同额	17.6	25.4	58.7	56.6	54.9	116.6	130.4	152.2	396.9	560.6
境外工程合同额	6.1	7.2	6.9	11.3	0.4	0.6	27.8	29.2	105.4	148.9

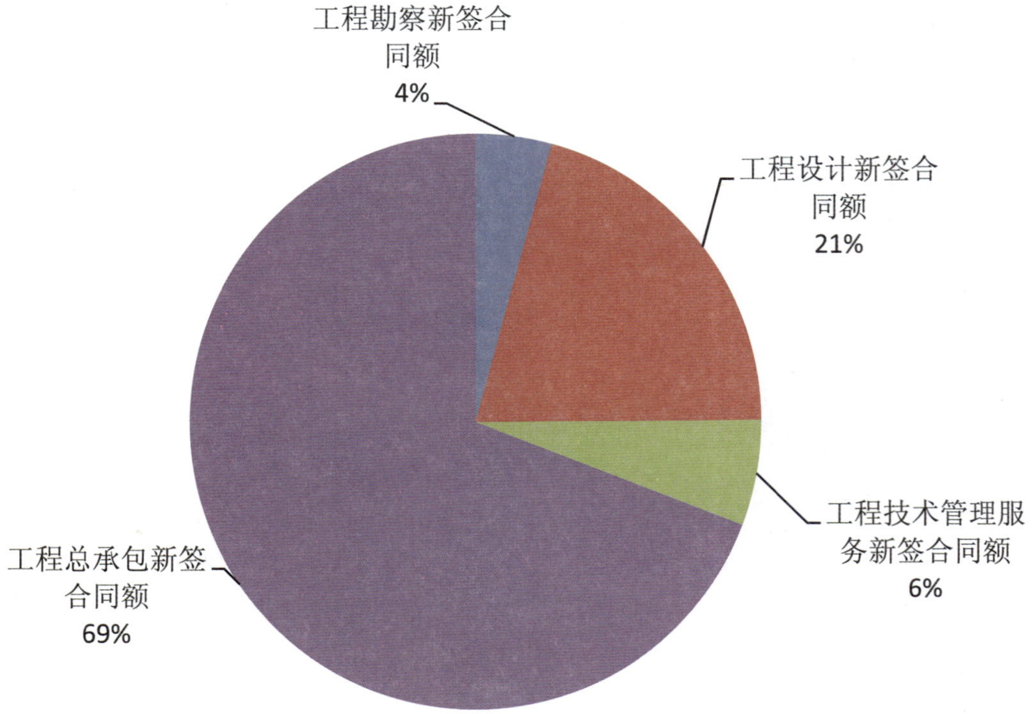

2018年工程勘察设计企业各项业务新签合同额占比情况

工程勘察设计企业初步设计和施工图完成建筑面积发展情况

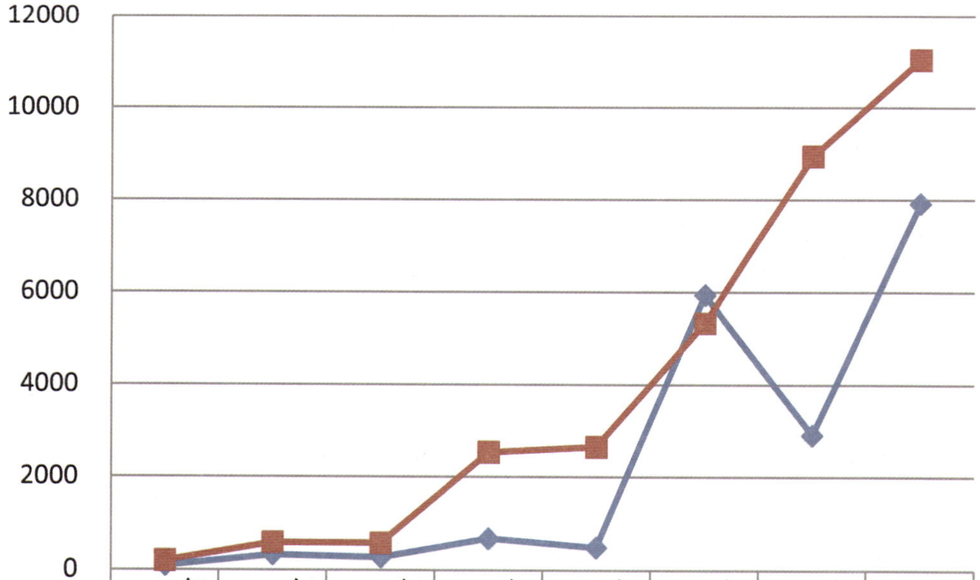

	1980年	1985年	1990年	1995年	2000年	2005年	2010年	2015年
初设设计面积	89	324	269	675	481	5942	2904	7916
施工图面积	197	588	576	2529	2648	5331	8939	11040

工程勘察设计企业科技活动发展情况

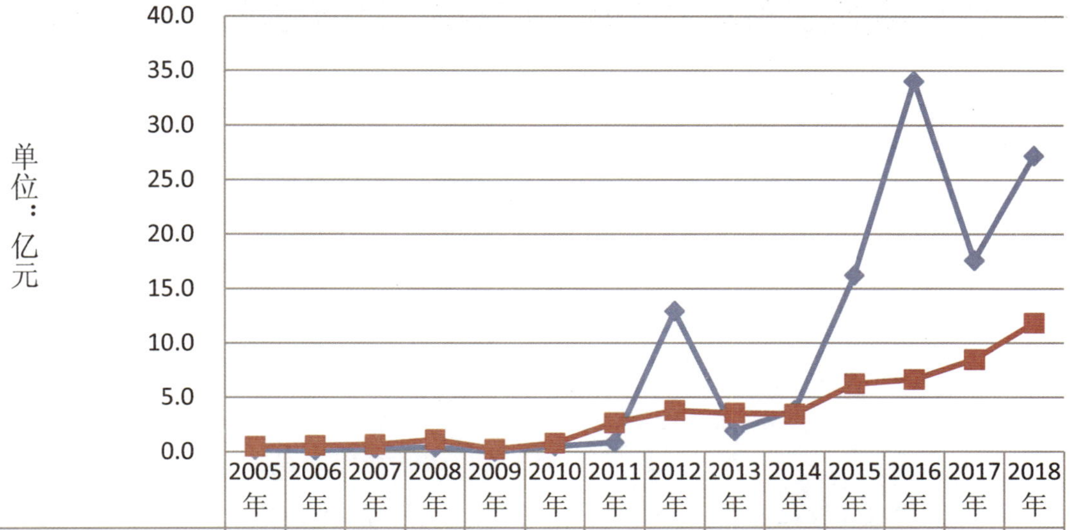

	2005年	2006年	2007年	2008年	2009年	2010年	2011年	2012年	2013年	2014年	2015年	2016年	2017年	2018年
科技成果转让收入总额	0.2	0.1	0.3	0.4		0.5	0.9	12.9	1.9	3.8	16.2	34.1	17.6	27.2
科技活动费用支出总额	0.5	0.6	0.7	1.1	0.2	0.8	2.6	3.8	3.5	3.5	6.3	6.6	8.5	11.9

工程勘察设计企业累计拥有专利及专有技术发展情况

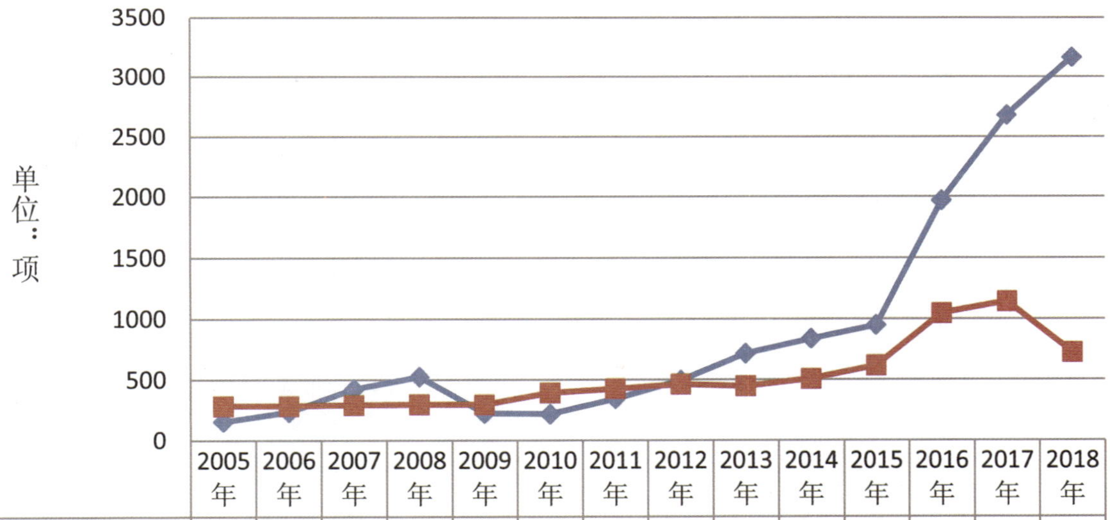

	2005年	2006年	2007年	2008年	2009年	2010年	2011年	2012年	2013年	2014年	2015年	2016年	2017年	2018年
累计拥有专利	158	236	426	526	226	221	344	496	715	837	949	1970	2681	3166
累计拥有专有技术	287	287	295	299	298	394	427	465	448	508	616	1047	1142	724

附录二　河北勘察设计大事记（1949—2019年）

一、政策与法规篇

1959年

5月7日，河北省建委以（29）基设字第28号文制定《关于基本建设工作管理的几项暂行规定》，文中对设计任务书的编制、设计文件的编制及审批、施工质量和安全等做了明确要求。

12月12日，河北省建委以（59）基设字第159号文发了《河北省基本建设工程设计文件审批办法》和“注意事项”的通知。

1965年

8月28日，国务院以（65）国经字317号文颁发《关于改进设计工作的若干规定（草案）》的文件。9月22日，河北省人民委员会以秘交字25号文转发了国务院的这个文件。

1979年

4月13日，中共中央、国务院中发〔1979〕33号文批转的国家建委党组《关于改进当前基本建设工作的若干意见》指出：“勘察设计单位现在绝大部分是由事业费开支，要逐步实行企业化，收取设计费。”

1980年

7月，根据河北省计委、建委、财政局冀基设〔1980〕117号及（80）冀财事字第124号文件通知，国家对建筑设计单位试行企业化管理试点，实行勘察设计取费制度和工程承揽合同制。

11月7日，河北省基建委以冀基设〔1980〕230号文，印发《河北省勘察设计单位登记和颁发证书的暂行办法》，对全省勘察设计单位进行登记和颁发证书。

1981年

4月9日，河北省计委、基建委、财政局以冀计（1981）77号文转发国家计委、建委、财政部《关于制止盲目建设重复建设的几项规定》，强调两三年内原则上不准再建行政办公楼和招待所，不准建高标准、脱离群众的特殊化住宅。

5月5日，河北省基建委以冀基设〔1981〕74号文印发《河北省工程建设标准设计管理实施细则》，明确河北省工程建设标准设计由河北省基建委统一颁发、统一管理。

11月24日，河北省基建委印发《河北省勘察设计单位登记和颁发证书的管理办法》（冀基设〔1981〕183号），规定自1982年1月1日起基本建设投资计划内勘察设计任务均由取得证书的勘察设计单位承担。

1982年

3月28日，河北省第五届人大常委会第十四次会议，原则通过并颁布施行《河北省城市规划条例（试行）》，规定城市规划编制、审批、实施的原则要求。

1983年

11月24日，河北省计委、财政厅、劳动人事厅、建设厅以冀计〔1983〕366号文转发《关于勘察设计单位试行技术经济责任制的通知》，并根据《关于勘察设计单位试行技术经济责任制的若干规定》的要求，结合河北省勘察设计行业的实际制定了《河北省勘察设计单位试行技术经济责任制实施细则》。

1984年

国务院国发〔1984〕123号《国务院关于改革建筑业和基本建设管理体制若干问题的暂行规定》进一步规定：“设计人员的奖金要与贡献大小挂钩，上不封顶，下不保底。”

1月13日，河北省城乡建设环境保护厅以冀建设〔

1984〕16号文转发《建筑设计人员职业道德守则》的通知。

4月17日，河北省计委、省城乡建设环保厅、建设银行河北省分行联合印发《河北省基本建设工程招标暂行规定》《河北省建筑安装工程包干试行办法》《河北省基本建设设计实行征集方案的暂行规定》（冀计〔1984〕212号），改革单纯用行政手段分配设计、施工任务的传统做法，引进竞争机制，开展工程招标等工作。

6月26日，河北省计委以冀计设〔1984〕316号文颁发《河北省改革民用建筑设计管理工作暂行办法》的通知。

8月，河北省城乡建设环保厅批复原则同意河北省建筑设计院《关于勘察设计实行技术经济承包责任制的改革意见》。

9月7日，河北省城乡建设环保厅以冀建设〔1984〕324号文印发《关于贯彻〈勘察设计单位改革要点〉的意见》，要求全省建筑、市政、勘察设计单位有条件的均按照建设部《城乡全民所有制建筑勘察设计单位改革要点》实行技术经济承包责任制。

9月15日，国家计划委员会向国务院提出《关于工程设计改革的几点意见》，国务院于1984年11月10日以国发〔1984〕157号文颁发这个文件，这是国家对设计改革的指导性文件。

1985年

4月13日，河北省城乡建设环保厅印发《关于基建项目设计文件审批的暂行规定》（冀建设〔1985〕134号），按照分级管理、分级审批原则，向地、市下放部分项目设计文件审批权，并简化审批手续。

5月22日，河北省城乡建设环保厅转发《国家计委、建设部集体和个体设计单位管理暂行办法》（冀建设〔1985〕189号），成立集体或个体设计单位，需经当地县级以上政府主管部门批准，从业人员的设计资格和建筑设计证书由河北省城乡建设环保厅审批颁发。

1986年

1月24日，河北省城乡建设环保厅转发《建设部城乡建设优秀设计、优质工程的评选办法》（冀建设〔1986〕20号），开展评优准备工作。

1987年

7月10日，河北省建委以冀建设〔1987〕287号文印发《河北省关于繁荣建筑创作的若干意见》（文件见建筑设计风格及文脉条目）。

7月10日，河北省建委印发《河北省优秀工程勘察设计评选办法》（冀建设〔1987〕287号）。

10月4号，河北省建委以冀建管〔1987〕370号文印发《河北省优质工程评定奖励试行办法》。

1988年

1月16日，作为全国住房制度改革试点城市的《唐山市城市住房制度改革试行方案》获国务院批准实施。

3月8日，河北省建委以冀建设〔1988〕62号文印发《优秀设计、优质工程评选办法》。从1988年开始，全省开展优秀勘察、设计、优质工程评选奖励工作（当年评选奖励1987年10月31日前竣工验收交付使用的项目）。

4月25—26日，河北省建委在张家口召开全省抗震防灾应急措施会议，落实抗震防灾应急措施，安排抗震加固计划，部署《城市抗震防灾规定》编制工作。

1990年

2月16日，河北省建委、计委印发《新建工程抗震设防暂行规定》和《河北省新建工程抗震设防管理实施办法》（冀建抗〔1990〕65号），加强新建工程抗震设防工作。

1991年

1月7日，河北省政府印发《河北省抗震防灾综合对策预案》（冀政〔1991〕6号），按震前预防、震时救灾、震后恢复重建三个阶段，明确测、报、防、抗、救、建工作方针、原则、工作内容、范围及职责分工。

1992年

8月1日，河北省建委以冀建招〔1992〕250、251号文印发《河北省建设工程设计招标投标管理暂行办法》《河北省建设工程申请施工招标暂行办法》《河北省建设工程施工议标管理试行办法》，规范设计、施工等招投标行为。

1993年

1月15日，河北省建委、财政厅、人事厅、体改委、税务局联合印发《河北省勘察设计行业深化改革意见》（冀建设〔1993〕15号），鼓励自收自支的勘察设计单位实行企业化经营，有条件的由事业单位企业化经营改为全民企业。

1994年

1月27日，河北省建委以冀建设〔1994〕36号文印发《河北省工程勘察设计市场管理暂行办法》的通知，进一步明确了资质管理、收费管理、质量监督及招投标等法则。

6月28日，河北省第八届人民代表大会常务委员会第八次会议通过《河北省建筑市场管理条例》。

1995年

9月23日，国务院令第184号发布《中华人民共和国注册建筑师条例》。

1996年

4月4日，河北省建委印发《河北省建设事业体制改革总体规划》（冀建法〔1996〕22号），明确“九五”期间（1996—2000年）改革总体目标和主要任务，具体措施：改革建设工程管理体制，建立统一开放、竞争有序的建筑市场；深化企事业单位改革，建立现代企业制度；加强城市规划编修，改革城建投资体制；推进房地产业和城镇住房制度改革，强化宏观调控；改革村镇建设、科技教育管理体制，改善工作机制；加强法制建设，完善法规体系。

4月8日，河北省建委以冀建设函〔1996〕62号文转发建设部《工程勘察设计单位建立现代企业制度试点指导意见》，试点勘察设计单位“改企建制”工作。

1997年

1月1日，根据建设部《关于注册建筑师制度及管理工作有关问题的暂行规定》，即日起在河北省境内的民用建筑工程特级、一级及国家重点工程项目实行一级建筑师签字制度，其他工程项目（四级及以上工程）1998年1月1日起实行注册建筑师签字制度。未经注册建筑师签字盖章的工业与民用建筑方案和建筑设计的主要图纸，不得予以审查和报批、施工。

11月1日，国家主席令第91号发布《中华人民共和国建筑法》，自1998年3月1日起施行。

12月29日，国家主席令第94号公布《中华人民共和国防震减灾法》，自1998年3月1日起施行。2008年12月27日修订并公布，自2009年5月1日起施行。

1998年

8月17日，经河北省政府批准，河北省建委印发《河北省城镇普通住宅建筑设计标准》（冀建设〔1998〕281号）。

1999年

8月30日，国家主席令第21号公布《中华人民共和国招标投标法》，自2000年1月1日起施行。

2000年

1月30日，国务院令第279号发布《建设工程质量管理条例》。

7月1日，根据国务院《建设工程质量管理条例》和建设部《建设工程施工图设计文件审查暂行办法》的要求，河北省建设厅决定即日起建立并推行建筑工程施工图审查制度。

7月30日，河北省第九届人大常委会第39号公告发布实施《河北省建设工程勘察设计管理条例》。

8月20日，河北省人民政府办公厅以冀政办函〔2000〕27号文部发《河北省人民政府办公厅关于印发〈河北省工程勘察设计单位体制改革实施方案〉的通知》。

9月25日，国务院令第293号发布《建设工程勘察设计管理条例》。

9月30日，河北省政府以冀政办函〔2000〕27号印发文《河北省工程勘察设计单位体制改革实施方案》，全面推行“改企建制”工作，十八家设计单位被河北省政府列为改制单位。

2003年

3月7日，河北省建设厅冀建质〔2003〕90号《关于印发2003年工程质量安全勘察设计与标准定额工作要点的通知》。

3月26日，河北省冀建市〔2003〕134号《河北省建筑业企业资质等四项行政审批、核准的管理办法》。

8月26日，河北省建设厅冀建质〔2003〕412号《关于加快推进工程勘察设计单位体制改革的通知》。

2004年

5月28日，河北省第十届人民代表大会常务委员会第九次会议通过并公布《河北省建筑条例》，自2004年8月1日起施行。2015年7月24日河北省第十二届人民代表大会常务委员会第十六次会议修正。

9月26日，河北省建设厅在石家庄召开贯彻建设部134号令《房屋建筑和市政基础设施工程施工图设计文件审查管理办法》工作会议，改变施工图设计文件由建设行政主管部门政策性审查和批准的管理方式，转为建设单位直接委托审查机构审查，由审查机构出具审查合格书，作为办理施工许可证和质量监督手续的依据。

12月17日，河北省建设厅冀建法〔2004〕562号《河北省房屋建筑和市政基础设施工程施工图设计文件审查管理实施办法》。

2005年

2月2日，河北省建设厅冀建市〔2005〕57号《关于实施〈河北省建筑工程施工许可管理办法〉有关问题的通知》。

5月9日，河北省建设厅印发《贯彻落实省政府〈关于扩大部分县（市）管理权限的意见〉通知》（冀建法〔2005〕221号），将工程勘察、设计乙丙级资质等30项审批事项变为由扩权县（市）建设部门直接到省建设厅进行“一个窗口”审批，审批结果向设区市建设部门备案，原由设区市审批的各类证照变为由扩权县（市）审批核发。

2006年

1月4日，河北省住房和城乡建设厅冀建法〔2006〕004号《河北省建设工程勘察设计和施工图审查不良行为记录管理办法》。

1月12日，河北省住房和城乡建设厅冀建法〔2006〕014号《河北省建设工程勘察设计企业和施工图审查机构监督检查管理办法》。

2007年

3月29日，河北省建设厅冀建法〔2007〕129号《关于印发〈河北省进冀建设工程勘察设计企业管理办法〉的通知》。

9月27日，为加强民用建筑节能管理，提高能源利用效率，改善室内热环境质量，河北省建设厅根据有关法律、法规、规章及相关规定，制定了《河北省民用建筑节能管理实施办法》，经河北省政府法制办审查同意，9月25日印发，自10月20日起施行。

10月28日，国家主席令第74号公布《中华人民共和国城乡规划法》，自2008年1月1日起施行。

12月10日，经省委常委会、河北省政府常务会研究同意，河北省政府出台《关于加快推进城镇化进程的若干意见》（冀政〔2007〕138号），着力提升城市建设品位。

2010年

4月26日，河北省住房和城乡建设厅印发《河北省一二星级绿色建筑评价标识实施方案》，标志河北绿色建筑发展正式起步。这一阶段，主要是通过推进《绿色建筑评价标准》和《绿色建筑技术标准》，推动河北省绿色建筑发展。

2011年

12月31日，河北省住房和城乡建设厅发布《关于培育和建立国家住宅产业化基地的通知》和2017年1月13日河北省人民政府办公厅发布《关于大力发展装配式建筑的实施意见》，力争用10年左右的时间，使全省装配式建筑占新建建筑面积的比例达到30%以上，确定了张家口、石家庄、唐山、保定、邯郸、沧州和环京津县（市、区）率先发展，其他市、县加快发展的大格局，全力推动全省装配式建筑发展迈向新阶段。

2013年

2013年5月至2017年5月，为了推动全省绿色建筑发展，修订了《河北省建筑节能专项资金管理办法》，明确对获得高星级（二、三星级）绿色建筑评价标识项目予以奖励，极大地调动了房地产开发企业和建设单位的积极性。

2016年

2月6日，中共中央、国务院印发了《中共中央国务院关于进一步加强城市规划建设管理工作的若干意见》。

2017年

2017年5月至2018年12月，鉴于全省绿色建筑全面发展新形势，自2017年开始，改为对三星级运行阶段评价标识项目进行奖励，将城镇绿色建筑占新建筑面积比例分别列入全省三项重要考核内容：各市节能、削煤目标考核内容；对各市、县城建设考核内容；对各市改革考核内容。

12月1日，河北省住房和城乡建设厅转发《住房城乡建设部办公厅关于认定第一批装配式建筑示范城市和产业基地的函》（冀建科〔2017〕32号）的通知。

2018年

11月23日，河北省第十三届人民代表大会常务委员会第七次会议通过《河北省促进绿色建筑发展条例》，于2019年1月1日起施行，绿色建筑发展进入依法发展阶段。《河北省促进绿色建筑发展条例》对全省行政区域内从事绿色建筑规划、设计、建设、改造、运营、拆除等活动及其监督管理作出了明确规定。

二、大事记篇

1949年

河北省最早的勘察设计单位石家庄市城建局设计室组建成立。

新中国成立之初，河北省建设局成立。

1950年

邯郸市建工局勘察建筑设计室成立。

1952年

河北省建筑工程局成立。

张家口市人民建筑公司设计科（张家口市建筑设计院前身）成立。

保定市人民政府建工局设计室（保定市建筑设计院前身）成立。

11月，为了加强河北省省会保定的建设，河北省人民政府建工局设计处（即河北省建筑设计院的前身）在河北省省会保定河北农大院内一处庙宇殿堂中成立。

1953年

热河省建筑设计室（承德市建筑设计院前身）成立。

唐山市规划建筑设计院成立。

河北省建工局测量队（河北省建设勘察研究院前身）成立。

1954年

河北省交通工程大队勘测设计队（河北省交通规划设计院前身）成立。

1955年

6月，河北省建筑工程局改为河北省城市建设局。

1956年

北京煤矿设计院开滦分院（石家庄煤矿设计研究院前身）成立。

河北省建设局和河北省建筑工程局合并为河北省城市建设局。

1958年

河北省城市建设局又改为河北省建筑工程局。

12月，河北省基本建设委员会成立，下设设计处，主要职责是工程建设项目的初步设计审批和勘察设计管理方面的建章立制，该机构于1961年底撤销，大部分业务和人员合并到河北省计划委员会。

北京电力设计院选调80余名技术人员到天津，与河北省工业厅部分人员成立河北省电力设计院。

1959年

11月，河北省建筑设计院全部搬迁到天津，最初分两处办公，到1961年下半年，设计院全部集中在尖山红光里多栋住宅单元里办公。

1960年

7月27日至8月1日，河北省建委召开了全省设计会议，会议中心内容是为工程设计补课，未经批准的工程不能开工建设，国家计划内的重点工程，没有设计文件的补充设计后才准许施工。

1961年

8月至1964年8月，河北省建工厅决定河北省建筑设计院与河北省综合勘察设计院、河北省建筑科学研究所合并，简称“两院一所”。

1964年

11月，河北省计划委员会设计施工处划归河北省经济委员会，改称基建办公室。

1966—1967年

1966年7月，河北省会从天津迁往保定；1967年，河北省建工厅迁往保定。

1968年

河北省省会从保定迁往石家庄。

1969年

邯邢钢铁基地建设规划。1969年夏季，冶金部、铁道部、交通部与河北省抽调有关部门领导和科技工作人员，由河北省贾政带头，组成联合规划设计组，历时一个多月的时间提出了邯邢钢铁基地建设规划。

1972年

2月，在石家庄地区正定县城第一中学校址重新组建河北省电力勘测设计院，直属河北省电力工业局。

6月，在河北元氏县的河北省基建局建筑工程总队设计队更名为河北省建筑设计院，直属河北省建工局领导。

1973年

4月10日，国务院批准了邯邢钢铁基地建设规划。

6月，随着建设规模的扩大，中共河北省委、河北省革命委员会又增设河北省基本建设委员会，内设办公室和政工、计划、施工、设计、材料设备5个组，负责大中型和其他重点项目的初步设计（或扩大初步设计）的审查、报批，组织设计革命和建筑科研工作。

1973—1974年，国家二机部所属兵工局第一研究所（北方设计研究院前身）迁址石家庄市。

1974年

5月，河北省建筑设计院从元氏县城关搬到石家庄建设大街现址。

1975年

河北省建筑设计院完成了阿拉伯也门共和国荷台达轧花榨油厂工程设计。

5月，河北省电力勘测设计院由正定县迁入石家庄市建华北大街现址。

1976年

河北省建筑设计院承担了卢旺达水泥厂工程及援助索马里工程。

7月28日凌晨3点40分，唐山市发生了里氏7.8级（国家公布震级）强烈地震，整座城市霎时变成一片废墟。唐山大地震发生后不久，遵照党中央关于重建新唐山的指示，河北省建委责成河北省建筑设计院负责牵头组织全省各地、市共14个设计单位承担援唐设计任务，指定专人与唐山和各地、市设计单位保持联系，帮助落实任务，及时了解情况。

1977年

河北省建筑设计院承担了埃塞俄比亚阿巴门奇轧花厂工程设计。

1979年

6月1—10日，河北省计划委员会、河北省革委基建委在石家庄召开全省计划、基建工作会议，按照中央提出的国民经济“调整、改革、整顿、提高”八字方针，压缩基建规模，严格基建程序，搞好增产节约，逐步改革管理体制，解决基建战线“长、散、乱”问题。

1980年

2月5日，河北省直机关统一改称，河北省革委基建委改称河北省基本建设委员会。

根据中共中央、国务院中发〔1979〕33号文批转的国家建委党组《关于改进当前基本建设工作的若干意见》中关于“勘察设计单位现在绝大部分是由事业费开支，要逐步实行企业化，收取设计费”的指示精神，6月10日河北省基建委确定全省第一批勘察设计单位企业化收费试点，首先在河北省建筑设计研究院、河北省电力勘测设计研究院和8个条件较好的地、市设计单位试行，全省勘察设计行业陆续推开事业单位企业化管理。

1981年

2月，河北省基建委转发国家基建委《工程勘察取费标准》，勘察设计单位改变计划经济模式，逐步实行以面向社会有偿服务为主要内容的企业化经营，逐步改变了工程勘察设计单位30年来靠政府按人头拨付事业费，由政府下达设计任务，按上级安排办事的局面。

1983年

5月，河北省基本建设委员会、河北省城市建设局、河北省建筑工程管理局环境保护局、河北省测绘局组成河北省城乡建设环境保护厅。

1984年

核工业第四研究设计院迁址河北省石家庄市。

1985年

3月9日，河北省计划委员会的设计处、施工处合并到河北省城乡建设环境保护厅，两个处合并，负责全省工程项目初设（或扩初设计）审查和行业管理工作。

1986年

7月2日，河北省城乡建设环保厅根据职称改革工作的需要，成立河北省城乡建设环保厅职称改革领导小组，下设办公室，负责全省建设系统职称改革工作；

9月1—4日，河北省建设委员会在秦皇岛北戴河（金山宾馆）召开了河北省勘察设计抗震防灾基建人防工作会议。

9月23日，河北省政府（86）冀政函字109号通知：经省委批准，河北省城乡建设环境保护厅改为河北省建设委员会，10月11日起启用河北省建设委员会印章。

1987年

3月，在河北省建委的领导下，在全省开始引进TQC质量管理模式，成立相应管理机构，组织设计单位人员培训，认真学习TQC的工作方式、PDCA循环理论和七种工具，积极开展群众性的QC小组活动，加强对设计全过程控制记录，提高产品质量和效率。

1988年

从1988年开始，全省开展优秀勘察、设计、优质工程评选奖励工作（同年评选奖励1987年10月31日前竣工验收交付使用的项目）。

4月25—26日，河北省建委在张家口召开全省抗震防灾应急措施会议，落实抗震防灾应急措施，安排抗震加固计划，部署《城市抗震防灾规定》编制工作。

1989年

3月4—5日，河北省建委、河北省人民防空委员会在石家庄市召开全省人防建设与城市建设相结合规划编制工作会议，要求河北省人防重点城市坚持平战结合、人防建设与城市建设结合，搞好人防规划建设工作。

9月，河北省勘察设计系统TQC工作考核验收委员会对河北建筑设计院TQC管理进行了达标验收，宣布河北省建筑设计院TQC按期达标。通过3年多的努力，TQC质量管理全面推动了设计院质量管理及技术进步。

1990年

3月15日，河北省政府成立河北省抗震防灾领导小组。

1991年

3月26日凌晨2时03分，山西大同、阳高一带发生5.8级地震，波及河北阳原、蔚县地区，造成较大灾害，河北省政府组织抗震救灾和恢复重建工作。

12月，河北省建筑设计院的建筑企业成本核算管理软件获建设部全国施工管理优秀应用软件二等奖。

1992年

河北省在全省推广应用CAD计算机辅助设计技术，河北省建委设计处组织各设计单位人员赴北京各大设计软件开发公司进行学习培训。

12月13日，在石家庄市河北宾馆召开了河北省工程勘察设计协会成立大会。

1993年

4月，河北省电力勘测设计院的钢筋混凝土排架结构布置与设计软件包、混凝土框架配筋CAD软件、发电厂变电所接入系统可靠性分析、皮带运输机计算机辅助设计软件包；核工业部第四设计研究院的工民建电气工程CAD集成软件；秦皇岛黑色冶金矿山设计研究院的建设项目经济评价应用软件获建设部全国第三届工程设计计算机优秀软件三等奖；

10月6—8日，河北省建委在石家庄市召开全省勘察设计工作会议，安排深化勘察设计行业改革、转换机制、强化管理、优化结构、提高综合效益等工作。

1994年

撤销河北省建筑业管理局，将其行政职能划归河北省建设委员会。

2月28日，河北省建委、河北省计委、河北省民航局、石家庄市政府负责人研究正定机场候机楼装修设计原则和方案；4月7日河北省长办公会审定正定机场候机楼装修装饰方案、室内布局、一层层高等设计问题。

3月，河北省建委给邯郸市陶瓷设计院等4家单位颁发工程建设工程总承包资格证书。

9月21日，建设部、人事部以建设〔1994〕第598号文印发《关于建立注册建筑师制度及有关工作的通知》，要点是组成全国注册建筑师管理委员会和特许建筑师资格。河北省特许建筑师有徐建得、李拱辰、董连泉、韩自志、郭水根、王世宏6人。

12月1日，河北省建委在石家庄市召开全省勘察设计行业体制改革研讨会暨全省勘察设计工作预备会，部署全省勘察设计单位体制改革和加强资质管理工作，确定石家庄市设计院等一批体制改革试点单位。

1995年

1月23—25日，河北省建委在石家庄召开全省建设工作会议，要求围绕建设经济强省和实现小康目标，抓好建筑市场管理、反腐纠风，提高投资质量和效益；抓住全面推进住房制度改革有利时机，加快城镇住房建设，带动城建和相关产业发展；完善政策措施，加快小城镇建设等工作。

2月，建设部转发国务院《关于勘察设计单位改建为企业问题的批复》，明确勘察设计单位由事业体制改为企业体制并建立现代企业制度是勘察设计单位改革的目标，重在调整产权关系和转换经营机制。

8月，建设部印发《关于勘察设计单位建立现代企业制度试点工作有关问题的通知》，河北省开始改制试点准备工作。同年，河北省建委确定河北省电力勘察设计院、河北省建筑设计研究院等15家单位为全省勘察设计企业化试点单位，开展“事改企”试点工作。

8月，批准河北省建筑材料工业设计研究院等4家工程建设总承包资格。

1996年

4月8日，河北省建委转发建设部《工程勘察设计单位建立现代企业制度试点指导意见》，明确“改企建制”试点的目的、原则、内容和转变政府职能，抓好试点配套改革的政策措施。

1997年

1月1日，根据建设部《关于注册建筑师制度及管理工作有关问题的暂行规定》，即日起在河北省境内的民用建筑工程特级、一级及国家重点工程项目实行一级建筑师签字制度，其他工程项目（四级及以上工程）1998年1月1日起实行注册建筑师签字制度。

2月10日，河北省建委召开河北省宣传学习贯彻《建筑法》电视电话会议。

2月23日，河北省政府在石家庄市召开全省建设工作会议，提出1998年全省建设工作目标和主要工作措施。

1998年

4月，建设部批复同意河北省大地岩土工程有限公司为建设部改革试点，建立现代企业制度，实行岩土工程勘察、设计、施工、监测一体化。

5月8日，“河北大地岩土工程有限公司”在河北省建筑设计研究院举行成立揭牌仪式。

7月，河北省建委批复同意秦皇岛市秦星建筑设计事务所作为股份制改革试点，更名为秦皇岛市秦星建筑设计有限公司。

1999年

1月，河北昆仑城市住宅设计研究院（河北北方绿野建筑设计有限公司前身）成立。

3月29—30日，河北省建委在石家庄市召开全省勘察设计工作会议，部署全省勘察设计单位加快改企建制的步伐，规范勘察设计市场，进一步提高勘察设计质量和水平等工作。

2000年

3月1—2日，河北省建委在石家庄市召开全省建设工作会议，要求建设工作要坚持依法治建和依法行政，以科技进步为动力加快城市建设和小城镇建设，继续深化住房制度和国企、市政、勘察设计体制改革，推进住宅产业现代化。

3月27日，河北省政府冀政〔2000〕13号文《关于省政府机构设置的通知》，将河北省建设委员会改名为河北省建设厅。

11月22日，河北省建设厅召开全省工程勘察设计行业体制改革动员大会。

12月28日，河北省建设厅在石家庄市召开全省建设工作会议，提出“十五”建设目标和主要措施：积极稳妥推进城镇化战略，优化城乡结构，加强城市基础设施和住宅建设，改善生态环境，靠体制创新和科技创新深化城乡规划管理、勘察设计、建筑业、房地产业和市政公用事业改革，培育建筑市场、房地产市场、建材装修市场，确保工程质量和安全；同时明确2001年工作重点。

2001年

1月21—22日，河北省建设厅在保定市召开全省建设工作会议。

8月，批复同意河北省建设勘察研究院由事业单位改制为由自然人出资发起设立的有限责任公司，独立经营，自负盈亏。

11月15日，河北省建设厅召开全省抗震工作会议暨超限高层抗震审查专家委员会成立大会，决定在全省开展房屋抗震设防普查，并成立河北省超限高层建筑工程抗震设防专家委员会。

12月24日，向河北省民政厅申报河北省工程勘察设计协会变更为河北省工程勘察设计咨询协会，河北省民政厅于2002年1月28日报准通过。

2002年

7月5日，河北省建设厅冀建设〔2002〕194号《河北省市政公用工程施工图设计文件审查暂行办法》，河北省建设勘察研究院完成国有资产产权转让并予注销，改名为河北建设勘察研究院有限责任公司。

9月，河北庄宸土木工程设计咨询有限公司（河北九易庄宸科技股份有限公司前身）成立。

11月，河北拓朴建筑设计有限公司成立。

2003年

河北省交通规划设计院与河北省交通科研所合并重组为河北省交通勘察设计研究院。

9月8日，河北省建设厅在秦皇岛市召开会议，部署加快勘察设计单位体制改革步伐，落实改革实施方案，核销事业单位编制，促进公司制改造工作。

2004年

4月，河北大成建筑设计咨询有限公司成立。

8月，河北省国资委冀国资字〔2004〕361号文件，批复同意河北省建筑设计研究院筹备改制设立河北建筑设计研究院有限责任公司。

9月21日，为推动河北省建筑节能工作开展，推动技术进步，河北省聘请22位专家组成建筑节能专家委员会，对建筑节能工作进行技术指导。

9月22日，《河北省建设行业经济体制改革重点工作指导意见》提出，要大力发展国有资本、集体资本和非公有资本等参股的混合所有制经济，使股份制成为公有制的主要实现形式，加快建设行业国有经济布局的调整。

10月21日，由建设部、德国技术公司组成的中德两国技术合作“中国既有建筑节能改造”项目考察团来河北省考察，对河北省的建筑节能工作表示赞赏，对河北省政府和河北省建设厅给予唐山市合作项目的支持非常认可。

2005年

11月8日，河北省住房和城乡建设厅组织有关专家对《河北省建设事业信息化“十一五”发展规划》进行评审。

2006年

3月3日，河北省勘察设计企业管理信息系统投入使用，勘察设计企业管理信息系统是河北省建筑市场监督管理信息系统的业务系统之一。

4月25日，在河北省建设系统民营经济工作座谈会上，河北省建设勘察研究院有限公司等50家先进民营建设企业和席占军等80名优秀民营企业家受到表彰。表彰先进民营建设企业和优秀民营企业家，在河北省建设系统还是第一次。

8月29日，“东方人类从这里走来”，为了弘扬泥河湾文化，让泥河湾走向世界，让世界了解泥河湾，河北省决定筹建泥河湾博物馆。

9月6日，河北博物馆和河北省图书馆正式开工，河北省社会公益项目建设又添两大亮点。

9月，经河北省工商局注册登记批准，河北省建筑设计研究院更名为河北建筑设计研究院有限责任公司。

2008年

5月12日，四川省汶川地区发生8.0级地震，近7万人遇难，根据国务院“一省帮一重灾县”的原则，平武县被确定为河北省灾后重建对口支援的重灾县。

5月25日，河北省支援四川地震灾区过渡安置房建设队伍抵达灾区开展工作。

2009年

3月18日，河北省住房和城乡建设厅正式挂牌。

2010年

3月19日，在河北省建筑市场与工程建设管理工作会议上，梁金国、顾辉、聂庆科、杨书涛、王长科、李宏义、张振栓、王健、王云平、宋泽华10名同志被河北省住房和城乡建设厅、河北省人力资源和社会保障厅联合授予“河北省工程勘察设计大师”称号。

12月29日，全省推进城镇建设三年上水平暨全省住房和城乡建设工作会议在石家庄市召开，会上为河北省首批十佳公共建筑、十佳公园、十佳建筑节能示范小区授牌。

十佳公共建筑包括：沧州体育馆和国际会展中心、石家庄机场改扩建工程航站楼、石家庄东方银座广场（万象天成）、邯郸市行政便民服务大厦、中国·唐山地震遗址博物馆、秦皇岛市文化广场、唐山曹妃甸置业大厦、邯郸安居·义商国际、承德石油高等专科学校新校区、廊坊阿尔卡迪亚国际酒店。

十佳公园包括：石家庄市植物园、石家庄市长安公园、秦皇岛市奥林匹克公园、邯郸市丛台公园、邯郸市赵苑公园、唐山市南湖城市中央生态公园、唐山市凤凰山公园、廊坊市文化公园、张家口市人民公园、沧州市人民公园。

十佳建筑节能示范小区包括：邯郸市春风小区、邢台森岳林庄园住宅小区、邯郸市南湖花园小区二期、辛集市芳华小区、沧州市阿尔卡迪亚新儒苑一期住宅小区、迁安市马兰庄镇马兰社区、唐山市路北区河北一号小区、保定市新一代高层居住小区、廊坊市盛德花园、张家口市龙兴润城小区。

2011年

国家“十二五”规划把京津冀区域一体化发展上升为国家战略；2014年3月，京津冀协同发展上升为国家战略。

5月24日，梁金国被评为第七批全国工程勘察设计大师。

5月30日，中煤邯郸设计工程有限责任公司的冯冠学，北方设计研究院的孙贺臣、张洪波，秦皇岛玻璃工业研究设计院的杨健，石家庄市建筑设计院的高文皂，河北建筑设计研究院有限责任公司的习朝位，河北省水利水电第二勘测设计研究院的赵立敏、何书会，核工业第四研究设计院的荣峰，河北省交通规划设计院的吴瑞祥荣获首批“河北省工程设计大师”称号。

10月9日，首批河北省规划大师授予仪式在石家庄举行。在省级层面评选规划大师，河北在国内尚属首次。首批河北省规划大师包括河北省城乡规划设计研究院院长邢天河，河北省城乡规划设计研究院副总规划师高文杰，河北省城乡规划编制研究中心主任鲍龙，邯郸市规划设计院院长高瑞宏，承德市规划设计研究院院长高中卫。

11月25日，为充分发挥绿色建筑的示范引领作用，河北省组织开展了“十佳绿色建筑”“十佳绿色小区”评选活动。

11月30日，首批河北省建筑设计大师授予仪式在石家庄举行。首批五位河北省建筑设计大师包括河北建筑设计研究院有限责任公司的李拱辰、郭卫兵，北方设计研究院的谷岩、孙兆杰，河北九易庄宸工程设计有限公司的孔令涛。

2012年

6月9日，中德被动式低能耗建筑示范项目开工奠基仪式在河北省建筑科技研发中心举行。

2013年

4月10日，召开的全省被动式超低能耗绿色建筑示范建设暨建筑保温与结构一体化技术推广应用会议提出，2014年河北省各设区市和定州市、辛集市，都要谋划建设1至3个被动式超低能耗绿色建筑示范项目；2015年各设区市和定州市、辛集市，至少开工建设1个以上示范项目。

4月15日，住房和城乡建设部公布2013年“全国绿色建筑创新奖”获奖项目名单，经节能、节地、节水、节材、减少环境污染等多项指标的审定，全国42个项目获此殊荣，成为全国绿色生态建筑的创新榜样。其中，河北省廊坊万达学院一期工程、秦皇岛在水一方住宅A区36栋住宅楼及秦皇岛经济技术开发区数据产业园区三项目分获一、二、三等奖。

2015年

9月18日，为更好地贯彻落实党中央、国务院提出的京津冀协同发展战略，由北京市建筑设计研究院有限公司、天津市建筑设计院、河北建筑设计研究院有限责任公司共同发起的“京津冀协同发展城市群建筑设计联盟”在河北省保定市正式成立。

12月1日，住房和城乡建设部公布2014—2015年度中国建设工程鲁班奖（国家优质工程）获奖工程名单。河北省河北建工集团有限责任公司、河北建设集团有限责任公司、中太建设集团有限公司承建（或联合承建）的5个项目以及唐山港曹妃甸港区煤炭码头工程榜上有名。

2016年

2月10日，河北省住房和城乡建设厅、河北省国土资源厅、河北省财政厅、河北省美丽乡村建设领导小组办公室联合下发《关于做好2016年美丽乡村建设规划设计工作的通知》，积极做好2016年全省美丽乡村建设规划设计工作。

3月15日，河北省住房和城乡建设厅发布《河北省不同地区绿色建筑技术分类适用目录（2016版）》，供各地在绿色建筑建设过程中参考。

9月28日，全省工程勘察设计工作座谈会召开，总结全省勘察设计工作，研究部署下阶段工作。

12月30日，冯冠学被评为第八批全国工程勘察设计大师。

2017年

2月22日，全省海绵城市建设调度会在石家庄市召开，会议总结2016年全省海绵城市工作进展，分析存在的问题，部署2017年工作任务。

3月14日，河北省政府新闻办召开新闻发布会，就《河北省人民政府办公厅关于大力发展装配式建筑的实施意见》进行解读。

3月22日，河北省住房和城乡建设厅印发通知，公布河北省2017年第一批绿色施工示范工程创建计划，石家庄普创科技孵化中心等18个项目名列其中。

4月1日，中共中央、国务院决定设立雄安新区。设立雄安新区，具有重大历史意义，是一项重大的历史性战略选择，是党中央深入推进京津冀协同发展、有序疏解北京非首都功能作出的一项重大决策部署。

2018年

4月15日，从河北省住房和城乡建设厅、河北省人力资源和社会保障厅联合印发的《关于认定河北省工程勘察设计大师的决定》获悉，韩立君（河北建设勘察研究院有限责任公司）、王哲英（中勘冶金勘察设计研究院有限责任公司）、岳欣（河北大成建筑设计咨询有限公司）、郝卫东（河北北方绿野建筑设计有限公司）、曹胜昔（北方工程设计研究院有限公司）、郝贵强（河北大地建设科技有限公司）、朱冀军（河北省交通规划设计院）、马洪（河北建筑设计研究院有限责任公司）、张骐（河北华热工程设计有限公司）、宫海军（北方工程设计研究院有限公司）10名同志获得“河北省工程勘察设计大师”称号。

2019年

5月30日，河北省第十三届人民代表大会常务委员会第十次会议通过《关于加强建筑市场监督管理的决定》。

附录三　河北省勘察设计企业名录

序号	地市	企业名称
1	保定	保定广成建筑设计有限公司
2	保定	保定宏大建筑装饰工程有限公司
3	保定	保定华澳装饰工程有限公司
4	保定	保定华北工程勘测设计研究院有限公司
5	保定	保定华电电力设计研究院有限公司
6	保定	保定华电能源工程设计有限公司
7	保定	保定华锐电力工程设计有限公司
8	保定	保定惠明通工程设计有限公司
9	保定	保定吉达电力设计有限公司
10	保定	保定建材地质工程勘察院有限公司
11	保定	保定九华工程勘察有限责任公司
12	保定	保定市保通公路勘测设计有限责任公司
13	保定	保定市城市设计院
14	保定	保定市城乡建筑设计研究院
15	保定	保定市创宇工程设计咨询有限公司
16	保定	河北中哲工程设计有限公司
17	保定	保定市宏图城建工程设计有限公司
18	保定	保定市建筑设计院有限公司
19	保定	保定市教建岩土工程有限公司
20	保定	保定市尚泉市政工程有限公司
21	保定	保定市水利水电勘测设计院
22	保定	保定市跃达公路设计咨询有限公司
23	保定	保定市志诚电力实业有限责任公司
24	保定	保定市众邦电力工程设计有限公司
25	保定	保定维民建筑设计院有限责任公司
26	保定	达华工程管理涿州规划勘测设计有限公司
27	保定	高碑店市单单幕墙有限责任公司
28	保定	高碑店市鼎立建筑设计有限公司
29	保定	河北奥润顺达窗业有限公司
30	保定	河北白云建筑装饰集团有限责任公司
31	保定	河北诚誉环境工程有限公司
32	保定	河北城兴市政设计院股份有限公司
33	保定	河北创绘工程设计有限公司
34	保定	河北德龙环境工程股份有限公司
35	保定	河北华沃电力工程设计有限公司
36	保定	河北寰球工程有限公司
37	保定	河北吉泰电力工程勘察设计有限责任公司
38	保定	河北冀水规划设计有限公司
39	保定	河北加华工程设计有限公司
40	保定	河北建设集团股份有限公司
41	保定	河北建设集团天辰建筑工程有限公司
42	保定	河北建设集团园林工程有限公司
43	保定	河北建设集团装饰工程有限公司
44	保定	河北建太工程设计有限公司
45	保定	河北金地建设工程有限公司
46	保定	河北九华消防工程有限公司
47	保定	河北乐凯化工工程设计有限公司
48	保定	河北龙和岩土工程有限公司
49	保定	河北凝瑞建筑设计有限公司
50	保定	河北鹏跃幕墙装饰工程有限公司
51	保定	河北天璞基础工程有限公司
52	保定	河北新华幕墙有限公司
53	保定	河北中汇风景园林规划设计院有限公司
54	保定	河北中惠琪丰工程设计咨询有限公司
55	保定	华北建设集团有限公司
56	保定	华韵保定建筑设计有限公司
57	保定	汇通路桥建设集团有限公司
58	保定	三义园峰建设工程有限公司
59	保定	唐县建筑设计所有限公司
60	保定	天保建设集团有限公司
61	保定	拓邦创品工程管理有限公司
62	保定	燕赵建筑设计有限公司
63	保定	中冀石化工程设计有限公司
64	保定	中勘冶金勘察设计研究院有限责任公司
65	保定	中卓国际建筑设计有限公司
66	保定	涿州蓝天网架有限公司
67	保定	涿州石油物探建筑设计所有限公司
68	保定	保定市燕赵建筑设计有限公司
69	保定	河北诚勤工程勘察设计有限公司
70	保定	河北大中交通规划设计有限责任公司
71	保定	保定市伟达电业安装有限公司
72	保定	高碑店市星光玻璃幕墙工程有限公司
73	保定	保定华苑建筑设计有限公司
74	保定	保定市天艺设计院有限公司
75	保定	保定市网科通信咨询设计有限公司
76	保定	保定维尔工程设计有限公司
77	保定	河北中移通信技术工程有限公司
78	保定	保定中能德丰电力工程技术有限公司
79	保定	河北凯瑞通电力工程设计有限公司
80	保定	中国石油集团东方地球物理勘探有限责任公司

续表

序号	地市	企业名称
81	保定	保定四方电力控制设备有限公司
82	保定	保定大成工程设计咨询有限公司
83	保定	保定文泉工程设计咨询有限公司
84	保定	河北世元工程建设咨询有限公司
85	保定	河北中翰工程设计审图服务有限公司
86	沧州	沧州朝阳石化工程有限公司
87	沧州	沧州市建筑设计研究院有限公司
88	沧州	沧州市盛通市政工程设计有限公司
89	沧州	河北双盛交通勘察设计有限公司
90	沧州	沧州水利勘测设计院
91	沧州	沧州同兴电力设计有限公司
92	沧州	沧州现代建筑设计有限责任公司
93	沧州	大元建业集团股份有限公司
94	沧州	河北地矿四水水文工程地质勘察有限公司
95	沧州	河北丰源环保科技股份有限公司
96	沧州	河北耿忠生物质能源开发有限公司
97	沧州	河北华北石油港华勘察规划设计有限公司
98	沧州	河北华宁工程勘察设计有限公司
99	沧州	河北华油钢管设计研究院有限公司
100	沧州	河北晶程建筑设计有限公司
101	沧州	河北浚源工程勘察设计有限公司
102	沧州	河北筑美工程设计有限公司
103	沧州	河间市宏宇建筑设计有限责任公司
104	沧州	黄骅市东方水利勘测设计有限公司
105	沧州	黄骅市建筑设计院有限公司
106	沧州	黄骅市津华建筑装饰工程有限公司
107	沧州	任丘市创境建筑勘察设计咨询有限公司
108	沧州	世纪东华建筑规划设计有限公司
109	沧州	盐山县广厦建筑设计有限公司
110	沧州	中国化学工程第一岩土工程有限公司
111	沧州	河北光远电力实业有限公司
112	沧州	河北午阳环保设备有限公司
113	沧州	河北坤元岩土工程有限公司
114	沧州	沧州惠通建筑设计咨询有限公司
115	沧州	沧州中梦工程咨询有限公司
116	沧州	沧州福瑞电力工程设计有限公司
117	沧州	河北环科除尘设备有限公司
118	沧州	河北瞳鸣环保有限公司
119	沧州	华油飞达集团有限公司
120	沧州	河北高科环保集团有限公司
121	沧州	沧州文勇工程设计咨询有限公司
122	沧州	河北世纪东方工程设计咨询有限公司
123	承德	承德城建工程项目管理有限公司
124	承德	承德鸿飞电力工程设计有限公司
125	承德	承德华勘五一四工程勘察设计有限公司
126	承德	承德华泰工程设计有限公司
127	承德	承德佳艺建筑工程设计有限责任公司
128	承德	承德交通勘察设计院有限公司
129	承德	承德金茂源电力工程设计有限公司
130	承德	承德金亿达电力工程设计有限公司
131	承德	承德龙兴矿业工程设计有限责任公司
132	承德	承德市工程勘察院
133	承德	承德市汇源给排水工程设计有限责任公司
134	承德	承德市建筑设计研究院有限公司
135	承德	承德市菁苑园林工程有限公司
136	承德	承德市水利水电勘测设计院
137	承德	承德市五洲地质测绘有限公司
138	承德	承德市正通环境工程设计有限责任公司
139	承德	承德水文地质工程地质勘察院
140	承德	承德天汇电力设计有限责任公司
141	承德	承德天一建筑设计院有限公司
142	承德	承德天意建设工程勘察有限公司
143	承德	承德通用电力有限责任公司
144	承德	承德县兴源水利水保服务有限责任公司
145	承德	承德展图工程技术有限公司
146	承德	河北华热工程设计有限公司
147	承德	河北金润华祥工程设计有限公司
148	承德	隆化县方圆建筑设计有限公司
149	承德	平泉地质工程勘察院
150	承德	围场满族蒙古族自治县久远建筑设计咨询有限责任公司
151	承德	河北华勘资环勘测有限公司
152	承德	承德恒地岩土工程有限公司
153	承德	河北科汇联合电力工程设计有限公司
154	承德	河北盛通公路建设有限公司
155	承德	京电联合电力工程设计有限公司
156	承德	河北建辰电力设计有限公司
157	承德	承德昊明电力设计有限责任公司
158	承德	承德市创源水土保持技术服务站
159	承德	承德今典环艺建筑装饰设计有限公司
160	承德	承德市秀峰工程设计审图有限公司
161	承德	承德市丰泰施工图设计审查有限公司
162	定州	定州市力达建筑设计有限公司
163	定州	河北佳航岩土工程有限公司
164	定州	河北可利幕墙有限公司
165	定州	河北永基工程勘察设计有限公司
166	定州	河北中恒基勘察测绘有限公司
167	邯郸	峰峰矿区坤鹏地质勘察有限责任公司
168	邯郸	邯郸钢铁集团设计院有限公司
169	邯郸	邯郸慧龙电力设计研究有限公司
170	邯郸	邯郸建筑设计有限责任公司
171	邯郸	邯郸市安澜燃气工程设计有限公司

续表

序号	地市	企业名称
172	邯郸	邯郸市北华建筑设计有限公司
173	邯郸	邯郸市大环园林设计有限公司
174	邯郸	邯郸市方圆建筑设计有限公司
175	邯郸	邯郸市浩源市政工程设计有限公司
176	邯郸	邯郸市华威公路设计咨询有限公司
177	邯郸	邯郸市怀特建筑设计有限公司
178	邯郸	邯郸市凯翔设计咨询有限责任公司
179	邯郸	邯郸市昆仑城市建筑设计有限责任公司
180	邯郸	邯郸市绿地园林有限公司
181	邯郸	邯郸市瑞达工程设计有限公司
182	邯郸	邯郸市睿智电力工程设计有限公司
183	邯郸	邯郸市水利水电勘测设计研究院
184	邯郸	邯郸市通隆电力工程设计有限公司
185	邯郸	邯郸市亚太建筑设计研究院有限公司
186	邯郸	邯郸市振江岩土工程有限公司
187	邯郸	邯郸市众信岩土工程有限公司
188	邯郸	河北博华建筑设计有限公司
189	邯郸	河北城翔市政工程设计院有限公司
190	邯郸	河北创宇电力设计有限公司
191	邯郸	河北大千建筑设计有限公司
192	邯郸	河北大墺城市规划设计有限公司
193	邯郸	河北工程大学建筑设计研究院
194	邯郸	河北江山如此多娇建筑设计有限公司
195	邯郸	河北金地工程勘察设计有限责任公司
196	邯郸	河北金泰建筑设计有限公司
197	邯郸	河北利卓公路工程设计有限公司
198	邯郸	河北曲正工程设计有限公司
199	邯郸	河北融洋工程设计有限公司
200	邯郸	河北顺和岩土工程有限公司
201	邯郸	河北鑫思淼电力工程设计有限公司
202	邯郸	河北鑫拓工程勘察设计有限公司
203	邯郸	河北冶金建设集团勘察设计有限公司
204	邯郸	河北运盛建筑装饰工程有限公司
205	邯郸	河北运通电力设计有限公司
206	邯郸	河北中石新兴工程勘察设计有限公司
207	邯郸	涉县宏大建筑设计有限公司
208	邯郸	武安市原创建筑设计有限公司
209	邯郸	新兴河北工程技术有限公司
210	邯郸	中电惠特热力设计技术服务邯郸有限公司
211	邯郸	中国煤炭地质总局光华地质工程公司
212	邯郸	中煤地华盛水文地质勘察有限公司
213	邯郸	中煤邯郸设计工程有限责任公司
214	邯郸	冀中能源邯郸矿业集团科迈工程设计有限公司
215	邯郸	河北冶金建设集团勘察设计有限公司
216	邯郸	邯郸市大地矿产资源开发设计有限责任公司
217	邯郸	河北邯邢矿冶设计院有限公司
218	邯郸	河北松科电力工程设计有限公司
219	邯郸	五矿邯邢矿业邯郸地质勘查有限公司
220	邯郸	邯郸市欣实帝元电力技术有限公司
221	邯郸	邯郸市北华建筑设计有限公司
222	邯郸	河北龙润电力工程设计有限公司
223	邯郸	邯郸市明宇建筑设计有限公司
224	邯郸	邯郸开发区金勘工程钻探有限公司
225	邯郸	邯郸市成安建筑勘察设计有限公司
226	邯郸	邯郸市广凯土地规划设计有限公司
227	邯郸	邯郸市鑫地勘察基础工程有限责任公司
228	邯郸	河北金宁都工程项目管理有限公司
229	邯郸	河北天地资环勘测规划设计有限公司
230	邯郸	邯郸市广凯土地规划设计有限公司
231	邯郸	邯郸市越川岩土工程有限公司
232	邯郸	河北邦达公路工程设计有限公司
233	邯郸	中煤邯郸国宁工程设计咨询有限公司
234	邯郸	河北国盛工程勘察设计咨询有限公司
235	邯郸	邯郸市国安工程设计咨询事务所有限公司
236	衡水	衡水衡宝岩土工程有限公司
237	衡水	河北风标建筑设计咨询有限公司
238	衡水	河北恒生永筑岩土工程有限公司
239	衡水	河北山水岩土工程有限公司
240	衡水	河北迎客隆建设工程集团有限公司
241	衡水	河北元亨公路工程勘察设计有限公司
242	衡水	河北卓尔建筑装饰有限公司
243	衡水	衡水博陵建筑设计咨询有限公司
244	衡水	衡水电力设计有限公司
245	衡水	衡水华泽工程勘测设计咨询有限公司
246	衡水	衡水金实岩土工程有限公司
247	衡水	衡水龙翔公路工程勘察设计咨询有限公司
248	衡水	衡水市建筑设计院有限责任公司
249	衡水	衡水众业基础井业有限公司
250	衡水	河北久建建筑装饰工程有限公司
251	衡水	河北胜景园林工程设计有限公司
252	衡水	饶阳县昊宇电力工程有限公司
253	衡水	河北华强科技开发有限公司
254	衡水	衡水尚真勘察设计咨询有限公司
255	廊坊	霸州市博昊建筑设计有限公司
256	廊坊	河北博科工程咨询有限公司
257	廊坊	河北春秋工程技术有限公司
258	廊坊	河北昊东电力工程设计有限公司
259	廊坊	河北凯拓工程技术有限公司
260	廊坊	河北科泰建筑设计有限公司
261	廊坊	河北联测建设工程有限公司
262	廊坊	河北拓为工程设计有限公司
263	廊坊	河北盈鼎建筑设计有限公司

续表

序号	地市	企业名称
264	廊坊	河北勇拓市政工程设计有限公司
265	廊坊	河北裕融地球物理勘查有限公司
266	廊坊	河北中色华冠岩土工程有限公司
267	廊坊	华度智通（廊坊）工程咨询有限公司
268	廊坊	冀北中原岩土工程有限公司
269	廊坊	冀北中原园林有限公司
270	廊坊	廊坊开发区盛达幕墙工程有限公司
271	廊坊	廊坊明源电力工程有限公司
272	廊坊	廊坊赛肯特建筑勘察设计有限公司
273	廊坊	廊坊市安达岩土工程有限公司
274	廊坊	廊坊市奥通市政工程设计有限公司
275	廊坊	廊坊市城市建设勘察院
276	廊坊	廊坊市冠华电力设计有限责任公司
277	廊坊	廊坊市光大电力工程设计有限公司
278	廊坊	廊坊市华晟建筑设计有限公司
279	廊坊	廊坊市科华建筑勘察设计有限公司
280	廊坊	廊坊市木石园林景观设计有限公司
281	廊坊	廊坊市世创建筑设计有限公司
282	廊坊	奥晨雅博工程设计有限公司
283	廊坊	廊坊市雅泰建筑设计有限公司
284	廊坊	廊坊市燕赵交通勘察设计有限公司
285	廊坊	廊坊市宇恒岩土工程有限公司
286	廊坊	廊坊市禹达勘测设计有限公司
287	廊坊	廊坊市中铁物探勘察有限公司
288	廊坊	廊坊协程电力工程设计有限公司
289	廊坊	廊坊新奥泛能网络科技服务有限公司
290	廊坊	廊坊鑫华幕墙门窗有限公司
291	廊坊	廊坊正元建筑设计有限公司
292	廊坊	廊坊中油大地电力有限公司
293	廊坊	廊坊中油信息技术有限公司
294	廊坊	荣盛建设工程有限公司
295	廊坊	荣盛建筑设计有限公司
296	廊坊	三河市新世纪建筑设计有限公司
297	廊坊	悉诚天一建筑设计有限公司
298	廊坊	新地能源工程技术有限公司
299	廊坊	易筑设计有限公司
300	廊坊	中国石油天然气管道工程有限公司
301	廊坊	中冶地建设集团（三河）建筑设计咨询有限公司
302	廊坊	中冶地勘岩土工程有限责任公司
303	廊坊	廊坊轩辕建筑设计有限公司
304	廊坊	廊坊市煜邦电力工程设备有限责任公司
305	廊坊	河北安维环境工程有限公司
306	廊坊	河北山叶建筑装饰工程有限公司
307	廊坊	廊坊市广益装饰有限公司
308	廊坊	廊坊政达电力工程设计有限公司
309	廊坊	三河市百维景观设计有限公司

序号	地市	企业名称
310	廊坊	河北荣心建筑设计有限公司
311	廊坊	河北昊祥建筑工程有限公司
312	廊坊	廊坊市祥源装饰工程有限公司
313	廊坊	廊坊市智邦建筑设计有限公司
314	廊坊	瀚基建筑设计有限公司
315	廊坊	廊坊市新陆地工程咨询有限公司
316	廊坊	河北铭锐工程咨询有限公司
317	廊坊	河北海胜达工程设计咨询有限公司
318	秦皇岛	北方燕盛工程技术有限公司
319	秦皇岛	河北宝地建设工程有限公司
320	秦皇岛	河北大恒装饰工程股份有限公司
321	秦皇岛	河北港城电力工程有限公司
322	秦皇岛	河北港口集团港口工程有限公司
323	秦皇岛	河北广大保雅装饰工程有限公司
324	秦皇岛	河北九特建筑装饰工程有限公司
325	秦皇岛	河北秦勘工程技术有限公司
326	秦皇岛	河北铜源矿山工程设计有限责任公司
327	秦皇岛	河北燕大工程设计有限公司
328	秦皇岛	秦皇岛玻璃工业研究设计院有限公司
329	秦皇岛	秦皇岛渤海铝幕墙装饰工程有限公司
330	秦皇岛	秦皇岛大洲园林景观设计有限公司
331	秦皇岛	秦皇岛福电电力工程设计有限公司
332	秦皇岛	秦皇岛广瑞工程项目管理有限公司
333	秦皇岛	秦皇岛鑫石建筑设计有限公司
334	秦皇岛	秦皇岛华成建筑设计咨询有限公司
335	秦皇岛	秦皇岛华勘岩土工程勘察有限责任公司
336	秦皇岛	秦皇岛华文环境艺术工程有限公司
337	秦皇岛	秦皇岛华源电力工程设计有限公司
338	秦皇岛	秦皇岛健雄工程技术有限公司
339	秦皇岛	秦皇岛经济技术开发区建筑设计所
340	秦皇岛	秦皇岛龙洋建筑设计有限责任公司
341	秦皇岛	秦皇岛秦渤幕墙装饰工程有限公司
342	秦皇岛	秦皇岛润恒公路工程咨询设计有限公司
343	秦皇岛	秦皇岛市城市供电配套有限公司
344	秦皇岛	秦皇岛市富立装饰有限公司
345	秦皇岛	秦皇岛市国兴电力工程设计有限公司
346	秦皇岛	秦皇岛市建筑设计院
347	秦皇岛	秦皇岛市金盛达装饰工程有限公司
348	秦皇岛	秦皇岛市科兴岩土工程有限公司
349	秦皇岛	秦皇岛市燃气总公司
350	秦皇岛	秦皇岛市市政设计院
351	秦皇岛	秦皇岛市水利勘测设计有限公司
352	秦皇岛	秦皇岛市永盛建筑设计咨询有限公司
353	秦皇岛	秦皇岛市中贤幕墙装饰工程有限公司
354	秦皇岛	秦皇岛维拓建筑设计有限公司
355	秦皇岛	秦皇岛伟师建筑装饰工程设计有限公司

续表

序号	地市	企业名称
356	秦皇岛	秦皇岛易达岩土工程有限公司
357	秦皇岛	秦皇岛悦格装饰工程有限公司
358	秦皇岛	秦皇岛中兵建设集团股份有限公司
359	秦皇岛	秦皇岛庄典装饰工程有限公司
360	秦皇岛	中冶沈勘秦皇岛工程设计研究总院有限公司
361	秦皇岛	秦皇岛中科富斯信息科技有限公司
362	秦皇岛	秦皇岛广建工程项目管理有限公司
363	秦皇岛	秦皇岛泛博电力工程设计有限公司
364	秦皇岛	秦皇岛市大地卓越岩土工程有限公司
365	秦皇岛	秦皇岛万华上境工程项目管理有限责任公司
366	秦皇岛	中冶沈勘秦皇岛设计研究院有限公司
367	秦皇岛	秦皇岛天元五一五钻探工程有限公司
368	秦皇岛	秦皇岛业之峰装饰有限公司
369	秦皇岛	秦皇岛市永生建设工程咨询有限公司
370	秦皇岛	秦皇岛永祥工程设计咨询事务所有限公司
371	秦皇岛	秦皇岛中兵工程设计咨询有限公司
372	石家庄	北方工程设计研究院有限公司
373	石家庄	大吉建设工程有限公司
374	石家庄	东创项目管理集团有限公司
375	石家庄	福斯特惠勒（河北）工程设计有限公司
376	石家庄	国能新源电力工程有限公司
377	石家庄	海湾工程有限公司
378	石家庄	河北安俱达化工科技有限公司
379	石家庄	河北奥恒工程设计咨询有限公司
380	石家庄	河北奥丽吉电力工程设计有限公司
381	石家庄	河北百富勤智能工程有限公司
382	石家庄	河北邦源节能科技有限公司
383	石家庄	河北北方绿野建筑设计有限公司
384	石家庄	河北北华建筑设计有限公司
385	石家庄	河北北源电力工程有限公司
386	石家庄	河北渤海工程设计有限公司
387	石家庄	河北宸翰工程设计咨询有限公司
388	石家庄	河北诚润环保工程有限公司
389	石家庄	河北赤潮电力工程有限公司
390	石家庄	河北创峰建筑装饰工程有限公司
391	石家庄	河北创联道桥工程技术有限公司
392	石家庄	河北达辉建筑工程有限公司
393	石家庄	河北达洋咨询有限公司
394	石家庄	河北大成建筑设计咨询有限公司
395	石家庄	河北大力岩土工程有限公司
396	石家庄	河北大旗建筑装饰工程有限公司
397	石家庄	河北大田茗景景观环境规划设计有限公司
398	石家庄	河北地下空间建筑工程设计有限公司
399	石家庄	河北电信设计咨询有限公司
400	石家庄	河北东方计画建筑设计有限公司
401	石家庄	河北都邦石化工程设计有限公司
402	石家庄	河北泛亚工程设计有限公司
403	石家庄	河北方元电力工程设计有限公司
404	石家庄	河北富顺电力工程设计有限公司
405	石家庄	河北广策电力工程设计有限公司
406	石家庄	河北国恒装饰有限公司
407	石家庄	河北海川能源科技股份有限公司
408	石家庄	河北海鹰环境安全科技股份有限公司
409	石家庄	河北禾田农业工程设计有限公司
410	石家庄	河北鸿晔电力工程设计有限公司
411	石家庄	河北华飞科技咨询有限责任公司
412	石家庄	河北华宁土木工程有限公司
413	石家庄	河北华腾项目管理有限公司
414	石家庄	河北华网通信勘察设计有限公司
415	石家庄	河北华艺建筑设计有限公司
416	石家庄	河北华跃工程科技有限公司
417	石家庄	河北汇智电力工程设计有限公司
418	石家庄	河北惠华电子科技有限公司
419	石家庄	河北惠宁建筑标准设计有限公司
420	石家庄	河北吉川工程技术咨询有限公司
421	石家庄	河北冀电电力工程设计咨询有限公司
422	石家庄	河北加壹建筑设计有限公司
423	石家庄	河北建工集团有限责任公司
424	石家庄	河北建工集团装饰工程有限公司
425	石家庄	河北建设勘察研究院有限公司
426	石家庄	河北太行宏业建设集团有限公司
427	石家庄	河北建投水务环境工程有限公司
428	石家庄	河北建研建筑设计有限公司
429	石家庄	河北建筑设计研究院有限责任公司
430	石家庄	河北江成建筑工程有限公司
431	石家庄	河北杰安建筑安装工程有限公司
432	石家庄	河北洁之源水处理技术有限公司
433	石家庄	河北捷鸿园林工程有限公司
434	石家庄	河北捷迅电力工程设计有限公司
435	石家庄	河北金达工程技术有限公司
436	石家庄	河北金瓯国际建设工程有限责任公司
437	石家庄	河北金润热力燃气工程设计咨询有限公司
438	石家庄	河北金石地质工程勘察有限公司
439	石家庄	河北金石建筑设计有限公司
440	石家庄	河北京铁勘测设计院有限公司
441	石家庄	河北九泓国泰工程项目管理有限公司
442	石家庄	河北九易庄宸科技股份有限公司
443	石家庄	河北久达电力工程设计有限公司
444	石家庄	河北鲲能电力工程咨询有限公司
445	石家庄	河北莱特建筑装饰工程有限公司
446	石家庄	河北兰德建筑装饰工程有限公司
447	石家庄	河北丽都建筑装饰工程有限公司

续表

序号	地市	企业名称
448	石家庄	河北联创电力工程设计集团有限公司
449	石家庄	河北绿洲工程设计有限公司
450	石家庄	河北名嘉建筑设计有限公司
451	石家庄	河北明易建筑设计有限公司
452	石家庄	河北明源工程勘察设计有限公司
453	石家庄	河北铭威工程设计有限公司
454	石家庄	河北能源工程设计有限公司
455	石家庄	河北鹏力建设工程有限公司
456	石家庄	河北普元装饰工程有限公司
457	石家庄	河北清文电力工程设计有限公司
458	石家庄	河北庆晟建筑装饰工程有限公司
459	石家庄	河北人防工程设计研究院有限公司
460	石家庄	河北锐驰交通工程咨询有限公司
461	石家庄	河北睿诚电力工程设计有限公司
462	石家庄	河北润衡环境治理有限公司
463	石家庄	河北润华工程建设设计有限公司
464	石家庄	河北东润风景园林科技有限公司
465	石家庄	河北三知电力工程设计有限公司
466	石家庄	河北善工电力工程设计有限公司
467	石家庄	河北生特瑞工程设计有限公司
468	石家庄	河北省城乡规划设计研究院
469	石家庄	河北省第四建筑工程有限公司
470	石家庄	河北省机械科学研究设计院
471	石家庄	河北省建筑材料工业设计研究院
472	石家庄	河北省交通规划设计院
473	石家庄	河北省室内装饰集团有限公司
474	石家庄	河北省水利工程局
475	石家庄	河北省水利水电第二勘测设计研究院
476	石家庄	河北胜尔邦环保科技有限公司
477	石家庄	河北晟晨农业工程设计有限公司
478	石家庄	河北盛通工程设计有限公司
479	石家庄	河北水文工程地质勘察院
480	石家庄	河北水熠木丰工程技术有限责任公司
481	石家庄	河北天安电力工程设计有限公司
482	石家庄	河北天和咨询有限公司
483	石家庄	天俱时工程科技集团有限公司
484	石家庄	河北天路致诚电力工程设计有限公司
485	石家庄	河北天艺建筑设计有限公司
486	石家庄	河北天友环保工程有限公司
487	石家庄	河北图景电力工程设计有限公司
488	石家庄	河北拓朴建筑设计有限公司
489	石家庄	河北昕佳工程勘查设计有限公司
490	石家庄	河北新天际建筑设计有限公司
491	石家庄	河北鑫隆安全技术有限公司
492	石家庄	河北信达城乡规划设计院有限公司
493	石家庄	河北星太建设工程有限公司

序号	地市	企业名称
494	石家庄	河北兴诚交通科技有限公司
495	石家庄	河北兴业建筑设计有限公司
496	石家庄	旭江建设工程有限公司
497	石家庄	河北旭隆建设有限公司
498	石家庄	旭阳工程有限公司
499	石家庄	河北亚兴交通科技设计有限公司
500	石家庄	河北医药化工设计有限公司
501	石家庄	河北易景工程咨询有限公司
502	石家庄	河北益坤岩土工程新技术有限公司
503	石家庄	河北英科石化工程有限公司
504	石家庄	河北永瑞建筑安装工程有限公司
505	石家庄	河北豫龙建工集团有限公司
506	石家庄	河北粤华装饰工程有限公司
507	石家庄	河北正元化工工程设计有限公司
508	石家庄	河北智博电力工程设计有限公司
509	石家庄	河北智达光电科技股份有限公司
510	石家庄	河北智惠电力工程设计有限公司
511	石家庄	河北中北建筑装饰工程有限公司
512	石家庄	河北中地岩土工程勘察设计有限公司
513	石家庄	河北中纺工程设计有限公司
514	石家庄	河北中钢岩土工程勘察有限公司
515	石家庄	河北中核岩土工程有限责任公司
516	石家庄	河北中通勘察设计有限公司
517	石家庄	河北众鑫建筑装饰工程有限公司
518	石家庄	河北筑能工程技术有限公司
519	石家庄	河北卓奥电力工程设计有限公司
520	石家庄	河北佐恒电力工程设计有限公司
521	石家庄	中盛弘宇建设科技有限公司
522	石家庄	华北有色工程勘察院有限公司
523	石家庄	华北制药集团规划设计院有限公司
524	石家庄	华艺博展装饰有限公司
525	石家庄	佳林建设有限公司
526	石家庄	捷成建筑装饰工程股份有限公司
527	石家庄	金大陆展览装饰有限公司
528	石家庄	金环建设集团有限公司
529	石家庄	蓝翔工程建设有限公司
530	石家庄	煤炭工业石家庄设计研究院
531	石家庄	平山县宇同建筑设计有限公司
532	石家庄	瑞和安惠项目管理集团有限公司
533	石家庄	石家庄常宏建筑装饰工程有限公司
534	石家庄	大鑫建设工程有限公司
535	石家庄	石家庄电业设计研究院有限公司
536	石家庄	石家庄都市建筑设计有限公司
537	石家庄	石家庄给排水设计研究院有限责任公司
538	石家庄	石家庄恒泰建筑装饰工程有限公司
539	石家庄	石家庄惠远邮电设计咨询有限公司

续表

序号	地市	企业名称
540	石家庄	石家庄交通勘察设计院
541	石家庄	石家庄金星居装饰工程有限公司
542	石家庄	石家庄开润建筑设计有限公司
543	石家庄	石家庄科林电力设计院有限公司
544	石家庄	石家庄路通勘察设计有限公司
545	石家庄	石家庄鹏远装饰工程有限公司
546	石家庄	石家庄市宝城建筑装饰工程有限公司
547	石家庄	石家庄市大石代设计咨询有限公司
548	石家庄	石家庄市大宇装饰工程有限公司
549	石家庄	石家庄市洪涛装饰工程有限公司
550	石家庄	石家庄市佳美建筑装饰有限公司
551	石家庄	石家庄市建筑设计院
552	石家庄	石家庄市勘察测绘设计研究院
553	石家庄	石家庄市鸣洋装饰工程有限公司
554	石家庄	石家庄市水利水电勘测设计研究院
555	石家庄	石家庄市万成民用建筑设计有限公司
556	石家庄	石家庄市政设计研究院有限责任公司
557	石家庄	石家庄唐臣市政工程设计咨询有限公司
558	石家庄	石家庄新华能源环保科技股份有限公司
559	石家庄	石家庄新空间建筑设计有限公司
560	石家庄	石家庄新世纪建筑装饰工程有限公司
561	石家庄	石家庄新艺市政设计有限公司
562	石家庄	石家庄雅虹博艺装饰工程有限公司
563	石家庄	石家庄友林建筑装饰工程有限公司
564	石家庄	石家庄元牛装饰设计有限公司
565	石家庄	泰美建设有限公司
566	石家庄	特艺达装饰工程有限公司
567	石家庄	新中原建筑装饰工程有限公司
568	石家庄	新中远工程设计有限公司
569	石家庄	鑫宝锐建工集团有限公司
570	石家庄	雅虹文化发展集团有限公司
571	石家庄	中电科工程建设有限公司
572	石家庄	中钢石家庄工程设计研究院有限公司
573	石家庄	中国兵器工业北方勘察设计研究院有限公司
574	石家庄	中国地质科学院工程勘察院
575	石家庄	中国电建集团河北省电力勘测设计研究院有限公司
576	石家庄	中国电子系统工程第四建设有限公司
577	石家庄	中海外交通建设有限公司
578	石家庄	中弘博艺文化发展有限公司
579	石家庄	中佳勘察设计有限公司
580	石家庄	中建华帆建筑设计院有限公司
581	石家庄	中建正信建设工程有限公司
582	石家庄	中交远洲工程咨询有限公司
583	石家庄	中交远洲交通科技集团有限公司
584	石家庄	中铁城际规划建设有限公司
585	石家庄	中铁建安工程设计院有限公司
586	石家庄	中土大地国际建筑设计有限公司
587	石家庄	中兆海山建筑装饰工程有限公司
588	石家庄	河北建工集团园林工程有限公司
589	石家庄	河北六通建筑设计有限公司
590	石家庄	斯特龙装饰股份有限公司
591	石家庄	石家庄铭艺装饰工程有限公司
592	石家庄	河北旭杰环境工程有限公司
593	石家庄	河北正阳装饰设计工程有限公司
594	石家庄	中核第四研究设计工程有限公司
595	石家庄	石家庄广厦勘察设计有限公司
596	石家庄	河北金光景观照明工程有限公司
597	石家庄	中土国际工程设计有限公司
598	石家庄	河北合悦工程设计有限公司
599	石家庄	河北创意生态科技有限公司
600	石家庄	河北申慧电力工程有限公司
601	石家庄	河北宸景园林工程有限公司
602	石家庄	河北舜睎电力工程有限公司
603	石家庄	博广环保技术股份有限公司
604	石家庄	河北昂克电子工程技术有限公司
605	石家庄	河北博燃能源工程技术有限公司
606	石家庄	河北鼎华建筑装饰工程有限公司
607	石家庄	河北高正艺术工程有限公司
608	石家庄	河北佶利电力设计有限公司
609	石家庄	河北环科力创环境工程有限公司
610	石家庄	河北建谊建筑装饰工程有限公司
611	石家庄	河北九巧匠装饰设计有限公司
612	石家庄	河北普业装饰工程有限公司
613	石家庄	河北省现代装饰工程设计院
614	石家庄	河北四海航通安全技术工程有限公司
615	石家庄	河北卓普电力工程技术有限公司
616	石家庄	河北资环勘测工程有限公司
617	石家庄	千川建设集团有限公司
618	石家庄	仁安消防安全工程有限公司
619	石家庄	石家庄盛和建筑装饰有限公司
620	石家庄	石家庄市顺达环境工程设备有限公司
621	石家庄	河北中波光电科技有限公司
622	石家庄	北罡建设工程有限公司
623	石家庄	河北正能电力工程设计有限公司
624	石家庄	河北凌风电力工程勘测设计有限公司
625	石家庄	河北盛景光电照明科技股份有限公司
626	石家庄	河北腾铎建筑装饰工程有限公司
627	石家庄	河北昕伟建筑装饰工程有限公司
628	石家庄	河北创美科技有限公司
629	石家庄	河北宏景建筑装饰工程有限公司
630	石家庄	河北恒建安装工程有限公司

续表

序号	地市	企业名称
631	石家庄	河北冠军电子工程有限公司
632	石家庄	河北荣丰工程设计咨询有限公司
633	石家庄	河北贺宸工程设计咨询有限公司
634	石家庄	河北朝位工程设计咨询有限公司
635	石家庄	石家庄徐志欣工程设计咨询事务所
636	石家庄	石家庄刘颖工程设计咨询有限公司
637	石家庄	河北霄岭工程设计咨询有限公司
638	石家庄	河北建伟工程设计咨询有限公司
639	石家庄	河北泛海工程设计咨询有限公司
640	唐山	杭萧钢构（河北）建设有限公司
641	唐山	河北博坤电力工程勘察设计有限公司
642	唐山	河北超见建筑工程设计有限公司
643	唐山	河北鼎嘉能源科技有限公司
644	唐山	河北菲联拓尼工程咨询有限公司
645	唐山	河北钢铁集团矿山设计有限公司
646	唐山	河北海创岩土工程有限公司
647	唐山	河北海德工程设计咨询有限公司
648	唐山	河北华国建筑装饰设计工程有限公司
649	唐山	河北冀东建设工程有限公司
650	唐山	河北建科唐秦建筑科技有限公司
651	唐山	河北淇奥工程设计有限公司
652	唐山	河北瑞泰消防工程有限公司
653	唐山	河北盛合电力工程设计有限公司
654	唐山	河北天昊建筑设计有限公司
655	唐山	河北易拓工程设计有限公司
656	唐山	乐亭县筑宇工程设计咨询有限责任公司
657	唐山	唐山广厦工程项目管理有限公司
658	唐山	迁安市云集公路工程设计咨询有限公司
659	唐山	迁西县东华工程设计咨询有限责任公司
660	唐山	唐钢国际工程技术股份有限公司
661	唐山	唐山滨海冶金技术咨询有限公司
662	唐山	唐山博汇工程技术有限公司
663	唐山	唐山电力勘察设计院有限公司
664	唐山	唐山方舟建筑装饰工程有限公司
665	唐山	唐山福海技术开发有限公司
666	唐山	唐山广仁电力工程设计有限公司
667	唐山	唐山海港地环地质勘察有限公司
668	唐山	唐山海港鑫珏岩土工程勘察有限公司
669	唐山	唐山昊宇建筑设计有限公司
670	唐山	唐山和众地基与基础工程有限责任公司
671	唐山	唐山恒明威装饰工程有限公司
672	唐山	唐山鸿图水利工程设计有限公司
673	唐山	唐山吉屋建筑设计咨询有限公司
674	唐山	唐山冀东油田设计工程有限公司
675	唐山	唐山开滦勘察设计有限公司
676	唐山	唐山康德工程咨询设计有限公司

序号	地市	企业名称
677	唐山	唐山理工建筑设计研究院
678	唐山	河北铭嘉建筑设计咨询有限公司
679	唐山	唐山七月建筑装饰工程有限公司
680	唐山	唐山三友化工工程设计有限公司
681	唐山	唐山市八方锦秀建筑设计有限公司
682	唐山	唐山市规划建筑设计研究院
683	唐山	唐山市恒立建筑设计有限责任公司
684	唐山	唐山市集林装饰有限公司
685	唐山	唐山市煤气工程设计研究院
686	唐山	唐山市热力工程设计院
687	唐山	唐山市水利规划设计研究院
688	唐山	唐山市天信装饰装潢有限公司
689	唐山	唐山市新地工程勘察设计有限公司
690	唐山	唐山陶瓷集团设计研究有限公司
691	唐山	唐山天佑建筑设计有限公司
692	唐山	唐山银江电力工程设计有限公司
693	唐山	唐山园林规划设计研究院
694	唐山	唐山原拓市政工程设计有限公司
695	唐山	唐山中地工程勘察有限公司
696	唐山	唐山中鼎建筑设计咨询有限公司
697	唐山	唐山中陶纪元工程设计有限公司
698	唐山	唐山中冶地岩土工程有限公司
699	唐山	中国二十二冶集团有限公司
700	唐山	中益诚达建设集团有限公司
701	唐山	中钻勘察设计有限公司
702	唐山	唐山市富城建筑规划设计有限公司
703	唐山	唐山市瑞华土地科技有限公司
704	唐山	河北洋帆建筑工程有限公司
705	唐山	河北众鑫宏泰电力工程设计有限公司
706	唐山	唐山银通科技有限公司
707	唐山	唐山鑫鸿建设工程设计咨询有限公司
708	唐山	华明工程技术有限公司
709	唐山	唐山市曹妃甸区东方建筑设计咨询有限公司
710	唐山	河北顺鑫光电照明科技有限公司
711	唐山	河北盛佳地质勘查有限公司
712	唐山	唐山市城市夜景亮化工程有限公司
713	唐山	唐山市中宇科技发展有限公司
714	唐山	唐山建成工程设计服务有限公司
715	唐山	唐山幼坡工程设计咨询事务所
716	天津	河北省水利水电勘测设计研究院
717	天津	河北省水运工程规划设计院
718	辛集	河北安拓土木工程有限公司
719	辛集	河北鹏迅建筑装饰工程有限公司
720	邢台	河北洪江建筑装饰工程有限公司
721	邢台	河北辉弘电力工程设计有限公司
722	邢台	河北融大装饰工程有限公司

续表

序号	地市	企业名称
723	邢台	河北胜康工程设计有限公司
724	邢台	河北守敬建筑设计有限公司
725	邢台	河北田园建筑设计有限公司
726	邢台	河北煜堃电力工程设计有限公司
727	邢台	河北中科为福工程设计有限公司
728	邢台	冀中能源邢台矿业集团工程有限责任公司
729	邢台	宁晋县青国建筑设计有限公司
730	邢台	邢台地矿地质工程勘察院
731	邢台	邢台电力勘测设计院有限责任公司
732	邢台	邢台华腾公路设计咨询有限公司
733	邢台	邢台华鑫勘察基础工程有限公司
734	邢台	邢台金润市政工程设计有限公司
735	邢台	邢台金石建筑设计有限责任公司
736	邢台	邢台勘察测绘院有限责任公司
737	邢台	邢台路桥建设总公司
738	邢台	邢台市建筑设计研究院有限公司
739	邢台	邢台市节能建筑设计研究所
740	邢台	邢台市新锐工程咨询有限公司
741	邢台	邢台市政设计研究院有限公司
742	邢台	邢台市志诚农业工程设计有限公司
743	邢台	邢台襄禹水利勘测设计有限公司
744	邢台	邢台新思维建筑工程设计有限公司
745	邢台	邢台新智源工程项目管理有限公司
746	邢台	邢台轧辊铸诚工程技术有限公司
747	邢台	河北阳光建筑设计有限公司
748	邢台	邢台诚信建筑设计有限公司
749	邢台	河北东方计画建筑设计有限公司
750	邢台	河北东风世景模板有限公司
751	邢台	邢台宏昌建筑设计有限责任公司
752	邢台	邢台县电力实业有限责任公司
753	邢台	邢台志德工程设计服务有限公司
754	邢台	河北齐荣工程设计服务有限公司
755	张家口	河北建筑工程学院建筑设计研究院
756	张家口	河北新烨工程技术有限公司
757	张家口	河北星球建筑设计有限公司

序号	地市	企业名称
758	张家口	蔚县新蔚建筑设计股份合作公司
759	张家口	张家口多习电力工程设计有限公司
760	张家口	张家口国泰岩土工程技术有限公司
761	张家口	张家口翰得交通公路勘察设计有限责任公司
762	张家口	张家口宏垣电力实业有限公司
763	张家口	张家口冀北岩土工程有限公司
764	张家口	张家口建筑勘察设计有限公司
765	张家口	张家口市河海水利勘测设计有限公司
766	张家口	张家口市恒基岩土工程有限公司
767	张家口	张家口市鸿宇建筑设计有限公司
768	张家口	张家口市冀诚工程技术有限公司
769	张家口	张家口市建山设计有限责任公司
770	张家口	张家口市建筑设计院有限责任公司
771	张家口	张家口市江城工程设计有限责任公司
772	张家口	张家口市金石岩土工程技术有限公司
773	张家口	张家口市京北岩土工程有限公司
774	张家口	张家口市塞洋建筑设计有限公司
775	张家口	张家口市天辰城乡规划工程设计有限公司
776	张家口	张家口市铁建咨询设计有限责任公司
777	张家口	张家口市新华建筑设计有限公司
778	张家口	张家口市新冀垣燃气热力设计有限责任公司
779	张家口	张家口市宣化建筑勘察设计有限公司
780	张家口	张家口市亚柯建筑设计有限公司
781	张家口	张家口市中天建筑设计咨询有限公司
782	张家口	张家口朔源给水工程设计有限公司
783	张家口	张家口先行电力设计有限公司
784	张家口	河北盛业翔和交通工程勘察设计有限公司
785	张家口	河北博睿成工程项目管理有限公司
786	张家口	张家口天工电力工程有限公司
787	张家口	张家口市方大方建筑设计有限公司
788	张家口	宣化冶金环保设备制造（安装）有限责任公司
789	张家口	张家口宣化昌通环保设备有限公司
790	张家口	张家口市基泰工程设计咨询有限责任公司
791	张家口	河北垣宇工程勘察设计咨询有限公司
792	张家口	张家口市维佳工程设计咨询有限公司

编后记

河北省勘察设计70年，砥砺奋进、成就辉煌。在伟大祖国70年华诞之际，河北省工程勘察设计咨询协会集行业之力，编撰了《河北勘察设计70年》一书，旨在充分体现勘察设计行业在经济社会发展中的重要作用，弘扬行业敬党爱国、开拓奋进的精神风貌，颂扬优秀勘察设计工作者的先进事迹，体现各专业、各单位在各个历史时期取得的突出成就。全体会员单位和协会工作机构为本书的编撰提供了大力支持。著名资深大师李拱辰先生在行业历史传承、大事件纪实、书稿定位等多方面给予了亲自指导。国家勘察大师梁金国亲自挂帅，河北省勘察设计大师郭卫兵、孙兆杰、岳欣、郝卫东、刁朝位、齐建伟、韩立君、郝贵强、李德春等具体指导，各位大师所在单位，以及河北九易庄宸科技股份有限公司、河北省交通规划设计院、中国电建集团河北省电力勘测设计研究院有限公司、河北省水利水电第二勘测设计研究院、中钢石家庄工程设计研究院有限公司、河北电信设计咨询有限公司、中国石油工程建设有限公司华北分公司、福斯特惠勒（河北）工程设计有限公司、石家庄市政设计研究院有限责任公司等单位提供了人力、物力的大力支持，为本书的编写做出了重要贡献。河北省工程勘察设计咨询协会对本书主编郭卫兵先生和各位编写人员的辛勤工作，对做出突出贡献的单位表示衷心的感谢。由于时间和水平所限，本书涵盖的内容与河北省勘察设计行业实际成就难免有一定差距，敬请读者谅解。

河北省勘察设计行业将“不忘初心、牢记使命”，以更加饱满的精神状态，开拓进取，加快高质量发展，为国民经济社会发展做出更大的贡献。